OUTRA SINTONIA

JOHN DONVAN E CAREN ZUCKER

Outra sintonia
A história do autismo

Tradução
Luiz A. de Araújo

2ª reimpressão

Copyright © 2016 by John Donvan e Caren Zucker

Grafia atualizada segundo o Acordo Ortográfico da Língua Portuguesa de 1990, que entrou em vigor no Brasil em 2009.

Título original
In a Different Key: The Story of Autism

Capa
Elisa von Randow

Preparação
Cacilda Guerra

Índice remissivo
Luciano Marchiori

Revisão
Huendel Viana
Carmen T. S. Costa

Dados Internacionais de Catalogação na Publicação (CIP)
(Câmara Brasileira do Livro, SP, Brasil)

Donvan, John
    Outra sintonia : a história do autismo / John Donvan e Caren Zucker; tradução Luiz A. de Araújo. — 1ª ed. — São Paulo : Companhia das Letras, 2017.

    Título original : In a Different Key: The Story of Autism.
    ISBN 978-85-359-2901-0

    1. Autismo 2. Distúrbios do espectro autista — História 3. Pessoas com deficiência 4. TEA (Transtorno do Espectro Autista) I. Zucker, Caren. II. Título.

17-02395   CDD-616.85882

Índice para catálogo sistemático:
1. Autismo : TEA : Transtorno do Espectro Autista : Ciências médicas   616.85882

Todos os direitos desta edição reservados à
EDITORA SCHWARCZ S.A.
Rua Bandeira Paulista, 702, cj. 32
04532-002 — São Paulo — SP
Telefone: (11) 3707-3500
www.companhiadasletras.com.br
www.blogdacompanhia.com.br
facebook.com/companhiadasletras
instagram.com/companhiadasletras
twitter.com/cialetras

A Helen e Frank, pelas palavras,
e a Edna, pela luz.
JD

A Jonah, Molly, Mickey e John,
e a mamãe e papai, por tudo que vocês me ensinaram.
CZ

Sumário

Prefácio 11

PARTE I: O PRIMEIRO FILHO DO AUTISMO (DÉCADAS DE 1930-60)

1. Donald 17
2. Uma ameaça à sociedade 27
3. O Caso 1 39
4. Crianças selvagens e loucos santos 51
5. Duplamente amado e duplamente protegido ... 65
6. Uma espécie de gênio 72

PARTE II: O JOGO DA CULPA (DÉCADAS DE 1960-80)

7. A mãe geladeira 85
8. O prisioneiro 15 209 92
9. A culpa de Kanner 100
10. Mordendo a língua 106
11. Mães em armas 115
12. O agitador 123
13. Em casa numa tarde de segunda-feira 137

PARTE III: O FIM DAS INSTITUIÇÕES (DÉCADAS DE 1970-90)

14. "Atrás dos muros da indiferença do mundo" 155
15. O direito à educação 166
16. Tomando o ônibus 173
17. Ver o mar pela primeira vez 190

PARTE IV: COMPORTAMENTO, ANALISADO (DÉCADAS DE 1950-90)

18. O behaviorista 199
19. "Gritos, tapas e amor" 210
20. A aversão aos aversivos 222
21. O "anti-Bettelheim" 230
22. Quarenta e sete por cento 244
23. Olhe para mim 251
24. Do tribunal à sala de aula 260

PARTE V: AS PERGUNTAS FEITAS EM LONDRES (DÉCADAS DE 1960-90)

25. As perguntas feitas 277
26. Quem conta? 285
27. Palavras soltas 291
28. A grande caça aos gêmeos 296
29. Achando as bolas de gude 302

PARTE VI: REDEFININDO UM DIAGNÓSTICO (DÉCADAS DE 1970-90)

30. O espectro do autismo 311
31. O austríaco 320
32. A assinatura 330

PARTE VII: SONHOS E LIMITES (DÉCADAS DE 1980-90)

33. O sonho da linguagem 347
34. A criança lá dentro 355
35. Uma definição esquiva 372
36. O encontro das mentes 378
37. O mágico 390

PARTE VIII: COMO O AUTISMO FICOU FAMOSO (DÉCADAS DE 1980-90)
38. Pondo o autismo no mapa 405
39. Emergência da sociedade 421

PARTE IX: "EPIDEMIA" (DÉCADAS DE 1990-2010)
40. O medo à vacina 441
41. Autism Speaks 460
42. Uma história se desemaranha 472
43. A maior fraude 484

PARTE X: HOJE
44. Encontrar uma voz 497
45. Neurodiversidade 512
46. Um homem feliz 532

Epílogo 545

Cronologia do autismo 551
Notas 565
Referências bibliográficas 610
Nota dos autores 635
Agradecimentos 637
Índice remissivo 645

Prefácio

Os homens também choraram. Em todo o teatro. Nas galerias. Nas poltronas da plateia. A um lado do palco, o apresentador John Stewart foi visto esfregando a bochecha com o dorso da mão. Ele devia se retirar, mas, por ora, preferiu se unir ao público, aplaudindo de pé e se demorando naquela ovação chorosa e alegre para a menina e a cantora em primeiro plano, cujo dueto acabava de superar tudo.

Em 2012, a Noite de Tantas Estrelas era um evento de Nova York, um auxílio ao autismo a cada dezoito meses criado por Robert e Michelle Smigel. Embora fossem muito amigos de Stewart, o mais importante era eles serem os pais de um adolescente chamado Daniel, que tinha uma forma complicadíssima de autismo. Quando Daniel era menor, à época em que perceberam que jamais conseguiriam lhe dar a capacidade de falar — ou alterar a maior parte das outras limitações permanentes a sua independência —, os Smigel descobriram o que *podiam* fazer. Robert, antigo redator e artista do *Saturday Night Live*, conhecia quase todo mundo no teatro. Michelle era uma grande organizadora e muito persuasiva.

A primeira vez que saiu, em 2003, pedindo a contribuição dos amigos para montar um show, o casal levantou pouco menos de 1 milhão de dólares para programas que ajudassem gente como Daniel a tocar a vida. Em 2012, a importância chegou a oito dígitos, e os astros e estrelas convidados a se apresentar consideravam o convite uma honra. Eram grandes nomes: de George Clooney a Tina Fey, de Tom Hanks a Chris Rock e Katy Perry.

Naquela noite de outubro de 2012, foi o dueto de Katy Perry que fez a casa chorar. A música era "Firework", um dos seus maiores solos. Mas foi a menina de onze anos que tocou piano e cantou com ela quem provocou a efusão de emoção. Jodi DiPiazza, diagnosticada com autismo pouco antes de completar dois anos, havia descoberto a música cedo, estudara piano de maneira incansável e idolatrava Katy Perry. Sentada a um meia cauda maciço, com Perry de pé do outro lado, Jodi se pôs a cantar, os olhos fitos em um ponto do espaço acima do teclado. Embora nunca erguesse a vista, todo o teatro reparou no leve sorriso quando, durante a canção, os aplausos irromperam pela primeira vez. Quando a música terminou, Jodi se levantou de um salto e envolveu Perry em um longo e desajeitado abraço que os presentes logo reconheceram como a expressão de uma criança com autismo que, naquele momento, estava felicíssima. Foi quando todos choraram. E quando Robert e Michelle, nos bastidores, souberam que haviam ajudado a criar um momento que duraria mais do que qualquer outro até então criado por eles naquele palco. Tinham razão. Em 2015, mais de 9 milhões de pessoas assistiram ao dueto DiPiazza-Perry on-line.

Apenas uma geração antes, o que aconteceu naquela noite no Beacon Theatre, na Broadway, teria sido nada menos que assombroso. Na época, o autismo estava envolto em vergonha, segredo e ignorância — decerto não era uma causa a que as estrelas do cinema emprestariam seu nome em meio a luzes, limusines e paparazzi. Na verdade, o próprio diagnóstico nada tinha de antigo, datava apenas da Segunda Guerra Mundial. Então, já que existia o rótulo, as crianças que o recebiam — e suas famílias — tinham de enfrentar a ignorância e a intolerância. Eram proibidas de ingressar em escolas públicas e relegadas a instituições, nas quais permaneciam ao longo da idade adulta, com frequência até a morte. Os pais, e particularmente as mães, costumavam ser acusados de haver causado o autismo nos filhos. O autismo era tão pouco pesquisado que não existiam contra-argumentos. A maioria das pessoas mal sabia da existência dessa síndrome, e a palavra "autismo" não significava quase nada para o público em geral. Era uma ironia amarga os pais às vezes serem parabenizados por ter uma filha ou um filho tão "artístico".

Este livro conta como e por que as atitudes culturais para com o autismo mudaram de maneira tão profunda, desde uma época em que o autismo era segregador e quase totalmente mal interpretado até hoje, quando estrelas afluem para um teatro da Broadway a fim de conversar sobre ele e arrecadar milhões para a causa. Trata-se de uma história urdida a partir de várias fontes: memórias de pais e médicos, escritos científicos e documentários há muito esquecidos, recortes de jornal e documentos arquivados, além de entrevistas de mais de duzentas pessoas que têm autismo, estudaram o autismo ou criaram filhos assim diagnosticados. O que surge é um relato do coração, do suor, da obstinação e da luta demonstrados por um elenco sempre em evolução de atores cujo compromisso de mudar o mundo em três ou quatro gerações transformou o autismo, um transtorno que mal chegava a ser reconhecido, no diagnóstico mais falado e mais controverso de nosso tempo.

Milhares se empenharam em produzir esse resultado: médicos e assistentes sociais, educadores e advogados, pesquisadores e escritores. Mais recentemente, os indivíduos com autismo muitas vezes têm desempenhado um papel mais ativo, falando por si mesmos. No entanto, a presença mais constante é a dos pais: mães e pais tomando a defesa dos filhos, às vezes movidos pelo desespero, às vezes pela raiva e sempre pelo amor. Seus objetivos principais — descobrir por que os filhos têm autismo e fazer com que este desapareça — ainda não foram atingidos, ao passo que, recentemente, alguns têm questionado o mérito dos próprios objetivos. Não obstante, os caminhos trilhados por esses pais, as colinas que eles galgaram e os vales em que entraram mapeiam grande parte da paisagem exposta nestas páginas.

A história do autismo é na verdade muitas histórias escritas em diversos continentes e sobrepostas no tempo, e retornando em círculos umas sobre as outras, que podem tornar o enredo difícil de contar e nem sempre fácil de acompanhar. As ideias se influenciam e inspiram mutuamente, personagens importantes fazem uma ponta nas histórias dos demais, e tramas inteiras se desdobram em ritmos diferentes a milhares de quilômetros de distância. Mas foi simplesmente assim que aconteceu. Desse modo, a história do autismo se parece com o próprio autismo. Ambos desafiam qualquer tipo de narrativa simples, retilínea.

E, no entanto, por mais que a história ziguezagueie ou retorne em círculos, há um inequívoco movimento para a frente. Com o tempo, por causa do esforço feito por pais e ativistas — inclusive os muitos para os quais não tivemos espaço nestas páginas —, as atitudes públicas para com as pessoas a que se deu o rótulo do autismo se deslocaram na direção que todos concordariam ser a correta. A crueldade e o abandono que marcaram a história do autismo agora parecem antiquados. Um novo impulso vem se arraigando cada vez mais, o de reconhecer o diferente entre nós e apoiar a sua participação plena no mundo. Esse projeto, naturalmente, ainda é uma obra em andamento. Mas nos coloca a todos no centro da história, neste exato momento.

PARTE I
O PRIMEIRO FILHO DO AUTISMO
(DÉCADAS DE 1930-60)

1. Donald

Em 1935, cinco bebês canadenses, todas irmãs, superaram as cataratas do Niágara na lista das atrações turísticas mais prestigiadas do Canadá.[1] Naquele ano, cerca de 6 mil visitantes percorreram diariamente a Route 11, rumo ao norte de Ontário, com o único objetivo de admirar as meninas. Pouco tempo antes, por ordem do governo provincial, elas tinham sido retiradas da guarda dos pais agricultores para serem criadas num "hospital" construído às pressas não longe da casa da família. Ali teriam água encanada, eletricidade e uma criação "científica" supervisionada em tempo integral por um médico e duas enfermeiras.

Três vezes por dia, na hora marcada, as bebês eram levadas a um "espaço lúdico" gramado a poucos metros do lugar em que uma multidão as aguardava. O público lotava uma galeria de espectadores especialmente projetada, coberta e equipada com telas unilaterais, de modo que as meninas não pudessem ver quem fazia todo aquele barulho. Invariavelmente, no momento em que elas apareciam, um suspiro acolhedor pairava no ar, seguido de murmúrios, grunhidos e palmas dispersas diante das primeiras quíntuplas idênticas sobreviventes, às quais haviam dado apenas horas de vida na noite em que nasceram, em maio do ano anterior.

Exóticas devido à raridade genética, as quíntuplas Dionne se imprimiram de modo indelével em sua geração. Eram um grupo de iguais, embora inigualáveis no exemplo que davam de resistência humana, e as crianças mais famosas do planeta. A futura rainha da Inglaterra as visitaria. Mae West, Clark Gable e Bette Davis fizeram a viagem ao norte, assim como Amelia Earhart seis semanas antes de seu último voo, para não mencionar os milhares de famílias comuns em férias.

Todos ficavam maravilhados, mas, pelo visto, não se deixavam perturbar pela esquisitice e até pela crueldade do arranjo: a separação das meninas dos pais e das outras crianças, seu confinamento num cenário do qual foram autorizadas a sair apenas três vezes em nove anos, a exploração por parte do governo de uma novidade biológica aleatória para levar dólares de turistas a uma província em depressão. Calculou-se que a exibição pública das garotas, conhecida como Quintland, acrescentou 110 milhões de dólares à renda de Ontário naqueles nove anos.

A família também lucrou. Já em plena Segunda Guerra Mundial, quando ganhou uma ação judicial para reunir a família, o pai das meninas andava de Cadillac. Também choveu dinheiro de contratos de filmagem, entrevistas exclusivas e uma série de autorizações que colocaram o rosto das garotas em quase todas as cozinhas dos Estados Unidos: em folhinhas, frascos de calda Karo e caixas de aveia Quaker. Nos anos subsequentes, não houve um único ritual sazonal — véspera de Natal, noite de Halloween, Dia das Mães — sem vistosas reportagens de jornais e revistas a chamarem a atenção dos leitores para as gêmeas Dionne.

Não surpreende, portanto, que as meninas também fossem importantes para um garotinho chamado Donald, que morava em Forest, uma cidadezinha do Mississippi quase tão rural quanto a delas. Embora fosse apenas oito meses mais velho que as gêmeas, Donald já era capaz de dizer o nome de todas: Emilie, Cecile, Marie, Yvonne e Annette.

A única diferença era que, para ele, não se tratava de nomes de meninas. Tratava-se de cores dentro de frascos.

"Annette e Cecile dão violeta",[2] declarava ao desenhar, mostrando seu jogo de vidros de tinta. De certo modo, tinha razão, já que o vidro "Annette" continha tinta azul, e o "Cecile", vermelha. Mas, embora sua teoria das cores fosse correta, sua reação às meninas era peculiar. Ao contrário de todo mundo, Donald não se encantava com a humanidade das quíntuplas ou com o fato assombroso de terem sobrevivido, e sim com a geometria crua de sua semelhança. Elas vinham num conjunto idêntico de cinco. Exatamente como seus frascos. Mas também eram diferentes, como a tinta dentro dos frascos. Parece que era esse paradoxo que lhe chamava e prendia a atenção.

Se isso fosse só uma brincadeira de Donald — uma tolice ou fantasia deliberada —, o que ele chamava de seus vidros de tinta não teria importado muito para ninguém, a não ser para ele próprio. Por certo, essa não seria uma história que valesse a pena contar décadas depois. Mas Donald falava a sério. O azul era Annette e o vermelho, Cecile, firme e sinceramente, estivesse ele desenhando com seus gizes de cera ou conversando sobre um pirulito. Com isso ele era inflexível, e muito mais até.

A palavra "sim", por exemplo, sempre tinha de significar uma única coisa: que ele queria ser erguido e colocado nos ombros do pai. "Você" era o seu modo fixo de dizer "eu", e vice-versa. Algumas palavras, como "crisântemo", "negócio" e "trumpet vine",* Donald as repetia interminavelmente, sem nenhuma intenção decifrável. Certa vez foi visto olhando para o espaço vazio, escrevendo letras no ar com os dedos e comentando enquanto o fazia: "Ponto e vírgula, maiúscula, doze, doze, matar matar; eu podia pôr uma virgulinha".[3]

A maneira como o menino pensava nos números também era singular. Quando ele tinha sete anos, um examinador lhe fez uma pergunta do teste de QI Binet-Simon, como era então chamado: "Se eu comprar balas no valor de quatro centavos e der dez centavos à balconista, quanto ela me devolverá?". "Vou desenhar um hexágono", foi a resposta de Donald. Internamente, era óbvio que as engrenagens se encaixavam, mas elas pareciam escorregar de maneira crucial quando se tratava de se comunicar de maneira clara com os outros. A sua linguagem era de hexágonos e crisântemos, tivesse ela sentido para os demais ou não.

Na verdade, Donald mostrava pouco interesse pelos habitantes do mundo exterior, entre os quais figuravam seus pais. Para o casal, dentre todas as suas peculiaridades, essa era a mais difícil de aceitar: que o garoto nunca corresse ao encontro do pai quando este chegava do trabalho e que nunca chamasse a mãe aos gritos. Os parentes eram incapazes de entabular conversa com ele, e, quando Papai Noel apareceu no Natal, no que parece ter sido uma iniciativa calculada para envolver o garotinho, Donald não deu a mínima para o personagem natalino.

Aparentemente alheio às pessoas a sua volta, ele ficava violento quando suas atividades eram interrompidas, estivesse rabiscando palavras no ar ou girando tampas de panela no chão. Com o tempo, ficou evidente que Donald estava protegendo uma coisa: a mesmice. A rotina pura e íntegra. Ele não tolerava as menores alterações em seu ambiente físico. Os móveis não podiam mudar de lugar, as

---

*Flor com forma de trombeta da *Campsis radicans*, planta nativa dos Estados Unidos. (N. T.)

caminhadas fora de casa tinham de repetir exatamente os passos já dados e os brinquedos precisavam ficar exatamente como ele os havia deixado. Qualquer coisa fora do lugar desencadeava violentos ataques de raiva.

Evidentemente, Donald tinha de se lembrar da disposição das coisas e, para tanto, contava com sua assombrosa capacidade de recordar. Podia observar o pai ensartando contas de cores diferentes e, a seguir, reproduzir a ordem sem olhar uma só vez para a cadeia original. Conseguia reconstruir uma torre de blocos que havia sido derrubada exatamente como era, cada lado de cada bloco voltado para a direção original. Aos dois anos, tendo dominado o alfabeto com facilidade, aprendeu logo a recitá-lo invertendo a ordem das letras. Nada chegava a ser um desafio, contanto que a ordem nunca mudasse, para a frente e para trás.

Mais estranho que esses comportamentos em si era o fato de eles se emparelharem numa combinação distinta de déficits e talentos. E, entretanto, essa constelação de comportamentos que plasmavam a personalidade de Donald de modo tão abrangente e dramático não tinha nome. Por esse motivo, sua mãe chegou à única conclusão que fazia sentido para ela, contando com as únicas palavras que lhe ocorriam. Com remorso e pesar, escreveu uma carta em que confessava que o seu garotinho era "irremediavelmente louco".[4] Ainda não se inventara o diagnóstico do "autismo".

Mary Triplett, a mãe de Donald, foi quem mudou isso. Ela e o marido só pretendiam obter ajuda para o filho, mas, para tanto, desataram uma cadeia de acontecimentos que culminariam na descoberta do autismo em Donald e na publicação da primeira descrição internacionalmente reconhecida da síndrome numa publicação médica.

Mas antes que isso acontecesse os pais de Donald teriam de desfazer um erro que haviam cometido e do qual se arrependeram quase de imediato. Precisavam trazê-lo de volta para casa.

A última vez que os três haviam estado juntos como uma família tinha sido mais de um ano antes. Saíram de Forest rumo ao sul, uma hora de viagem pela frente — no máximo duas. Mas não se podia esperar que Donald, com quatro anos incompletos naquele verão de 1937, entendesse o que era o transcurso de uma hora e muito menos adivinhasse que, quando a viagem chegasse ao fim, sua mãe e seu pai desapareceriam por completo de sua vida.

Ele tinha medo de subir ou entrar em objetos móveis. Velocípedes infundiam-lhe um pavor mortal. Balanços o aterrorizavam. Mas acomodado entre os pais no banco dianteiro do Buick, Donald podia se reclinar na mãe se quisesse. Na verdade, nunca havia de fato clamado por ela, nunca a fitara num momento de ternura. Durante aquela viagem, não lhe dirigiria o olhar nem lhe sorriria, e ela sabia disso.

Essa era a coisa mais difícil para Mary: a extrema indiferença emocional de Donald a sua presença. O menino ao seu lado parecia não se importar se ela o afagasse, beijasse ou abraçasse. Se virasse o rosto e ficasse olhando pela janela aberta, perdida em pensamentos, Donald jamais a agarraria nem choraria para recuperar sua atenção. Um dos prazeres mais básicos que um pai ou mãe sente — o de ser amado — parecia esquivar-se dela, por mais que as outras jovens mães de seu círculo dessem isso por líquido e certo. Decerto o amor de um filho pela mãe era instintivo, a ordem convencional das coisas. E, se Mary sabia algo a respeito de si mesma, era que ela sempre passava a maior parte do tempo em casa, dentro dos limites do convencional, e se dava incomparavelmente bem.

Isso não quer dizer que ela fosse medíocre. Havia sido criada para obter o melhor da vida, com a enorme vantagem de ter nascido numa das famílias mais importantes de Forest, com mais dinheiro e instrução do que a maioria das outras meninas.[5] Não que houvesse muita competição. Embora Forest fizesse questão de se chamar de cidade, nunca passara de um lugarejo rural. Mesmo depois de bater em todas as portas da comunidade em 1930, os recenseadores não chegaram a contar mais que 3 mil almas. É verdade que havia um centro muito animado: uma barbearia, um salão de beleza, mercearias e lojas de móveis, várias igrejas, um tribunal, uma estação ferroviária e uma escola pública que atendia as crianças brancas de Forest e das cidadezinhas circundantes.

No entanto, a taxa de evasão escolar sempre fora um problema e continuaria sendo até um futuro distante em todo o Mississippi, onde a pobreza, o analfabetismo e uma expectativa de vida menor que a média eram a persistente maldição tripla do estado. Apesar da presença de duas boas universidades, a Ole Miss e a arquirrival Estadual do Mississippi, assim como de uma vasta e talentosa rede de médicos, advogados, engenheiros, jornalistas e alguns artistas e escritores extraordinários, lá reinava uma inércia cultural e política — uma resistência ao progresso, uma preferência pelos modos tradicionais.

Mesmo quando o movimento pelos direitos civis afinal chegou ao Mississippi na metade da década de 1960, abalando o status quo, a agitação entrou mais devagar no condado de Scott, no qual se situava Forest e onde os afro-americanos em geral não tinham oportunidade de votar. Ainda em 1957, as lideranças do município pressionaram a fanfarra da Forest High School a abrir um jogo de futebol americano com "Dixie" em vez de com "The Star Spangled Banner",* que, para elas, era o símbolo de uma nova ordem opressora.[6] A direção da escola cedeu.

Mary era uma McCravey, filha de J. R. McCravey, um dos fundadores do Bank of Forest, em operação até hoje. Presbiterianos conservadores, os McCravey tinham pouco incentivo para subverter a ordem social, se bem que os pais dela cultivassem aspirações mais sofisticadas do que criar mais uma beldade sulista moderadamente instruída. Tiraram Mary da escola pública para matriculá-la num colégio presbiteriano particular de moças em Jackson, a oitenta quilômetros de distância. Alguns anos depois, ainda em Jackson, ela ingressou no Belhaven College, uma faculdade para mulheres cristãs.

Mary foi bem em Belhaven, onde a nomearam gerente do anuário, elegeram-na representante de classe e onde ela se graduou em inglês. Embora a pós-graduação fosse uma opção, preferiu passar diretamente para o magistério, uma das carreiras mais promissoras para as relativamente poucas mulheres com ensino superior do país. Ela entrou no departamento de inglês de uma escola pública que preparava adolescentes sobretudo para a vida agrícola.

A etapa seguinte para Mary, estava claro, seria o casamento seguido da maternidade. Por ora, ela continuaria trabalhando, mas, como ocorria com toda mulher solteira de sua idade em Forest, sua ambição naquela fase da vida — que idealmente devia ser breve — era ser cortejada.

Não precisou esperar muito. Embora não fosse bonita, tinha uma segurança atraente; o cabelo curto, as joias modestas e os vestidos simples indicavam que ela se sentia bem consigo mesma. Sem contar, é claro, que sua família era dona daquele banco.

Mary teve mais de um pretendente, mas acabou se decidindo por um rapaz da cidade chamado Oliver Triplett. Conhecido por todos pelo nome do meio, Beamon, ele era filho do ex-prefeito.[7] Ativo no escotismo, dava aula regularmente na escola dominical da igreja presbiteriana, na qual sua irmã era organista. O lado

---

* "Dixie": uma canção popular dos estados sulistas; "The Star Spangled Banner": o hino nacional dos Estados Unidos. (N. T.)

inusitado de Beamon era ter saído de casa para concluir o estudo de direito em Yale, ao norte, para depois retornar e abrir seu escritório em cima da uma loja de esquina em frente ao tribunal do condado.

Mary e Beamon se casaram em 19 de junho de 1930. Ela tinha 25 anos; ele, 27. Donald nasceu pouco mais de três anos depois, no dia 8 de setembro de 1933.

Os dois não notaram nada de estranho no começo, mas, na época, não tinham experiência anterior em que se basear. Em termos físicos, Donald era perfeitamente normal; aprendeu a se sentar e a andar no tempo certo e até começou a falar um pouco cedo.[8] Um desgastado álbum de família mostra um bebê e depois um garotinho que às vezes olha direto para a câmera. Numa foto ao que parece tirada antes que ele completasse um ano, seu olhar está tão atentamente voltado para a frente quanto o do avô, em cuja perna direita está sentado. Em outra, na qual aparenta uns dois anos, Donald aparece sozinho no jardim da família, de costas para a câmera e com uma espécie de veículo de brinquedo nas mãos. Mas o rosto e os olhos estão voltados para a objetiva, com um sorriso que parece endereçado ao fotógrafo, como se, um instante antes, tivesse ouvido chamarem seu nome e agora estivesse olhando para trás a fim de ver quem era.

O álbum mostra que os momentos de conexão vão se tornando menos frequentes à medida que Donald fica mais velho. Ele sorri menos, e um desconforto se insinua: desconforto de ser carregado, ou de ter de ficar sentado e quieto, ou de ser obrigado a parecer "natural" com os pais e tias e avós que estão perto dele de blusa ondulada, gravata-borboleta, chapéu de palha e suspensórios. Em quase todas as fotografias, todos sorriem e concentram a atenção na câmera — todos salvo Donald, que olha em direções aleatórias, as pernas e os braços nus flácidos.

Mary teve de admitir para si mesma que Donald não era "normal", fosse qual fosse o significado dessa palavra. Tampouco o era a vida de Mary como mãe dele. Agora todas as suas horas pertenciam a Donald, mesmo quando ele chegou à idade em que as crianças começam a ficar mais autossuficientes. Com quase quatro anos, ainda não conseguia se alimentar,[9] de modo que ela ficava ao seu lado em todas as refeições, entregando-lhe a xícara, levando a colher a sua boca, convencendo-o a comer. Donald não tinha noção de perigo, no entanto, tornava-se cada vez mais capaz de se colocar em situações perigosas. Podia, por exemplo, abrir o trinco de uma janela do primeiro andar ou sair e ir para o meio da rua; não lhe ocorria a possibilidade de cair da janela ou de ser atropelado. Precisava de um anjo da guarda, e sua mãe exercia essa função, seguindo-o em suas misteriosas incursões de um cômodo a outro durante as horas de vigília.

Isso exigia uma quantidade inesgotável de energia, mas, de algum modo, Mary encontrava novas maneiras de seguir tentando reverter o que quer que houvesse de errado com o filho. Conversava com ele, embora fosse sempre uma conversa unilateral. No entanto sabia que Donald a ouvia, pois ele demonstrava um dom surpreendente de recordar o que ouvira. Foi o que Mary viu em dezembro de 1934, quando se pôs a cantar cantigas de Natal em casa. Súbito, Donald, com apenas quinze meses, também começou a cantá-las, palavra por palavra. Logo depois, decorou as 25 perguntas e respostas do catecismo presbiteriano.[10]

Mary também se dedicou a aprender os muitos e complicados rituais do filho. Sua necessidade extrema de mesmice tornava-o violentamente inflexível com uma série de rotinas inventadas por ele próprio. Muitas delas eram verbais, como o conjuro do café da manhã: "Diga 'Coma isso senão eu não lhe dou tomates, mas, se eu não comer eu vou lhe dar tomates'".[11] Não tinha nenhum sentido óbvio, mas isso não importava. Se Mary não dissesse as palavras exatamente conforme as instruções, Donald se punha a berrar, todos os músculos visivelmente distendidos de agonia. Assim, ela passou a ser sua parceira naquela estranha performance, assumindo uma série de papéis que a mantinham o tempo todo ao lado dele. Em um mundo repleto de variáveis, Mary era a constante em sua vida, confiante e incansavelmente presente.

E assim, quando os três foram para o sul naquele dia pela Mississippi 35, talvez Mary tenha se permitido pensar que sua presença junto a Donald o ajudava a relaxar. É provável que tivesse razão em certo nível. Dentro do carro, ela representava o familiar. Lá fora, tudo teria se precipitado sobre Donald numa estrepitosa avalanche de imprevisibilidade — justamente aquilo que mais o agitava. As visões e os ruídos que passavam e ficariam despercebidos pela maior parte de nós — o feio arroto de um trator soltando fumaça numa plantação; a massa de roupa a se sacudir num varal; o som inesperado de um rádio a estalar pela janela de um carro que ia em sentido contrário; para não falar no balançar e roncar do automóvel em que ele estava — teriam se desatado numa revolta assustadora, espontânea, mais rápida do que a mente de Donald podia entender. É fácil imaginá-lo encostado no flanco da mãe diante daquela investida, não necessariamente para lhe chamar a atenção, mas porque ela era uma constante em sua vida. Era a mesma de sempre, exatamente como ele precisava que as coisas fossem.

Mas Donald ia abandoná-la, e ao pai também. Os três estavam a caminho de uma cidadezinha chamada Sanatorium, Mississippi, e de um estabelecimento conhecido como Preventorium, fundado em 1930.[12] Situado numa pequena elevação, era um prédio curioso, inesperadamente bonito e ousado entre os pinheiros. Ao lado da entrada de automóveis, seis enormes colunas brancas sustentavam um telhado alto, deitando sombra nos degraus e na varanda. Dentro, os quartos e corredores do Preventorium estavam dispostos de modo a replicar um crucifixo duplo.

O Preventorium acolhia exclusivamente crianças brancas com idade entre quatro e onze anos, até cinquenta em qualquer época, todas, como prometiam aos pais, sob os cuidados do estado de Mississippi para residir "sob constante supervisão médica especializada". No sentido mais literal da palavra, aquelas crianças estavam "institucionalizadas". Em breve haveria mais uma entre elas. Como Donald ainda tivesse apenas três anos, o estado teria de abrir uma exceção em recebê-lo, mas isso já havia sido combinado com antecedência.

No Preventorium, as despedidas eram administradas de maneira abrupta, com pouco tempo para delongas e lágrimas. Cecile Snider, uma residente daquela época, recorda que nem mesmo sua mãe explicou por que ela tinha sido levada àquele dormitório elegante que parecia vagamente um templo grego de paredes vermelhas. Ela tinha seis anos e, confiante, havia seguido a mãe entre os dois pilares enormes que emolduravam a entrada. Duas horas depois, quando a mãe se foi sem ela, Cecile não compreendeu de todo que agora estava sozinha e passaria meses sem vê-la. Uma das enfermeiras se apoderou de sua estimada boneca Shirley Temple — que ela nunca mais voltaria a ver — e a levou para as estantes de brinquedos, jogos e livros comunitários. Outra enfermeira tirou-lhe a roupa e os sapatos com que ela viera de casa. Dali por diante, vestiria calça curta branca, blusa branca sem manga e andaria descalça, como todas as crianças do Preventorium. Essa separação a perseguiria até a idade adulta.

Donald, porém, já parecia emocionalmente separado da família e de qualquer outra pessoa que porventura estivesse por perto. Sempre que entrava num ambiente novo, tinha o hábito de não fazer caso das pessoas presentes e de se dirigir diretamente aos objetos inanimados que lhe chamassem a atenção: clipes de papel ou almofadas ou um cinzeiro — em especial coisas que ele pudesse fazer girar. Absorto nesses objetos novos, Donald não deve ter se dado conta do estado de espírito então reinante, decerto não viu a tensão nos olhos dos pais quando eles se agacharam para a despedida final. Quando muito, há de ter se irritado com a interrupção.

Mary e Beamon viram a enfermeira segurar a mão de Donald e levá-lo pelo corredor ao lugar em que o aguardava um uniforme ainda engomado. Então deram meia-volta, passaram uma vez mais pelos pilares da frente e foram para o carro. Não devem ter tido muito que dizer durante a longa viagem de volta.

2. Uma ameaça à sociedade

Não tinha sido ideia deles mandá-lo para lá.

Vocês o sobre-excitaram.[1] Foi esse o veredicto do médico referente à abordagem de Mary da criação do filho, e é muito provável que ele o tenha exprimido nesses termos, palavra por palavra — com a clara implicação de que ela havia feito algo errado. O mesmo especialista também afirmara que ficar separado dos pais era a melhor opção para Donald — a única, na verdade.

Outra coisa havia contribuído para convencê-los. Em 1937, Donald parou de comer.[2] Sempre tinha sido difícil alimentá-lo, mas então, no fim do terceiro ano de vida, ele passou a recusar tudo. Foi essa perda de apetite que acabou reforçando a ideia de interná-lo. Mary e Beamon podiam dizer a si mesmos e aos outros que Donald estava ausente por motivos de saúde.

O programa dietético do Preventorium tornava isso plausível de maneira tranquilizadora. A administração fazia publicidade da sua principal proposta terapêutica focada na alimentação. Além disso, a permanência de Donald naquela instituição não duraria eternamente. Muitas crianças voltavam para casa em três ou quatro meses. Algumas chegavam a ficar seis meses. Já se havia falado em nove, mas era exagero. Todas voltavam para casa mais sadias do que estavam ao serem internadas. Era exatamente isso que Mary e Beamon precisavam dizer a quem quisesse saber do paradeiro de Donald.

Na verdade, Donald voltou a comer no Preventorium, ainda que por causa da norma rigorosa que obrigava cada criança a comer tudo que estava no prato. Mas seu isolamento social — o verdadeiro motivo da internação — continuou sendo um problema, de modo que ele permaneceu lá além do limite de três meses, depois de seis meses, de nove e de doze meses. Aos quatro anos, Donald era tanto o residente mais jovem quanto o mais antigo do Preventorium.[3]

Naturalmente, os Triplett não tinham de seguir o conselho do médico de mandar Donald para lá. Mas seria estranho desconsiderar a melhor recomendação médica depois de passar tanto tempo a sua procura.

Os Triplett lançaram mão de tudo que estava a seu alcance na tentativa de encontrar uma resposta para o filho. Tinham dinheiro e, portanto, acesso aos melhores instrumentos tecnológicos da época: carro e telefone. Também tinham influência para fazer com que Donald fosse examinado pelos médicos mais conceituados. Levaram-no à Clínica Mayo, em Minnesota, e, mais perto de Forest, consultaram John Bullock, o vice-presidente em exercício da Sociedade de Pediatria do estado do Mississippi.

No tempo de Donald, aqueles médicos, depois de examiná-lo, provavelmente empregariam termos como "defeituoso" para classificá-lo. E quando a criança recebia esse rótulo — em virtude de síndrome de Down, epilepsia, traumatismo cranioencefálico ou por motivos que os médicos não sabiam explicar —, os pais não tardavam a ser informados do que se esperava deles: que internassem o filho. Seguindo ordens médicas, milhares fizeram isso.

Sem dúvida, a recomendação de institucionalizar não tinha o intento de ser cruel, assim como a palavra "defeituoso" não pretendia ser depreciativa. Na época, era apenas um termo médico que denotava uma discrepância do funcionamento normal, igualmente aplicável a uma válvula cardíaca defeituosa. O mesmo valeu, de início, quando palavras como "idiota", "imbecil" e "retardado" eram empregadas, em 1902,[4] para designar pessoas que operavam com "idade mental" de — respectivamente — menos de três anos, de três a sete anos e de sete a dez anos.

Durante a primeira metade do século XX, o dicionário da deficiência também incluía "cretino", *"ignoramus"*, "maníaco", "lunático", "mentecapto", "debiloide", "bobo", "demente", "alienado", "esquizoide", "espástico", "débil mental" e "psicótico". Presente em palestras e escritos acadêmicos, esses termos, quando usados pelos médicos, não pretendiam senão ser clinicamente descritivos e específicos.

Inevitavelmente, porém, cada uma dessas palavras era cooptada pelo público e empregada fora do contexto clínico com o intuito de zombar, ofender e estigmatizar. Tais alterações de significado obrigaram a primeira organização profissional americana para deficiência intelectual a passar por cinco mudanças de nome na história.[5] Fundada em 1876, a Associação de Agentes Médicos de Instituições Americanas para Pessoas Idiotas ou Débeis Mentais passou a ser, em 1903, a Associação Americana para o Estudo dos Débeis Mentais. Em 1933, foi renomeada Associação Americana para Deficiência Mental. Em 1987, tornou-se Associação Americana para Retardamento Mental e, em 2006, Associação Americana para Deficiências Intelectuais e de Desenvolvimento. Há muito que "retardado", outrora um dos termos mais neutros do vocabulário da deficiência — maneira pretensiosa de dizer "atrasado" —, passou a ser a raiz de vários insultos na cultura em geral.

Outro vocábulo dessa categoria era "mongoloide", empregado para designar pessoas nascidas com síndrome de Down. Mais tarde considerado como um insulto duplo, devido às conotações raciais, antes era tão amplamente aceito que Benjamin Spock usou uma variante dele na primeira edição do seu best-seller sobre criação de filhos.[6] O termo foi retirado das edições ulteriores, junto com os conselhos de Spock aos pais de crianças com síndrome de Down. Sua recomendação original era, naturalmente, nada mais que a sabedoria convencional da época — o conselho dado a quase todos os pais quando lhes contavam que seu filho ia crescer para ser muito diferente do "normal".

Para os pais que planejavam simplesmente aceitar o filho, torná-lo parte da família, o conselho dos médicos era duro.

Não.

"Você sabe mais do que pensa que sabe", disse Spock às mães no clássico *Meu filho, meu tesouro*, publicado pela primeira vez em 1946. Foi a frase mais citada de uma obra que seria traduzida para 39 idiomas e viria a ser um dos livros mais vendidos da história. Esse sentimento tranquilizador, como o próprio livro, falava ao coração de mulheres jovens que se sentiam aturdidas com o pulular de uma profusão de "experts" a darem conselhos sobre criação de filhos nos Estados

Unidos do início do século XX. Muitas mães começaram a temer que estivessem fazendo tudo errado — arruinando a vida dos filhos e falhando naquela que os especialistas apresentavam como a contribuição mais importante da mulher para a sociedade.

Mas eis que surge um Benjamin Spock — egresso de Harvard e pediatra — e manda todo mundo simplesmente relaxar. Ele zombava da opinião prevalecente segundo a qual a vida dos bebês combinava com horários rigorosos e não convinha mimar nem dar demasiada atenção. Era inteiramente favorável ao amor e ao carinho e defendia que as mulheres confiassem na intuição.

Mas, na primeira edição de 1946, Spock estabeleceu limites quando um bebê mongoloide entrava em cena. Numa seção intitulada "Problemas especiais", instou com veemência que crianças como essas fossem confiadas a uma instituição, e o mais depressa possível. "Normalmente se recomenda que isso se faça logo depois do parto", escreveu. "Assim os pais não ficam excessivamente apegados a uma criança que nunca se desenvolverá muito e têm mais atenção para dar aos filhos que deles precisam." Numa edição posterior, ele pareceu reconhecer que os pais podiam relutar em tomar semelhante atitude. "Se a internação numa casa de repouso ou escola se mostrar inevitável", escreveu, "é melhor que a sugestão parta de um profissional e não caiba aos pais, que se sentem muito culpados pensando nisso."

A pressa de institucionalizar as crianças mentalmente prejudicadas no início do século XX, quando era grande a vergonha ligada a um filho que não fosse "normal", significava que pouquíssimas famílias discutiam em público o desafio de criá-las. Quase não existem memórias da criação de filhos deficientes nessa época, e as poucas que foram publicadas mostram claramente a pressão exercida sobre os pais para que livrassem o lar de crianças cujas deficiências podiam ser um fardo para toda a família.

O advogado John P. Frank fez um comovente relato justamente dessa luta em seu livro *My Son's Story* [A história de meu filho], de 1954. Petey, o filho de Frank, nasceu em 1947 com má-formação cerebral, coisa que lhe prejudicou gravemente o crescimento, a fala e o intelecto. A ideia de interná-lo numa instituição aos dois anos de idade partiu o coração de Frank, mas ele não questionou a necessidade de fazê-lo, já que essa foi a recomendação de todos os médicos que consultou.

Além disso, Frank recebeu sentidas cartas não de um, mas de dois juízes da Suprema Corte, na qual ele trabalhara, que também defendiam a separação. O magistrado Wiley Rutledge lhe falou de uns amigos íntimos que hesitaram em institucionalizar uma menina deficiente e acabaram se arrependendo. "Os pais teriam vivido muito melhor durante esses longos anos de sofrimento",[7] escreveu Rutledge, se a tivessem internado antes. O juiz Hugo Black mencionou uma família cuja decisão de criar em casa um menino intelectualmente deficiente tinha "sido uma maldição na vida dos pais e dos filhos".[8] E exortou seu ex-funcionário a evitar o mesmo erro e achar um lugar adequado para Petey. No fim, arranjou-se a internação num estabelecimento em que o garoto ficou sob os cuidados de freiras e em que sua mãe o visitou regularmente até o fim da vida. Petey morreu lá em 2010.[9]

Tal como Beamon Triplett, John Frank era um advogado instruído. Spock achava que a classe social e o grau de instrução eram partes importantes da decisão de institucionalizar. Quanto mais elevada fosse a posição da família na escala social, tanto mais lógico era internar o filho. Em uns poucos casos, escreveu ele, se a criança fosse de fato "sensível, amada e querida pela família, todos serão mais felizes se ela ficar em casa".[10] Mas, em sua opinião, a vergonha se opunha a esse resultado. "Muito tristemente", escreveu, "a criança cujos pais têm apenas um grau médio de instrução e são felizes vivendo numa escala modesta se sai melhor."

De modo que, tanto antes quanto depois de Spock, houve legiões de bebês e crianças pequenas exilados do lar, em geral para sempre. Com frequência, as famílias adiavam alguns anos a separação porque as instituições tendiam a não aceitar as crianças mais novas. Era uma etapa que os pais passavam isolados, confidenciando-se apenas com pessoas do seu círculo íntimo. E, por mais que os médicos, os amigos e Spock tentassem persuadir essas mães e esses pais a não sentirem vergonha, o silêncio que acompanhava o desaparecimento não fazia senão reforçar tal sentimento. Eles haviam se livrado dos filhos em segredo, e, com o tempo, os próprios filhos se tornavam um segredo do qual não se falava mais.

Havia um brilho nos olhos de Donald antes do Preventorium. Independentemente das suas peculiaridades, ele sempre fora barulhento e ativo, curioso e criativo. Sim, pessoas pareciam desconcertá-lo, mas com *coisas* Donald tinha uma relação sólida e satisfatória. Podia ficar fascinado com números e notas ou se perder na contemplação de listas e padrões. Aqueles objetos e abstrações eram suas conexões com o mundo, seus pontos de toma lá dá cá. Mesmo quando se mostrava exigente e teimoso, ele era uma presença incontrolável. Mas tudo isso morreu no Preventorium, e quase tudo de uma vez.

Existe uma fotografia de Donald desse período, num pequeno relatório de capa dura publicado em 1939. Intitula-se *The Mississippi State Sanatorium: A Book of Information* [O Sanatório do estado do Mississippi: Um livro de informação] e, na página 33, damos com Donald, concreto e melancólico, posando numa escada. A legenda da foto diz "Crianças do Preventorium", e Donald nela aparece cercado de uma dúzia de crianças que, é evidente, estavam reagindo a algo divertido. Elas sorriem, tomadas de surpresa pela piada, uma garota ri por trás dos dedos, as demais sorriem para alguém atrás da câmera ou umas para as outras.

Todas menos Donald. Sentado no centro, o menor de todos, ele está rígido, os olhos fitos na objetiva, um olhar parado e morto, os lábios comprimidos numa ligeira carranca. Donald se tornou silencioso. A tempestuosa bola de fogo que sua mãe mal conseguia conter havia se "desvanecido fisicamente",[11] segundo um médico que o examinou. Embora o lugar fosse um turbilhão de atividade, a rotina diária repleta de refeições, aulas, visitas ao parque infantil e horas de sesta, o médico notou que Donald "ficava sentado e imóvel, sem prestar atenção em nada".[12] Blocos, livros, caminhões de brinquedo, panelas e frigideiras — ele deixou de querê-los. Mais tarde o médico concluiu: "Parece que ele teve a sua pior fase aqui".[13]

Seus pais hão de ter visto como Donald ia mal no Preventorium. O estabelecimento autorizava duas visitas mensais dos parentes, sempre ao ar livre. Numa tarde, durante uma dessas visitas, alguém tirou uma fotografia de Donald e o pai juntos no relvado grande. O dois estão de frente para o fotógrafo, Beamon agachado, de modo que olha para o filho de baixo para cima, as mãos ao redor da cintura de Donald. Beamon abre um sorriso largo, insinuante, esforçando-se para que a foto saia boa. Donald está com uma expressão difícil de interpretar — algo entre a queixa e a confusão. O garoto que outrora sorria para a câmera já não sorri.

Essas visitas sempre acabavam com Donald sendo levado para dentro por entre as imponentes colunas brancas, e com Mary e Beamon indo embora de carro, calando sobre qualquer intuição que tivessem de levá-lo de volta para casa.

Em 1938, Mary e Beamon tiveram outro filho, um menino, a quem deram o nome de Oliver. Ele nasceu em maio, cerca de nove meses depois que levaram Donald para o sanatório. Foi como se eles estivessem recomeçando. Muitas e muitas vezes diziam a Mary coisas como: *Toque a vida para a frente. Tenha mais filhos. Dedique-se aos que podem se beneficiar com isso.* Agora ela parecia estar obedecendo pelo menos à segunda parte da prescrição. E não havia a menor dúvida de que, depois da partida de Donald e antes que nascesse o segundo filho, a casa dos Triplett tornou-se um lugar mais *conveniente* para morar, mais parecida com aquela em que Mary fora criada. Na qual ela e Beamon podiam ter uma conversa tranquila durante o jantar; na qual não hesitavam em receber visitas; na qual ela pelo menos podia dormir um bom sono toda noite.

Com a chegada do bebê Oliver, os três podiam sair e parecer, para qualquer transeunte, uma típica família americana jovem, acompanhada de seu bebê, os pais concentrados no futuro dele. Enfim estavam vivendo o modelo de paternidade que Mary e Beamon haviam imaginado para si — aquela de que as revistas falavam quando davam conselhos sobre como sobreviver ao estresse e às incertezas capazes de oprimir uma jovem mãe.

Para Mary, a normalidade daquele estresse era uma bênção. Ao mesmo tempo, ela sabia que, se os eventuais transeuntes soubessem da existência de Donald, muitos teriam reavaliado o "casal modelo" que passava com o bebê no carrinho. Mesmo no exílio, Donald seria visto como uma mácula na família. As reações oscilariam entre a pena e o desprezo, pois os valores da época eram implacáveis. As genealogias de Mary e Beamon, uma vez cruzadas, haviam produzido uma criança "defeituosa".

Não há como saber quanta vergonha Mary e Beamon sentiam, mas sabemos que, durante a juventude deles, houve uma campanha feita por americanos inteligentes, entusiastas e influentes que acreditavam que crianças como Donald representavam um perigo para a sociedade e, pior, não eram de todo humanas. Essa campanha teve um efeito enorme sobre a maneira como a deficiência mental passou a ser percebida nos Estados Unidos, não só quando Donald era criança como também nas décadas subsequentes. De um modo muito real, Donald, aos quatro anos de idade e trancafiado, tendo apenas os pais para defendê-lo, tinha inimigos lá fora.

Se existia uma família modelo, só podia ser a dos Kelley, de Isle of Hope, Geórgia. A manchete do *Savannah Press* contou a história em 1924: "Os Kelley vencem o concurso Famílias Mais Aptas".[14] E estampou a fotografia dos ganhadores da medalha: James Kelley, professor e diretor de escola, aparece sério, mas sereno, sentado entre as duas filhas jovens e arrumadas, Elizabeth e Priscilla; a esposa, também identificada como professora, mas sem que informem seu nome, está de pé atrás deles, e também não sorri.

Suas notas, registradas quando os Kelley se achavam na Feira Estadual da Geórgia, assombraram a organizadora do concurso, uma certa sra. Watts, que se surpreendeu ao encontrar tanto talento numa parte do Sul em que não havia organizado testes até então. "Por ora, Kansas continua tendo a família de melhor nota", declarou ela ao repórter do *Press*, "mas isso é uma questão de quanto tempo eles conseguem mantê-la. A Geórgia é uma segunda colocada muito próxima."

Presença matronal de aparência impecável, com um colar de pérolas que lhe chegava à cintura, a sra. Watts vinha organizando Concursos Família Mais Apta em todo o Sul e o Centro-Oeste desde 1921. Em vários anos subsequentes, também se realizaram tais concursos no Texas e na Louisiana, assim como bem mais ao norte, em Michigan e em Massachusetts, em geral com generosa cobertura jornalística. Tratava-se de uma informação de grande interesse humano.

A sra. Watts montava seus concursos nas feiras agrícolas estaduais e sempre os programava para coincidir com o evento principal: o concurso de gado. Os pecuaristas levavam para lá as suas reses mais vistosas, os seus porcos mais perfeitos, para disputar as fitas azuis. Os jurados, também fazendeiros, premiavam os animais que mais se aproximassem dos exemplos perfeitos de sua espécie. O gado bem selecionado, quando cruzava muitas e muitas vezes, ocasionava uma melhora infindável da raça.

A sra. Watts tinha o mesmo objetivo para os seres humanos. "Enquanto os jurados [do gado] testam os holstein, os jersey e os hereford", disse ela uma vez, "nós testamos os Jones, os Smith e os Johnson."[15] E quando declarou que os Kelley eram "do tipo mais elevado", quis dizer que eram o tipo de americanos que devia ser estimulado — exortado até — a procriar.

Os candidatos eram examinados por uma equipe de experts[16] composta de um dentista, um psicólogo, um psiquiatra, um patologista, um pediatra e um historiador. Submetiam-nos a exame de urina, mediam-lhes o crânio, avaliavam a ordem do alinhamento e a durabilidade do esmalte de seus dentes. Arguiam-nos sobre doenças infantis, ossos fraturados e regime de banho. As mães eram convidadas a fornecer uma lista das refeições diárias, para uma avaliação pela porcentagem de proteína versus não proteína. E observavam cada membro da família mastigando a comida, com notas dadas quando isso se fazia "muito devagar" ou "muito depressa". Ademais, crianças e adultos tinham de se submeter a um teste de QI escrito e cronometrado.

Mas, para cada participante, o essencial era a genealogia. Os Concursos Família Mais Apta destinavam-se a instruir as massas: dar-lhes um entendimento rudimentar de que a genética determinava tudo quanto era bom e ruim na sociedade americana moderna. À entrada da barraca da competição, um cartaz pintado à mão expunha um aviso urgente:

A CADA 48 SEGUNDOS NASCE NOS ESTADOS UNIDOS UMA PESSOA QUE, MENTALMENTE, JAMAIS PASSARÁ DA FASE DE UM MENINO OU MENINA NORMAL DE OITO ANOS.

Outro cartaz acrescentava perspectiva:

A CADA QUINZE SEGUNDOS, CEM DÓLARES SÃO TIRADOS DO SEU BOLSO PARA FINANCIAR A ASSISTÊNCIA A PESSOAS COM HEREDITARIEDADE RUIM, COMO OS LOUCOS, OS DÉBEIS MENTAIS, OS CRIMINOSOS E OUTROS DEFEITUOSOS.

E o terceiro oferecia esperança:

A CADA SETE MINUTOS E MEIO NASCE UMA PESSOA DE QUALIDADE SUPERIOR NOS ESTADOS UNIDOS.

Uma lâmpada elétrica fixada junto a cada cartaz acendia a intervalos adequados: a cada 48 segundos, a cada quinze segundos e, com muito menos frequência, a cada sete minutos e meio. A boa hereditariedade estava ficando para trás em um ritmo alarmante.

Devia ser um choque brutal para as famílias que entravam naqueles concursos preocupadas com a terrível mensagem das lâmpadas e saíam com nota ruim. Naquele dia, deixavam a feira estadual marcadas como inaptas para os Estados Unidos. Mas esse não deixava de ser um conhecimento útil, pois, se a esperança da sra. Watts quanto a esses concursos se realizasse, a família reprovada trataria de jamais procriar, pelo bem da sociedade.[17] E as famílias "de raça" saberiam que não deviam deixar sua prole se acasalar com a de uma família desgraçadamente arruinada.

A categoria do rebanho como um todo só melhora quando os seus melhores membros são autorizados a reproduzir. Obviamente, isso também se aplicava aos seres humanos.

Mary e Beamon Triplett chegaram à idade adulta na época dos Concursos Família Mais Apta. As pessoas com menos capacidade mental eram consideradas uma ameaça à sociedade, e justificavam-se medidas extremas para eliminar essa ameaça. Isso não era mera teoria e estava longe de ser benigno, como imaginava a sorridente sra. Watts com seus concursos pitorescos. Sua operação era simplesmente o varejo de um movimento científico, político e filosófico que, nas duas décadas anteriores ao nascimento de Donald, havia se empenhado em propor que crianças como ele não mereciam nascer.[18] No movimento como um todo, a sra. Watts não passava de uma figurante, uma popularizadora autonomeada e entusiasta, de espírito cívico e laborioso, mas não uma cientista, uma acadêmica, uma estadista.

Esses níveis da sociedade, contudo, também estavam bem representados no movimento. Em Harvard e em Yale, nas páginas do *New York Times* e do *Saturday Evening Post* e nas salas de audiência do Congresso, homens que se achavam no ápice de seus campos e da sociedade acabavam de abraçar, num rasgo de otimismo, uma ciência nova em folha.[19]

A eugenia — derivada de uma combinação de outras ciências relativamente novas como a antropologia, a zoologia, a genética e a psicometria — abriu a possibilidade de purgar a podridão e a impureza da linhagem da humanidade. O próprio presidente Teddy Roosevelt elogiou um manifesto eugênico intitulado *The Passing of the Great Race* [O fim da grande raça], escrito pelo seu amigo Madison Grant, um advogado de Nova York. Nesse livro, o autor recomendava um programa de reprodução seletiva para livrar os Estados Unidos da influência genética "dos fracos, dos doentes, dos mentalmente prejudicados",[20] dos milhões de cidadãos que ele considerava "inúteis" e "miseráveis". Roosevelt exaltou o compêndio do livro de "fatos que o nosso povo precisa muito conhecer".[21] Um jovem austríaco escreveu a Grand uma carta de fã, anunciando que agora o livro era a sua "bíblia". Chamava-se Adolf Hitler.[22]

Grant defendia a esterilização forçada de pessoas consideradas indignas de procriar. Foi tão poderoso o entusiasmo pela eugenia que dezessete estados legalizaram a esterilização forçada na década de 1920. Em 1926, Margaret Sanger, fundadora da Paternidade Planejada e defensora dos necessitados, disse a uma plateia no Vassar College: "O público americano paga impostos, impostos elevadíssimos, para manter uma raça crescente de idiotas que ameaçam o próprio fundamento da nossa civilização".[23]

A lei de esterilização do estado do Mississippi[24] foi concebida para incluir "a loucura, a debilidade mental, a idiotia e a epilepsia"[25] hereditárias. Na verdade, o Mississippi foi menos agressivo na esterilização dos seus deficientes do que alguns outros estados. Em 1933, o ano em que Donald nasceu, doze pessoas foram obrigadas a se submeter ao procedimento, contra 1333 na Virgínia e 8504 na Califórnia. Em 1939, parece que a negligência do Mississippi incomodou um editorialista do *Delta Democrat Times*, de Greenville.[26] Invejando o recorde da Virgínia e "o dinheiro que o estado podia economizar praticando a eugenia preventiva" — que reduzia o fardo financeiro de cuidar de "defeituosos" —, o jornalista sugeriu, esperançoso, que o "Mississippi lucre com o exemplo da Virgínia". Donald tinha cinco anos quando esse editorial foi publicado.

Claro está que Hitler, tendo tomado o poder, foi muito mais longe. Ele iniciou a Segunda Guerra Mundial oito meses depois do editorial do *Delta Democrat Times*, e, sob o seu governo, seguindo a sua "bíblia", o número de alemães deficientes assassinados para purificar a linhagem racial do Terceiro Reich chegou a dezenas de milhares.

De maneira surpreendente, considerando que àquela altura os Estados Unidos estavam em guerra com os nazistas, uma defesa sobriamente formulada da "eutanásia" de crianças mentalmente deficientes apareceu na edição de julho de 1942 do *American Journal of Psychiatry*, publicado pela Associação Americana de Psiquiatria. Foi escrita por Robert Foster Kennedy, um neurologista americano de origem irlandesa.

"Os erros da natureza", argumentava Kennedy, mereciam alívio do fardo de uma vida "que não pode produzir em tempo algum absolutamente nada bom". Ele pedia métodos indolores de assassinato e explicava em minúcias um cuidadoso processo de seleção. Primeiro, os pais de uma criança desse tipo precisavam solicitar a morte. Então se procederia a três exames, com o passar do tempo, mas só depois que "o defeituoso [...] tiver chegado aos cinco anos de idade ou mais".

Uma vez constatado "que ele não tem futuro nem esperança de vir a tê-lo", escreveu Kennedy, "acredito que é uma coisa compassiva e bondosa aliviar esse defeituoso — em geral torturado e convulsionado, grotesco e absurdo, inútil, tolo e inteiramente indesejável — da agonia de viver".[27]

Nem todos aderiram à proposta de Kennedy. A mesma edição do *Journal of Psychiatry* publicou um apelo à "humanização" dos deficientes mentais e ao reconhecimento de que toda pessoa deficiente tem um lugar na sociedade. O autor usava a linguagem da época — *defeituosos*, *débeis mentais*, *imbecis* —, mas sua compaixão pelos deficientes e seu respeito pela dignidade e o direito de existir eram palpáveis. Efetivamente, escreveu ele, estava na hora de os psiquiatras pararem "de tratar a expressão 'deficiência mental' como um palavrão" e reconhecerem que, quando uma sociedade menospreza a situação dos seus mais fracos, toda a sociedade também se menospreza. "Absolvendo os frágeis", concluiu, "nos absolvemos a nós mesmos."[28]

E assim um psiquiatra da Universidade Johns Hopkins chamado Leo Kanner fez um raro desafio em prol das crianças mentalmente deficientes. Menos de um ano depois, ele publicaria um artigo muito mais importante que seria citado no mundo todo, inclusive no século seguinte. Começava com a descrição de um menino que, seis anos antes, havia sido levado pelos pais ao seu consultório em Baltimore. Era de Mississippi e se chamava Donald Triplett.

3. O Caso 1

O Preventorium tinha sido uma capitulação prematura. Por certo, agora a vida estava mais serena na casa dos Triplett. O bebê novo era muito diferente de Donald. Olhava para eles quando sorria e acomodava o corpo em seus braços quando o carregavam. Mesmo assim, Mary ou Beamon ou os dois afinal chegaram à conclusão de que o Preventorium era a solução errada para Donald e que não tinha chegado a hora de desistir de tentar encontrar a certa. Eles já haviam percorrido todo o Mississippi e viajado ao longínquo Minnesota em busca de respostas. Dessa vez, fariam uma viagem ainda mais longa, a Baltimore, para se encontrar com um médico chamado Leo Kanner.

Na década de 1930, Leo Kanner era considerado o melhor psiquiatra infantil dos Estados Unidos e quiçá do mundo.[1] Fazia apenas trinta anos, mais ou menos, que a psiquiatria descobrira a infância como subespecialidade;[2] a profissão demorou bastante a deixar de pensar as crianças meramente como adultos em miniatura. O livro de Kanner *Child Psychiatry* [Psiquiatria infantil], de 1935, foi durante muitos anos o manual padrão e único sobre o tema; e seu autor, o primeiro chefe do departamento de psiquiatria infantil da Universidade Johns Hopkins, em Baltimore, que era, por sua vez, o primeiro departamento acadêmico desse tipo nos Estados Unidos. Aos olhos americanos, Kanner correspondia ao papel. Magro e curvado, de orelhas enormes e cara de basset hound, falava inglês com uma voz esganiçada, aflautada, e um sotaque tão pesado que às vezes chegava a ficar incompreensível. Como Sigmund Freud, ele era austríaco e judeu.

A mudança de Kanner para os Estados Unidos, em 1924, foi obra do capricho. Coisa que pelo visto era comum nele. Uma vez, acabou sendo atropelado por um trem quando, por capricho, resolveu passear numa ponte ferroviária que atravessava um rio.[3] Como não sabia nadar, teve a sorte de ser salvo por um membro da equipe do trem. Também por capricho, na juventude, tentou se alistar no Exército alemão para combater na Primeira Guerra Mundial. Rejeitado devido à baixa estatura e à falta de dois dentes da frente, dirigiu-se ao escritório de recrutamento do Exército austríaco, que o aceitou.

Kanner foi mandado para o front como padioleiro, mas, com as mãos manchadas do sangue de homens jovens demais para morrer, logo percebeu que não gostava de guerra. Cumpriu inteiramente e bem seus deveres hospitalares e trabalhou com igual diligência para obter uma série de transferências para missões cada vez mais distantes da linha de frente. Conseguiu dispensa honrosa depois de um ano de serviço, concedida com base na suposição de que ele seria mais útil à pátria como médico formado. Comprometeu-se a voltar à Alemanha e se matricular no curso de medicina.

No fim de 1923, Kanner, já marido e pai, era clínico geral em Berlim havia três anos, e sua lista de clientes aumentava. Talvez continuasse assim se não tivesse feito amizade com um jovem médico americano, dr. Louis Holtz, que se encontrava na cidade para fazer alguns cursos. Kanner gostou muito dele e começou a convidá-lo a jantar em sua casa. Holtz, que enviuvara havia pouco, consolava-se na companhia do amigo e de sua esposa, June, e era grato pela amizade oferecida em um país estrangeiro. Durante o jantar, entretinha o casal com histórias das maravilhas da vida nos Estados Unidos. Decidido a retribuir a bondade de Kanner, convenceu-o a solicitar visto para ir para lá — caso viesse a ter vontade de fazê-lo — e acabou apresentando uma oferta escrita de emprego de médico do Hospital Estadual de Alienados da Dakota do Sul, em Yankton. Em quatro semanas, Kanner conseguiu um ano de licença do trabalho e despachou para os Estados Unidos os dois colchões da família.

Quanto chegou a Yankton, tinha trinta anos e era fluente em sete línguas. Infelizmente, o inglês não figurava entre elas. Coisa que Kanner se esforçou para mudar, assim como se empenhou em adotar o estilo de vida americano. Comprou um Chevrolet, tentou se interessar pelo golfe e passou a participar de um jogo de pôquer semanal. Em pouco tempo, começou a publicar artigos de medicina em inglês. Aprendeu a conviver com o fato de os americanos sempre escreverem ou pronunciarem mal o seu sobrenome, que rimava com "honor". (Quando o pronunciavam de forma correta, em geral pensavam que estavam falando com o dr. "Lee O'Connor".) Por fim, ficou conhecido em Yankton como "o médico alemão", uma credencial nada ruim, já que a medicina alemã era reputada a melhor do mundo.

Nos Estados Unidos, os psiquiatras, em sua maioria, começavam como médicos comuns que aprendiam a especialidade[4] trabalhando em instituições psiquiátricas — exatamente como Kanner estava fazendo. A disciplina psiquiatria ainda era nova o suficiente para que grande parte dos médicos fosse autodidata e separasse o que funcionava ou não paciente por paciente, por tentativa e erro, formulando aos poucos seus princípios norteadores de como tratar a doença mental. Foi em Yankton que ele notou, e rejeitou, uma tendência institucional a classificar os pacientes por síndrome. Detestava isso. Concluiu que se dava excessiva ênfase a descobrir que rótulo colar em cada doente e não se dedicava tempo suficiente a escutar os próprios pacientes. Kanner desenvolveu um estilo próprio de relatar a anamnese de um indivíduo. Em vez da relação seca de datas e doenças anteriores, apresentava a história dos clientes em sentenças completas, com parágrafos bem desenvolvidos e pormenores extraídos de suas observações pessoais. Isso viria a ser uma característica distintiva do seu trabalho: valorizar a *história* real dos pacientes e usar esse entendimento como a chave para diagnosticá-los e tratar deles.

De maneira mais controversa, Kanner começou a se impacientar cada vez mais com procedimentos médicos que pareciam não ter razão de ser, à parte o hábito. Numa véspera de Natal, ordenou que a maioria dos doentes contidos ficasse livre da camisa de força naquela noite. O supervisor do andar se opôs vigorosamente e levou a questão para o diretor do hospital, mas Kanner venceu — oferecendo-se para passar o Natal na enfermaria. Deu certo — não houve incidentes —, a não ser pelo fato de que sua esposa teve de passar a data sem ele. Terminado o feriado, ficou claro que as camisas de força eram desnecessárias. Dali por diante, os pacientes ficaram sem imobilizador.

Em 1928, Kanner, sempre ambicioso, conheceu e impressionou Adolf Meyer, o chefe da psiquiatria na Johns Hopkins, coisa que o levou a obter uma bolsa lá. Dois anos depois de chegar a Baltimore, ele foi encarregado de criar o primeiro departamento clínico de psiquiatria infantil da universidade.

Em suma, o médico austríaco passou a ser a figura mais proeminente na área. Isso também se deveu a sua tendência a procurar ser o foco das atenções. Escrevia com frequência para a imprensa popular, na qual se posicionava como desmistificador da arte e da ciência dos cuidados parentais e defensor dos fracos e vulneráveis — saboreando e até cultivando de maneira óbvia o reconhecimento que acompanhava tal papel. Também passou anos trabalhando em uma autobiografia em que relatava nos mínimos detalhes sua história de garoto de cidadezinha do interior que queria ser poeta, mas acabou tendo sucesso na medicina e no cenário mundial.[5] Enquanto ele procurava em vão um editor, o manuscrito passou por diversas reescritas. Mas continuou sendo o retrato de um médico progressista a lutar com talento, senso de humor e humildade contra forças entrincheiradas dispostas a esmagar o espírito humano.

Na verdade, seu autorretrato não era de todo injustificável. Quando psiquiatras e outros médicos judeus fugiram dos nazistas na Alemanha e na Áustria, Kanner interveio pessoalmente em muitos casos para garantir que os refugiados fossem autorizados a entrar nos Estados Unidos e depois os ajudou a arranjar emprego para se sustentar e recomeçar. Considerando as famílias dos que auxiliou, pode-se dizer que ele salvou centenas de vidas.

Mais publicamente, Kanner denunciou, em 1937, uma atividade ilegal no Asilo de Débeis Mentais de Baltimore.[6] Quando estavam trabalhando num estudo sobre as consequências para os pacientes liberados, ele e uma assistente social chamada Mabel Kraus descobriram que, entre dez e vinte anos antes, quase cem garotas adolescentes acabaram no que ele denominou escravidão. O esquema fora maquinado por um juiz corrupto e um advogado a serviço de dezenas de famílias abastadas de Baltimore. Em troca de dinheiro — que os dois repartiam —, o magistrado autorizava a soltura e a entrega das moças a famílias específicas, que afirmavam que lhes dariam um lar. Na verdade, obrigavam-nas a trabalhar de empregadas, lavando banheiro e, em alguns casos, como Kanner deu a entender, servindo sexualmente os homens da família. Muitas dessas jovens acabaram na rua, na prostituição. Na época dessa descoberta, o juiz que permitiu o abuso estava aposentado havia muito tempo. Mesmo assim, Kanner veio a público com todos os detalhes, num discurso para a Associação Americana de Psiquiatria. Depois, contou a história aos repórteres dos jornais.

O homem que livrou os doentes mentais da camisa de força também tinha opiniões raciais relativamente progressistas — para a época. Em 1938, quando um jovem médico lhe escreveu pedindo "uma comparação entre a capacidade mental de uma criança negra e a de uma de raça branca",[7] Kanner respondeu que não havia diferença nenhuma. "O fato de uma criança nascer negra não serve de modo algum de barômetro de suas potencialidades intelectuais",[8] escreveu. Naquele tempo, havia separação por raça em praticamente todos os hospitais psiquiátricos.

No entanto, apesar de seu manifesto altruísmo, Kanner não era radical. Tendo trabalhado muito para galgar os níveis mais elevados da sociedade americana, nunca tomou uma posição que de fato irritasse ou chamasse para si a hostilidade dessa sociedade. Em vez disso, tratava de ser evasivo. Quando expôs o escândalo das garotas escravizadas, por exemplo, lamentou o fato de as mulheres terem filhos, que eram igualmente deficientes mentais, e se recusou a divulgar o nome dos criminosos. E sua carta ao médico sobre as diferenças raciais era particular. Em público, ele jamais questionou a segregação racial que prevaleceu nas enfermarias da Johns Hopkins até bem entrada a década de 1950. Do mesmo modo, ainda que se manifestasse contrário à eutanásia dos deficientes e se opusesse à esterilização forçada dos que tinham QI baixo, Kanner descreveu a esterilização como "um procedimento desejável"[9] quando os pais eram muito prejudicados intelectualmente para cuidar dos filhos com segurança, caso em que a obrigação de cuidar recairia sobre a sociedade. Assim, ele, que evidentemente aspirava a ficar do lado certo da história, continuava de muitas maneiras prisioneiro das opiniões de seu tempo.

Pois foi a esse homem que Beamon e Mary foram pedir ajuda para o filho em 1938. Mas antes de conhecê-lo, o médico que gostava de histórias pediu para saber um pouco mais a respeito do menino. Assim, no fim do verão de 1938, Beamon se pôs a escrever a história completa de Donald para o maior psiquiatra infantil dos Estados Unidos.

Beamon Triplett não sabia escrever à máquina. Para isso, precisava de Katherine Robertson, que comandava a antessala de seu escritório de advocacia de um homem só. Era raro haver uma palavra acima da assinatura de Beamon que não tivesse passado por Katherine. Ele ditava com sua pronúncia suave do

Mississippi enquanto ela taquigrafava no bloco de anotações.¹⁰ A seguir ela datilografava o texto.

Depois, Kanner comentaria a enorme quantidade de minúcias com que Beamon lotou a carta, coisa que o impressionou, francamente, como a produção de um homem obsessivo. É bem possível, pois Beamon tinha lá seus tropeços de personalidade. Sua tendência a se desligar do mundo quando saía para passear era tal que, depois, ele não conseguia lembrar onde estivera ou quem tinha visto no caminho. Quando estava na faculdade de direito em Yale, não suportou a pressão e acabou na cama com o que lhe pareceu ser um ataque de nervos. O médico que o atendeu diagnosticou um medo irracional aos professores.

Mas isso tinha sido muitos anos antes. Agora Beamon era bem-sucedido, um advogado esperto, um homem com muita capacidade de observação, ao qual não faltavam motivos para querer que a carta saísse absolutamente correta. E estava decidido a compor uma biografia completa do filho de quatro anos preso no Preventorium, lugar absurdo para ele. Com o tempo, as palavras de Beamon viajariam bastante. Seriam citadas em pesquisas acadêmicas; discutidas em salas de aula de universidades; traduzidas para diversos idiomas; escavadas, tarde da noite, por pais inquietos a explorarem a internet. Mas, naquele dia úmido em Forest, tratava-se apenas de um pai falando, e Katherine Robertson foi a única a ouvir a história, pela primeira vez, e a registrá-la.

"Ele nunca demonstra alegria", ditou Beamon, "quando vê o pai ou a mãe. Parece fechado em sua concha e vive dentro de si."¹¹ Ele descreveu em detalhes os hábitos alimentares de Donald, seus padrões verbais, a clareza de sua enunciação, as idades em que aprendeu a andar, a contar, a cantarolar e a cantar. E, assim, verteu pouco a pouco aquela que viria a ser a descrição seminal de uma criança com autismo, palavra e diagnóstico ainda inexistentes.

O Donald que Beamon retratou era inalcançável pelas maneiras usuais pelas quais os pais se conectam com os filhos: "Ele raramente vem quando o chamam, tem de ser pego e carregado ou levado aonde deve ir". Contudo, ao mesmo tempo, o pequeno Donald provocava os pais com indícios de uma inteligência penetrante. Sua atenção às atividades que o cativavam não podia ser mais intensa. "Ele parece estar sempre pensando", observou Beamon, "pensando e pensando."

Beamon arrolou as coisas que Donald memorizou aos dois anos: a letra de muitas músicas e as melodias que as acompanhavam; o nome de todos os presidentes dos Estados Unidos; e "a maioria dos retratos de seus antepassados e parentes dos dois lados da família". Entretanto, pouco podia fazer com esses fatos além de recitá-los. A conversação era impossível, disse Beamon, já que "ele não aprendia a fazer perguntas nem a dar respostas".

Donald se mostrava indiferente à companhia de outras crianças e, num episódio narrado por Beamon, simplesmente as evitava. Um dia, com a intenção de fazer uma surpresa agradável, os Triplett mandaram instalar um escorregador no quintal. Donald deu a impressão de não compreender sua função, mas uma pequena multidão de crianças vizinhas compreendeu. Enquanto todas subiam no brinquedo, Donald se manteve afastado e resistiu com fúria quando o pai o ergueu e o sentou no alto do escorregador para lhe mostrar como funcionava. "Quando o colocamos para escorregar, ele se mostrou apavorado", contou.

Não obstante, tudo mudava quando não havia ninguém por perto. Na manhã seguinte, ele saiu para o quintal, subiu a escadinha e escorregou. Afinal, sabia exatamente como funcionava o brinquedo. Beamon contou que Donald continuou usando-o com frequência, mas só quando não havia nenhuma outra criança presente.

Beamon também falou no seu esforço frustrado para impor uma amizade a Donald. Em 1936, quando o filho completou três anos, ele esteve no Lar das Crianças Batistas, um orfanato de Jackson, e explicou aos responsáveis o seu desejo de arranjar companhia para Donald: um garoto da mesma idade que fosse seu amiguinho em tempo integral. Esclareceu que não tinha intenção de adotá-lo. No entanto, essa proposta altamente inusitada foi aceita. Levaram um menino de três anos chamado Jimmy até o lugar em que os aguardava o carro dos Triplett.

Quando o garoto chegou à casa, Donald se recusou a olhar para ele. Isso não mudou, por mais que Mary tentasse fazer com que os dois brincassem juntos. Passadas algumas semanas, a experiência foi considerada um fracasso,[12] e Beamon providenciou para que Jimmy voltasse ao orfanato batista.

Essa era a essência de Donald, como o descreveu Beamon. A solidão era seu estado preferido, o qual ele protegia com "uma barreira mental entre sua consciência interior e o mundo exterior". Só por trás daquela barreira, naquele mundo só seu, é que parecia satisfeito. Donald era capaz de se alegrar e rir, e em certos dias parecia "constantemente feliz". Mas isso jamais era ocasionado pela presença de outrem, nunca por uma brincadeira. Acontecia, inevitavelmente, só quando ele estava "ocupado em se entreter a si próprio".

Quando Katherine terminou de datilografá-la, a carta totalizou 33 páginas em espaço simples. Beamon dobrou-a e a enviou. Pouco tempo depois, marcou-se uma consulta: Donald iria conhecer pessoalmente o dr. Leo Kanner na segunda semana de outubro de 1938.

Mary e Beamon foram pela última vez ao Preventorium. Haviam decidido não levar Donald de volta depois da viagem a Baltimore.

Àquela altura, fazia mais de um ano que ele estava internado. Continuava sendo o menino mais estranho da instituição, como sempre incompreensível para os que conviviam com ele. Já não era aquela presença imóvel dos primeiros tempos, havia desenvolvido o novo hábito de balançar incansavelmente a cabeça para os lados. E voltara a se interessar por brincar com objetos de uma única maneira: girando-os, amontoando-os e contando-os. Todavia, seguia sem brincar nem falar com as outras crianças, e não porque elas o excluíssem. Em termos de conectar-se com os outros, seu progresso tinha sido igual a zero ou negativo.

Entretanto, quando anunciaram a intenção de levá-lo em definitivo para casa, Mary e Beamon toparam com um argumento vigoroso. O diretor os aconselhou a "deixá-lo em paz".[13] Agora Donald "estava indo bem", quase já não tinha problemas. Levá-lo para casa seria um erro terrível.

Isso bem que era verdade: de calça e camisa brancas, Donald havia se acostumado às rotinas e à disciplina do lugar. Adaptara-se. Mas, para o diretor, "ir bem" não era a mesma coisa que para Mary e Beamon. Aquele homem lhes estava contando, essencialmente, que o menino já não perturbava o sistema. Donald comia, por exemplo, mas não se podia falar em superação de sua solidão.

Agora aquela experiência estéril de separação ia chegar ao fim. Mary se afastou com ele e o vestiu com a roupa trazida de casa. Na recepção, Beamon assinou os papéis e pagou a conta, alheio aos olhares desaprovadores do pessoal. Limitou-se a pedir um relatório do progresso de Donald durante o ano anterior para discuti-lo com Kanner. Nada motivado, o diretor lhe entregou não mais que meia página de anotações concisas, nas quais opinava que o problema de Donald era uma espécie de "doença glandular".[14]

A seguir, depois de juntar os poucos pertences do filho, os Triplett saíram pela última vez por entre os maciços pilares da frente. Donald completaria cinco anos dentro de algumas semanas, no dia 8 de setembro de 1938. A família comemoraria em casa.

Pouco mais de um mês depois do quinto aniversário de Donald, seus pais o levaram de trem a Baltimore — uma viagem de quase dois dias, passando por sete estados, inclusive com uma baldeação em Birmingham, Alabama. Para ele, a viagem seria uma explosão desconcertante, ou talvez fascinante, de experiências sensoriais. Sobretudo no trecho noturno, quando, na cama junto às janelas altas e largas do vagão-leito, pôde olhar para a noite e ver as luzes do adormecido Sul passarem velozmente na escuridão lá fora, com um ritmo que ecoava o balanço e os ruídos do trem, a suave canção repetitiva que lhe atraía a mente.

Para fazer a última parte da viagem, os Triplett tomaram um táxi em frente ao Lord Baltimore Hotel, que os levou ao Lar de Crianças Inválidas Harriet Lane, a alguns quilômetros dali. Essa instituição era uma extensão da Johns Hopkins, e seu staff prestava contas diretamente a Leo Kanner. Donald passaria as duas semanas seguintes lá. Seria submetido a um exame físico, a um teste psicológico e a observação em tempo integral, coisa que explicava a valise que Mary levou consigo naquela manhã. Uma vez mais, Donald ficaria separado dos pais. Mas dessa vez seria examinado pelo psiquiatra infantil mais conhecido dos Estados Unidos.

Quando Donald Triplett e Leo Kanner foram apresentados, o garoto, como era de esperar, simplesmente não tomou conhecimento da existência do psiquiatra. Ao entrar no consultório acompanhado dos pais, não fez caso dos adultos se cumprimentando e foi direto para a parede oposta, onde Kanner tinha uma pequena coleção de brinquedos. Enquanto os adultos conversavam, ele ficou no chão, contando, empilhando e enfileirando blocos de madeira.

A certa altura, Kanner pegou um alfinete e picou Donald. Este se encolheu, mas deu a impressão de não fazer nenhuma conexão entre a leve picada e o homem que a havia causado; em outras palavras, não teve medo do médico por causa dela. Kanner ficou fascinado. "Ele nunca se zangava com a pessoa interferente", escreveu mais tarde. "Empurrava com raiva a *mão* que estava no caminho ou o *pé* que pisava num de seus blocos, e uma vez aludiu ao pé no bloco como 'guarda-chuva'."[15]

Além de suas próprias observações, Kanner também contava muito com as que eram feitas pela equipe de médicos que monitoravam os dias de Donald no Lar Harriet Lane. O lugar tinha ares de dormitório, com várias outras crianças residentes. A equipe tomava nota de como Donald interagia com seus pares, reparando sobretudo em sua indiferença impressionante para com os colegas potenciais. Quando uma garotinha tentava participar de qualquer coisa que Donald estivesse fazendo sozinho, ele sempre se afastava. Por vezes, um dos meninos tomava um brinquedo de suas mãos, coisa que ele permitia de forma passiva. Ao contrário de quando desarrumavam a disposição dos seus blocos, isso parecia não o perturbar.

Na instituição, seus comportamentos eram mesmo como seu pai os havia descrito:

> Ele deambulava sorrindo, fazendo movimentos estereotipados com os dedos, cruzando-os no ar. Sacudia a cabeça de um lado para o outro, sussurrando ou cantarolando a mesma melodia de três notas. Girava com muito prazer qualquer coisa que pudesse fazer girar. Ficava jogando objetos no chão e dava a impressão de gostar do barulho que faziam. Arrumava contas, bastões ou blocos em grupos de séries de cores diferentes. Sempre que terminava uma dessas atuações, grunhia e saltitava.[16]

A julgar pelas anotações, a equipe examinadora ficou perplexa e confusa com o que viu. Em um formulário, no espaço destinado ao diagnóstico, aparecia um ponto de interrogação e, a seguir, algumas conjeturas: "? Doença de Heller. Esquizofrenia". O resto do espaço ficou em branco.

Ao mesmo tempo, a equipe reparou nas interações de Mary com Donald. Ela o visitava todos os dias, fazendo-lhe companhia durante horas. Ao que parece, os examinadores ficaram impressionados com a sua capacidade de dar atenção quase constante ao filho exigente. Consta no prontuário de Donald que "a mãe passa todo o tempo desenvolvendo maneiras de mantê-lo brincando com ela". Mais tarde, Kanner concluiu que Mary era "a única pessoa com a qual ele tinha contato".

Passadas as duas semanas, Mary foi ao lar pela última vez a fim de arrumar a valise e pegar Donald. A única outra coisa de que precisava antes de partir era o diagnóstico de Kanner. Ele seria a chave capaz de acionar a fechadura; a placa de sinalização que lhes diria aonde ir. Mary queria o *nome* da coisa que fazia Donald agir como agia.

Mas nisso o psiquiatra a decepcionaria. Donald era diferente de todas as crianças de que ele havia tratado e diferente de qualquer descrição em qualquer compêndio. Assim, Kanner não tinha um rótulo para lhe dar.

Após o retorno da família a Forest, Mary e Kanner iniciaram uma correspondência regular. Interessadíssimo pelo caso, ele queria se manter atualizado sobre o crescimento e o desenvolvimento de Donald. Mary, por sua vez, agradecia-lhe o interesse e queria muito lhe dar toda e qualquer informação que o ajudasse a decifrar o enigma de seu filho.

Durante anos, eles se comunicaram pelo menos uma vez por mês. Ocasionalmente, Mary falava no estresse que sentia. Foi para Kanner que confessou seu desespero com o "fato de ter um filho irremediavelmente louco".[17] O psiquiatra se apressou a desestimular tal ideia, instando-a, na carta seguinte, a "se abster desse tipo de tristeza". Não foi a única oportunidade em que ele tentou animá-la. Muitas vezes, escreveu-lhe para tranquilizá-la, dizendo que seu esforço para ajudar Donald era "esplêndido e com frequência heroico". Até sua equipe ficara impressionada com "o seu bom senso".[18] Donald, insistiu ele, tinha sorte de ter "uma mãe como a senhora". Além disso, Kanner manifestou a opinião de que o menino não ia ficar necessariamente preso no nível de desenvolvimento em que se achava: ainda tinha o potencial de crescimento.

Mary levou Donald a Baltimore pela segunda vez em 1939, e mais duas vezes nos anos seguintes. Kanner aguardava ansioso essas visitas, pois o caso apresentava um desafio intelectual real. Combinadas com as atualizações regulares de Mary, as visitas mantinham-no informado do desenvolvimento daquele garotinho difícil de entender.

Mary, no entanto, estava frustrada. Em 1942, quatro anos depois da primeira viagem a Baltimore, ela escreveu a Kanner queixando-se de que ele só lhe dizia generalidades acerca do estado de Donald, ao passo que ela precisava de "detalhes". Manifestou a suspeita de que a imprecisão do médico não passava de uma tática para lhe poupar os sentimentos.

Uma vez mais, Kanner respondeu para tranquilizá-la.[19] Sustentou, em primeiro lugar, que não estava escondendo nada. Mas reconheceu que, em um aspecto, havia falhado com ela e Beamon. "Nunca apresentei à senhora nem ao seu marido uma avaliação clara e inequívoca", escreveu, "no sentido de um termo diagnóstico." Confessou que, na verdade, não conseguia encaixar Donald em nenhum rótulo-padrão conhecido, tampouco podia prever as chances do menino. Seus comportamentos constituíam um mistério que ele ainda não tinha sido capaz de decifrar. "Ninguém sabe [disso] mais do que eu", admitiu.

Essa carta, datada de 28 de setembro de 1942 — da qual, sem que se soubesse, uma cópia em carbono passaria os 65 anos seguintes no arquivo do Hospital Johns Hopkins —, coincidiu com um momento decisivo da percepção de Kanner a respeito dos comportamentos de Donald. Embora as partes da carta que se ocupam da frustração de Mary pareçam ser uma franca admissão de fracasso no reconhecimento e determinação do problema, a verdade é que ele já havia começado a formular um novo tipo de diagnóstico.

Depois de examinar várias outras crianças com características parecidas com as de Donald, Kanner contou a Mary que acabava "de reconhecer pela primeira vez um distúrbio que, até agora, não foi descrito pela literatura psiquiátrica nem por nenhuma outra". Até então, prosseguiu, havia topado com "oito outros casos muito semelhantes ao de Don". Estava guardando essa notícia em segredo, disse, porque queria ter tempo suficiente para observar as crianças e acompanhar seu desenvolvimento. Em breve, porém, pretendia vir a público com essa descoberta e a ela dar nome.

"Se há um nome a ser aplicado ao problema de Don e das outras crianças", disse, "achei melhor denominá-lo 'distúrbio autista do contato afetivo'." A esse primeiro uso de "autista" por parte de Kanner,[20] no contexto de um padrão de comportamento como o de Donald, seguiu-se uma breve explicação: "A principal distinção reside na incapacidade dessas crianças, desde a primeira infância, de se relacionar com outras pessoas". E, de maneira crucial, acrescentou que essa incapacidade de se relacionar estava presente em crianças cuja saúde em geral e cujos "dotes intelectuais", de resto, não eram prejudicados de maneira significativa.

Assim, foi em uma carta particular a uma mãe que Kanner anunciou pela primeira vez o reconhecimento daquilo que ficaria conhecido como autismo.

Donald seria o seu Caso 1.

4. Crianças selvagens e loucos santos

Leo Kanner cultivava elogios e atenção, mas, em público, fingia indiferença aos aplausos a ele dirigidos. E exibiu essa falsa modéstia em julho de 1969, muito tempo depois de ter ficado famoso pela descoberta do autismo, quando falou a um grupo de pais em Washington.

"Eu não me esforcei para descobrir esse distúrbio", disse, depois de ser homenageado justamente por ter feito tal coisa. Não, protestou ele, felicitá-lo por isso era "um pouco exagerado".

"Um bocado de pura sorte", sentenciou. E então explicou que isso significara estar no lugar certo na hora certa.

"Eu não estava procurando nada", insistiu.

Mas então foi um pouco mais longe do que de costume.

"Eu não descobri o autismo", declarou. "Ele já existia."[1]

Ele já existia.

Nessa frase, Kanner resumiu sua opinião sobre uma das questões mais persistentes no campo do autismo: o conjunto de comportamentos que ele descreveu como "distúrbio autístico" era um fenômeno novo na metade do século XX, ou tais comportamentos sempre existiram, mas apenas não tinham sido identificados?

Essa pergunta era irrespondível por várias razões. Uma delas era o fato de a notação e o arquivamento médicos serem rudimentares antes do século xx. Antes da Primeira Guerra Mundial, não se havia compilado nenhuma base de dados a partir da observação sistemática das características comportamentais de indivíduos em uma população de tamanho significativo em termos estatísticos. Na verdade, até o fim do século xix, a psiquiatria mal era praticada — muito menos a psiquiatria infantil — no sentido de uma disciplina profissional que adotasse uma metodologia científica, um vocabulário comum e um corpo de descobertas incontroversas enraizadas na pesquisa e na prática. Nesse aspecto, a geração de Kanner estava entre os pioneiros. O passado indocumentado não oferecia base estatística para afirmar que o autismo só surgiu na época em que ele o viu em Donald.

E, no entanto, quando afirmou o contrário — que o autismo sempre existiu —, isso também pareceu especulativo.

Kanner, porém, sabia que, na psiquiatria, o óbvio muitas vezes permanecia irreconhecível até que alguém olhasse para ele com o par de olhos certo. Como tentou explicar em sua fala, ele "descobrira" o autismo menos do que encontrara os olhos com os quais enxergá-lo.

A "descoberta" do autismo por Kanner não foi repentina; foi, isso sim, um reconhecimento germinado com vagar que durou quase quatro anos desde que ele conheceu Donald. Esse reconhecimento culminou, em 1943, num artigo revolucionário protagonizado por um menino que ele chamou de "Donald T.".

Quando da sua publicação em abril daquele ano, o número de casos que Kanner vinha acompanhando havia subido para onze. Oito meninos e três meninas. O título do artigo era o próprio nome do transtorno por ele cunhado: "Autistic Disturbances of Affective Contact" [Distúrbio autista do contato afetivo]. Em breve Kanner o substituiria por *autismo infantil*, o que simplesmente significava, em terminologia médica, que o autismo estava "presente na primeira infância".

Kanner não criou os termos "autismo" e "autístico". Na verdade, tomou-os emprestado da lista de sintomas de outro transtorno: a esquizofrenia. Durante muito tempo, isso seria uma fonte de confusão quando se discutia o autismo, mas tinha sentido a partir do lugar em que Kanner se encontrava na época. Em 1943, a esquizofrenia era o rótulo amplamente aceito de uma doença mental que incluía alucinações, pensamento desordenado e outras rupturas com a realidade. O psiquiatra suíço Eugen Bleuler também havia documentado entre alguns pacientes com esquizofrenia — que eram em sua maioria adolescentes ou adultos — a tendência a se desconectar da interação com o meio ambiente e a se relacionar exclusivamente com uma realidade interior.

Por volta de 1910, Bleuler começou a empregar a expressão "pensamento autístico" para descrever esse comportamento.[2] Derivou-o da palavra grega αυτο, que significa "auto". Em sua opinião, uma certa quantidade de pensamento autístico ocorria na vida de toda pessoa. Ele era a essência do sonho, assim como do faz de conta infantil. Mas, com a esquizofrenia, o pensamento autístico podia se tornar patológico. Isso podia significar a cessação completa da interação social e a destruição drástica da conexão emocional do doente com o meio circundante e as pessoas nele. Esse tipo de pensamento autístico raramente era permanente. Como as alucinações e outros sintomas da esquizofrenia, os episódios do autismo de Bleuler iam e vinham.

Portanto, havia já uma geração que a palavra "autismo" fazia parte do vocabulário psiquiátrico quando Kanner anunciou ao mundo que vinha observando "várias crianças cujo transtorno difere [...] notória e singularmente de qualquer coisa relatada até o presente". Esse novo transtorno se parecia com o autismo dos adultos esquizofrênicos, mas afetava crianças pequenas, escreveu. Ademais, parecia-lhe que ele era algo "com que as crianças nasciam". Manifestava-se cedo na vida e apresentava "fascinantes peculiaridades" próprias, como lampejos de brilhantismo, o uso distintivo da linguagem e o "desejo básico de solidão e mesmice". Em essência, essa era a descrição de Donald, mas o artigo também acrescentava copiosos pormenores de apoio retirados dos casos das outras crianças.

O artigo também examinava o modo como a psiquiatria havia encarado aquelas onze crianças antes que Kanner sugerisse enxergá-las pela lente do autismo. Sem essa lente, era fácil concentrar-se sobretudo nas diferenças entre as onze. Algumas sabiam falar, por exemplo, ao passo que outras não. O conjunto de habilidades particulares de cada uma não era idêntico ao de Donald — que sabia cantar e contar e tinha afinação perfeita — ou aos dos demais. Essas diferenças haviam ocasionado uma gama de diagnósticos no grupo antes que Kanner os visse. Várias das crianças estavam institucionalizadas. Duas tinham sido rotuladas de esquizofrênicas. Uma fora, de maneira equivocada, diagnosticada como surda. Os diagnósticos apresentados às outras incluíam "idiota", "imbecil" e "débil mental". Como no caso de Donald, seus avaliadores na Hopkins haviam contemplado a possibilidade de ele ter esquizofrenia ou síndrome de Heller, um distúrbio neurológico raro, marcado pela rápida degeneração das capacidades social e motora. Em suma, quase todas as crianças tinham sido julgadas dementes ou intelectualmente prejudicadas.

Foi Kanner quem identificou as duas características definidoras comuns a todas elas: a extraordinária preferência pela solidão e a necessidade extrema de mesmice. Era esse casamento de extremos, concluiu ele, que formava o cerne da síndrome a que ele se referia, cuja presença antes estava mascarada pelas diferenças entre as crianças.

Ele já existia.

Vista em retrospecto, tratava-se de uma afirmação apoiada até pela pequena amostra de Kanner, no sentido de que os onze meninos e meninas sobre os quais ele escreveu, independentemente de seus diagnósticos, tinham autismo antes que ele o reconhecesse. Também o tinham as dezenas de outras crianças que Kanner diagnosticaria nos anos subsequentes, agora que sabia o que procurar. A partir da década de 1960, estudiosos descobriram uma pequena disseminação de descrições clínicas na literatura médica europeia, que remontavam a mais de um século, de crianças parecidas com Donald. Ignorava-se, é claro, quantas outras crianças teriam sido diagnosticadas desse modo se seus pais tivessem a sofisticação e os meios financeiros para consultar o maior psiquiatra infantil dos Estados Unidos.

Ainda mais incognoscível era o número de pessoas nascidas décadas e séculos antes cujas características, retrospectivamente, coincidiam com o diagnóstico de Kanner.

Mas talvez não de todo incognoscível. Nas décadas posteriores à "descoberta" do autismo por Kanner, um pequeno grupo de estudiosos investigou se o autismo tinha uma "pré-história". Ainda que reconhecendo a natureza especulativa do diagnóstico retrospectivo, os pesquisadores recorreram a lendas e registros para encontrar relatos persuasivos de indivíduos havia muito desaparecidos cujos comportamentos estranhos lhes valeram, em vida, o status de outsiders, às vezes para o bem, mas em geral para o mal. Quando rotulados de loucos, idiotas ou doentes mentais, eles eram reavaliados pela lente da descrição do autismo de Kanner. Encaradas desse modo, suas histórias emprestaram um apoio fascinante à teoria de Kanner de que o autismo, como uma variante de ser humano, nada tinha de novo.

Há meio milênio, um sapateiro russo chamado Basil, nascido em 1469, foi visto vagando nu no inverno, palavreando um discurso incompreensível ao mesmo tempo que se descuidava de suas próprias necessidades, mesmo de alimentação.[3] A população não viu esse comportamento como loucura. Achou, pelo contrário, que estava presenciando uma santidade extrema. Os russos chamaram isso de "loucura por Cristo" e consideraram a abnegação de Basil como um caminho corajoso, difícil e piedoso que ele tomou a fim de permitir que Cristo falasse por seu intermédio. Até o tsar — Ivan, o Terrível —, conhecido por mandar executar os lacaios que serviam bebida errada no jantar, permitiu que Basil o criticasse em público. Acreditava que Basil podia ler seu pensamento e levou a sério quando o sapateiro errante ralhou com ele por se distrair na igreja. Dizia-se que Basil era o único homem que Ivan temia de verdade.

Em 1974, dois estudiosos russófonos[4] da Universidade de Michigan sugeriram que algo diferente de pura loucura ou santidade podia ter atuado em Basil e em alguns outros com história semelhante. Natalia Challis e Horace Dewey mergulharam profundamente nos relatos disponíveis da vida de Basil e de outros 35 "loucos santos" de tempos idos, todos reconhecidos como santos pela Igreja Ortodoxa russa. A especialidade acadêmica de Challis e Dewey era história e cultura russas, não autismo. Mas Dewey tinha um filho, nascido na década de 1950, que havia sido diagnosticado com autismo, e isso lhe deu insights dos comportamentos dos andarilhos antigos. Ele passou a acreditar que o autismo, não a demência ou a divindade, podia explicar o comportamento dos loucos santos.

Aquele conjunto de indivíduos, escreveram ele e Challis, não se deixava "estorvar pelos preconceitos da sociedade" e gostava de viver em estado de isolamento social. Alguns eram apegados a rituais. Os estudiosos notaram a tolerância de Basil ao frio extremo — que lhe possibilitava "andar descalço no Volga congelado" —, que evocava certas pessoas com autismo que parecem indiferentes aos picos de frio, calor ou dor. Também se observou que os loucos santos se contentavam com sono e alimento limitados — mais uma semelhança com algumas pessoas com autismo.

Enquanto alguns permaneciam mudos, vários eram conhecidos por repetir as palavras dos outros, e também havia os que falavam de maneira confusa. E a lenda sustenta que alguns diziam claramente o que pensavam na cara dos poderosos. Essa tendência, escreveram Challis e Dewey, era uma parte importante daquilo que fazia com que o público russo simpatizasse com os loucos. Em uma cultura em que poucos se atreviam a questionar a autoridade, sua impertinência evocava os grandes profetas do Velho Testamento.

De maneira paradoxal, um diagnóstico de autismo, se existisse quinhentos anos atrás, teria solapado a credibilidade dos loucos como cidadãos piedosos. A reverência e o respeito aos loucos se devia apenas à suposição de que eles haviam escolhido deliberadamente aquele modo de vida rigoroso e isolado. Em séculos posteriores, alguns loucos autonomeados tornaram-se suspeitos de simular piedade e adotar certos comportamentos só para promover sua carreira de mendigos e vigaristas. A desconfiança resultante ajudou a pôr fim ao fenômeno do louco santo. A veneração e a tolerância para com esses comportamentos estranhos diminuíram de modo gradual, e os que os apresentavam passaram a ser negligenciados ou mesmo tratados com crueldade.

Mas nem sempre.

Hugh Blair de Borgue[5] era meticulosíssimo com perucas — peça que, na qualidade de membro da nobreza rural na Escócia da década de 1740, ele devia usar sempre que se aventurava em público. Fazia-o, mas não sem muito incômodo. Sempre tirava a peruca, mergulhava-a na água e tentava lavá-la. E ela ficava pendurada no galho de uma árvore da herdade da família, no sudoeste da Escócia, secando ao vento enquanto Hugh esperava. No entanto, apesar de tudo, quando ele afinal a punha na cabeça, às vezes a colocava de trás para a frente e assim saía. Não tinha consciência da gafe ou era indiferente a ela.

Já beirando os quarenta anos, Hugh era um solitário que morava com a mãe idosa na casa de pedra construída pelo avô, na qual seu quarto no sótão era abarrotado de perucas, penas e restos de pano que ele apanhava no chão todos os dias. Ele vestia roupas esquisitas, surradas, rasgadas e remendadas em toda parte com pedaços de pano de cores diferentes que ele mesmo costurava. Quando uma peça de roupa passava a ser a sua predileta, Hugh se recusava a usar outra. Algumas ele encontrara abandonadas à beira da estrada ou "achara" no armário das residências próximas. Entrando inesperadamente na casa dos vizinhos, percorrendo seus cômodos, estivessem eles presentes ou não, tendia a roubar qualquer coisa de que gostasse. Também criou o hábito de comparecer a todos os enterros que havia na comunidade, mesmo quando não conhecia bem o falecido.

No pequeno mundo unido do sudoeste da Escócia, os vizinhos conheciam bem seus comportamentos estranhos e, pelo visto, se mostravam bastante compreensivos com eles. Sabiam que, quando Hugh aparecia, nunca era para um bate-papo. Ele dava a impressão de não se interessar pelas pessoas, sobretudo em comparação com os animais. Com os gatos, por exemplo, dava-se muito bem. No jantar, os bichanos se amontoavam junto dele para participar da refeição, mergulhando as patas em sua colher até quando ele a levava à boca. Hugh não os enxotava. Antes lambia suas patas até ficarem limpas.

Esse retrato de Hugh Blair de Borgue foi montado na década de 1990 pela dupla formada por Rab Houston, historiador social escocês, e Uta Frith, psicóloga radicada em Londres. Na opinião de Houston e Frith, Hugh Blair, da Escócia do século XVIII, era um exemplo evidente do caso que Leo Kanner só aprendeu a enxergar depois de conhecer Donald no século XX. Frith o expressou assim: "Os indícios disponíveis são suficientemente ricos e explícitos para demonstrar que atualmente Hugh Blair teria um diagnóstico inequívoco de autismo".[6]

O melhor indício que o século XVIII podia oferecer era um inquérito judicial documentado sobre a competência mental de Hugh, presidido por um juiz, transcrito oficialmente e informado pelo depoimento de 29 testemunhas, inclusive o próprio Hugh. O processo, que durou vários dias em 1747, surgiu devido a uma disputa de herança na família. O pai de Hugh, proprietário rural, havia morrido muitos anos antes, deixando um patrimônio considerável a ser dividido entre os dois filhos. A metade de Hugh ficou sob custódia da mãe; John, seu irmão mais novo, assumiu o controle da outra metade. Hugh não tinha herdeiros, ao passo que John tinha dois filhos. Isso significava que, com a morte de Hugh, todo o patrimônio passaria para ele e sua prole. John contava com isso, pois havia contraído dívidas e já fora obrigado a tomar dinheiro emprestado da mãe.

No entanto, a mãe deles tratou de arranjar um casamento para o esquisitão filho mais velho. Sabe-se lá como, persuadiu um cirurgião local a dar a mão de sua filha a um homem que lambia as patas dos gatos à mesa de jantar. Não se conhecia o incentivo exato oferecido à moça, mas é provável que tenha envolvido uma transferência monetária. Quanto aos motivos da mãe, ela decerto estava preocupada com o futuro do filho. Já com mais de sessenta anos, podia imaginar que Hugh em breve perderia sua principal protetora no mundo, a pessoa que passara a vida toda mantendo-o longe de encrencas. Uma esposa podia desempenhar esse papel.

O casamento realizado em 1746 pôs imediatamente em perigo os planos financeiros de John. Se Hugh e a esposa engendrassem filhos no casamento, eles seriam os herdeiros legítimos da parte de Hugh na herança, o que poria fim a qualquer pretensão de John e seus filhos. Em 1747, este entrou com uma ação para obter a anulação do casamento, alegando que o irmão, antes de mais nada, carecia de competência mental suficiente para contrair núpcias.

Diante desse pano de fundo, convocou-se uma audiência para examinar a competência mental de Hugh. Foi de grande utilidade para Houston e Frith, na década de 1990, o fato de o tribunal do século XVIII haver colhido os mesmos tipos de fatos acerca de Hugh que um psicólogo interessado em diagnosticar autismo teria procurado hoje. O depoimento das 29 testemunhas — clérigos, vizinhos, artesãos, operários e outros que tinham tido contato com Hugh — apontava para comportamentos atípicos.

Tudo se encaixava: as várias obsessões de Hugh, o apego aos objetos, a falta de conexão com as pessoas, a indiferença às normas sociais. Há fortíssimos indícios de que ele apresentava ecolalia, uma característica autística frequente que leva a pessoa a só repetir o que ouviu os outros dizerem.

Tendo considerado as provas, o tribunal escocês decidiu que Hugh Blair era um "demente natural", incapaz de entrar em um contrato, inclusive em um contrato de matrimônio. John Blair venceu. O casamento foi anulado. Então a ideia de Hugh Blair idoso, sozinho no mundo quando a mãe falecesse, deve ter se transformado numa certeza inescapável.

Mas o registro mostra que não foi bem isso que aconteceu. A mãe de Hugh deve ter feito uma escolha inteligente, pois a mulher que passou um ano casada com seu filho não o abandonou quando o tribunal os declarou, de novo, solteiros. Hugh e a ex-esposa continuaram sendo um casal, não só morando juntos a despeito da lei como criando dois filhos. Hugh viveu até mais de sessenta anos num ambiente familiar, no qual os vizinhos sabiam quem ele era e no qual podia catar galhos, esfregar perucas e ir a enterros sempre que lhe dava vontade.

Cinquenta e três anos depois que um tribunal considerou Hugh Blair um "demente natural", do outro lado do canal da Mancha um menino saiu seminu da floresta e se tornou, de imediato, a criança mais famosa da França. O dito Menino Selvagem de Aveyron,[7] cuja história a imprensa parisiense popularizou em 1800, transformou-se em um objeto de fascínio não só dos leitores de jornal como também de eminentes cientistas e filósofos da época. Todo o país se pôs a indagar quem era ele e que estado da condição humana representava. Um século e meio depois, a descrição de Donald por Kanner ofereceu um novo insight aos historiadores e psicólogos que ainda refletiam sobre a questão: tudo levava a crer que o Menino Selvagem da França fosse uma pessoa com autismo.

Aparentando uns onze anos, ele não tinha família, nem casa, nem história, nem nome. Quando abria a boca, não lhe saía mais que uma espécie de gemido grave, gutural, ou às vezes um guincho agudo. Era pequeno — 1,23 metro — e magérrimo. Coberto de cicatrizes, tinha o andar afetado por joelhos voltados um para o outro de maneira acentuada. Os jornais da época diziam que ele havia passado anos na floresta, isolado da sociedade humana, nu, mas coberto de pele da cabeça aos pés feito um urso.

Salvo a parte referente à pele, tudo era verdade. O garoto havia sido capturado por caçadores por volta de 1797, mas não tardou a fugir. Em 1800, abandonou por vontade própria a floresta e foi acolhido por um jovem médico chamado Jean-Marc-Gaspard Itard, que lhe deu o nome de Victor. Ele surpreendia as pessoas com sua capacidade de correr e trepar e a tolerância ao frio e ao calor. De início, sem disposição para usar roupas normais, era visto rolando nu nos montes de neve. Também ficou conhecido por mergulhar os dedos no carvão em brasa para pegar batatas assadas, as quais enfiava na boca antes que esfriassem. Durante muito tempo, essa foi a única coisa que comeu.

Para os pensadores do Iluminismo da época, a misteriosa chegada de Victor foi considerada uma oportunidade de explorar as propriedades operativas da língua humana. Havia quem previsse que, quando fosse exposto ao francês falado, ele desenvolveria com rapidez o domínio pleno do idioma. Alguns esperavam que isso acontecesse em meses e viesse a ser a chave de seu desabrochar completo como participante da civilização — que ele parasse, por exemplo, de tirar a roupa nova e de fugir de volta à natureza ou que deixasse de ceder ao impulso de defecar e urinar quando e onde lhe desse vontade. Mas, quando as primeiras tentativas de instrução se revelaram insatisfatórias, o interesse por Victor se dissipou. Uma comissão de experts constatou que ele era um "idiota" indigno de educação. Trancafiaram-no em um orfanato no qual as outras crianças o perseguiam e tiranizavam.

Então Itard providenciou para que um casal cujos filhos eram adultos tomasse conta de Victor, enquanto ele próprio fazia todos os dias as vezes de professor pessoal do menino. Com essas aulas, Victor fez progressos apreciáveis. Aprendeu a usar o banheiro. Aprendeu a se lavar e a se vestir, a se sentar para as refeições e até a pôr a mesa para si mesmo. Itard lhe ensinou esses procedimentos complexos decompondo-os em pequenas etapas que podiam ser praticadas uma a uma e várias vezes seguidas.

Não obstante, ensinar Victor a falar foi um exercício frustrante. Itard escreveu a respeito do seu entusiasmo no dia em que o garoto começou a repetir a expressão "Mon Dieu". Mas logo se evidenciou que ele apenas repetia, como um papagaio, algo que ouvira alguém dizer. Ele aprendeu a manipular um jogo de letras do alfabeto feitas de aço e a soletrar algumas palavras, porém sua compreensão do significado e do uso delas era mínima. Victor conseguia se comunicar por gestos e amiúde o fazia — prova de que tinha algo a dizer. Essa mímica sempre se relacionava com seus desejos imediatos: comer, sair de casa, jogar o jogo em que ele era levado num carrinho de mão. Mas, na tentativa de ensiná-lo a dizer palavras em voz alta — mesmo que apenas o nome das coisas —, Itard nada obteve.

Um problema essencial era a audição extraordinariamente seletiva de Victor. O garoto barrava a percepção de determinados sons, como se fosse surdo para eles. Na ocasião em que Itard, numa experiência, se colocou atrás dele e disparou uma pistola duas vezes para o alto, Victor nem se encolheu. A voz humana era outro som que lhe custava registrar. Mas, se alguém quebrasse uma noz no cômodo contíguo, ele virava a cabeça naquela direção.

Itard, que encarava a linguagem como o teste essencial da inteligência de Victor, por fim se deu por vencido. Depois de cinco anos, suspendeu todo o ensino. "Vendo que o meu esforço não levava a nada", disse, "desisti de tentar ensiná-lo a falar e o abandonei num estado de mudez incurável."[8] Itard continuou a trabalhar com pessoas mentalmente prejudicadas, fazendo contribuições para a teoria e a metodologia que veio a ser a base da educação especial tal como se desenvolveu nos 150 anos seguintes.

Victor passou seus últimos anos amparado, tratado com bondade. O Estado pagou sua manutenção sob os cuidados de um casal que o tratava quase como um filho. Ele morreu em 1828, com cerca de quarenta anos, longe da mata; nunca disse uma frase completa e sempre deu a impressão, como o pequeno Donald Triplett um século depois, de ser muito feliz quando o deixavam a sós.

No dia 26 de fevereiro de 1848, o parlamento de Massachusetts recebeu um relatório encadernado em couro escrito por um dos ativistas mais compassivos que o estado já tinha visto. Samuel Gridley Howe era o fundador do Asilo de Cegos da Nova Inglaterra, a instituição que, quase sem a ajuda de ninguém, mudou a mentalidade dos americanos no tocante à capacidade das pessoas cegas de se beneficiarem com a educação. Tanto na Europa quanto nos Estados Unidos, a cegueira era tratada como a surdez, a paralisia, a epilepsia ou qualquer defeito visível do funcionamento orgânico típico. Ter uma deficiência anulava qualquer reivindicação de oportunidade. Tal como os que não conseguiam ouvir ou andar, aqueles que não enxergavam eram descartados como inúteis e incompletos. Considerava-se um absurdo dar-lhes instrução, até que Howe provasse o contrário.

Por volta de 1845, Howe teve uma inspiração nova. Soubera que os franceses estavam progredindo no ensino de pessoas de intelecto prejudicado e que na Prússia se verificava um progresso semelhante. Por que não tentar instruir seus três novos alunos? Embora um dos meninos fosse mudo, era capaz de obter um sucesso considerável.

Quando começou a falar abertamente na educabilidade daquele grupo de pessoas em geral rotuladas de "idiotas", Howe foi ridicularizado. Isso o enfureceu, como o enfureciam os maus-tratos infligidos a deficientes mentais. Ao escrever a um poderoso deputado de Massachusetts, ele falou no dever de todos "de respeitar a humanidade em todas as formas".[9] Se a sociedade falhar nisso, argumentou, "a comunidade [...] sofre, portanto, no seu caráter moral".[10]

O resultado da indignação de Howe[11] foi o livro encadernado em couro intitulado *Report Made to the Legislature of Massachusetts upon Idiocy* [Relatório sobre a idiotia preparado para a Assembleia Legislativa de Massachusetts], que compilava o resultado de uma investigação por ele empreendida em 1846 sobre a situação dos mentalmente deficientes em Massachusetts. Financiados pelos contribuintes, Howe e dois colegas viajaram a cavalo a 63 cidadezinhas e povoados do estado, examinando mais de quinhentas pessoas identificadas em cada um desses lugares como os "idiotas" da comunidade. O projeto durou dois anos.

Repleto de gráficos e dados, o relatório de Howe tinha uma abrangência surpreendente para a época. Ele contou ao parlamentar que Massachusetts era a terra de 1300 homens, mulheres e crianças que correspondiam à descrição de "idiotia" mental. O número lhe pareceu alarmantemente elevado.

"Todo o tema idiotia é novo", escreveu Howe no texto que acompanhava seus dados. "A ciência ainda não lançou a luz certa sobre suas causas remotas ou mesmo imediatas."[12] Tinha razão. Era escasso o esforço feito para entender a natureza da deficiência intelectual. A sociedade nunca tinha visto o porquê de fazer tal coisa.

O próprio Howe estava despreparado para uma das descobertas que fez na viagem de dois anos: um número relativamente grande de pessoas apontadas como "idiotas", informou, não parecia pertencer a essa categoria. Com um exame mais detido, ele encontrou muitas "que têm algumas faculdades intelectuais bem desenvolvidas e, no entanto, são chamadas de idiotas". Longe de se encaixar no rótulo, disse, elas "cabem mal em qualquer uma dessas definições".

Havia um homem chamado Billy, que Howe arrolou como Caso 27, que "conhece e sabe cantar de maneira correta mais de duzentas canções [...] e é capaz de detectar em instantes uma nota errada em qualquer uma delas". Outra coisa notável em Billy, cuja idade foi dada como 59 anos, era o fato de a comunicação comum aparentemente lhe escapar. "Se o mandarem ordenhar as vacas, ele para e repete as palavras 'Billy vai ordenhar as vacas' durante horas ou até que alguém lhe diga outra coisa, que ele então passa a repetir do mesmo modo."

Billy nasceu uns 140 anos antes que Kanner começasse a pensar no autismo, mas grande parte do que Howe registrou — seu talento musical, sua afinação ao que tudo indicava perfeita e sua possível ecolalia — decerto mereceria um lugar na lista de Kanner.

O Caso 360 de Howe também podia ter entrado na lista:

> Esse homem tem a percepção de combinação numérica num grau extraordinário de atividade. Diga-lhe a sua idade e pergunte-lhe a quantos segundos ela corresponde, e ele responderá em pouquíssimos minutos. Em todos os outros aspectos, é um idiota.

Assim como o Caso 25:

> Esse rapaz conhece o nome e o som de todas as letras, é capaz de juntá-las em palavras, as palavras em frases e de ler a página de forma correta; mas ele poderia ler essa página mil vezes sem ter a menor ideia do significado.

Howe continuou listando outros exemplos que sugerem autismo, se bem que com menos detalhes. "O que aprendem, eles nunca esquecem", relatou, referindo-se a um grupo particular. Também: "Há casos, nº 175 e 192, sem dúvida alguma de idiotas, mas que sabem contar não só até vinte como também até 20 mil e fazem diversas operações aritméticas simples com muito mais facilidade do que as pessoas comuns". Há o Caso 277, de uma menina capaz de "aprender e conhecer as letras", mas que não entende com que elas se relacionam.

A pesquisa de Howe foi feita em um período em que a maioria das "pessoas comuns" nos Estados Unidos era iletrada, com pouca experiência no uso do alfabeto. A maioria dos americanos tampouco tinha muito contato com matemática, à parte contar o que estava diante de seu nariz: os animais da fazenda, as fileiras de plantações, os membros da família. Vinte era um número além do qual poucos tinham oportunidade de visitar na imaginação. Em comparação, os "idiotas" eram viajantes intelectuais, pelo menos nesse aspecto estreito.

Howe voltou a ser ridicularizado quando apresentou o relatório à Assembleia Legislativa. Por causa de seu idealismo, foi comparado a Dom Quixote em luta contra moinhos de vento. No entanto, venceu naquilo que importava: os legisladores destinaram 2500 dólares ao financiamento de uma escola experimental para dez das crianças da pesquisa, sob a direção de Howe. Três anos depois, todas elas, antes tidas como ineducáveis, haviam progredido. Howe ficou empolgado. O relatório satisfizera suas ambições no ritmo dele, ainda que escondesse algo mais relevante para o nosso: os seus relatos de testemunha ocular de como era o autismo noventa anos antes que este fosse "descoberto" no consultório de um psiquiatra de Baltimore.

Se Kanner tivesse razão e o autismo sempre tiver existido, essas histórias do passado insinuam algumas experiências de vida desagradáveis para aqueles que, durante a pré-história da síndrome, passaram a existência sem ser diagnosticados. Se, no século XVII, ainda queimavam e enforcavam os epilépticos como bruxos — por causa de seus ocasionais ataques de movimentos e sons estranhos —, não se poderia pressagiar nada de bom para uma criança que repetisse de maneira monótona tudo quanto lhe diziam ou cuja concentração profunda nos movimentos de seus dedos diante dos olhos não pudesse ser interrompida. Se o mutismo era confundido com demência, muito provavelmente os mudos com autismo hão de ter sido candidatos às várias instituições da Europa, entre as quais figurava uma torre na muralha da cidade de Hamburgo, na qual os dementes ficavam presos num espaço conhecido como a Jaula dos Idiotas.[13]

Samuel Gridley Howe viu muita desumanização dos deficientes em sua viagem às cidadezinhas de Massachusetts. Encontrou pais entregues à "crassa ignorância" sobre as aptidões dos filhos. Uma família mantinha o filho de meia-idade numa gaiola na oficina dos pais. Estava lá desde os doze anos. Outro homem, de cinquenta anos, passou duas décadas acorrentado.

Tais resultados, contudo, não eram inevitáveis. No século XVIII, uma cidadezinha de escoceses rurais mostrou isso através de sua aceitação de Hugh Blair. No século XX, as pessoas de uma cidadezinha do Mississippi fizeram o mesmo através do modo como reagiram a uma criança esquisita entre elas: Donald Triplett.

5. Duplamente amado e duplamente protegido

Em maio de 1945, Leo Kanner viajou ao Mississippi a fim de ver, pela última vez, seu Caso 1, que então tinha onze anos. O dr. Kanner seria hóspede da família Triplett durante alguns dias.

Fazia quatro anos que Donald visitara a clínica de Kanner em Baltimore, e sete que lá havia estado pela primeira vez. Agora, sentados nos sofás brancos da sala de estar dos Triplett, perto do piano meia cauda que havia custado uma fortuna a Mary e Beamon, os três tiveram tempo para refletir sobre os altos e baixos dos últimos anos de Donald, inclusive as tentativas de Mary de pô-lo na escola.

No fim do verão de 1939,[1] quando Donald ia completar seis anos, Mary foi à escola elementar pública com a esperança de matriculá-lo na primeira série, cujas aulas começariam em setembro. Sabia muito bem o que estava pedindo. As escolas de todo o país recusavam crianças como Donald, e a lei as respaldava. É verdade que havia classes de educação especial em alguns distritos escolares, cuja disponibilidade variava de região para região, porém, mesmo nelas, as crianças que não ficavam sentadas em silêncio e não seguiam instruções prontamente eram logo expulsas. Entretanto, nesse caso a diretora da escola era amiga de Mary. Foi providenciado um espaço para Donald, e a professora da primeira série foi obrigada a entender que teria de receber aquela criança um tanto diferente.

No primeiro dia de aula, Donald se mostrou inquieto e irritado. Ficou mais calmo no dia seguinte e ainda mais nos subsequentes. Tendo como única opção adaptar-se a ele, a professora aparentemente se esforçou para se ajustar a seus modos peculiares. Talvez isso significasse não fazer caso de comportamentos estranhos em vez de puni-los. Ou, quem sabe, significava achar um jeito de dar um pouco mais de atenção ao menino, a fim de ajudá-lo a seguir o ritmo da classe.

Parece que Donald começou a se adaptar bem. Sem dúvida, muitos de seus comportamentos esquisitos permaneceram e, é claro, eram perturbadores. Nas primeiras semanas, ele soltava grunhidos e gritos de maneira aleatória e, ao responder a uma pergunta feita diretamente a ele, às vezes se punha a saltar depois de responder, sacudindo a cabeça com força. Mas pelo menos respondia às perguntas de quando em quando. Em outubro, já conseguia ficar em seu lugar na fila, responder de forma educada quando chamado na classe e acompanhar melhor o fluxo do dia de aula. À noite, nunca tinha nada a dizer sobre o que havia feito na escola, mas não opunha resistência a voltar para lá na manhã seguinte. Para uma criança com fobia de mudanças em seu ambiente, era um progresso.

Seu uso da língua também melhorou. Embora Donald houvesse aprendido a ler as palavras em voz alta mais cedo que as outras crianças, parecia não ter ideia do significado delas. Também era assim no cinema. Ele gostava de assistir a um filme e depois passava semanas recitando as palavras dos diálogos, mas parecia não entender que os personagens na tela estavam contando uma história. Depois de ser matriculado na escola, esses déficits deram sinais de ser corrigidos.

Um dia, durante seu terceiro mês na escola, em uma visita à classe, Mary ficou surpresa ao ver Donald totalmente interessado na aula de leitura. A professora tinha acabado de escrever uma série de frases no quadro-negro e estava explicando aos alunos que ia pedir a eles, um por um, que fossem para a frente, encontrassem a frase em que aparecia seu nome, fizessem um círculo ao redor desse nome e então representassem o que a frase dizia. Mary viu a professora escrever uma frase com o nome de seu filho: "Don pode dar de comer a um peixe". Quando chegou a vez dele, ela viu Donald se levantar, aceitar o giz, traçar um círculo ao redor de "Don" e então ir até a mesa lateral, na qual ficava o aquário da classe, e polvilhar ração de peixe na água. Donald conseguira — havia compreendido tanto a palavra falada quanto a escrita — sem alvoroço. Mary achou seu desempenho tão significativo que, ao chegar em casa, escreveu uma carta para Kanner, detalhando toda a cena.

Sem dúvida, Donald ainda estava atrasado em comparação com os outros alunos da primeira série, mas era óbvio que vinha mudando em ritmo constante, crescendo e descobrindo como se conectar. Kanner tinha visto isso acontecer durante a primeira viagem de acompanhamento a Baltimore, em maio de 1939, sete meses depois da consulta inicial e alguns meses antes do início da experiência escolar. Anotando suas observações daquela época, ele relatou que a atenção e a concentração de Donald vinham apresentando melhora, que ele estava mais em contato com o seu meio ambiente e reagia de forma muito mais adequada às pessoas e situações. "Mostrou decepção quando frustrado", observou o psiquiatra, e "demonstrou prazer quando elogiado". Ao mesmo tempo, era bem grande a parte do mundo de Donald que ficava fora de alcance. "Ele continua escrevendo cartas no ar com os dedos", comentou Kanner.

A experiência na primeira série prosseguiu depois do Natal e pelo inverno adentro. Na primavera, o uso da linguagem por Donald havia se desenvolvido mais ainda. Em casa, ele iniciou uma tosca aproximação de travar uma conversa. Mary lhe fazia perguntas específicas sobre seu dia, e ele logo respondia. Mas as respostas eram breves e concretas; Donald nunca se abria acerca dos seus pensamentos e experiências. No entanto, uma noite, fez questão de que a família inteira participasse de um jogo que ele tinha acabado de aprender na escola. Mary e Beamon concordaram, seguindo suas instruções excessivamente precisas. Ambos compreenderam como era notável aquele menino ter entrado num jogo. Essa foi a primeira vez em sua vida que ele brincou com outras crianças.

Donald sobreviveu à primeira série e voltou à escola no segundo ano, e no terceiro. De certo modo, a rotina da sala de aula devia condizer com sua necessidade de mesmice: ele ia ao mesmo prédio todos os dias, à mesma hora, para lá passar a mesma quantidade de tempo. Sua carteira estava sempre no lugar, e o sinal tocava automática e confiavelmente para iniciar e encerrar as atividades. Numa tarde, quando tinha nove anos e meio, Donald entrou na classe sem saber que as aulas tinham sido suspensas pelo resto do dia. Seus pais também não estavam informados da mudança. Ele passou as horas seguintes sozinho a sua carteira, escrevendo num caderno, esperando o sinal do fim das aulas. Ao ouvi-lo tocar, guardou suas coisas e foi para casa, como de costume. Seus hábitos arraigados lhe foram úteis.

Nos últimos tempos, porém, a escola estava se tornando mais exigente, e a diferença entre Donald e as outras crianças ficou mais pronunciada. Na época do seu décimo aniversário, a brecha entre o que a escola esperava dele e o que ele era capaz de fazer — tanto acadêmica quanto socialmente — aumentou demais.

No verão de 1943, quando seus colegas de classe da primeira série estavam avançando pela quarta, Donald voltara para casa e ajudava a mãe em tarefas simples em troca de dinheiro para os filmes de que gostava. Ao mesmo tempo, seu talento natural para a aritmética se reforçou quando ele inventou o hobby de calcular as datas de publicação da revista *Time*.[2] Por acaso, havia topado com um exemplar da primeira edição da revista. Na capa, lia-se "Vol. I, nº 1" e a data, "3 de março de 1923". Ele ficou fascinado e obcecado por descobrir a data exata em que cada um dos números subsequentes foi publicado.

Isso lhe despertou uma verdadeira obsessão por calendários.[3] Certa vez, visitando uns amigos da mãe, os Rushing, Donald subiu numa cadeira, na cozinha, para estudar a enorme folhinha na parede. Quando terminou de folheá-la para a frente e para trás, deixou-a de tal modo desgastada que os donos da casa a tiraram da parede quando ele e Mary se foram.

Donald expandia a mente, mas a aparente impraticabilidade de seu esforço era esmagadora. Aquilo em que ele era bom já não condizia com a sala de aula. Aquilo em que não era bom — entender a leitura e as aulas de história — atrapalhava cada vez mais o aprendizado de todos os demais. Seu ajustamento à vida, embora progredisse, não estava sendo feito com a velocidade suficiente.

Com Donald em casa outra vez, Mary enfrentou todo o fardo da solidão, da frustração e da exaustão que esmagava outras mães na mesma situação. Pela segunda vez na vida, Donald foi mandado embora de casa.

Dessa vez, não a uma instituição.[4] E Donald não foi de modo algum abandonado. Na realidade, o lugar era uma casa — uma verdadeira casa de família, a dezoito minutos de carro da residência dos Triplett. Situada na área rural profunda do Mississippi, bem além da última placa de sinalização e no fim de uma rede de estradas de terra sem sinalização nenhuma, ficava num morro a que não chegava eletricidade nem telefone. O lugar não tinha sequer água corrente; o banheiro ficava fora. Mas os pais de Donald esperavam que o casal que lá morava fosse bom para seu filho e que a vida ao ar livre fizesse bem para seu desenvolvimento.

Eles se chamavam Ernest e Josephine Lewis. Eram agricultores pobres, sem muita instrução, mas os vizinhos os consideravam decentes, trabalhadores e honestos. Josephine tinha quarenta e poucos anos; Ernest, cinquenta e tantos. Não tinham filhos e viviam da terra que eles mesmos cultivavam. Nunca se revelou a quantia de dinheiro que Beamon pagava para que o casal cuidasse de Donald, mas, graças a Leo Kanner, sabemos do tratamento que lhe davam.

Donald já havia começado a morar com os Lewis quando Kanner visitou os Triplett em maio de 1945. O médico estava interessado em saber como esse arranjo estava funcionando e curiosíssimo por ver como ia o seu Caso 1. Acontece que Donald passava muitos fins de semana e todos os feriados em Forest, e estava lá para a visita de Kanner. Mas, a certa altura, todos se enfiaram no carro de Beamon e pegaram a estrada poeirenta para visitar Ernest e Josephine.

Por essa época, os Lewis tinham se tornado quase parentes dos Triplett. A gratidão do pai de Mary ao casal e ao seu estilo de vida ficou evidente numa carta que enviou ao neto em 1943:[5]

> Pois eu acho que o sr. e a sra. Lewis são as melhores pessoas do condado. Estão tentando treiná-lo para ser um homem útil. Fazem tudo por você, e você deve retribuir cuidando deles. Ponha lenha no fogão para a sra. Lewis, pegue o machadinho e corte gravetos para o fogo.

O próprio vovô McCravey tinha sido criado numa fazenda como aquela antes de partir aos 22 anos e enriquecer no mundo financeiro. Respeitava a disciplina dos afazeres domésticos. "Esse é, de longe, o melhor preparo que um menino pode ter", disse ele a Donald. "Viver num lugar como Forest não é comparável a isso em sentido algum. Você está perto da natureza, e a natureza é Deus."

O avô terminou a carta com um lembrete ao neto: "Já amei muita gente, mas amo você tanto quanto qualquer pessoa que eu tenha conhecido".

Leo Kanner não idealizava a vida no campo como vovô McCrave, mas, depois de chegar à fazenda e lá passar algumas horas, formou uma opinião igualmente favorável sobre os Lewis. Ernest e Josephine percorreram a casa toda com o psiquiatra, mostraram-lhe o quarto de Donald e explicaram com detalhes as tarefas que ele fazia regularmente. Quando entendeu isso, Kanner se deu conta de que o casal encontrara uma espécie de solução terapêutica para os déficits de Donald. Por um lado, os dias na fazenda tinham uma estrutura rígida: o mesmo padrão toda manhã, toda noite, toda estação do ano. A Donald não restava outra coisa senão acompanhar o programa estabelecido.

Ao mesmo tempo, eles mostraram criatividade e flexibilidade no modo como adaptaram as obsessões e forças do garoto e as harmonizaram com a vida na fazenda. Como observou Kanner, por exemplo, Donald entrou correndo num milharal, pegou a rédea de um pesado cavalo de arado e mostrou o que o animal podia fazer — abrindo um longo sulco, depois fazendo o cavalo virar e iniciar outro. Enquanto o psiquiatra continuava olhando, assombrado, os Lewis explicaram que aquilo começara quando Donald passou a percorrer os milharais, contando os sulcos de maneira obsessiva. Então Ernest tinha posto a rédea em suas mãos e lhe mostrado como controlar o cavalo e manobrar a lâmina do arado. Assim, Donald podia contar os sulcos ao mesmo tempo que lavrava a terra. Kanner o observou ir e voltar com o cavalo meia dúzia de vezes e abrir meia dúzia de sulcos; aquilo parecia dar prazer ao menino.

Donald também ficou encantado com o processo de medida e passou a usar o metro em tudo quanto encontrava na fazenda, tratando de saber o comprimento, a altura, a profundidade e a largura do que quer que fosse. Uma vez mais, Ernest pensou nisso e, quando a fazenda precisou de um poço novo, recrutou Donald para ajudá-lo a cavar, apresentando a atividade como um projeto de medição: qual é a profundidade do poço agora? A que profundidade pode chegar?

Josephine e Ernest também faziam concessões a algumas preocupações menos práticas de Donald. Durante algum tempo, ele entrou numa fase de obsessão pela morte e passou a levar para casa todo passarinho ou bicho morto que achava. Os Lewis sabiam ser duros com Donald e lhe davam palmadas quando se comportava mal. Mas, no caso dos passarinhos e dos bichos, entenderam que ele estava tentando entender uma coisa importante. Em vez de castigá-lo por sujar a casa, mostraram um pedacinho de campo aberto ali perto e o autorizaram a pôr todas as criaturas para descansar lá. O menino construiu esse pequeno cemitério com entusiasmo, não só enterrando cada bicho morto que encontrava como fazendo-o com um ar cerimonioso.

Quando visitou o pequeno cemitério, Kanner viu que Donald tinha dado nome a todas as criaturas lá sepultadas, erigindo pequenas lápides de madeira em cada túmulo e tornando-as membros da família Lewis. A que mais chamou a atenção do psiquiatra tinha a inscrição "John Caracol Lewis. Nascido, data desconhecida". Quanto à data da morte, ele pôs a do dia em que achou os restos do caracol.

Donald floresceu sob o regime da vida campestre. Na avaliação de Kanner, passar uma temporada morando lá foi uma das melhores coisas que lhe aconteceram. A fazenda oferecia um equilíbrio ideal de restrições e liberdades. O garoto tornou-se mais verbal, mais criativo e mais capaz de executar tarefas complexas. Também passou a desfrutar de uma liberdade que nunca tivera na cidade: a liberdade de explorar, de ir ao milharal vizinho em busca de pássaros e bichos, sem que ninguém ficasse preocupado com a possibilidade de ele ser atropelado.

Passado algum tempo, os Lewis começaram a levá-lo diariamente a uma escola rural próxima a fim de retomar sua educação. Era mais adequada a Donald do que a escola da cidade por um motivo simples: tinha uma única classe. Por sua própria natureza, ela precisava se ajustar a crianças que aprendiam matérias e programas diferentes. Quanto às peculiaridades sociais de Donald, adaptaram-se sem muito alarde — outro benefício de estar em um ambiente menos preocupado com as aparências.

Nesse contexto, Donald começou a escrever cartas para casa, usando frases completas e a grafia, em sua maior parte, correta, e dando detalhes concretos de sua convivência com os Lewis. Alguns dias antes do Dia das Mães de 1944, ele pegou um lápis e escreveu a Mary que havia estado na cidadezinha de Salem para comprar uma coisa. "O sr. Ernest disse que eu preciso ter uma rosa para o Dia das Mães", contou. "Disse que uma rosa vermelha mostra que a mãe ainda está viva. Uma rosa branca quer dizer que a mãe morreu." Também mencionou que havia jogado bola e que "o placar que eu fiz foi [...] 5/74". Assinou "Donald G. T. Lewis". Mary guardou essa carta pelo resto da vida.

Donald sempre recordaria esse período como anos felizes em que pertencia a duas famílias. Tratava-se de um arranjo em que ele era duplamente amado e duplamente protegido, e que o poupava das coisas horríveis que aconteciam a tantas outras crianças como ele — crianças confinadas em grandes instituições, com frequência abandonadas e às vezes maltratadas, porque, ao contrário dos Triplett, seus pais não tinham recursos para pagar coisa melhor.

Kanner ficou emocionado ao ver Donald crescendo e aprendendo muito. Ainda que seu progresso geral pudesse ser rotulado de "moderado", moderado no contexto do desenvolvimento de Donald era como um salto por cima de um abismo. Ele era a prova de que pelo menos algumas crianças podiam deixar para trás os aspectos mais enfraquecedores do autismo e de que valia a pena tentar incentivar esse processo.

6. Uma espécie de gênio

Aos catorze anos, Donald adoeceu de repente.[1] Estava com os Lewis quando os sintomas se manifestaram. Primeiro calafrios. Depois febre. Depois calafrios de novo. Ficou tão mal que os Lewis o dispensaram dos afazeres e mandaram que ficasse de cama. Depois surgiram problemas nas articulações. Doía-lhe dobrar os braços e as pernas. A dor se tornou lancinante. Alarmados, os Lewis o puseram no carro e o levaram para a casa dos pais. Durante alguns dias, Donald voltou a sua velha cama, na qual ficou agitado e difícil de controlar. Segundo a família, estava excessivamente "nervoso" outra vez, mais como na infância do que como o adolescente que era. Quando a febre subiu ainda mais, ele começou a delirar.

Na Clínica Campbell, em Memphis, um médico diagnosticou doença de Still, também conhecida como artrite reumatoide juvenil, uma enfermidade autoimune. Por motivos ainda não bem conhecidos, o sistema imunológico se volta contra si próprio e ataca os tecidos nas articulações. A febre é alta e há o risco de ser fatal. Nas crianças que sobrevivem, pode haver sequelas nas articulações, que se fundem em caráter permanente. Usando um composto chamado sais de ouro e um esteroide conhecido como ACTH, os médicos da clínica o salvaram. A febre baixou e a pressão da doença nas articulações diminuiu. Mas só na metade de 1949, um ano e meio depois, Donald se levantou e voltou a andar.

Sua recuperação começou em Memphis, e, depois de vários meses, ele voltou para casa em Forest, onde a convalescença prosseguiu sob o teto dos pais. Esse foi um momento decisivo para a família Triplett — a primeira vez em anos que Donald passou a ficar com eles outra vez em tempo integral. À medida que decorriam os meses e sua saúde melhorava, voltou uma parte maior da personalidade que ele apresentava na fazenda antes de adoecer. O "nervosismo" se atenuou. Com isso, seu progresso com a linguagem e o aprendizado retornou; na verdade, até se acelerou. A cada mês, ele passava a ser menos o menino cujos comportamentos extremos oprimiam a família no início da década de 1940. Pelo contrário, estava amadurecendo, transformando-se num mocinho capaz de tomar seu lugar à mesa. Aos dezesseis anos, estava em casa de novo. Os Lewis sempre seriam amigos íntimos, mas Donald não voltaria a morar na fazenda. Mary tinha algo novo em mente. Naquele setembro, ele ingressaria no ensino médio.

No começo da década de 1950, quando Donald era aluno do ensino médio, surgiram algumas lendas locais em torno dele. Algumas eram mais verdadeiras que outras, mas todas tinham a ver com números. A mais famosa foi a dos tijolos.[2]

Conta a história que, um dia, Donald estava do lado de fora da Forest High School, diante de um semicírculo de colegas de classe que queriam que ele confirmasse um boato. Diziam que Donald tinha o dom de contar as coisas com rapidez, e os rapazes queriam que ele o provasse. "O.k., então quantos tijolos há naquela parede?", desafiou-o o líder, apontando para a lateral do prédio alto e comprido da escola, todo de tijolos. Conforme a lenda, Donald deu uma olhada rápida para a escola e anunciou de imediato o número correto de tijolos.

Todos ficaram boquiabertos. *Depressa assim?* Atônitos, os rapazes saíram correndo para contar a todos o que tinham acabado de ver, com os próprios olhos, o jovem Triplett fazer. A história logo se espalhou, chegando até a alguns lugarejos vizinhos. E perdurou. Nenhum recém-chegado à cidade ouvia o nome de Donald Triplett pela primeira vez sem ficar sabendo que, em certa ocasião, no início dos anos 1950, ele havia contado em instantes todos os tijolos de uma parede da escola.

A esse relato faltam um ou dois detalhes essenciais. Em primeiro lugar, ninguém parecia lembrar qual era o número realmente dado por Donald. Tampouco se explicou como os colegas sabiam que o cálculo de Donald estava certo. Em uma versão, alguns garotos correram até a parede e passaram uma enfadonha hora contando os tijolos um por um. Em outra versão, um dos rapazes bons em matemática fez uma geometria rápida. Mas, na maior parte do tempo, as pessoas simplesmente acreditavam que Donald tinha acertado o cálculo.

Verdadeiro ou não, o episódio condiz com a história maior de Donald que se estabeleceu quando ele estava no ensino médio e da qual ninguém que o conhecia duvidava: o tal Triplett, esquisito como era, podia muito bem ser uma espécie de gênio.

A coisa mais inusitada na experiência de Donald na Forest High no início da década de 1950 era o modo como os colegas, suas famílias e a comunidade escolar o tratavam — aquele adolescente excêntrico que passara tantos anos sumido da escola.

Eles simplesmente o deixavam em paz.[3]

Isso não é pouco se levarmos em conta que, praticamente em todo o país, crianças diferentes como Donald continuavam sendo banidas da escola e com frequência eram depositadas em uma instituição. Não fica óbvio de cara por que as coisas eram diferentes em Forest, cidadezinha sem nenhuma pretensão especial de esclarecimento. Quando se tratava de relações raciais, das leis Jim Crow* e dos direitos civis, não se tem notícia de que os moradores brancos de Forest contestassem o status quo. Nenhum deles questionava os bebedouros "para brancos" separados dos "para negros" no tribunal da cidade. Os trens em que Leo Kanner viajou para Forest tinham assentos segregados. A própria Forest High foi, por lei, uma escola "só para brancos" até bem entrada a década de 1960.

Diante disso, parece improvável que permitissem a Donald matricular-se no ensino médio e que os colegas o tratassem bem por um compromisso com a inclusão, ideia que não tinha muita circulação naquele tempo. Antes, a excelente experiência de Donald no ensino médio foi um dos benefícios de ele ter nascido em uma família relativamente privilegiada.

Em primeiro lugar, havia o nome da família Triplett, mais influente que nunca na Forest dos anos 1950. Beamon Triplett era considerado o melhor advogado

---

* Leis promulgadas nos estados do Sul do país, em vigor entre 1876 e 1965, que tornaram oficial a segregação de afro-americanos, asiáticos e outros grupos étnicos. (N. E.)

da cidade e, à medida que se aproximava dos cinquenta anos, era com frequência indicado para papéis de dignitário, como diretor do conselho administrativo do Lions Club ou presidente da União dos Escoteiros local.

O perfil de Mary refletia o do marido. Na década de 1940, quando Donald estava ausente, ela retomou a vida antiga, voltando às rodadas de almoços e recepções ao ar livre que eram a espinha dorsal da convivência entre as mulheres da classe alta da cidade e nas quais ela era uma espécie de abelha rainha. Mary ingressou no Fortnightly Club, um grupo que atraía mulheres intelectualmente curiosas que tinham sido desestimuladas a fazer curso superior. Elas montavam peças teatrais umas para as outras, liam poesia em voz alta e promoviam recitais de dança e piano.[4]

A casa dos Triplett era um centro de atividade social, e Mary fazia o papel de anfitriã cívica. Além das reuniões de mulheres, o coro presbiteriano às vezes ensaiava lá. Mas, embora a maioria desses visitantes conhecesse Oliver, o filho caçula dos Triplett, poucos tinham visto Donald, que passara todos aqueles anos morando na fazenda.

Agora que Donald estava em casa, sua presença não passava despercebida. Ao que tudo indica, os Triplett se recusavam a se envergonhar a ponto de escondê-lo: nem do coro da igreja, nem das damas da alta sociedade de Forest, nem de quem quer que fosse. Se acaso Donald se pusesse a uivar no quarto durante uma leitura de poemas, se ficasse olhando fixamente para os seios de uma matrona, se tomasse demasiado tempo de um visitante falando na revista *Time* ou na folhinha, paciência: ele era assim, e os convidados que fizessem concessões. De maneira implícita, Beamon e Mary faziam uma declaração clara e definitiva: "Donald faz parte. E faz parte porque dizemos que faz". Depois de vacilar, deixaram claro para a comunidade que, dali por diante, esperavam que seu filho fosse tratado como um igual.

Os indícios sugerem que todos receberam a mensagem. O tamanho de Forest era uma vantagem para Donald. Em 1950, viviam lá apenas 2874 almas, de modo que as notícias circulavam depressa. É fácil imaginar os pais da cidadezinha recomendando aos filhos: "Não se metam com o jovem Triplett. Sejam amáveis com ele". Tal era a autoridade social da família.

Mas a temporada feliz de Donald no ensino médio também deve ser creditada aos rapazes e moças que acolheram aquele garoto estranho em seu meio no dia a dia. Coube-lhes fazer a coisa mais simples, que era ser amável com Donald, pessoa fácil de provocar. Afinal, ele era dois anos mais velho que os colegas de curso e mal conseguia manter uma conversa; era possível zombar dele sem que ele nem sequer soubesse que isso estava acontecendo. Caminhava com os braços tesos e afastados do corpo, feito uma enorme letra A. Ademais, era basicamente indefeso; quem quisesse se medir com ele em termos físicos teria um adversário pequeno e incapaz de se conduzir numa luta.

Felizmente para Donald,[5] na Forest High não faltavam alunos dispostos a impedir que isso lhe acontecesse. As irmãs Theriot — Celeste, Yvonne e Jean —, em especial, estavam atentas a ele. Tinham se mudado para Forest poucos anos antes, quando o pai fora contratado pela ferrovia para aguar o motor dos trens que entravam e saíam da cidadezinha. Eram *cajuns* da Louisiana que apareceram na escola falando apenas francês, de modo que ainda estavam tentando se integrar.[6]

O pior era que a mãe delas, não muito comprometida com sua educação, muitas vezes as impedia de ir à escola, para que a ajudassem em casa. Em consequência, as três e o irmão, chamado Paul, se atrasaram nos estudos, tanto que, como Donald, eram um ou dois anos mais velhos que os colegas de classe. Mas as garotas tinham um senso feroz de justiça e, quando viam Donald sendo provocado, colocavam-se na frente dele, aproveitando-se do fato de serem mais velhas para fazer com que os valentões retrocedessem. Com o tempo, todos aprenderam a lição e atormentar Donald ficou fora de moda. Ele passou a ser aceito, e mais alunos se empenharam em travar conhecimento com aquele rapaz esquisitíssimo, até que deixasse totalmente de ser um estranho. Foi mais ou menos nessa época que as pessoas deixaram de chamá-lo de Donald e começaram a chamá-lo de D. G. — de Donald Gray Triplett, seu nome completo. Isso porque ele chamava todos os outros pelas iniciais.

No entanto, era um desafio ser amigo de Donald. Ele se dava maravilhosamente bem na companhia de si mesmo e, em geral, ainda parecia preferir que fosse assim. Isso não era tão óbvio quando todos estavam juntos na aula e Donald, ancorado na sua carteira, fazia os mesmos exercícios que os outros. Mas isso mudava nos intervalos entre as aulas, quando o remoinho social saturado de hormônios da Forest High ficava às soltas. Ele seguia pelos corredores falando pouco, aparentemente alheio à conversa, à hierarquia adolescente, às turmas. Nada disso lhe interessava.

No almoço, comia sozinho, a menos que as irmãs Theriot se sentassem ao seu lado. Quando os alunos se juntavam no pátio, Donald costumava se afastar rumo a um canto, onde ficava sozinho, olhando para cima. Momentos depois, usando o indicador direito como um lápis, começava a meneá-lo para cima e para baixo, para a esquerda e para a direita, desenhando figuras no ar. Depois de algum tempo, essa visão se tornou tão regular que ninguém lhe prestava muita atenção. Mas quem o observasse conseguia descobrir que figuras eram aquelas. Eram números. Donald estava fazendo aritmética no ar.

Essa obsessão pelos números lhe valeu certo respeito extra dos colegas. Quando o viam, em geral a um canto, rabiscando num caderno, espiavam por cima do seu ombro e viam que o caderno estava repleto de numerais, coluna após coluna, página após página. Sem entender as cifras, concluíam que Donald devia estar praticando uma forma superior de matemática. O mais provável é que tivesse voltado a fazer suas peculiares listas de números, que fazia havia anos. Mas os outros garotos não sabiam disso; imaginavam-no um mago da matemática vagando entre eles.

Em certos aspectos, Donald *era* um gênio dos números.[7] Fazia tanto tempo que praticava o cálculo mental que era capaz de dar uma resposta instantânea a qualquer problema de multiplicação de dois dígitos. Os rapazes o abordavam no pátio, segurando uma folha de papel com as respostas corretas resolvidas com antecedência.

"D. G., quanto é 84×17?"

Donald parava, fechava os olhos durante um brevíssimo instante, depois os abria e falava.

"Ahn, ahn... 1428."

Uma olhadela no papel. Correto.

"Quanto é 42×93?"

"Ahn, ahn... 3906."

Certo novamente.

Donald também tinha uma memória fotográfica dos números. Era visto com frequência passeando na praça em torno do tribunal, perto do escritório do pai, estudando as placas dos carros lá estacionados. Certa vez, alguns rapazes de sua classe toparam com ele, e um deles perguntou intuitivamente: "Então, qual é o número da placa do Plymouth?". E apontou para um automóvel na outra extremidade da praça, na diagonal em relação ao lugar em que eles estavam. Donald fechou os olhos, pensou um pouco e a seguir desembuchou um conjunto de letras e números. Os garotos atravessaram a praça a passos largos e contornaram a traseira do Plymouth.

"Ei, D. G.", gritou um deles, "você acertou, D. G.!"

Em pouco tempo, entendeu-se em Forest que Donald tinha na cabeça a lista dos números da placa de todos os carros da cidade.

Ele também tinha na cabeça a lista de todas as pessoas da cidade e dos *respectivos* números — os quais ele lhes havia atribuído pessoalmente.

Por exemplo, Janelle Brown era primeiranista quando Donald, então no último ano, a abordou.[8] Nunca tinham conversado.

"Ahn, ahn... Janelle Brown, de hoje em diante o seu número é 1487", anunciou, então deu meia-volta e foi embora. Quando tornou a se encontrar com Janelle no corredor, dirigiu-se a ela, mas dessa vez chamou-a não pelo nome, e sim pelo número. "Ahn, olá, 1487!" E se afastou.

Donald continuou fazendo isso, em toda a escola e sempre do mesmo modo.[9] Os escolhidos ficavam desconcertados, sem saber ao certo o que havia atraído um número de Donald nem que significado ele tinha. Parecia algo aleatório, como os próprios números. Alguns, como Buddy Lovett, receberam um de três dígitos. Ele era o 333. Outros, como Janelle, ganharam quatro dígitos. Aventavam-se várias teorias. Ouvia-se dizer que Donald dava os números com base no que acreditava ser a chance da pessoa de ir para o céu. Outros suspeitavam que as cifras se relacionavam de algum modo com a atratividade física do contemplado.

Um colega, John Rushing, achava que nenhuma dessas hipóteses explicava o número a ele atribuído.[10] Tinha ideias próprias de sua origem.

John e Donald se conheciam desde pequenos. Foram criados na mesma rua, a algumas casas de distância, e John com frequência era convidado a brincar no balanço dos Triplett. Foi na casa dele que Donald fez o estrago com a folhinha. Mais tarde, antes que Donald fosse morar com os Lewis, os dois meninos tinham sido colegas de classe na primeira, na segunda e na terceira séries. Contudo, no início da década de 1950, quando ambos estavam na Forest High, John estava duas séries à frente de Donald e era um craque do time de futebol americano, o Forest Bearcats. Comparado com os colegas de escola, John se transformara em um gigante, duro como pedra, e era tão sólido moralmente quanto fisicamente. Tal como as irmãs Theriot, não tolerava ver atormentarem Donald e sempre intervinha para acabar com aquilo quando acontecia.

É possível que Donald tenha retribuído essa atitude no dia em que se aproximou do colega e anunciou: "John Rushing, daqui por diante o seu número é 193". Rushing se perguntou: por que 193? Passou dias intrigado com isso. Então, numa noite de sexta-feira, pouco antes de um grande jogo do Bearcat, deu uma olhada no programa oficial do evento. Este listava os jogadores dos dois times, junto com o número, a altura e o peso de cada um. John correu o dedo pela coluna à procura do seu nome e o encontrou; seu peso publicado naquela temporada era 193 libras.

Donald nunca revelou quais eram as regras. Mas, à sua maneira extravagante, tinha inventado uma interação social para si mesmo, uma transação que tomava poucas palavras, mas não deixava de ser uma troca. Seus números eram inofensivos, intrigantes, charmosos e sem dúvida chamavam a atenção.

Forest era um lugar seguro para Donald não só porque ele o conhecia bem como porque a comunidade havia aprendido a conhecer seu modo de ser. Aos quinze ou dezesseis anos, era visto amiúde fazendo longas caminhadas até a beira da autoestrada que saía da cidade, sempre escrevendo no céu. Os motoristas diminuíam a velocidade, cumprimentavam-no e perguntavam se queria carona para algum lugar ou sugeriam que já estava na hora de voltar para a cidade. Se ele dissesse que preferia continuar passeando, não o contrariavam. Donald era deles para que o defendessem, porque todos entendiam que precisava disso. Fazia parte da paisagem e era um protegido deles.

O último ano de Donald na Forest High também foi o melhor de todos. Fora em matemática, matéria em que ele era o mais forte, tirava notas medíocres. História e inglês — disciplinas com uma história humana no âmago — eram para ele difíceis de dominar. Mesmo assim, tirava C. Ingressou em um ou dois grupos: os Futuros Fazendeiros da América e o coro da escola. Mas sua maior proeza aconteceu na metade do segundo semestre, quando ele fez um teste e obteve um papel na peça da escola.

Foi um marco em sua vida.[11] Entre as atividades escolares, poucas eram mais colaborativas socialmente que uma produção teatral, e, de uma hora para a outra, Donald ficou todo envolvido. A peça se chamava *O tio do macaco*. Era uma farsa popular sobre uma mocinha bonita fingindo ser um garoto, um vilão, e alguns desencontros românticos. Donald representou "Billy Bob Hefferfield",[12] o filho de treze anos do bisbilhoteiro da cidade. Ironicamente, Billy Bob também era um notório valentão.

Aprender as falas e dizê-las no momento certo talvez tenha sido mais fácil para Donald do que para alguns de seus colegas atores, uma vez que exigia algo em que ele era fortíssimo: memória. E, na representação, pouco importava que seu tom vocal fosse um pouco monótono e mecânico. Era um público local, acostumado com o modo de falar de Donald. E as pessoas sabiam escutar o conteúdo cômico das palavras. Ninguém o tinha ouvido dizer tanta coisa de uma vez antes como naquela noite de terça-feira em 1953, quando as palavras provinham da pena de um dramaturgo. Outra coisa ficou clara quando a cortina desceu e os atores se inclinaram: Donald não tinha o menor medo do palco. Pelo contrário, parecia gostar da atenção.

Em junho, quando Donald se formou,[13] Mary e Beamon receberam toda a classe em casa para um "Jantar Americano de Boa Sorte". Cada formando presente recebeu um centavo de boa sorte, e a noite deu à classe de 1953 mais uma chance de confraternizar. Cada qual assinou os anuários dos demais. Donald não colheu a assinatura de todos, mas conseguiu a da maioria das moças, algumas das quais estariam casadas dali a um ou dois anos. Cada uma encontrou um modo diferente de se mostrar carinhosa, quase maternal, com o colega de classe mais velho. Dorothy "Dot" Stroud pegou a caneta e escreveu: "Para um dos garotos mais doces que conheço". Coisa que Margaret Smith ecoou: "A um cara doce, lembre-se de sempre ir bem como neste ano". Margaret Ann Weems, que era co-presidente de classe: "Don, você tem muitas aptidões e, no ano passado, usou-as muito bem...".

Alguns disseram ao Donald que o consideravam um gênio. Ann Viverette: "Com o seu cérebro, tenho certeza de que você vai longe". E Joel Antley: "A um dos meus melhores amigos e um dos alunos mais brilhantes que conheço".

Joel não foi o único a chamar Donald de melhor amigo. Vários outros rapazes usaram as mesmas palavras, entre eles Gilbert Broussard, atleta e membro do elenco da peça. Sua mensagem dizia: "D. G., você é um dos melhores amigos, mesmo que tenha me chamado de mil cretinos, boa sorte, seu companheiro Gilbert B.". E o presidente do corpo estudantil, Tommy Huff, escreveu sob seu próprio rosto sorridente: "Don, você foi uma inspiração para mim nesses anos do ensino médio. Muita sorte, sempre".

Assim como para todos de sua classe, agora havia uma perspectiva de mudança para Donald, que tinha sido admitido no East Central Community College, em Decatur, a quarenta quilômetros de Forest. Ele ficaria morando lá, coisa que devia ser assustadora. Entretanto, há um indício de que ele estava ansioso pela aventura.

Está na forma de uma breve mensagem por ele rabiscada no mesmo anuário, à direita de seu retrato. Era uma boa fotografia sua. De paletó e gravata, cabelo penteado, ele estava com os olhos voltados direto para a câmera, um semissorriso burlão. Nunca foi fácil saber o que Donald estava pensando, mas, nesse caso, ele o explicou detalhadamente para quem quisesse saber. Com uma caneta-tinteiro, compôs uma breve saudação ao seu futuro.

D. G.
Boa sorte para mim.
D. G.

PARTE II
O JOGO DA CULPA
(DÉCADAS DE 1960-80)

7. A mãe geladeira

A verdade é que os bebês nem sempre nascem bonitos. O erro de Rita Tepper foi ter admitido isso para si mesma na semana em que seu filho recém-nascido chegou. Rita tinha 24 anos e esperava um bebê rosado, rechonchudo e fofo. Mas o seu, ao qual chamou Steven, saiu magérrimo, inusitadamente comprido e amarelado. A cor feia da pele era consequência da icterícia, não rara nos recém-nascidos e em geral pouco preocupante. No entanto, ele tinha cor de milho. O aspecto do cabelo, também amarelo e todo arrepiado em pontinhos, era esquisitíssimo. Não, Rita não podia dizer que Steven fosse bonito. Para falar com franqueza, sua aparência — magérrimo, amarelado e de cabelo espetado — era horrenda como a de um pinto.

Dois anos e meio depois, em 1966, Rita ficaria arrasada com essa lembrança quando lhe explicaram o dano permanente que infligira ao filho apenas por ter se permitido pensar semelhante coisa. Havia pouco Steven fora diagnosticado com um problema chamado autismo, e ela estava sendo interrogada por uma assistente social, no Bellevue Hospital, em Nova York, designada para ajudá-la a enfrentar o diagnóstico.

Naturalmente, quem tinha perguntas a fazer era Rita, mas a assistente social não podia lhe dizer muita coisa. O autismo era um diagnóstico tão raro e tão pouco pesquisado que só alguns médicos estavam informados a seu respeito ou mesmo tinham ouvido falar nele. O dr. Taft, o psiquiatra que examinara Steven meses antes, logo depois de seu segundo aniversário, foi sucinto quando falou com Rita e seu marido Jerry: "Vocês têm um problema grave".[1] Alguns minutos depois, ela o ouviu dizer que talvez fosse "autismo". Taft ainda continuou falando, mas as palavras perderam o significado. Rita sentia que estava assistindo a uma telenovela, mas, de algum modo, acabava ela mesma fazendo parte da cena. Quando o casal chegou em casa, Jerry foi para o quarto, atirou-se na cama e desandou a soluçar. Rita entendeu na hora que a forte ali teria de ser ela, mesmo que isso significasse assumir toda a culpa.

Quando os Tepper receberam a notícia devastadora acerca de Steve, fazia 23 anos — quase uma geração — que Leo Kanner havia escrito seu relatório sobre Donald e a "nova" síndrome que seus comportamentos sugeriam. Àquela altura, Donald e as outras dez crianças sobre as quais Kanner escrevera já estavam bem entrados na idade adulta e espalhados pelo país, e o distúrbio conhecido como autismo continuava sendo vagarosamente reconhecido como um diagnóstico significativo. Alguns de seus critérios ainda eram debatidos, e não havia consenso sobre o melhor nome para ele. Kanner, por exemplo, seguia insistindo em "autismo infantil", ao passo que alguns o homenageavam chamando-o de síndrome de Kanner.

Independentemente do nome, o conceito havia ganhado certa aceitação clínica em 1966, o ano do diagnóstico de Steven. Na época, a literatura médica compreendia referências a centenas de outras crianças que tinham em comum mais ou menos os tipos de comportamento associados por Kanner. A vasta maioria morava nos Estados Unidos, e a maior concentração de casos estava na clínica de Kanner na Johns Hopkins.

Contudo, apesar dos números crescentes, não se fazia quase nenhum esforço sustentado para explorar de maneira científica a natureza essencial do autismo. Em parte, isso se devia ao fato de que os cientistas consideravam a síndrome demasiado rara para justificar muita atenção. O maior fator, contudo, era a certeza geral da psiquiatria de já saber por que algumas crianças tinham autismo e outras não.

O veredicto: o autismo era causado por mães que não amavam suficientemente os filhos.

Essa ideia se estabelecera no fim da década de 1940, quando a própria Rita Tepper era criança. Continuava sendo um artigo de fé na década de 1960, quando ela teve um filho e a ideia lhe foi apresentada quase imediatamente depois que lhe informaram que Steven tinha autismo. Como as mães de sua geração que tentavam criar filhos com autismo, Rita teve de conviver com a consciência de que os médicos acreditavam que a culpa pelo autismo do filho era toda dela.

Várias semanas depois de receber o diagnóstico, Steven foi inscrito em um programa oferecido no Bellevue. Mas, para que ele recebesse tratamento, Rita teve de concordar em também ser tratada. Isso refletia a premissa do programa: a mãe fazia parte do problema do filho e também precisava ser curada para que houvesse esperança de melhora da criança. E assim, enquanto Steven era levado a uma sala cheia de outros meninos necessitados de auxílio, Rita se encontrava com uma assistente social. Às vezes esses encontros eram individuais. Ocasionalmente, ela integrava um pequeno grupo de mulheres com filhos no programa. Nesses dias, ficavam em uma sala maior, sentadas em cadeiras dobráveis dispostas em círculo.

As reuniões de grupo eram intensamente confessionais, cada mãe falando na sua vez conforme a orientação da assistente social. Uma a uma, aquelas mulheres sentadas em círculo examinavam em detalhes as lembranças das confusas primeiras semanas e meses da vida dos filhos, tentando determinar quando o autismo começara. Mas isso não era uma busca do instante em que notaram pela primeira vez os sinais do problema. Elas se esforçavam para recordar os momentos em que podiam ter feito algo errado — sem sequer o saber —, algo que havia traumatizado os bebês de tal modo que eles se recolheram para sempre numa versão própria de realidade. Era um trabalho difícil, sério, baseado na presunção de que os filhos tinham nascido "normais" e depois, de algum modo, a própria mãe lhes infligira uma ferida psíquica.

As ideias fluíam nas sessões de grupo. Uma mãe confessou que devia ter passado demasiado tempo concentrada no outro filho. A segunda reconheceu, com vergonha, que ficara muitíssimo ressentida com as horas de sono perdidas quando estavam nascendo os dentes da filha. Outras espremiam o cérebro à cata de exemplos de seus cuidados maternais deficientes. Todas, inclusive Rita, queriam desesperadamente descobrir o que tinham feito de errado. Se conseguissem identificar o erro cometido, podiam tentar mudar de comportamento e reverter o dano.

A lembrança de uma vez ter achado o filho parecido com um pinto não ocorreu logo a Rita. A icterícia de Steven havia desaparecido dias depois do nascimento e ela a esquecera. Em pouco tempo, seu bebê se tornou lindíssimo aos seus olhos. Os outros também o viam assim. Antes que ele aprendesse a andar, quando Rita o levava a passear de carrinho pelo bairro nova-iorquino de Rego Park, os transeuntes o elogiavam. Seus olhos azuis, o cabelo dourado e as feições eram tão deslumbrantes que seu rosto poderia ser usado na publicidade de alimentos para bebês. Mas, quando os vizinhos murmuravam de admiração, Steven não emitia nenhum som.

Rita começou a ficar intrigada com isso, em especial na época do primeiro aniversário do menino. Algumas amigas suas tinham filhos da mesma idade, e esses garotos já haviam começado a usar as palavras. Pela lógica, Steven devia estar fazendo barulhos, pelo menos algum esforço para se comunicar — talvez um "mamã" ou "papá". Mas não fazia.

Steven tampouco parecia entender para que serviam os brinquedos. Seu pai passava horas mostrando-lhe como empilhar aros de plástico num jogo de varetas de madeira, o aro maior embaixo, o menor em cima. A única coisa que o menino sabia fazer com os aros era jogá-los no chão. Era assim que ele brincava com todos os brinquedos que lhe punham nas mãos. Fosse o que fosse, só queria jogá-lo no chão com força. Não precisava ser um brinquedo. Steven adorava fazer isso particularmente com um conjunto de castiçais que havia na casa. Eram de prata de lei e acabaram ficando tão deformados que já não era possível usá-los.

Nas visitas ao pediatra, Rita comentava o fato de o desenvolvimento de Steven parecer desequilibrado. Mas o médico sempre lhe dizia a mesma coisa: que ela precisava deixá-lo crescer no seu próprio ritmo. "Deixe-o viver a vida dele!", ria-se o homem, dando a entender que Rita se preocupava demais. Mas ele só via o menino de vez em quando, durante alguns minutos e sempre no consultório — não no mundo, no qual, além de atirar as coisas no chão, agora ele corria.

Isso começou logo que Steven aprendeu a andar, coisa que fez mais cedo que seu grupo etário. Aprendeu a rolar cedo, sentou-se cedo, deu os primeiros passos cedo e começou a correr cedo. Ao que parecia, sua corrida em linha reta era uma necessidade. Sempre que o punham no carrinho, seu único impulso era sair e se pôr a correr — não em círculos, mas para longe, em qualquer direção, por qualquer porta, contornando ou passando por cima de qualquer obstáculo. Quando Rita o levou a um parquinho infantil cercado e o colocou no chão, ele disparou em direção ao portão, saiu e foi para a calçada.

Isso significava que Rita, agora grávida do segundo filho, também vivia correndo. Perseguindo Steven, arrastando o carrinho consigo, metendo-se pesadamente no meio da rua para afastá-lo do movimento de táxis e ônibus, ela começou a perceber que isso acontecia toda vez que eles iam ao parquinho. Enquanto isso, do lado de dentro da cerca, as outras mães ficavam conversando com toda a calma, e quase nunca tinham de correr atrás dos filhos e salvá-los do trânsito.

"A senhora não está fazendo nada errado", dizia-lhe o pediatra toda vez que Rita perguntava. E insistia em incentivá-la a "simplesmente relaxar", sem ironia.

Então, um dia, ao fazer uma visita domiciliar aos Tepper, o médico de repente mudou de opinião. A essa altura, Alison, a irmã de Steven, já havia nascido e tinha alguns meses. A finalidade da visita era examinar o bebê, coisa que o pediatra costumava fazer com os pacientes recém-nascidos. Rita abriu espaço na mesa de trocar fralda, e ele se debruçou sobre Alison para lhe auscultar os pulmões e o coração. Mas não tirava os olhos de um canto do quarto, onde Steven fazia muito barulho, atirando os brinquedos, e então, de súbito, levantou-se de um salto para trepar num móvel alto. O médico observou a cena, olhando ora para Steven fazendo alvoroço, ora para a bebê tranquila na mesa.

Vendo o médico observar Steven, Rita lhe endereçou um olhar interrogativo, ao qual ele respondeu: "Sabe, acho que vamos mandá-lo fazer um exame". Ela se alegrou ao ouvir isso, ao ter suas preocupações reconhecidas como mais do que mera ansiedade materna. Nunca lhe havia passado pela cabeça que o que havia de errado com Steven fosse incurável.

Semanas depois, Rita estava diante da assistente social no Bellevue, ocupando-se de uma série de perguntas sobre seus primeiros sentimentos por Steven.

"Quando o viu pela primeira vez", perguntou a mulher, "a senhora sentiu uma espécie de afeto por ele?"

"Bom, na verdade...", começou Rita. Ela havia decidido que a verdade era importante. Queria que aquele processo desse certo, por isso resolveu ser sincera. Contou a história do pinto.

E foi além. Contou à assistente social que, quando ela saiu do hospital depois do período de recuperação de cinco dias habitualmente prescrito às mães novas, os médicos retiveram Steven mais algum tempo para acompanhar a icterícia. Isso fez com que, durante vários dias, ela tivesse de ir visitá-lo no hospital. Foi estressante, admitiu.

Seguiram-se outras dificuldades quando Steven foi para casa. Ele resistia de imediato a ser acariciado, empurrando e irritando-se com o abraço da mãe ou de quem quer que fosse. Quase não dormia — nunca mais que cerca de uma hora por vez. Portanto, ela tampouco dormia.

Também havia problemas de alimentação. Steven tomou mamadeira desde o começo, como a maioria dos bebês americanos da década de 1960, mas parecia incapaz de digerir qualquer fórmula que lhe dessem. Como um relógio, ele comia e logo vomitava — poderosos jatos de líquido que deixaram marcas no carpete, nos móveis e em quase todas as roupas da mãe.

Portanto, sim, Steven parecia um pinto no começo, e, não, não houvera muitas vezes em que cuidar dele não fosse estressante. E, sim, ele a cansava muito. Mesmo agora ela estava exausta.

À medida que falava, Rita percebeu, pelo modo como a assistente social olhava para ela, que as duas afinal estavam chegando a algum lugar. A enumeração de todos os problemas entre Steven e ela — obviamente era o que a assistente social procurava. E, para a própria Rita, agora estava ficando claro no que ela errara e no que as outras mães do parquinho infantil haviam acertado. Por doloroso que fosse encará-lo, não lhe restava outra coisa senão reconhecer: ela não tinha mostrado amor suficiente por Steven.

A assistente social fez Rita chegar a essa conclusão e então acrescentou outra perspectiva. Perguntou-lhe se ficara decepcionada com a aparência da segunda bebê, Alison. Rita foi obrigada a admitir que a menina correspondia a cada expectativa sua de como uma bebê devia parecer e agir. Havia nascido rosada, rechonchuda e adorável. Quando a mãe a abraçava, ela se derretia nos seus braços. Rita era inteligente o bastante para ver aonde isso estava levando. Tinha achado Alison linda desde o começo, abraçara-a afetuosamente desde o começo, e ela não "pegou" autismo.

Lá estava a explicação, pois. Descrevendo-o como um pinto, Rita havia instilado uma sensação de rejeição no filho indefeso. Sua dedicação a ele, as longas noites em claro, o duro trabalho de lhe dar de comer, os dias exaustivos, nada disso contava. Steven simplesmente continuava sendo autista, porque havia algo errado com ela.

Certas mães não teriam hesitado em rejeitar semelhante explicação. Mas, por ironia, Rita era muito instruída para ser capaz de tal coisa. Formada em sociologia pelo Hunter College, havia sido assistente social do Departamento de Bem-Estar da

Criança de Nova York durante alguns anos. Também trabalhara num hospital psiquiátrico de adultos e tinha dado aula na quinta série de um programa de educação especial no South Bronx. Entrementes, lera bastante sobre o autismo para saber o que diziam os experts: quando ocorria autismo, era sempre culpa da mãe.

Quem há de achar o próprio filho parecido com um pinto?, Rita vivia se perguntando. Ela sabia a resposta e, pesarosa, sabia o resultado. Ela era um caso de manual. Só esperava que a admissão total da responsabilidade e sua disposição a se submeter a tratamento contínuo para entender a causa de seu fracasso como mãe fossem suficientes para, com o tempo, salvar Steven.

Mãe geladeira. Esse era o nome. E era uma calúnia — cuja primeira semente tinha sido plantada pela mais antiga reportagem da revista *Time* sobre o tema autismo, publicada em 26 de abril de 1948, sob o título "Medicine: Frosted Children" [Medicina: Crianças congeladas]. O objetivo principal da matéria era apresentar aos leitores da *Time* a existência daqueles raros "esquizoides de fralda",[2] que ficavam "felicíssimos quando estavam sozinhos". Mas todo o texto foi escrito com uma acentuada tendência a culpar, resumida na pergunta retórica da revista: "Os pais frios estavam congelando os filhos" no autismo? Segundo a *Time*, em todos os casos documentados, as mães e os pais eram de um tipo particular. Tratava-se de pais que "mal conheciam os filhos", que eram "frios" e "reservados". Para dizê-lo sem rodeios, "havia algo errado com todos eles".

Um especialista citado perto do fim da reportagem ofereceu a imagem que definiria a maior parte da discussão pública sobre o autismo nas duas décadas seguintes. Foi sua metáfora para o destino desses jovens "pacientes patéticos", como os chamou a *Time*, nas mãos de mães e pais defeituosos e gelados. Aquelas crianças, disse o especialista, "ficavam simplesmente guardadas em uma geladeira que não descongelava".[3]

Com o tempo, a discussão sobre a culpa começaria a deixar de lado o papel dos pais para se concentrar por inteiro nas mães. A metáfora da "geladeira" fixou-se nelas, transformando a simpatia por suas dificuldades em desprezo. Quase todo o aparato da psiquiatria americana participou desse retrato excludente e debilitante da mãe geladeira. No entanto, um expert levou o conceito a tal extremo que seu nome se tornou sinônimo de inculpação materna: Bruno Bettelheim.

8. O prisioneiro 15209

Ele era chamado de *dr.* Bruno Bettelheim, às vezes só de dr. B., embora não fosse médico, não no sentido de quem cursa uma faculdade de medicina ou se forma em psicologia.[1] Austríaco, ex-comerciante de madeira, fez doutorado em história da arte. No entanto, nas décadas de 1950 e 1960, passou a ser o fornecedor de insights sobre a psique humana mais querido, respeitado e confiável do país.

Bettelheim, segundo ele mesmo admitiu com tristeza, era tão feio que passou a vida toda incomodado com isso. Aprendeu inglês tarde, aos trinta e tantos anos, quando chegou aos Estados Unidos. Mas tinha senso de humor, charme, inteligência e energia, e, com a força dessas qualidades e um sotaque vienense, abriu caminho para o topo da cultura popular americana. Seus livros, ainda que de leitura difícil, tornaram-se best-sellers. Bettelheim escrevia reportagens de capa para revistas, e as revistas escreviam reportagens de capa a seu respeito. O perfil de primeira página da *Chicago Magazine* chamou-o de "O homem que tanto se preocupa". Um documentário da BBC incluiu-o entre os "maiores psicólogos infantis vivos" do mundo. Ele foi convidado do programa *Today*, um *"get"* na televisão tarde da noite, e Woody Allen, quando estava montando o elenco de seu pseudodocumentário *Zelig*, que estreou em 1983, procurou-o para lhe dizer que havia reservado para ele uma breve participação no papel de uma autoridade na mente humana. Bettelheim aceitou o convite. Afinal, fazia trinta anos que representava esse papel.

* * *

O prisioneiro número 15209 postou-se diante da mesa de um jovem capitão da Gestapo, que, com um gesto, o convidou a sentar. O prisioneiro, que era judeu e sabia o que o capitão sentia por gente como ele, declinou o convite. Apesar disso, o funcionário da Gestapo pegou um carimbo de borracha e, depois de fazer algumas perguntas preliminares, desceu-o, com um ruído surdo, adequado e preciso, sobre o documento oficial que libertava o prisioneiro do encarceramento no campo de concentração de Buchenwald. O papel carimbado dava ao liberto um número limitado de dias para partir da Áustria para os Estados Unidos, com a condição rigorosa de nunca mais voltar. Era abril de 1939.

Foi essa a história contada por Bettelheim. Segundo sua versão, ele era o prisioneiro; e o jovem capitão, um nazista em ascensão chamado Adolf Eichmann. Esse encontro fortuito entre o futuro astro da psicologia pop americana e o nazista destinado à forca por organizar a maquinaria do Holocausto parece muito improvável para ser digno de crédito. Talvez fosse.

Como mostrou Richard Pollak, seu biógrafo mais crítico, Bettelheim era um prolífico maquiador da verdade. A extensa pesquisa de Pollak levantou numerosos exemplos durante as várias décadas em que Bettelheim exagerou ou omitiu fatos importantes de sua obra e de sua vida. Por exemplo, descobriu que ele contou partes da história do prisioneiro em numerosas ocasiões, mas só uma vez falou em ter estado cara a cara com o arquiteto do Holocausto. Em todas as outras ocasiões, disse Pollak, "Eichmann não foi mencionado". E concluiu que era quase certo que Bettelheim nunca estivera com o famoso nazista.

É verdade que Bettelheim passou onze meses preso num campo de concentração. Foi capturado numa batida geral contra judeus em Viena, em maio de 1938, e levado ao primeiro campo de concentração da Alemanha, o de Dachau, num vagão de transporte de gado. Sobreviveu aos primeiros meses praticamente sem enxergar, pois era muito míope e um dos carcereiros esmagou seus óculos de lentes grossas.

Naquela época, depois da anexação da Áustria à Alemanha, mas antes do início da Segunda Guerra Mundial, os campos ainda não tinham a função principal de fábricas da morte. No caso dos judeus, eram um instrumento usado para aterrorizá-los e convencê-los a fugir do Reich. O tratamento era brutal, os espancamentos, frequentes e aleatórios, e todos os dias prisioneiros morriam de doença, desnutrição e execuções sumárias. Buchenwald, para onde Bettelheim foi transferido depois de quatro meses, era ainda pior. No entanto, naquele período inicial e em particular para judeus, havia a possibilidade real de libertação desde que o preso deixasse a pátria para sempre, legando seus bens ao Estado.

Uma vez solto, Bettelheim teve prazo de uma semana para sair do país em que nascera.[2] Em maio de 1939, desembarcou em Nova York — traumatizado, magérrimo, com vários dentes a menos e despojado da maior parte das economias de toda a vida. Não tinha emprego, mal falava inglês e, em termos de habilitação, contava apenas com o doutorado em história da arte da Universidade de Viena, obtido em sete anos, ao mesmo tempo que ele administrava a madeireira da família. Tudo indicava que aquelas não eram as melhores credenciais para arranjar emprego num país estrangeiro.

As únicas coisas que ele tinha eram liberdade e uma autorização temporária para residir no principal país das segundas chances. Aproveitou a oportunidade ao máximo. Dez anos depois, estava a caminho da fama, havia criado uma vida nova e edificado um novo eu para uso público. O "dr." diante do nome passou a ser uma parte permanente de sua identidade.

Em 1950, a Universidade de Chicago colocou Bettelheim na direção da Escola Ortogênica Sonia Shankman, que funcionava como um laboratório operativo para o desenvolvimento de novos métodos de tratamento das crianças perturbadas que viviam entre suas paredes em caráter permanente.

Em suma, Bettelheim estava tendo um sucesso extraordinário na cura da doença mental nos alunos pelos quais era responsável. Isso, por sua vez, criou uma demanda enorme de manifestações suas sobre a melhor abordagem da criação de crianças "normais".

Durante anos, além de escrever artigos de revista com conselhos sobre educação infantil e atender repórteres apressados em busca de uma citação rápida sobre qualquer coisa relacionada com psiquiatria ou saúde mental, Bettelheim também participava de encontros mensais com jovens mães de Chicago para orientá-las sobre como criar os filhos de forma correta. Quarenta e poucas mulheres por vez lotavam uma sala de seminário na universidade à noite, quando os filhos já estavam dormindo, e a conversa se prolongava por horas.

"Ele era Deus, nós o idolatrávamos", disse uma mãe a Richard Pollak, que depois entrevistou todas as que pôde localizar.

Pelo menos três extensas biografias de Bettelheim, que oscilavam entre o hostil e o favorável, se ocuparam da questão de como um comerciante de madeira austríaco com doutorado em história da arte veio a ser reconhecido como um eminente psicólogo infantil e o maior especialista do mundo em causas do autismo. A resposta continua sendo vaga. É possível que parte da explicação seja o fato de Bettelheim de fato ter adquirido sozinho um conhecimento significativo da psicanálise, que o fascinava. Ele era natural da Viena judaica, na qual a psicanálise nasceu e penetrou o tecido do discurso intelectual, afetando o teatro, a literatura, a política e a arte — que Bettelheim conhecia muito bem. Ao que parece, na Universidade de Viena, ele se matriculou em pelo menos dois cursos de psicologia, campo sobre o qual leu muito ao longo da vida.

Com algumas alterações espertas aqui e acolá, Bettelheim impulsionou e expandiu sua narrativa de vida, transformando-a em um curriculum vitae sedutor. Ao que tudo indica, ninguém se deu ao trabalho de averiguar a veracidade de tais modificações, mesmo quando elas abriram para seu autor a porta de territórios cada vez mais inalcançáveis na academia. No futuro, Robert Hutchins, o presidente da Universidade de Chicago, seria um de seus patronos mais entusiastas.

O curinga de Bettelheim era sua história nos campos de concentração nazistas. Nessa área, ele tinha credenciais e autenticidade que nenhum acadêmico americano podia igualar. Quando escreveu que os judeus da Europa eram em parte culpados pelo Holocausto — por relutarem muito em se assimilar antes que começasse e relutarem muito em lhe opor resistência depois —, ele se sentiu no direito de fazê-lo pelo fato de ter estado lá e conseguido sair vivo. As plateias judias americanas que o ouviam dizem que tais coisas as atingiam como um choque e uma afronta, mas ele nunca voltou atrás.

Como sobrevivente radicado nos Estados Unidos, Bettelheim ficava horrorizado com o escasso número de americanos que sabiam dos campos de concentração ou pareciam acreditar nos poucos fragmentos de informação que vazavam de quando em quando. Sentindo-se impelido a provar que o que parecia inacreditável era verdade, concluiu, em 1942, depois de mais de um ano de trabalho, um artigo sobre o que havia presenciado durante sua prisão. Escreveu não só acerca das condições no lado de dentro do arame farpado como também sobre a psicologia que tinha visto em operação: por que alguns presos conseguiam aguentar o pesadelo enquanto outros definhavam e capitulavam. Demorou mais de um ano para convencer um editor a publicá-lo.

O artigo, intitulado "Individual and Mass Behavior in Extreme Situations"

[Comportamento individual e coletivo em situações extremas], assustou os leitores quando afinal foi publicado no *Journal of Abnormal and Social Psychology*. Pouco depois, outros periódicos de maior circulação publicaram partes grandes do texto ou o reproduziram integralmente. O prestígio de Bettelheim aumentou. Durante vários anos, seu paper valeu como o relato definitivo em inglês das atrocidades que os nazistas estavam tentando perpetrar em segredo, assim como uma análise da psique dos prisioneiros. Na verdade, o autor não era psiquiatra; aliás, quando um editor assim o chamou, ele escreveu uma nota breve para corrigi-lo.

Por coincidência, o artigo de Bettelheim foi publicado apenas alguns meses depois que Leo Kanner escreveu pela primeira vez sobre Donald e os outros dez meninos e meninas que estava examinando na Johns Hopkins. Enquanto poucos americanos estavam bem informados a respeito dos campos de concentração, virtualmente nenhum sabia o que era autismo. Transcorreria uma década, durante a qual a síndrome permaneceu obscura, conhecida apenas por um pequeno círculo de psiquiatras que liam Kanner e julgavam talvez ter casos em seu consultório.

Então Bettelheim concluiu que o autismo merecia a sua atenção.

Em 1955, candidatou-se a uma subvenção da Fundação Ford para pôr um punhado de crianças com autismo na Escola Ortogênica por um período de sete anos. Propôs-se a acompanhar seu desenvolvimento ao mesmo tempo que estudava as melhores maneiras de estabelecer contato com elas e mostrou que as lições aprendidas podiam ter aplicações mais amplas. "A partir dessas crianças que nunca tiveram um ajustamento emocional normal", escreveu, "muito se pode aprender tanto sobre ajustamento emocional normal quanto sobre ajustamento pela doença mental."[3] Ele recebeu o financiamento.

Sem dúvida, Bettelheim não tinha intenção de estudar o cérebro daquelas crianças. Esse tipo de abordagem não condizia com a época. O cérebro era um órgão, e a corrente principal da psiquiatria dava pouca importância à noção de causas orgânicas do mau comportamento mental.

Para Bettelheim, a criança autista, em especial a que não sabia falar, era a tela perfeita em que rabiscar uma interpretação freudiana dos comportamentos. Considere-se, por exemplo, sua explicação do porquê de as crianças com autismo sofrerem no dentista. Pergunte a qualquer pai ou mãe de uma criança com autismo grave: essa é uma luta clássica. A cadeira do dentista tem tudo de errado. É esquisita, é confinadora, move-se, pode até vibrar. No alto, a luz ofusca. O equipamento chia e grunhe. Um estranho de roupa estranha enfia instrumentos estranhos *na boca da criança*. Às vezes isso dói.

Inspirado por Freud, Bettelheim tinha uma explicação: "Pelo que sabemos das crianças autistas, sua principal ansiedade é que o dentista lhes destrua os dentes em retaliação ao seu desejo de morder e devorar".[4]

Suas teorias sobre odontologia e autismo apareceram em *A fortaleza vazia*, livro de 1967 que o catapultou ao topo da lista dos explicadores do autismo. A obra é construída como uma excursão guiada por um canto estranho e maravilhoso da "fascinante" condição humana conhecida como autismo. Em uma descrição minuciosa de um punhado de crianças sob seus cuidados na Escola Ortogênica, Bettelheim oferece seus comportamentos e obsessões estranhos como pistas — pistas que explicam por que aquelas crianças puderam escolher fugir da realidade.

Os críticos ficaram surpresos com a devoção de Bettelheim por auxiliar as crianças autistas e classificaram a obra como "brilhante".[5] *The New Republic* o consagrou "um herói do nosso tempo". Eliot Fremont-Smith, do *New York Times*, chamou *A fortaleza vazia* de "um livro tão filosófico e político quanto científico".[6] Ele sentiu que Bettelheim, ao discutir o desafio de entrar em contato com o autismo, examinava o desafio universal de se comunicar através de toda sorte de barreiras. "É inspirador", escreveu, como prova de que "as alienações da nossa época [...] não precisam ser aceitas como a condição permanente do homem".

As descrições de Bettelheim das crianças eram vivas e absorventes. Marcia, por exemplo, tinha obsessão pelo tempo, isto é, pelas condições meteorológicas. "Estudava-o com intensa fascinação", escreveu ele, "e, durante um longo período, essa foi a única coisa de que falava."[7] As pessoas com autismo podem ficar fixadas e aprisionadas em um único interesse obsessivo que se apodera de sua vida. Mas o tempo tinha um significado especial para Marcia, explicou Bettelheim, que só se podia compreender decompondo a própria palavra nas três palavrinhas menores que ela contém: *"We/eat/her"*.* Ele esclareceu que a obsessão da menina pelo vento, pela temperatura e pela precipitação provinha de um temor profundo de que a mãe "pretendesse devorá-la". E relatou que, depois de ter trabalhado com ele, a menina "estava em vias de se recuperar por completo" do autismo.

* Em inglês, *weather* significa tempo. Decomposta em *we eat her*, a palavra ganha um novo significado: "Nós a comemos". (N. T.)

O segundo caso de *A fortaleza vazia*, bem mais discutido, era o de "Joey, o Menino Automático". Bettelheim já havia escrito sobre esse garoto na *Scientific American*, o qual, por ter sido "completamente desprezado"[8] pelos pais quando pequeno, desenvolvera uma imagem de si como parte de um mecanismo que, por sua vez, pertencia a uma máquina maior, que era o mundo. Ao mesmo tempo que evitava o contato com as pessoas, Joey se interessava sobretudo pelas coisas mecânicas, em especial ventiladores.

Por que os ventiladores? Porque eles giram, teorizou Bettelheim, e os círculos têm um significado simbólico especial para as crianças com autismo. "Creio que é porque elas dão muitas e muitas voltas sem nunca atingir um objetivo", escreveu. "A criança deseja reciprocidade. Quer fazer parte de um círculo que consiste nela e em seus pais, de preferência sendo ela o centro em torno do qual gira a vida deles."

Bettelheim contou que Joey escapou do "círculo vicioso" no dia em que se meteu, espontaneamente, embaixo de uma mesa e se imaginou botando um ovo que continha ele próprio. Quando quebrou a casca e saiu dela simbolicamente, Joey renasceu e, de repente, ficou muitos passos mais próximo da cura. "Ele abriu caminho e entrou neste mundo", escreveu Bettelheim. "Já não era um aparelho mecânico, e sim uma criança humana." Quanto ao que de fato aconteceu, acreditava ele que "se a mãe for a pessoa essencialmente perigosa, mamar no peito é como ser envenenado […]. Assim, um nascimento que implicasse esse mamar parecia perigosíssimo a Joey. Mas, se nascesse de um ovo, ele poderia se virar sozinho no minuto em que saiu da casca. Não haveria necessidade de mamar no peito dela".

Segundo o relato, Joey também se "recuperou" e voltou para casa depois de nove anos na Escola Ortogênica, e a seguir frequentou e concluiu com êxito o ensino médio.

Ferozes. Perigosos. Devoradores. Eis alguns dos termos favoritos de Bettelheim para exprimir as causas e os efeitos do autismo. Este, a seu ver, era uma decisão que as crianças tomavam em reação ao mundo frio, desagradável e ameaçador em que se achavam. Os bebês chegavam bem e saudáveis, examinavam sua vida e se davam conta de que não conseguiam lidar com as feias circunstâncias em que nasceram. Em breve, tratavam "deliberadamente" de "dar as costas à humanidade e à sociedade" a fim de sobreviver.

Bettelheim acreditava ter presenciado isso em primeira mão não em crianças, mas em adultos presos em um dos hábitats mais cruéis e devoradores já construídos: os campos de concentração nazistas. Sintoma por sintoma, ele comparava o modo como via os homens se degradarem em Dachau e Buchenwald com os comportamentos autistas dos pequenos. As crianças com autismo em geral evitam o contato visual? Ele já tinha visto isso. "Trata-se essencialmente do mesmo fenômeno do olhar esquivo do prisioneiro",[9] explicou. "Ambos os comportamentos resultam da convicção de que não é seguro deixar que os outros o vejam observando." Bettelheim também tinha visto presos caírem na paralisia do devaneio. E sabia que esse era "um paralelo muito próximo da autoestimulação das crianças autistas, como no balançar repetitivo".

E prosseguia. Os presos propensos a memorizar listas de nomes ou de datas para manter a sanidade eram como crianças autistas que memorizam compulsivamente horários de trem. Os presidiários que se agarravam à esperança de voltar para o mundo que existia antes que lhes destruíssem a vida evocavam a necessidade de mesmice da criança autista. E assim por diante.

Os comportamentos coincidiam, talvez, para os leitores sem experiência pessoal com o autismo e que achavam as analogias de Bettelheim intrigantes. Também havia a satisfação de se sentir informado a respeito de algo esotérico. Acima de tudo, os leitores sentiam que haviam aprendido uma verdade brutal, mas necessária: *As mães causam o autismo dos filhos.* Essa era, afinal, a extensão lógica do argumento que associava o autismo aos campos de concentração. Se os nazistas destruíam o espírito daqueles homens adultos, as mães estropiavam os filhos pequenos. A analogia era completa: as mães como carcereiras de campo de concentração. As mães como nazistas.

Bettelheim sabia o quanto sua acusação parecia dura. Nos anos subsequentes, não pouparia esforços para mostrar que não havia chamado as mães de nazistas. Tratava-se de uma distorção postulada por críticos hostis, afirmou, e repetida por gente que nunca lera seu livro. Na verdade, embora lhe atribuíssem com frequência a cunhagem da expressão "mãe geladeira", ele jamais a invocara.

De fato, embora tivesse se tornado o mais eloquente inculpador da mãe, Bettelheim podia alegar, sem mentir, que não era o primeiro. Essa honra cabia ao especialista citado na *Time* em 1948 — anos antes que Bettelheim se envolvesse com o autismo —, aquele que falou em crianças que "nunca descongelavam". Foi então que nasceu a metáfora da mãe geladeira, e seu autor era um homem de respeitabilidade e prestígio inquestionáveis na psiquiatria infantil. Chamava-se Leo Kanner.

9. A culpa de Kanner

Em 1949, Leo Kanner publicou seu terceiro artigo importante sobre o estado mental que ele continuava chamando de autismo infantil precoce, baseado no tratamento aplicado a cerca de cinquenta crianças com o distúrbio.[1] Nele, não mencionou Mary nem a família Triplett pelo nome, de modo que é muito provável que ela não tenha tomado conhecimento do retrato que Kanner dela pintou. Era surpreendentemente pouco lisonjeiro.

Mary não foi a única a receber tratamento inclemente no artigo. Os pais das outras crianças de que Kanner tratava também foram julgados e considerados reprováveis. "É impossível não notar", escreveu, um conjunto de características presentes "na vasta maioria": "frieza", "seriedade", "obsessividade", "indiferença". E prosseguiu falando no "tipo mecânico de atenção" que davam aos filhos e na generalizada "falta de genuíno carinho maternal" — tão pronunciada que ele a detectava em questão de segundos quando uma família nova chegava à sua clínica. "Quando eles sobem a escada", escreveu, "o filho se arrasta tristemente atrás da mãe, que nem se dá ao trabalho de olhar para trás."

A certa altura, seu artigo recorria a uma cena na casa dos Triplett. Ele e Mary estavam conversando na presença de Donald, então prestes a completar doze anos. No texto, Kanner registrou a cena: "Donald, o paciente, sentou-se no sofá, ao lado da mãe. Esta se afastou como se não suportasse sua proximidade física. Quando Donald tornou a se acercar dela, Mary, com frieza, mandou-o se sentar numa cadeira".

Os mesmos olhos que foram os primeiros a "enxergar" o autismo passaram a considerar a rejeição parental essencial ao fenômeno, muito provavelmente uma de suas causas.

A seguir, Kanner sugeriu que Mary e Beamon calibravam sua afeição com base na capacidade de desempenho de Donald. Escreveu com mordacidade sobre a pressão que exerciam para que o menino realizasse façanhas inúteis e precoces, como decorar listas de nomes. Muitos pais eram culpados disso, acrescentou. "Incapazes de gostar dos filhos como são", concentravam-se em fazer com que atingissem alvos objetivos: "a consecução da bondade, da obediência, da tranquilidade, do comer bem, do controle mais precoce possível da excreção, um vocabulário rico, proezas da memória". As crianças excluídas atendiam a tais exigências de desempenho, sugeria Kanner, em "uma súplica de aprovação parental". E, quando explodiam em pirraça, isso "servia de oportunidade — sua única oportunidade — de retaliação".

Em síntese, ele concluía que as crianças com autismo "parecem estar em um ato de se apartar de sua situação [doméstica] para procurar conforto na solidão". Era um protesto contra o aprisionamento nas "geladeiras emocionais" da vida em família.

Pôr a culpa nos pais foi uma mudança significativa para Kanner. Afinal, um de seus insights fundamentais acerca do autismo, em 1943, fora de que "a solidão das crianças" era evidente "desde o início da vida" e que sua natureza autística não podia ser atribuída exclusivamente — ou talvez em absoluto — às primeiras relações parentais. Pelo contrário, na época, ele havia traçado uma linha importante entre o autismo e a esquizofrenia, asseverando que o primeiro era inato. Na frase final daquele artigo emblemático de 1943, empregou a palavra "congênito" para enfatizar: "Porque aqui parece que temos exemplos de cultura pura de distúrbios autísticos congênitos".[2]

Além disso, até então Kanner só tivera coisas positivíssimas a dizer sobre Mary Triplett. Ele havia comentado com colegas o quanto ela era capaz no papel de mãe. E na correspondência de ambos sempre deixara claro que a admirava.

Kanner nunca explicou por que, no fim dos anos 1940, decidiu fazer com que Mary parecesse fria nem por que passou a atribuir aos pais em geral pelo menos parte da culpa pelo omportamento autístico dos filhos. Na realidade, muitos anos depois ele negaria que tivesse tido opiniões inculpadoras dos pais e faria questão de dizer que havia sido citado de maneira errônea. Mas não era verdade.

Uma coisa é certa: antes de Kanner começar a usar a imagem da geladeira, sua descoberta do autismo permaneceu essencialmente ignorada. Durante muitos anos após o artigo de 1943 que apresentava "Donald T.", sua descrição de crianças com "autismo infantil" congênito raramente foi discutida na literatura médica. Suscitou, quando muito, um punhado de citações. Tampouco a imprensa popular lhe deu atenção. Nenhum artigo de jornal ou revista mencionou o distúrbio descrito por Kanner. E, o que é mais revelador, ninguém no resto do mundo corroborou o que ele enxergava. Durante a década de 1950, praticamente todos os casos de autismo foram diagnosticados por ele próprio em Baltimore, Maryland. Em suma, os colegas não reconheciam que ele tivesse descoberto o que quer que fosse.

Pelo contrário, pessoas que Kanner respeitava disseram-lhe que, na verdade, ele não havia descoberto nada. Louise Despert, uma psiquiatra de Nova York muito estimada por ele, escreveu-lhe que tudo que havia em seu artigo sobre Donald era, "quase palavra por palavra",[3] um relato de caso de esquizofrenia. Os dois mantiveram uma animada correspondência a esse respeito, no decorrer da qual ficou claro que Kanner passou a titubear em suas convicções acerca do significado do que descobrira. Ele chegou a revisar seu manual nesse período, transferindo o autismo infantil para a categoria esquizofrenia. Mas, como se ainda estivesse com dificuldade para se decidir, deu-lhe um subtítulo próprio.

Talvez algo parecido esteja por trás do seu recém-descoberto enfoque no papel dos pais na origem do autismo. Chamar o autismo de congênito contrariava a tendência dominante no pensamento referente à doença mental. Na opinião da psiquiatria, a doença mental sempre era causada por experiências emocionais traumáticas e as mães quase sempre tinham um papel no problema. No caso da esquizofrenia, havia até uma expressão para designar esse papel: o da "mãe esquizofrenogênica". Afinal de contas, se o autismo pertencia à coluna da esquizofrenia, é fácil imaginar como Kanner há de ter começado a refletir sobre o que as mães teriam feito para causar autismo nos filhos.

De maneira reveladora, só depois que Kanner passou a falar em crianças presas "em geladeiras emocionais" foi que a revista *Time* se dispôs a abordar o autismo e o resto do campo da psiquiatria começou a prestar atenção no assunto. Como observou mais tarde seu ex-assistente Leon Eisenberg: "Quando ele cunhou a expressão 'mãe geladeira', sua visão do autismo ficou mais na moda".[4] O próprio Kanner afirmou que 1951 foi um momento decisivo para a estatura do autismo como conceito. Foi então, disse mais tarde, que "a situação mudou abruptamente"[5] e suas descobertas começaram a circular. Cerca de 52 artigos e um livro se concentraram especificamente no tema entre aquele ano e 1959, e o autismo passou a ser diagnosticado em crianças no ultramar — primeiro na Holanda, depois em outros países.[6]

Em vez de se prender a sua convicção inicial de que o autismo era inato, Kanner havia desistido. E, assim, o diagnóstico por ele inventado começou a ganhar ímpeto e notoriedade, e o mito da mãe geladeira ficaria à solta no mundo durante muitos anos.

Em 1966, quando todo psiquiatra e assistente social diziam a Rita e a outras mães que o autismo do filho era culpa delas, Kanner voltara a pensar consigo mesmo que estava com a razão no começo: os bebês já nasciam com autismo, e o amor da mãe ou a falta dele nada tinha a ver com o transtorno. É possível que ele tivesse lido alguns dos primeiros estudos que demonstravam diversos padrões de recepção sensorial nas crianças, sugerindo um componente neurológico no autismo. Também estava orientando um jovem pesquisador chamado Bernard Rimland, que explicava de maneira persuasiva que o distúrbio era orgânico. Impressionado, ele exortou Rimland a seguir adiante nessa linha.

Algo mais pode ter afastado Kanner do campo inculpador da mãe. Ele não tinha senão desprezo por Bruno Bettelheim. Sem dúvida, era irritante o fato de o livro sobre autismo mais lido na década de 1960 ter o nome de Bettelheim na capa, não o seu, mas não se tratava só disso. Ao examinar a obra do rival, viu sobretudo afirmações grandiloquentes e não examinadas. Em 1969, ele ridicularizou manifestamente o livro e o homem perante um grupo de pais em Washington.

"Não preciso mencionar *o livro* aqui",[7] disse, certo de que os ouvintes, quase todos mães e pais de crianças com autismo, saberiam que estava se referindo a *Fortaleza vazia*. "Eu o chamo de livro vazio", acrescentou, para que ninguém deixasse escapar a alusão.

Kanner contou aos pais que ele próprio havia esquadrinhado um capítulo de 46 páginas, linha por linha. "Naquelas 46 páginas, contei cerca de 150 vezes em que o autor diz 'talvez', 'quiçá' e 'pode ser mera especulação'. Cento e cinquenta vezes!"

"Por favor", implorou à plateia, "cuidado com o tipo de gente que lhes diz, com ar ditatorial: 'Isso é o que é porque eu digo que é'. Ainda temos de ser muito cautelosos."

Como o público de Kanner era mais bem informado que a maioria, ele também tomou alguns minutos para falar de seu próprio papel no fiasco da inculpação da mãe. Sua abordagem foi direta: ele simplesmente negou toda responsabilidade. "Desde a primeira publicação até a última", insistiu, "eu disse em termos inequívocos que esse distúrbio era 'inato'." Quanto ao mito da mãe geladeira, fora um grande mal-entendido. "Fui citado de maneira errônea, em geral como se tivesse dito: 'É tudo culpa dos pais'", declarou às mães e aos pais. "Eu nunca disse isso." Tecnicamente era verdade, embora ele tivesse o cuidado de omitir seu papel na propagação da ideia.

Então pronunciou oito palavras de efeito eletrizante: "De modo que eu os absolvo como pais".

Todos entenderam o que isso significava. Kanner estava dizendo às mães presentes e às ausentes que elas não tinham nenhuma culpa pelo distúrbio dos filhos.

Os aplausos ricochetearam na parede atrás dele e saíram pelas janelas — uma explosão de gratidão e alívio a partir primeiro das mães. Batendo palmas de pé, algumas choravam. Os pais também. Um deles depois qualificaria o momento de "emocionante",[8] pois não era só o som da gratidão de todos que flutuava dentro e além do salão. Era o som da vergonha reprimida que se libertava. Mais tarde, um informativo de pais se referiu a ele como "Nosso querido dr. Kanner". Foi a última vez que Leo Kanner mudou de opinião sobre o autismo.

Bruno Bettelheim nunca mudou de opinião. No verão de 1971, apareceu como convidado no programa de Dick Cavett.[9] A teoria da mãe geladeira ainda gozava de prestígio em grande parte do panorama psiquiátrico, mas a resistência contra ela crescia. Àquela altura, haviam escrito muito mais sobre o próprio Bettelheim, que continuava na Universidade de Chicago, dirigindo a Escola Ortogênica e recebendo crianças com autismo. Diziam que a escola havia excluído os pais e erigido uma escultura de jardim representando uma mãe reclinada, a qual os meninos eram incentivados a chutar no seu ir e vir. No entanto, Bettelheim ainda era uma figura de peso, e suas ideias sobre o autismo continuavam plasmando o pensamento popular a respeito do assunto.

Naquela noite, provavelmente milhões de telespectadores estavam assistindo ao programa quando Cavett pediu a Bettelheim que explicasse o autismo. Era, disse ele ao entrevistador, "o distúrbio psicótico da infância mais grave que se conhece". Cavett quis saber mais, e Bettelheim começou a explicar, de maneira cuidadosa e comovente, o que o autismo numa criança representava de fato: uma forma de desespero.

"Para sobreviver", disse, "você tem de sentir que é terrivelmente importante para alguém."

Cavett confirmou: "Que alguém se preocupa com você".

Sim, era isso, concordou Bettelheim. "No caso das crianças extremamente perturbadas, não só ninguém se preocupava como também havia a esperança de que fosse muito melhor se elas não vivessem."

Na manhã seguinte, em todo o país, as mães de filhos com autismo passaram a ser encaradas de modo diferente por quem tivesse assistido ao programa na véspera, e de modo algum com mais simpatia. Médicos, professores de educação especial, estudantes de psicologia, sogras, vizinhos — todos eles ouviram aquilo da mesma maneira. Quando crianças tinham autismo, era porque suas mães as queriam mortas.

10. Mordendo a língua

Era o inverno de 1964,[1] e elas, tratadas como párias, eram mandadas para o aglomerado de cadeiras de plástico alaranjado no fundo do saguão do hospital, tão perto da porta de vidro corrediça que, quando esta se abria sem ruído, o ar gelado de fora entrava precipitadamente para mordê-las. Mais tarde, várias delas se tornariam grandes amigas e a fonte de apoio mais segura das demais. Mas, naquela manhã, ainda não se conheciam e se limitavam a trocar sorrisos tensos, gracejos e fragmentos de informação. Aquelas mulheres estavam em guarda — alertas para o perigo de as crianças que corriam entre elas, fazendo movimentos estranhos e emitindo sons ainda mais estranhos, se machucarem. Aquilo que as conectava — os filhos — também as separava. Todos os meninos ali eram autistas.

Desde meados da década de 1950 — a metade fria e estéril da era da inculpação da mãe no autismo —, o Hospital Lenox Hill, de Nova York, vinha conduzindo uma pesquisa destinada a descobrir a causa da incapacidade grave de aprendizagem em crianças pequenas. Depois de um estudo piloto de três anos, o hospital decidiu prolongar a pesquisa indefinidamente, usando como laboratório o espaço do andar térreo de um prédio vizinho. Montado para parecer uma creche, tinha por meta expandir a capacidade de aprender das crianças. Só se aceitavam as de três e quatro anos, e as famílias tinham de se comprometer a levá-las cinco dias por semana. Agora uma nova sessão se iniciava, e uma nova turma de crianças estava sendo avaliada para admissão.

Era tal o desespero dos pais por dar essa oportunidade aos filhos que alguns viajavam todo dia, uma hora e meia na ida e uma hora e meia na volta. Afinal, nenhuma creche *de verdade* aceitava crianças como seus filhos. Aquela "escola" dentro de um hospital, com pouco espaço disponível, podia ser a única chance de eles ingressarem em um ambiente de aprendizagem.

Aquele era dia de entrevista, no qual as mulheres que mantinham o programa avaliavam os meninos e meninas candidatos à sessão seguinte. Mas as crianças não eram as únicas avaliadas. As mães também passavam pelo crivo.

Uma delas, uma jovem chamada Audrey, juntara-se às outras nas cadeiras, segurando a mão da filhinha Melissa, de quatro anos. No outro braço, levava Hannah, a irmã de dois anos de Melissa. Para chegar lá, as três haviam tomado dois ônibus e percorrido quatro longos quarteirões a pé, debaixo de chuva fria e neve. Durante a caminhada, Melissa perdeu várias vezes os sapatos e rasgou as mitenes. Mesmo assim, elas conseguiram chegar ao agrupamento de cadeiras alaranjadas. Ali sentada, Audrey ainda estava perturbada com o modo como fora recebida quando se apresentou à recepcionista. Ao saber do propósito de sua visita, esta baixou a vista e parou de sorrir e, então — Audrey tinha absoluta certeza —, voltou a encará-la com uma expressão hostil. Sem nenhum comentário, procurou o nome de Audrey na lista e a despachou para a extremidade do saguão, onde as outras mães esperavam. Audrey deu meia-volta devagar, sentindo-se já na defensiva.

Mas tratou de esquecer isso e se preparar para o encontro que a aguardava: a hora marcada com a sra. Jaffe, a assistente social. A sra. Jaffe era tristemente célebre entre as mães. Tinha a função de "porteira", de primeira etapa no processo de admissão. Contrariá-la era sinônimo de arruinar de cara a chance de ingresso de uma criança.

O fato era que a equipe do programa encarava aqueles meninos como machucados e acreditava que as mães os tinham provocado. A expressão usada pela equipe era "fatores psicogênicos".[2] Tratava-se de um modo de dizer que aquelas crianças haviam sofrido um trauma emocional que as tornara autistas. Identificar a fonte do trauma e descobrir meios de reverter o dano psíquico figuravam entre os principais objetivos da equipe. As crianças cujo comportamento fosse atribuído a "qualquer base orgânica"[3] — ou seja, a causas biológicas, não psicológicas — não eram aceitas no programa.

As mulheres que quisessem que os filhos fossem admitidos tinham de se submeter a uma bateria de testes psicológicos. Sendo os filhos matriculados, elas se submetiam semanalmente a um "tratamento de caso individual" obrigatório.[4] A equipe expressava opiniões firmes tanto sobre as mães quanto sobre os pais:

> Entre as mães, detectamos imaturidade acentuada, fortes vínculos hostis de dependência com as próprias mães e depressão como características predominantes de seu funcionamento perturbado. Os pais também apresentaram reações acentuadamente infantis e ou se relacionavam em nível fraternal com os filhos, ou se mantinham fechados em si mesmos e afastados da família.

A equipe achava paradoxal que todos esses pais, apesar de seus muitos defeitos de personalidade, se dedicassem a encontrar ajuda para os filhos. As mães raramente deixavam de comparecer no dia marcado para a terapia. A equipe ficava impressionada com a disposição dos pais "a seguir um programa que lhes impunha um sacrifício considerável de tempo, energia e dinheiro". Contudo, mesmo essa dedicação era interpretada como patológica e "em parte estimulada pelo sentimento de culpa pela rejeição inconsciente ao filho".

A espera nas cadeiras alaranjadas foi demorada. Como fazia muito frio perto da porta, Audrey puxou Melissa para junto de si e lhe cobriu as orelhas com o capuz de lã. A menina estava de olhos arregalados, como sempre. Eles brilhavam como pedras preciosas, suscitando sorrisos até em desconhecidos, que registravam seu ar ligeiramente misterioso de serenidade inteligente. De relance, não podiam saber o que Audrey sabia — que sua etérea filha, a primogênita, enfrentava desafios imensos.

Um desses desafios tinha a ver com o toque físico. Quando Audrey a puxou para junto de si, Melissa ficou rígida e, com um forte safanão, escapou do abraço da mãe. Não conseguia tolerar certos tipos de contato — às vezes nem mesmo a sensação do tecido na pele. Resultou que aquele momento foi uma dessas ocasiões. Ela saiu correndo, livrando-se do capuz, do casaco, do cachecol e das luvas. Nas cadeiras próximas, algumas outras mães enfrentavam a mesma luta. Os filhos tiravam o agasalho e disparavam para a porta corrediça, atraídos por seu ritmo e pelo reflexo deles no vidro. O frio não importava — eles pareciam não o sentir. Alguns chegaram a tirar os sapatos.

Uma vez mais, a porta corrediça se abriu e dois ou três garotos saíram para a calçada, ensopando as meias na neve semiderretida. Um momento depois, as mães saíram correndo para pegá-los.

Audrey não estava entre elas. Lá dentro, Melissa havia corrido em outra direção, para o canto do saguão, lugar dominado por uma enorme planta. Quando Audrey a viu, ela chegara à base do vaso e nele estava pondo uma perna. Nesse momento, a vistosa folhagem começou a se inclinar com vaso e tudo e com Melissa a ela agarrada. Audrey avançou de um salto, resgatando a filha e endireitando a planta. Mas parte da terra caiu no chão, e ela, erguendo a vista, deu com o olhar hostil da equipe e dos transeuntes, que, sem dúvida, já estavam tirando conclusões apressadas sobre aquela "péssima mãe" no saguão do hospital.

"E como vamos hoje?"

No momento em que a detestável sra. Jaffe lhe fez a pergunta, Audrey estava arrasada, e não só porque por pouco conseguira agarrar Melissa quando a planta estava começando a tombar. Não, tratava-se do fato de que, para ela, todo dia era como aquele, e pouquíssima gente entendia as coisas pelas quais as mães como ela — com filhos como Melissa — passavam.

Audrey, de 33 anos, vinha passando pela experiência de ser uma "mãe geladeira" havia alguns anos mais do que Rita Tepper. Melissa nascera em 1959, quatro anos antes de Steven, o filho de Rita. No entanto, a atitude pouco acolhedora que as duas mulheres enfrentavam era idêntica. A percepção das mães como a causa principal do autismo era constante e imutável, quase monolítica: tanto para as mulheres que a enfrentaram no início da década de 1950 quanto para as que a estavam enfrentando na de 1960.

Não obstante, embora se deparassem com a mesma hostilidade, Audrey e Rita reagiam de modo diferente. A segunda, que havia estudado psicologia, tendia a acreditar que, sem querer, devia ter feito algo errado que levara seu bebê a se recolher no mundo autístico. A perspectiva da segunda era diferente. Sem dúvida, ela havia cometido erros, como qualquer mãe. Mas sabia que nada do que fizera podia ter causado o comportamento extremo que Melissa apresentava desde o começo; a própria ideia era cruel. Às vezes, sentia vagas pontadas de culpa, é claro, mas praticamente todas as mães sentem. Intelectualmente, tinha certeza de que quem responsabilizava as mães se fiava em uma interpretação distorcida do pensamento psicanalítico.

E, entretanto, o estresse quase constante a havia exaurido de tal modo — a ponto de fazê-la temer se desintegrar — que Audrey fez psicoterapia durante algum tempo. E o fez na vaga esperança de que isso a ajudasse a ajudar Melissa, assim como a salvar seu casamento, que obviamente ia mal. Durante mais de um ano, uma vez por semana, ela tomava dois ônibus e fazia uma longa caminhada para chegar ao consultório do psicoterapeuta. Ele trabalhava para uma instituição que oferecia uma tabela variável, e o 1,25 dólar por sessão estava ao alcance de seu bolso. Mas os dois não se entendiam. No dia em que ela lhe pediu dez centavos emprestados porque, na pressa de sair, se esquecera do dinheiro da passagem de volta, o terapeuta fez questão de analisar o porquê desse esquecimento e se recusou a lhe emprestar os dez centavos. Ela voltou para casa a pé.

Audrey não podia escapar da mensagem inculpadora da mãe. O tio de seu marido era um psiquiatra freudiano nascido em Viena, e ela sabia que ele a culpava pelos comportamentos de Melissa. Esse parente participara do lançamento do programa Lenox Hill e a tinha encaminhado para ele.

E assim, sentada diante da sra. Jaffe, que começava a fazer perguntas, Audrey entendeu que estava em um meio no qual a inculpação da mãe era o ponto de partida. Achou irritante passar por aquele interrogatório; a única coisa que ela queria era se levantar e dizer o quanto lhe parecia vergonhosa a ideia de culpar a mãe. Mas não o fez. Uma das outras mulheres avisara que era melhor cooperar. Com base em uma rápida avaliação da situação perante a sra. Jaffe, Audrey soube como se apresentar: dócil e reverente, o tipo da mãe que não fazia perguntas desnecessárias ou inconvenientes. E tratou de morder a língua. Pelo bem de Melissa.

Audrey era artista — pintora e escultora —, cujo trabalho hiper-realista, um ou dois anos depois, seria reconhecido como revolucionário. Em 1978, o retrato que pintou de Anwar Sadat foi capa da *Time*,[5] e o Guggenheim e outros importantes museus de arte adquiriram obras suas para integrarem seu acervo. Mas, na época, ela ainda estava lutando para ser conhecida.

Desde menina Audrey desenhava e pintava muito bem. Frequentou a escola pública de arte da cidade de Nova York e, depois de estudar na Cooper Union, uma das mais destacadas faculdades de artes plásticas, fez mestrado em Yale. A seguir, simplesmente continuou pintando, se bem que só tarde da noite. Em 1958, casou-se com um músico, um violoncelista talentoso. Mas, quando

Melissa nasceu, o marido se tornou mais ausente que presente, sobretudo à medida que os problemas da filha foram ficando mais evidentes. No entanto, para Audrey, os problemas de Melissa sempre foram evidentes, mesmo nos primeiros dias na maternidade, quando ela teve a sensação de que as reações da bebê não eram normais.

Em certa ocasião, quando o pediatra de plantão esteve no quarto, ela perguntou: "Doutor, o senhor acha que minha filha ouve bem?".[6] O médico olhou para Melissa, que dormia no berço, respirava com facilidade, os olhos fechados. Curvou-se, dando a impressão de que queria vê-la mais de perto. A seguir, sem aviso, ergueu as duas mãos, afastou uma da outra e bateu palmas junto ao berço. Melissa acordou assustada e começou a chorar. "Ela ouve bem", disse ele ao sair do quarto. Horas depois, a menina continuava chorando.

Nos cinco anos seguintes, Audrey não pôde descansar. A chegada de um bebê novo sempre obriga os pais a recalibrarem a vida, mas a de Melissa foi muito mais perturbadora. No primeiro ano, ela raramente dormia e nunca mais de uma hora por vez. Acordada, em geral passava horas gritando. Quando começou a balbuciar, não o fazia como as outras crianças. Saíram algumas palavras quando ela tinha um ano e meio, mas desapareceram e não vieram outras. Entrementes, Audrey estava sempre com Melissa, sempre à procura de meios de intuir seus pensamentos e vontades e de meios de tranquilizá-la. Mas Melissa se encolhia quando a mãe a carregava ou a abraçava.

Audrey ficou alarmada ao descobrir que, embora fosse extremamente sensível ao toque, Melissa parecia alheia à dor. Certa vez, quando estava começando a andar, ela enfiou o pé em um radiador de calefação que Audrey sabia que estava quentíssimo. Entretanto, continuou em silêncio, sem chorar — apenas olhando fixamente para as atrações invisíveis que sempre pareciam cativá-la. Quando Audrey acudiu a filha e conseguiu soltar seu pé com delicadeza, a pele estava muito vermelha no lugar que ficara sob a pressão do metal. Logo se formou uma bolha enorme — queimadura de segundo grau.

Se ficasse sozinha em um cômodo durante mais que alguns minutos, Melissa sempre derrubava ou rasgava o que pudesse alcançar ou trepava nos móveis para pegar o que estivesse fora de alcance. Sua coordenação também era precária, de modo que, mesmo quando tentava executar pequenas tarefas, como se servir de um copo de leite, o que estava segurando lhe escapava das mãos e se espatifava no chão. Ela não entendia que o alimento precisava ser tirado do invólucro e tentava engolir comida embrulhada, como fatias de queijo com plástico e tudo. Quando Audrey enfiava os dedos entre seus dentes para que não engasgasse, Melissa os mordia com tanta força que tirava sangue. Mas Audrey sabia que a garota não tinha intenção de machucá-la.

Em 1961, nasceu Hannah. Porém, mesmo com outra filha para amar, Audrey sentia uma solidão profunda. Preenchia as horas passeando com as meninas no bairro, entrando e saindo de lojas pequenas e supermercados — qualquer estabelecimento em que pudessem ficar por algum tempo. As outras famílias do bairro desviavam a vista quando Melissa começava a fazer movimentos estranhos com os dedos diante dos olhos. O sentimento de isolamento abrangia tudo; Audrey sabia que ninguém entendia o que ela estava vivendo. Não fazia confidências nem às amigas mais íntimas do mundo da arte, no qual se esperava que as artistas mulheres renunciassem à maternidade se quisessem ser levadas a sério. O fato de ter uma filha com necessidades especiais seria incompreensível para muitos de seus colegas, talvez até a recriminassem. Também lhe era difícil fazer com que sua família estendida compreendesse que o comportamento de Melissa não era coisa que se consertasse com umas boas palmadas.

Durante uma de suas muitas incursões à biblioteca para estudar os compêndios em busca de insights sobre Melissa, Audrey encontrou enfim um que listava sintomas coincidentes com os dela. *Autismo*. Foi um alívio saber o nome do distúrbio da menina. Ao mesmo tempo, descobriu que os especialistas acreditavam que a culpa pelo autismo era mais ou menos da mãe. Mas não havia nada naquele livro ou em qualquer outro que desse conselhos ou apoio a uma mãe empenhada em criar uma criança desse tipo. Havia dias em que ela se encolhia no chão frio do banheiro e chorava.

Audrey teria perdido o controle não fosse a pintura. Bem ou mal, arranjava tempo para trabalhar no começo da manhã, aproveitando os intervalos em que Melissa afinal cedia à exaustão e dormia uma ou duas horas. Apesar das exigências do papel de mãe, procurou manter contato com o mundo da arte. Quando mostrou um dos seus quadros recentes a um galerista que havia pedido para ver o seu trabalho, ele de cara disse que o queria. Aliás, agendou uma vernissage em torno daquela pintura.

Na noite do evento, Audrey estava de saída quando ouviu um estrondo no apartamento. Voltando a entrar às pressas e passando pela babá, abriu a porta do banheiro e deu com o piso todo inundado. Melissa havia aberto as duas torneiras, e as repetidas descargas desbordavam do vaso sanitário. Pondo-se de quatro, Audrey arregaçou as mangas e enfiou a mão no vaso, tirando duas fraldas, alguns blocos de madeira e um pedaço de argila. Não descobriu o que causara o estrondo, mas Melissa e Hannah pareciam ilesas. Audrey lavou as mãos, retocou o batom e foi para a galeria, na qual passou várias horas sendo servida de queijo e vinho, recebendo elogios de uma multidão de amantes da arte e trocando muitos apertos de mão.

Ao que tudo indica, Audrey soube se fazer passar pela pessoa ultracooperativa que imaginava que a sra. Jaffe exigia. Foi informada de que Melissa podia começar imediatamente a participar do programa.

Como resultado, a melhor coisa no programa Lenox Hill foi ter apresentado Audrey a algumas das amigas mais íntimas que ela poderia ter: outras mães que viviam com a mesma sensação esmagadora de isolamento. Em breve, elas se tornaram aliadas, anjos da guarda e caixas de ressonância umas das outras. Todas eram casadas e algumas tinham boas conexões sociais — uma era romancista publicada; outra, esposa de um conhecido jazzista. Mas, em todos os casos, os pais tinham se apartado do casamento. Um deles queria o divórcio e exigia a guarda somente do filho não autista do casal. Audrey ficou deprimida ao ver como as novas amigas pareciam extenuadas e decaídas. Anos depois, quando já havia perdido o contato com algumas integrantes do grupo, soube que três ou quatro não chegaram a completar cinquenta anos. Entristecia-a perceber que sua aparência também refletia o que ela sentia: cabelo fibroso, tênis manchados de comida, roupa sobrando no corpo.

Mas, embora a proximidade das outras mães viesse a ser reconfortante, aquele dia de 1964 em que Audrey levou Melissa pela primeira vez para o início do programa talvez tenha sido o mais doloroso de sua vida. Era num dia cinzento e chuvoso. A escola-laboratório ficava no andar térreo de um prédio de arenito vermelho da rua 77, um pouco abaixo do nível da calçada. Ela tocou a campainha, e uma desconhecida abriu um pouco a porta, não mais que uma fresta, agarrou o pulso de Melissa, puxou-a para dentro sem dizer uma palavra e bateu a porta.

Tanta brusquidão tinha um motivo. O programa era concebido em torno da ideia de "maternidade" terapêutica oferecida à criança por uma professora ou assistente social. Sua atenção e afeição seriam o antídoto contra a maternidade nociva que ela recebera em casa. A mulher bateu a porta na cara de Audrey porque as mães verdadeiras eram indesejáveis, contaminavam o tratamento.

Afetada por tudo aquilo, Audrey ficou chorando na chuva: Melissa precisava tanto de ajuda e a que havia era tão pouca, a não ser de gente que tratava sua mãe como se fosse venenosa. Um policial que passava a viu e estacionou no meio-fio para saber se precisava de ajuda. Ela quase achou graça na pergunta. Entendeu que precisava se recompor.

Afinal, tinha aprendido a fazer isso muito bem. Atravessou a rua 77 e entrou num café. Decidiu esperar lá e se acalmar. Dentro de algumas horas, Melissa voltaria a ser sua. E, naquela noite, Audrey estaria diante do cavalete outra vez.

Em 1964, Audrey não podia imaginar que a convicção do establishment médico de que as mães eram culpadas mudasse um dia. Em 1967, seria publicado o mais influente dos livros inculpadores da mãe, *A fortaleza vazia*, de Bruno Bettelheim, que a levou a sentir que era a única a repelir tais ideias por serem absurdas e destrutivas.

Na verdade, não era. Enquanto Audrey passava os dias tranquilizando Melissa e as noites fazendo arte, outros pais se organizavam para destruir o poder de Bettelheim sobre a discussão acerca do autismo. De fato, quando Bettelheim se suicidou, em março de 1990, os obituários mostraram o quanto as coisas haviam mudado. Conquanto o chamassem de "figura renomada na psicoterapia infantil",[7] os jornais pouco aludiram ao seu argumento segundo o qual o autismo resultava do desejo das mães de ver os filhos mortos. Como observou com brandura o *New York Times*, "hoje o ponto de vista é considerado fora de moda".[8]

Que ele tenha chegado a ser considerado fora de moda deveu-se a um esforço concertado, lançado por pais na década de 1960, para substituir a inculpação da mãe pela pesquisa das causas do autismo, pelo maior apoio às famílias e pela ajuda significativa às crianças. Como os pais não tardaram a descobrir, os obstáculos a esses objetivos não eram fáceis de vencer.

Os pais, por sua vez, tampouco eram fáceis de vencer.

11. Mães em armas

Ruth Sullivan não tinha paciência com sessões de choradeira.[1] No entanto, naquela noite de inverno de 1964, quando tirou o casaco e começou a se apresentar a outras treze mães na sala, receou que não a aguardasse outra coisa. Tal como ela, as demais haviam estado havia pouco no consultório da mesma psiquiatra, naquele mesmo prédio comercial de Albany, Nova York, para que seu filho "problema" fosse examinado. Joe, o filho de Ruth, se consultara três vezes com a mulher. Agora ela vinha exortando as mães a formarem um grupo em que se conhecessem e compartilhassem seus sentimentos sobre o estresse em casa.

No entanto, Ruth não estava lá para compartilhar sentimentos com as outras. Estava lá para recrutá-las. Tinha planos ambiciosos: fazer com que se organizassem e mostrassem o que mães como elas eram capazes de fazer pelos filhos. No seu entender, ficar de braços cruzados sofrendo com as dificuldades em casa não fazia parte do programa.

Ruth deixou de duvidar de si mesma na manhã em que viu Joe montar um puzzle de ponta-cabeça. Durante algum tempo, tinha sido fustigada pela sensação de que ele não era em tudo diferente de seus outros filhos. Seis meses antes, ele havia parado de falar, muito embora, até então, parecesse se desenvolver normalmente. Ao mesmo tempo, estava muitíssimo adiantado em outras áreas de desenvolvimento. Tinha mais agilidade que a maioria das crianças de sua idade. Com apenas dois anos, corria e trepava melhor até que alguns meninos mais velhos do bairro.

E ainda havia os tais quebra-cabeças. Joe estava justamente brincando com um deles, um mapa dos Estados Unidos, as peças, como ele, espalhadas no piso da cozinha e se estendendo pela porta até a sala de estar. E estava conseguindo: New Hampshire roçava o Maine e o Novo México surgia perto do Arizona. Mas o estava conseguindo depressa, quase depressa *demais*, sentiu Ruth, para um garotinho de dois anos. Obedecendo à intuição, ela se ajoelhou para ficar no nível de Joe e desmontou o mapa, espalhando as peças. Também as virou de cabeça para baixo, de modo que só se visse o verso marrom-acinzentado. E ficou observando o que o menino fazia com elas.

Ele deu a impressão de nem haver notado. Detendo-se apenas um momento, olhou para a pilha de peças e a seguir pegou duas. Combinavam. Uniu-as imediatamente, o verso voltado para cima, entre seus joelhos no chão. Era um novo ponto de partida. Dali por diante ele prosseguiu, construindo com cinquenta peças, em uma monocromia sem vida, uma imagem do nada.

Ruth teve um calafrio ao ver seu palpite tão cruamente corroborado.

Casada com um professor de inglês no oeste da Louisiana, Ruth era mulher de acadêmico. Ex-enfermeira do Exército com mestrado em saúde pública, sabia obter acesso ao sistema médico. Indagando em toda parte, soube que em Beaumont, do outro lado da divisa do Texas, havia um psiquiatra em atividade que, uma vez por mês, fazia a viagem de duas horas a uma clínica próxima da casa dela. Ruth levou Joe a essa clínica em março de 1963. Pela primeira vez, foi obrigada a se concentrar na palavra "autismo", pois o médico não tinha a menor dúvida quanto ao diagnóstico.

Joe era um caso óbvio, disse, tendo em conta a combinação peculiar de habilidades e déficits que nele se detectava, além do desinteresse característico pelas outras pessoas e o grande interesse pelos objetos. O fato de Ruth e o marido serem pessoas instruídas completava o perfil. Embora viesse a ser desmentido depois, Kanner escrevera diversas vezes a esse respeito: o autismo parecia ter uma forte associação com famílias de pais bem-sucedidos e altamente inteligentes. O psiquiatra não disse isso a Ruth, cuja única pergunta era o que seria do seu filho. "Ele sempre será meio esquisito",[2] acrescentou ele, e começou a falar em talvez pôr Joe em uma instituição quando fosse mais velho.

Cinco meses depois, quando William passou a dar aula no College of Saint Rose, em Albany, a família se mudou para o norte do estado de Nova York, a cerca de 240 quilômetros de Manhattan. Com maior disponibilidade de especialistas em crianças naquela cidade, Joe não tardou a ser examinado por outros dois psiquiatras e dois pediatras, os quatro treinados por Leo Kanner. Todos confirmaram o diagnóstico de autismo.

Ruth não era chorona — decerto não na frente de pessoas que mal conhecia. O veredicto a assustou, mas seu primeiro impulso foi mostrar-se estoica e até grata pela confirmação do diagnóstico. Empreendedora por natureza, solucionadora de problemas, organizadora, ela militava na Liga das Eleitoras, por exemplo, um grupo que havia décadas trabalhava para promover o engajamento cívico e político das mulheres. O desafio lhe dava meta; e a clareza, motivação. Sendo enfermeira, gostava de pensar em termos de atacar a doença, coisa que exigia conhecê-la.

Mas, quando Ruth perguntava o que fazer por Joe, os especialistas formados por Kanner se mostravam reticentes. Na última consulta com a psiquiatra que a instara a ingressar no grupo de mães, ela pediu a indicação de um ou dois livros que lhe dessem mais informações sobre o autismo. A mulher a deixou pasma e mereceu sua antipatia instantânea quando a aconselhou a não ler nada acerca do autismo sozinha. Avisou que aquilo só serviria para confundi-la. Inquieta, Ruth se despediu e foi para a saída, arrastando consigo o filho, que se retorcia e berrava. No caminho, um corpulento psicólogo do consultório os viu e se dispôs a ajudá-la, erguendo Joe nos braços. Durante um minuto completo, até chegar à calçada, o grandalhão quase foi dominado pelo garotinho, mas, no fim, conseguiu colocá-lo no carro.

A gentileza inesperada mexeu com Ruth. Por um breve instante, com Joe no banco traseiro e as portas do carro trancadas, ela baixou a guarda. Já tinha ligado o motor, mas se inclinou para o lado do banco do passageiro e abriu a janela. "Espero que o senhor possa ajudar o meu menino", gritou. O homem que Ruth, no íntimo, acabara de nomear seu Bom Samaritano virou-se e a encarou durante um bom tempo, de um modo que a fez sentir-se estudada, avaliada. "A senhora é apenas uma mãe hiperansiosa", disse. Ela pisou no acelerador, sabendo que já não tinha por que seguir dando ouvidos àquele grupo de experts.

***

Ruth foi à biblioteca da Universidade Estadual de Nova York, em Albany, e leu todos os livros e publicações médicas em cujo índice encontrou a palavra "autismo". Quando chegou ao fim da leitura, já não estava confusa. Estava furiosa. Aqueles autores falavam a sério? Então Joe tinha autismo porque *ela* era fria, rejeitadora e hiperansiosa? Onde estava a ciência, perguntou-se, e onde estava a pesquisa de como realmente *ajudar* seu filho? Tantas mães antes dela tinham ouvido e sido esmagadas por aquela história do autismo. Mesmo as ousadas o suficiente para questioná-la em geral questionavam a si próprias mais ainda, pois a opinião dos especialistas pesava contra elas e porque os pais de crianças deficientes costumavam sentir uma pontada de culpa no fundo de seu ser — a insuportável suspeita de o filho estar pagando o preço de uma coisa que eles tinham feito.

Mas Ruth não sucumbiu a esses sentimentos e ideias. Sabia o que a teoria dizia. A realidade, no entanto — a realidade de sua mesa da cozinha com nove cadeiras em volta —, lhe dizia algo muito mais persuasivo. Ela e o marido eram participantes plenos do *baby boom*, além de católicos irlandeses. Sendo a mais velha de oito irmãos, agora Ruth era mãe de sete crianças. Sete filhos, todos amados e tratados com o mesmo cuidado, mas só um tinha autismo. Era um experimento com um grupo de controle pré-fabricado. Seis para um? Prova como essa era tudo de que Ruth precisava. Era o escudo do bom senso, e tudo na vida ela abordava com bom senso. Nem por um momento alimentou a ideia de que houvesse tornado Joe autista — nem naquela ocasião, nem nunca.

No entanto, estava consternada com as implicações de todos os outros acreditarem na ideia da mãe geladeira, nociva de muitas maneiras. Reduzia a profissão psiquiátrica a um recurso inútil. Suprimia todo e qualquer impulso para se pesquisar as outras causas plausíveis do autismo. Causava dor e confusão aos pais, sobretudo nas mães, já tão sobrecarregadas pela quantidade de trabalho exigido para criar um filho com autismo em casa — ou pela tristeza de internar esse filho em uma instituição. Acima de tudo, aquela ideia excluía os filhos, pois a terapia prescrita, que visava à mãe, estava fadada a fracassar desde o começo.

Dar-se conta de tudo isso despertou um espírito empreendedor em Ruth. Estava na hora de atacar o status quo e fazê-lo na qualidade de mãe, ainda que isso lhe tirasse credibilidade aos olhos dos profissionais. Sua intenção era reverter aquela dinâmica, assegurar que os insights das mães fossem levados a sério e que se satisfizessem suas necessidades reais. Ela acreditava no poder dos grandes números, no potencial de um grupo de mulheres impor mudança. Pretendia formar esse grupo a partir do pequeno universo de mães cujos filhos tinham aquele distúrbio incomum.

O problema era achá-las. O autismo existia quase em segredo. Os pais tendiam a não falar nele e preferiam não circular muito. Abandonavam atividades, saíam de clubes, paravam de ir a festas e passavam menos tempo com os parentes fora da família nuclear. A maioria das mães nessa situação ignorava quantas outras mulheres como elas existiam, e parte de sua angústia vinha da ideia de que estavam sozinhas naquilo. A menos que pusesse um anúncio no jornal ou afixasse folhetos nos postes, Ruth não tinha como chegar a elas.

E eis que lhe chegou, como uma dádiva, o convite para entrar no novo grupo organizado pela psiquiatra que Ruth tanto detestava. Ela telefonou para o consultório da mulher e aceitou. Ia voltar lá, mas pela última vez.

Quando o grupo se instalou em um círculo de cadeiras e as mães começaram a falar, Ruth tratou de dar a impressão de que participava do jogo. Mas, a certa altura, passou com toda a naturalidade um pedacinho de papel e uma caneta para a mulher a sua direita e apontou para ele com o queixo. A mulher entendeu. Escreveu rápido o nome, o endereço e o número de telefone e o passou adiante. Em silêncio, enquanto o papel percorria o círculo, as outras doze mulheres fizeram o mesmo. Quando a lista voltou a suas mãos, Ruth a guardou. Naquela noite, foi para casa com as sementes de um movimento nas mãos.

Na manhã seguinte, começou a telefonar. Viu logo que havia ganhado o primeiro round. Todas as mães com que entrou em contato reagiram com entusiasmo à sugestão de formar uma organização própria. Uma freira conhecida sua, da faculdade do College of Saint Rose, conseguiu uma sala para elas na biblioteca do campus. Ali elas se reuniriam nos anos subsequentes, em busca não tanto de apoio emocional quanto de soluções para os problemas que tinham em comum. Localizaram pesquisadores que investigavam modos de ajudar seus filhos a se comunicar, planejaram mudanças nas leis da educação e notificaram a imprensa de que elas e seus filhos contribuíam para reportagens de grande interesse humano. Ruth descobriu que tinha jeito para atrair repórteres valendo-se, imperturbável, do apetite da mídia pelo esquisito e o assombroso, como as histórias de meninos que montavam puzzles de ponta-cabeça, e pela chance de bancar a defensora dos fracassados de aparência valente, como os pais em luta para dar um lugar no mundo aos filhos.

Nas duas décadas seguintes, a mídia nacional continuaria mencionando raramente o autismo, mas, na metade da década de 1960, no norte do estado de Nova York, os leitores de vários jornais de cidade pequena foram bem informados a respeito desse distúrbio misterioso graças à cobertura frequente de Ruth, de seu grupo e de seus filhos. De quando em quando, as reportagens apertavam o botão certo. Em fevereiro de 1966, um jornalista chamado John Machacek, então no *Albany Knickerbocker News*, escreveu uma matéria sobre um menino que estava "pronto para a escola",[3] embora "a escola não esteja pronta para ele". Joe era o menino em questão. Aliás, foi a única criança com o nome revelado, já que Ruth dera o que o jornalista precisava para tornar cativante a história do seu garoto: a misteriosa mistura de talentos e déficits no autismo. Machacek apresentou Joe como uma criança capaz de ir longe se lhe dessem uma chance. "Esse menino de seis anos é superior à maioria dos garotos de sua idade em leitura, escrita e outras aptidões de linguagem", escreveu, "mas, para que casos autísticos como Joseph frequentem escolas regulares, há a necessidade de um professor ou assistente extra na sala de aula, para o caso de eles ficarem incontroláveis." Antes que o artigo fosse publicado, Ruth já vinha pressionando o distrito escolar local para adotar essa solução. Meses depois da publicação do artigo de Machacek, ela também ganhou esse round.

Eram uma criança, um professor e uma sala de aula — uma concessão única, não uma reforma abrangente. Mas foi um ganho valioso para Joe, que auxiliou Ruth a compreender onde ficavam os pontos de pressão. E foi um ganho precoce para o modelo de apoio ativo que ela estava criando à medida que avançava. Anos depois, Ruth escreveria um conjunto de diretrizes para os pais mais jovens com base no que havia aprendido naquele período inicial.[4] Desde o começo, ela reconheceu a necessidade de expressar uma narrativa clara para que as pessoas "sentissem o calor do drama do autismo". Ao mesmo tempo, exortou-os a tentar garantir que a "beleza pungente"[5] das crianças também ficasse visível, para atrair o interesse do público.

Ruth também descobriu o valor de convencer os poderosos procurando conexões comuns com a experiência da deficiência. Escreveu sobre um deputado estadual cuja disposição para ajudar derivava de sua própria infância, quando ele enfrentara dificuldades por causa de um pé torto. A mãe de outro parlamentar havia ficado deficiente em virtude de um derrame. Ruth o viu se transformar em "um dos legisladores mais sensíveis e prestativos do nosso estado",[6] ao mesmo tempo que cuidava da mãe. "Ele a reconhece", escreveu Ruth, "em algumas descrições que fazemos de nossos filhos autistas."

Ruth também aprendeu a fazer amizade com as secretárias dos poderosos, que sabiam quais eram os melhores horários para solicitar reuniões. Mergulhou nos detalhes técnicos dos sistemas e burocracias que ela queria mudar. "Significa ler relatórios, orçamentos, estudos, planos, leis, regulações, notas, decisões judiciárias, informativos e ir, ir e ir a reuniões, passar horas intermináveis ao telefone, noite e dia [...] a fim de persuadir, dissuadir, incentivar, bajular",[7] escreveu.

Ruth não sabia disso no começo, mas nos Estados Unidos havia outros grupos de pais criando suas reações ativistas. Jacques e Marie May, originários da França e pais de gêmeos com autismo, fundaram uma escola moldada nas necessidades de seus filhos no cabo Cod em 1955. Seis anos depois, famílias do condado de Suffolk,[8] Nova York, também fundaram uma escola própria, trabalhando no porão de suas casas. Por sua vez, serviram de modelo para a criação de um programa vizinho no condado de Nassau, no qual um grupo de pais restaurou uma fazenda e a transformou em escola. Contudo, cada uma dessas iniciativas era altamente localizada — não uma base para o lançamento de um movimento nacional de construção de escolas. Em quase todos os outros lugares, crianças com autismo que eram rejeitadas pelos sistemas educacionais do Estado por serem "ineducáveis" continuaram sem receber instrução.

Seria assim nas décadas por vir: vez ou outra, quando algo mudava para melhor, era porque os pais haviam tomado a iniciativa, derrubando o status quo que se opunha a que se fizesse muito para ajudar seus filhos. Cada geração de pais se apoiaria nas realizações da precedente, mas só aquele grupo pioneiro — Ruth Sullivan e as mães de Albany, e os demais organizadores dispersos, isolados e com poucos recursos — teve de enfrentar a percepção obstinada de que eles eram parte do problema. A teoria da mãe geladeira os apontava como a causa principal do autismo dos filhos, fazendo com que sua voz quase não valesse nada.

Portanto, a paixão e a organização não seriam suficientes. Mais do que qualquer outra coisa, Ruth e os demais precisavam de um argumento contrário à teoria da mãe geladeira e precisavam de alguém com credenciais e credibilidade inexpugnáveis para defendê-lo, de modo que a psiquiatria fosse obrigada a admitir a falsidade daquele mito e dar fim a ele.

Essa pessoa surgiu em 1964. Tratava-se de um ex-serralheiro de San Diego que se propôs a aprender mais a respeito do autismo do que qualquer ser vivente. E conseguiu.

12. O agitador

Para o mundo que ele mudou, seu nome era Bernard Rimland, ph.D. Para os amigos, "Bernie". E Bernie se doutorou no campo certo para quem tem algo a dizer sobre o autismo: psicologia. Também tinha um filho com autismo e, como Ruth Sullivan, sua futura companheira de armas, era dado a organizar. Sem sombra de dúvida, se a comunidade de pais de autistas fosse uma igreja, teriam feito dele seu primeiro santo.

Ocorre que Rimland era judeu, de modo que a santidade talvez não lhe caísse bem. Em todo caso, mais tarde na vida, quando havia deixado crescer uma respeitável barba de Papai Noel, ele ficava satisfeitíssimo em vestir a fantasia vermelha na época do Natal e distribuir brinquedos na festa do consultório, à qual os pais podiam levar os filhos autistas.[1]

Os pais de Bernie eram imigrantes russos que se conheceram em Cleveland e lá tentaram vencer na vida.[2] Nenhum dos dois sabia ler ou escrever — nem mesmo em sua língua materna —, mas o pai aprendera metalurgia e, quando irrompeu a Segunda Guerra Mundial, se mudou com a família para San Diego, Califórnia, onde passou a trabalhar nas fábricas de aviões de guerra. Ainda adolescente, Bernie contribuía para a renda familiar. A partir dos catorze anos, toda tarde, depois da escola, era visto passando velozmente de bicicleta pelo centro da cidade e entrando no Gaslight District de San Diego, onde havia começado a trabalhar de ajudante de serralheiro. Poucos anos depois, ainda na adolescência, tornou-se serralheiro profissional. Interessado por sistemas, tinha curiosidade pelo funcionamento conjunto das partes.

Alheio à opinião dos pais, que achavam a faculdade uma tolice desnecessária, Bernie se matriculou na Universidade de San Diego. Lá descobriu a psicologia, que parece ter fascinado a mesma parte de sua mente que gostava de desmontar fechaduras. Os mecanismos internos da personalidade e as ferramentas concebidas para testá-los e medi-los eram exatamente como fechaduras e chaves, mas em um plano superior. Ele prosseguiu até concluir aquele que foi o primeiro mestrado em psicologia da faculdade.

Três anos depois, doutorou-se em psicologia experimental pela Universidade Estadual da Pensilvânia; então retornou a San Diego para se dedicar à profissão que exerceria nos 32 anos seguintes. O Departamento da Defesa acabava de inaugurar o Centro de Pesquisa e Desenvolvimento de Pessoal Naval, cuja equipe, em grande parte formada por cientistas sociais civis, tinha a missão de explorar a psicologia a fim de identificar e tratar de comportamentos militares problemáticos, com muita ênfase nos testes e na análise de dados psicológicos.

Um dos mais prolíficos produtores de dados no programa, Rimland viajou a bases militares de todo o país para suas pesquisas e publicou dezenas de artigos. Foi um ótimo período em sua vida, com todas as partes em equilíbrio. Tinha se casado com Gloria, que conhecia desde a infância do bairro em que morava em San Diego. O emprego na Marinha era seguro; a renda, estável; e o casamento, feliz. Quando completou 28 anos, a única coisa que lhe faltava era ser pai. Em 1956, quando Gloria deu à luz o filho Mark, essa parte também se completou.

Mais tarde, Rimland sempre ficaria impressionado com o fato de Mark, por um lado, ser "uma criança de aspecto perfeitamente normal",[3] e, por outro, de ser visível que havia nele "alguma coisa dramaticamente errada". Começou a andar com oito meses e a proferir sentenças completas com um ano, muito cedo para esses dois marcos. Porém nunca falava *com* ninguém e nunca dizia "mamãe" ou "papai". Desde o começo, chorava inconsolavelmente, era quase impossível de cuidar e ficava teso nas mãos de ambos os pais — todos sinais de um distúrbio que seu pediatra, apesar de formado havia 35 anos, não reconheceu como autismo. Aliás, tampouco Rimland, que, apesar do doutorado, mais tarde chegou a dizer que, àquela altura, nunca tinha ouvido a palavra.

Foi Gloria quem teve o primeiro lampejo da compreensão de que os comportamentos de Mark deviam ter nome. Um dia, quando ela o estava observando, ocorreu-lhe uma vaga lembrança — ter feito um curso de psicologia na faculdade, no qual se mencionava o caso de uma criança estranha: um menino incessantemente agitado, em geral inconsolável e cuja linguagem parecia desconectada de qualquer intenção de se comunicar.

Quando ela falou nisso, Bernie foi direto para a garagem, onde os dois guardavam seus velhos livros didáticos. Abriu muitas caixas naquele dia, detendo-se em cada livro com a palavra "psicologia" na lombada, à procura do caso que Gloria supunha recordar. Quando por fim voltou para casa, trazia um livro consigo, uma das páginas marcada com o dedo. "Autismo", disse ele à esposa. "Chama-se autismo."

Na mente de Rimland, o diagnóstico foi menos uma resposta do que uma pergunta que ele passaria o resto da vida perseguindo. Autismo, aquele transtorno raro: o que o causava e — ainda mais importante para ele — o que podia fazer com que desaparecesse? Com o futuro do filho de dois anos pesando na balança, Rimland foi à biblioteca ver o que mais podia aprender. O compêndio de Gloria deixava claro que o distúrbio era raríssimo, de modo que, muito provavelmente, as causas eram pouco pesquisadas e talvez desconhecidas. Para sua surpresa, porém, os primeiros artigos que encontrou diziam que a origem do autismo de Mark já tinha sido verificada. Gloria, sua esposa, o havia causado.

Tal como Ruth Sullivan, Rimland não acreditou nisso — nem por um instante. Não pôde, pois de cara enxergou motivos convincentes para considerar a ideia absurda. Um deles eram os dados — especificamente, a falta deles. Rimland era um homem dos números e viu que nenhum trabalho a respeito das mães geladeira apresentava respaldo científico ou estatístico. O nível de erudição deles, ficou chocado ao constatá-lo, era baixíssimo.

O outro motivo era a própria Gloria. Bernie a via com Mark, o zelo com que cuidava dele, a delicadeza com que o tratava. Além disso, o desajustamento do menino no mundo era evidente desde o nascimento. Ele também tinha visto isso e acompanhara o trabalho da mulher para se ajustar aos modos distintos do filho.

Assim, à medida que refletia sobre as coisas que aqueles livros e artigos diziam a respeito dela, Bernie foi se enfurecendo. Não se tratava apenas da falta de base da teoria da geladeira. Tratava-se do insulto que continha. Aquela gente — Bettelheim e colegas — acusava falsamente a sua própria esposa, aquela mulher maravilhosa que abria mão de tudo só para estar à altura do desafio de Mark, de ser a causa de seu autismo. Nos dias e semanas seguintes, ele se deixou consumir pela raiva.

Mas, ao mesmo tempo, aquilo lhe despertou algo: a determinação de limpar o nome de Gloria, assim como o de todas as outras mães tão ridícula e escandalosamente acusadas. Nos anos subsequentes, o homem tranquilo, bem-apessoado, livresco — o simples Bernie — seria substituído, pouco a pouco, por Rimland, o homem barbudo, a presença dominante e a personalidade intransigente: o agitador, o defensor de uma causa e o instigador.

Rimland sempre concebeu o autismo como seu principal inimigo, como uma entidade estranha que precisava ser derrotada. Mas sua guerra contra ele necessitava de uma campanha contra o pensamento convencional e aqueles que o abraçavam.

No início, isso significou enfrentar os profissionais da psiquiatria que consideravam as mães a causa do autismo. Mas, para provar que estavam errados, ele precisava de munição.

Em 1958, Rimland se dispôs a pôr as mãos em cada relatório publicado, em cada estudo e em cada relato de caso existente que fizessem a menor alusão ao autismo. Fazia-o à noite, nos fins de semana e entre os testes de QI que aplicava nos marinheiros quando viajava. As informações estavam espalhadas por toda parte em vários livros, publicações e bibliotecas dos Estados Unidos. Na medida do possível, ele ia a esses lugares, confiando em suas anotações manuscritas e em sua memória quase fotográfica, pois fotocópias eram proibitivamente caras.

Rimland também escrevia cartas para os pesquisadores com que não podia se encontrar pessoalmente, enviando-as a Nova York, Londres ou Amsterdam, solicitando pormenores de casos não publicados e procurando pistas de artigos de outros investigadores que ele porventura tivesse deixado escapar. Ninguém tinha feito isso até então — juntar todos os casos relatados de autismo a fim de criar e analisar um perfil daquele distúrbio pouco conhecido. Rimland dedicou mais de dois anos a essa pesquisa, até se convencer de que não havia deixado passar despercebido um único caso relatado de autismo. Ao todo, encontrou algo em torno a 230 casos relatados mais ou menos detalhadamente. Então começou a ler.

Seu objetivo era produzir um documento que examinasse a teoria da mãe geladeira de maneira tão científica quanto possível. Se a teoria se sustentasse, Rimland a aceitaria. Mas se, por outro lado, os indícios fossem fracos ou inexistentes, partiria para o ataque.

Não chegou a ser uma decisão difícil. Assim que Rimland começou a selecionar alguns fatos básicos referentes à população conhecida de crianças autistas no mundo, o conceito de inculpação da mãe desmoronou por inteiro. Isso se iniciou com sua descoberta de que quase todas as mães de filho com autismo também tinham e criavam filhos que não apresentavam o transtorno. Era absurdo que essas mulheres, supostamente mais venenosas que uma vespa, picassem só uma vez.

Rimland também se deu conta do fracasso completo da psicoterapia em fazer com que o autismo desaparecesse. Presumivelmente, uma doença psicogênica na origem devia ceder a semelhante tratamento. A tentativa havia sido feita várias vezes, descobriu ele, e sempre com péssimos resultados. Em um grupo de 42 crianças, as 29 que foram submetidas a um ciclo tido como de alta qualidade de psicoterapia não apresentaram progresso. "Não chegaram a lugar algum", segundo o estudo que leu. As treze crianças restantes haviam recebido terapia inadequada ou não tinham se submetido a nenhum tratamento. Por ironia, apenas algumas desse segundo grupo progrediram a ponto de poder entrar na escola.

A teoria da mãe geladeira supunha a incidência de algum tipo de trauma no início da vida da criança. Podia ser o nascimento de um irmão, uma temporada no hospital ou a ausência de um dos pais. Mas não havia tal padrão de fatos incitantes na vida das 230 crianças sobre as quais Rimland lera. Por outro lado, ele tampouco conseguiu encontrar indícios de crianças que tivessem adquirido autismo em consequência de tais acontecimentos no começo da vida. Também descobriu que a tão falada observação de que os pais de crianças autistas eram personalidades frias, distantes e egocêntricas não se aplicava a pelo menos 23 das famílias no seu banco de dados, que eram descritas como personalidades visivelmente afetuosas e alegres.

Quanto às mães observadas tratando o filho de maneira ambígua em um consultório ou respondendo às perguntas de um médico com voz aparentemente monótona e apática, Rimland deduziu que também era plausível que tais comportamentos, tidos como prova de "frieza", resultassem da exaustão e da confusão, da aparente indiferença do filho pelas palavras e contatos amorosos da mãe.

No entanto, outra possibilidade que lhe ocorreu foi a de os comportamentos observados nos pais serem indícios de um componente genético do autismo. Talvez tanto o genitor quanto o filho manifestassem variações da mesma predisposição de fundo, inata em ambos, transmitida de pai ou mãe para o filho por herança. Ou então, se não estritamente genética, podia ser o resultado de algo no ambiente que atuasse sobre o pai e o filho com gravidade variável.

Basicamente, o banco de dados de Rimland apresentava todo tipo de indício de que o autismo se enraizava no próprio organismo humano e nenhum que sugerisse que os cuidados maternais ruins tinham algo a ver com seu surgimento. Ele estava convencido de que a psique não tinha relevância e de que autismo era biologia.

Ciente de que estava perdendo pé, o psicólogo experimental retomou a leitura e pôs-se a estudar genética, bioquímica, neurofisiologia, nutrição e psicologia infantil, a qual ele fizera questão de evitar na faculdade por achar que não teria utilidade na carreira que planejava. Talvez para garantir que não estava se desviando muito da rota, decidiu começar a submeter suas ideias à orientação de um reputado especialista na área: Leo Kanner.

Rimland começou a escrever a Kanner no mais tardar em 1960 e com a deferência conveniente à situação. Ele não passava de um pesquisador jovem, desconhecido e com muitas perguntas a fazer. Kanner era o principal psiquiatra infantil do mundo, formado em Berlim, com quatro décadas de prática, e os livros didáticos falavam em um distúrbio por ele batizado. Na verdade, nas primeiras cartas, Rimland foi incisivamente adulador. "Só Churchill me vem à mente quando penso em autores", escreveu sobre a prosa erudita de Kanner, "cuja [...] retórica demonstra domínio semelhante."[4]

A bajulação funcionou. Kanner leu com atenção suas cartas, assim como pelo menos um "artigo breve apresentando minhas conclusões de forma muito rude". E o incentivou a seguir adiante.[5]

Com o tempo, à medida que a relação dos dois se desenvolvia, a correspondência foi adquirindo um tom mais relaxado, como entre mestre e aprendiz. O psiquiatra devia saber que as investigações de Rimland o estavam levando em uma direção que corrigiria o enodoado registro acerca de mães e autismo — grande parte do qual era obra do próprio Kanner. Ele ainda não tinha tido oportunidade de se retratar. Mas estava fazendo uma reparação de outra maneira: levando Rimland a sério, instigando-o em seu empreendimento, encorajando-o a seguir desenvolvendo a teoria de que o autismo era de natureza orgânica. Foi um ato extraordinário de um mentor para com um homem que ele não conhecia e cujo trabalho poderia, até certo ponto, descreditar o seu.

Rimland deu com uma pedra no caminho quando se dirigiu a Bruno Bettelheim. A primeira carta que lhe escreveu[6] foi um pedido de nomes de famílias com as quais ele pudesse entrar em contato na região de Chicago, onde descobrira um laboratório em condições de fazer exames de sangue para alguns estudos de cromossomos que estava tentando organizar. Nessa época, de 1965 para 1966, Bettelheim havia lido alguns escritos de Rimland e sabia que estava sendo diretamente desafiado em sua própria teoria psicogênica do autismo.

"Eu [...] não o ajudarei",[7] foi a resposta que deu ao pedido. E acrescentou que jamais cooperaria com uma pessoa capaz de "julgamentos tão mal concebidos [...], errôneos e tendenciosos".

Rimland lhe escreveu mais uma vez, pedindo cópias de "quaisquer reimpressões, relatórios ou referências"[8] concernentes aos seus casos — uma cortesia profissional rotineira. Dessa vez, atingiu um nervo bem mais profundo, talvez de propósito. Sabia que, embora Bettelheim escrevesse sobre o autismo com frequência para a imprensa popular, nunca submetia seu trabalho à análise dos pares na Escola Ortogênica. Com o passar dos anos, até os relatórios de progresso que ele devia apresentar todo ano ao seu principal financiador, a Fundação Ford, haviam se reduzido a duas ou três páginas.

A reação de Bettelheim foi feroz. Ele informou Rimland de que o progresso que vinha fazendo com as crianças sob os seus cuidados não requeria comprovação escrita: o que ele via com os próprios olhos era prova suficiente. E acrescentou uma pitada de análise do próprio Rimland: "Veja, os sentimentos não têm importância para o senhor, e para mim são a coisa mais importante no trato com os seres humanos".[9]

É provável que Bettelheim estivesse irritado porque, em 1964, Rimland havia reunido toda a sua pesquisa em um livro que viria a ser o desmantelamento definitivo da teoria inculpadora da mãe no caso do autismo.

Quem teve a ideia de publicar as descobertas de Rimland foi Gloria, que, durante quatro anos, vira o "artigo" do marido se transformar em um tratado de centenas de páginas. Em 1962, ela lhe propôs que começasse a encarar aquilo como um livro. Rimland concordou e tratou de organizar tudo em capítulos e de lhe dar título: *Kanner's Syndrome of Apparent Autism* [A síndrome de Kanner do autismo aparente]. Àquela altura, existia uma única versão do trabalho, toda manuscrita pelo próprio autor — que não sabia datilografar.

Rimland pediu a sua secretária no laboratório da Marinha que fizesse o serviço em troca de um pagamento extra. A mulher concordou e, durante várias noites e alguns fins de semana, datilografou as palavras do chefe em estênceis, que ele mesmo mimeografou página por página. Quando os "livros" estavam grampeados, envelopados e selados, Rimland foi ao correio com dezenas de envelopes grossos endereçados a pesquisadores e psiquiatras de todo o país, em especial aos que ele esperava que se dispusessem a ler o seu trabalho, entre os quais Bettelheim e Kanner.

Também enviou uma cópia a uma pequena editora científica, a Appleton-Century-Crofts. Não podia ter escolhido hora melhor: pouco antes, os editores da casa tinham tido a ideia de naquele ano premiar o "melhor manuscrito de psicologia" recente que encontrassem. Queriam transformar a distinção em uma premiação anual, sem dúvida para dar honra e prestígio à própria empresa, de modo que, para começar, esperavam achar um manuscrito verdadeiramente impressionante e merecedor de tal prêmio.

Para quem o leu, o manuscrito deve ter sido exatamente o que eles estavam procurando, pois, em breve, Rimland recebeu uma carta informando-o de que ganhara o Century Psychology Series Award de 1962. Não havia cheque no envelope — não era esse tipo de prêmio —, mas a carta prometia uma coisa muito mais valiosa para Rimland do que certa quantidade de dinheiro: publicação.

Dois anos mais tarde, em 1964, depois de muito mais edição, revisão e cortes, o livro de Rimland afinal veio à luz com um novo título: *Infantile Autism: The Syndrome and Its Implications for a Neural Theory of Behavior* [Autismo infantil: A síndrome e suas implicações em uma teoria neural do comportamento]. O nome de Kanner já não aparecia no título, mas ele deu a Rimland um reforço imensurável ao se dispor a escrever o prólogo do livro. Não podia haver endosso melhor que o do homem já conhecido como o "pai do autismo".[10]

No prefácio, Kanner contou que estava em contato com Rimland havia já quatro anos e que acreditava que o conteúdo da obra merecia atenção. Seu tom deixava claro que, além de respeitá-lo profissionalmente, ele *gostava* de Rimland. O "pai do autismo" o sagrava membro da família.

Quando uma obscura editora especializada publica uma pequena tiragem de um livro técnico com subtítulo referente a uma "teoria neural do comportamento", não se pode falar em um acontecimento editorial. O lançamento do trabalho de Rimland, em 1964, não causou grande alvoroço — nada de convites para *talk-shows*, nada de entrevistas para jornal. Houve notas breves em uma ou duas revistas acadêmicas, que se mostraram cordial e levemente interessadas, mas demoraram meses para ser publicadas.

Apesar da falta de barulho, era evidente que havia um público informado a respeito da obra de Rimland. Tratava-se de pais que logo a compraram — mães como Audrey Flack, que viram no livro a possibilidade de se livrar da história da mãe geladeira, que lhes havia causado tanta culpa e suscitado tanta reprovação por parte de gente de fora. Flack e outras leram o livro e puderam ver pelo menos o começo do fim daquele estereótipo nefasto.

Tempos depois, Rimland ouviu dizer que muitos pais roubavam o livro das estantes das bibliotecas, e não apenas para o ler.[11] Eles arrancavam as últimas páginas e as enviavam ao autor. Anos antes que o conceito se tornasse popular, ele sem querer havia tornado seu livro interativo.

Rimland incluíra um questionário de dezessete páginas encartado entre o último capítulo e o início da bibliografia. Continha 76 perguntas, uma "lista de controle diagnóstico":[12] "A criança é destrutiva?"; "Aceita prontamente suéteres, pijamas etc. novos?"; "Usa constantemente a palavra 'você' em vez de dizer 'eu'?".

Rimland o denominou Formulário E=1 — o "E" significava "experimental". Essa era, obviamente, a verdadeira especialidade de seu autor: plano de teste e psicologia experimental. Fora concebido como um esboço para mostrar aos colegas psicólogos uma versão prototípica do tipo de levantamento que, em sua opinião, podia detectar o autismo em crianças e distingui-lo, por exemplo, da esquizofrenia. Naturalmente, escreveu ele, tais investigadores reconheceriam que "o formulário deve ser preenchido pelos pais das crianças". Os pais leram aquilo como uma instrução para que preenchessem o formulário e depreenderam, da última linha de Rimland — "estão convidados a se corresponder com o autor" —, que ele queria ver pessoalmente o resultado.

Apenas uma semana depois da publicação do livro, começaram a chegar as primeiras cartas. Nem todos recorriam ao truque da biblioteca. Os que souberam da existência do livro a tempo o encomendaram diretamente na Appleton-Century-Crofts, mas também arrancaram o questionário e o enviaram preenchido a San Diego. Alguns preferiam datilografar o questionário inteiro; outros enviaram cópias em carbono a outras famílias conhecidas com filhos iguais aos deles. Às vezes, Rimland abria um envelope e dava com uma folha de papel com nome, endereço e as respostas às 76 perguntas.

O autismo não tinha um local central de reuniões, e a única estratégia de marketing do livro era a publicidade boca a boca, de modo que o acaso determinava de quem Rimland ouvia falar. No norte de Nova York, por exemplo, Ruth Sullivan, ativa como era, só tomou conhecimento do livro algum tempo depois.

Com cada carta recebida chegava uma história. Mães e pais desabafavam com Rimland, a única pessoa com título de doutor que eles conheciam e que sabia quais perguntas se aplicavam de fato à natureza inusitada de seus filhos. Nem todos se davam conta de que estavam escrevendo para um pai colega, pois, no livro, Rimland não mencionava o caso de autismo em sua família. Optou por omiti-lo para não solapar sua credibilidade entre os leitores científicos e profissionais.

Os pais só sabiam que haviam encontrado um expert simpático, que, depois, acabou se revelando um deles. Rimland, por sua vez, tratou cada uma daquelas cartas como o início de uma relação; não houve uma só família que não recebesse como resposta uma longa carta de seu próprio punho, e a maioria acabou também recebendo um telefonema interurbano de San Diego. Alguns foram conhecê-lo como um amigo querido.

Desde o começo, Rimland reconheceu o que aqueles pais representavam: o início de um movimento. Do mesmo modo como Ruth Sullivan, na órbita menor de Albany, começou a emergir como uma força organizando mães, ele agora tinha uma conexão com todas aquelas famílias, cujo número subiu a várias centenas com o passar dos meses, e as cartas continuavam chegando ao seu endereço. Em breve, Rimland passou a organizar seu programa de viagens para a Marinha, que o levavam a bases de todo o país, de modo a encaixar visitas às casas daqueles pais. Às vezes, juntava diversas famílias de uma vez, dando-lhes o consolo de saber que estavam muito menos sozinhas com o autismo do que pensavam.

As famílias também lhe davam outra coisa vital: dados. À medida que as respostas ao Formulário E-1 continuavam se empilhando em sua escrivaninha em casa, Rimland percebeu, de maneira inesperada, que era o detentor de mais informação bruta sobre mais casos de autismo em crianças do que qualquer um em qualquer lugar — muito mais até que Kanner, que tinha o hábito de chamar a sua clínica de Baltimore de "câmara de compensação" do autismo.[13]

Isso possibilitou a Rimland começar a trabalhar em estudos próprios, em particular na área de possíveis tratamentos. Em 1965, ele completou um programa especial de um ano no Centro de Pesquisa Comportamental Avançada da Universidade de Stanford. Graças em grande parte a seu livro e ao prêmio da editora, recebeu uma bolsa de estudos de um ano que não lhe impunha nenhuma obrigação a não ser pensar e escrever sobre o que lhe interessasse — com apoio secretarial gratuito incluído no pacote. Naturalmente, ele intensificou a leitura e a escrita acerca do autismo.

Sua estatura no campo do autismo cresceu de maneira exponencial, tanto que, em poucos anos, o *Salt Lake City Tribune* passou a se referir a ele como "uma das principais autoridades em autismo da nação",[14] e o *Oxnard Press Courier* o chamaria de "uma autoridade reconhecida em comunicação e distúrbios comportamentais".[15]

Mais importante, sua linha de raciocínio sobre a natureza do autismo como resultado de algo orgânico progrediu. Em julho de 1969, quando publicou um breve artigo sobre o autismo, a jornalista Ellen Hoffman, do *Washington Post*, escreveu sobre o conflito entre as "duas principais escolas de pensamento em torno das causas e do tratamento do autismo"[16] — essencialmente Rimland versus Bettelheim. Hoffman não tomou partido. Pela primeira vez, os dois homens — um deles pai, o outro inculpador dos pais — foram apresentados como iguais.

Bernard Rimland tinha reputação e credibilidade; e Ruth Sullivan, ímpeto e capacidade de organização. Mas, em 1964, ele estava em San Diego, ela, em Albany, e nenhum dos dois sabia da existência do outro. Foram necessários um programa de televisão e um pai de autista que nem um nem outro conheciam pessoalmente para ajudá-los a se encontrar.

Robert Crean[17] era dramaturgo e roteirista durante os últimos anos da primeira Idade de Ouro da televisão, quando as emissoras encenavam ao vivo dramas inteligentes que tendiam a elevar o nível de tudo o mais — de programas de ficção científica como *Além da imaginação* e seriados de tribunal como *The Defenders*, para os quais Crean escreveu vários roteiros.

Pouco depois de uma hora da tarde de domingo, 7 de fevereiro de 1965, um programa chamado *Directions '65* foi ao ar na ABC. O episódio intitulava-se "Conall"[18] e tratava de um menino de oito anos que, segundo o linguajar do programa, sofria de "retardamento grave". Na verdade, Conall tinha autismo e não era ator. Robert Crean, que escreveu o scritp, era seu pai.

Mediante fotografias e entrevistas[19] gravadas dos muitos irmãos e irmãs de Conall, o programa mostrava o quanto o autismo do irmão caçula afetava o resto da família. Pouco se notou na época como o programa era inovador: foi o primeiro exemplo de transmissão televisiva do amplo perfil de uma pessoa com autismo. Uma vez mais, era um pai que estava por trás da iniciativa de estabelecer um precedente, motivado, diria depois um de seus filhos, pela paixão de fazer com que o mundo entendesse a situação de sua família, tanto no lado positivo quanto no negativo.

Os Sullivan não tinham televisão. Ruth a proibira, pois a achava prejudicial para as crianças. Mas, naquela tarde, um parente entusiasmado lhe telefonou contando que tinha acabado de assistir a um programa sobre o autismo e que o garoto em questão lembrava muito Joe, o filho de Ruth. Decepcionada por ter perdido algo tão monumental, ela decidiu localizar o próprio Crean. Quando enfim conseguiu contatá-lo por telefone, a conversa foi longa e animada — do tipo que pais de autistas tinham nas raras ocasiões em que se encontram pela primeira vez. Crean falou muito no "livro de Rimland",[20] que acabara de ler. Quando Sullivan confessou nunca ter ouvido falar na obra, ele lhe explicou que se tratava de um livro importantíssimo, a primeira coisa que ele lera na vida sobre o autismo que não se prendia à antiga tolice de culpar as mães.

Ruth anotou o nome. Bernard Rimland. San Diego. Uma chamada interurbana seria muito cara. Mas, quando se despediu de Cran e desligou o telefone, ela se sentou e escreveu uma longa carta.

Ruth e Rimland se dariam bem logo de cara. Os dois se sentiram prontamente aliados naturais. Sullivan sabia lidar com os parlamentares e a mídia; Rimland era mestre em condensar pesquisas e podia falar com médicos e cientistas em sua própria linguagem. Ambos queriam impor mudanças importantes no modo como seus filhos eram percebidos, tratados e educados. E ambos haviam montado uma rede de pais da melhor maneira que puderam.

No fim do verão de 1965, depois de muita correspondência entre eles, ocorreu a Sullivan, a organizadora natural, que tinha chegado a hora de reunir aquelas muitas famílias isoladas em algum tipo de sociedade de âmbito nacional. Ela pôs essas ideias no papel durante algum tempo, depois lhes deu a forma de mais uma carta a Rimland. Mas esta deve ter cruzado com a dele no caminho, na qual ele lhe informava que decidira, sozinho, lançar uma organização nacional e que queria a sua ajuda.

A Sociedade Nacional para Crianças Autistas[21] nasceu na noite de 14 de novembro de 1965, numa residência particular em Teaneck, Nova Jersey, pouco depois da ponte George Washington para quem vinha de Manhattan. Nas semanas anteriores, fizeram-se telefonemas e se enviaram cartas a pais de diversos estados, dando-lhes a data, a hora e o endereço de um casal chamado Herbert e Rosalyn Kahn. Jerry, o filho de cinco anos dos Kahn, havia sido diagnosticado com autismo pelo próprio Kanner. Desde então, o casal, que também tinha duas filhas, não recebia muitas visitas, de modo que estava um pouco sem prática de acolher mais do que algumas pessoas por vez. Por outro lado, como aquele evento noturno aconteceria numa terça-feira, fora do período de férias escolares, talvez fosse otimista demais esperar que aparecessem muitos pais em Teaneck.

Mas, pouco depois das sete horas da noite, os primeiros automóveis — alguns com placa de lugares distantes como Maryland e Massachusetts — começaram a entrar na Essex Road em direção à casa branca de alvenaria situada perto do lugar em que o bosque terminava, em frente à igreja e na rua da escola pública. Por coincidência, aquela escola significava algo importante que os Kahn tinham em comum com os pais que, naquela noite, chegavam de toda parte. Até em Teaneck, que naquele ano se tornou o primeiro sistema escolar dos Estados Unidos a dessegregar voluntariamente as escolas exclusivas de brancos, as crianças com autismo não tinham o direito legal de frequentar o ensino público.

Pouco antes das oito horas, entre trinta e sessenta pessoas — as contagens variam — já estavam reunidas na sala de estar dos Kahn. Ninguém se incomodou com a inconveniência de passar a noite toda em pé. Pelo contrário, no momento em que os convidados afinal se viram e entenderam que haviam enchido a casa de gente que sabia o que era o autismo e o que era criar um filho afetado por ele, o clima na sala ficou eletrizante. Depois de tantos anos de solidão e inculpação, os pais se apoiaram uns nos outros, soltando-se de um modo como nunca puderam ou conseguiram se soltar mesmo com a família estendida ou os amigos mais íntimos.

Seria sempre assim quando e onde pais de autistas se reunissem: iniciados compartilhando histórias, trocando conselhos e tendo o prazer de rir do autismo, para variar — daqueles momentos raros, mas reais, em que acham as coisas que os filhos fazem mais risonhamente engraçadas do que tristes. Naquela noite de terça-feira em 1965, eles foram isso pela primeira vez: uma casa cheia de iniciados.

No centro da energia, achava-se a dupla que havia reunido o grupo: Bernie Rimland, chegado da Califórnia de avião, e Ruth Sullivan, que viera de carro de

Albany. A agenda da noite incluía uma palestra de Mary Goodwin, uma pediatra que vinha fazendo experiências com um aparelho de comunicação chamado "máquina de escrever falante", e uma apresentação de Rimland sobre os novos avanços no trabalho comportamental feito com crianças com autismo. Mas o fato principal foi a decisão, por aclamação, de se criar a organização em escala nacional que Rimland e Sullivan tinham em mente: a Sociedade Nacional para Crianças Autistas (SNCA). Seu logotipo seria uma peça de quebra-cabeça.

Eles discutiram alguns regulamentos iniciais e nomearam funcionários. Mooza Grant, mãe de gêmeas autistas da região de Washington, foi nomeada presidente da SNCA. Todos combinaram estabelecer seções locais nas respectivas cidades, informando os pais de cada região e contatando os grupos já organizados, como o de Ruth em Albany, para estimulá-los a ingressar na sociedade.

Por fim, discutiram o lançamento de um boletim informativo da SNCA. Além de pagarem uma taxa de dois dólares por ano e portarem uma carteira de membro da associação, os pais teriam naquela publicação o principal meio de mantê-los em contato em escala nacional. Isso era decisivo para a iniciativa: criar a sensação de que, dali por diante, eles contavam uns com os outros e faziam parte de algo maior.

Passava de meia-noite quando as mulheres afinal começaram a esvaziar os cinzeiros e a levar os copos usados de volta à cozinha enquanto os maridos pegavam os chapéus e sobretudos. Então eles se dispersaram, saindo da casa dos Kahn e atravessando a escuridão até os carros.

Recordando aquela noite, Ruth Sullivan sempre diria que, ao sair da Essex Road, os pais sentiam que algo havia mudado. Agora uns tinham os outros e o futuro de seus filhos parecia subitamente diferente.

"Pela primeira vez", diria ela depois, "nós tivemos esperança."

13. Em casa numa tarde de segunda-feira

Ela só sabia que ele era cego. Assim dizia o anúncio na última página do jornal. "Criança cega com aprendizado lento."[1] Não se mencionava a palavra "autismo". Não que isso significasse alguma coisa para Alice Barton, que tampouco estava pensando em adotar uma criança quando pegou o jornal para ler durante o café da manhã. Mas a fotografia do menino no anúncio lhe chamou a atenção.

"Criança cega com aprendizado lento." O título teve o efeito de um encanto sobre Alice. Em parte, pelo fato fortuito de ela saber braile. No fim da década de 1960, tendo por única motivação o desafio que aquilo representava, decidira ser uma leitora fluente em braile. Teve aulas, adquiriu uma impressora braile e ingressou em um grupo de voluntários que traduziam capítulos inteiros de livros didáticos para páginas legíveis com a ponta dos dedos.

Embora sua aptidão fosse apenas rudimentar, Alice de repente se imaginou ensinando aquele menininho a ler, abrindo-lhe a vida para os livros e muito mais. Mas, naturalmente, quando telefonou para o número anunciado no jornal, tinha algumas perguntas.

"Até que ponto esse garoto é lento?"

Houve uma pausa. "Na verdade", disse enfim a mulher da agência, "ele é meio retardado."

Na verdade, a coisa era bem mais complicada, mas provavelmente a mulher não sabia disso. Frankie já tinha seis anos, sua compleição morena sugeria ascendência mexicana. Era, segundo qualquer um que o visse, um menininho maravilhoso. O orfanato em que vivia ficava em Santa Maria, Califórnia, a quase cem quilômetros da casa dos Barton em Santa Barbara. Ele estava na escola, em uma classe com outros garotos "de aprendizado lento", e fora rotulado de "RME", que significava "retardado mental educável".

Alice escutou tudo isso sem saber ao certo o que estava sentindo. A mulher da assistência social tomou isso como uma deixa. "Ora, venha conhecê-lo", propôs, "e depois a gente conversa."

"Acho que não sei lidar com uma criança retardada", disse George, seu marido, quando Alice desligou o telefone.

"Bem, nós marcamos um encontro", respondeu ela.

Alice e George entraram na rodovia Califórnia 101 rumo a Santa Maria em uma manhã de junho de 1970. Enquanto ela entrava para conhecer a assistente social de Frankie, George, que não queria de modo algum incentivar aquele processo, preferiu não entrar. Ficou andando de um lado para o outro na varanda para matar o tempo, depois, seguindo pela lateral do prédio, foi até a cerca do pátio do fundo. Lá estava Frankie, balançando-se em um balanço, sozinho.

Dentro do orfanato, Alice se inteirou da situação de Frankie. Ele não era propriamente cego, mas tinha sérios problemas visuais, se bem que não a ponto de obrigá-lo a ler com a ponta dos dedos. A seguir, a assistente social começou a discutir as dificuldades mentais que ele enfrentava, usando várias vezes aquela palavra desconhecida: "autismo". Alice, como contou depois, "não tinha a menor ideia" do significado da palavra. Por isso, a assistente social procurou explicar as muitas coisas que Frankie era incapaz de fazer: "Ele não fala, não aprende, é violento às vezes". E mais: "Pode ser que não melhore nunca".

Alice ficou perturbada. Aquilo não parecia retardo mental como ela o entendia. Simplesmente era estranho e um pouco assustador. Foi convidada a ir até o pátio para ver com os próprios olhos como era o autismo, e então a coisa a atingiu em cheio. *George tinha razão*. Eles não podiam enfrentar aquilo. Uma saída elegante — isso era tudo que ela queria naquele instante, pegar George e voltar para Santa Barbara o mais depressa possível.

Mas George não quis fugir. Até hoje ele não consegue explicar o que aconteceu, mas estar ali com Frankie naquela tarde, só os dois — ele, um ex-fuzileiro naval forte e capaz; o outro, um menino com autismo, frágil e vulnerável —, fez com que simplesmente se apaixonasse pelo garoto. E, quando Alice o chamou de lado, a voz do pragmatismo tentando trazê-lo de volta à realidade e levá-lo para o carro estacionado em frente, viu em seus olhos, no modo como ele insistia em olhar para o menino no balanço, que estavam prestes a vir a ser uma família de três. "Vamos levá-lo", disse George.

Levaram Frankie para casa no dia 3 de julho de 1970, data que, junto com seu aniversário, eles festejariam com bolo e velinhas todo ano a partir de então. Mas os primeiros meses foram um calvário. "Uma maratona", foi a avaliação de George desse período em que os dois aprenderam por si sós como era o autismo grave visto de perto.

Alice passava os dias sozinha com Frankie, de modo que George não estava presente na primeira vez que o menino enfiou a cabeça na parede. Quando voltou para casa e viu a parede danificada, e Alice lhe contou como havia acontecido, a única coisa que ele conseguiu dizer foi: "Você está brincando!". Mas já começava a compreender as implicações. Um garoto de seis anos mostrara força bruta suficiente — junto com uma assombrosa indiferença à dor — para abrir um buraco de vinte centímetros em uma parede de reboque usando apenas o crânio.

Ao mesmo tempo, Frankie havia começado a perambular pela casa à noite, com medo de ficar sozinho no quarto. Mas, como ele não dizia uma palavra, seus pais adotivos não podiam tranquilizá-lo com palavras. George anunciou que era preciso estabelecer um limite, do contrário os dois ficariam à mercê de uma criança muda que, dentro de alguns anos, podia de fato machucá-los, ainda que acidentalmente. A partir daquela noite, o ex-fuzileiro se colocou à porta do quarto de Frankie, sentado no carpete, bancando a sentinela de um garotinho de seis anos.

"Não, Frank, você não pode se levantar", repetia cada vez que o menino se levantava, levando-o com delicadeza de volta à cama, deitando-o e tornando a cobri-lo. Inevitavelmente, quando George dava meia-volta para sair, Frankie já vinha atrás dele. "Não, Frank, durante a noite, não", ele cochichava, "pode voltar." Isso durou semanas, deixando os três exaustos, mas, no fim, o menino aprendeu a ficar na cama.

George também ganhou a batalha do cortador de unhas. Na primeira vez em que ele o pegou, Frankie se pôs a pirraçar de tanto medo. Mas George estava convencido de que o menino precisava e podia aprender a tolerar que lhe cortassem as unhas. Pouco a pouco, treinou-o para que perdesse aquela fobia. De início, apenas lhe mostrava o cortador e logo o guardava. Depois de algum tempo, começou a usá-lo só em si mesmo. A seguir, fez breves tentativas nas unhas do garoto, cortando o mínimo possível. Por fim, Frankie relaxou o suficiente para que lhe cortassem as unhas sempre que necessário e sem resistência. O processo demorou oito meses.

George, é claro, não imaginava que estivesse realizando o impossível. Na época, a opinião profissional generalizada definia Frankie como um caso perdido, não valia a pena tentar educá-lo. Mas, sem saber que não deviam tentar, ele e Alice continuaram a agir partindo do princípio de que "crianças só fazem o que querem se a gente deixar".

George vinha improvisando, mais que qualquer outra coisa, recair na intuição com que todos os pais em sua situação tinham de trabalhar. Mas ele confiava nessa intuição, e Alice via que Frankie estava progredindo — com esforço, mas de maneira visível. Agora os dois estavam apaixonados por Frankie — um menino que nunca havia dito e nunca diria uma palavra reconhecível. Essa era uma das partes mais difíceis: o silêncio em meio aos outros sons incompreensíveis que lhe saíam da boca. Decifrar seus desejos, medos e estados de ânimo era como tentar ler mensagens em uma nuvem passageira. Os dois podiam achar aquilo frustrante, extenuante e absorvente, sentimentos que teriam sido reconhecíveis para Mary Triplett, Rita Tepper ou Audrey Flack.

É claro que, sendo eles pais adotivos e Frankie um filho adotivo, tinham uma saída disponível — um caminho de volta a sua vida antiga. *Podiam devolvê-lo ao orfanato.* "Não deu certo", podiam dizer. Ou: "Ele precisa de mais do que nós podemos dar". Essa opção pairava no ar que eles respiravam diariamente. Mas escolheram não recorrer a ela e fazer o contrário. Entraram com um pedido de adoção, e Frankie passou a ser seu filho para sempre, amado e legal, e com um novo sobrenome: Barton.

Em tudo isso, o que era importantíssimo, George e Alice *não* estavam sozinhos — não da maneira tão abrangente como estivera a geração anterior de pais. Sem dúvida, em 1970 os pais como eles ainda estavam em maus lençóis quando se tratava de a sociedade entender seus filhos e do que eles precisavam. Mas, em Santa Barbara, os Barton sabiam que contavam com a companhia do pequeno círculo de outros pais que moravam por perto e também lidavam com autismo na família.

Aqueles pais haviam se encontrado e, unindo-se e oferecendo apoio, davam outros motivos para acreditar que algo podia mudar para seus filhos — e que talvez eles pudessem fazer com que a mudança acontecesse. Não eram muitos os daquele círculo, no máximo duas dezenas. Mas para George e Alice, assim como para vários outros, saber que faziam parte de uma comunidade dava-lhes energia para aguentar e lutar. E essa foi uma coisa nova na história do autismo.

Certa manhã de 1971 na Califórnia, os irrigadores de grama ociosos da frente do Edifício de Educação do Condado de Santa Barbara cuspiram, gorgolejaram e começaram a girar, entrando em ação. Em segundos, ensoparam as duas pessoas que, até aquele momento, estavam postadas junto à entrada, agitando cartazes pintados à mão e queixando-se da política educacional. Quando a água os atingiu, eles ergueram os panfletos e o cartaz molhado e foram para a rua, fora do alcance do regador, e pararam para se recompor.

Lá dentro, o superintendente de escolas, observando pela janela do escritório, voltou à sua mesa, satisfeito. Havia mandado ligar os irrigadores, só por brincadeira, é claro. Os dois pais lá embaixo nunca saberiam que o banho que tomaram não era acidental. Mas talvez aquele casal irritantemente obstinado, George e Alice Barton, afinal captasse a mensagem: *Deem o fora e parem de fazer o sistema escolar perder tempo*. Não seria um alívio?[2]

Quase nunca ocorre às pessoas com filhos de saúde e aptidões "normais" perguntar onde estão todas as *outras* crianças. Sendo elas invisíveis, é pouco provável que alguém sinta sua falta. Essa era a verdade quando George e Alice Barton estavam no ensino fundamental nos anos 1930: as crianças na sala de aula não tinham por que se preocupar com a ausência de meninos demasiado fora de órbita para estarem lá — como o garoto que adotariam décadas depois. Por isso eles ficaram tão chocados quando, no início de 1970, na qualidade de pais, foram matricular Frankie nas escolas de Santa Barbara e ficaram sabendo que, por lei e antiga praxe, os estabelecimentos de ensino podiam barrá-lo e o barrariam. Essa percepção os transformou na mesma hora em ativistas.

Isso e uma noite ouvindo Bernard Rimland. Eram os anos em que este ia de cidade em cidade propagando o evangelho do poder dos pais do autismo. Em 1970, quando ele agendou um encontro com pais em Ventura, a pouco mais que cinquenta quilômetros de Santa Barbara, o movimento de defesa do autismo se apoiava em bases firmes. Mas antes disso, durante algum tempo, Rimland tivera trabalho para evitar que perdesse o rumo e possivelmente entrasse em colapso.

Durante o primeiro ano da existência da SNCA, desenvolveram-se tensões na liderança tanto por estilo quanto por substância. Alguns dos fundadores passaram a achar a presidente Mooza Grant excessivamente autoritária, desorganizada e de responsabilidade questionável no trato com o dinheiro da organização.

Grant também tinha suas queixas oriundas da certeza de que levava nas costas a maior parte da carga de trabalho cotidiana do movimento, sem apoio suficiente dos outros pais. Além disso, seu marido Leslie era quem se encarregava da parte do leão na captação de recursos, coisa que o obrigava a ficar mais tempo fora de casa do que ela achava conveniente. Afinal, Mooza também criava gêmeas com autismo, uma das quais era seriamente autolesiva — batia a cabeça o tempo todo, vivia em perigo constante de partir o próprio crânio. Dois anos depois, quando o mandato de Grant chegou ao fim, organizaram-se eleições para substituí-la.[3] A Sociedade Nacional para Crianças Autistas iniciou 1968 com uma nova presidente: Ruth Sullivan.

Mas o cisma foi duradouro. Antes mesmo da eleição, Mooz Grant havia feito o trabalho preliminar para lançar uma organização concorrente, uma rival da SNCA até no nome escolhido — Fundação Americana para Crianças Autistas —, que ela criou em Maryland. Ao saber disso, a SNCA ameaçou entrar na Justiça para impedi-la de levar consigo o *mailing* do grupo.[4] Foi um anúncio precoce da trágica tendência dos grupos de defesa do autismo ou dos indivíduos dentro deles, todos supostamente dedicados à mesma causa, a se voltarem uns contra os outros. Essa tendência esteve presente no começo e se intensificaria muitas vezes nas décadas seguintes, em detrimento da causa maior.

Com o passar dos anos, o próprio Rimland também seria arrebatado por esse esporte infeliz, mas, naquela noite em Ventura, com os Barton e um punhado de outras famílias da região reunidos para ouvi-lo, ainda correspondia às expectativas de sua reputação de santo, de defensor das mães e de principal arquiteto de um futuro melhor para os seus filhos. Exortou os pais presentes a se organizarem, a agitarem, a aprenderem a reivindicar. Explicou em detalhes as medidas para organizar uma seção própria da SNCA e os instigou a não aceitar o não como resposta. Quando eles começassem a lidar com questões importantes — fazer com que os filhos fossem tratados e educados, o que, na argumentação da SNCA, eram exatamente a mesma coisa —, seria preciso resistir com firmeza às autoridades. Ele os estimulou a exercer pressão sobre as escolas e sobre os legislativos estaduais, para não falar na opinião pública.

Rimland não se dirigia a revolucionários natos. Os presentes eram californianos de classe média de trinta ou quarenta anos, gente criada para confiar na autoridade e em seus representantes — presidentes, padres, superintendentes de escola, banqueiros, médicos e policiais —, e as pessoas de bem, comuns, em geral não se colocavam na posição de desafiar essa autoridade.

Rimland tinha sido assim até perder a confiança na psiquiatria.[5] Por coincidência, mais ou menos na mesma época, a psiquiatria também começou a perder a confiança em si mesma. Um dos motivos pelos quais ele recebeu uma acolhida tão carinhosa em Stanford durante a vigência de sua bolsa de estudos foi o fato de seu livro ter desferido um satisfatório soco no nariz da psiquiatria e de sua prima, a psicologia. Enquanto os freudianos ainda reinavam nos luxuosos cenários dos consultórios privados, uma geração mais jovem de psiquiatras e psicólogos, em Stanford e em outras partes, opunha resistência à certeza autoritária dos mais velhos. Os departamentos de psicologia haviam capturado o espírito rebelde da época e estavam impacientes para que seu trabalho de fato beneficiasse a sociedade, de maneira ampla e urgente. Nessa busca, a experimentação cresceu, e começaram a ruir as paredes que separavam campos como a neurologia e a ciência da computação, a bioquímica e a genética. O tempo estava maduro para os iconoclastas.

E lá estava Rimland instigando de maneira persuasiva as famílias a desafiarem a autoridade com ele. Pouco depois dessa fala, algumas daquelas famílias fundaram a Sociedade para Crianças Autistas de Santa Barbara,[6] uma seção da SNCA. As mulheres tomaram a liderança, sendo as mães eleitas para os cargos de presidente, vice-presidente e assim por diante. De início, trataram de pisar terreno mais conhecido, organizando bazares a fim de levantar fundos para o grupo. Mas logo passaram a ter reuniões reivindicativas com funcionários de escolas e a fazer a ronda dos consultórios pediátricos da cidade em busca de apoio e compreensão, sempre deixando folhetos para explicar o autismo a outros pais.

Entre os homens, George tornou-se talvez o mais ativo, lançando uma campanha de escrita de cartas que manteria durante anos. Escreveu para o conselho escolar, para os jornais e até para o governador, Ronald Reagan. E acompanhou Alice quando ela teve a ideia de protestar no escritório do superintendente escolar. Afinal, este os havia recebido mais de uma vez e escutara seus pedidos de algum tipo de apoio educacional para Frankie. Mas nada tinha mudado para o menino, que continuava dentro de casa. E, assim, Alice decidiu que estava na hora de experimentar um pouco de teatro político.

Talvez os transeuntes achassem graça neles e em seu miniprotesto ao sol — em especial quando alguém acionava o irrigador de grama, obrigando-os a buscar refúgio em lugar seco. Mas para Alice e George, assim como para os outros pais que tampouco haviam conseguido algo com as escolas, não havia muita graça em sua luta pelos filhos. Infelizmente, antes que seus pedidos desesperados em prol da necessidade de educação deles chegassem a ouvidos favoráveis, haveria uma tragédia.

Alice Barton recorda precisamente o momento em que soube que Alec Gibson, o marido de sua amiga Velna, se descontrolou de vez. Ela estava trepada na escada de mão na sala de estar, o ouvido atento à televisão, começando a desmontar a árvore de Natal. Era a primeira semana de janeiro de 1971, e fazia seis meses que Frankie vivia com Alice e George. Então começou o telejornal — com uma reportagem urgente sobre um homem chamado Gibson e um tiro no bairro. Ela se virou para olhar e começou a gritar. "Meu Deus, George! Venha ver! É Alec Gibson!" E, com os olhos pregados no televisor, confuso, George só conseguiu suspirar o óbvio: "Santo Deus, o que ele fez?".

Talvez só Velna Gibson, secretária da seção de Santa Barbara da SNCA, soubesse das trevas que vinham se acumulando dentro do marido. Outrora Alec Gibson era um homem feliz, confiante em sua capacidade de prover a família, competente na carreira de maquinista na indústria aeroespacial. Em 1958, Alec e Velna se mudaram do Cabo Canaveral para Lompoc, Califórnia, com as filhas Junie e Sandy — que tinham treze e onze anos — e o bebê Dougie, nascido em novembro do ano anterior. Havia um emprego ligado à Base Aérea Vandenberg e uma casa nova, na qual o próprio Alec, que era bom nessas coisas, começou a trabalhar no preparo de uma nova horta.

Ao que parece, o primeiro ataque cardíaco — o primeiro de vários — mudou Alec Gibson para sempre. Foi um caso grave e significou não só abandonar o projeto da horta como também o emprego na fábrica. Praticamente da noite para o dia, ele deixou de se sentir robusto e confiante para se ver, aos cinquenta e poucos anos, como um quase inválido. E eis que Dougie foi diagnosticado com autismo.[7]

Aos três anos, ele apresentava os sintomas clássicos. Antes disso, Velna achava que o filho, pelo contrário, estava mais adiantado que a maioria das crianças de sua idade. Conseguira fugir do cercadinho aos seis meses. Aos vinte, aprendera sozinho a ir ao banheiro. Aos dois anos, sabia acionar os botões da lavadora de roupa.

No entanto, desde o começo Dougie se mostrou esquisito com os brinquedos. Espalhava-os no chão e, de maneira metódica, pegava-os um por um, brincava um pouco e então passava para o seguinte na fila. Por fim, abandonou por completo os brinquedos convencionais e começou a girar as coisas — tampas de panela etc. Esse passou a ser seu passatempo quase exclusivo — esse e bater a cabeça na parede.

Dougie nunca falou. Ele tinha uma expressão — "culaculacula" — que de vez em quando cantarolava consigo — e uma única palavra que reservava para se dirigir ao resto do mundo: "Muh". Essa era sua resposta a qualquer pergunta ou afirmação da mãe e do pai. "Está com frio?" "Muh." "Agora vamos pôr as meias." "Muh." "Venha aqui, Dougie." "Muh."

A inteligência aguda que, cedo ainda, Velna detectara nele continuava presente. Mostrava-se em seus bonitos olhos, que eram alertas e inquiridores. Ainda pequeno, Dougie desenvolveu o gosto pela música gravada e compreendeu o complicado sistema estéreo que seu pai havia montado na garagem a partir de peças de vários aparelhos. Quando ouvia pela janela da cozinha a abertura de *A noviça rebelde*, Velna sabia onde Dougie havia se metido. Ele também conseguiu dominar o sistema de ferrolho corrediço que Alec havia instalado no alto da porta do quarto de Junie, supostamente fora do alcance do menino, para que ele não mexesse na coleção de discos da irmã.

Outro gosto específico: coca-cola e batata frita. Uma aversão específica: a visão de aviões, que muito o irritava. Essa combinação misteriosa de gostos fortes e aversões mais fortes instilou na mãe a crença de que havia um Dougie "normal" preso em algum lugar além dos comportamentos estranhos, em funcionamento dentro do corpo dele, mas fora do alcance dela. Para Velna, Dougie tornou-se um menino à espera de ser salvo ou talvez curado por Deus. Pouco depois do diagnóstico de autismo, ela se converteu à ciência cristã e passava muito tempo rezando pelo filho.

Mas Velna não se limitava a esperar um milagre. Fazia o possível para receber toda e qualquer ajuda profissional que encontrasse em Lompoc e arredores. Houve sinais promissores no começo. Às vezes, um espaço ficava disponível em um ou outro programa de educação especial, e ela punha Dougie no carro e o levava à triagem obrigatória na sala de aula. Mas nunca dava certo. Alguns lugares o rejeitavam de cara por não ter condições para receber ajuda. Outros concordavam em lhe dar uma chance, mas, não demorava muito, quando Velna ia buscá-lo à tarde chamavam-na de lado e a informavam gentil mas firmemente que houvera um engano e que Dougie não podia continuar lá.

Sua irmã Junie foi embora em 1964, casando-se jovem e não muito seletivamente para fugir da tristeza em casa. Embora tivesse crescido, Dougie não apresentava quase nenhuma melhora, ao mesmo tempo que a busca de ajuda e o custo dos programas dilapidavam as economias da família. Então Alec vendeu seu querido estéreo feito em casa. Depois, pouco a pouco, a família se desfez de seus melhores móveis.

Por último, quando Velna afinal encontrou um programa disposto a aceitar Dougie, foi preciso separar a família. O Instituto Kennedy, a três horas de distância em Los Angeles, era especializado em educação de retardados mentais. Embora não fosse o lugar mais conveniente para um menino com autismo, o instituto se comprometeu em aceitá-lo caso nenhum outro lugar o quisesse. Os Gibson tiveram de vender a casa para pagar essa despesa. Tratava-se de um semi-internato, e Dougie precisaria de um lugar para passar as noites. Assim, Velna e ele se mudaram para Los Angeles, onde ela arranjou emprego de meio período em uma creche; Alec e a filha mais nova, Sandy, ficaram em um apartamento alugado em Lompoc. O objetivo era ensinar linguagem a Dougie, mas, dois anos depois, ele continuava dizendo apenas "muh". Alec ficou desanimado. "Não está dando certo", disse a Velna em um de seus poucos encontros de fim de semana. "Precisamos tentar outra coisa."

Velna não estava disposta a desistir, mas, quando Alec sofreu outro ataque cardíaco, ela e Dougie voltaram para casa. Não muito tempo depois disso, sem nada que os prendesse a Lompoc, todos se mudaram para o norte de Santa Barbara, onde tinham parentes. A reputação progressista da cidade na época também lhes dava a esperança de que Dougie tivesse uma chance no sistema escolar público. Mas eles acabaram trilhando o mesmo caminho que George e Alice percorreram com Frankie. Às visitas às escolas de Santa Barbara seguiam-se vagas promessas, depois rejeição de uma sala de aula após a outra.

Enfim, tomaram a medida que sempre fizeram o possível para adiar e puseram o filho, agora com onze anos, na única instituição que sabiam que não o rejeitaria: o hospital psiquiátrico estadual em Camarillo. Pelo menos, não teriam contas a pagar. Era o único lugar que podiam bancar.

Foi Alec que interrompeu essa experiência. Desde que levaram Dougie de carro a Camarillo para sua internação inicial, ele e Velna faziam duas viagens de ida e volta por semana, levando o filho para casa nas sextas-feiras e de volta à instituição nas tardes de domingo. Quando iam buscá-lo, tudo ia bem. Dougie sempre corria ao seu encontro para abraçá-los, prova de que estava fazendo o tipo de conexão com eles que se supunha que o autismo impedia. Velna viu nisso um sinal de que Camarillo lhe estava sendo benéfico.

Mas então chegava o domingo e a viagem de volta, que era uma tortura para todos os envolvidos. Sem falta, no momento em que avistava os muros da instituição, Dougie explodia. Gritando e se agitando, tinha de ser arrastado para dentro do prédio por atendentes de jaleco branco. Ver aquilo semana após semana partia o coração já fraco de Alec, que, depois de três meses, tratou de pôr fim à situação. Numa sexta-feira, ele e Velna foram buscar Dougie em Camarillo e nunca mais o levaram de volta.

Sua vida em casa se acomodou num padrão imutável. Dougie precisava de 24 horas de supervisão, e, como só Velna podia trabalhar, Alec cuidava dele durante o dia. Ao que parece, os dois se aproximaram muito naquele período, como não podia deixar de ser, já que brincar com outras crianças não era uma opção e já que Alec, agora quase indigente, também dera para viver em completa reclusão. Quando ele e o filho não passavam horas sozinhos no apartamento do primeiro andar de uma casa para duas famílias que alugaram na rua East Figueroa, iam passear juntos, só os dois. Os vizinhos reparavam neles, mas não interagiam muito com aquela dupla de aparência solitária — o menino excepcionalmente bonito, um pouco alto para a idade, que emitia sons estranhos ao passar; e o homem magro e grisalho que sempre estava ao seu lado e falava pouco.

Foi nesse período que Alec arranjou uma Beretta .45. Nunca se soube quando ou como. Ele passeou com Dougie pela última vez no dia 4 de janeiro de 1971. Foram ao McDonald's, o lugar favorito do garoto, para sua refeição preferida, que, aos treze anos de idade, continuava sendo batatas fritas com coca-cola. Era mais ou menos uma e meia da tarde quando voltaram para casa. A rua estava tranquila, pois as crianças do bairro tinham voltado para a escola após os feriados de Natal. Dougie se deitou para cochilar em uma caminha dobrável na sala de estar; Alec foi à cozinha e escreveu um bilhete:

> EU FIZ UMA COISA TERRÍVEL. SEI QUE NÃO MEREÇO PERDÃO.
> NÃO QUERO VER VOCÊ NEM NINGUÉM.[8]

Deixou o bilhete encostado no telefone no balcão da cozinha e foi ver o filho adormecido. Não se sabe quanto tempo ficou lá, mas, a certa altura, ergueu a Beretta e atirou na cabeça de Dougie.

O menino não morreu de imediato. Isso aconteceria depois, na ambulância. A equipe de socorro contou que, quando o viu, ele ainda gorgolejava na cama, tentando respirar.

Alec provavelmente não viu nada disso. Logo depois de disparar a arma, voltou à cozinha, guardou-a na caixa original junto ao bilhete e telefonou para a polícia. Então saiu e se sentou nos degraus da frente, aguardando que a brisa da tarde trouxesse o primeiro som das sirenes.

"Morre filho retardado", noticiou o *Santa Barbara Press* na manhã seguinte em uma página interna. No dia subsequente, funcionários de escola deram entrevista tentando corrigir a reportagem, mas também erraram. "Douglas não era retardado mental", informou um deles ao jornal; "tinha sido diagnosticado emocionalmente perturbado." Uma fonte do Hospital Estadual de Camarillo, no qual ele havia passado três meses, optou por uma terceira variante: "reação esquizofrênica, tipo infantil",[9] disse alguém ao repórter que telefonou.

Por fim, o *Press* publicou uma carta ao editor que esclarecia o distúrbio de Dougie.[10] A mulher que a escreveu, Mary Ellen Nava, se identificou "como mãe de uma criança autista como Dougie". Na verdade, ela e Alice Barton redigiram a carta juntas, mas só se publicou o nome de Mary Ellen. O texto começava com uma pergunta acerca do pai que matara o filho: "O que passou pela cabeça daquele homem?".

Era uma pergunta óbvia. Presidente da Sociedade para Crianças Autistas de Santa Barbara, Nava foi uma das mães que participaram da reunião de Ventura com Bernard Rimland. Seu filho Eddie, três anos mais novo que Dougie, era quase tão deficiente quanto este. Não falava e tinha a tendência a atacar a própria pele com as unhas, arranhando-se brutalmente até sangrar, coisa que provocava frequentes infecções. No entanto, tivera a sorte de conseguir colocação em uma classe de educação especial em que seus comportamentos eram tolerados. Os de Dougie, por outro lado, sempre eram demasiado extremos, e Mary Ellen via as coisas pelas quais Velna, agora uma boa amiga, passava cada vez que mais uma escola o expulsava.

O que passou pela cabeça daquele homem?

Mary Ellen formulou a resposta cautelosamente. Velna havia lhe contado que Alec estava convencido de que matar Dougie era a única maneira de poupá-lo. Um dos policiais que o prenderam não tardou a ter a mesma impressão. Depois de avaliar a situação na casa e de tomar o depoimento de Alec, disse a um jornalista que suspeitava que sua intenção era praticar "eutanásia".[11]

No julgamento,[12] um psiquiatra favorável corroborou esse relato do processo de pensamento do réu, o qual se alimentava misteriosamente da depressão asfixiante que se apoderou de Alec quando os seus próprios problemas de saúde pioraram. Ele tinha certeza de que em breve seu coração falharia de vez e ficou obcecado por ideias sobre a crueldade com que o mundo trataria seu filho quando ele já não estivesse vivo para protegê-lo, assim como sobre o fardo que recairia todo sobre Velna. A dura indiferença das escolas em relação a Dougie já confirmava esses temores, mas é possível que um incidente semanas antes do assassinato tenha desencadeado o mergulho final de Alec no desespero.

Foi o dia em que Dougie, que acabava de completar treze anos, baixou a calça de repente e começou a brincar com a genitália, no quintal, diante de um grupo de crianças no quintal da casa vizinha. Isso causou uma gritaria momentânea entre os garotos, que logo avisaram a mãe, uma amiga dos Gibson chamada Aggie. Se havia alguém no mundo dos Gibson capaz de evitar um pânico generalizado com o acontecido, era Aggie, uma das poucas mães da vizinhança que não ficavam desconcertadas ao ver Dougie entrar em seu jardim com os pais. Quando os Gibson os visitavam, seus filhos sempre incluíam Dougie nas brincadeiras, pois Aggie os incentivava a fazê-lo. Talvez ela não soubesse muito sobre o autismo, mas sabia o bastante para jamais culpar Alec ou Velna quando Dougie fazia algo que ultrapassava os limites do socialmente aceitável.

Naquele dia, quando ele começou a se masturbar em público, Alec interferiu no mesmo instante, erguendo rápido a calça do filho, constrangido por ele, ralhando e, ao mesmo tempo, pedindo desculpas a Aggie, que, na verdade, estava longe de exigir tal coisa. Ela entendia: Dougie estava entrando na puberdade e fez o que fez com toda a naturalidade. "Culaculacula." Essa foi a única coisa que aquele rapazinho alto e bonito teve a dizer a si mesmo, na ocasião e sempre. Era difícil imaginar que sua indiscrição fosse uma tentativa deliberada de criar um escândalo no tanque de areia — mesmo porque aquele sentimento físico era muito novo para ele, e "as regras" que o disciplinavam, muito distantes da sua compreensão.

Uma pessoa como Aggie podia perdoar e esquecer o episódio embaraçoso. Mas Alec não. Aquilo começou a persegui-lo — a percepção de que o sexo representava mil maneiras novas de Dougie ficar perigosamente fora de sintonia com o mundo. Se aquele tipo de coisa se repetisse, seu filho podia ser facilmente estigmatizado como algo que não era: um pervertido, uma ameaça. Gente assim ia presa e era espancada até a morte. *E ele tinha apenas treze anos.* Dougie ainda tinha toda a adolescência pela frente, e depois a idade adulta. As complexidades sociais que teria de negociar pareciam avassaladoras. Alec não podia conceber que o menino chegasse a ser capaz de aprender a observar os limites estabelecidos por conceitos como privacidade e pudor. Pelo contrário, previa o matagal do autismo, do sexo e da etiqueta como uma selva que engoliria seu filho. Tinha certeza de que as coisas só podiam piorar quando Dougie ficasse mais velho, mais atrevido e mais forte. O mundo era cruel. Ele estava convencido disso.

Alec matou Dougie para poupá-lo de uma desgraça que lhe parecia inevitável, segundo a lógica distorcida que ele desenvolvia quando profundamente deprimido. Essa, pelo menos, foi a sua defesa no tribunal. Acusado de homicídio em primeiro grau, ele se declarou inocente, e seu advogado alegou insanidade temporária. O promotor público não acreditou na história e, no fim, tampouco o júri. A versão rival do promotor — segundo a qual Alec Gibson matara o filho deficiente mental porque estava cansado dos sacrifícios exigidos e simplesmente queria recobrar a liberdade — agradou mais ao senso comum que não fazia ideia do que era criar um filho com autismo grave. Nenhum membro do júri tinha semelhante experiência. Alec foi considerado culpado e condenado à prisão perpétua.[13]

Mary Ellen Nava, por outro lado, entendeu os problemas que Alec enfrentava e por que ele perdeu o controle.[14] Era assim que ela o via: o marido de sua amiga fizera, de fato, uma coisa horrível, algo impossível de justificar. Mas duvidava que o tivesse feito por egoísmo. Outros pais de autistas, quando souberam do assassinato, reagiram da mesma maneira. Ficaram horrorizados com o fato, mas, ao mesmo tempo, detectaram algo conhecido no desespero a que Alec havia capitulado. Às vezes, eles também se sentiram reduzidos a quase nada por sua incapacidade de encontrar um lugar seguro para os filhos — fosse em uma escola naquele momento ou no mundo quando eles já tivessem morrido. Nava falou em nome de muitos deles quando tentou explicar aquele mundo sem opções aos leitores do *Santa Barbara Press*.

"Aquele [...] menino estava em casa numa tarde de segunda-feira", escreveu, "porque as portas da educação pública estavam fechadas para ele." Por quê?

"Provavelmente", prosseguiu ela, Alec olhou para o filho, "sua própria carne e seu próprio sangue", e perguntou: "Que futuro tem o meu garoto?".[15] A seguir, para um mundo que ainda sabia pouquíssimo a respeito do autismo, ela pediu compreensão — não só para Alec, mas para todos eles: "POR FAVOR, ajudem antes que o nosso pequeno grupo fique ainda menor! Perguntem — POR QUÊ? — QUEM? — O QUÊ? — ao seu Departamento de Educação Especial, ao seu Centro de Saúde Mental, ao seu médico, a quem quer que ouça a sua voz. O próximo bebê autista pode ser o seu".

Ainda que esquecida com o tempo, a morte de Dougie não deixou de abalar o edifício da indiferença oficial que as famílias de Santa Barbara enfrentavam. É possível que Mary Ellen Nava tenha sido a primeira a receber o telefonema porque havia escrito aquela carta ao editor, mas logo todos os pais do seu grupo também receberam. Dias depois do início do julgamento de Alec, pessoas na capital do estado, funcionários do Departamento de Educação da Califórnia,[16] solicitaram uma reunião com eles o mais cedo possível, a fim de discutir com urgência as necessidades das famílias de Santa Barbara às voltas com o autismo. Logo em seguida, uma delegação de Sacramento chegou à cidade, indo de família em família em um pequeno e sombrio comboio de carros pretos, sentando-se em salas de visitas e a mesas de cozinha, abrindo os blocos de anotações para escrever as respostas às perguntas que haviam trazido. Tinham muitas perguntas: sobre autismo, sobre o que aqueles meninos podiam aprender, sobre o que já se havia tentado, sobre o que os pais queriam ver caso o sistema escolar se comprometesse a providenciar algo melhor.

O foco repentino em suas lutas foi surpreendente para Mary Ellen e os outros. Eles não tinham dúvida de que era por causa do que se passara com seus amigos, os Gibson. No julgamento, o advogado de Alec expusera a história longa e deprimente da rejeição de Dougie por uma escola após a outra. Isso deve ter mexido com a consciência de alguém em Sacramento ou constrangido algum figurão, pois, de súbito, em vez de jogar água nos pais, aqueles funcionários estaduais passaram a tomar café com eles, a folhear seus álbuns de fotografias, sorrindo com admiração quando mostravam como os filhos eram lindos quando bebês. Os funcionários iam embora prometendo tomar providências em reação à falta de apoio que levara Alec Gibson ao extremo a que chegou.

Não foi uma promessa vazia. Um ano depois, o *Los Angeles Times* pôde noticiar: "Em parte devido ao que aconteceu", a Universidade da Califórnia em Santa Barbara (UCSB) e o sistema escolar do condado de Santa Barbara "estão cooperando em um programa modelo para crianças autistas financiado com uma verba federal de 200 mil dólares".[17] Supervisionado por Robert Koegel, um jovem psicólogo formado pela Universidade da Califórnia em Los Angeles (UCLA) que chamava a atenção pela disposição para fazer experimentos, esse modelo persistiu, evoluiu e se expandiu.[18] Hoje o Centro de Autismo Koegel da UCSB domina a Costa Oeste dos Estados Unidos no tratamento, avaliação e pesquisa do autismo e examina milhares de crianças de todo o mundo.

Naquele primeiro ano, ele acolheu vinte crianças, a maioria de Santa Barbara, entre as quais Eddie, o filho de Mary Ellen. No ano seguinte, uma emissora de televisão de Los Angeles informou, em um documentário, que mais da metade daquelas crianças (sem incluir Eddie) havia progredido a ponto de poder frequentar escolas públicas regulares. "Mas, não fossem as trágicas circunstâncias", explicou o narrador do documentário — o pai de autista e ator de Hollywood Lloyd Nolan —, o programa "provavelmente não existiria".[19]

Foi a última vez que se mencionou a história de Dougie em público, e depois o mundo seguiu adiante. Mas as rodas estavam em movimento; a batalha pela reforma educacional havia começado.

PARTE III
O FIM DAS INSTITUIÇÕES
(DÉCADAS DE 1970-90)

14. "Atrás dos muros da indiferença do mundo"

Em 1919, quando os pais de Archie Casto, de cinco anos,[1] o internaram em uma instituição da Virgínia Ocidental, o número de palavras em seu vocabulário coincidia com sua idade. Cinquenta anos depois, quando a década de 1970 estava prestes a começar, ele continuava entre paredes institucionais, vivendo no Hospital Estadual Spencer, no condado de Roane, Virgínia Ocidental. A mudança se apoderava dos Estados Unidos, subvertendo o pensamento tradicional sobre identidade e poder em muitas áreas da vida americana: raça, religião, gênero — e deficiência, em relação à qual as ideias por trás da prática da institucionalização começavam a ser questionadas.

Mas aquela onda de mudança ainda não havia chegado ao hospital estadual nem a Archie. Àquela altura, ele era de meia-idade, e fazia tempo que os seus pais tinham morrido. Como ninguém jamais tentou lhe ensinar o que quer que fosse nem falou muito com ele, a linguagem o abandonara. Suas cinco palavras se reduziram a zero. Archie nunca foi muito além da altura de um menino típico da terceira série. Cronologicamente adulto, tinha cabeça pequena, mãos e pés pequenos e nenhum dente na boca. Era comum em algumas instituições estaduais extrair os dentes das crianças que mordiam — os outros ou a si próprias. É possível que ele tenha se metido nesse tipo de encrenca; a compulsão de morder às vezes faz parte do autismo grave.

Mas, em 1919, quando Archie foi institucionalizado pela primeira vez, esse diagnóstico não existia. E, quando inventaram o rótulo na metade do século, ele continuava trancafiado, na plenitude da vida, e ninguém pensou em reavaliá-lo para ver se o autismo explicava seus comportamentos. No entender da burocracia que controlava sua vida, Archie já tinha um rótulo adequado. Era um "idiota" clínico — muito embora, na década de 1970, uma cultura mais esclarecida já preferisse a abreviatura "RM", isto é, "retardado mental". Pelo que sabia o pessoal do hospital estadual, do qual muitos membros nem eram nascidos quando Archie ingressou no sistema, ele simplesmente sempre estivera lá, era um dos elementos fixos do lugar — um entre centenas de residentes que ali iam passar o resto da vida, muitos deles fadados a ser enterrados no cemitério do próprio hospital.

Durante dois terços do século XX, o impulso para institucionalizar dominou a reação à deficiência real ou aparente das faculdades da inteligência. Uma ampla gama de condições era representada pelas pessoas "recolhidas" ainda crianças naquelas décadas. A epilepsia, a paralisia cerebral e a deficiência intelectual figuravam entre elas. O autismo — uma vez cunhado o diagnóstico — também se tornou motivo de internação. Esse impulso provinha da vergonha e da percepção de que tais crianças eram fardos que não se esperava que nenhuma família decente e trabalhadora carregasse dentro de casa. Os estados entraram com uma solução financiada pelos contribuintes: enormes complexos cercados que agrupavam um grande número dessas pessoas, de modo que elas não pudessem estorvar os mecanismos da existência cotidiana normal das demais.

Os estados chamavam esses lugares de escolas e hospitais, mas, na verdade, tratava-se de depósitos humanos. Tais instituições aglomeravam centenas de milhares de pessoas em todo o país. Os residentes sem uma doença mental de fato tratável eram condenados a algo como uma prisão perpétua, pois nunca apresentavam melhora e só tendiam a piorar. Quase todos os estados mantinham tais instituições e alguns possuíam mais que uma.

Sem dúvida, as instituições alojavam muita gente que, hoje em dia, seria diagnosticada com autismo, pelo menos a partir da metade dos anos 1970. Foi o que aconteceu com a maioria das primeiras onze crianças sobre as quais Kanner escreveu em 1943.[2] Quando ele localizou dez delas quase três décadas depois, descobriu que cinco haviam passado a vida até então em hospitais psiquiátricos estaduais, e a maioria das outras — salvo Donald Triplett e um menino chamado

Henry, que morava em uma fazenda — também passara anos em instituições, às vezes em várias diferentes, antes que afinal se encontrassem outras soluções.

Entrementes, Bernard Rimland escreveu que os que não estavam em casa passavam os anos "em desesperança vazia"[3] dentro de instituições. Um estudo britânico de 1967[4] dá número a essa desesperança, informando que três quartos das várias dezenas de indivíduos com autismo monitorados da adolescência à idade adulta acabaram assim. Bem mais tarde, em 1982, outro estudo[5] britânico de um único "hospital de retardo mental" constatou que 9% dos residentes permanentes com idade inferior a 35 anos tinham autismo clássico, ao passo que muitos outros apresentavam características autistas.

Isso dá parte da resposta à pergunta feita com frequência: onde estavam todas as pessoas com autismo antes? Durante boa parte do século XX, estavam institucionalizadas — quando não eram mantidas escondidas em casa. Algumas eram internadas em "escolas de treinamento" para retardados na suposição de que fossem débeis mentais. Outras iam para uma classe separada de instituição, o hospital psiquiátrico residencial, onde se agrupavam com os reputados dementes. Houve uma época em que muitas dessas instituições do século XIX reivindicavam o ambicioso nome de "asilo" — um lugar de refúgio e proteção. Mas aquela generosidade de espírito inicial esmaeceu ao longo de muitas décadas sob a pressão da superlotação, dos orçamentos limitados e da desesperança crescente de que se pudesse fazer muito para tratar, curar ou educar a clientela. Pelo contrário, as instituições passaram a ter uma função custodial: limitavam-se a vigiar os internos, dando-lhes de comer, mas não necessariamente mantendo-os ocupados e nem sempre sequer vestidos.

Um ano depois do fim da Primeira Guerra Mundial, uma instituição passou a ser o mundo de Archie Casto, de cinco anos de idade.

Archibald Casto nasceu em Huntington, Virgínia Ocidental, no dia 17 de fevereiro de 1913. Era o quarto filho de Herman e Clara Louise Casto e também, eles logo perceberam, seu bebê mais sadio e robusto. Ademais, era particularmente bonito. Encrenqueiro desde que começou a andar, passava o tempo todo em movimento, mexendo em tudo, fugindo quando os adultos não o estavam vigiando. Ainda pequeno, começou a se colocar em situações perigosas, corria em direção às fogueiras, interpunha-se no caminho de cavalos trotadores, saía de casa em plena tempestade. A voz de sua mãe não tinha efeito: ele não diminuía o passo nem voltava quando ela o chamava.

Como ainda não falasse aos três anos de idade, começou a parecer plausível que Archie fosse surdo — uma ideia devastadora para os pais, já que significava uma infância de escolas especiais e, mais tarde, horizontes limitados em termos de empregos que pudesse arrumar e famílias cujas filhas concordassem em deixar que ele as cortejasse. Não era um diagnóstico que Clara quisesse ouvir, mas ela estava exausta de tentar seguir o ritmo do filho e precisava de orientação sobre o que fazer. Marcou consulta com o médico da família algum tempo depois do quinto aniversário de Archie.

Quando eles voltaram da consulta algumas horas depois, as aulas na escola haviam terminado e sua filha Harriet estava em casa. A garota, de treze anos, nunca tinha visto um olhar como o de sua mãe naquela tarde. E nunca ouvira a mãe chorar de maneira tão descontrolada. Clara tremia de tristeza, soluçava. Então Harriet soube por quê. O médico acabava de declarar Archie demente.

Os dias subsequentes foram difíceis na casa dos Casto. Sem compreender bem o que estava acontecendo, Harriet se assustou quando a mãe, consternada, lhe disse que "certas coisas são piores que a morte, e esta é uma delas". Seus pais fizeram uma viagem sombria e silenciosa ao tribunal e, quando voltaram, Clara contou a Harriet que Archie ia morar em outro bairro. A garota tinha visto o lugar inaugurado anos antes na extremidade oriental da cidade. De início conhecida como Casa dos Incuráveis,[6] agora se chamava Hospital Estadual de Huntington. Circundado por altas cercas de arame, com portões de aço e guarita para controlar o acesso, parecia um presídio, mas era oficialmente designado asilo de insanos pela Assembleia Legislativa. A internação naquela instituição exigia a aprovação de um juiz, coisa que explica a incursão ao tribunal. O médico instara os Casto a não adiá-la. O estado concordou em receber Archie, medida que, em algumas de suas implicações práticas, era como uma adoção invertida. Archie foi separado da família, tirado das mãos dos pais e legalmente entregue ao estado. Os Casto seguiriam o conselho do médico — continuariam sua vida sem um menino demente de cinco anos dentro de casa. Assinaram os papéis, fizeram a mala, e Archie foi embora para nunca mais voltar a uma família que agora tinha de aprender a esquecê-lo.

Harriet tomou conhecimento das novas regras da família Casto no referente a Archie. Nunca devia mencioná-lo a quem quer que fosse fora da família; a ordem era agir como se não tivesse irmão. Ela era obediente. Aprendeu a guardar o segredo.

Assim que entrou pelo portão do hospital, Archie deixou de ter história. Não mandaria cartas para casa e, mais tarde, não teria amigos a quem contar acontecimentos da sua infância. Ninguém nunca tiraria um retrato dele. O distrito escolar local jamais abriu um arquivo em seu nome.

A frágil prova de sua presença contínua sob o teto da instituição aparecia só uma vez a cada dez anos, quando um recenseador federal aparecia junto ao portão do hospital e o nome e a idade de Archie eram registrados por força de lei. As tabelas do recenseamento de 1920[7] listaram Archie, de sete anos, como o residente mais jovem de uma enfermaria com segregação sexual na qual quase todos os outros eram homens de meia-idade ou idosos. De quando em quando, a intervalos de anos, os tribunais locais faziam o controle dele, exigindo que fosse levado à presença de um juiz. Esses vários minutos por década eram a única ocasião em que uma autoridade externa averiguava o seu bem-estar. Em um ano, ele foi levado usando um casaco de mulher, como se aquela tivesse sido a coisa mais fácil de pegar para a pessoa que o acompanhou naquele dia.

Em Huntington, o universo de cada residente equivalia em geral às mesmas duas ou três áreas da enfermaria: uma para dormir, outra para comer e talvez mais uma para andar de canto a canto, atrás de janelas com rede de arame. Em todas as horas, Archie compartia aqueles espaços com dezenas de pessoas. As portas, naturalmente, ficavam sempre trancadas — pelo lado de fora. Os três cômodos seriam o universo deles, para sempre.

Os pais que internavam os filhos em instituições, em geral por ordem médica, só podiam rezar para que o lugar escolhido não fosse uma "cova de serpentes". Com asquerosa regularidade, histórias de negligência extrema e maus-tratos em muitas dessas instituições apareciam à luz do dia. No entanto, a revolta e a indignação que essas histórias quase sempre suscitavam, com a mesma regularidade, não tardavam a se dissipar sem que nada ou muito pouco se fizesse para melhorar tais condições. Foi um escândalo quando o *New York Times* informou que os enfermeiros do Hospital de Dementes da Pensilvânia ocidental "chutavam e espancavam os pacientes até que perdessem os sentidos", negando-lhes alimento e apertando uma toalha molhada em seu pescoço para controlá-los, "puxando-a até que a vítima, sem poder respirar, caísse no chão".⁸ A data dessa reportagem foi 30 de março de 1890. Treze anos depois, houve um novo escândalo⁹ quando os jornais de Los Angeles deram cobertura à denúncia de enfermeiras de práticas violentas na Instituição Patton, um hospital psiquiátrico em que o suposto castigo aplicado às pacientes por pequenas transgressões, como fazer careta ou ser respondonas com o pessoal, era passar três semanas amarradas sob uma lona pesada. Também se dizia que algumas recebiam injeções de uma substância que provocava fortes cãibras e vômitos.

Quatro décadas depois disso, a nação ficou chocada mais uma vez quando objetores de consciência, que foram obrigados a trabalhar em hospitais psiquiátricos em vez de combater na Segunda Guerra Mundial, apresentaram provas fotográficas de uma ampla variedade de atrocidades que eles presenciaram nas instituições. Viram homens acorrentados a camas, residentes nus, enfileirados, sentados sobre seus próprios excrementos e o uso do espancamento para manter a ordem ou simplesmente como uma forma de desafogo. Também revelaram que a toalha molhada no pescoço continuava em uso meio século depois. Algumas das fotos foram tema de um ensaio fotográfico da revista *Life* em 1946, com texto de Albert Maisel. Intitulado "Bedlan" [Hospício], o ensaio de Maisel expressava fúria contra aquelas "relíquias de eras tenebrosas [...], campos de concentração disfarçados de hospitais".¹⁰ Citava diretamente os relatos de testemunhas oculares dos objetores de consciência que pintavam cenas horrendas uma após a outra. Isto aconteceu no estado de Nova York:

> Aqueles quatro enfermeiros esbofeteavam os pacientes com toda a força, davam-lhes murros nas costelas, jogavam alguns no chão e os chutavam. Um grandalhão de mais de cem quilos tinha o hábito de bater na nuca dos pacientes com a palma da mão — e, em uma ocasião, obrigou um deles a pôr a mão em uma cadeira e lhe [golpeou] os dedos com uma pesada chave mestra.

Maisel teve o cuidado de salientar que nem todos os asilos dos Estados Unidos mereciam o rótulo de "campos de concentração", mas asseverou que a maioria estava implicada naquelas práticas. Também achava que os verdadeiros agressores no staff deviam ser pouco numerosos, mas que a crueldade era inerente às condições que os residentes e o pessoal tinham de compartir. "Lotamos aqueles prédios centenários de homens, mulheres e às vezes até de crianças em enfermarias tão lotadas que não se enxerga o piso entre os catres instáveis, enquanto outros milhares dormem em lençóis, em cobertores ou no chão nu." Maisel informou que a decisão de amarrar os pacientes ou colocá-los na solitária ficava, imprudentemente, por conta de atendentes mal treinados e em número insuficiente, que recorriam a métodos extremos cedo demais e com excessiva frequência.

Toda vez que emergiam histórias como essa, era como se as pessoas do lado de fora as ouvissem pela primeira vez. Depois da reportagem da *Life* em 1946, a agulha do medidor da indignação pública se moveu de leve. O Congresso convocou audiências, e Maisel prestou depoimento. Hollywood fez um filme intitulado *A cova da serpente*, que teve nove indicações ao Oscar, sobre uma mulher confinada em um hospital psiquiátrico estadual e as indignidades que sofre ali. Em 1948, a *Time* estampou *A cova da serpente* na capa. "A enorme população oculta dos doentes mentais vive em meio à imundície, ao lixo e ao medo progressivo", denunciou a revista, "atrás dos muros da indiferença do mundo."

Como sempre, isso gerou pouca mudança. As instituições permaneceram, e Archie Casto permaneceu em uma delas. Nunca se saberá que tipo de maus-tratos suportou, além do que lhe fizeram com os dentes. Acontece que um jornalista chamado Charles Armentrout, que escrevia para a *Charleston Gazette*, montou um retrato do lugar em que ele vivia. Em 1949, Armentrout entrou às escondidas no Hospital Estadual de Huntington a fim de relatar o que viu simplesmente percorrendo os "quartos de madeira podre" e os "corredores mal iluminados".[11]

A experiência o chocou. É muito provável que ele tenha visto Archie, que àquela altura, aos 36 anos, era um "condenado à prisão perpétua". Mas foi a péssima situação das crianças que mais o perturbou — crianças sem nada que fazer o dia todo, sem brinquedos e com pouca ou nenhuma roupa, cobertas com a sua própria sujeira. O fato de elas não saberem ir ao banheiro horrorizou o jornalista, e o consequente cheiro do lugar — que ele chamou de "odor dos doentes mentais" — parece tê-lo acabrunhado.

Aos olhos de Armentrout, as enfermarias pareciam verdadeiras latas de sardinha. "Trancafiados como criminosos comuns", escreveu, "as meninas deficientes mentais, assim como os meninos, têm de encontrar seu brinquedo no piso de madeira do corredor sujeito a incêndio." Em outro trecho da matéria, ele volta a se referir ao "alojamento dos mais novos" como "estruturas sujeitas a incêndio".

Armentrout foi profético. Em uma noite fria de novembro, três anos depois de sua reportagem, ele se postou no gramado do terreno do hospital e ficou olhando para as chamas que devoravam o prédio das mulheres, lamentando, enquanto ouvia os gritos, que o alerta de sua matéria de 1949 não tivesse alterado nada. Na verdade, quando esta foi publicada, seis deputados estaduais se uniram prometendo "prover a assistência necessária". Mas tal providência não deu em nada, e um projeto de lei para tornar o hospital mais resistente ao fogo, afinal aprovado em 1952, foi abandonado pouco antes que o incêndio acontecesse.

O fogo começou pouco antes das sete horas da noite anterior à véspera do Dia de Ação de Graças, no porão de um prédio de três andares que alojava umas 275 pacientes — quatro vezes a população para a qual os arquitetos o haviam projetado. Os colchões foram um banquete fácil para as chamas. Uma mulher de 89 anos foi engolida pelo fogo, ainda enredada na roupa de cama, incapaz de se levantar. Entretanto, as que estavam de pé e podiam andar não conseguiram chegar à instável escada em espiral na parte de trás do edifício, única possibilidade de fuga restante, porque as portas da enfermaria estavam trancadas.

Podia-se ver o rosto delas comprimido na tela de arame das janelas do andar superior. Os bombeiros levantaram escadas com rapidez e chegaram às janelas com facilidade, mas tiveram de descer para pegar maçaricos com que cortar a tela. Uma vez dentro do prédio, eles correram de enfermaria em enfermaria, destrancando as portas, dando a quase trezentas pacientes uma oportunidade de fugir. Nem todas o fizeram. Além de Ada Carver, a idosa na cama, outras treze perderam a vida naquela noite. Cinco meninas, todas menores de dezesseis anos, morreram asfixiadas pela fumaça. Uma delas — Lena Wentz — tinha apenas onze.[12]

Contudo, nem mesmo esse trágico incêndio ocasionou mudanças no padrão de memória curta e negligência indecente. Em 1967, uma nova geração ficou assombrada com um ensaio fotográfico publicado pela revista *Look*, mostrando o tratamento estarrecedor dispensado a crianças e adultos trancafiados em várias instituições para deficientes mentais.[13] De autoria do educador Burton Blatt, do jornalista Charles Mangel e do fotógrafo Fred Kaplan, o ensaio baseou-se em um livro que Blatt e Kaplan haviam publicado um ano antes com o inesquecível título *Christmas in Purgatory* [Natal no purgatório].

Durante os feriados de fim de ano de 1965, Kaplan prendeu no cinto uma câmera oculta e, acompanhado de Blatt, entrou em cinco instituições diferentes. As fotografias, assim como o texto, contavam a mesma história que "Bedlan" havia contado vinte anos antes. Tratava-se da mesma "sujeira e imundície", dos mesmos "odores, pacientes nus a se arrastarem nas próprias fezes, crianças trancadas em celas, dormitórios horrivelmente lotados e instalações sem funcionários suficientes e com pessoal inadequado". O relato de Blatt e Kaplan apresentou ainda mais provas do abandono dos deficientes pela nação, criando, escreveu ele, "um inferno na terra [...] um inferno especial [...] a terra dos mortos-vivos".

"Temos agora uma tristeza profunda, que não vai diminuir", escreveu Blatt, "enquanto o povo americano não souber — e não fizer algo a respeito — do tratamento dos gravemente retardados mentais nas nossas instituições estaduais." Correspondente à época, o vocabulário de Blatt e Kaplan insistia muito na palavra "retardado", mas em tudo o mais eles advogavam uma verdadeira ruptura com o passado. Em pouco tempo, Blatt concluiria que a única resposta seria fechar todas as instituições.

No entanto, as instituições permaneceram, de modo que, em 1972, foram novamente descobertas por um jovem advogado e jornalista chamado Geraldo Rivera, que fez sua primeira grande reportagem entrando furtivamente no terreno de uma instituição da cidade de Nova York chamada Willowbrook. Rivera ficou famoso de um dia para o outro, em parte pelo modo como comunicou o que a televisão jamais poderia captar. "Eu posso mostrar como aquilo é, posso mostrar como aquilo soa", disse ele aos telespectadores, "mas não posso mostrar o cheiro que aquilo tem. Cheiro de imundície. Cheiro de doença. Cheiro de morte."[14]

Maus-tratos, negligência, indiferença, carência — essas coisas nunca foram conscientemente concebidas para a vida institucional, mas a definiam de maneira fundamental. Durante sua longa existência atrás dos muros, Archie Casto perdeu o pouco de linguagem que possuíra outrora. Deixou de crescer e se recolheu mais profundamente dentro de si. Sua capacidade de sorrir começou a se apagar e, um dia, simplesmente desapareceu. Seu rosto, como notou sua irmã, caiu naquilo que ela chamou de um "olhar de pedra" permanente, uma expressão de pura desesperança.

Harriet sabia disso porque continuou fazendo discretas visitas à instituição, incentivada e às vezes acompanhada pela mãe. Clara Casto podia acreditar que a demência do filho era "pior que a morte" — exigindo segredo a vida toda —, mas continuou querendo manter contato com ele.

Harriet nunca viu as enfermarias do Huntington. Em dia de visita, o pessoal providenciava para que os pacientes estivessem apresentáveis e os levavam ao espaço de recepção, na frente do prédio — um lugar limpo e arrumado em que Harriet podia ficar cara a cara com irmão. Archie emudecera de vez, e seu olhar de pedra não chegava a ser um grande estímulo. Mas ela fazia questão de falar, na suposição de que ele entendesse suas palavras.

Quando já não tinha o que dizer, fossem notícias de casa ou comentários sobre o tempo, Harriet conversava com os enfermeiros presentes, que às vezes lhe davam alguma informação sobre a vida de seu irmão caçula na instituição. Foi assim que ela soube que Archie adotara vários truques de sobrevivência, como enrolar as roupas à noite e usá-las como travesseiro para que não as roubassem, e sempre comer com um braço protegendo o prato pelo mesmo motivo. Essas histórias, embora longe de ser edificantes, pelo menos mostravam um menino capaz de aprender a sobreviver.

Os enfermeiros com que Harriet conversava comentavam que era raro ver os parentes fazerem visitas com tanta frequência como ela. Contavam que a maioria das famílias simplesmente "jogava" os entes queridos na instituição e nunca mais voltava. A de Archie, diziam, era extraordinária nesse aspecto. Não se sabe se isso era um elogio ou uma delicada censura. Em todo caso, a presença de Harriet na sala de visitas contava algo inusitado sobre Archie: embora estivesse institucionalizado, ele ainda tinha familiares que se importavam com ele.

A percepção de que ninguém se importava era o perigo eternamente presente na vida de todos os pacientes institucionalizados como Archie. A ninguém se negava tanto a oportunidade de ser ouvido — ou mesmo visto — quanto aos ocupantes daqueles enormes depósitos de gente. Em termos geográficos, eles estavam fora do alcance de qualquer ouvido. Fisicamente ou em termos de desenvolvimento, muitos eram incapazes de falar. Politicamente, não tinham chance de votar. Em suma, os que estavam dentro precisavam de alguém fora que lutasse por eles, e esses de fora quase não existiam. Apesar de todo o seu compromisso de visitar Archie, a Harriet nunca ocorreu, nas décadas de 1930 e 1940, quando ela era uma profissional ativa na administração universitária, questionar as autoridades que tomavam decisões. As pessoas de bem não faziam isso, não naquela época.

Pelo menos, Archie contava com as visitas da irmã. Mas elas cessaram de repente. Um dia, quando esteve no hospital, Harriet foi informada de que o estado havia transferido seu irmão para o Hospital Estadual Spencer, a mais de 150 quilômetros de distância. A família não fora informada, talvez porque já não tivesse a menor influência sobre o destino de Archie. Ele pertencia ao Estado. As condições no seu novo lar, o Hospital Spencer, foram descritas por um terapeuta que lá começou a trabalhar em 1964 como "a pior coisa que vi em qualquer lugar em que trabalhei".

Pois foi lá que Archie Casto desapareceu mais uma vez — não só do mundo exterior como agora também da vida de sua irmã Harriet. Embora tivesse mais de quarenta anos, ela não sabia dirigir e não tinha como ir até lá. Em termos práticos, Archie estava perdido para sempre, perdido em um sistema que nunca seria bom para ele, nunca o ajudaria a crescer, a aprender na escola ou a se aventurar — e nunca entenderia que ele tinha autismo.

15. O direito à educação

A rigor, Tom Gilhool nunca teve ligação com o autismo. Nunca leu muito a respeito, não tinha parentes que lidassem com isso. Antes de ficar envolvido no assunto, é provável que não fosse capaz de dizer com certeza o que era autismo.

Não que isso tivesse muita importância. Afinal, Tom Gilhool era um azarão, um campeão dos desamparados. Também era um advogado inteligente. E foi essa combinação que o lançou, no início da década de 1970, em uma batalha judicial decisiva em defesa da Associação para Crianças Retardadas da Pensilvânia (ACRP). Gilhool lutaria pelos filhos desses pais. O Estado não lhes havia proporcionado educação, deixando as crianças cujas famílias não podiam pagar escolas particulares definharem em casa o dia todo ou passarem a vida confinadas na grande instituição estadual conhecida como Pennhurst.

Isso aconteceu em uma época em que a palavra "retardado" havia adquirido todas as suas conotações tóxicas. E também em uma época em que os pais de crianças com deficiência intelectual — ao contrário dos pais da comunidade do autismo — eram pioneiros mais experientes e marcados pela luta para reformar a reação da sociedade à deficiência de desenvolvimento. Seu ativismo havia começado décadas antes, com a fundação da Associação Nacional para Crianças Retardadas em 1950, da qual a ACRP era uma divisão estadual.

Naqueles anos, os pais de crianças rotuladas de "RM", ou retardadas mentais, e os pais de crianças com o distúrbio menos conhecido chamado autismo representavam dois campos separados e, até certo ponto, rivais. Cada um desses grupos queria ser o primeiro na fila da atenção dos políticos e queria ser o primeiro na fila dos doadores de dólares. A divisão entre eles suscitou múltiplas ironias, já que os dois conjuntos de crianças tinham muita coisa em comum. No fim da década de 1960, por exemplo, epidemiologistas mostraram que cerca de três quartos das crianças diagnosticadas com autismo também eram intelectualmente deficientes.

Não obstante, certos ativistas do autismo, entre os quais Bernie Rimland, pareciam preferir manter uma distância entre o autismo e a questão da deficiência intelectual. Tal como Leo Kanner no início, Rimland acreditava que o autismo sempre vinha acompanhado de funcionamento intelectual mais ou menos normal. Ao defender essa opinião, ele traía certas inclinações suas, contrastando a "expressão estúpida e vazia" do verdadeiro "débil mental" com a "bonita e bem formada" criança com autismo, cujas expressões faciais lhe pareciam "impressionantemente inteligentes".[1]

Outra ironia estava no fato de os dois grupos de pais enfrentarem obstáculos quase idênticos. A institucionalização, como solução normal, falhara com os filhos de todos eles. Assim como o sistema escolar. Mas, em 1969, os pais do lado RM da divisão — o grupo da Pensilvânia — começaram a forçar a mudança processando o estado por descumprimento do dever de educar *todas* as crianças. Eles o fizeram sem o envolvimento dos pais do autismo, que apenas começavam a se organizar. Mas, em breve, os pais do autismo de toda parte ficariam devendo muito ao grupo da Pensilvânia — e ao advogado por ele contratado.

Tom Gilhool não conhecia a ACRP quando, no inverno de 1969, dois pais representando a organização foram ao seu escritório discutir a possibilidade de entrar com um processo contra o estado da Pensilvânia, que possuía e operava a Escola Estadual Pennhurst. Quando Gilhool confessou que nem sabia o significado da sigla ACRP, um dos visitantes, Dennis Haggerty, disse: "Tom, acho que agora vou lhe dar uma aula de retardo mental".[2]

Foi aí que ele errou. "Denis", respondeu Gilhool a Haggerty, "isso você não precisa me explicar, porque eu tenho um irmão que é retardado."[3]

Na verdade, a coisa ia além disso. Na juventude, Gilhool fora muitas vezes à Pennhurst, onde sua mãe havia internado seu irmão Bobby em 1953, o ano em que Tom completou quinze anos. Bobby tinha nove na época. Nas visitas ao irmão, Gilhool não viu uma instituição "cova das serpentes" — não precisamente. Em geral, achava o pessoal de lá agradável, e havia alguns enfermeiros de que Bobby gostava muito. Mas era evidente que alguém batia nele de vez em quando. Nos dias de visita, Bobby aparecia com as orelhas inchadas, como as dos pugilistas. Tom se opunha a manter o irmão em uma instituição, mas, quando seu pai faleceu, a mãe, que era de uma geração diferente, achou melhor para ele e para a família interná-lo.[4]

Enquanto explicava isso aos dois homens da ACRP, Gilhool, olhando pela comprida janela de seu escritório em forma de corredor, podia ver os bairros do distrito de South Philly. Ele havia passado muitos anos nas ruas daquela região adquirindo suas aptidões de ativista. Homem das universidades Lehigh e Yale, de gravata-borboleta e costeletas, ele fazia parte daquela geração de jovens que se sentiu convocada a dar muito de si pelo desafio do presidente John F. Kennedy a "perguntar o que você pode fazer pelo seu país".

Quando se formou em 1963, Gilhool já tinha planos de trabalhar pelos desvalidos por causa de seu irmão Bobby. A grande causa da época eram os direitos civis, de modo que ele mergulhou em campanhas como o Philadelphia Tutorial Project, que levava professores das universidades de elite locais aos bairros pobres; trabalhou com o Community Legal Services, um provedor de expertise jurídica para necessitados; assessorou com sucesso a campanha da Welfare Rights Organization para convencer o governador da Pensilvânia a aumentar a assistência estadual às famílias carentes; e participou do estabelecimento de uma rede de "centros de autoajuda" que negociaram uma trégua entre as gangues de rua de Filadélfia, pondo fim à série mais feroz de assassinatos entre gangues da época. No papel cambiante de advogado no papel de agente de mudança social, Tom Gilhool, ainda jovem, podia ostentar muitas cicatrizes de batalha.

Os pais da ACRP o procuraram justamente por esse motivo. Queriam um advogado de "direitos" e queriam um argumento de "direitos". Os argumentos baseados da Constituição vinham derrotando políticas como a segregação racial nas escolas e garantindo o direito de voto às minorias. Tudo indicava que nos tribunais, ao contrário dos escritórios de deputados e governadores, os fracos tinham uma chance de lutar.

Fazia algum tempo que os pais da ACRP reivindicavam reformas na Escola Pennhurst. Recentemente, a mãe de um menino chamado John Stark Williams só fora informada da morte do filho ao chegar para lhe fazer uma visita, muito embora ele tivesse morrido quase um ano antes. A ACRP investigou a afirmação da instituição segundo a qual o garoto havia escorregado no chuveiro e descobriu que, na verdade, ele morrera em virtude de queimaduras. Quando questionado por um representante da ACRP, um administrador da escola respondeu: "Ora, essas coisas acontecem. Nós temos 280 internos aqui".[5]

Naquele ano, quando contaram a história na convenção anual da ACRP em Pittsburgh e exibiram slides da autópsia, o grupo, indignado, decidiu processar de imediato o estado da Pensilvânia. Seu objetivo era obrigá-lo a fechar a Pennhurst ou a demonstrar uma justificativa para sua permanência como estabelecimento estadual.

A reunião no escritório de Gilhool durou duas horas. Alguns dias depois, Haggerty o levou de carro à capital do estado, Harrisburg, para conversar com toda a diretoria da ACRP. "Eu posso fazê-lo",[6] disse-lhes Gilhool.

Gilhool era uma "tartaruga intelectual". Passou a maior parte do resto daquele ano lendo muito, conversando com especialistas e ativistas do campo da deficiência intelectual e refletindo sobre os tipos de argumentos constitucionais que o comoveriam se ele fosse juiz.

Nove meses depois, achou que tinha o que queria. Apresentou aos clientes um plano de batalha de nove páginas cujas palavras-chave eram "o direito à educação". Gilhool queria construir uma argumentação em torno do fato de as crianças trancafiadas nas chamadas escolas estaduais na verdade não estarem de modo algum na escola. Acreditava que isso teria repercussão no tribunal porque a educação era um tópico sobre o qual os juízes federais estavam bem informados em decorrência de uma longa série de casos oriundos do movimento de direitos civis. Gilhool queria alegar que a recusa a prestar serviços educacionais plenos na Pennhurst e nos distritos escolares de todo o estado configurava uma violação da garantia da Quarta Emenda de proteção igual sob a lei.[7]

Tal argumentação desafiaria qualquer tipo de senso comum convencional. Asseveraria, em primeiro lugar, que as pessoas internadas nas instituições tinham plenos direitos e que a segregação atrás de seus muros equivalia à negação desses direitos. Ele também precisou questionar a presunção de que era desperdício de esforço educar pessoas rotuladas de "ineducáveis". Essas pareciam ser barreiras enormes a superar. Mas a ACRP queria tentar e Gilhool também.

O que mais surpreendeu foi a rapidez com que as barreiras caíram. O julgamento começou no dia 12 de agosto de 1971, oito meses depois que Gilhool apresentou queixa ao tribunal. Um colegiado de três juízes reservara dois dias para a argumentação. Uma equipe grande de advogados do estado estava a uma mesa à direita dos magistrados. Gilhool, de gravata-borboleta como sempre, ficou sozinho à mesa em frente. Tinha sete testemunhas para apresentar — todas experts em educação especial e desenvolvimento humano. Todas haviam se preparado de maneira meticulosa, mas, no fim, algumas nem tiveram oportunidade de depor.

No começo da tarde do primeiro dia do julgamento, depois que as primeiras quatro testemunhas de Gilhool haviam prestado depoimento, um advogado do estado, o vice-procurador-geral da Pensilvânia, interrompeu a audiência e pediu para se dirigir aos juízes. "Excelências, nós nos rendemos",[8] disse-lhes. Gilhool ficou estupefato. Só isso. O julgamento terminara.

A súbita capitulação foi ocasionada por uma manhã de depoimentos persuasivos de vários educadores com credenciais impecáveis. Esses educadores haviam trabalhado com crianças retardadas, estado em salas de aula com elas, pesquisado seu desenvolvimento, criado programas de ensino inovadores — e testemunharam que sempre viram as crianças aprenderem, crescerem e se tornarem mais felizes. Cada testemunha descreveu a não educação das crianças como um desperdício injustificável e escandaloso de seu potencial e afirmou, a partir das linhas de frente, que todas as crianças ditas retardadas eram capazes de aprender. Ademais, apresentaram evidência empírica tão persuasiva que, na opinião dos juízes, a rendição do estado foi "uma reação inteligente a provas avassaladoras contra sua posição".[9]

Gilhool vencera representando os pais da ACRP. A seguir, teve a rara oportunidade de esboçar os pormenores de um futuro melhor para os deficientes mentais do estado da Pensilvânia. Coube-lhe escrever o primeiro projeto de um chamado decreto de consentimento — o documento que, quando duas partes litigantes chegavam a um acordo, explicava o especificado por esse acordo. Ele passou dois meses elaborando as condições, confeccionando um conjunto de garantias pelo estado e seus treze distritos escolares que faria uma ruptura completa com o passado e uma rápida transição para o futuro.

Gilhool exigiu, em primeiro lugar, que toda criança no estado da Pensilvânia rotulada de "retardada mental" fosse procurada e encontrada — em casa, na Pennhurst, em qualquer outra instituição ou na escola. O prazo estabelecido para isso vencia em junho do ano seguinte, e parte de seu propósito era avisar os pais de que agora seus filhos tinham direito a educação pública gratuita. Depois disso, os sistemas escolares receberiam ordem de montar um plano que especificasse como começariam a oferecer a cada uma das crianças educação e treinamento "adequados a sua capacidade de aprendizagem".[10] Ele deixou claro o que isso devia significar: programas talhados para a criança individual, e os próprios programas deviam ser aplicados em cenários tão normais quanto possível. Especificamente,

> a colocação em uma classe regular de escola pública é preferível à colocação em uma classe de escola pública especial, e a colocação em uma classe de escola pública especial é preferível à colocação em qualquer outro tipo de programa educacional e de treinamento.[11]

Os termos do decreto, que o estado começou a implementar em 1973, foram logo reconhecidos como um avanço relevante nos direitos e na educação dos deficientes. O efeito dominó foi sentido quase de imediato, advogados de pais se precipitaram a entrar com processos parecidos em toda a nação. A maioria deles tomou emprestada parte do arcabouço intelectual — e, em alguns casos, a linguagem exata — do processo de Gilhool na Pensilvânia. No fim de 1973, umas trinta decisões judiciais federais haviam afirmado os princípios estabelecidos no caso de Gilhool.[12] Nesse meio-tempo, parlamentares nas Assembleias Legislativas de todo o país começaram a atualizar as leis para garantir a educação de deficientes mentais pelo sistema escolar público. Funcionários estaduais passaram a fazer pronunciamentos públicos para mostrar que reconheciam que o direito à educação era real e que havia necessidade de ajustes no modo como as coisas vinham sendo feitas havia décadas.

Só havia um problema, em tudo isso, para as famílias do autismo: as coisas boas que estavam acontecendo tão de repente e em tantos lugares eram impulsionadas por um senso de indignação a favor de um grupo distinto de crianças — as afetadas pelo chamado retardamento mental. Sem dúvida, os pais dessas crianças é que tinham entrado com ações judiciais, e a situação e o potencial dessas crianças é que receberam a cobertura simpática e incansável da mídia.

Mas naquele clamor não se ouviu nenhuma alusão às palavras "autismo" ou "autista". Esses vocábulos eram tão desconhecidos para o público mais amplo quanto as crianças com o distúrbio eram invisíveis. Ignoradas na indignação, elas também foram omitidas na agenda dos parlamentares motivados.

Ficou claro o que os pais do autismo precisavam fazer para participar daquele momento e daquela importante conversação. Tinham de mudar o tema, talvez um pouco, talvez muito, para levar seus filhos a participar.

16. Tomando o ônibus

Durante exatamente sete dias em 1974, a pessoa com autismo mais em evidência no mundo foi um bonito menino de cabelo castanho chamado Shawn Lapin. A partir do dia 8 de abril, todas as bancas de jornal dos Estados Unidos expuseram a edição da *Newsweek* cuja matéria de capa, "The Troubled Child" [A criança problemática],[1] disparou o alarme para o grave surto de "distúrbios emocionais" que afetava as crianças americanas. O artigo traçava o perfil de um pequeno número delas às voltas com diversos tipos de desafios à saúde mental — da esquizofrenia à depressão e a vários "sintomas neuróticos". Mas aquele que os editores escolheram para pôr em foco, com quatro fotografias e um boxe, foi Shawn Lapin, de seis anos e com autismo. Isso teve muito a ver com quem eram seus pais.

Connie e Harvey Lapin haviam tornado sua a missão de pressionar para obter o máximo de atenção para o seu filho e ter acesso a gente importante de toda parte que estivesse em condições de ajudá-lo. Ativos e influentes — todos ouviam falar nos Lapin, cedo ou tarde —, fossem advogados como Tom Gilhool, que havia ganhado o caso da ACRP; pesquisadores importantes como Ivar Lovaas, que na época estava fazendo experimentos com uma terapia promissora na UCLA; políticos como o governador Ronald Reagan, que tinha algo a dizer sobre como se gastavam as verbas governamentais; ou apenas outros pais influentes como

Bernard Rimland e Ruth Sullivan. Os Lapin se empenharam em estabelecer conexões diretas com todos eles. Connie e Harvey incorporaram o novo paradigma para os pais do autismo — decididos a criar uma abertura no mundo para o filho, coisa que, para eles, equivalia a mudar o próprio mundo.

Harvey e Connie Lapin eram empreendedores incansáveis — uma de suas muitas maneiras de combinarem um com o outro. Ambos eram saudáveis e bem-apessoados: Connie, delicada, cheia de vida e morena — do tipo modelo; Harvey, alto e corpulento, muito sorridente com seu bigodão anos 1970, um tipo mais chegado a um abraço de urso que a um aperto de mão, e um narrador incessante do que quer que lhe passasse pela mente. Conversar com Harvey era como cavalgar uma bola de pingue-pongue num jogo de campeonato. As ideias fluíam de maneira rápida e urgente e nunca na mesma direção durante muito tempo. Já Connie tinha o dom de traduzir ou refrear a enxurrada de palavras de Harvey. Aos trinta e poucos anos, eles eram passionais um com o outro, contadores de casos divertidos e donos de um grande talento para fazer amizades.

Na metade da década de 1960, Harvey tinha um próspero consultório odontológico no Vale de San Fernando, ao norte de Los Angeles. Tipos famosos de Hollywood tratavam dos dentes com ele. O dr. Lapin era bom e totalmente encantador, assim como sua vida no Vale parecia encantada.

Seu primeiro filho, Brad, nasceu em 1964; Shawn, em 1968. Este, em 1970, foi diagnosticado com autismo.

Connie e Harvey figuravam entre os pais do autismo que viveram a triste sensação de ver o filho regredir. Ou seja, Shawn lhes dava a impressão de estar se desenvolvendo como devia, mas eis que seu comportamento começou a mudar de repente.

Com Shawn, isso pareceu acontecer no espaço de mais ou menos um dia, quando ele tinha uns treze meses. Aprendeu a andar cedo e a usar três ou quatro palavras. Antes disso, tinha dificuldade para segurar as coisas — uma mamadeira em suas mãos se espatifava no chão em questão de segundos —, mas, à parte isso, ele tinha toda a aptidão que se espera em uma criança pequena.

Então, Shawn "desligou" subitamente diante dos olhos de Connie.[2] As palavras desapareceram, ele a empurrava quando ela ou qualquer outra pessoa fazia menção de tocá-lo e começava a chorar, praticamente o tempo todo. Também surgiram os problemas para dormir. Suas quatro horas de sono por noite eram intercaladas de choro constante. Quando amanhecia, na maior parte das vezes, ele ainda estava aos berros.

Seus pais o levavam com urgência de um médico a outro, os quais repassavam a lista de explicações possíveis: problemas auditivos, psicose infantil, dano cerebral e muitíssimas outras. Fizeram-se testes; as teorias se mostraram falsas, conceberam-se novas; fizeram-se outros testes. Shawn passava a noite chorando. Gritava e corria muito, era quase impossível controlá-lo. Cada pequena tarefa em seu dia equivalia a uma batalha campal. Vesti-lo — porque ele detestava que o tocassem. Dar-lhe o almoço — porque se enfurecia quando os itens de seu prato se encostavam. E destruía os móveis. E fugia pela janela. E defecava no chão da cozinha. Passaram-se os meses, depois mais de um ano. E então, por fim, Connie e Harvey ouviram a palavra "autismo".

Foi pura casualidade que, a meia hora de onde trabalhava, um grupo de jovens psicólogos, todos em atividade na vizinha UCLA, tinha, algum tempo antes, ficado fascinado por crianças com autismo. Sediados no Instituto de Neuropsiquiatria da UCLA, eles se incluíram entre os primeiros em qualquer lugar a persistir na pesquisa real de métodos de tratamento do autismo, sem referência a qualquer noção de envolvimento de cuidados maternos inadequados. Conseguir uma consulta para Shawn deu um pouco de trabalho, mas, quando o examinaram, o diagnóstico não demorou. Seus sintomas autistas correspondiam perfeitamente aos dos escritos originais de Leo Kanner sobre seus primeiros onze casos. A expressão "autismo clássico" designava casos como o dele.

O pessoal da UCLA tinha lido Rimland, conhecia as crianças e fazia tempo que descartara a ideia da mãe geladeira, de modo que Connie não precisou aturar nenhuma inculpação da mãe. A batalha que a aguardava seria em outra frente e definiria uma nova era na defesa do autismo.

Ela queria pôr Shawn na escola.

Mas nenhuma escola queria Shawn nem nenhuma criança com autismo.

Como em quase todos os outros estados na época, a legislação da Califórnia outorgava às autoridades do ensino público o poder incontestável de recusar a educação a crianças tidas como "ineducáveis". Mesmo nas classes de educação especial — que em geral agrupavam na mesma sala os deficientes intelectuais, os epilépticos, os com distúrbio da fala e assim por diante —, havia restrições a crianças que pareciam demasiado deficientes, física ou mentalmente. As escolas não gostavam de fazê-lo, mas essa era a realidade: podiam dizer, e diziam: "Fora daqui".[3]

Os Lapin só colidiram com essa realidade quando puseram Shawn, então com três anos, em uma classe de intervenção precoce de educação especial de uma escola pública distrital de Los Angeles. No terceiro dia, quando Connie foi buscar o filho, informaram-na de que seus professores haviam consultado os superiores e que "ficou decidido" que Shawn não podia voltar no dia seguinte nem nunca mais. Ele se punha a correr desembestado, mordia as outras crianças e se recusava a fazer o que lhe pediam.

Connie começou a falar de maneira atropelada, implorando à diretora da escola que desse mais uma oportunidade a Shawn. A recusa foi imediata. Um menino com autismo e tão ferozmente descontrolado, disseram-lhe, não podia ficar à solta entre tantas crianças vulneráveis. Era perigoso e prejudicial à aprendizagem.

Humilhada, magoada, Connie levou o filho para casa e se pôs a telefonar em busca de alternativas, mas tomando o cuidado de não pronunciar a palavra "autismo". Achou outra escola pública, mais distante, com um programa semelhante ao da primeira. Não que acreditasse que houvesse educação real em algum lugar. *Prejudicial à aprendizagem*. Só podia ser piada, pensou ela. Pelo que tinha visto na primeira sala de aula, aquilo era mais um serviço coletivo de babá do que de ensino. Mas qualquer coisa era melhor do que nada. No entanto, na segunda escola, bastou um único dia para que mandassem Shawn embora.

Na terceira escola, aconteceu a mesma coisa. Depois disso, Connie e o filho ficaram conhecidos no sistema escolar público. Pediram-lhe, e de maneira não muito educada, que parasse de fazer todo mundo perder tempo.

Foi um péssimo momento para Connie. Havia sido evasiva e ziguezagueado, implorara e distorcera a verdade, mas não conseguiu encontrar um programa de pré-escola público disposto a aceitar Shawn. Depois disso, ela e Harvey começaram a procurar alternativas e deram com um pequeno programa de pré-escola para crianças rotuladas de "retardadas mentais" e um programa de pesquisa voltado para as autistas para fazer experimentos com o uso de técnicas de modificação de comportamento mediante recompensas e punições.

Durante algum tempo, deixaram Shawn inscrito nos dois programas, mas nenhum lhe fez bem. O de pré-escola era caro e não tratava de modo algum do seu autismo. Quanto ao programa experimental, Connie ficou horrorizada com os castigos a que os pesquisadores recorriam para mudar o comportamento. Batiam em Shawn e jogavam mostarda diluída em seu rosto. Connie sentiu que todo dia ele voltava para casa traumatizado em vez de educado.

A essa altura, o casal se sentia próximo do colapso. Essencialmente, tinha um filho de quatro anos sem um lugar aonde ir e uma vida familiar totalmente controlada por um distúrbio que não se deixava controlar.

E assim, em 1972, Connie e Harvey tomaram as primeiras medidas para internar Shawn em uma instituição. Tinham dois motivos para tanto. O primeiro era a sensação de que os comportamentos do menino resultavam em uma emergência acima de sua expertise de pais. Eles admitiram para si mesmos que, se os seus problemas fossem puramente médicos — se o menino não pudesse respirar, não parasse de sangrar ou de vomitar —, não hesitariam em colocá-lo em mãos profissionais.

O outro motivo era a necessidade de certo alívio do estresse incessante. Shawn era uma luta que durava a noite toda, entrava pela manhã e então se repetia. Isso sobrecarregava toda a família, que agora incluía mais um bebê. Harvey e Connie receavam o que aconteceria quando cada qual chegasse a um ponto de ruptura, quando a privação do sono, a confusão e a dor psíquica de não saber ajudar o filho em apuros por fim drenassem suas últimas reservas de otimismo e energia.

Connie e Harvey também lamentavam, de certo modo, o transtorno que havia mudado tão extraordinária e inesperadamente a sua vida. Ser pai ou mãe é bem difícil quando o filho não tem deficiência grave. Mas, quando ele a tem, e é tão aguda que os avós ou as babás não podem entrar em cena para proporcionar algum descanso, a pressão implacável não deixa de fazer estragos. Com efeito, havia um pouco de verdade na argumentação dos médicos durante as décadas em que recomendaram aos pais a institucionalização dos filhos. Não era uma solução para a criança, mas resolvia de pronto grande parte do problema dos pais, que era real e agudo. Para algumas famílias, 24 horas por dia às voltas com o autismo grave, de maneira ininterrupta, é um desafio que vai além daquilo que o amor é capaz.

De manhã cedo, toda a família Lapin foi ao Hospital Estadual de Camarillo, a uma hora de distância a oeste do Vale, a fim de se informar sobre um espaço para Shawn na enfermaria infantil. Connie sentiu-se entorpecida quando o carro entrou no terreno, seguindo o mesmo caminho pelo qual Alec Gibson passara com Dougie alguns anos antes. Ela nunca se julgara uma mãe capaz de internar o filho. Sabia que Harvey sentia a mesma coisa. Shawn, no banco traseiro, não entendia onde eles estavam, mas Brad, de oito anos, ao seu lado, ficou assustado. Compreendeu que, de algum modo, aquela viagem significava que seu irmãozinho estava indo embora de casa.

Mas Harvey e Connie tiveram uma agradável surpresa ao sair do carro. Não esperavam que o campus do Camarillo fosse tão bonito nem que Norbert Rieger, o chefe da seção de psiquiatria infantil, os recebesse de modo tão afetuoso. O próprio Rieger lhes mostrou o lugar, com um passeio e uma conversa que duraram a manhã inteira. Mostrou-lhes salas de aula alegremente decoradas e chalés residenciais de aspecto asseado e ordenado. Para Harvey, foi ao mesmo tempo tranquilizador e desorientador não dar com o asilo "cova da serpente" que imaginara. Percorrendo os corredores que se cruzavam, subindo as escadas que os conectavam, ele sentiu não tanto remorso ou tristeza, mas pura confusão — como se estivesse em um labirinto. Se o lugar fosse horrível, tudo seria muito simples: bastava ir embora.

Rieger mostrou o chalé em que Shaw ia morar. Era reservado para crianças com autismo. Os pesquisadores da vizinha UCLA e de outros lugares eram atraídos por Camarillo em virtude de sua população de crianças que podiam ser usadas como objeto de estudo. Em consequência, o hospital ganhou reputação por aplicar um programa de autismo melhor que o de qualquer congênere do país, e boa parte da literatura acadêmica publicada sobre a matéria no fim da década de 1960 e no início da de 1970 mencionava Camarillo como um importantíssimo centro de pesquisa. Os Lapin entenderam que aquilo não era necessariamente grande coisa, já que não havia muita concorrência na área. Contudo, Rieger revelou-se a figura de autoridade talvez mais empática que os dois haviam encontrado até então e mostrou preocupação e respeito genuínos. Aquele *era*, quem sabe, o lugar certo para Shawn.

Shawn se portou mal durante toda a visita. Gritava, tentava fugir e agarrava qualquer coisa que entrasse em seu campo visual. Connie, dessa vez, não se sentiu pressionada a fazer com que ele se comportasse. Parte do objetivo da visita era permitir a Rieger avaliar a deficiência do menino.

Harvey e Connie não se deram conta na ocasião, mas Rieger havia chegado à conclusão de que a institucionalização predispunha as crianças ao fracasso. "Todas as crianças que vêm a nós em um hospital estadual têm uma coisa em comum: a dificuldade de se relacionar com outras pessoas",[4] disse ele a um jornalista em 1971. "Isso elas não aprendem em nenhum hospital estadual." Pelo contrário, muitas entravam no Camarillo para nunca mais voltar para casa. Quando os pacientes cresciam e já não podiam continuar no programa infantil, como o que ele dirigia, simplesmente eram transferidos para enfermarias de adultos, onde as histórias de maus-tratos e abandono continuavam a emergir. Ele não via o menor sentido em internar um menino como Shawn em uma instituição como o Camarillo.

No fim da visita dos Lapin, de volta ao escritório, Rieger assumiu o controle da conversa.

"Vocês deram uma olhada", disse. "Viram tudo aqui."

Os dois fizeram que sim e aguardaram. Rieger se calou e olhou para um e para o outro.

"Harvey, Connie", disse enfim em voz baixa, "voltem para casa e entendam. Este é o último lugar em que querem deixar o seu filho. Levem-no para casa."

Pai e mãe se entreolharam, chocados e confusos. Rieger havia passado meio dia observando Shawn. Devia ter visto o quanto seus sintomas eram graves. Na verdade, ele não prestara atenção só em Shawn. Também havia observado Connie e Harvey e como eles lidavam com o garoto. Ouvira a história das guerras de Connie no trato com o distrito escolar e avaliara a personalidade extraordinariamente encantadora de Harvey. Talvez graças a uma boa intuição e com base no que tinha acabado de ver e ouvir, repetiu a frase que continuava intrigando os dois.

"Vocês vão entender."

Ao sair de Camarillo, Harvey teve uma arrebatadora sensação de alívio. A opção pela qual nenhum dos dois queria de fato se decidir — internar Shawn — estava fora de cogitação. Ao mesmo tempo, ele sentiu que Rieger lhe havia dado uma missão: encontrar uma solução melhor para Shawn ou criar uma caso não a encontrasse. Connie o havia compreendido do mesmo modo.

Aquele dia mudou de uma vez por todas a perspectiva de ambos os pais. Dali por diante, eles se recusaram a se sentir indefesos diante do autismo do filho. Pelo contrário, no espaço de dois ou três anos, emergiriam como dois dos pais do autismo mais ativos, firmes e persistentes de sua geração. Trabalhavam, em primeiro lugar, para o bem de Shawn, mas sempre com o propósito adicional de melhorar as chances de todas as pessoas com autismo. Ainda que isso parecesse altruísmo, havia uma lógica pragmática clara em sua posição: fosse qual fosse o projeto ou programa que eles lançassem ou para o qual contribuíssem, se conseguissem fazer com que durasse para todos, significava que também duraria para Shawn.

Harvey logo entrou em contato com a seção de Los Angeles da SNCA, manifestou interesse em fazer trabalho voluntário e, um ano depois, assumiu a presidência da seção de Los Angeles. Passados dois anos mais, tornou-se chefe de publicidade da organização nacional. Três anos depois disso, foi eleito presidente nacional — função outrora exercida por Ruth Sullivan.

Harvey seria perspicaz ao mudar o escritório nacional da organização de Albany, Nova York, para Washington, com um escritório alugado na Massachusetts Avenue, a uma breve corrida de táxi dos corredores do Congresso. Ele achava essencial ter acesso ao poder, e o endereço certo para isso tinha de ser próximo de onde o poder político realmente morava. Também acreditava no poder dos astros e das estrelas e, como não tinha a menor inibição para pedir favores, pressionava até os seus clientes que porventura conhecessem alguém em condições de ajudá-lo a entrar em contato com os grandes nomes de Hollywood. Uma vez apresentado aos famosos, não dava trégua enquanto não obtivesse um compromisso de auxílio à causa.

No período em que foi diretor de publicidade da SNCA, Harvey conseguiu organizar os primeiros teletons e caminhadas do autismo na metade da década de 1970, com a participação de astros e estrelas do cinema como Paul Newman e Joanne Woodward, cantores como Johnny Cash e Frankie Avalon, e atores de TV como Joe Campanella. Um dia, em 1973, ele apareceu em uma agência de correio de Northridge, Califórnia, com oitocentos envelopes grandes endereçados a estações de rádio e televisão e a jornais de todo o país. Cada um continha um press release a respeito do autismo e de uma conferência nacional iminente, um anúncio gravado pelo lendário ator Lloyd Nolan e um pôster com uma fotografia da presidente honorária da SNCA naquele ano, Jean Peters — atriz e ex-mulher do bilionário Howad Hughes. Ela aparecia sentada com uma criança no colo — um menino de tênis e suéter de gola rulê. O menino era Shawn Lapin.

Uma vez mais, a visibilidade de Shawn foi calculada. Durante muito tempo, a realidade do autismo ficara escondida pela vergonha dos pais, sendo a institucionalização a resposta preferida. Agora os principais ativistas viam como aquele reflexo era contraproducente. Em 1972, o então presidente da SNCA, Clarence Griffith, implorou aos pais: "Deixem seus filhos ser fotografados". A ativista Clara Park, que escreveu sobre sua filha em *The Siege* [O sítio], fez um apelo semelhante em uma carta aos pais. "O público só pode se importar com os nossos filhos se souber que eles existem", escreveu. "Esconder o rosto deles não ajuda." Durante a sessão fotográfica com Jean Peters, Shawn urinou no colo dela. Os Lapin, embora constrangidos, também se divertiram e ficaram impressionados com a atitude inabalável e complacente da atriz. Não havia sinal do contratempo na foto final. No colo da sorridente Peters, Shawn estava bonito e atraente. E era isso que importava.

O compromisso com o trabalho pelo futuro de Shawn ajudou Harvey e Connie a se desembaraçar das camadas de tristeza que sentiam por causa dele, permitindo-lhes aproveitar mais os momentos estranhos e inesperados que fazem parte da parentalidade em uma família do autismo. Eles conseguiam rir com mais facilidade, erguer a vista diante das esquisitices de Shawn e, às vezes, realmente divertir-se com elas. Harvey começou a desenvolver um repertório de "histórias reais inacreditáveis" de aventuras com Shawn, as quais podia contar a qualquer momento.

"Olhe, esta é boa", dizia com um sorriso nos olhos. "Duas vezes", anunciava mostrando dois dedos, "em dois anos", ele caíra na malha fina da receita federal americana. Nas duas ocasiões, o fisco havia desconfiado da quantidade de despesas médicas declaradas, que pareciam excessivas. "Claro, eu gasto muito com médicos", protestara Harvey. *"Tenho um filho com autismo."* Nas duas vezes, depois de conversar com um auditor enviado pelo escritório local do Ministério da Fazenda e de lhe apresentar, meticulosamente, toda a papelada comprovante — coisa que levou horas —, ele tinha passado na auditoria e conseguira fazer as deduções.

Então recebeu mais uma notificação da receita: *"Três anos seguidos!"*. Harvey enrugou a testa com incredulidade, e a seguir o sorriso voltou a aparecer.

No dia da auditoria, "por acaso", ele levou Shawn consigo ao encontro. "Espero que o senhor não se incomode", disse ao agente do fisco, que já estava abrindo a pasta na mesa e tirando formulários e documentos do pesado maço de papéis dentro dela.

"Ele vai se sentar aqui ao lado e ficar quietinho, não vai, Shawn?" Nesse momento, o menino estava mesmo quieto; Harvey o levou a uma cadeira na outra extremidade da mesa, onde ele, de maneira surpreendente, cooperou e se sentou. O funcionário do fisco balançou a cabeça, sorriu e voltou a se ocupar da pasta.

Harvey puxou uma cadeira para que pudessem começar, fez menção de se sentar, mas parou, voltou a endireitar o corpo e deu um tapa na própria testa.

"Puxa vida", disse, "esqueci no carro lá embaixo uns papéis de que vamos precisar. O senhor pode ficar de olho em Shawn um minuto?"

"Claro", respondeu o homem, olhando rápido para o garoto, que continuava tranquilo em seu lugar, ao que tudo indicava perdido em pensamentos. "Sem problema, é um prazer."

"Ótimo, obrigado", disse Harvey. "Volto já." E saiu, fechou a porta com delicadeza e se encostou na parede. Com um ouvido atento à sala de que tinha acabado de sair, acendeu um cigarro e ficou escutando.

Nos primeiros segundos, só ouviu o ruído do trânsito na rua e o dos papéis do outro lado da porta.

Então, uma voz.

"Mas o que você está fazendo?" O tom de voz foi amigável, mas um pouco forçado e levemente reprovador.

"Não, menino, esses são os meus…"

No corredor, Harvey soltou uma baforada e ficou observando a fumaça flutuar em espirais diante de seus olhos.

"Eu já disse que esses são os meus…"

Pelo cálculo de Harvey, havia transcorrido menos de um minuto.

"Mocinho, você não me ouviu?"

Harvey estava gostando do cigarro. Não tinha por que se apressar.

"Pare! Cadê o seu pai?! Pare!"

Os ruídos seguintes foram, claramente, de papel sendo jogado e de mobília caindo no chão.

"Dá isso aqui! Dá aqui!"

Tudo bem, chega, Harvey decidiu e apagou o cigarro.

"Oh, meu Deus! O que *aconteceu* aqui?" Harvey abrira a porta do escritório e viu o homem da receita segurando o pulso de Shawn, tentando lhe arrancar da mão um maço de formulários do governo. Havia papéis espalhados na mesa e no chão, duas cadeiras estavam tombadas. Então se ouviu um som novo: Shawn havia começado a gritar.

"Basta dizer", Harvey sempre resumiria, "que, de repente, o cara ficou com muita pressa de nos ver pelas costas." Objetivo atingido. Ele tinha de fato um filho cujo distúrbio justificava todas aquelas contas médicas. Essa terceira auditoria durou menos de uma hora. Também foi a última que ele enfrentou por causa das despesas médicas de Shawn.

Harvey usava suas histórias, que ele próprio achava muito divertidas, para entreter, encantar e angariar apoio à causa. O episódio do imposto de renda era um veículo perfeito para explicar a gravidade da deficiência de Shawn e os problemas que sua família enfrentava por causa dela, mas, de certo modo, convidava o ouvinte a rir como uma pessoa bem inteirada do problema ou uma aliada. E encontrar e manter aliados era uma parte importantíssima da estratégia. Harvey e Connie sempre trabalhavam na conexão seguinte a ser feita, na influência seguinte a exercer, de olho em qualquer um que pudesse ajudar Shawn — e, por extensão, todas as crianças com autismo.

Muita gente que fazia coisas importantes no ativismo e na compreensão do autismo nos anos 1970 — Bernie Rimland, o psicólogo da UCLA Edward Ritvo, Anne Donnellan, da Universidade de Wisconsin, o documentarista Mike Gavin, o ativista dos direitos dos deficientes dr. Bill Bronsten e muitos outros — podia dar testemunho das longas noitadas regadas a vinho, com boa comida e histórias animadas à mesa de jantar dos Lapin em Northridge, porque eles ficaram amigos. E, fora daquele círculo íntimo, também era verdade que todos os outros que "interessavam" — fosse na ciência, na educação, no direito ou no ativismo da deficiência em geral — podiam ter certeza de que, com o tempo, teriam notícia de Connie e Harvey. Eles ficavam conhecendo todo mundo e todo mundo os ficava conhecendo.

Portanto, é natural que logo tivessem estabelecido uma relação com Tom Gilhool, o qual ficou tão amigo do casal que, certa vez, quando viajou a Los Angeles com os dois filhos para passar férias na Califórnia e descobriu que o hotel não havia registrado sua reserva, os três acabaram hospedados na casa dos Lapin. Connie e Harvey, por sua vez, esperavam que o amigo advogado os orientasse na batalha agora considerada inevitável.

Tratava-se de uma batalha que eles tinham em comum com outros pais do autismo e um resultado inesperado do crescimento da campanha pela desinstitucionalização. Esse era o dilema que enfrentavam: enquanto o ataque às instituições ia forçando lentamente os distritos escolares a admitirem uma obrigação mais ampla de educar crianças com deficiências, nenhum distrito escolar considerava que essa obrigação abrangia todas aquelas crianças. Os distritos podiam continuar, e continuavam, excluindo as consideradas demasiado difíceis para seus programas. Em outras palavras, as que tinham autismo, embora fosse menos provável que as internassem em instituições, continuavam sem o direito de ir à escola.

Shawn Lapin fez quatro anos em 1972, e, embora tivesse começado a participar de um programa piloto de autismo pago pelo condado, seu prazo expiraria em menos de três anos, quando ele completasse sete. Se os Lapin não conseguissem abrir a porta para o autismo na Califórnia, Shawn seria excluído da escola mais uma vez.

E assim, com Gilhool oferecendo assessoria jurídica, os Lapin entraram na Justiça,[5] paralelamente a pais do autismo de outros lugares, que se levantaram para litigar e fazer lobby em tribunais e Assembleias Legislativas de todo o país. Todos reivindicavam a mesma coisa: mandados de educação que soletrassem explicitamente a palavra "autismo". O processo legal dos Lapin para que seu filho tivesse o direito de entrar na escola pública intitulava-se, naturalmente, *Shawn Lapin versus estado da Califórnia*.

Enquanto os Lapin preparavam seu caso para os tribunais, coisas encorajadoras começaram a acontecer nas salas de audiência de outro ramo do governo — as Assembleias Legislativas. O trabalho de lobby da SNCA e de suas seções locais em todo o país começava a dar frutos. Em toda parte, os legisladores passaram a prestar mais atenção na história do autismo e a aprovar leis de apoio à educação de crianças autistas. O boletim informativo da SNCA de junho de 1974[6] parecia uma celebração do poder parental. Sob a rubrica de Maryland: "As seções do estado de Maryland [...] lograram levar a cabo a aprovação e a promulgação de legislação que mantém serviços educacionais abrangentes". Sob a de Oklahoma: "O tempo gasto pela seção de Oklahoma [...] em negociação com as Escolas Públicas de Tulsa obteve o estabelecimento da primeira escola pública para crianças com autismo de Oklahoma em 27 de agosto de 1973". E prosseguia: quatro novos "programas autísticos" nas escolas de Toledo, sete novas salas de aula para crianças "autistas e aparentemente autistas" nas escolas do norte da Virgínia, duas novas salas para crianças autistas em Lubbock, Texas, escolas, e assim por diante.

O verão de 1974 deu a impressão de que a vez da Califórnia podia ser a seguinte. Naquele ano, os parlamentares de Sacramento se depararam com uma campanha empreendida por um grupo de mães do autismo já famosas pela firmeza com que se empenhavam em obter uma lei de educação de autistas nas duas casas.* Certa vez, na noite de uma votação procedimental decisiva, quando o seu lado parecia prestes a perder, elas se espalharam pelas ruas próximas da Assembleia Legislativa e tiraram parlamentares dos bares para que voltassem ao plenário antes da chamada.

Sua líder, Kimberly Gund, era, como as outras mães, uma presença constante nos gabinetes dos legisladores, mas também frequentava ativamente seu eleitorado, percorrendo todo o estado e dando palestras em almoços de clubes femininos, em grupos de igreja e em reuniões do Rotary Club que a recebessem. Viajava com um projetor de slides e equipamento de som para apresentações sobre o autismo que destacavam sua própria filha, Sherry — e uma narração gravada do locutor de estádio do time de futebol americano San Franciso 49ers, que era amigo de um amigo. Isso por certo chamava a atenção das pessoas, assim como Gund e as outras mães. No fim do verão de 1974, o seu projeto de lei tinha sido aprovado nas duas casas do parlamento californiano.[7]

Só faltava a sanção do governador. No dia em que o projeto de lei chegasse a sua mesa, começaria a contagem regressiva. O governador tinha doze dias para agir — vetar o projeto, sancioná-lo ou não fazer nada, coisa que o tornava lei automaticamente. Passaram-se vários dias sem que ele indicasse sua intenção. Isso começou a preocupar Gund e toda a comunidade do autismo. Em 1974, Ronald Reagan estava prestes a terminar seu segundo e último mandato de governador. Candidatara-se ao cargo decidido a reduzir as despesas do estado e havia deixado claro que, para ele, um dos setores suspeitos de extravagância orçamentária era o da educação. Um péssimo sinal para um projeto de lei de educação do autismo,

---

* Nos Estados Unidos, o Poder Legislativo é bicameral também no âmbito estadual, havendo, na maioria dos estados, uma câmara alta (Senado) e uma câmara baixa (Assembleia). (N. T.)

que custaria ao estado mais de 3 mil dólares *por* ano e *por* criança com autismo matriculada na escola.

Gund, ela própria republicana, apresentava o projeto de lei como um fator de redução de despesas, explicando que uma criança que, quando ainda pequena, obtivesse mais independência através da educação exigiria menos apoio do estado ao longo da vida. Mas ela havia passado tantos meses concentrada no Poder Legislativo que não forjara nenhum tipo de relação com o governador. E agora não tinha como influenciá-lo. Se Reagan estivesse pensando em vetar o projeto, a comunidade do autismo precisava achar um meio de fazê-lo mudar de ideia e assinar.

Então Harvey Lapin encontrou esse meio.

Em Los Angeles, os Lapin não se envolveram tanto com o projeto de lei educacional quanto Gund em Sacramento. Mas, tal como ela, estavam preocupados com as intenções do governador. Harvey, um democrata de longa data e sem a menor simpatia por Reagan, temia o pior — um veto de última hora por parte de um governador em fim de mandato e de olho em coisas maiores. Cada dia de inação no tocante ao projeto fazia com que esse resultado parecesse mais provável.

E, assim, Harvey telefonou para um de seus amigos famosos e pediu um favor.

Lloyd Nolan foi um dos atores coadjuvantes mais bem-sucedidos da história de Hollywood. Ganhador do Emmy, era uma presença habitual nas telas em dezenas de filmes em que fazia papel de gângster, de soldado, de policial ou de médico. Em um período de dez anos, participou de 55 produções. Também era um bom amigo de Reagan desde que os dois trabalharam juntos em filmes para o Departamento da Guerra, durante a Segunda Guerra Mundial. Assim como Reagan, Nolan tinha inclinações políticas direitistas. Durante a primeira candidatura de Reagan à presidência da República, fez apresentações com o candidato para captar recursos.

O mais importante nesse caso era que Nolan tinha um filho, Jay, ao qual mal se referiu em público durante a maior parte da sua carreira. Jay havia sido institucionalizado em 1956, aos treze anos, com diagnóstico de autismo. Só viu a família vez ou outra nos treze anos seguintes, quando o visitavam na instituição particular situada na Filadélfia. Em 1969, faleceu, aos 26 anos. Asfixiou-se com a comida e não pôde ser ressuscitado. Sua morte também era coisa que Nolan não comentava em público na época.

Não obstante, quatro anos depois, em 1973, o enlutado passou por uma aparente mudança de opinião quando contou a história do filho a Ursula Vils, do *Los Angeles Times*.[8] Ele também prestou depoimento no Congresso para defender o reconhecimento do autismo como uma deficiência de desenvolvimento para efeito legislatório. Naquele mesmo ano, narrou um documentário televisivo sobre autismo intitulado *A Minority of One* [Uma minoria de um][9] e se envolveu com a SNCA. Tudo isso aconteceu porque Harvey o convenceu a fazê-lo. Quando um tio de Connie ouviu Nolan mencionar o filho durante uma palestra na sua escola, Harvey lhe pediu que conseguisse o número do telefone do astro do cinema. Com isso, a sorte foi lançada. Harvey e Connie transformaram Nolan em um bom amigo e em um ativista do autismo.

Por isso, em setembro de 1974, com o projeto de lei educacional ainda não sancionado, Harvey e Connie se convidaram a ir à casa do ator, para pedir-lhe que solicitasse ao seu amigo governador que o sancionasse. O que aconteceu naquele dia tornou-se um clássico no repertório de histórias de aventuras do autismo de Harvey Lapin.

Depois de conversarem um pouco, Harvey conduziu Nolan ao telefone no bar e, com um gesto, pediu-lhe que fizesse a ligação. O ator fez que sim. Pegou o fone, discou um número e, depois de alguns momentos, sob o olhar de Harvey e Connie, pediu a alguém na linha para "falar com o governador, por favor".

"Lloyd Nolan", acrescentou um instante depois.

Passou-se mais um minuto, então Nolan disse: "Olá, Ron".

Depois de uma troca de amabilidades, ele foi diretamente ao assunto: "Sei que você sabe que eu tinha um filho com autismo, que faleceu".

Harvey e Connie não conseguiam ouvir o que Reagan estava dizendo, mas, o que quer que fosse, Nolan ficou escutando por algum tempo.

Enfim, Nolan voltou a falar.

"Eu nunca pedi nada a ninguém", disse ao velho amigo. "Mas você está com um projeto de lei educacional na sua mesa. Educação para crianças que têm o que o meu filho tinha."

Uma pausa.

"Eu ficaria muito agradecido se você o sancionasse."

Como Harvey gostava de dizer depois: "E foi isso. Ele pediu. Desligou. Nós esperamos".

No dia 30 de setembro de 1974, o último em que podia agir, Reagan sancionou a lei. Uma fotografia tirada na ocasião mostra-o à sua mesa. Por cima de seu ombro, ao lado de alguns parlamentares, acha-se o bom amigo Lloyd Nolan. Bernard Rimland também estava presente, na companhia de Kimberly Gund. Harvey passou aquele dia atendendo no consultório. Connie, como de costume, estava em casa, cuidando dos três filhos.

Pouco depois da ratificação, os Lapin retiraram o processo. A nova lei recém-sancionada por Reagan e elaborada por pressão dos pais assegurava que, na Califórnia, Shawn e outras crianças como ele afinal ingressassem no ensino público.

Em uma tardinha de setembro de 1975, no fim do primeiro dia de Shawn na escola pública conforme a lei, Connie saiu ao jardim para aguardar o ônibus escolar. Mas o menino que desceu os degraus do veículo, segurando a mão de um auxiliar adulto, era desconhecido para ela.

"Esse não é o meu filho", disse Connie ao auxiliar, olhando pelas janelas do ônibus em busca do rosto de Shawn.

"Sim, este é Shawn", sorriu o auxiliar, oferecendo a Connie a mão do garoto.

"Não, não é Shawn", insistiu Connie, olhando fixamente para o auxiliar.

"Claro que é", gritou uma voz dentro do ônibus. Era o motorista. Estava consultando uma prancheta.

"É mesmo?", gritou Connie. "Eu conheço o meu filho. Esse *não* é ele!"

"Não mesmo?", perguntou o auxiliar.

"Não mesmo!"

Concluiu-se logo que, em uma das paradas anteriores, haviam entregado Shawn a outra família — que, inexplicavelmente, o aceitou —, ao passo que o menino que morava naquela casa tinha sido entregue a Connie.

Quando o ônibus retornou às pressas à parada anterior, Connie telefonou para Harvey e contou o que estava acontecendo.

"O motorista teimava que o menino que havia descido do ônibus era Shawn", disse ela ao marido, começando a rir. "No fim eu disse aos dois: 'Tudo bem, querem saber? Ótimo. Eu fico com esse menino — mas, em algum lugar, uma família vai passar uma noite muito ruim'."

Harvey achou graça.

"O.k.", disse. "Mas eu quero saber uma coisa, esse outro menino sabia falar, não?"

"Sabia, falava e também era muito bonito", respondeu Connie.

"Ótimo", disse Harvey. "Vamos ficar com *ele*."

No dia seguinte, as coisas foram mais tranquilas. De manhã, Shawn foi à escola pública pela segunda vez. O menino cujas fotografias foram publicadas na *Newsweek* não seria "mandado embora". Porque o mundo havia mudado — a fim de abrir espaço para ele — a tempo.

17. Ver o mar pela primeira vez

Archie Casto tinha sessenta anos quando Shawn Lapin entrou na escola pública. E continuava internado no Hospital Estadual Spencer, no condado de Roane, Virgínia Ocidental. Passaria mais catorze anos lá. Então, em um dia de 1988, enfim saiu de lá.

A população das instituições americanas começou a declinar na década de 1970, mas não porque um grande número de residentes mais antigos tivesse saído. A causa foi a diminuição considerável do fluxo de crianças e jovens internados. Em 1965, as pessoas com menos de vinte anos constituíam 48,9% da população institucionalizada dos Estados Unidos — foi o pico desse grupo etário.[1] Em 1977, o número caíra para 35,8% e, em 1987, havia se reduzido a 12,7%.

Em grande medida, essa tendência resultou das leis que deram às crianças outro lugar em que passar o dia, a saber, a escola. A lei federal de 1975, Educação para Todas as Crianças Deficientes, depois renomeada Lei da Educação para Indivíduos com Deficiências, impôs uma nova obrigação a todas as escolas públicas financiadas por verbas federais. Se quisessem continuar recebendo o dinheiro, tinham de prover acesso igual à educação a todas as crianças com deficiências físicas ou mentais. Havia uma lista dessas deficiências. A partir de 1990, o autismo passou a constar nela.

Em 1972, Tom Gilhool aceitou dar aula durante três anos na faculdade de direito da Universidade do Sul da Califórnia. Nesse período, começou a trabalhar em outro processo decisivo: *Halderman versus Escola Estadual Pennhurst*. Dessa vez, a questão essencial foi o registro de maus-tratos e negligência da instituição. O caso levou o estado da Pensilvânia a concordar, em 1977, em oferecer serviços aos deficientes mentais em ambientes comunitários, próximos do lugar em que moravam, e não em enormes complexos no interior. Foi o começo do fim da Pennhurst. A instituição viu sua população implodir com a cessação virtual da admissão de crianças e adolescentes.

Para os residentes mais velhos, porém, inclusive os "perpétuos" como Archie Casto, a desinstitucionalização se arrastaria com idas e vindas, de modo irregular e contra certa resistência em todo o país. Parte do problema era a falta de arranjos alternativos melhores para os adultos. "Melhor" estava sendo redefinido, em geral significando pequenos "lares comunitários" em bairros reais em que os residentes fossem "clientes". Em tais lugares, idealmente, eles podiam levar uma vida muito mais "normal". Para tanto, o tamanho era decisivo. Os lares comunitários precisavam se reduzir a proporções humanas.

Em termos nacionais, seriam necessários milhares desses estabelecimentos, mas existiam poucos na década de 1970. Essa falta de outro lugar a que os residentes pudessem ir, que levou praticamente um quarto de século para ser resolvida, foi o principal motivo pelo qual as grandes instituições, ainda que feridas de morte, demoraram tanto a desaparecer. Muitos residentes morreram de velhice esperando ir embora; outros apenas envelheceram amargando mais anos em um sistema cujo fim agora estava à vista.

Ruth Sullivan, que ajudara a criar a SNCA quando morava no norte do estado de Nova York, mudou-se em 1969 para Huntington, Virgínia Ocidental, onde seu marido passou a dar aula na Universidade Marshall. No fim de 1979, ela inaugurou, em casa, um serviço em tempo integral de informação e referência sobre o autismo,[2] atendendo famílias de todo o país por telefone, correio e agora com um aparelho de fax. Ruth conversava cada vez mais com pais cujos filhos estavam chegando à idade adulta — como o dela, Joe, que agora tinha vinte e poucos anos e ainda vivia sob o mesmo teto que os pais. Assim como ela, os pais desses adultos haviam olhado, recentemente, para além da questão escolar, para o dia em que seus filhos, muito velhos para a escola, pudessem morar em um endereço diferente.

Ruth decidiu construir uma solução que protegesse o seu filho. Com mais de cinquenta anos, ao mesmo tempo que começava a fazer doutorado em psicologia, fala e educação especial, ela se dedicou a criar os primeiros lares comunitários para adultos com autismo do estado da Virgínia Ocidental. Viajando várias vezes por semana para assistir às aulas na Universidade de Ohio, fundou uma organização nova — o Centro de Serviços para o Autismo (CSA) — para negociar a compra de imóveis e oferecer apoio a adultos, sendo ela mesma a diretora executiva. A organização pôs seu primeiro lar em funcionamento em 1979. Alguns anos depois, Joe se mudou para uma das residências do CSA.

Um dia em 1988, uma mulher de oitenta e tantos anos procurou Ruth com um pedido incomum. Explicou que, pouco tempo antes, folheando uma revista popular, tinha encontrado um artigo sobre autismo escrito por Ruth. Disse que sua descrição das características autísticas lembrou as do seu irmão. Embora este jamais tivesse sido diagnosticado autista, a mulher começara a pensar nessa possibilidade. Perguntou se ela se disporia a conhecê-lo para confirmar sua suposição. Mas Ruth teria de viajar ao condado de Roane para fazer a visita no Hospital Estadual Spencer, onde o homem morava desde a década de 1950.

Harriet Casto, já de meia-idade, afinal havia retomado o contato com o irmão caçula Archie — pois aprendera a dirigir. Embora não gostasse de ficar ao volante, havia se obrigado a tirar carteira de motorista para poder visitá-lo na instituição distante. Só aos cinquenta e poucos anos foi que enfim se rebelou contra a vergonha e o constrangimento que a perseguiram durante tanto tempo e dos quais agora se arrependia. Queria compensar aqueles anos tentando construir um novo relacionamento com o irmão idoso.

No entanto, não foi fácil quando Harriet aprendeu o caminho e começou a visitá-lo com regularidade. Às vezes, era-lhe penoso vê-lo entregue ao confinamento no Hospital Spencer. E o fato de Archie não falar dificultava ainda mais as coisas. Harriet queria acreditar que suas visitas eram importantes para o irmão, mas, no final de cada uma, quando ela se inclinava para se despedir com um abraço e aproximava o rosto do dele, Archie permanecia glacial, aquele olhar duro parecia indiferente ao afeto da irmã.

Mas Harriet persistiu, visitando-o mês após mês e ano após ano. E, muito devagar, Archie começou a prestar atenção na sua presença. Um dia, um enfermeiro lhe contou que, quando as visitas terminavam e ela saía do prédio, ele corria à janela para vê-la entrar no carro e partir. Ouvir isso a fez chorar.[3]

Nas visitas subsequentes, Harriet começou a acreditar que, mesmo sem dizer palavra, Archie estava começando a entender que os dois se pertenciam. Ela foi autorizada a levá-lo a passear de carro na área rural circundante. Mais tarde, os passeios se tornaram mais longos para que lhe fosse possível levá-lo para jantar em casa e depois de volta ao Spencer antes da hora de dormir. Durante essas últimas visitas, Harriet já havia começado a duvidar da antiga avaliação da suposta inteligência muito abaixo do normal de Archie.

Por exemplo, quando os dois saíam para passear, Archie sempre distinguia o carro azul da irmã dos cinquenta outros eventualmente estacionados no pátio da instituição. Nas primeiras vezes em que saíram juntos, Harriet precisou lhe ensinar a pôr o cinto de segurança, mas, em pouco tempo, ele passou a fazê-lo automaticamente. Certa vez, quando chegaram à casa dela, Harriet lhe pediu que descarregasse os tomateiros que ela havia comprado naquele dia e os deixasse na garagem enquanto ela entrava na casa para cuidar de outra coisa. Súbito lhe ocorreu que Archie provavelmente não tinha a menor ideia do que significava a palavra "garagem", e ela se apressou a ir para fora. Mas viu que ele havia tirado todas as plantas do automóvel e as dispusera em fileiras uniformes no piso de cimento. Em outra ocasião Harriet o viu sair espontaneamente ao jardim, recolher a sujeira espalhada no chão e jogá-la no lixo. Era óbvio que havia mais inteligência por trás do seu silêncio imperturbável do que sempre lhe creditaram.

Archie continuava frio como gelo quando ela o abraçava. Detestava que o tocassem. Entretanto, como irmão e irmã, os dois construíam sua versão única de amizade. Durante um brevíssimo instante, quando ele a avistava no início de suas visitas, Harriet podia ver sua expressão morta dar lugar a um sorriso momentâneo, que não durava muito, desaparecia em um piscar de olhos, mas era suficiente para Harriet.

No dia em que foi com Harriet ao Hospital Spencer, Ruth Sullivan viu quase em instantes que ela estava coberta de razão. O autismo de Archie era indiscutível. Ruth teve certeza disso, e sua opinião pesava. Havendo concluído o doutorado e incorporado o título de *doutora* ao seu nome, adquirira tal estatura que as autoridades do Hospital Estadual Spencer não questionaram seu veredicto sobre o diagnóstico de Archie.

Mas a reação foi diferente quando Ruth e Harriet tentaram transferir Archie do Spencer para um dos lares comunitários que a organização de Ruth estava prestes a inaugurar. O superintendente do hospital estadual protestou, alegando que, justamente por ter passado a vida inteira no bojo do sistema do Spencer, Archie ficaria perdido em qualquer outro lugar. Sair de lá seria devastador para ele. Seria a morte.

Acontece que não foi bem assim. Aos 74 anos, graças à persistência da irmã e à reputação de Ruth Sullivan, Archie foi autorizado a se mudar para uma casa em Huntington, Virgínia Ocidental, na qual, em vez de dividir um endereço com 3 mil pessoas, passou a morar com cinco. Pela primeira vez desde 1919, teve um quarto só seu. Em vez de morrer, como previam, pôde voltar à infância que lhe havia sido arrebatada no início do século. Um ursinho de pelúcia foi o seu primeiro brinquedo em setenta anos. Ele o abraçava constantemente. Também aprendeu a andar de velocípede. Pulava na cama com tanta paixão que os atendentes trataram logo de desestimulá-lo, pois receavam que batesse a cabeça no teto e se machucasse. Afinal, tinha mais de setenta anos. Mas não foram muito bem-sucedidos.

Nos anos subsequentes, Archie continuou progredindo na comunidade oferecida pelo CSA. Já idoso, aprendeu a se vestir, a tomar banho e a manter seu quarto em ordem — habilidades que lhe faltavam quando saiu do Hospital Spencer. Começou a pintar e a colorir. Certa vez, um funcionário da manutenção lhe ensinou a pregar pregos em tábuas, e essa veio a ser uma de suas atividades preferidas. Em 1995, foi levado, como todos os da casa, a Outer Banks, no litoral da Carolina do Norte. Aos 81 anos, viu o mar pela primeira vez.

E Archie por fim aprendeu a aceitar o contato físico da irmã. Visitante frequente no novo lar, Harriet viu aquele homem de rosto duro se transformar em outro que sorria o tempo todo. Também viu que, às vezes, Archie se aproximava do rosto dos que lá trabalhavam, fascinado com seus dentes, que ele naturalmente não tinha. Batia o dedo em seus incisivos, depois esfregava a palma das mãos na bochecha deles. Um dia, quando Harriet se curvou para se despedir, ele fez a mesma coisa. Ergueu a mão e lhe tocou a bochecha. Ela o imitou. A partir de então, esse passou a ser seu modo de se despedirem.

Harriet morreu em 1993, algumas semanas depois de completar noventa anos. Por coincidência, esse foi o ano em que a instituição na qual seu irmão havia passado a metade da vida, o Hospital Estadual Spencer, viu seus últimos internos partirem. Depois disso, tudo que havia no lugar foi leiloado, inclusive os móveis, utensílios de cozinha, árvores dos jardins e raios X de pacientes. O prédio, usado durante algum tempo por uma empresa de borracha, foi demolido alguns anos depois. Desde 2000, o terreno é ocupado por um hipermercado Walmart.[4]

Archie continuou morando no lar comunitário até falecer, aos 83 anos, em 1997. Na época, alguém o designou como a pessoa mais velha com autismo. Mais de cem pessoas foram ao enterro, e a casa em que morou recebeu seu nome: Casa Casto.

Resgatado já quase no fim, Archie conseguiu ter uma vida excelente durante nove anos, e deixou sua marca na casa que ainda leva o seu nome, com rachaduras no teto acima de sua antiga cama.

PARTE IV

COMPORTAMENTO, ANALISADO

(DÉCADAS DE 1950-90)

18. O behaviorista

Antes de cair em desgraça junto às autoridades — quando ninguém o chamava de "ácido", quando ainda não era crime possuí-lo e a época breve e louca em que ele foi chique ainda estava por vir —, o LSD de fato gozava de muita respeitabilidade.

A dietilamida do ácido lisérgico, que derivava de um fungo, foi desenvolvida pela primeira vez em 1938, mas suas propriedades alucinógenas permaneceram desconhecidas até 1943, quando um químico suíço chamado Albert Hoffman teve uma viagem com ela acidentalmente.[1] Cinco anos antes, Hoffman desenvolvera o composto conhecido como LSD-25 como um possível estimulante respiratório para a empresa farmacêutica Sandoz. Nos anos seguintes, ocupou-se de outros projetos, mas, no dia 16 de abril de 1943, sintetizou-o de novo para examiná-lo mais uma vez. Súbito, começou a se sentir estranhamente inquieto e tonto. Agitado, foi para casa, deitou-se e fechou os olhos, pois, de repente, a luz do dia lhe pareceu forte a ponto de irritá-lo. Nas duas horas subsequentes, ficou deslumbrado com visões de formas e cores extraordinárias a bailarem diante de seus olhos cobertos — um imponente espetáculo imaginário que em tudo parecia real. E então acabou.

Naquela noite, refletindo sobre o acontecido, Hoffman conjecturou que, de algum modo, havia ingerido o composto em que estava trabalhando, talvez pela pele da ponta dos dedos, e isso causara a reação. Três dias depois, ingeriu mais 250 miligramas de LSD-25 para testar sua teoria — dessa vez, engoliu a substância. A seguir, foi andar de bicicleta. A era da experimentação com o LSD tinha começado.

Nos quinze anos seguintes, não foram pessoas comuns as que provaram a droga. Foram cientistas. "Um instrumento favorito da pesquisa psiquiátrica", disse a revista *Time* acerca do LSD em 1955. Ao todo, uns 10 mil artigos de pesquisa sobre o ácido lisérgico seriam produzidos até o início da década de 1960, a maioria estudando seus efeitos nos seres humanos — que "tomavam ácido" em condições laboratoriais e cujas reações eram monitoradas. Os pesquisadores ficaram encantados com a semelhança de alguns efeitos do LSD — mais obviamente as alucinações — com sintomas importantes da doença mental. Entusiasmaram-se com a possibilidade de usar o ácido para estudar o impacto da química do cérebro sobre o estado de ânimo, a cognição e a saúde mental em geral.

Foi nesse espírito que, em 1959, um psiquiatra de Nova York misturou um pouco de LSD com o leite achocolatado de um menino de oito anos com autismo que não falava, na esperança de fazê-lo falar.[2] Inspirado por avanços recentes relatados entre adultos, o dr. Alfred Freedman havia procurado a League School, no Brooklyn — uma pioneira na educação do autismo —, e obteve a participação de doze alunos. Cinco falavam de maneira quase sempre incompreensível e sete não falavam.

Na época, o poder do LSD de quebrar o silêncio dos silenciosos já tinha sido bem documentado. Havia uma "mulher catatônica que emudecera durante alguns anos"[3] e, segundo um artigo, voltou a falar quando lhe deram a droga. Também havia um homem de sessenta anos, identificado como sr. G., que "reagiu com ruidosas gargalhadas, coisa absolutamente inusitada nele, já que nunca falou".[4] Nenhum desses adultos tinha autismo, mas o tão falado efeito de vocalização fez com que parecesse valer a pena experimentar o LSD em crianças com autismo.

E assim, a começar por Ralph, "magrinho e de ar delicado", as doze crianças tomaram ácido, cada qual em um dia diferente. A substância foi administrada em xícaras da bebida de que eles mais gostavam. Então Freedman e dois outros pesquisadores observaram, aguardaram e anotaram o que acontecia.

Ralph teve a reação clássica de uma pessoa em viagem de LSD. As pupilas se dilataram, a pele ruborizou-se e o menino começou a agir de modo estranho, pelo menos para ele. Observaram-no fazendo um breve contato visual com um dos adultos próximos, o que era inusual, mas depois ele começou a seguir com os olhos algo que ninguém mais na sala conseguia enxergar. Estava tendo alucinação. Mostrou-se muito mais animado que de costume, eufórico até, porém, depois de mais ou menos uma hora, seu estado de espírito ficou sombrio, e ele perdeu o interesse por tudo ao seu redor, até mesmo pelos objetos bem à sua frente. Passou muito tempo sentado e imóvel, apalpando várias vezes os lábios, como se acabasse de descobri-los. Decorridas quatro horas, sua lucidez começou a voltar; às cinco horas, ele se mostrou extremamente irritado até que lhe dessem outra xícara de leite achocolatado. Depois disso, "ficou balançando na cama, um tanto deprimido, mas relaxado",[5] enquanto os últimos vestígios do baratino evaporavam. A observação das demais crianças detectou uma vasta gama de reações, mas nenhuma delas começou a falar como num passe de mágica.

Quando o dr. Freedman e seus dois coautores publicaram as conclusões em 1962, foi um artigo de derrotado. Ele acreditava que a pesquisa tinha valor como a primeira descrição de crianças com autismo submetidas à experiência com o LSD. Mas, depois de encher dez páginas de texto, gráficos e tabelas, foi obrigado a confessar na última frase do último parágrafo: "A esperada mudança da mudez para a fala não ocorreu".[6] Para Freedman, a pesquisa do LSD tinha chegado ao fim, pelo menos como resposta para o autismo.

Outros, porém, estavam apenas começando. Uma importante psiquiatra de Nova York, a dra. Lauretta Bender, do Hospital Bellevue, convenceu-se de que a administração de uma dose diária de LSD era o procedimento a adotar. Em 1961, escolheu como cobaias catorze meninos e meninas com idade entre seis e quinze anos, a maioria com sintomas que hoje se encaixariam com facilidade na definição do autismo.[7] As crianças não eram voluntárias; estavam internadas no Hospital Estadual Creedmore, no bairro nova-iorquino do Queens, quando Bender começou a injetar nelas minúsculas quantidades de LSD — 25 miligramas por semana. Ela descrevia a si mesma e a sua equipe como "cautelosíssimas no uso da droga, chegando a obter o consentimento dos pais".[8]

Nos quatro anos seguintes, Bender acrescentou mais crianças ao estudo e aumentou a quantidade de LSD e a frequência das aplicações — chegando enfim à enorme dosagem de 150 miligramas administrada oralmente em meia dose duas vezes por dia. Algumas crianças passaram até 24 meses nesse regime. Isso rendeu à pesquisadora anos de oportunidades de publicação; ela chegou a ser a mais prolífica autora de artigos dentre os pesquisadores da mistura de LSD com autismo. Em 1969, tendo feito experimentos com nada menos que 89 crianças,⁹ havia produzido oito artigos-chave, muito mais que qualquer outro pesquisador empenhado em experimentos com crianças.

Tanto psiquiatras quanto psicólogos realizavam trabalho semelhante na UCLA e em todo o país, e dependiam de populações cativas de crianças confinadas em instituições.¹⁰ Alguns investigadores pareciam mais motivados pela curiosidade em relação ao LSD do que pelo interesse pelo autismo.

A ciência produzida por esses experimentos era tão turva e nebulosa quanto sua ética, uma vez que a maioria dos artigos não atendia nem mesmo aos requisitos básicos da validação procedimental. Quase não havia grupos de controle nem métricas objetivas, e os pesquisadores dependiam muito de suas observações subjetivas e tendenciosas. Em suma, queriam ver crianças mais felizes e era isso que procuravam. Assim, em 1967, tendo juntado os resultados da maior parte dos estudos, o dr. Harold Abramson, um pneumologista e grande entusiasta do ácido, declarou com toda a confiança no *The Journal of Asthma Research* que o LSD representava "uma nova esperança [...] sobretudo para crianças autistas e esquizofrênicas".¹¹

Mas, quando a década de 1960 chegou ao fim, o entusiasmo pelo LSD como tratamento do autismo estava se dissipando. Em primeiro lugar, era muito mais difícil obtê-lo. A fabricante suíça Sandoz encerrara a produção em 1965. E, em 1968, com a disseminação do uso recreativo, o governo americano proibiu o porte do LSD, a não ser em circunstâncias limitadas. O Instituto Nacional de Saúde Mental (INSM) manteve uma reserva para fins de pesquisa, mas o acesso a ela era um processo laborioso.

À parte isso, críticos mais rigorosos vinham examinando os estudos publicados na primeira metade da década e questionando as afirmações segundo as quais o LSD fizera algum bem a crianças com autismo.¹²

Nos anos 1960, os pesquisadores que lançavam mão de medidas extravagantes no esforço para ajudar as crianças com autismo citavam reiteradamente uma dura verdade. Tratava-se do simples fato de que não se havia descoberto nada que fizesse bem a elas. Essa desculpa foi usada para justificar os experimentos com LSD e voltou a ser usada por um psicólogo da UCLA chamado Ole Ivar Lovaas, que, em 1965, começou a empregar um agulhão de gado a bateria para dar choques elétricos em crianças. O resultado foi tão importante quanto controverso.¹³

Nascido na Noruega, Lovaas foi para os Estados Unidos em 1950 com uma bolsa de estudos de música no Luther College, de Iowa, antes de descobrir a psicologia, que o levou ao curso de graduação na Universidade de Washington.[14] No início da década de 1960, ele participou de uma equipe da UCLA que testou o LSD no tratamento do autismo e ficou decepcionado.[15]

Na época, fazia tempo que Lovaas se desiludira com as teorias freudianas que havia aprendido nos primeiros tempos da Universidade de Washington. Sua ruptura filosófica com essas teorias começou quando ele passou um período trabalhando no Hospital da Fundação Pinel, em Seattle. Era uma residência de vinte leitos a serviço sobretudo de famílias bem relacionadas, cujos pacientes, na maioria, eram diagnosticados com esquizofrenia e tratados com psicanálise. O principal papel de Lovaas no Pinel consistia em levar os internos a passear ao ar livre a fim de acalmá-los quando estavam agitados. Esses passeios lhe deram oportunidade de conhecê-los, e ele não tardou a chegar à conclusão de que a psicanálise, por mais bem-intencionada que fosse, não lhes fazia bem. Em um mesmo verão, dois pacientes se suicidaram, em dias diferentes, atirando-se de cabeça pela janela do andar superior. Como Lovaas diria à sua maneira franca em uma entrevista anos depois: "Eu os conhecia, e eles não eram loucos".

Lovaas se decepcionou com a ausência de dados ou testes que demonstrassem a eficácia do tratamento psicanalítico e se decepcionou mais ainda com seu fracasso total em ajudar pessoas com formas mais graves de doenças mentais. Passou a gravitar em direção a uma abordagem radicalmente diferente, que o levou a trabalhar com os experimentos com eletricidade — dando choques em crianças deficientes.

O primeiro conjunto daquilo que Lovaas denominou "estudos de punição" não empregou o agulhão de gado. Seus experimentos iniciais, realizados em 1964 no Instituto de Neuropsiquiatria da UCLA, envolveram um piso eletrificado.[16] Os sujeitos do estudo eram dois meninos, Mike e Marty,[17] gêmeos de cinco anos, ambos com autismo. Eles não falavam nem reagiam à fala, e de 70% a 80% de seu tempo de vigília envolvia comportamentos que Lovaas queria tentar deter: balançar o corpo, acariciar a si próprios ou agitar de maneira repetitiva as mãos ou os braços. Lovaas também queria tentar fazer com que eles viessem quando os chamassem pelo nome. Tinha intenção de produzir esses dois resultados mediante o uso calculado da dor.

Para tanto, colocou os meninos, um por vez, em um quarto com dois adultos, que ficavam em lados opostos da criança. Os adultos usavam sapato, mas o garoto ficava descalço, a sola dos pés exposta à rede de fitas metálicas presas no chão e ligadas a uma bateria. Quando se acionava um interruptor, uma corrente elétrica passava pelas fitas metálicas, dando choque em quem as tocasse, coisa que Lovaas descrevia como "decerto dolorosa e assustadora".

O experimento começava com a eletricidade já ligada e dando choque nos pés descalços do garotinho de cinco anos. Ao mesmo tempo, um dos adultos começava a gritar: "Venha aqui", estendendo os braços. Se o menino fosse em direção aos braços abertos, mesmo que movido por um impulso aleatório, a eletricidade era desligada de imediato, fazendo cessar a dor. Se não se movesse depois de três segundos, o garoto recebia um leve empurrão em direção ao adulto que o estava chamando, coisa que também fazia cessar a dor. Cada menino passou por isso cinquenta vezes só na primeira sessão (houve três sessões em três dias). A eletricidade era ligada toda vez que um dos garotos voltava a balançar o corpo ou a agitar os braços. Quando isso acontecia, os adultos gritavam um severo "Não!". Ao mesmo tempo, a eletricidade ficava ligada até que o comportamento indesejável cessasse.

Lovaas ficou satisfeito com o resultado, pois os dois meninos adaptaram com rapidez seu comportamento, indo em direção ao adulto de braços abertos quando convidados, e passaram a obedecer ao "não" gritado. Na opinião de Lovaas, ficaram "mais alertas, afetuosos e [...] o que era surpreendente, pareciam felizes durante a evitação bem-sucedida do choque".

Mas o efeito não foi permanente. Na ausência do "treinamento de choque" contínuo, como o chamava Lovaas, os meninos retornaram aos padrões de comportamento anteriores em questão de meses. Mesmo assim, ele acreditava que havia demonstrado que "a punição pode ser um instrumento muito útil para produzir mudança de comportamento".

Foi depois desses experimentos que Lovaas adquiriu um "Hot-Shot", que era o nome comercial de uma série de "agulhões elétricos de gado", fabricados em vários tamanhos e cores por uma empresa localizada no centro de uma região de vacas leiteiras em Savage, Minnesota. O que Lovaas comprou tinha trinta centímetros de comprimento e descarregava 1400 volts.[18] Fora concebido para uso em animais de novecentos quilos. Empregado em seres humanos, causava muita dor, coisa que ele podia atestar, pois o havia experimentado em si próprio, assim como em alguns dos seus assistentes.[19] Embora a dor durasse apenas alguns segundos, eles diziam que era como se um dentista lhes perfurasse o dente sem anestesia.

Essa nova rodada de estudos de punição foi levada a cabo em três crianças institucionalizadas transferidas em caráter temporário para a custódia de Lovaas para fins de pesquisa — Linda e John, ambos de oito anos, e Gregg, de onze. Lovaas classificou os três de "retardados", mas as descrições deixam claro que tinham autismo grave, assim como outras deficiências. Eram incapazes de cuidar de si mesmos e inclinados a vários comportamentos perturbadores. Sabia-se, por exemplo, que John bebia água do vaso sanitário e comia as próprias fezes. Linda era funcionalmente cega e Gregg, incapaz de andar. Para submetê-lo ao Hot-Shot, era preciso colocá-lo em uma cadeira de rodas.

Os choques eram uma tentativa de controlar o comportamento mais horripilante que os três tinham em comum: o de agredir a si mesmos fisicamente. Os três esmurravam com ferocidade o próprio rosto, em especial as orelhas, ou batiam a cabeça em qualquer aresta pontiaguda e dura que houvesse por perto. Durante um período de noventa minutos, John foi observado batendo em si próprio 2750 vezes. O rosto e a cabeça dos três eram um mapa rodoviário de cicatrizes. No dia em que foi levada à UCLA, Linda estava com a orelha sangrando. Nenhuma das crianças sabia falar; ao que tudo indica, a violência que se autoinfligiam era a única mensagem que conseguiam enviar ao mundo exterior.

Mais tarde, Lovaas explicou que fora sua intenção escolher as crianças mais gravemente autodestrutivas que pôde encontrar. Visitara duas instituições do sul da Califórnia, o Camarillo e o Hospital Estadual do Pacífico, e havia pedido ao pessoal que mostrasse os meninos com mais tendência a machucarem a si próprios. John, Linda e Gregg foram selecionados de imediato. Os três começaram a se ferir ainda pequenos e, desde então, eram submetidos ao mesmo método extremo de controle: restrições físicas 24 horas por dia. Os pulsos de Linda ficavam amarrados às coxas, com só um pouco de folga a fim de impedi-la de levar as mãos à cabeça. Ela passava o dia todo, do amanhecer ao anoitecer, deitada de bruços na cama, desperta e balançando uma perna para cima e para baixo. Gregg, por outro lado, ficava imobilizado de costas, os pulsos e os tornozelos atados aos cantos da cama. Assim havia passado os últimos dois anos. A inatividade fizera com que seu tendão de Aquiles atrofiasse, motivo pelo qual já não podia andar.

Lovaas queria averiguar se conseguiria deter o comportamento autodestrutivo das crianças punindo-as no momento em que aparecesse. Tratava-se de infligir dor com o propósito de prevenir a dor — um paradoxo que, na opinião de muitos críticos de Lovaas, era perverso e para o qual ele jamais teria uma explicação satisfatória.

John foi o primeiro. Durante cinco minutos, ficou livre das amarras nas mãos e nos pés e sentado no colo de um enfermeiro. Lovaas sentou-se à sua frente, o Hot-Shot pronto. John bateu em si mesmo imediatamente. Lovaas estendeu o braço, encostou o aparelho em sua perna e apertou o gatilho. O choque de um segundo de duração surpreendeu o menino de oito anos. A dor instantânea fez com que se encolhesse, e um pequeno tremor lhe percorreu o corpo. Mas isso também interrompeu a autolesão, pelo menos naquele momento. Depois de uma pausa, John recomeçou a socar o próprio rosto. Lovaas deu-lhe mais um choque na perna. Seguiu-se outra interrupção da automutilação, mais longa dessa vez. Os dados não são claros, mas parece que John e Lovaas repetiram esse padrão pela terceira vez e possivelmente por mais uma, antes que decorressem os cinco minutos. Um resultado, porém, foi indiscutível: o choque retardou de maneira extraordinária o ritmo das pancadas de John. Durante essa sessão ele passou a bater em si mesmo de cerca de cinquenta vezes por minuto, no começo, para nenhuma vez por minuto depois de tomar choque.

Nas duas rodadas seguidas, em dois dias subsequentes, John foi poupado do agulhão de gado. Dois assistentes de Lovaas trabalharam com ele naquele dia, com instruções de se descuidar de seu comportamento para que Lovaas pudesse ver como John reagia a tanta indulgência. Efetivamente, a autoagressão voltou de imediato e piorou da sessão dois para a três. Contudo, o interessante é que, mesmo assim, foi menos intensa do que no início do experimento. Durante os períodos fora do teste, de modo geral John também se mostrava menos violento quando se achava na sala de experimentação ou mesmo perto dela do que quando estava em outros lugares do instituto. No quarto dia, a disciplina original retornou. Lovaas sentou-se no seu lugar. John, no colo do enfermeiro, ergueu os punhos e bateu no próprio rosto. Lovaas lhe aplicou um choque, e, uma vez mais, as pancadas diminuíram.

O experimento ainda tinha semanas pela frente, mas uma das revelações mais extraordinárias sobre John não ocorreu durante as sessões com o agulhão. Foi algo que sucedeu entre as sessões. Na manhã do primeiro dia, depois de ter tomado choque três ou quatro vezes em cinco minutos, ele foi levado de volta ao seu quarto. Ficou decidido que seria deixado algum tempo sem as amarras que sempre o prendiam, e a porta do quarto ficaria aberta.

No começo, John ficou encolhido, imóvel, debaixo de uma pia em um canto do quarto. Só depois de transcorridos vinte minutos foi que se aventurou a sair dali e ir até o armário em outro canto do quarto. Olhou rápido para dentro e correu de volta à pia. Quinze minutos depois, fez a mesma coisa — foi e voltou.

Por fim, levantou-se e, com passos vacilantes, aproximou-se da porta aberta e saiu para o corredor. Acompanhando a parede, descobriu o quarto contíguo e entrou. Um momento depois, voltou ao corredor.

Algo se desencadeou dentro dele naquele momento, pois John começou a correr. Não parecia ser de medo. Parecia mais que estava se divertindo muito. Aquilo não passava de um corredor e algumas portas de laboratório, mas era mais espaço do que ele tinha podido explorar à vontade desde que fora institucionalizado anos antes. Como se estivesse adorando a sensação e querendo mais, correu muitas e muitas vezes de um lado para o outro. Por trás de espelhos e pelo vão das portas, Lovaas e sua equipe viram o menino saborear pela primeira vez certo tipo de liberdade infantil.

Então John fez uma descoberta deliciosa, que interrompeu a corrida frenética. Podia se arranhar. Antes disso, suas mãos sempre ficavam amarradas às costas. Agora tinham a possibilidade de alcançar quase cada centímetro de seu corpo. Aproveitando a oportunidade, ele se entregou a esse prazer primal, arranhando-se em toda parte durante uma hora.

Um pouco mais tarde, John tomou banho — coisa que sempre fora impossível devido à agitação dos seus braços. Mas, naquele breve hiato de automutilação, deixou a equipe de Lovaas metê-lo numa banheira de água quente. Gritou de alegria quando a sentiu e, no mesmo instante, tratou de afundar até ficar submerso da cabeça aos pés. Ainda debaixo da água, abriu os olhos e olhou, surpreso, para a equipe de jaleco branco aglomerada ao redor da banheira, que olhava para ele com igual surpresa.

Lovaas também conseguiu controlar a autodestrutividade das outras duas crianças, Linda e Gregg. Entretanto, no caso delas, apenas quatro sessões foram suficientes para suprimir o comportamento indesejável. Com Linda, Lovaas acrescentou algo novo ao experimento: ele e os outros pesquisadores começaram a gritar "Não!" bem junto ao rosto dela quando lhe davam choque. Em três sessões, bastava a palavra para fazê-la parar de se autoagredir.

Quando voltou a trabalhar com John, Lovaas expandiu o experimento para verificar se conseguia suprimir seu comportamento autolesivo não só no laboratório como em uma variedade maior de ambientes. Levou-o a outras partes do instituto e até fora dele, e lhe deu choques nesses lugares. Depois disso, escreveu Lovaas: "John ficou efetivamente livre do comportamento autodestrutivo fora do laboratório".[20]

Não se sabe quanto tempo duraram os resultados positivos após o fim dos experimentos. As crianças não estavam na UCLA para receber tratamento. Eram espécimes laboratoriais escolhidos para pesquisa e devolvidos no fim dos experimentos às instituições em que foram encontrados. Mas Lovaas sabia — e às vezes o lamentava — que os três haviam retomado os comportamentos automutiladores suprimidos e que acabariam de novo atados à cama. Mas ele não era enfermeiro de ninguém. Sua responsabilidade pessoal pelas crianças terminava assim que elas eram devolvidas. Para Lovaas, a prioridade era a pesquisa, e isso significava mais experimentos com mais crianças e, talvez, se ele fosse inteligente e tenaz o bastante, descobertas que levariam a modos de ajudar todas elas.

Lovaas era um ímã da atenção que atraía fãs ardentes e críticos furibundos. Nas décadas subsequentes, ele se tornaria — pelo menos no mundo acadêmico — um astro, um resplendor, um combatente ruidoso, um atleta. No papel de professor, sabia representar para a multidão, adornando as aulas com piadas e histórias da sua infância norueguesa, como, por exemplo, o modo que inventara de manter os pés quentes dentro das botas nas manhãs glaciais em que tinha de ordenhar as vacas nos anos 1940. "Eu deixava que elas fizessem xixi neles", dizia.

Bronzeado, alto e magro, tinha corpo atlético mantido em forma com exercício constante e obsessivo. Frequentava a academia de ginástica da UCLA nos anos 1960, época em que era usada sobretudo pelos atletas das equipes estudantis. Grande esquiador, era tão agressivo nas encostas que, apesar de sua habilidade — ou talvez por causa dela —, certa vez quebrou a perna praticando o esporte. Notoriamente atraente para as alunas, diziam as más línguas que ele não perdia as oportunidades que se lhe apresentavam. Lovaas se casou duas vezes: uma na juventude, quando engendrou quatro filhos, e outra bem mais tarde na vida. Entre um casamento e outro, teve um período de dezessete anos de solteirice que, diziam, soube aproveitar ao máximo. Mas ninguém o censurava por isso. Era a Califórnia e eram os anos 1960. O mais próximo que ele chegou de ser criticado por causa de suas atividades amorosas foi o ano em que os estudantes do Departamento de Psicologia da UCLA o elegeram vencedor do "Prêmio Porco Chauvinista".[21] Rindo, Lovaas encarou a designação como uma condecoração.

Seus inimigos achavam um desafio desconsiderá-lo ou debater com ele. Muito sorridente, Lovaas era sagaz, trabalhava com afinco e era divertidamente imprudente na linguagem que usava para esculhambar quem questionasse seus métodos de pesquisa e suas descobertas. Certa vez, em um jantar, sentindo-se uma vez mais contestado por gente que, em sua opinião, não entendia o seu trabalho, ergueu a saladeira para que todos vissem e anunciou: "Há mais cérebros nesta salada do que nas pessoas sentadas a esta mesa".[22]

Às vezes, Lovaas era excessivamente sincero, como com a descrição que fez, a um entrevistador da *Psychology Today*, das crianças com quem estava trabalhando. "São monstrinhos",[23] disse. "Têm cabelo, nariz e boca — mas não são gente no sentido psicológico. [...] Isso é um teste para a psicologia", declarou.

Era sempre o teste que o empolgava, assim como as possibilidades do que a ciência que ele praticava podia produzir. Com mais de setenta anos, gabou-se para Robert Ito, da *Los Angeles Magazine*: "Se tivesse pegado Hitler aqui na UCLA aos quatro ou cinco anos de idade, eu o teria criado para ser uma pessoa boa. Um altruísta!".[24] Audacioso, visionário e um tanto ofensivo, esse era o Lovaas clássico. Porque, ao mesmo tempo que gracejava, era evidente que queria dizer o que dizia. Acreditava profundamente na ciência que praticava — uma ciência cujos princípios declarados de psicologia humana eram observáveis, confirmáveis, mensuráveis e confiáveis e inexoravelmente repetíveis. Para ele, essa era a antítese da interpretação de sonhos ou da tentativa de adivinhar o significado dos borrões de tinta do teste de Rorschach. A ciência de Lovaas se baseava em décadas de trabalho desde muito antes da sua época, de laboratórios do mundo todo. Mas essa ciência não descobriu seus princípios reguladores originais sobre a mente das pessoas em objetos de estudo humanos. Em vez disso, todas as descobertas importantes provinham de experimentos com pombos, gatos e cães.

Nem todos gostavam de ouvir isso, mas o que funcionava para os animais também funcionava para as pessoas.

19. "Gritos, tapas e amor"

Na primavera de 1965, os leitores da revista *Life* que folhearam o exemplar de 7 de maio até depois da matéria de capa sobre a recuperação de John Wayne do câncer de pulmão deram com uma série de imagens inquietantes. Mostravam vários meninos e meninas, nenhum com mais de nove anos, sofrendo o que parecia ser um ataque de maus-tratos. Um garoto é visto chorando, a foto tirada no instante exato em que uma mão espalmada de adulto o esbofeteia. Uma garota é fotografada bem quando um forte choque elétrico lhe sacode o corpo. Em toda a série de imagens, homens engravatados de meia-idade parecem controlar aquele cenário aparentemente desvairado dentro de um laboratório da UCLA. O texto que acompanha as fotos explica em letras grandes o que os leitores estão vendo: "Um tratamento surpreendente e chocante ajuda doentes mentais graves".[1]

A *Life* havia descoberto Lovaas — e a controvérsia em torno da ciência em que ele acreditava.

Reforço e punição. Durante duas décadas, encontrar o equilíbrio moral entre as duas coisas seria a controvérsia definidora do trabalho de Lovaas com crianças que tinham autismo. Com frequência mal compreendidos, esses vocábulos, tal como os empregavam os behavioristas, eram nomes de ferramentas clínicas e analíticas específicas, que derivavam de experimentos com ratos, camundongos e pombos.

Os reforços funcionavam como recompensa. Se fossem dados logo depois de um comportamento desejável, estimulavam evidentemente a repetição desse comportamento. Por exemplo, um alimento dado a um pombo que pisou em uma alavanca reforça esse comportamento. Incentiva a ave a pisar mais na alavanca no futuro.

A punição funcionava de maneira quase contrária. Quando dada logo depois de um comportamento, desestimulava a repetição dele. Em essência, o castigo era "aversivo" ou desagradável de experimentar, como um choque elétrico. Quando tomam choque, os ratos tendem a cessar o comportamento que estavam tendo. Se, com o tempo, o mesmo comportamento for a cada vez acompanhado de mais choques, os animais começam a evitá-lo por completo. "Aprenderam" com a experiência aversiva a não se comportar mais daquele modo. Pelo menos por ora.

Durante muitas décadas e em muitos laboratórios, os profissionais desse tipo de psicologia haviam se esmerado em extrair os princípios fundamentais de como as interações com o meio ambiente determinam o comportamento de praticamente todos os organismos. Reforço e punição, assim como outras palavras ou expressões como "estímulo", "resposta", "modelagem", "condicionamento", "operante", "reforço negativo" e "extinção" constituíam o vocabulário dessa ciência, na qual os objetos de estudo aprendem com o meio o que fazer e o que não fazer a fim de ser "recompensados" ou evitar ser "punidos". Entrementes, os pesquisadores tinham aperfeiçoado sua capacidade de controlar o meio ambiente de recompensas e punições a fim de manipular o comportamento.

Essa era a ciência do behaviorismo.

Como sabe a maioria dos alunos do ensino médio, o behaviorismo nasceu com uma observação acidental de alguns cães na Rússia do início do século XX. O fisiologista Ivan Pavlov estava investigando o aparelho digestivo canino e seus reflexos quando decidiu medir a quantidade de saliva que um cachorro secreta quando o alimento lhe toca a língua.[2] Para isso, construiu um aparelho com uma mangueira fina de borracha ligada a um tubo cirurgicamente implantado nas glândulas salivares de seus cães de laboratório. Na outra extremidade da mangueira, ficava um béquer pronto para colher a saliva. Para que o processo começasse, Pavlov enfiava uma quantidade fixa de carne em pó na boca de cada animal.

Então a saliva fluía, oferecendo-lhe uma leitura do quanto os cães produziam em determinado período.

Mas surgiu um problema. Depois de acompanhar esse procedimento durante alguns dias, Pavlov notou que os cachorros se adiantavam ao experimento. Começavam a salivar antes de sentir o gosto da carne em pó. Na verdade, começavam a salivar no instante em que seus assistentes de jaleco branco entravam na sala. Isso foi ruinoso para o estudo da digestão. Embaralhou todas as medições.

Então Pavlov teve o insight que o inscreveria — a ele e a seus cães — na história. Deu-se conta de que os animais haviam aprendido com o seu meio ambiente. Passaram a reagir não ao estímulo natural do alimento na língua, e sim à visão neutra anterior — dos assistentes de laboratório de jaleco branco —, que eles agora associavam ao sabor de carne em pó. Isso veio a se chamar *reflexo condicionado*.

Pavlov dedicou anos a compreender esse fenômeno e criou outros experimentos para testar os meios pelos quais as reações digestivas dos cães podiam ser manipuladas por outros estímulos, como o toque de um sino. Em 1904, ele recebeu o Prêmio Nobel de fisiologia ou medicina por mapear o curso da digestão. Mas, em seu discurso de laureado, mostrou-se mais entusiasmado com incursões no reino da psicologia. Sentia que a sua descoberta de algumas das leis que governavam a maneira pela qual o meio ambiente podia ser manipulado para controlar o comportamento dos cães também tinha implicações importantes para os seres humanos. Ao concluir o discurso, festejou o fato de que, durante seu tempo de vida, os cientistas — inclusive ele — vinham fazendo novas descobertas acerca da "nossa constituição física, cujo mecanismo estava e está envolto em trevas".[3]

Nos anos subsequentes ao Prêmio Nobel de Pavlov, a proposição mais revolucionária do behaviorismo talvez tenha sido a ideia de que a psicologia animal e a humana tinham muito em comum. Em 1913, em um discurso que passou a ser chamado "Manifesto Behaviorista", o americano John Watson, destinado a ser aclamado "pai do behaviorismo", foi inequívoco. "O behaviorista", declarou, "não reconhece nenhuma linha divisória entre o homem e a besta."[4] Essa posição foi tão ousada em suas implicações e insultante para as noções de superioridade humana quanto a teoria da evolução de Darwin.

Mas, aos olhos dos críticos do behaviorismo, a disciplina perpetrava outra calúnia mais sutil. Projetava toda experiência de vida em um arcabouço mecanicista, no qual o homem aparecia como um brinquedo de corda, todo engrenagens psíquicas e interruptores liga-desliga, governado por padrões de estímulo-resposta que eram facilmente manipulados e inteiramente previsíveis. Essa visão parecia privar os seres humanos de toda sorte de dimensões críticas a outros sistemas filosóficos. Como o livre-arbítrio. Ou o inconsciente. Ou a alma. Mas essas coisas, se existissem, não podiam ser vistas nem medidas. O behaviorismo só se interessava pelo que fosse visível e registrável. A observação e a coleta de dados eram seus fundamentos.

Para os detratores, a coisa talvez mais perturbadora e frustrante no behaviorismo era o fato de ele funcionar. Foi surpreendente ver o grande behaviorista B. F. Skinner, de Harvard, demonstrar sua capacidade de fazer com que um pombo girasse 360 graus usando recompensas comestíveis reforçadoras, com apenas noventa segundos de condicionamento.[5] Naturalmente, muito antes de Skinner, o condicionamento era praticado por domadores de leões, encantadores de serpentes e vaqueiros, embora não lhe dessem esse nome. Também era praticado por instrutores militares, diretores de escola e pais, que sabiam por intuição ou experiência que recompensas e punições podem ser meios muito poderosos de moldar um comportamento desejável em outra pessoa. Até certo grau, Skinner simplesmente estava lidando com o senso comum.

Mas, liderados por Skinner, os cientistas de laboratório produziram milhares de estudos que transformaram o senso comum em algo quantificável, com experiências replicáveis. E fora desses laboratórios choviam aplicações que punham a ciência a serviço da necessidade humana. Criaram-se tratamentos comportamentais para vícios e fobias. Desenvolveram-se abordagens comportamentais para manter a disciplina em salas de aula e reforçar o aprendizado. E Lovaas utilizou métodos comportamentais para fazer com que crianças com autismo se comportassem de maneiras que as faziam parecer menos autistas e agir de modo menos autista.

Às vezes se atribui equivocadamente a Lovaas a invenção da análise comportamental aplicada (*applied behavior analysis*, ABA), mas, na verdade, ela foi em grande parte o trabalho de um grupo de psicólogos em atividade na Universidade de Washington no fim da década de 1950 e no começo da de 1960. Sidney Bijou, por exemplo, foi um dos primeiros pesquisadores que testaram o uso da ABA em crianças com deficiências. Ele trabalhou com Skinner antes de assumir a diretoria do Instituto do Desenvolvimento Infantil da universidade em 1948. Em colaboração com Don Baer, outro líder na área — que fez seu doutorado estudando o comportamento em gatos —, Bijou foi um pesquisador criativo e prático. Entre 1957 e 1960, ficou conhecido por percorrer Seattle arrastando um laboratório montado em um trailer, visitando pré-escolas cujas crianças eram "voluntárias" em alguns de seus estudos. Seu laboratório itinerante era um centro de teste behaviorista em pleno funcionamento, com cadeiras, gravador, um espelho falso e um aparelho de mesa por ele concebido com luzes azuis a piscarem e alavancas. O aparelho soltava brinquedos quando as alavancas eram empurradas em reação às luzes, que ele podia programar como quisesse. Viajar com seu laboratório tinha a vantagem de criar um ambiente consistente para o trabalho, mesmo quando Bijou estudava grupos de crianças por toda a cidade. Por fim, ele abriu uma pré-escola-laboratório no campus da Universidade de Washington, e o trailer foi abandonado.

Em julho de 1962, Jerman Rose, psiquiatra que dirigia a ala infantil do Hospital Estadual Western, uma instituição psiquiátrica, entrou em contato com Bijou.[6] Treinado em psicanálise, Rose precisava com urgência de auxílio com um menino especialmente problemático que o tratamento psicanalítico, por mais intenso que fosse, parecia não ajudar. Bijou delegou o caso a dois analistas comportamentais da Universidade de Washington. Um deles, Todd Risley, era um estudante de pós-graduação no departamento de psicologia; o outro, Montrose Wolf, professor assistente de pesquisa. O garoto, de três anos, se chamava Richard. Conhecido por todos como "Dicky", tinha autismo.

O "estudo de Dicky",[7] publicado na *Behavior Research and Therapy* em 1964, representa o primeiro uso indiscutivelmente modificador da análise comportamental aplicada para instilar comportamentos benéficos em uma criança com autismo e, ao mesmo tempo, eliminar comportamentos não só perturbadores do aprendizado como fisicamente nocivos. Se não fossem Wolf e sua equipe, o menino teria ficado cego antes de completar cinco anos.

Os comportamentos autistas graves de Dicky, que se manifestaram quando ele tinha cerca de nove meses, tornavam-no desconectado, autodestrutivo e cada vez mais difícil de lidar. Tendo decorado comerciais de televisão, Dicky passava horas recitando-os ipsis litteris; em contrapartida, não sabia usar a linguagem de nenhum modo normal. Não suportava que lhe tocassem qualquer parte da cabeça. Suas birras eram mais que aterrorizantes quando ele se agredia com tanta violência que depois sua mãe dizia: "Dicky ficou um caco, todo roxo e vermelho e sangrando". Além de tudo isso, tinha dificuldade para enxergar. Mais ou menos na mesma época em que se iniciaram os sintomas de autismo, ele começou a ter catarata nos dois olhos. Aos dois anos, foi submetido a uma série de operações para retirá-las, mas, no fim, os médicos não tiveram alternativa senão remover todo o tecido que serve para enfocar o olho naturalmente. O menino nunca conseguiria enxergar direito sem lentes corretoras.

Mas, quando lhe deram óculos, Dicky se recusou a usá-los. Isso era especialmente preocupante porque o oftalmologista avisara seus pais de que, se ele ficasse muito tempo sem lentes corretoras, sua retina perderia a função para sempre. Já havia decorrido um ano desde a cirurgia. Nada que seus pais dissessem podia fazer com que o garoto cooperasse. Não podiam lhe explicar a situação em termos compreensíveis, tampouco podiam suborná-lo ou ameaçá-lo com castigos. Todas essas alternativas requeriam comunicação bilateral e uma compreensão situacional que Dicky parecia não possuir.

Wolf e Risley tentaram uma abordagem "analítico-comportamental". Começaram observando como ele interagia com a mãe e com os atendentes no hospital estadual. Presenciaram suas pirraças, que eram praticamente incessantes apesar do esforço constante dos adultos para tranquilizá-lo. Obviamente, esse problema precisava ser resolvido antes que eles começassem a se ocupar da questão dos óculos.

Inspirados por dois estudos recentes que nada tinham a ver com o autismo, adotaram um programa de punição moderada e "extinção" destinado a eliminar as birras de Dicky. No primeiro desses estudos, pesquisadores da Universidade de Washington haviam logrado mudar o comportamento de várias crianças da pré-escola difíceis de lidar — de maneiras que foram enumeradas e postas em um gráfico —, instruindo as professoras a não fazer caso delas quando apresentavam certos comportamentos "indesejáveis" (entre os quais gritar em excesso, brincar isoladas ou se arranhar de maneira incontrolável). Em consequência dessa retirada da atenção da professora, os comportamentos indesejáveis sofreram "extinção" e foram eliminados com rapidez.

Quando, ao contrário, os meninos adotavam comportamentos mais adequados — brincar cooperativamente, por exemplo —, voltavam de imediato a receber a atenção das professoras. Essa atenção se mostrou reforçadora, e a frequência dos comportamentos mais apropriados aumentou com rapidez. "Atenção" não significava que as professoras simplesmente elogiavam as crianças. Era uma coisa mais sutil. Aproximar-se delas, sorrir-lhes e lhes oferecer ajuda eram formas de atenção. Aquilo que hoje é considerado sabedoria parental convencional foi, na verdade, uma descoberta inovadora feita nos laboratórios da Universidade de Washington em 1962. Até então, não se havia reconhecido o poderoso efeito reforçador da atenção do adulto sobre a criança.

Sabendo disso, a equipe que observava Dicky logo chegou à hipótese segundo a qual a atenção que ele atraía durante as birras provavelmente as reforçava a ponto de fazer com que ocorressem com mais frequência. Na verdade, o pessoal do hospital tinha ordem de tentar acalmá-lo toda vez que se zangava. Sua mãe, o que era compreensível, era movida pelo mesmo impulso. Mas, para os analistas comportamentais, aquilo que a maioria das pessoas chamava de instinto — ou amor — maternal parecia ser a fonte do problema. A mãe de Dicky o recompensava por se zangar, embora não tivesse essa intenção.

O outro estudo a que Wolf e Risley recorreram tinha pombos por objeto, e sua descoberta mais interessante foi um tanto acidental. Nesse estudo, o pesquisador não queria que, entre os experimentos, os pombos bicassem as alavancas que soltavam alimento. E achou que, se apagasse a luz no espaço ocupado pelas aves, deixando-as no escuro, elas abandonariam o comportamento indesejável de bicar. Começou a usar esse método com regularidade, chamando-o de "descanso". Foi o mesmo "descanso" que se tornaria uma ferramenta disciplinar adotada em larga escala por pais e professores em todo o país — dentre os quais, poucos sabiam que o método começara a ser utilizado no laboratório de um behaviorista e depois se propagara, por divulgação boca a boca, provavelmente em cursos de magistério ministrados por psicólogos com um pouco de treinamento comportamental. No entanto, em 1963 isso era novidade e havia sido testado apenas em pombos. Quando Wolf e Risley decidiram tentar usá-lo como "punição moderada" para desencorajar as pirraças de Dicky, é provável que esse tenha sido o primeiro emprego cientificamente controlado da técnica em um ser humano.

Instruídos pelos analistas comportamentais, a equipe do hospital e os pais de Dicky passaram a reagir de outra maneira quando o menino começava a ter chiliques. Os adultos próximos permaneciam calmos e não lhe davam a menor atenção, limitando-se a tomá-lo de imediato pela mão e, de modo indiferente, levá-lo à chamada sala de "descanso". Sem escândalo, sem conversa, sem apertões, fechavam a porta e o deixavam sozinho lá dentro durante dez minutos.

O resultado foi extraordinário. Com a atenção dos adultos negada, o garoto se tornou cada vez mais capaz de se acalmar durante cada descanso sucessivo.

Em questão de semanas, estes passaram a requerer cada vez menos tempo, e suas birras se tornaram cada vez menos violentas. Dois meses e meio depois, Dicky deixou de arranhar ou bater no próprio rosto quando se zangava. Enfim, seus ataques diminuíram de tal modo em número que deixaram de ser o fator característico de sua interação com os demais.

Agora os dois psicólogos podiam atacar o desafio principal: pôr óculos em um menino de três anos que detestava que alguém ou alguma coisa lhe tocasse a cabeça. Para isso, Wolf e Risley lançaram mão de uma técnica behaviorista clássica conhecida como *modelagem*. Começaram fazendo com que Dicky se acostumasse à ideia de simplesmente estar perto de óculos. Colocaram várias armações na sala, sem lentes, e lhe davam uma recompensa quando ele ia em direção a uma delas — mesmo que o movimento fosse evidentemente fortuito. Com o tempo, isso o aproximou cada vez mais das armações, a ponto de ele chegar a estender a mão e tocá-las. Quando isso acontecia, Dicky era recompensado de novo — e mais uma vez quando as aproximava do rosto. Os pesquisadores tentavam mantê-lo com fome para que os reforçadores que usavam — pedaços de bala e fruta a certa altura, café da manhã em pequenas porções em outra ocasião — o motivassem. Mas, passados vários dias, os reforçadores pareceram perder a atratividade. O progresso se retardou.

Então, no fim de certa manhã em que Dicky ficou deliberadamente sem receber o desjejum, Wolf e Risley apareceram com sorvete. Isso mudou tudo. O menino pelo visto adorava sorvete, pois em breve deixou que nele colocassem os óculos e que os assentassem cada vez mais comodamente no nariz e inclusive as hastes nas orelhas. Esta última parte foi um pouco problemática, pois Dicky tendia a colocá-las sob as orelhas, mas isso se resolveu ao longo de várias sessões, com ainda mais sorvete.

Wolf e Risley haviam deixado as armações sem lentes de propósito, temendo que enxergar as coisas com nitidez de uma hora para a outra fosse uma experiência demasiado intensa para Dicky. Mas depois as colocaram nas armações, com a prescrição aumentando pouco a pouco de mais fraca para mais forte, tudo em sessões separadas, e tudo isso moldado por colheradas de reforço positivo para cada atitude correta. O processo durou meses, mas no fim, antes de ir para casa, Dicky usava óculos doze horas por dia. Essa pequena façanha foi, na verdade, um resultado surpreendente.

Nos meses subsequentes, Wolf e Risley continuaram trabalhando com Dicky, tentando ensiná-lo a falar. Trabalhando com fotografias de objetos, junto com muitas recompensas, moldaram de forma gradual sua fala ecolálica em algo mais obviamente prático. No princípio, sua fala não era mais que uma recitação de memória — palavras em troca de sorvete. Mas com o passar dos meses e dos anos, com os pais participando do processo como professores, sua aptidão verbal melhorou a ponto de ele ser capaz de pedir as coisas que queria.

Ter esse repertório de linguagem — e enxergar — mudou a vida de Dicky. Enfim, ele pôde entrar na escola e, mais tarde, já rapaz, arranjar emprego de porteiro de meio período e morar sozinho em um apartamento, com supervisão ocasional. A equipe da Universidade de Washington não lhe curou o autismo, mas o ajudou a encontrar um lugar no mundo.

Afinal de contas, Wolf e Risley entraram em contato com Dicky com sorvete. Um reforçador positivo. Uma recompensa. Aliás, uma sobremesa gelada também fez uma fugaz aparição na edição de maio de 1965 da *Life* sobre o projeto de Lovaas na UCLA. O texto especificava que o programa dependia totalmente de reforçadores positivos, em especial guloseimas — entre elas *sorbet* —, e que, no laboratório de Lovaas, as crianças recebiam "atenção persistente e amável". Algumas fotografias mostravam até os meninos sendo abraçados, validando a última palavra do título do artigo: "Screams, Slaps, and Love" [Gritos, tapas e amor].

Mas a reportagem também revelava que as crianças passavam fome para que batalhassem por aqueles alimentos. E o impacto geral das fotografias talvez tenha levado a maioria dos leitores a pensar que, no cerne do programa de Lovaas, as crianças estavam sendo punidas por terem um distúrbio que era descrito em termos implacavelmente rudes.

O autismo, explicou a *Life*, era uma "forma especial de esquizofrenia", que resultava em "crianças extremamente insociáveis, cuja mente era vedada ao contato humano e cuja loucura descontrolada transformava seus lares em um inferno". Viver com o autismo era "um pesadelo" e uma "horrenda galeria de insanidade". Sem dúvida, parecia pior até que o tormento descrito no laboratório de Lovaas.

A foto inicial mostra Billy, um menino de três anos que não sabia falar, com lágrimas escorrendo pela face enquanto um homem de gravata, a cara retorcida de raiva, berra com ele. O homem fotografado não era Lovaas, e sim Bernard Perloff, um colega pesquisador. É a mão espalmada de Perloff que aparece junto ao lado esquerdo da cabeça de Billy, agarrando-a ou batendo nela. Seja como for, ele parece repreender o garoto furiosamente. O texto explica o porquê: durante uma aula de fala, Billy se distraiu, e Perloff bateu nele para que voltasse a prestar atenção. Na terceira fotografia da sequência, os dois estão tão próximos que os narizes quase se tocam, e Billy, embora seu lábio inferior pareça trêmulo, olha Perloff direto nos olhos.

A menina que aparece tomando choque elétrico é identificada como Pamela, de nove anos. Ela também se distraiu da tarefa em andamento: uma aula de leitura com Lovaas.

A essa altura, Lovaas estava no seu segundo ou terceiro ano de experimentos usando a ABA com crianças autistas. Mas não tinha intenção de descobrir a natureza do autismo. Como dizia a *Life*, "a equipe que dirige o experimento na UCLA não está interessada nas causas". Em vez disso, "forçando uma mudança no comportamento externo da criança", segundo o artigo, Lovaas esperava também forçar uma mudança interna. Tentava ensiná-las a fazer contato visual, a formar e usar palavras, a ler, a abraçar.

A *Life* deixava claro que o trabalho valia o tempo e o sofrimento. A ABA funcionava. Os leitores da revista eram informados de que Billy, por exemplo, aprendera a dizer seu nome, coisa notável em uma criança que antes só grunhia e guinchava. Recompensando Billy com um fluxo constante de abraços e iguarias, Lovaas havia passado dias ensinando-o a unir os lábios, como que para pronunciar o som da letra *b*. Isso feito, a fase seguinte foi instigá-lo (e depois recompensá-lo) a incluir as cordas vocais no exercício — para transformar o *b* silencioso em um sonoro "Bah". Quando a atenção de Billy se desviava durante muito tempo, Lovaas o esbofeteava. E assim prosseguiu com o resto dos sons que constituíam o nome do garoto até que ele conseguisse dizer "Billy" sozinho — um triunfo em uma única palavra.

Durante os vinte anos seguintes, Lovaas continuou aprimorando e fazendo experimentos com seu método, mas um pilar essencial dele ficou exposto na reportagem da *Life*: a decomposição de qualquer tarefa em pequenos desempenhos de comportamento ensináveis e aprendíveis. A matéria deixava os leitores otimistas graças a uma sequência de fotos que Alan Grant tirou de uma das mães presentes no laboratório, escondida em uma sala escura e observando o filho por trás de um espelho falso. Naquele dia o menino estava aprendendo a abraçar um dos colegas — ou pelo menos a fazer algo parecido com um abraço de verdade. Na penumbra, ela aparece roendo a unha do polegar enquanto a aula avança. Então ocorre o abraço. Contentíssima, a mulher inclina a cabeça para trás e ri ao mesmo tempo que bate palmas. Está "encantada com o que vê", diz a legenda. Pelo menos, nesse breve instante, o trabalho de Lovaas pareceu compensar todas as lágrimas derramadas ao longo do caminho. Como a *Life* sintetizou o trabalho: "Lovaas espera ter encontrado um modo de ajudar qualquer criança com problemas mentais de modo mais rápido e simples do que com os métodos empregados atualmente".

A mãe que riu e bateu palmas estava atrás de um espelho falso, invisível para Lovaas. Na verdade, ele precisava de pais como ela. O apoio deles ao seu trabalho era a melhor proteção contra a crítica que considerava seus métodos extremos, cruéis e antiéticos.

Portanto, só pode ter sido alentador para Lovaas quando, dias depois da publicação da reportagem da *Life*, pais de todo o país telefonaram e deixaram mensagens pela central telefônica da UCLA ou escreveram cartas urgentes e suplicantes, procurando um lugar para seus filhos no programa. Lovaas não estava equipado para um volume tão súbito de interesse, por isso passou todas as cartas e nomes a um homem chamado Bernie Rimland. Eles haviam se conhecido fazia alguns meses, no fim de 1964, antes da publicação do artigo da *Life*.

Rimland estava prestes a se tornar uma figura importante no autismo, já que seu livro que demolia a mãe geladeira tinha acabado de ser publicado. Como sempre, continuava atrás de todo tipo de pesquisa nova concernente ao autismo, já que isso era coisa escassa. Naquele outono, tendo ouvido falar informalmente dos primeiros estudos de punição de Lovaas, apareceu no escritório dele, no departamento de psicologia da UCLA, e se apresentou. Os dois passaram o resto do dia juntos, Lovaas mostrando a Rimland como ensinava o uso das palavras a crianças não verbais. Este ficou pasmo e não escondeu isso de Lovaas, e a seguir convidou-o a um jantar a que compareceria naquela noite.

Quando Rimland lhe contou que se encontrariam com alguns casais, todos pais de crianças com autismo, Lovaas recusou o convite na mesma hora. Como confessou mais tarde, não suportava a companhia dos pais das crianças levadas ao seu laboratório. Não que culpasse as mães de causarem o autismo dos filhos; sim, houve um tempo em que ele tinha esposado essa crença, mas fazia tempo que a rejeitara. Entretanto, continuava achando os pais que conhecia deprimentemente tristes, insociáveis e vagamente hostis. Por via de regra, procurava evitá-los.

Rimland, porém, insistiu e recorreu ao charme, dizendo-lhe que os pais iam ficar deslumbrados ao saber o que ele fazia com crianças como os seus filhos. Por fim, o outro cedeu.

Aquela noite marcou o ponto de inflexão na relação de Lovaas com os pais das crianças que estudava. O grupo que ele conheceu, tomando vinho tinto e comendo massa, era muito diferente do que esperava. Longe do laboratório e dos filhos, os casais o impressionaram por serem descontraídos, charmosos e simpáticos. Fizeram boas perguntas. Riram das piadas que contavam uns aos outros. Na manhã seguinte, quando Lovaas voltou ao laboratório, uma nova ideia se configurou em sua mente: *aquelas pessoas seriam excelentes aliadas*.

Muitas e muitas vezes, esse insight se mostraria correto nos anos subsequentes. Porém, em maio de 1965, quando da publicação da reportagem da *Life*, foi proveitoso para Lovaas o fato de Bernie Rimland estar tão entusiasmado com o seu trabalho com a ABA. Ele lhe enviou as informações de contato dos pais que desejavam entrar no programa da UCLA, e Rimland, como sempre, respondeu a todos com cartas pessoais longas e amáveis.

O timing também foi perfeito para ele, que estava justamente começando a recrutar membros para organização nacional do autismo que pretendia fundar. Nos meses seguintes, viajaria muito, reunindo-se com pais em salas de estar e subsolos de igrejas. Para lhes dar esperança, falava muito no trabalho do laboratório de Lovaas. Nem todos os pais se deixaram convencer. Alguns tinham visto as fotografias na *Life* e perguntavam: "Mas esse não é o lugar em que batem nas crianças?". Rimland tinha resposta para isso. Dizia-lhes que a punição era usada em doses mínimas e que o reforço positivo era a espinha dorsal do método. Também atestava o quanto ele era eficaz e defendia seu criador — o pesquisador da UCLA.

Lovaas, dizia Rimland a todos, era "um dos poucos profissionais que de fato se preocupavam com as crianças".

Na época, isso de modo geral era verdade.

E, em 1965, Lovaas ainda estava começando.

20. A aversão aos aversivos

Em 1981, Lovaas comprimiu tudo quanto havia descoberto sobre o ensino de crianças com autismo em 38 capítulos breves e simples, e os publicou.[1] Havia passado uma década e meia aprimorando o método, e o livro representava a culminação dessa obra. Intitulava-se *Teaching Developmentally Disabled Children* [Ensino de crianças com deficiência de desenvolvimento], mas ficaria mais conhecido pelo subtítulo pouco convencional: *The ME Book* [O livro do EU] — um aceno para a criança que passaria a ser mais plenamente ela mesma, mais plenamente "eu", mediante a aplicação correta do conteúdo. Era um manual do tipo "Faça você mesmo" para os pais que quisessem praticar a ABA sozinhos, e foi o primeiro desse gênero. No prefácio, o autor dizia que os leitores iam praticar exatamente as mesmas técnicas que ele usava em seu laboratório: decompor aptidões complexas em pequenos componentes, reforçados por recompensas frequentes e castigos ocasionais.

Com *The ME Book*, Lovaas persistiu no seu insight de que os pais seriam bons aliados se passassem a ser uma parte vital da terapia dos filhos. Isso resolvia vários problemas ao mesmo tempo. Ele havia descoberto, por exemplo, que, para progredir, as crianças precisavam ficar em um ambiente de ensino em tempo integral — assim como em todas as horas de vigília. Em outras palavras, os adultos na vida delas precisavam construir cada momento de modo a reforçar as lições ensinadas. Lovaas sempre lamentou que isso não tivesse sido possível com os primeiros grupos de pacientes por ele estudados na década de 1960 — crianças como Linda, Gregg e John, todos os quais provavelmente tiveram recaída quando retornaram às instituições em que viviam.[2] No entanto, os pais podiam reforçar as lições diariamente.

Além disso, os dados de Lovaas diziam que a maioria das crianças precisava de instrução de ABA de vinte a sessenta horas por semana. Mesmo que o hospital estadual o tivesse autorizado a iniciar um programa de ABA em seu espaço, era improvável que a administração fornecesse pessoal suficiente para trabalhar intensamente, com uma criança que fosse, algo próximo dessa quantidade de tempo. Mas uma mãe motivada, pensava ele, passaria o dia todo trabalhando com o filho se necessário.

Lovaas também descobrira que o local era importante. Embora as crianças dominassem certas habilidades em uma das pequenas salas de experimentos da UCLA, algumas se mostravam incapazes de reproduzir esse desempenho em outro ambiente. Elas conseguiam apontar para as cadeiras da sala quando solicitadas a "apontar para uma cadeira", desde que estivessem no mesmo laboratório e com as mesmas cadeiras em que tinham aprendido a lição. Mas, quando lhes pediam a mesma coisa em outro prédio, com cadeiras diferentes, elas não conseguiam entender a tarefa. Em termos comportamentais, não haviam "generalizado" o suficiente a capacidade de reconhecer uma cadeira para usá-la em circunstâncias alteradas.

O programa de *The ME Book* foi concebido para atacar esses problemas. Exigia o ensino das crianças em casa, com as mães e os pais assumindo o comando, orientados pelo livro e por um conjunto de videoteipes produzidos por Lovaas que mostravam seus alunos dirigindo sessões de ABA. Ele alertava os pais de que talvez fosse um esforço excessivo se encarregar do trabalho sozinhos, por isso recomendava-lhes recrutar estudantes do ensino médio e universitários a fim de formar uma equipe de quatro a oito professores que trabalhassem com a criança em turnos. O programa recomendado requeria de vinte a sessenta horas por semana durante dois a três anos no começo da vida da criança. Isso, em essência, é o que veio a se chamar o "Modelo Lovaas" de análise comportamental aplicada.

O Modelo Lovaas enfrentou fortes ventos contrários quando *The ME Book* apareceu, em 1981. O problema podia ser encontrado em uma frase na página 16:

"Um tapa no traseiro quase sempre tem eficácia desde que seja forte o suficiente para que doa". Em suma, Lovaas continuava defendendo o uso da "terapia aversiva", que os behavioristas também chamavam de "punição". Sem dúvida, *The ME Book* via nisso uma ferramenta a ser usada com moderação. Em uma das primeiras páginas, uma advertência aos leitores se estampa em um boxe preto: "Os autores e editores desejam frisar que os programas de treinamento relativos à terapia aversiva aqui contidos *não* devem ser aplicados sem orientação profissional".

O livro também recomendava com firmeza que a punição fosse usada da maneira mais calculada e científica possível: "Convém manter um registro do uso da disciplina forte para assegurar que o comportamento que você pune decresça. Essa é a única coisa que justifica o uso dos aversivos".[3] Lovaas assinalava que a punição não precisava ser física para ter eficácia. Um duro "não" também funcionava.

Essas medidas recomendadas pareciam muito menos severas que os bofetões sancionados por Lovaas nos anos 1960, mas isso não livrou seu método de sofrer duras críticas. Na verdade, *The ME Book* chegou justo quando se disparavam os primeiros tiros na guerra vindoura contra os aversivos. O ano da sua publicação, 1981, também foi ano em que a Associação para os Deficientes Graves veio a ser o primeiro grupo nacional a adotar uma posição oficial contra o uso da punição comportamental na educação de crianças e adultos.[4] Outros grupos seguiram o exemplo, em uma campanha que cada vez mais fazia da "dor para o progresso" um argumento falido.

Nesse aspecto, a ABA tinha sérios problemas de imagem. Era o efeito "ressaca" do Hot-Shot de Lovaas — o agulhão de gado que usara nas primeiras crianças — e de tudo quanto ele significava. Até Bruno Bettelheim chegara a atacar Lovaas nominalmente, dizendo que seus métodos transformavam as crianças em "robôs maleáveis [...] reduzidos ao nível dos cães pavlovianos". Durante toda a década de 1980, a chamada questão dos aversivos, que se concentrou na disposição da ABA a usar a punição para mudar o comportamento, foi o aspecto mais controverso da prática. Deixou para trás a discussão da mãe geladeira — que perdera o ímpeto nos anos 1970 — para se tornar o grande conflito definidor do autismo. Na *Science*, o psicólogo Johnny Matson, da Universidade Estadual da Louisiana, o definiria como "a questão talvez mais frequentemente discutida no campo das deficiências de desenvolvimento".[5]

O conflito começou e persistiu sobretudo como uma batalha entre profissionais, embora os pais também fossem arrastados para ele. Proferiam-se insultos e destruíam-se amizades à medida que pessoas bem-intencionadas dos dois lados entravam em guerra por causa de um dos dilemas éticos mais fundamentais: *Quando os fins justificam os meios?* Isso foi refocalizado, na discussão do autismo, com um urgente e inseparável par de perguntas: Era errado usar a punição no tratamento de pessoas gravemente deficientes que machucavam a si mesmas? Ou o errado era *não* a usar?

Bernie Rimland entrou na discussão em 1988:

> Embora o uso do choque elétrico em uma pessoa autista me seja repugnante, é infinitamente menos repugnante do que algumas coisas que as pessoas autolesivas fazem consigo mesmas, como causar cegueira, fraturar o crânio e, em um caso, arrancar os dois polegares a mordidas.[6]

Se seu filho Mark fosse autolesivo, disse, ele sem dúvida levaria em consideração o uso de aversivos para dar fim a isso.

Para Mooza Grant, a primeira presidente da SNCA, o debate não era teórico. Ela tinha duas filhas adolescentes — a mais jovem das quais, Linda, havia transformado as orelhas em cicatrizes permanentes de tanto bater a cabeça em superfícies duras. Mooza e o marido estavam decididos a manter as meninas em casa. "Eu não podia conceber ficar em casa, com rosas nascendo no jardim, e a minha filha em uma instituição",[7] disse ela certa vez.

Mas Linda era violenta a cada minuto de cada hora. Por achar cruel mantê-la o tempo todo amarrada ou mergulhada em um nevoeiro induzido por drogas, Leslie Grant, o marido de Mooza, construiu, no porão de sua casa em Chevy Chase, Maryland, o protótipo de um aparelho de choque por ele mesmo projetado. Fez um capacete com sensores em seu interior, de modo que, quando Linda batia a cabeça em algo duro, eles ativavam um eletrodo atado ao seu braço ou perna, que lhe dava um choque gerado por uma bateria de nove volts, cuja intensidade, segundo Leslie, era equivalente a ser atingido com força por uma bola de tênis. Na década de 1970, os Grant contaram que a filha, que se feria havia quinze anos, deixou de fazê-lo em questão de dias com o capacete devidamente colocado na cabeça.[8]

Procurando aperfeiçoar o engenho, eles recrutaram uma equipe no Laboratório de Física Aplicada da Johns Hopkins. O grupo levou quatro anos para conseguir construir uma versão mais compacta dele, com controle remoto e um mostrador que registrava o número de choques em determinado período. O dispositivo, que entrou em produção comercial em escala reduzida em uma fábrica da Flórida, ficou conhecido como Sibis — Self-Injurious Behavior Inhibinting System [sistema inibidor de comportamento autolesivo] — e apresentou resultados positivos. Rimland contou aos pais que o sucesso da eliminação da autolesão foi tão grande em seis dos primeiros usuários do Sibis que eles já não precisavam usar o artefato.

Mas foi justamente essa eficácia que tornou o Sibis tão perigoso aos olhos de seus adversários. Ela mostrava o quanto o emprego do choque era sedutor. Os usuários podiam concluir que, se *um pouco* de choque produzia melhora no comportamento, mais choque produziria uma melhora adicional. Havia um grande risco de a punição se tornar um instrumento autojustificativo, empregado indefinidamente.

Ao mesmo tempo, o Sibis era um excelente alvo da propaganda. Um arnês de correias pretas na cabeça para dar choque em crianças — isso parecia sinistro e errado. E, embora no país nunca se tivesse usado mais do que uns poucos em qualquer época, o horror que eles inspiravam foi providencial para os que faziam campanha contra qualquer tipo de aversivo — desde tapas, beliscões e sprays de gosto repugnante na boca das pessoas até, na extremidade mais severa, castigos e uma técnica chamada "supercorreção". Com a supercorreção, a pessoa que derrubasse seu suco no chão de um refeitório seria obrigada a tornar a encher seu copo e, depois, os de todos à mesa. Para os críticos dos aversivos, até isso era inapropriado, injusto e um ataque à dignidade.

Na metade da década de 1980, grupos favoráveis aos direitos da deficiência, organizações de pais e vários destacados especialistas em educação ingressaram na reação antiaversiva. Essa oposição não chegou a vencer — não exatamente —, mas influenciou muito a discussão. O apelo emocional do movimento era forte; e sua lógica, coerente com um dos argumentos mais persuasivos da época em prol do fechamento das grandes instituições psiquiátricas. Esse argumento dizia simplesmente que os deficientes tinham direitos como qualquer outra pessoa. Que era errado trancafiá-los em prédios enormes só por serem diferentes, assim como obrigá-los a passar por experiências desagradáveis e aversivas por serem difíceis de educar.

A discussão pegou fogo em vários grupos. Em 1988, a Sociedade de Autismo da América (SAA) adotou posição contrária às "técnicas aversivas".[9] Muitos pais também manifestaram oposição, mesmo alguns que pelejavam em casa com filhos que machucavam a si próprios. Faziam-se comparações pouco lisonjeiras com agressores de menores, médicos nazistas e Estados policiais. "Autorizar a punição é como morar em Berlim", declarou um ativista em um comício do Conselho Planejador de Deficiências de Desenvolvimento, neutro, "e dar de ombros para o holocausto nuclear".[10] Os manifestantes ameaçaram fazer piquete nos eventos que apresentassem oradores que apoiavam os aversivos como um instrumento condicionador. Uma influente ativista antiaversiva, Anne Donnellan, coautora de um ataque contra Lovaas e alguns outros analistas comportamentais, invocou a Inquisição espanhola. O pecado deles era ter apresentado, em um trabalho, um conjunto de protocolos para o uso adequado de aversivos. Donnellan comparou esse escrito[11] com um tratado lendário intitulado *Malleus Maleficarum*, publicado em latim em 1486. A obscura referência fez com que todos os cientistas sociais se apressassem a consultar suas enciclopédias, nas quais ficaram sabendo que o *Malleus Maleficarum* — ou *O martelo das feiticeiras* — era um manual de caçadores de bruxas escrito por dois padres alemães para a Inquisição espanhola, oferecendo orientação sobre o uso da tortura a fim de obter resposta a suas perguntas. Isso não caiu bem entre aqueles que Donnellan criticava.

Mas a lama também voou em direção contrária, devolvida com violência aos militantes antiaversivos pela corrente principal do behaviorismo. Fazendo comparações com tratamentos médicos duros mas benéficos, como a cirurgia radical ou a quimioterapia, esse grupo considerava imoral não empregar a dor, em grau mínimo e com controles rigorosos, pelo alívio que ela trazia a longo prazo. De modo geral, porém, eles não se deram ao trabalho de conspurcar a moral dos que deles discordavam. Preferiram zombar de sua falta de seriedade científica. O psicólogo Richard Foxx falava no "fanatismo" do movimento antiaversivo, de sua dependência da ideologia, não dos dados. Menosprezava a sua "correção política" e sua inclinação a "brincar descuidadamente com citações".[12]

Foxx parecia incomodado em especial com Anne Donnellan. Questionou sua afirmação segundo a qual ela havia sido bem-sucedida no tratamento de "graves" problemas de comportamento usando apenas reforços positivos. Quando chegou a suas mãos um livro de que Donnellan era coautora — *Progress without Punishment: Effective Approaches for Learners with Behavior Problems* [Progresso sem punição: Abordagens efetivas para aprendizes com problemas comportamentais], que se transformara em uma espécie de manifesto da causa antiaversiva —, Foxx asseverou que, na realidade, os casos por ela relatados no livro e em outras partes, em sua maioria, eram exemplos de problemas comportamentais leves, entre os quais cuspir, mostrar a língua, bater em uma professora uma ou duas vezes por semana e contar demasiadas piadas sem graça. Foxx insinuou ser possível que Donnellan nunca tivesse visto alguém com comportamentos verdadeiramente graves — como um adulto forte e difícil de lidar, que se espancava sem parar, ou outros —, pessoas que, nos anos 1970, provavelmente estariam amarradas e em uma instituição. Em tais ambientes, criticou ele, os ativistas antiaversivos "não se dignariam a lhes dar tratamento".[13]

Na verdade, o programa de *The ME Book* se apoiava quase unicamente no reforço positivo, recompensando o comportamento adequado com brinquedos, sorvete e abraços. Mas o behaviorismo era visto com tanta desconfiança em alguns círculos que o Método Lovaas tinha dificuldade para ganhar terreno. Como disse um psiquiatra infantil a uma mãe curiosa que pediu sua opinião sobre o condicionamento operante ao estilo de Lovaas para seu filho: "Se a senhora quiser transformar o seu filho em uma apavorada foca amestrada, vá em frente".

O custo era outro obstáculo para a adoção ampla do programa. Manter cerca de oito estudantes universitários no orçamento saía caríssimo para uma família americana média. Na década de 1980, o preço de um programa ABA completo em casa podia chegar a 50 mil dólares por ano — mais da metade do preço médio de uma casa americana naquele período. A quantidade de tempo requerida também parecia ser avassaladora.

E, apesar de tudo isso, Lovaas não prometia curar o autismo com seu método. Desestimulava "esperar e lutar por ideais absolutos em geral inalcançáveis de normalidade ou excelência em geral". Como seu método levava cada criança só até determinado ponto, ele dava o seguinte conselho aos pais: "Com frequência, as pessoas mais felizes são as que refreiam um pouco as suas ambições".[14]

Mesmo assim, na década de 1980 havia pais, a maior parte deles na região de Los Angeles, que faziam uma segunda hipoteca a fim de transformar seus lares em escolas de ABA, cada qual a serviço de uma criança — o filho ou a filha desses pais. Eles contratavam equipes de estudantes universitários e seguiam religiosamente as instruções de *The ME Book*, consultando a equipe da UCLA para ter certeza de que estavam no caminho certo. Mas, com exceção de alguns centros em Nova Jersey e Indiana, o trabalho de Lovaas ainda não fora muito além de Los

Angeles. O fato de haver tão pouca estrutura para a exportação de treinamento no uso adequado de seu método tampouco ajudou. Os aspirantes a terapeutas precisavam ingressar no programa da UCLA para entrar em contato com ele.

Por outro lado, Lovaas era pouco conhecido fora dos círculos da ABA. Já fazia vinte anos que fizera barulho na revista *Life*, e a memória do público era curta. As publicações acadêmicas nas quais escrevia tinham um número ínfimo de leitores, às vezes poucas centenas, embora a maioria fosse bem informada. Ele não era nem de longe um nome conhecido em âmbito nacional na educação do autismo. Essa posição pertencia a um psicólogo e professor da Carolina do Norte chamado Eric Schopler, que pesquisava o autismo havia quase tanto tempo quanto o norueguês. Já aclamado gigante nesse campo, Schopler em breve se descobriria incapaz de ignorar Lovaas, e vice-versa, quando ambos se entregaram a uma rivalidade de anos — observada por todo mundo no autismo — no que se referia a ciência, ideais e sobre qual dos dois tinha razão.

21. O "anti-Bettelheim"

Em muitas manhãs, Eric Schopler entrava no seu escritório na Universidade da Carolina do Norte (UCN) vindo direto do curral de seu sítio, ainda com lama nas botas.[1] Para sua equipe, isso fazia parte do charme rebelde do chefe, que era tão simples quanto inteligente. O psicólogo Schopler havia começado a pesquisar o autismo na UCN em 1964, depois de algum tempo trabalhando com crianças em Illinois. Logo após chegar à Carolina do Norte, com trinta e tantos anos, adotou a aparência que viria a ser sua marca registrada: camisa xadrez e calça de brim, às vezes completadas por gravata-borboleta e paletó esporte. E botas sujas de barro. Ele e a segunda esposa, Miggie — também psicóloga —, criavam abelhas, galinhas, coelhos, um cavalo e uma vaca.[2]

A contribuição característica de Schopler, entre muitas outras, foi sua afirmação peremptória de que o autismo era orgânico e que as mães, longe de ser inculpadas, deviam ser encaradas como aliadas no tratamento dos filhos.[3] É claro que Bernard Rimland salientara isso primeiro, mas ele tinha um filho autista. Schopler, por outro lado, era um psicólogo sem conflito de interesses para se opor aos ensinamentos de Bruno Bettelheim, com quem havia se encontrado mais de uma vez. "Houve muitas ocasiões", disse um pai ao escritor Richard Pollak, crítico de Bettelheim, "em que Eric Schopler foi a nossa principal defesa contra Bettelheim."[4]

Schopler se formou em psicologia pela Universidade de Chicago em 1949. Após um período em que foi assistente social do Departamento de Bem-Estar do Condado de Cook, em Chicago, voltou a se matricular na universidade para fazer mestrado em administração de serviço social. Em 1955, estava no hospital Emma P. Bradley, que tratava de crianças problemáticas, em Providence, Rhode Island, no qual tinha o cargo de chefe interino da assistência social psiquiátrica.[5]

Quando o hospital começou a planejar um simpósio sobre psicose infantil, Schopler enxergou nisso uma ótima oportunidade de ter um encontro cara a cara com Bruno Bettelheim, convidando-o a ser o orador principal.[6] O diretor do hospital rejeitou a ideia, alegando que "o modo ofensivo de ensinar" de Bettelheim podia prejudicar o moral do staff.

Schopler se encarregou de informar Bettelheim, que provavelmente nunca tinha ouvido falar no hospital Emma P. Bradley, de que fora rejeitado pela comissão de planejamento do simpósio. Malicioso, disse na carta que, pessoalmente, lamentava que "a eficiência professoral" de Bettelheim fosse "tão restringida" por sua personalidade, porque isso lhe negava a oportunidade de aprender com ele.

Alguns dias depois, recebeu uma resposta escrita de Bettelheim convidando-o a visitar a Escola Ortogênica, em Chicago, durante duas semanas, para ver com os próprios olhos o que ele "tinha para ensinar" e não "se orientar pelo que as outras pessoas diziam" a seu respeito.

Na verdade, essa seria a segunda interação de Schopler com Bettelheim. Ainda estudante em Chicago na década de 1940, ele assistira a uma palestra de Bettelheim a um grupo de estudantes judeus na Hillel House da universidade. Tal como ele, Schopler era judeu nascido na Europa e escapara do Holocausto na infância, quando sua família fugiu da Alemanha e se exilou nos Estados Unidos. Mas, naquela noite, como fazia com frequência, Bettelheim criticou os judeus em geral por não tentarem com afinco mergulhar na sua judeidade, coisa que acusou de ser antissemitismo. No silêncio que se seguiu, segundo o relato do próprio Schopler, ele foi o único estudante presente que desafiou o mestre, perguntando-lhe que diferença havia, se é que havia, entre a sua opinião sobre os judeus e a de qualquer antissemita comum. Consta que Bettelheim se zangou e gaguejou: "Eu sou apenas o médico que prescreve a cura!".[7] Schopler persistiu: "O senhor quer dizer que se identifica com a doença?". Bettelheim tornou a gritar: "Sim, eu me identifico com a doença!".[8]

Ao que tudo indica, Bettelheim não o associou a esse episódio quando Schopler lhe escreveu de Rhode Island, embora, ao chegar a Chicago para a visita de quinze dias, este já soubesse que não gostava dele. No entanto, Schopler achou ótimo ser convidado a conhecer a Escola Ortogênica, pois Bettelheim era notoriamente exigente com as pessoas que deixava passar pela porta de entrada. Os pais, por exemplo, estavam excluídos para todo o sempre. Por outro lado, Schopler tinha planos de voltar à Universidade de Chicago para fazer doutorado e achava que seria útil conhecer um líder renomado na área, mesmo que não lhe parecesse muito simpático.

Schopler achou a Escola Ortogênica fascinante e ao mesmo tempo perturbadora. Reparou na alegria calculada do lugar — a deslumbrante estratégia cromática escolhida por Bettelheim para cada cômodo, os enormes bichos de pelúcia colocados aqui e ali e a despensa de guloseimas na qual as crianças tinham liberdade de entrar quase o tempo todo. Essa era a manifestação física da convicção de Bettelheim de que as crianças "psicóticas" precisavam ser mimadas com doces para contrabalançar a frieza das mães.

Schopler não viu Bettelheim bater nos meninos, como este mais tarde foi acusado de fazê-lo.[9] Mas viu-o intimidar e fustigar as moças da sua equipe de ensino, que davam a impressão de ter medo dele, mais acólitas que assistentes. Nas reuniões diárias da equipe, ouviu-o opinar de maneira expansiva sobre o progresso de cada uma das cerca de quarenta crianças em tratamento, ocasiões em que se entregava a longas e doutas explicações freudianas de seus comportamentos autistas. Schloper achou essas interpretações insatisfatórias; não pôde verificar se tudo quanto Bettelheim fazia entre as paredes da escola dava certo. Em algum momento da segunda semana, ou depois, uma ideia lhe passou pela cabeça: *Ora essa, eu posso fazer coisa melhor.*

Schopler começou a trabalhar em uma tese de doutorado[10] sobre desenvolvimento clínico infantil em 1962, atuando simultaneamente como terapeuta no Centro de Tratamento e Pesquisa de Esquizofrenia Infantil de Chicago, que era afiliado à Agência Infantil Judaica. No centro, viu muitos casos de autismo, porque, na época, esquizofrenia infantil era um rótulo diagnóstico em geral considerado sinônimo de autismo. Ao mesmo tempo, depois de ver Bettelheim errar tanto com sua abordagem freudiana, resolveu elaborar um estudo para sua tese que se apoiasse em pesquisa empírica, não em teoria vaga.

Schloper havia se interessado pelo uso dado pelas crianças do centro à boca e ao nariz para examinar o mundo — sentindo o gosto das bonecas, cheirando os lápis e assim por diante. Teorizou que, para colher informações, elas recorriam aos sentidos "da proximidade", que deviam ser mais confiáveis que os sentidos "da distância" da visão e da audição. Pediu a Bettelheim acesso às crianças da Escola Ortogênica a fim de testar sua teoria. Este foi categórico em sua recusa. "Por que vocês, cientistas, sempre tentam provar o que nós sabíamos clinicamente o tempo todo?",[11] perguntou.

É provável que Bettelheim tivesse visto que o estudo de Schopler pressupunha uma base neurológica no autismo, coisa que ele, com seu viés psicanalítico, considerava absurda. "É claro que não vou emprestar minhas crianças para bobagens como essa", disse.

Em todo caso, Schopler fez seu estudo com um conjunto diferente de meninos e meninas. O resultado mostrou claramente que as crianças com autismo apresentavam certas preferências por colher informação por meio desses sentidos "da proximidade", um insight curioso por si só e que demonstrava a presença de uma idiossincrasia neurológica no autismo. E, entretanto, essa pesquisa, que ele publicou como tese de doutorado em 1964, pouco teve a ver com a sua posterior reputação de uma das personalidades mais influentes do autismo. Não era na neurologia que ele deixaria a sua marca. Era na educação, área em que construiu a primeira rede estadual de escolas para crianças com autismo. Nas suas escolas, os pais eram sempre bem-vindos.

Schopler chegou à Carolina do Norte[12] pouco depois de se doutorar, atraído pelo campus do Sul dos Estados Unidos em parte porque o irmão mais novo, John, já era psicólogo na faculdade de lá. Sua primeira função foi de psicólogo consultor em um experimento da UCN conhecido como "Grupo de Crianças Psicóticas".[13] Ocorre que participar desse "experimento" viria a ser uma das vivências mais insólitas de sua vida.

A rigor, não se tratava de uma investigação sobre o autismo. O objetivo do experimento era testar uma teoria de inspiração freudiana de terapia de grupo em um conjunto de crianças "psicóticas" de três e quatro anos. Seu criador, um psiquiatra chamado Rex Speers, ficara intrigado com a ideia de que se podia reconstruir um "ego grupal" único com os egos "danificados" e fragmentados das crianças, fazendo com que elas interagissem várias horas por semana em um espaço de laboratório de quatro metros por seis. Para que a criança participasse, a mãe também tinha de se submeter a terapia de grupo, "a fim de integrar seus próprios impulsos infantis e lidar com eles em nível consciente". Famílias desesperadas logo se ofereceram. Uma delas viajava 270 quilômetros de ida e outros tantos de volta duas vezes por semana.

Schopler não tardou a entender o que estava vendo, pois era algo que já vira muitas vezes: aquelas crianças tinham autismo. Ele duvidava que a psicoterapia fizesse bem a elas ou às mães.

Outro consultor, que logo se tornaria o principal colaborador de Schopler, chegou à mesma conclusão. Robert Reichler, de 26 anos, formado pela Escola de Medicina Albert Einstein, da cidade de Nova York, mudou-se para a Carolina do Norte a fim de continuar sua especialização em psiquiatria. Também foi escalado para trabalhar no Grupo de Crianças Psicóticas. No seu primeiro dia, estando atrás de um espelho falso que ocupava a largura do laboratório, viu uma cena que evocava um inferno medieval. Haviam dado às crianças liberdade para fazer o que quisessem na sala. Elas corriam, giravam, jogavam coisas, tudo em uma estridência de guinchos, uivos e gritos sem palavras, que Reichler podia ouvir pelo vidro. A permissividade absoluta fazia parte da terapia, partindo do princípio de que isso repararia o dano infligido pela falta de amor. Enquanto Reichler observava, uma menina urinou no chão, sem que ninguém interferisse. Quando ela também defecou no mesmo lugar, alguns garotos começaram a manipular as fezes, besuntando-as no próprio corpo. Outros trocavam cabeçadas. As crianças começaram a tirar a roupa à vontade, com a genitália à mostra e mutuamente explorada. Um terapeuta adulto se achava na sala com elas, observando-as de uma plataforma elevada. De quando em quando, fazia um comentário em meio à algazarra, soltando frases como "Jimmy, vejo que hoje você está muito zangado com Tommy". Considerando os óbvios déficits de linguagem das crianças, Reichler não viu o menor sentido naquela descabelada tentativa de comunicação.

Uma menina de quatro anos repetia sem parar a única palavra compreensível que sabia dizer: "Maldição. Maldição". Enquanto tudo isso acontecia, um gravador no canto retumbava o som de uma banda. Quando, em meio ao ressoar dos instrumentos de sopro, um garoto nu em cima de uma mesa urinou traçando um arco alto e atingindo diretamente o espelho falso, Reichler entendeu que tinha visto o suficiente. Decidiu não trabalhar naquela sala de modo algum.

Schopler e Reichler tiveram sorte. Logo depois de eles serem designados para o Grupo de Crianças Psicóticas, o financiamento do programa expirou e não foi renovado. Mas os pais continuaram telefonando para a UCN. Um desses telefonemas, feito no segundo semestre de 1965, foi transferido para Schopler. Tal como Reichler, ele estava procurando o que fazer, e, assim, dias depois, os dois conheceram uma mãe chamada Mardy,[14] cujo filho de três anos havia sido diagnosticado com autismo.

David, o garoto, estava tomando um remédio chamado Stelazine, prescrito pelo último psiquiatra a que Mardy o levara. Reichler teve a impressão de estar diante de um morto-vivo. Mas, sem o Stelazine, explicou a mãe, David ficava incontrolável. Gritava muito, corria muito e batia muito a cabeça. Só sabia dizer uma coisa — "ka-ga-ka" — e a repetia sem parar. Mardy confessou acreditar que o Stelazine era a única coisa que mantinha o filho fora de uma instituição. Mas também detestava o que o remédio fazia dele: deixava-o em um transe constante, inerte e perdido. Ela queria tirá-lo disso.

Reichler, sendo médico, suspendeu o Stelazine na mesma hora e estabeleceu com Schopler uma data para começarem a trabalhar com o menino no espaço abandonado pelo estudo interrompido. Sem a medicação, David não tardou a voltar ao habitual estado descontrolado. No primeiro dia, inundou a sala com o ruído estranho e brusco de seu choro e fugia para o corredor a todo momento. Sem saber que mais fazer, Reichler o pegou no colo, prendendo-o frouxamente nos braços e o sentou no chão. Foi um improviso, uma tentativa de manter o garoto em um lugar o tempo suficiente para lhe prender a atenção, fazendo dançar diante dos seus olhos qualquer coisa que pudesse alcançar — um carrinho de brinquedo, blocos, os seus próprios óculos. O médico também observou atentamente. Quando via o olhar de David se prender, ainda que fugazmente, ao que quer que estivesse segurando, Reichler soltava um grito de alegria e o abraçava, e a seguir tentava fazer com que o garoto repetisse o comportamento.

Schopler ficava atrás de um espelho falso tomando nota de tudo que acontecia. Várias das sessões seguintes foram iguais à primeira: Reichler, de maneira desajeitada, procurava uma conexão, e David, por instantes, mostrava que a podia fazer. À noite, os dois homens passavam horas discutindo como melhorar aquela intensa interação cara a cara. Enfim, descobriram que David gostava de doces e começaram a usá-los para reforçar algum tipo de comportamento imitativo que ele porventura demonstrasse. Toda vez que o menino empilhava dois blocos para formar uma torre, Reichler punha um pedaço de bala na sua língua. Quando o médico lhe pedia que nomeasse as coisas — e emitisse sons diferentes do seu *ka-ga-ka*—, tornava a recompensá-lo. Pouco a pouco, David compreendeu isso e logo começou a dar nome aos objetos que apareciam em ilustrações: cachorro, menino, árvore, casa. Sem o saber, Reichler passou a praticar intuitivamente uma espécie de análise comportamental.

Depois de seis meses de trabalho, eles começaram a gravar as sessões em videoteipe. Dali por diante, quando a câmera estava ligada, Reichler tinha de se esforçar para manter David enquadrado. A essa altura, o menino parecia gostar das brincadeiras que seu médico adulto inventava. Em uma sessão de videoteipe, Reichler, fumando uma cigarrilha, se pôs a engatinhar no chão e a empurrar um carrinho de brinquedo, fazendo o ruído *vraaaaam*. Foi mais um pequeno avanço quando o menino fez a mesma coisa.

Em outro dia, quando David apontou para o charuto de Reichler, este tratou o gesto como uma pergunta. "Sim", disse rápido, "este é o meu charuto." E o tirou da boca para que o garoto o visse mais de perto. Apontando de novo, David imitou os últimos sons pronunciados por Reichler, dando-lhe um tom interrogativo: *"Utooooo?"*. Era uma novidade: David havia feito uma pergunta. Reichler se apressou a aproveitar a ocasião. Deu uma longa tragada no charuto e, estando os dois sentados no chão de pernas cruzadas, frente a frente, começou a soltar pequenas baforadas no ar entre eles.

David ficou fascinado vendo a fumaça se espiralar diante de seus olhos. Quando as espirais se desfizeram, um sorriso começou a se esboçar em seus lábios. Então, com muita tranquilidade, ele riu.

"Dá as mãos", ordenou Reichler. E aquele menino, que raramente prestava atenção na voz humana, estendeu os braços. Usando suas próprias mãos, Reichler guiou os dedos de David para que traçassem a forma de uma tigela. Inclinando-se, ele enfiou a cara na tigela e a encheu com outra grossa nuvem de fumaça. Surpreso, o garoto endireitou o corpo, afastou as mãos e começou a rir. Tinha acontecido. Durante aqueles poucos minutos em uma sala acanhada, o menino com autismo ficou ligado ao seu colega de brinquedos adulto, gostando de estar envolvido com um ser humano.

Schopler e Reichler perceberam que David reagia melhor quando se impunha uma espécie de estrutura às sessões, quando ficava claro que as atividades duravam um tempo determinado e tinham uma ordem determinada. Também notaram como era útil prestar atenção no que interessava a David, como Reichler havia feito durante a brincadeira da fumaça. Era evidente que o menino trabalhava melhor com estímulos visuais em comparação com as informações comunicadas verbalmente. Eles começaram a usar cada vez mais cartelas ilustradas como ferramenta de construção da linguagem. Em seis meses, David, que tinha zero palavra, passou a ter um vocabulário de cerca de mil palavras.

Certa manhã, quando Mardy levou o filho a mais uma sessão e perguntou a Schopler se podia ficar atrás do espelho falso com ele, o psicólogo não teve motivo para recusar. Essa decisão seria importantíssima.

Mardy, outra mãe consumida pelo estresse de ter um filho com autismo, mesmo assim passou a ficar em todas as sessões. Tomava nota cuidadosamente do que Reichler fazia com David no laboratório e começou a repetir tudo em casa. Mais do que isso, começou a inovar, experimentando um brinquedo novo, acrescentando ilustrações e palavras novas ou criando uma espécie de quebra-cabeça. Schopler incentivou-a com entusiasmo. Sem dúvida alguma, seu envolvimento direto e o reforço constante do trabalho no laboratório ampliaram seus efeitos benéficos sobre David.

Esses efeitos foram profundos. Passados dois anos e meio, David havia se tornado um menino de cinco anos que sabia falar, relacionar-se com as pessoas e cuidar de si de modo adequado a sua idade. Mais notavelmente, não demorou a começar a frequentar um jardim de infância regular. No que dizia respeito a Mardy, os dois homens da UCN deram ao seu filho uma chance na vida que teria sido impossível se ele tivesse continuado a tomar Stelazine ou fosse internado em uma instituição.

David também deu algo a Schopler e Reichler. Em 1967, eles montaram um filme de 24 minutos com os videoteipes das suas sessões[15] e solicitaram uma subvenção do INSM para continuar encontrando meios de ajudar crianças com autismo a aprenderem. Cobrindo vinte meses da vida de David, o filme tinha um final comovente, com ele liderando um grupo de crianças, no jardim de infância, na brincadeira O Mestre Mandou. A subvenção foi aprovada e o INSM se dispôs a financiar um estudo piloto de cinco anos feito na UCN e supervisionado por Schopler.

A verba possibilitou a Schloper contratar uma pequena equipe e se estabelecer em um trailer — número 18 — estacionado em frente à escola de medicina da UCN, cujo interior era dividido em escritórios minúsculos e acanhados espaços de laboratório. Estava longe de ser bem equipado, mas pelo menos tinha eletricidade e telefone.

A escala modesta dos recursos do programa foi contrabalançada por uma decisão que Schopler tomou cedo e à qual sempre foi leal: reconhecer os pais como parte decisiva da equipe terapêutica. De certo modo, isso pressagiou o reconhecimento de Ivar Lovaas de que ensinar os pais a fazerem ABA multiplicava os benefícios da terapia ao mesmo tempo que ajudava a conter as despesas. Mas o compromisso de Schopler com os pais ia além de considerá-los como auxiliares baratos e treináveis. Ele chamava os pais de *co*terapeutas e argumentava que os profissionais tinham tanto que aprender com eles quanto vice-versa. Nos congressos de autismo, Schopler era o profissional conhecido como o mais acessível, aquele que, no fim de um longo dia de apresentações e testemunhos, ficava acordado até tarde para conversar com as mães e os pais.

O compromisso de envolver os pais continuaria sendo um pilar do seu trabalho. Em um artigo de 1971, publicado no *Journal of Contemporary Psychotherapy* e intitulado "Parents of Psychotic Children as Scapegoats" [Pais de crianças psicóticas como bodes expiatórios], ele informou publicamente os colegas de que, em seu programa, os pais "têm se engajado efetivamente no papel de coterapeutas na bem-sucedida socialização dos filhos". No mesmo ano, na primeira edição do *Journal of Autism and Childhood Schizophrenia*, ele e Reichler escreveram: "Está na hora de reconhecer o pai ou a mãe da criança autista como o agente integrante da solução dos problemas do filho, não como quem os causou".[16]

Esse posicionamento precoce e público do lado dos pais, por parte de um profissional que não era pai de autista, instituiu Schopler quase como o "anti--Bettelheim". Em troca, ele gozou de um grau de confiança e afeição dos pais que passou a ser o lastro de sua reputação no campo. Os pais faziam de tudo para apoiar Schopler no seu trabalho, que se tornou especialmente importante quando, a certa altura, seu programa enfrentou a extinção. Duas mães em particular se mostraram campeãs altamente motivadas e eficazes no esforço para salvar o programa: Betty Camp e Mary Lou "Bobo" Warren. Betty era uma professora de educação especial casada com um reitor de universidade.[17] Em uma época em que raramente se diagnosticava autismo em crianças afro-americanas — em geral elas eram rotuladas de retardadas mentais —, seu filho Norman V. Camp IV, ou Normie, foi uma exceção. Como Connie Lapin no Oeste, Betty havia se esforçado muito para persuadir as escolas a aceitarem Normie, mas, pouco depois que o matriculava, era sempre informada de que ele não podia voltar mais. Normie, que era incapaz de falar desde os dois anos e tinha muita dificuldade para se concentrar em uma tarefa ou ficar sentado tranquilamente a uma carteira, não chegava a ser um encrenqueiro. Apesar de alto para a idade, era gentil e em geral calmo e dócil. Betty tinha certeza de que não lhe faltava capacidade de aprender, por isso fez muita pressão para que ingressasse no programa de Schopler na UCN, no qual foi aceito em 1968.

George, o filho de Mary Lou Warren, tampouco tinha linguagem. Mas, ao contrário de Normie, sempre se metia em confusão por correr e trepar muito. Mary Lou, conhecida por todos pelo apelido da infância "Bobo", era uma mãe que vivia em constante privação do sono e havia sido maltratada em suas experiências com os profissionais da psiquiatria. Uma de suas lembranças mais vivas[18] dos primeiros anos de George se deu no Domingo de Páscoa de 1965, quando ela e seus convidados — os pais de seu marido e outra família — foram ao jardim depois da sobremesa ver os outros dois filhos dela, Duncan e MacCrae, procurar ovos. Foi um raro momento de relaxamento da família, de se sentir "normal". De repente, sua sogra gritou e apontou para o primeiro andar da casa. George, então com três anos, vacilava a uma grande altura em cima do estreito parapeito que guarnecia uma sacada. Com todos olhando aterrorizados lá embaixo, ele saltou, despreocupado, de volta à sacada, bem quando seu pai chegou, ofegante por subir a escada correndo para salvá-lo.

Outra viva lembrança que ela guardou foi a do médico de um importante hospital-escola da Carolina do Norte que, no dia 24 de março de 1967 — data que Bobo jamais esqueceu —, lhe disse que George tinha um "distúrbio emocional atípico e gravíssimo". E lhe explicou, seco, que a doença do seu filho, fosse qual fosse, era intratável. A seguir pediu licença para atender outro paciente. Ao sair, recomendou-lhe livrar-se de George e "tentar esquecê-lo".

Bobo marcou uma consulta para George no Trailer 18 de Schopler em 1968, mais ou menos à mesma época que Betty Campo levou Normie para lá. Pouco tempo antes George havia começado a se ferir, e Bobo não tinha ideia de como impedi-lo. Mas o jornal local acabara de publicar uma reportagem sobre autismo, e ela percebeu que os sintomas descritos coincidiam com os de George. A matéria mencionava Schopler e seu programa na UCN, de modo que ela telefonou para lá na mesma hora. Ficou sem saber o que pensar dele quando o conheceu e reparou em suas botas sujas de barro. *Será possível? Esse cara é psicólogo?*

Ainda aprendendo e improvisando, Schopler e Reichler deram a Betty e Bobo instruções pormenorizadas para trabalhar sozinhas com os filhos. Na primeira semana, por exemplo, Betty foi para casa com meia página datilografada de instruções para repetir uma das atividades de classificação e discriminação da forma que ela tinha visto no Trailer 18. As instruções também lhe exigiam que planejasse suas atividades com base no que achava que funcionaria melhor com o seu filho. Ali as diretrizes eram deliberadamente vagas. "Tenha por objetivo prazer para você e para ele", diziam, "e, quando conseguir algo que pareça funcionar, mantenha-o simples, estruturado e coerente."

Normie e George não obtiveram os mesmos resultados que David, o filho de Mardy que estrelou o filme de Schopler e Reichler. Embora ambos tenham ficado vários anos na UCN, não aprenderam a falar nem se tornaram funcionalmente independentes na idade adulta. Mas as duas mães consideravam o período passado na UCN como o ponto de inflexão na vida dos filhos, o lugar em que ambos aprenderam a se conectar com os demais, uma capacidade que nunca teriam adquirido de outra maneira. Sem se fixar muito em "curar" o autismo, Schopler acreditava que tais façanhas obtidas a duras penas eram, em si e por si sós, motivo para comemorar.

Betty e Bobo sem dúvida pensavam o mesmo. Eternamente agradecidas a Schopler e Reichler, não hesitaram em retribuir o favor quando o programa da UCN também precisou ser salvo.

Em 1966, o INSM havia concordado em financiar o Projeto de Pesquisa da Criança durante apenas cinco anos, baseado no princípio de que, se o trabalho se mostrasse meritório, não faltariam novos patrocinadores. No início da década de 1970, na reunião mensal regular com todos os pais, Schopler e Reichler mencionaram en passant que não haviam encontrado nenhum outro patrocinador, fato que levaria o programa a ser extinto em menos de um ano.

Normalmente, as reuniões discutiam terapia, o que funcionava para as diferentes crianças e o que não. Mas, naquela noite, Bobo Warren se levantou e conduziu a reunião em outra direção. O grupo, afirmou ela, tinha de pensar em um modo de fazer com que o programa prosseguisse e crescesse. Todos concordaram. Alguém propôs lançar uma campanha para obrigar o estado da Carolina do Norte a financiá-lo, coisa que suscitou uma estrondosa salva de palmas. O objetivo estava estabelecido.

A seguir, no Trailer 18, o psicólogo e o psiquiatra passaram vários meses trabalhando em um projeto de lei — tarefa em que nem Schopler nem Reichler tinham experiência. O senador Charles Larkins, amigo de Frank, o marido de Bobo Warren, havia concordado em propor uma lei em nome dos pais, mas só se Schopler e Reichler redigissem a maior parte dela.

Sem saber como funcionava a política, os dois homens, em sua ingenuidade, escreveram uma lei que pedia tudo quanto eles podiam imaginar. Conceberam um vasto programa estadual que estenderia o serviço disponível no Trailer 18 a todas as crianças da Carolina do Norte e às respectivas famílias. Seria implementado a partir de três grandes centros regionais instalados em escolas públicas regulares. Distribuiria um plano de atividades estruturadas em espaços estruturados, mas com uma proporção aluno-professor de quase um por um. E isso possibilitaria a adaptação do programa às possibilidades de cada criança — que, dali por diante, seria considerada aluna, não paciente. Os pais e a instrução em casa, naturalmente, continuariam sendo vitais para o programa. Eles chegaram a inventar um acrônimo sugestivo: TEACCH.* Significaria "Treatment and Education of Autistic and Related Communication Handicapped Children" [Tratamento e educação de crianças autistas e com deficiência de comunicação similar].

Depois de ler o esboço dos neófitos, Larkins o aceitou. A linguagem do projeto de lei foi "penteada" para que ficasse legislativamente mais adequada, e os pais começaram a organizar uma campanha de lobby. Bobo Warren se ocupou da captação de recursos, ao passo que Betty Camp e Mardy, a mãe de David, recrutaram outros pais para desencadear uma avalanche de cartas sobre os deputados e senadores estaduais. Criaram temas de discussão, que faziam circular por meio de um boletim informativo concebido por Bobo e redigido por Frank, que era jornalista. Exortavam os pais a pedir aos amigos e aos amigos dos amigos que entrassem em contato com seus deputados.

Nesse meio-tempo, Schopler e Reichler souberam que o comissário de saúde mental da Carolina do Norte estava furioso com o fato de dois arrivistas da UCN estarem redigindo leis e invadindo seu território. Ambos foram convocados a uma reunião com o homem, que os alertou para que desistissem. Nervosos, eles foram falar com Larkins, que telefonou na mesma hora para o comissário a fim de dissuadi-lo de tentar sabotar o projeto de lei.

---

* O acrônimo se inspira na palavra inglesa "teach", que significa ensinar. (N. T.)

A aprovação desse projeto estava longe de ser certa. Então Betty Camp e algumas outras mães tiveram a ideia de oferecer um café da manhã a todos os parlamentares — bacon, presunto, ovos, *grits*,* café e suco —, a fim de atrair tantos legisladores quanto possível para uma palestra de Schopler e Reichler. Conseguiram o subsolo de uma igreja próxima do parlamento. Disseram aos políticos que muitos jornalistas estariam presentes; disseram aos jornalistas que muitos políticos estariam presentes.

Na manhã do breakfast, o subsolo ficou lotado de pais, filhos, legisladores e repórteres. Cada parlamentar que ali entrava era conduzido a um lugar ao lado de uma das crianças. Meia dúzia de mesas cheias de legisladores, pais e um punhado de meninos e meninas com autismo.

Reichler iniciou a apresentação, frisando que a ideia do TEACCH contava com o apoio do maior nome no autismo: o dr. Leo Kanner, da Johns Hopkins. Falou um pouco sobre o distúrbio e sobre educação. Sobretudo, apresentou um argumento econômico, explicando que ajudar as crianças a se tornarem mais independentes no presente as tornaria menos dependentes do Estado mais tarde.

Súbito, em meio a uma frase, Reichler parou de falar e, boquiaberto, ficou olhando para a mesa à qual estava George, o filho de Bobo Warren. Naquele instante, o garoto acabava de tentar dar *grits* na boca do segundo mais importante político eleito do estado.[19] O vice-governador Hoyt Taylor Jr. havia chegado um pouco atrasado ao evento e se sentara discretamente na cadeira ao lado de George. Quando ele estava com a atenção voltada para a frente, o menino enfiou uma colher cheia de *grits* bem debaixo do seu queixo. Bobo se apressou a puxar o filho para trás e começou a pedir desculpas. Taylor sorriu, dizendo que estava tudo bem. Fez um gesto para que Reichler prosseguisse. Quando este recomeçou, ele tirou a gravata sem dar na vista e a guardou no bolso.

Isso acabou sendo um bom agouro. No dia seguinte, quando Mary Lou se encontrou por acaso com seu amigo senador Larkins, este lhe contou, entusiasmado, que o vice-governador havia recebido a mensagem: aquelas crianças e suas famílias precisavam de ajuda. Taylor lhe prometera "não descansar enquanto não se fizer alguma coisa".[20]

---

* Papa de milho servida no café da manhã no Sul dos Estados Unidos. (N. T.)

O projeto de lei que autorizava e financiava o programa conhecido como TEACCH foi aprovado pelos parlamentares da Carolina do Norte na quarta-feira, 13 de janeiro de 1971. Sancionada pelo governador, a lei transformou imediatamente a Carolina do Norte em um oásis de compaixão, oferecendo generosos serviços de apoio a famílias às voltas com o autismo, contrastando muito com o resto dos Estados Unidos. Nos anos subsequentes, o programa se expandiu de maneira contínua. O número de salas de aula aumentaria das dez iniciais para cerca de trezentas. A UCN começou a oferecer programas de residência e pós-doutorado centrados no TEACCH, e o programa acolhia visitantes de todo o país e de todo o mundo. Quando as mudanças na legislação começaram a exigir cada vez mais que os distritos escolares americanos oferecessem programas adequados a crianças com autismo, o plano de estudos do TEACCH figurou entre os mais adotados. Programas baseados no TEACCH tornaram-se importantes no Reino Unido, em Israel, em Cingapura e em outros países.

A fama de Schopler na área aumentou a ponto de ele assumir o cargo de editor do *Journal of Autism and Childhood Schizophrenia* em 1974, quando Leo Kanner se afastou. Ele ocupou esse posto pelos 24 anos seguintes. Na UCN, entre os pais, continuou sendo querido e tido como o paradigma do profissional do autismo. Entre os colegas, sua opinião tinha um peso enorme. Sua convicção de que as crianças eram educáveis e de que os pais faziam parte do processo tornou-se conhecimento convencional na área. Assim, não foi surpresa quando, em Los Angeles, Lovaas também passou a usar os pais como terapeutas.

Ocorre que os dois homens não concordavam em muitas outras coisas. Na metade da década de 1980, Schopler era conhecido e estimado em toda parte. Lovaas, porém, tinha talento para fazer inimigos e não era tão conhecido. Mas isso mudou de maneira extraordinária em 1987, quando ele publicou um artigo atualizando o mundo do autismo sobre o que vinha fazendo.

O resultado foi impressionante e lhe deu fama. Também lhe deu um novo e eterno inimigo: Eric Schopler.

22. Quarenta e sete por cento

No dia 10 de março de 1987, Ivar Lovaas foi notícia nacional pela primeira vez desde sua aparição na *Life* mais de duas décadas antes.[1] Naquela manhã, a primeira página do caderno de ciência do *New York Times* estampou uma matéria intitulada "Researcher Reports Progress against Autism" [Pesquisador relata progresso contra o autismo]. A manchete era breve, mas a notícia, enorme.

Segundo o jornal, Lovaas havia descoberto um meio "de transformar uma grande proporção de crianças autistas em crianças aparentemente normais"[2] — com uma taxa de sucesso de 47%. Ele descreveu para o repórter Daniel Goleman o estado dessas crianças depois do seu trabalho com elas: "Se você as conhecer agora que são adolescentes, não saberá que havia algo errado com elas".[3]

O estudo de 1987 é um ponto de referência. Cobriu um trabalho iniciado na UCLA em 1970, quando Lovaas lançou o Projeto Autismo Jovem. Tratava-se de um programa que proporcionava a ABA ao estilo de Lovaas a crianças de tenra idade, em doses elevadíssimas. Ele pegou dezenove meninos e meninas com idade entre dois e três anos e os expôs a pelo menos quarenta horas semanais de terapia do tipo sentados-frente-a-frente-com-um-adulto, que era uma das características distintivas do seu enfoque. As crianças eram submetidas a centenas de exercícios diferentes dezenas de milhares de vezes. A recompensa, um bolinho ou um biscoito, era dada quando elas agiam conforme a ordem recebida: *Erguer braços! Tocar xícara! Dar boneca! Pegar livro!*

O comportamento indesejável, quando não cedia à persuasão de uma daquelas recompensas, gerava punição. Bater em si mesmo ou ficar com olhar fixo no ventilador a girar no canto da sala, por exemplo, podiam provocar um *Não!* alto e brusco. Outras vezes, contou Lovaas afavelmente ao *New York Times*, "nós lhes damos uma palmadinha ocasional no bumbum quando elas escapam muito ao controle".

Lovaas reduziu o uso das punições naqueles anos — já não havia choques elétricos nem bofetadas. Mesmo assim, era um regime implacável, durante o qual, segundo o relato dele próprio sobre a pesquisa, o processo persistia por "quase todas as horas de vigília das crianças, 365 dias por ano". Dois anos inteiros da vida de cada uma delas eram dedicados a isso; algumas ficavam mais tempo.

Para nove crianças — 47% do grupo de dezenove — valeu muito a pena, segundo Lovaas. As nove obtiveram "funcionamento normal"[4] por várias medições, inclusive uma bateria de testes de suas habilidades sociais e níveis intelectuais. De fato, seu QI subiu de 25 a 30 pontos em alguns casos. Em vez de frequentar aulas de educação especial, todas foram aceitas na primeira série e sobreviveram a ela.

Lovaas contou que um dos meninos obteve um novo QI de 130 e, agora, na adolescência, queria fazer carreira em meteorologia. Segundo ele, esse rapazinho e as outras crianças que tiveram sucesso o fizeram aprendendo a aprender. A ABA os havia obrigado a prestar atenção, a imitar, a se envolver.

Lovaas evitava a palavra "curado", que poderia implicar que ele tinha consertado a causa orgânica subjacente do autismo, fosse qual fosse. Preferia dizer que as crianças estavam "recuperadas", o que significava que seus comportamentos autistas haviam sido eliminados. Em termos práticos, era quase a mesma coisa que uma cura, ou seja, justamente o resultado que, seis anos antes, quando publicou *The ME Book*, ele aconselhara os pais a não esperarem.

O decisivo, conjeturava Lovaas, tinha sido a intensidade do tratamento no Projeto Autismo Jovem — sua longa duração e o elevado número de horas semanais de terapia. Sem dúvida, as dez crianças que não conseguiram "funcionamento normal" foram expostas à mesma intensidade, mas sem "recuperação". Mesmo assim, fizeram progresso, decerto mais do que um grupo de controle de crianças que receberam apenas dez horas semanais de ABA.

A conclusão não precisou de explicações detalhadas: a ABA funcionava, quanto mais melhor, e uma grande quantidade de ABA oferecia quase 50/50 de possibilidade de alcançar o que outrora era impossível.

Bernard Rimland mal pôde se afastar do telefone no dia em que foi publicada a reportagem do *New York Times*. Pais telefonavam de todo o país. Uma segunda onda se abateu quando a CBS News noticiou as descobertas. Todos lhe faziam as mesmas perguntas: "É verdade?" e "Convém pôr nosso filho na UCLA?".

Rimland estava justamente lançando um boletim informativo trimestral, *The Autism Research Review International (ARRI)*, para acompanhar a pesquisa relevante em todo o mundo. E noticiou o avanço dos 47% na página 2, sem comentários. Contudo, na página 3, publicou um editorial que oferecia o seu veredicto. "O estudo de Lovaas", declarou, "é confiável."[5]

Mas, como Rimland sabia muito bem, Lovaas e sua teoria já estavam sob ataque. Os céticos se manifestavam em todo o mundo do autismo, e a crítica era agressiva. "Um profissional proeminente", relatou Rimland, "chegou a chamar Lovaas de outro Bruno Bettelheim." Essa, naturalmente, foi a calúnia extrema, "dando a entender que o que Lovaas havia feito era destrutivo para as crianças autistas e seus familiares".

Rimland não identificou o expert em questão, mas não era difícil adivinhar quem era. Erich Schloper nunca gostara muito de Lovaas. Agora era guerra.

Schopler e Lovaas haviam se conhecido anos antes, em um pequeno simpósio sobre autismo na Universidade de Indiana. Naquele ano, 1968, a pesquisa do autismo ainda estava muito atrasada. As 26 pessoas presentes, inclusive três da Grã-Bretanha, eram quase todas as que trabalhavam na área. O programa TEACCH ainda não existia, e Lovaas ainda usava a terapia de choque elétrico.

Schopler fez uma apresentação que reproduzia sua tese de doutorado sobre padrões sensoriais. Lovaas atualizou o grupo sobre o que vinha fazendo com a análise comportamental aplicada. Ao terminar suas alegações, disse algo que Schopler entendeu como um ataque à sua apresentação. "Por que temos de falar nessas crianças como se elas tivessem problemas neurológicos?",[6] Schopler lembrou-se de ter ouvido o outro dizer. E prosseguiu argumentando que qualquer criança normal trancada em um quarto vazio, sem ter com quem conversar, logo apresentaria comportamentos autoestimulantes — como qualquer criança com autismo. "Até o meu filho", prosseguiu Lovaas, segundo consta. "Portanto, falemos não em autistas, e sim em comportamento autista."

Para Schopler, era absurdo sugerir que não havia diferença significativa entre um menino normal privado de seus brinquedos durante algum tempo e crianças como as que ele tratava na Carolina do Norte, que eram deficientes. Sua opinião sobre Lovaas desabou.

Com o transcorrer dos anos, em outras conferências, Schopler endureceu sua opinião recriminadora do caráter de Lovaas, vendo-o dar palestras e logo depois se escafeder quando outros tomavam a palavra à tribuna. Observou com frequência que Lovaas ia "a cada conferência com uma mulher diferente"[7] e não dedicava o menor tempo a pais de crianças autistas. "Ele ficava só para fazer a sua apresentação e ia embora."

No segundo número do boletim *ARRI*, Rimland publicou uma carta em que Schopler se disse "consternado ao ler a reportagem acrítica [de Rimland]"[8] sobre a nova teoria de Lovaas. Acusou-o de repetir o erro que a grande imprensa vinha cometendo com sua "cobertura [...] exagerada e enganosa" da proclamada "recuperação" do psicólogo norueguês.

Na carta, Schopler asseverou que o estudo de Lovaas não merecia confiança e apresentava uma penca de problemas. As mensurações usadas por ele para avaliar o progresso das crianças eram inválidas. Seus grupos de controle não eram construídos de maneira sólida. Pior ainda, o grupo que incluía os meninos supostamente "recuperados" estava repleto de crianças altamente funcionais.

Em nenhuma outra arena a expressão "altamente funcionais" chegava a ser um grito de guerra. Mas todo especialista em autismo sabia o que Schopler insinuava: que Lovaas havia trapaceado para produzir os resultados que queria. Em primeiro lugar, essas crianças já eram mais próximas do "normal". Em segundo, aceitava-se que crianças altamente funcionais com autismo, sobretudo as que tinham linguagem, quase sempre faziam mais progresso do que as menos funcionais e sem linguagem. Segundo Schopler, as crianças de Lovaas eram tudo menos uma amostra aleatória, representativa de toda a gama do autismo.

Rimland deu espaço para resposta a Lovaas. "Acreditamos que o dr. Schopler está enganado em sua análise do estudo", escreveu este. A seguir, refutou tudo quanto o outro apontara como errado no seu trabalho, ponto por ponto. Demorou-se em especial na sugestão de que ele teria manipulado crianças altamente funcionais a fim de influenciar o resultado. Em vez disso, prosseguiu, as crianças eram escolhidas para seu estudo dependendo do fato de ele contar com terapeutas livres para trabalhar com elas no momento em que entrassem no programa.

A partir de então, a batalha entre os dois, em vez de arrefecer, não fez senão se intensificar. Nos sete ou oito anos seguintes, essa inimizade prosseguiu rodada após rodada de ataque e contra-ataque, com difamações pessoais, ameaças de processo judicial e tentativas de construir alianças com outros pesquisadores em oposição ao rival. Igualmente notável foi o lugar preferido por ambos para a troca de ataques: as páginas de diversas publicações acadêmicas. Estas tinham tempo de elaboração de vários meses, coisa que contribuiu para que a batalha se arrastasse por tantos anos. Cada qual podia tardar um ano para levar um soco e, então, outro tanto para revidar.

O lado de Lovaas às vezes era representado por pessoas que pareciam atacar Schopler em nome dele. Schopler, por sua vez, fez uma campanha coordenada, porém malsucedida, para forjar uma coalizão com figuras conhecidas no autismo que condenassem Lovaas abertamente. Este, por seu lado, fez um mergulho profundo nos primeiros escritos de Schopler à procura de sujeira. Desenterrou um antigo artigo em que o adversário relatava seu trabalho individual com uma menina de cinco anos, fisgando citações de modo a sugerir, injustamente, uma relação sexual imprópria. Schopler não se cansava de lembrar as pessoas que Lovaas havia usado um agulhão de gado em crianças de cinco anos.

Nada disso prestou muito serviço à ciência. Sem sombra de dúvida, Schopler era o principal instigador, mantendo a contenda viva mesmo quando Lovaas parecia disposto a abandoná-la. Sua reprovação pessoal do rival e a competição profissional de ambos pelo afeto tanto dos pais de crianças com autismo quanto da ribalta científica governaram grande parte da inimizade. Mas os adeptos de Schopler também achavam que sua querela era uma crença sincera de que Lovaas havia tratado a verdade científica com leviandade e, em consequência, muita gente seria prejudicada.

Um capítulo de livro em que Schopler e seu auxiliar Gary Mesibov desancavam os pesquisadores que "fomentam expectativas e promessas irrealistas de melhora"[9] visava Lovaas de forma tão evidente que, uma vez mais, este ameaçou processá-lo por difamação.[10] Ele também tentou voltar o argumento da "expectativa irrealista" contra o próprio Schopler, lamentando "o consenso dos pesquisadores em que pouco se pode fazer para ajudar as crianças autistas".

Na verdade, porém, Schopler não era o único que questionava os resultados de Lovaas. Dizia-se que o psiquiatra Edward Ritvo, outra respeitada autoridade em autismo, se queixara de que "grande parte dessa coisa que sai sob o rótulo da UCLA é, infelizmente, disseminada em larga escala e falsa".[11] Michael Rutter, o primeiro professor de psiquiatria infantil do Reino Unido, uma das vozes mais inatacáveis no autismo, também expressou dúvidas acerca de "anúncios de cura [que] se opõem tanto à experiência clínica quanto ao que se pode esperar com base nas teorias predominantes".[12] Também para Lovaas, um problema gravíssimo era que ninguém, fosse onde fosse, conseguiria reproduzir seus resultados rapidamente — caso conseguisse.

O amor de Lovaas pela boca de cena o estava atraiçoando. Ele nunca usara a palavra "cura", nem a usaria; esse vocábulo não tinha relevância no universo da ABA. Mas os meios de comunicação mantinham viva a conversa sobre "cura", sua tradução preferida da palavra "recuperação" — a qual Lovaas fazia questão de empregar. Como as críticas continuassem se acumulando, ele deixou de usar até mesmo essa palavra, substituindo-a por uma formulação mais precisa e menos chamativa: as crianças alcançaram "níveis normais de funcionamento intelectual e educacional".[13]

Para uma pessoa comum, isso representava uma diferença enorme. A palavra "recuperação" evocava uma imagem de crianças antes silenciosas e isoladas que se tornaram comuns, trocando figurinhas de beisebol e brincando alegremente no parquinho infantil. Já "níveis normais" apenas sugeria crianças que melhoraram em matemática e faziam fila para pegar o almoço. Na verdade, tais proezas mudariam a vida de qualquer uma anteriormente incapaz delas, mas não eram o mesmo que deixar de ter autismo.

Em 1993, quando publicou um estudo suplementar sobre o mesmo grupo de crianças com os colegas John McEachin e Tristram Smith, Lovaas foi muito mais cuidadoso na escolha do tom. Dessa vez, não se vangloriou no *New York Times*. No entanto, seus resultados foram tão impressionantes como na primeira ocasião — melhores até. Com uma única exceção, todas as crianças que ele chamara de "normais" em 1987 haviam mantido seus ganhos em funcionamento intelectual e educacional e continuavam se saindo melhor intelectual e socialmente do que as dezenove outras do grupo de controle inicial. Até Gary Mesibov, o leal auxiliar de Eric Schopler, tirou o chapéu ao ouvir a atualização, reconhecendo que Lovaas havia confirmado "que as intervenções comportamentais são eficazes a longo prazo".

Mas Mesibov também fez a eterna pergunta: *Em comparação com quê?*. A incapacidade de Lovaas de dar resposta a essa questão tinha importância. A ABA já enfrentava sérios obstáculos para ser aceita. O uso de punição continuava sendo controverso, assim como o dinheiro que custava e o tempo que exigia. Na realidade, o método de Lovaas ainda era puramente experimental. Em termos de tentativas clínicas, o esforço intenso representado pelo Projeto Autismo Jovem era algo que um cientista experimentara uma vez em um laboratório. Isso não era bom o bastante para a ciência, que sempre exige que os resultados experimentais sejam replicáveis. Algum outro pesquisador — na melhor das hipóteses, vários outros em vários lugares — tinha de refazer todo o experimento para ver se chegava a resultados semelhantes.

Mesmo um dos mais ardentes partidários de Lovaas, o colega behaviorista Richard Foxx, repreendeu-o por causa disso, escrevendo que, se ele não fosse bem-sucedido em replicar suas descobertas, lhe seria negada a estrondosa ovação a que muito possivelmente fazia jus. E exortou Lovaas e seus parceiros a fazerem o que estivesse ao seu alcance para possibilitar a um grupo de pesquisa independente refazer o seu experimento. Na ausência de tal réplica, predisse ele, seu trabalho ficaria atolado em "uma espécie de limbo científico".[14]

É certo que o ataque de Schopler à "história" da ABA conseguiu, durante algum tempo, semear dúvidas, diminuir o entusiasmo suscitado por Lovaas e desviar a atenção dos pais de crianças com autismo daquilo que ele descartava como mais um "modismo tolo". Lovaas com certeza ainda tinha discípulos, pais e estudantes, a maioria concentrada nos arredores de Los Angeles, mas a aceitação do modelo criado por ele não decolou de repente depois do estudo emblemático de 1987.

O TEACCH, pelo contrário, decolou, coisa que até um colaborador íntimo de Lovaas reconheceu. Em uma análise das metodologias em uso no universo do autismo na década de 1990, Tristram Smith escreveu que o programa de Schopler, "implementado em todos os Estados Unidos e na Europa, é o mais influente programa de educação especial para crianças com autismo".[15]

Richard Foxx tinha razão. Quando a década de 1990 se iniciou, a resposta de Lovaas ao autismo, sua versão da ABA, estava no limbo. Então uma mãe chamada Catherine Maurice escreveu um livro intitulado *Let Me Hear Your Voice* [Deixe-me ouvir a sua voz].

23. Olhe para mim

Em uma tarde de inverno de 1988, ao descer de elevador para o andar térreo do Whittier Hall, na Universidade Columbia, uma mestranda chamada Bridget Taylor ouviu dois outros estudantes mencionarem um nome que lhe era familiar. "Está afixado na agência de emprego",[1] dizia um deles. "Estão à procura de uma pessoa treinada no Lovaas." Quando a porta do elevador se abriu, Taylor se dirigiu à sala 120, onde a faculdade de educação de Columbia anunciava oportunidades de trabalho para os estudantes. Logo encontrou o anúncio afixado em um quadro de avisos: "Procura-se profissional da intervenção baseada no Modelo Lovaas". Ela continuou lendo. O trabalho seria feito com uma criança de Manhattan, e a família se dispunha a pagar sessenta dólares por hora. Era *seis* vezes o que Taylor ganhara nos últimos anos trabalhando com crianças com autismo. Ela tirou o anúncio do quadro, guardou-o no bolso e foi procurar uma cabine telefônica.

Bridget Taylor foi criada com deficiência na família. Seu irmão John, dois anos mais novo, nasceu em 1966 e foi diagnosticado com síndrome de Down. Quando os pais o levaram para casa — resistindo à pressão para que o institucionalizassem —, John era o quarto filho do casal. Ele e Bridget, agora a segunda mais nova, dividiam um quarto e em breve se tornaram inseparáveis.

Tendo apenas dois anos quando John entrou na família, Taylor não achou o irmão caçula diferente. Fundamentalmente, isso nunca mudou, mesmo quando os dois cresceram. Ela logo se adaptou ao dever que sempre cabe ao irmão mais velho de "ensinar" o mais novo — o imprescindível, como trepar em árvore ou se esconder bem no jogo de esconde-esconde. Passou a ser natural em Bridget diminuir o passo quando John tinha dificuldade para acompanhá-la ou imaginar outra maneira de lhe explicar as coisas. Desse modo, indiferente ao diagnóstico de síndrome de Down do irmão, ensinou-o a ler quando ele tinha cinco anos e ela, sete.

Isso não quer dizer que eles nunca brigassem. John cresceu e ficou obsessivo por certas coisas, como a música. Passava horas deitado no chão perto do rádio, escutando. Também desenvolveu o hábito, quando Taylor passou a ter um quarto só dela, de ficar do lado de fora, junto à porta, repetindo sem parar uma palavra qualquer. Ela não suportava aquilo, mas gritar com ele — sua primeira reação — parecia só servir para estimular tal comportamento. Um dia, porém, em um ímpeto de precoce intuição behaviorista — ou por mero ressentimento de irmã —, ela arrancou o botão do rádio que John adorava escutar. E se recusou a recolocá-lo enquanto ele não parasse de repetir a palavra. Taylor havia descoberto a solução: em vez de recompensá-lo dando-lhe atenção, ficar em silêncio e usar uma experiência aversiva para calá-lo. Aos poucos, John pareceu ter esquecido o tanto que gostara de se repetir, e o comportamento cessou de vez.

Na quarta série, Taylor já sabia que queria ser "uma psicóloga que ajudasse as famílias", como escreveu em uma dissertação escolar, embora não soubesse ao certo o que a psicologia envolvia além disso. Na adolescência, quando suas amigas arranjavam emprego de verão em restaurantes e lojas de confecções, ela sempre procurava oportunidades de trabalhar com crianças, em especial com as que tinham dificuldades como problemas de aprendizagem. Sua escola ofereceu-lhe a oportunidade de cursos de colocação avançada em psicologia, e ela pagava a faculdade trabalhando em dois empregos ligados a isso: em uma pré-escola de crianças deficientes mentais e cobrindo turnos como auxiliar substituta em lares comunitários.

Estudante de psicologia de dezenove anos em 1983, Taylor foi recrutada para um novo programa levado a cabo em Ridgewood, Nova Jersey, a uma curta viagem de Manhattan pela ponte George Washington. Tratava-se de um programa de autismo — Vida Adequada para o Autista — destinado a dar aos pais duas ou três horas de "descanso" ocasional dos filhos, que ficavam com pessoas confiáveis capazes de cuidar deles. Isso marcaria o primeiro contato de Bridget com o distúrbio.

Antes de começar, ela e um grupo de jovens contratados tiveram um dia de treinamento conduzido por uma igualmente jovem doutoranda da Universidade Rutgers chamada Carolyn Bruey — mais tarde autora de vários livros sobre autismo —, que compareceu à sessão com *The ME Book* debaixo do braço. Nas horas seguintes, Bruey examinou com o grupo os conceitos de modelagem, reforço, sugestão e extinção, dando exemplos de como decompor aptidões complexas em pequenas partes componentes. Eles aprenderam que, para ter impacto, as recompensas pelo desempenho correto tinham de ser dadas em uma fração de segundo. Também praticaram o aprimoramento da linguagem que iam usar durante as sessões com as crianças, reduzindo-a a um mínimo um tanto artificial. Por exemplo, "Por favor, me dê essa bola" se condensaria em "Dá bola".

Era muita coisa para assimilar em um só dia, mas foi estimulante para Taylor, que não sabia que existia um conjunto de instrumentos específicos e bem pesquisados a ser usado com crianças com autismo, que, como ela tinha ouvido dizer, eram dificílimas de contatar. Comprou seu exemplar de *The ME Book* e lhe puiu as páginas de tanto ler o conteúdo.

O primeiro menino que ela conheceu no programa tinha três anos, chamava-se Jeffrey, não falava, não cooperava e se irritava com facilidade. Detestava o contato da roupa com a pele e se desnudava sempre que tinha oportunidade, pouco importava o lugar, pouco importava a temperatura.

Jeffrey vinha frequentando havia algum tempo o Centro Douglass para Deficiências de Desenvolvimento, na Rutgers. Mas agora, depois da escola, Taylor estendia os dias dele com passeios ao parque, onde, sem ninguém olhando por cima de seu ombro, começou a experimentar um pouco do que havia aprendido com Bruey e *The ME Book*. Naquele primeiro dia, partiu um biscoito em pedacinhos e, usando as técnicas que acabara de aprender, ensinou Jeffrey a se sentar quando pediam. Taylor sabia que isso era algo que o garoto nunca tinha feito, de modo que ficou surpresa e ao mesmo tempo encantada ao descobrir que ele gostava de biscoitos e, para ganhar um pedaço, se dispunha a obedecer à ordem de sentar.

A partir disso, Taylor logrou fazer com que Jeffrey se sentasse em um balanço — outra coisa nova — e usasse as pernas para se balançar e, enfim, sentisse pela primeiríssima vez o prazer de subir sozinho em direção ao céu. A seguir, conseguiu fazê-lo resolver quebra-cabeças e jogar jogos simples. Quando o levava para casa depois de cada sessão ao ar livre, ela o jogava várias vezes na cama, coisa que o menino adorava. Tudo isso eles obtiveram sem o uso de absolutamente nenhuma punição.

A reação da mãe de Jeffrey foi parecida com a de Taylor, de gratidão mesclada com prazer e assombro. Pela primeira vez, ela viu uma "profissional" — uma pessoa de fora da família — prestar realmente atenção no seu filho. Logo, outros pais do Vida Adequada para o Autista passaram a contratar Taylor para sessões particulares com seus filhos fora das horas estabelecidas do programa.

Então ela foi despedida.

Ao que parece, sua popularidade havia provocado alguns conflitos organizacionais, iniciados quando a agência foi sitiada por pais a exigirem que tornassem a designar "a tal Bridget" para cuidar de seus filhos. Taylor foi convidada a voltar e recebeu ordem de abandonar o trabalho particular ou sofrer as consequências. Ela se recusou. E foi embora. Em sua opinião, demitiu-se.

Nos anos subsequentes, enquanto preparava sua dissertação de mestrado em educação na Universidade Columbia, Taylor continuou trabalhando privadamente com famílias. Havia se convertido à análise comportamental aplicada, embora ainda achasse que, entre seus conhecidos, eram poucos os que tinham ouvido falar na ABA. E menos ainda ouvido o nome de Lovaas.

Uma mãe nova-iorquina que morava em um dos bairros mais nobres de Manhattan havia afixado a oferta de trabalho em Columbia e em alguns outros lugares. Rica e instruída — com doutorado em literatura francesa e crítica literária —, Catherine Maurice (um pseudônimo) contou depois que estava se sentindo perdida e assustada naquele começo de inverno de 1988. Semanas antes, às vésperas do Natal, dera à luz um menino, Michel. Agora tinha três filhos, todos com menos de quatro anos. Mas não era o trabalho de cuidar de três crianças ao mesmo tempo que a sobrecarregava. Pouco tempo antes, um pediatra informara que Anne-Marie, a sua filha do meio e única menina, tinha autismo.

Maurice já percebera que havia algo errado em Anne-Marie. Sem ter completado dois anos, a menina dera aos pais a impressão de escapar deles a cada mês que se seguiu ao seu primeiro aniversário. A certa altura, chegou a construir um vocabulário de cerca de dez palavras, inclusive "Oi, papai", mas logo deixou de usá-las. Passou a não fazer caso da voz da mãe e não erguia os olhos quando a chamavam pelo nome. Não brincava com os brinquedos de maneira normal. Tendo ganhado um boneco Garibaldo, usava seu bico para tocar pontos na parede. Nos últimos tempos, havia começado a bater a cabeça no chão durante muito tempo, quando a única coisa que fazia era chorar inconsolavelmente.

Quando Anne-Marie foi diagnosticada com autismo, Maurice ficou aterrorizada.

Pelo que tinha lido, o autismo era um distúrbio que durava a vida toda e para o qual não existia possibilidade de recuperação. Houve quem lhe sugerisse pôr Anne-Marie na ludoterapia, modalidade muito em voga na época, ainda que não tivesse histórico de sucesso em casos de autismo. Maurice também tentou uma coisa chamada "terapia do abraço", em que as duas se abraçavam com força durante longos períodos.

Certa manhã, sua irmã telefonou de Chicago, onde, na véspera, o marido dela topara com um exemplar meio antigo da *Psychology Today* na sala de espera do consultório do dentista. Folheando-a, encontrou um artigo intitulado "Saving Grace" [Salvando Grace], que contava a história de um assombroso avanço no tratamento do autismo documentado na UCLA, onde crianças estavam de fato se recuperando do distúrbio. *Recuperadas* — era o que dizia a revista. Tratava-se da mesmíssima coisa que as leituras de Maurice diziam ser impossível. Mas sua irmã afirmava que um sujeito chamado Ivar Lovaas tinha feito o impossível.

Maurice telefonou na mesma hora para a clínica de Lovaas, na Califórnia, a fim de marcar uma consulta. Uma simpática funcionária chamada Joanne informou gentilmente que, no momento, a clínica não tinha um só horário vago. Desde a publicação do artigo da *Psychology Today*, havia recebido uma avalanche de telefonemas e estaria lotada nos meses seguintes. Mas Joanne explicou que Maurice podia comprar *The ME Book* e que os videoteipes anexos a orientariam para montar um programa ABA em casa e, ao mesmo tempo, usar a equipe da clínica como consultores à distância.

Quando a encomenda chegou, Maurice e Marc, seu marido, assistiram juntos aos videoteipes. Acharam-nos inquietantes, com aquelas cenas dos meninos obrigados a repetir ações aparentemente sem sentido, como erguer os braços acima da cabeça. O livro também perturbou Maurice. Fazia alusão ao emprego de palmadas e duras reprimendas para manter as crianças concentradas. Ela pensou consigo mesma que nunca submeteria Anne-Marie a semelhante regime de punições. No entanto, discutiu isso com Marc, e os dois decidiram levar a cabo um programa ABA fora de seu apartamento.

Foi quando Bridget Taylor entrou na vida deles. Ela telefonou no dia em que encontrou a oferta de trabalho. Quando chegou para a entrevista, Maurice a achou demasiado jovem para saber muito do ensino de uma criança com autismo. Mas Taylor a convenceu do contrário no momento em que Maurice aludiu ao nome de Lovaas e mostrou seu exemplar novo em folha de *The ME Book*. Taylor se apressou a explicar que conhecia muito bem o trabalho da UCLA e contou que, havia anos, usava o método desenvolvido por Lovaas, se bem que com algumas modificações. Por exemplo, não recorria a aversivos. Maurice a contratou no mesmo instante.

Olhe para mim. Essas foram as palavras usadas por Bridget Taylor para iniciar a primeira de centenas de horas de sessões experimentais com Anne-Marie. Em *The ME Book*, "Olhe para mim" era a primeira lição, baseada na premissa de que o contato visual com o professor garantia a atenção e que a atenção era um pré-requisito para a aprendizagem. Naquele primeiro dia, Anne-Marie chorou e resistiu, mostrando-se profundamente infeliz com aquela desconhecida que a obrigava a ficar sentada toda vez que ela tentava se levantar e se afastar. Taylor ficou diante dela repetindo a mesma frase: "Olhe para mim". Quando olhava para ela, Anne-Marie ganhava um biscoito e um sorriso de Taylor, que exclamava alto e bom som: "Que bonita, Anne-Marie!".

Observando aquilo, Maurice ficou dilacerada. Seu instinto materno mandava-a intervir, salvar Anne-Marie de uma situação que, era evidente, a deixava tristíssima dia após dia. Nas primeiras semanas, pensou seriamente em pôr fim àquelas sessões e pedir a Taylor que não voltasse mais.

Porém, no transcurso das semanas, a princípio devagar, Maurice pôde ver que Anne-Marie estava começando a se conectar de maneiras novas com o mundo circundante. Primeiro, olhando para Taylor. Depois, passou a olhar para a mãe. Estava aprendendo a apontar, a abraçar e a usar palavras novamente. Um momento decisivo foi quando seus avanços constantes começaram a se acelerar. Vieram mais palavras, mais contato visual e então, um dia, quando Maurice estava na cozinha preparando a mamadeira do filho mais novo, Anne-Marie entrou gritando "Mamãe, mamãe" — verdadeiramente à procura da mãe.

Pouco tempo depois, quando a ABA prosseguia havia vários meses, os pais levaram Anne-Marie a um dos especialistas que haviam confirmado seu diagnóstico de autismo no início daquela jornada. O médico ficou admirado com o progresso que a menina fizera e opinou que, em todos os níveis básicos de aptidões mensuráveis — "em comunicação, em comportamento social, em habilidades motoras, em aptidões da vida cotidiana" —, Anne-Marie "havia entrado claramente na faixa normal".

Em essência, depois de mais ou menos meio ano de ABA intensiva, além de outras terapias como a ocupacional e a fonoaudiologia, os comportamentos autistas de Anne-Marie estavam recuando. A avaliação feita cerca de seis meses mais tarde o confirmou, ainda que tendo em conta a persistência de poucos e pequenos vestígios de personalidade autista classificados de "resíduos" — essencialmente resquícios. Mas, nos aspectos importantes — na conexão com as pessoas, na capacidade de raciocinar, aprender e crescer de maneira independente —, Anne-Marie era uma das "recuperadas". Graças a Bridget Taylor e à equipe de terapeutas chefiada por ela — e aos métodos do *The ME Book* —, Anne-Marie se integrou aos 47% de Lovaas.

E então, o que foi espantoso, Taylor e a equipe o fizeram pela segunda vez: um segundo filho e uma segunda recuperação na mesma família. Bem quando Anne-Marie estava saindo do diagnóstico de autismo, seu irmão Michel, ainda bebê, foi diagnosticado como tal. Como a irmã antes dele, Michel havia adquirido palavras ainda pequeno, mas logo as perdeu, ao mesmo tempo que parecia se desconectar das pessoas ao seu redor. Depois de uma série de avaliações, os médicos disseram a Maurice que era definitivo: os comportamentos de Michel indicavam autismo.

Ainda que devastada pela notícia, Maurice não se deixou derrotar. Taylor começou tudo outra vez. Mais terapeutas chegaram e foram treinados para levar a cabo a ABA com Michel. Tal como antes, Maurice também contratou um fonoaudiólogo. Em certos aspectos, o garoto se mostrou mais difícil que a irmã, já que tinha propensão a acessos de birra súbitos e intensos. No entanto, o programa tornou a produzir resultados espetaculares. Novamente avaliado depois de mais de um ano de tratamento, Michel se uniu à irmã nas fileiras dos "recuperados".

Em 1991, Catherine Maurice começou a escrever um relato dos problemas que sua família havia enfrentado e do que a ABA lograra fazer com seus filhos. Sem dúvida, outros escritores antes dela tinham conseguido reformar por completo a narrativa do autismo, para o bem ou para o mal. Bruno Bettelheim havia contado a história best-seller da culpabilização da mãe.[2] O livro de Bernard Rimland desmontou Bettelheim e suas teorias.[3] *The Siege* [O sítio],[4] de Clara Park (1966), as primeiras memórias escritas por uma mãe, inspirou muitos jovens, entre eles Bridget Taylor, a entrar em campo e também ajudou a construir uma comunidade de pais. *The ME Book*, naturalmente, pôs em cena muitos aspirantes a terapeuta de ABA.

O livro de Maurice, porém, foi extraordinário em termos de impacto no mundo do autismo. Ela se revelou uma escritora primorosa e, mais importante, soube inspirar esperança. Publicado em 1993, o livro se intitulava *Let Me Hear Your Voice*. Sua influência atingiu lares, escolas, laboratórios de pesquisa e, enfim, tribunais em todo o país.

O subtítulo da obra capturava o motivo: *A Family's Triumph over Autism* [O triunfo de uma família sobre o autismo]. Triunfo, no caso, era sinônimo de recuperação — tratava-se de uma história de recuperação. Sem dúvida alguma, Maurice se esforçou para colocar a experiência de sua família com a ABA em uma perspectiva realista. Teve o cuidado de esclarecer que o método não curava e que a recuperação não era coisa garantida. Descreveu a ABA como cara, demorada, extenuante e, mais importante, imprevisível em seus efeitos sobre determinada criança. Ela foi firme neste ponto: a ABA era um jogo de azar em termos de resultado.

Mas, para os leitores do livro, Bridget Tayor e a ABA não podiam ser um mero golpe de sorte — suas técnicas resultaram em duas recuperações na mesma família. Quando foi lançado, *Let Me Hear Your Voice* passou a ser a única coisa em que as famílias do autismo falavam. Saltou logo para o topo da lista de livros que os pais do autismo tinham de ler. Era a obra que os pediatras lhes recomendavam no dia em que os filhos eram diagnosticados. Best-seller nas conferências sobre o autismo em toda parte, transformou sua autora na grande explanadora da ABA de Lovaas para as "massas" do autismo.

O próprio Lovaas escreveu o posfácio do livro. Envolvidas como estavam dentro de uma genuína história de amor, as memórias da autora sobre a ABA conferiram ao método dele as camadas extras de respeitabilidade que sempre lhe faltaram. Já Bernard Rimland se encarregou do prefácio, no qual elogiou o poder e a franqueza do escrito de Maurice e arriscou uma previsão.

"Let Me Hear Your Voice", declarou, "enviará tanto aos pais quanto aos profissionais uma mensagem poderosa e há muito esperada."

Foi uma profecia que se realizou de maneira imediata e duradoura, mas ao preço de muito conflito e muita angústia.

24. Do tribunal à sala de aula

No dia 19 de junho de 1996, Lilli Mayerson chegou a uma delegacia regional do Departamento de Saúde do condado de Westchester. A divisão para crianças com necessidades especiais situava-se na Bradhurst Avenue, na cidadezinha de Hawthorne, Nova York. Gary, o marido de Lilli, estava preso a reuniões de negócios em Denver, mas ninguém queria arriscar adiar o compromisso. Súbito, o tempo passou a importar muitíssimo.

Algumas semanas antes, o filho de Lilli tinha sido avaliado, às custas expensas do condado, por um psicólogo do desenvolvimento, que recomendara "intervenção imediata e intensa" contra o autismo.[1] Ao ouvir isso, Lilli e Gary só enxergaram uma opção. Cada dia que passava custava o futuro ao seu filho. Ele precisava de ABA o mais depressa possível.

O condado designou para os Mayerson uma coordenadora de caso chamada SueAnn Galante, encarregada de dirigir a sessão daquele dia. O condado, como determinava a lei, apresentaria um plano de um ano de tratamento, que exigia a assinatura dos pais. Depois das saudações e apresentações com os outros membros da equipe ocupados com o caso de seu filho, entregaram a Lilli o papel em que Galante havia resumido o que o condado elaborara.

O que ela leu a deixou pasma.

Com base em sua pesquisa sobre a ABA, Lilli e Gary esperavam que o condado oferecesse ao menino mais que 25, trinta ou mesmo quarenta horas de terapia.

Os números na folha de papel nem se aproximavam disso.

Uma hora e meia de fonoaudiologia por mês. Duas horas mensais de uma coisa chamada terapia familiar. Quarenta e cinco minutos de terapia ocupacional por semana. E oito horas semanais de ABA.

Lilli Mayerson se recusou a assinar.

Dias depois, Galante recebeu um telefonema furioso de Gary Mayerson. Ele classificou de "desprezível"[2] a oferta do departamento e disse que era advogado e sabia que os pais, em todo o país, estavam movendo e ganhando ações para obter financiamento de ABA. A mensagem de Mayerson foi clara: se não oferecesse pelo menos 24 horas semanais de ABA ao seu filho, o condado podia esperar um verdadeiro combate com um pai motivado que sabia muito bem atuar em um tribunal.

Iniciava-se a era dos litígios por causa da ABA.

Os anos que se seguiram à publicação do livro de Catherine Maurice presenciaram uma mudança profunda no relacionamento dos pais com os "experts". Antes, a maioria deles tratava com toda a deferência médicos, diretores de escola, psiquiatras e demais profissionais, tratando de evitar o risco de contrariar aquela gente poderosa de cujo apoio precisavam para ajudar os filhos. Ser persistentes e assertivos era uma coisa, mas uma atitude prepotente e agressiva tendia a ser contraproducente.

Isso mudou na década de 1990, quando os pais do autismo adquiriram uma nova arma: a legislação. A aprovação da Lei da Educação para Indivíduos com Deficiências, em 1990, havia atualizado a Lei da Educação para Todas as Crianças Deficientes, que obrigava as escolas públicas a oferecerem educação adequada a todas as crianças com deficiências que a quisessem. A versão de 1990 mencionou pela primeira vez o *autismo* como uma categoria específica de deficiência. Isso foi essencial. Dali por diante, exigiu-se que as escolas oferecessem programas especificamente adaptados às necessidades das crianças com autismo. Se os pais não concordassem com a oferta, a lei lhes outorgava o direito de recorrer à Justiça.

Sempre houvera processos judiciais baseados na educação. Pais tinham processado escolas a fim de alterar o modo como os filhos eram castigados ou para criar uma equipe de basquetebol de meninas. Até então, raramente havia se levantado a questão da educação do autismo. Mas, nos anos 1990, as escolas foram atingidas por uma onda de "casos Lovaas", como os apelidaram os juristas.[3] O financiamento da ABA passara a ser "um tema juridicamente quentíssimo"[4] e "uma questão de grande importância tanto para os pais como para as escolas", nas palavras de escritores da área jurídica e médicos. Uma análise mostrou que a proporção dos litígios de educação especial centrados no autismo correspondia, então, a dez vezes a proporção real dos alunos de educação especial com autismo.[5] Em outras palavras, os pais do autismo haviam começado, desproporcionalmente, a procurar recursos judiciais para obter mais ABA para os filhos.

Ninguém gostava daquelas batalhas. Elas corroíam a relação pais-escola, e havia algo desmoralizante na possibilidade de ver o orçamento de um sistema escolar esvaziado devido ao pagamento de honorários advocatícios, estando cada parte empenhadíssima em derrotar a outra. Em seu processo, uma família recorreu ao testemunho de um perito que acabou cobrando do contribuinte nada menos que 135 832,67 dólares pela sua expertise.[6] Por outro lado, no condado de Oswego, Nova York, um casal compareceu a uma audiência para obter financiamento da ABA, mas descobriu que o distrito escolar havia mobilizado dezessete testemunhas para depor contra a despesa.[7] O fato de as escolas chegarem a tais extremos para lutar contra pais — na verdade, pais de filhos com deficiências — mostrava-as a uma luz muito pouco lisonjeira. Os pais que investiram cedo na ABA de Lovaas — que se conectavam com a internet e liam relatos de uma taxa de "recuperação" de 47% — não podiam conceber um motivo legítimo para que as escolas se recusassem a financiá-la. Quando sua solicitação da terapia encontrava resistência oficial — como quase sempre ocorria —, era curta a distância entre a incredulidade estupefata e a suspeita de que havia algo podre no sistema. Aliás, Gary Mayerson empregou depois uma expressão mais extrema quando falou na "banalidade do mal" com a qual teve de lutar quando acionou o condado de Westchester.

Muitos pais compartilhavam esse sentimento. Ao mesmo tempo terapia e movimento parental, ABA agora tinha um mantra próprio que aparecia em fóruns on-line, em discursos nas suas conferências e em folhetos: "A ABA é o único tratamento com base científica, respaldo médico e comprovada eficácia".[8] Aos olhos dos pais desesperados, para os quais o tempo era crucial, a verdade da afirmação era óbvia: seus filhos precisavam de muita ABA imediatamente. Os pais não conseguiam enxergar nenhum argumento contrário válido.

Mas existiam muitos contra-argumentos remanescentes tanto do debate antiaversivo quanto das dúvidas sobre a metodologia de Lovaas que vários colegas seus haviam levantado no decurso dos anos. No início da década de 1990, para muitos nos círculos profissionais, aquilo que Lovaas vinha fazendo havia trinta anos no seu laboratório da UCLA ainda parecia extremo, não comprovado e com um leve toque de fanatismo. Isso bastava para dar aos distritos escolares motivo para questioná-lo.

Também havia outros argumentos. A educação americana dependia de credenciamento profissional — diplomas de assistência social, licenciamentos de ensino e assim por diante —, mas o programa de Lovaas requeria que a terapia fosse levada a cabo por equipes de estudantes do ensino médio e universitários, que trabalhavam na casa da criança autista. Isso levantou a importante questão do controle de qualidade. Para muitos na burocracia da educação especial, era irresponsável e talvez até perigoso financiar terapeutas principiantes, mal supervisionados e sem formação profissional para que trabalhassem fora das escolas com crianças vulneráveis.

De fato, nos primeiros anos após o lançamento do livro de Maurice, os profissionais da ABA mais experientes ficaram preocupados com a súbita inundação de terapeutas novatos e mal treinados. Devagar, começaram a estabelecer padrões e certificações mais rigorosos, mas, na época em que os Mayerson solicitaram a ABA, isso acontecia em apenas um punhado de estados. Nova York não figurava entre eles.

Os administradores escolares também sabiam quanto custava a ABA: até 50 mil dólares por criança para remunerar uma equipe de professores dedicados a ela em regime de exclusividade.[9] Coisa possível apenas mediante o corte orçamentário de algum outro setor, provavelmente de um programa — arte, música, educação física — que atendia todo o corpo discente. Além das dúvidas acerca da abordagem de Lovaas, esse valor era considerado altíssimo para um tratamento que parecia não passar de um modismo. De resto, muitos distritos em todo o país já estavam implementando programas de autismo com pessoal certificado que trabalhava dentro da escola e não ameaçava quebrar o orçamento educacional. Alguns deles tinham por base o programa TEACCH, da Carolina do Norte, ou outras variantes que as escolas conheciam e, mais importante, nas quais confiavam.

E, assim, a batalha se tornou mais furiosa em todo o país. No início, parecia que os pais eram a parte desvalida. Na qualidade de litigantes, enfrentavam um oponente — os distritos escolares — que já chegava com advogados na sua folha de pagamento e fundos de contingência para cobrir despesas processuais. Pelos termos de uma emenda de 1986 à Lei da Educação para Indivíduos com Deficiências, os pais, por outro lado, só podiam esperar reembolso por parte do estado se ganhassem as ações. Caso as perdessem, teriam de conviver eternamente com as contas advocatícias.

Os pais enfrentavam outra desvantagem intrínseca. Nos litígios educacionais, os tribunais tendiam a favorecer os educadores profissionais. Quando a questão era o próprio conteúdo do currículo, os juízes, por via de regra, evitavam se colocar na situação de dizer às escolas o que ou como ensinar às crianças. Em face disso tudo, quando os "casos Lovaas" começaram a atingir o sistema, a sorte parecia estar lançada para que as escolas vencessem e os pais fossem derrotados.

Mas algo surpreendente começou a acontecer a partir de 1994. As escolas passaram a perder. Os pais não venciam *sempre*, e, mesmo quando venciam, não obtinham tudo quanto queriam. Mas a tendência era clara: as famílias estavam começando a ganhar. Antes de 1996, ganharam mais da metade dos casos levados à Justiça.[10] Em 1996, 75%. Cada vitória incentivava mais pais a correr o risco, sobretudo quando viam o resultado. Mais crianças como seus filhos recebendo serviços da ABA financiados à medida que as escolas acatavam as ordens dos juízes. Por exemplo, no condado de Monroe, Nova York, um grupo de pais que em 1996 havia registrado apenas quatro famílias beneficiadas pela ABA pôde se gabar de que o benefício se estendera a mais de trinta famílias um ano depois.[11] Na verdade, graças à pressão do mesmo grupo, todos os distritos escolares nos 2100 quilômetros quadrados em torno de Rochester, Nova York, financiavam a ABA para pelo menos uma criança em 1997.

De repente, as escolas e os departamentos de saúde de condados se puseram em atitude defensiva, por vezes gastando mais para combater os pais do que se simplesmente financiassem um programa da ABA. Era uma situação indesejável. E garantiu que, em junho de 1996, ao receber o telefonema de Gary Mayerson, SueAnn Galante, a coordenadora do caso de seu filho, levasse sua ameaça a sério. Ele era advogado e não estava blefando.

O telefonema de Mayerson naquela manhã criou muito alvoroço. Galante, que tomou notas furiosamente[12] enquanto o homem gritava ao telefone, desligou e na mesma hora se precipitou pelo corredor rumo ao escritório de sua chefe, Susanne Kaplan, que ocupava o cargo de diretora de Serviços para Crianças com Deficiências. Kaplan não estava plenamente inteirada do caso Mayerson, uma vez que costumava deixar os detalhes dos programas individuais a cargo das coordenadoras de caso, confiante em sua expertise para criar planos adequados às crianças sob sua responsabilidade.

Mas, ao saber o que Mayerson dissera a Galante, Kaplan decidiu consultar o advogado de seu departamento para saber como ela e sua equipe deviam conversar com os Mayerson dali por diante.[13] Ainda que elas continuassem sendo responsáveis por obter serviços para aquela criança, caso o pai enfurecido pretendesse de fato entrar na Justiça, qualquer coisa que a equipe dissesse podia se transformar em munição a ser usada contra ela própria.

Kaplan, Galante e duas outras participantes da equipe redigiram juntas um memorando para o promotor do condado, expondo suas preocupações. Mais tarde, Galante o descreveria como "um alerta jurídico".[14] Elas resumiram o programa oferecido ao filho dos Mayerson em oposição ao que os pais queriam para o menino. Tiveram o cuidado de mencionar que o próprio Mayerson era um "advogado esperto" e repetiram seu comentário sobre os pais que vinham tendo êxito ao processar os distritos escolares de todo o país a fim de obter a ABA.

Estar às voltas com advogados e processos não era o que aquelas mulheres tinham em mente quando resolveram se dedicar à educação especial. Muito menos Susanne Kaplan, que atuava na área havia muito mais tempo que qualquer uma delas — e que, no momento em que assinou o memorando, não tinha ideia da encrenca em que estava se metendo.

Apesar do modo como em breve viria a ser descrita, Susanne Kaplan não era conhecida como inimiga dos pais nem como negligente no cumprimento do dever de fornecer serviços a crianças com deficiências. Sua ascensão a um cargo de nível médio em Westchester, supervisionando a execução do programa de intervenção precoce, era mais uma comprovação de sua experiência na área que de um tipo qualquer de personalidade politiqueira. Pelo contrário, ela era uma pessoa meiga, taciturna, que ingressara no setor das deficiências 27 anos antes como professora de jardim de infância. Mais tarde, fez mestrado em educação especial e se transferiu para a administração, da qual passou os primeiros dez anos no condado de Westchester. Era aplicada em afeto, pacífica nos modos e, como ela própria reconhecia, muito vulnerável a críticas.

Kaplan tampouco era inimiga da análise comportamental aplicada. Em 1994, havia começado a conversar com a professora Janet Twyman,[15] diretora da Fred S. Keller School, em Yonkers, Nova York, na qual o currículo de educação especial era elaborado em torno da análise comportamental. Em uma época em que outros administradores de todo o país estavam preparando defesas jurídicas contra a pressão dos pais a favor da ABA, Kaplan se aproximava de Twyman como uma parceira potencial na oferta de serviços adicionais do método às famílias de Westchester.

Infelizmente, a Keller School carecia de uma reserva profunda o suficiente de terapeutas treinados e em condições de oferecer esses serviços adicionais ao condado com monitoração adequada e sem comprometer a qualidade. Na verdade, a questão da "qualidade" era importantíssima nas conversas de Kaplan com Twyman, que procurava convencê-la de que inflexíveis quarenta horas semanais eram um padrão muito arbitrário para formular um programa de ABA, e que a qualidade dos terapeutas era uma referência mais relevante que a quantidade de terapia.

Por fim, Kaplan solicitou explicitamente que se incluísse a ABA ao estilo de Lovaas no menu oficial de serviços que o estado pagaria a partir de março de 1994. A principal razão que a levou a fazê-lo foi o fato de os pais já estarem gastando dinheiro para iniciar programas, e ela queria ajudar.

Em julho de 1996, como era de esperar, os Mayerson iniciaram um programa de ABA próprio. Nas semanas decorridas após o telefonema furioso de Gary Mayerson à sede central do condado, não houvera nenhuma resolução a respeito da questão das horas. O condado tinha revisto duas vezes o plano proposto para o filho dos Mayerson — primeiro, aumentando a oferta de ABA de oito para dez horas semanais e, a seguir, acrescentando dez horas semanais de "treinamento familiar", ou seja, um terapeuta instruindo os pais para interagirem com o filho no âmbito da ABA. A certa altura, Gary Mayerson se propôs a pagar quase a metade do custo da ABA de seu filho se o departamento se dispusesse a ultrapassar as trinta horas, mas foi inútil. A discussão continuou se arrastando, contudo os Mayerson sentiram que não tinham mais tempo a perder. Seu filho precisava de terapia imediatamente.

Com uma rapidez notável, Lilli Mayerson conseguiu montar uma equipe de ABA constituída de mulheres com sólida experiência, diploma de graduação e mestrado. A primeira sessão iniciou-se na casa deles, em Mamaroneck, em uma manhã de quarta-feira. Intensivo queria dizer intensivo; no outono, seu filho estava tendo de 25 a trinta horas de ABA por semana. E Gary preenchia muitos cheques que somavam cerca de 3400 dólares mensais.

O trabalho era exaustivo para todos, mas também estimulante. O menino começou a reagir praticamente no primeiro dia. Em duas semanas, passou a fazer e manter contato visual, ao mesmo tempo que alguns de seus comportamentos autistas clássicos — como abanar as mãos — diminuíam vagarosamente. As palavras passaram a ter sentido para ele, que começou a obedecer a ordens simples. Decorridos alguns meses, pouco a pouco, ele começou a articular algumas palavras. Era extenuante e primitivo, como ocorre com a comunicação, mas cada vez que acontecia também era um triunfo. Para aquele menino e para a argumentação a favor da ABA.

Mas, nas horas em que o garoto não estava em terapia — e não era o foco da interação intensa de um adulto —, a agitação das mãos retornava. Entregue a si próprio, ele retrocedia ao seu mundo particular. Até certo ponto, "regredia", no linguajar da ABA. Não chegava a recuar ao nível de que havia começado, mas, mesmo assim, tratava-se de uma recaída.

O cálculo era óbvio para os Mayerson: quanto mais ABA seu filho recebesse, mais depressa ele se conectaria e menos tempo teria para perder terreno. Assim, Gary Mayerson solicitou uma audiência de devido processo legal para levar a discussão à presença de um juiz. Também decidiu atuar como advogado do filho e cuidar ele mesmo do caso. Queria ser a pessoa a mostrar o programa tal como era — inadequado, insensível e injusto. Só precisava de um pouco de munição.

Quando escreveu aquele memorando de "alerta jurídico" para o promotor do condado, Susanne Kaplan manifestou especificamente o temor de que Mayerson tentasse usar as palavras dela ou as da sua equipe para atacá-las. Seu receio mostrou-se justificado quando Gary Mayerson transformou o próprio memorando na peça principal de sua ação contra o condado.

Ao redigir o alerta, Kaplan acrescentou uma frase para informar o promotor do condado. "Atualmente", escreveu, "adotamos uma política que restringe [a intervenção precoce] de terapia de ABA a dez horas semanais."[16]

Seu emprego das palavras "política" e "restringe" foi problemático. Todos sabiam o que a lei exigia, ainda mais depois de várias decisões judiciais em casos ligados à Lei da Educação para Indivíduos com Deficiências na década de 1980. As escolas deviam oferecer a cada criança com deficiência um programa individualizado, adaptado a suas necessidades específicas. O tribunal exigia que o programa fosse razoavelmente calculado de modo a fornecer um "benefício educacional significativo".[17] Isso não significava que tinha de ser o melhor programa imaginável. Na verdade, ao criar aquele que ficou conhecido como programa "Cadillac-Chevrolet", os tribunais haviam dito às escolas que um programa "Cadillac" era desnecessário. Dar à criança um programa "Chevrolet" era apropriado desde que o veículo fornecido estivesse significativa e adequadamente ajustado a cada criança individual.[18] O aspecto personalização era fundamental. Os magistrados não viam com bons olhos os sistemas escolares que recorriam a ofertas do tipo "tamanho igual para todos".

Mas Kaplan, em um memorando confidencial, havia empregado uma linguagem que podia ser lida facilmente desse modo. *Uma política que restringe*. Tais palavras, na interpretação mais franca, sugeriam que, no programa de intervenção precoce que ela dirigia para o condado de Westchester, qualquer criança que procurasse a ABA receberia o mesmo pacote de horas predeterminado, que já vinha com um teto estabelecido. Para Gary Mayerson, isso nada tinha de individualização.

Por pura casualidade, o alerta jurídico caiu nas mãos de Mayerson no fim do verão de 1996. A audiência sobre a ABA de seu filho estava marcada para outubro, e ele, um advogado tarimbado, tratou de se preparar. Informou-se mais sobre a Lei da Educação para Indivíduos com Deficiências, estudou casos semelhantes apresentados por pais no estado de Nova York e se encontrou com Lovaas a fim de aprofundar seu entendimento do método. Encontrou uma testemunha de que gostou muito, a dra. Ira Cohen, uma psicóloga mencionada em *Let Me Hear Your Voice*, de Catherine Maurice. A dra. Cohen estava disposta a declarar que o menino precisava de quarenta horas semanais de ABA.

Em uma tarde de fim de semana, Mayerson abriu uma caixa de documentos que havia solicitado ao condado. Continha uma cópia do prontuário de seu filho, a qual, pela Lei de Liberdade de Informação do estado de Nova York, ele tinha o direito de ler. A maior parte do material já lhe era conhecida, mas, ao pegar dois documentos que estavam juntos, ele deparou com algo que nunca tinha visto: o memorando de Susanne Kaplan — o alerta jurídico. Ou, como ele passou a chamá-lo depois, a "prova irrefutável".

Mayerson logo percebeu que alguém, no escritório de Kaplan, havia cometido um erro gravíssimo; aquele documento não devia chegar ao conhecimento dele. Muito provavelmente, ele estava protegido pelo sigilo cliente-advogado e não podia ter sido incluído entre os papéis enviados a sua casa. Mas agora era tarde demais; aquilo lhe havia sido entregue, de modo que o sigilo era contestável.

Na segunda página, Mayerson encontrou as palavras em torno das quais erigir suas alegações: "Atualmente, adotamos uma política que restringe [...]".

Ele mal pôde acreditar que Susanne Kaplan havia de fato colocado aquilo no papel. E se sentiu ao mesmo tempo furiosamente indignado e ferozmente exultante com a possibilidade de usar o memorando para provar aquilo em que acreditava — que o condado de Westchester vinha subtraindo de cada criança com autismo aquilo de que elas precisavam mais desesperadamente: o máximo possível de horas de ABA.

Mayerson mal conseguia esperar para levar Susanne Kaplan ao banco das testemunhas, fazê-la prestar juramento e enfrentá-la.

Durante toda a manhã, Mayerson evidenciara de tal modo o seu desdém pela mulher de fala mansa no banco das testemunhas que até o juiz achou sua atitude excessiva. Era visível que mesmo os olhares e os encolhimentos de ombros do advogado a deixavam nervosa.

"Eu estou *tentando* responder", protestou Kaplan, "da melhor maneira de que sou capaz."[19]

"A sua linguagem corporal está traindo as suas opiniões", admoestou o juiz Gerald Liepshutz, dirigindo-se ao advogado. "Peço-lhe que não faça mais isso."

Sem dúvida alguma, foi o interrogatório mais cáustico já visto na Prospect Avenue, 136, em Mamaroneck, Nova York, que não era propriamente um tribunal, mas uma biblioteca pública cuja sala de conferência por acaso estava disponível naquele dia.

Kaplan se achava atordoada. Já havia testemunhado em audiências de devido processo legal, mas nunca vira acontecer nada remotamente parecido com aquilo.

Seu depoimento já durava mais de uma hora. "Eu estou aqui para colaborar", ela tinha dito no início do interrogatório. Chegara com a esperança de ajudar, mas, de repente, via-se sendo ridicularizada diante de pessoas desconhecidas por um pai, um advogado, que punha em dúvida tanto o seu caráter quanto a sua ética.

Quando Mayerson voltou a erguer a voz para Kaplan, o juiz Liepshutz, compreendendo a situação, aconselhou-o a ter cuidado.

"O senhor está representando dois papéis, e eu sei que é difícil separá-los", atalhou Liepshutz. "Mas isso não altera o fato", prosseguiu, "de que o senhor tem de separar o papel de pai do papel de advogado."

Mayerson pediu desculpas e retomou sua linha de indagações.

"Explique isto aqui", exigiu, erguendo uma cópia do memorando "alerta jurídico" enquanto lia em voz alta a frase escrita por Kaplan acerca de o condado restringir a ABA a dez horas semanais.

A resposta de Kaplan não satisfez Mayerson, mas, a partir daquele momento, ela sempre sustentou que era a pura verdade. As dez horas, disse, não eram o limite máximo de ABA. Eram o ponto de partida, uma referência. "Nós as encaramos como um modo de começar",[20] disse. Aquele era o número com que todas as crianças pequenas começavam, para se verificar se conseguiam suportar a intensidade da terapia antes de se pensar em aumentar as horas.

Como diretriz, parecia razoável. Porém Mayerson se apressou a lembrá-la da frase denunciadora no memorando: *adotamos uma política que restringe*. Não havia nada que sugerisse começar com pouco e depois aumentar.

"Não é o que está escrito aqui no memorando", pressionou Mayerson. "A senhora afirma que isto significa uma coisa diferente do que diz o papel, certo?"

Kaplan tentou explicar que o que importava não era a linguagem do memorando, mas o fato de sua equipe procurar equilibrar o receio de estressar demais as crianças de doze e dezoito meses que podiam se submeter à ABA.

"Essa é a nossa maneira de começar", repetiu.

E de novo e pela última vez, Mayerson disse o óbvio — não só para ele, mas agora também para o juiz, para o promotor do condado e para a própria Kaplan.

"Não é o que diz o memorando, é?", perguntou.

"Não", respondeu ela enfim, percebendo que era inútil continuar discutindo aquele ponto. "Não é."

Mayerson passou o resto da manhã caracterizando Kaplan como uma vilã de todos os modos de que foi capaz — perguntando-lhe diretamente, repetidas vezes, se ela queria confundir todo mundo e enervando-a com indagações a que já havia respondido pelo menos uma vez. Cansada, magoada e nervosa, em meio a uma discussão sobre os fatores que concorriam para a concepção do programa do filho do advogado, Kaplan por fim desabafou: "Não sei o que o senhor está procurando".

Mayerson compreendeu que aquele momento era o cenário perfeito para a fala perfeita em um tribunal.

"Eu estou procurando a verdade", salmodiou. "A única coisa que estou procurando é a verdade."

A audiência de devido processo legal de Mayerson durou nove dias inteiros de depoimentos distribuídos ao longo de dois meses. Em abril de 1997, o juiz Liepshutz decidiu que o programa do condado para o filho do advogado era inadequado e que sua família tinha 20 287,50 dólares a receber pela ABA que já havia pagado do próprio bolso. A seguir, ordenou que, até agosto de 1997, o condado continuasse financiando o programa doméstico de "32 a quarenta horas semanais" do menino. Quanto ao tratamento, concluiu que "a terapia ABA é adequada e extremamente eficaz no caso de crianças autistas". Era tudo que Gary Mayerson queria obter para o filho.

Gary Mayerson tinha encarado a falta de financiamento adequado da ABA como uma emergência que requeria atenção urgente. Sabia que, para chegar a algum lugar, precisaria criar uma emergência para o condado, coisa que fez, se bem que atacando uma executiva de nível médio que não tinha senão boas intenções. Entre os colegas de Susanne Kaplan predominava o sentimento de que ela era uma mulher íntegra e não merecia ser demonizada. Coisa que seu currículo corroborava. Mas era altamente provável que, se não atuasse com tanta brutalidade, Gary Mayerson não teria feito muito progresso na obtenção da verba da ABA. Mesmo na ausência da conspiração que ele julgava existir, a mera inércia burocrática e a escassez de terapeutas qualificados de ABA certamente impediriam seu filho de receber mais horas do que o condado estava disposto a dar.

O desempenho de Mayerson pode ter parecido duro aos funcionários do distrito escolar, mas, para a comunidade do autismo, sua vitória em Westchester transformou-o em um herói. Os pais do autismo de todo o país queriam que ele também fosse seu advogado. Não muito tempo depois, Mayerson abandonou seu grande escritório de advocacia de Nova York e se especializou na defesa de famílias em batalhas por educação especial. Quase duas décadas depois, seu filho, que outrora não sabia falar, justificou a luta do pai ingressando na faculdade.

Assim como Catherine Maurice havia, quase sem ajuda, tornado o nome de Ivar Lovaas famoso entre os pais do autismo, os "casos Lovaas" levados aos tribunais pelos pais impôs a ABA à consciência das entidades governamentais que dirigiam a política educacional e sanitária. Embora fossem resistentes de início, os legisladores acabaram mudando radicalmente de ideia com relação à terapia.

Em 1999, o Departamento de Saúde de Nova York publicou seu primeiro conjunto de "Diretrizes de prática clínica"[21] para a intervenção precoce, no qual endossava a ABA como "um elemento importante em qualquer programa de intervenção para crianças pequenas com autismo". Meses depois, o primeiro relatório do diretor nacional de saúde dos Estados Unidos sobre saúde mental, uma análise colossal do panorama dessa área, declarou que "trinta anos de pesquisa haviam demonstrado a eficácia dos métodos comportamentais aplicados".[22] Chegou até a chamar o estudo de Lovaas de 1987 de uma pesquisa "bem concebida". Com o início do novo milênio, mais escolas do que nunca concordaram em oferecer a ABA.

Mas nem todas içaram a bandeira branca.[23] Depois de perder com tanta frequência na metade da década de 1990, as autoridades educacionais começaram a aprender a ganhar de novo. Paradoxalmente, dizer sim à ABA passou a integrar a estratégia proposta por consultores como Melinda Baird. Ex-advogada interna do Departamento de Programas de Educação Especial do Tennessee, ela passou a trabalhar por conta própria em 1996, apostando que era um bom negócio dar assessoria jurídica a distritos escolares individuais e representá-los na Justiça. Em 2001, havia se encarregado de casos no Tennessee, no Alabama e na Flórida e dirigido centenas de workshops para pessoal escolar sobre como evitar um litígio. Em 2000, escreveu um trabalho intitulado "Building a Blueprint for an Appropriate and Defensible Autism Program" [Construindo um projeto para um programa de autismo apropriado e defensável]. Entre as medidas para evitar litígio com os pais, ela incentivava as escolas a se empenharem em lançar mão de uma "abordagem eclética",[24] usando vários métodos, inclusive a ABA, com base nas necessidades individuais da criança.

Essa abordagem dita eclética foi adotada em muitas partes do país, resultando em programas individualizados em que a ABA era oferecida em pequenas doses — apenas uma ou duas horas semanais em alguns lugares —, mas combinada com outros serviços, como fonoaudiologia ou terapia ocupacional, integração sensorial, ludoterapia, musicoterapia ou um período em uma sala de aula de TEACCH. Segundo o argumento aqui usado, uma combinação de terapias era melhor que apenas uma — afirmação que nunca deixou de ser discutível. Entretanto, é evidente que a abordagem eclética beneficiou os administradores escolares por oferecer um escudo contra a acusação de que eles estavam negando às crianças alguma terapia vital.

Certas comunidades, contudo, se dedicaram mais à ABA. Indiana, Nova Jersey, Nova York, Massachusetts e, até certo ponto, a Califórnia ficaram conhecidos como lugares em que os programas eram relativamente generosos com as horas financiadas pelas escolas. Em parte, essas diferenças locais se deveram ao ativismo parental agressivo — o efeito Gary Mayerson — e, em parte, aos judiciários locais simpatizantes que favoreciam os pais litigantes. Algumas famílias se mudaram para tais estados só por esse motivo, assim como antes muitos pais do autismo se mudavam para a Carolina do Norte a fim de ter acesso ao TEACCH.

Ao mesmo tempo, o termo "ABA" passou a ter significados diferentes em diferentes lugares. Mesmo quando os "casos Lovaas" abriram a porta das escolas, versões rivais da análise comportamental aplicada lá entraram sorrateiramente e se estabeleceram. Tinham acrônimos próprios — PRT, SCERTS, DRI, RDI, VBA, PBS, ESDM —, embora todas asseverassem de maneira legítima se basear na análise comportamental aplicada. Muitas tentaram ser mais "naturalistas" que a abordagem de Lovaas, menos rígidas e mais abertas às dicas dos alunos. Atualmente, até o Instituto Lovaas — que possui os direitos sobre o método original — se esforça para tornar seus exercícios mais centrados nas crianças e mais divertidos.

No fim, a ABA, outrora considerada uma abordagem marginal, passageira e excessivamente divulgada do autismo, veio a ser a corrente principal. Era tido como certo — com base em numerosos estudos — que um pouco de ABA era muito melhor do que nada e que algumas crianças progrediam muito graças a ela. Seu índice de QI se elevava e sua capacidade de linguagem melhorava. Quanto ao achado controverso que de início desencadeou a enorme demanda de ABA — a taxa de recuperação de 47% proclamada por Lovaas em 1987 —, quase duas décadas se passariam para que fosse confiavelmente replicado. Em 2005, Glen Sallows e

Tamlynn Graupner, fundadores do Projeto do Autismo Precoce de Wisconsin, publicaram o resultado de quatro anos de estudo controlado da eficácia de um tratamento que era uma variante próxima da ABA de Lovaas.[25] Relataram que 48% das crianças obtiveram QI mais elevado e fala fluente e que, aos sete anos, elas tinham bom desempenho e faziam amizades em salas de aula regulares. O tratamento não era uma reprodução literal das técnicas de Lovaas. Por exemplo, Sallows e Graupner não usavam aversivos e acrescentavam outras terapias à mistura. Não obstante, o estudo recebeu notas altas devido à sua metodologia, mesmo de céticos, e considerou-se que ele reforçou a teoria original de Lovaas.

Na prática, porém, a nova prova foi supérflua. A ABA já tinha ganhado a guerra pela aceitação. E poucos duvidavam que Lovaas descobrira algo importante quando estava na UCLA. À parte isso, seu trabalho não esclareceu muito o que era o autismo fundamentalmente — questão que Lovaas nem tentou abordar e que os analistas comportamentais consideravam em essência irrelevante para a eficácia do tratamento.

Mas eles não eram os únicos cientistas a concentrar a energia em crianças com autismo. Outro grupo de investigadores, do outro lado do Atlântico, deu nova direção ao estudo do autismo. Para eles, entender a sua natureza essencial não era irrelevante. Era *relevantíssimo*.

PARTE V
AS PERGUNTAS FEITAS EM LONDRES
(DÉCADAS DE 1960-90)

25. As perguntas feitas

Durante anos, só policiais dormiam na casa de tijolos situada no centro da Florence Road, uma rua curta quase toda de casas de uma única família localizada no bairro londrino de Ealing. Abarrotada de camas, ela servia de dormitório para os empregados da Estrada de Ferro Nacional da Grã-Bretanha — sobretudo para sua força policial ostensiva. No entanto, isso terminou em 1965, quando os policiais ferroviários foram embora e as crianças com autismo se mudaram para lá.

A partir de então, o lugar passou a ser usado para fazer a história do autismo.

Nas décadas de 1960 e 1970, a Grã-Bretanha tinha tão raros pesquisadores do autismo quanto os Estados Unidos. Os poucos que estudavam o tema se concentravam nas imediações de Londres, e a maioria deles se conhecia bem. Também tinham produtivo contato com os colegas dos Estados Unidos. De fato, depois da Segunda Guerra Mundial, os cientistas britânicos e americanos dominaram a investigação da mente humana, suplantando os colegas germanófonos como principais influências na área.

Não surpreende que a escassa literatura sobre o autismo existente enfocasse quase exclusivamente crianças americanas e britânicas. A referência a outras nacionalidades na literatura do autismo foi tão rara durante tanto tempo que o mero fato de falar inglês quase podia ser considerado um fator de risco no caso do autismo.

Contudo, apesar do idioma comum, os pesquisadores americanos e britânicos tinham prioridades visivelmente diferentes. Aqueles procuravam tratar — e até curar — o autismo. Entre eles, havia um senso de emergência, um ímpeto de encontrar soluções o mais depressa possível. Na Grã-Bretanha, a abordagem era mais calma, mais voltada para a busca de uma explicação para o distúrbio. Levados pela curiosidade, os pesquisadores britânicos procuravam mapear os contornos do autismo e compreender a mente autista.

A abordagem britânica — à qual eles se mantiveram fiéis nas cinco décadas seguintes — produziu um conjunto característico de resultados. Um pequeno grupo de psicólogos experimentais e psiquiatras pesquisadores de formação britânica chegaram a insights que alteraram em caráter permanente o modo como o autismo era percebido e compreendido em todo o mundo.

Os britânicos também estavam atentos a uma questão mais ampla: o que o autismo revelava acerca dos mecanismos da mente humana em geral? Isso não pretende sugerir que aqueles cientistas não fossem motivados pelo desejo de dar alívio às crianças e a suas famílias. Mas, ao mesmo tempo, as crianças eram consideradas objetos raros e fascinantes, fortuitamente disponíveis em um lugar — a casa da Florence Road.

De fato, na Grã-Bretanha dos anos 1960, dificilmente se fazia um estudo de autismo que não levasse o pesquisador àquele endereço. Mas, em primeiro lugar, os pais tiveram de manter o lugar em pleno funcionamento.

Seria injusto dizer que o movimento inicial de organização dos pais britânicos do autismo simplesmente se igualou ao dos pais americanos. Isso porque, em muitos aspectos importantes, os pais britânicos foram os verdadeiros inovadores. Eles o fizeram primeiro, e os americanos seguiram conscientemente o seu modelo. Por exemplo, eles foram os primeiros a organizar uma sociedade nacional, em 1962. Foram os primeiros a lançar mão dos jornais para divulgar sua história. Foram os primeiros a escolher uma peça de quebra-cabeça para seu logotipo — o que seria copiado com frequência por grupos do autismo de todo o mundo.[1]

No entanto, os pais britânicos não construíram a primeira escola do autismo. Algumas já tinham se estabelecido em Nova York e arredores por volta de 1960.

Mas a escola que eles construíram foi a primeira a desenvolver uma reputação global, atraindo visitantes de todo o planeta. Chamada a princípio de Sociedade Escola para Crianças Autistas, ficou famosa por provar que tais crianças *podiam* ser educadas. Grande parte do crédito disso cabe à mulher matronal que morava no último andar — uma talentosa professora chamada Sybil Elgar.[2]

Para Elgar, trabalhar com crianças com autismo foi uma segunda chance na vida. Ela se formou agente funerária logo depois da Segunda Guerra Mundial, mas só trabalhou como funcionária pública e depois como secretária de escola. Na meia-idade, foi obrigada a deixar o emprego para cuidar em tempo integral da mãe doente. Naquelas circunstâncias difíceis, com quarenta e tantos anos, Elgar se inscreveu em um curso de magistério por correspondência.

Foi um modo demorado e tedioso de ingressar em uma nova profissão, já que todo o seu contato com os professores era feito pelo correio. No entanto, o curso exigia que ela tivesse alguns períodos de contato com crianças em uma sala de aula. Em 1958, Elgar cumpriu parte dessa exigência passando um dia no hospital Marlborough Day, no bairro londrino de St. John's Wood, na ala destinada a crianças com "perturbações emocionais graves". Ela não se deu conta então, porém muitas das crianças que viu naquele dia estavam habilitadas para o diagnóstico de autismo.

O dia passado no Marlborough afetou Elgar emocionalmente. Foi uma cena clássica de vida institucional: as crianças não recebiam atenção nem estímulo significativo e, por certo, não aprendiam nada de útil. Ela contou a amigos que aquele lugar "destruía a alma". Perseguida pela lembrança, fez uma nova visita em 1960, esperando ver uma melhora nas condições do local. Como não viu nenhuma, decidiu abrir uma escola própria exatamente para aquele tipo de criança, as que não tinham quem as defendesse. Ela estava com 46 anos.

Dois anos depois, Elgar começou a trabalhar com seis meninos no porão de sua casa na zona norte de Londres, todos eles rotulados como tendo "perturbações emocionais graves". A maior parte dos clínicos ainda ignorava o diagnóstico de autismo, que se aplicaria a pelo menos alguns dos garotos. Elgar nunca tinha ouvido falar nele. Todavia, em 1963, começou a reconhecer a relevância do conceito para o seu trabalho. Procurou três psiquiatras infantis de Londres a fim de oferecer espaço em sua escola para os eventuais clientes com o distúrbio. Indiferentes a suas credenciais, para não mencionar o seu sotaque proletário, nenhum deles a levou a sério.

No entanto, a mãe de um menino com autismo levou. Helen Green Allison era uma americana residente em Londres cujo filho Joe, nascido em 1957, foi diagnosticado com autismo aos quatro anos de idade.[3] Allison morava na Grã-Bretanha desde a Segunda Guerra Mundial, quando chegou para estudar em Oxford e acabou ficando para trabalhar para a inteligência. Em 1961, ela foi ao programa de rádio *Women's Hour*, da BBC, a fim de falar do seu filho. Depois dessa aparição, famílias de todo o país que tinham uma história parecida entraram em contato com ela. Allison foi a mãe que, com um pequeno grupo de outros pais, lançou o primeiro grupo de apoio ao autismo do mundo, usando um nome do qual eles de cara se arrependeram: Sociedade para Crianças Psicóticas. Em questão de meses, rebatizaram-se Sociedade Nacional para Crianças Autistas.

A essa altura, Allison havia matriculado Joe na escolinha de Sybil Elgar. No primeiro dia, ele quebrou todas as lâmpadas da sala de aula no porão. Elgar se manteve impassível. Substituiu as lâmpadas e, a seguir, tratou de se conectar com aquele garoto de comportamento selvagem. Observando e improvisando, não tardou a ver que Joe aprendia mais quando lhe mostravam como fazer uma coisa — mesmo tarefas aparentemente simples como se sentar em uma cadeira — do que quando lhe davam uma explicação com palavras. De maneira intuitiva, ela havia tido um insight importante: o processamento visual tende a superar o auditivo em algumas crianças com autismo. Em si, essa era evidência de uma base neurológica do transtorno, mas em 1963 não passava de uma possibilidade que os pesquisadores acadêmicos mal haviam começado a levar em consideração. Elgar também experimentou impor uma estrutura às atividades das crianças. Estabeleceu horários rigorosos e traçou limites em torno das áreas de trabalho e de brincadeiras. Assim fazendo, a professora autodidata estava invalidando os psicanalistas profissionais, que ainda recomendavam ambientes de liberdade ilimitada a fim de libertar egos enjaulados por mães indiferentes. Quando isso não dava certo, coisa que sempre acontecia, eles em geral recomendavam internação em uma instituição.

Mas o método de Elgar surtiu efeito. Joe se tranquilizou e até começou a usar palavras pela primeira vez. Quando Helen Allison contou isso aos outros pais, a demanda no porão de Elgar aumentou muito. A Sociedade Nacional decidiu fundar uma escola maior, pois a da professora já não tinha espaço. O marido desta, Jack, um ex-ferroviário, ouviu falar por acaso em um dormitório de policiais à venda em 1964. A sociedade fez uma oferta oportuna, e os Elgar acabaram indo morar no andar superior da casa da Florence Road, 10.

Em breve, a Sociedade Escola para Crianças Autistas se expandiu, ocupando as duas casas a cada lado da de número 10. O dinheiro provinha do governo e de doadores particulares, inclusive celebridades, entre as quais figuravam três dos Beatles, que passavam horas bricando com os meninos. Eric Schopler atravessou o Atlântico para dar uma olhada e voltou para casa com ideias novas, que incorporou ao seu programa na Carolina do Norte. Sybil Elgar, a professora mestra, por fim foi homenageada pela rainha. Pais também a homenagearam, rebatizando seu estabelecimento de Escola Sybil Elgar em sinal de gratidão pelo que ela fazia todos os dias: provar que as crianças com autismo eram capazes de aprender.[4]

Nas décadas seguintes, centenas de crianças foram educadas ali. Nesse ínterim, muitas delas apareceram brevemente em uma das pesquisas mais avançadas já empreendidas na tentativa de entender o que é de fato o autismo.

Em um dia de 1967, uma mulher e um homem, ambos cientistas, apareceram na Florence Road levando consigo uma pesada caixa de madeira, mais ou menos do tamanho de um condicionador de ar de janela. Um buraco aberto em um dos lados era grande o bastante para que uma criança nele enfiasse a cabeça. Nas horas subsequentes, uma longa fila de meninos e meninas com autismo se sentou em uma cadeira em frente à caixa e fez exatamente isso: enfiar a cabeça no buraco enquanto o casal observava e tomava notas.

Os dados eram tudo para a dupla de cientistas que, no universo compacto dos psicólogos experimentais de Londres, já eram lendas da pesquisa. O australiano Neil O'Connor e a alemã Beate Hermelin eram considerados magníficos designers de experimentos brilhantes que esclareciam o funcionamento da mente das crianças com autismo — funcionamento diferente da de todas as demais. Antes de O'Connor e Hermelin, praticamente ninguém se dera ao trabalho de fazer tais indagações.[5]

O casal trabalhava fora do Hospital Maudsley, uma instituição psiquiátrica ao sul de Londres. De tijolos vermelhos e aspecto senhorial, "o Maudsley", como sempre o chamavam, operava em parceria com o Bethlem Royal Hospital, o descendente direto do notório asilo de alienados do século XIII conhecido como "Bedlam". No século XX, as enfermarias do Maudsley eram usadas para o ensino pelo Instituto de Psiquiatria, o principal programa de pós-graduação do país. A maioria dos grandes psiquiatras britânicos passou por lá a caminho de se habilitar plenamente.

O'Connor e Hermelin, que eram psicólogos, também haviam trabalhado algum tempo no Maudsley. Mas, a partir de 1963, suas escrivaninhas foram transferidas para um conjunto de instáveis barracões de madeira à sombra do enorme prédio. Construídas depois da guerra, aquelas estruturas toscas passaram a ser o local de trabalho de um grupo de pesquisa conhecido como Unidade de Psiquiatria Social. Projeto do Conselho de Pesquisa Médica da Grã-Bretanha — o equivalente aos Institutos Nacionais de Saúde (INS) dos Estados Unidos —, a unidade reunia um agrupamento díspar de psiquiatras de laboratório, cientistas sociais, estatísticos e pós-graduandos. Todos eles queriam entrar na história.

A unidade tornou-se um viveiro intelectual. Afinal de contas, ficava em Londres e em plenos anos 1960. A iconoclastia reinava. Tudo quanto fosse "establishment" — na arte, na música, na moda, no humor — era alvo de zombaria, revisto, reformado, chamado a se explicar. Algo paralelo acontecia nas ciências sociais da Grã-Bretanha, em especial no Maudsley. Nos barracões, os pesquisadores — todos colegas, amigos e concorrentes — incitavam uns aos outros na busca do mesmo objetivo comum: questionar todo e qualquer artigo de fé do dogma psiquiátrico e psicológico, submetendo-o ao teste da experimentação. Esse era o etos e a essência da psicologia experimental, a especialidade de Hermelin e O'Connor: testar tudo, exigir dados.

Em 1963, a dupla voltou sua atenção para o autismo. Eles queriam aplicar testes — pequenos testes — nas crianças a fim de medir-lhes o desempenho. Na época, tal proposta costumava ser considerada inútil, pois muitas crianças não se comunicavam de modo reconhecível ou, em todo caso, colaboravam pouco. Mas, mesmo assim, Hermelin e O'Connor acreditavam na existência de meios de extrair reações físicas e mentais observáveis que pudessem ser medidas e quantificadas, reações que não requeressem muita cooperação nem comunicação conversacional. Foi com esse objetivo em mente que construíram a esquisita caixa de madeira.

O interior da caixa era todo pintado de preto.[6] Além do buraco maior em um dos lados, no qual as crianças enfiavam a cabeça, havia um pequeno orifício no lado oposto que permitia aos pesquisadores espreitar o rosto delas quando estava lá dentro. Naquele dia, mais de duas dezenas de crianças foram levadas a uma salinha reservada para os pesquisadores. Algumas enfiavam a cabeça na caixa por curiosidade, outras por quererem a bala que era usada como suborno.

Nos primeiros segundos, elas só viam a escuridão total. Depois, de súbito, uma luz se acendia, revelando um rosto humano a flutuar no canto escuro oposto — na verdade, uma pessoa viva comprimida em uma terceira abertura do outro lado. Passados dez segundos, a luz se apagava e a caixa voltava a escurecer.

O'Connor e Hermelin estavam interessados nos movimentos dos olhos das crianças. Queriam ver para onde olhavam quando a luz se acendia e durante quanto tempo, depois contrastar isso com o que acontecia quando as mesmas crianças eram submetidas ao experimento várias outras vezes, embora com uma diferença fundamental. Naquelas provas, em vez do rosto real de uma pessoa viva, a luz revelava pares de cartões brancos erguidos que apresentavam várias imagens, formas geométricas abstratas, além de uma que mostrava a fotografia de um rosto.

A dupla tardou algumas horas a executar a prova com as 28 crianças que cooperaram naquele dia. Então, em outro dia, Hermelin e O'Connor levaram a caixa a outra escola a fim de fazer o teste em um número mais ou menos equivalente de crianças mais novas cuja idade mental correspondia à do primeiro grupo. Os garotos desse segundo grupo de controle não tinham autismo.

Terminado o experimento, O'Connor e Hermelin analisaram os dados e constataram que as crianças com autismo, como grupo, diferiam de maneira significativa do grupo de controle na atenção que prestavam nas regiões escuras e vazias da caixa. O grupo de controle quase não prestava atenção na escuridão, mas os meninos com autismo, a julgar pelos lugares a que dirigiam o olhar, tinham muita curiosidade pelos vazios amorfos e pelas sombras.

Era uma diferença mínima, porém real. E típica da linha de investigação que Hermelin e O'Connor perseguiam. Em um período de cinco anos, mediante experimentos igualmente rigorosos, a dupla continuou a descobrir modos reduzidos, mas quantificáveis, pelos quais as crianças com autismo processavam o mundo diferentemente das outras. Verificou, por exemplo, que muitas crianças com autismo dependiam mais do sentido do tato que do da audição ou da visão. Enfim, suas experiências produziram vários dados que deixaram claro que o autismo tinha base neurológica. Era uma prova de que o autismo tinha a ver com o cérebro, não com o amor materno.

Hermelin e O'Connor influenciaram profundamente os colegas nos barracões fora do Mausdsley — tanto pelos tipos de perguntas que faziam quanto pela disciplina com que procuravam as respostas. Era uma ética da investigação que persistiria à medida que os pesquisadores aumentavam em número e se ocupavam de questões ainda mais originais. Entre elas se incluía a que parecia ser a mais elementar de todas: Até que ponto o autismo era comum?

Não era e nunca seria uma pergunta fácil de responder. Mas Londres era o primeiro lugar em que qualquer um trataria de tentar.

26. Quem conta?

Victor Lotter partiu da África do Sul em 1963 a fim de descobrir quantos casos de autismo havia no mundo.[1] Chegara tarde à psicologia por ter ingressado tarde na Universidade da Cidade do Cabo — sendo esse atraso consequência de uma espondilite anquilosante que o acometeu quando ele tinha catorze anos. Esse dolorosíssimo ataque autoimune aos ossos manteve-o fora da escola durante anos e o deixou com uma acentuada curva nas costas e andar capenga. Quando se apresentou na universidade, ele tinha quase trinta anos e era praticamente autodidata. Licenciou-se com o primeiro prêmio de antropologia da faculdade e uma oferta de trabalho de Neil O'Connor nos barracões anexos ao Maudsley em Londres.

Lotter chegou bem-vestido, de paletó e gravata, e ansioso por pegar algo difícil para sua tese de doutorado. O'Connor teve o prazer de satisfazê-lo atribuindo-lhe a tarefa mastodôntica de tentar determinar a prevalência do autismo no condado de Middlesex. As autoridades sanitárias britânicas, que estavam começando a sofrer pressão parental para oferecer serviços de apoio a crianças com o distúrbio, haviam procurado a equipe da Unidade de Psiquiatria Social para que as ajudasse a descobrir o tamanho da necessidade. Lotter foi incumbido de determinar o número de crianças com autismo em uma faixa densamente povoada da Inglaterra no entorno do antigo condado de Londres.

Surpreendentemente, ninguém, nem mesmo um pesquisador veterano como Neil O'Connor, tinha ideia da quantidade de casos de autismo existente — nem no condado de Middlesex nem em nenhum outro lugar do mundo. Ninguém sequer havia atacado a questão de modo sistemático. Esse seria um estudo epidemiológico[2] feito com uma população amostra pequena o bastante para permitir uma contagem real de todos nela, mas grande o suficiente para ter relevância estatística. Para isso, Victor Lotter decidiu incluir apenas crianças nascidas nos anos de 1953, 1954 e 1955, coisa que lhe dava um conjunto de 78 mil com idade entre oito e dez anos àquela altura.

Não lhe restava outra coisa senão ir pessoalmente de porta em porta, de arquivo público em arquivo público, de criança em criança, a fim de descobrir grande parte dos dados de que precisava. Isso em si já era uma tarefa considerável. Mas ele enfrentou outro desafio de tipo inteiramente diferente.

Lotter devia contar as crianças com autismo, mas a questão de quem contar — o problema de decidir se determinado indivíduo tinha autismo — tropeçava em uma tremenda mixórdia diagnóstica. Quando consultou a literatura médica a fim de fazer uma simples lista de sintomas definidores para o seu levantamento, ele descobriu um emaranhado de síndromes concorrentes, cada qual com nome próprio, reivindicando as mesmas características do autismo descritas anos antes por Leo Kanner. Além do "autismo infantil" de Kanner, havia a "esquizofrenia da infância" de Loretta Bender, a "criança atípica" de Beata Rank, a "psicose simbiótica" de Margaret Mahler e uma longa lista de outras candidatas, inclusive a "psicose esquizofrênica da infância", a *"dementia praecocissima"*, a *"dementia infantilis"*, a "esquizofrenia pré-puberal", a "esquizofrenia pseudopsicopática", a "psicose infantil" e a "esquizofrenia latente". Todos esses nomes eram usados de maneira intercambiável para descrever crianças que apresentavam os mesmos tipos de comportamentos. Como escreveu o psiquiatra infantil britânico Michael Rutter naquele período, "não está de modo algum claro que todos esses autores se referem ao mesmo transtorno".[3]

Fazia vinte anos que Leo Kanner apresentara a sua primeira descrição do autismo usando Donald Triplett e as outras dez crianças como modelo. Mas, durante esse intervalo de duas décadas, os contornos do distúrbio, a definição da aparência do autismo, haviam embaçado e oscilado continuamente à medida que outras vozes de especialistas entravam na conversa. Já em 1955, o próprio Kanner se queixou do fato de se fazerem demasiados diagnósticos de autismo inexatos, descuidados, baseados em pouco mais do que "um ou outro sintoma isolado".[4] Ele temia que todo o seu conceito estivesse se diluindo em padrões incoerentes. Como escreveu mais tarde acerca dessa época, "quase de um dia para o outro, o país pareceu povoado de uma multidão de crianças autistas".

Tal estado de coisas não podia deixar de ser de difícil compreensão para as pessoas alheias à psiquiatria. Qualquer observador leigo era capaz de pensar que autismo era autismo — simplesmente, objetivamente e sempre.

Mas não era, e nunca seria, esse o caso.

Não havia biomarcadores de autismo (nem na época nem agora): ele não podia ser determinado por um exame de sangue nem confirmado pela coleta de material da bochecha. Só podia ser diagnosticado através da observação e da interpretação dos comportamentos da pessoa, o que significava que era praticamente impossível evitar a subjetividade no julgamento. Isso era tanto mais verdadeiro pelo fato de alguns indicadores-chave arrolados por Kanner serem vagos, como "uma expressão inteligente e pensativa" ou "uma relação afetuosa com os objetos". Os médicos que interpretassem os comportamentos com semelhantes critérios provavelmente discordariam quanto ao uso do rótulo autismo.

O autismo era — e continuaria sendo durante muito tempo — o diagnóstico dos olhos do observador.

No fim, como nenhuma autoridade esclarecesse o que era autismo, coube a Victor Lotter defini-lo por própria conta e risco. Foi um fardo histórico. Sendo um jovem psicólogo recém-formado, apenas com diploma de graduação, ele, com a orientação de seus orientadores, veio a ser o árbitro final, que contou e não contou, no primeiro estudo da prevalência do autismo da história.

Lotter elaborou um questionário — ferramenta básica da epidemiologia — e o remeteu a todas as escolas e hospitais psiquiátricos de Middlesex com crianças em idade adequada, acompanhado de uma carta ao pessoal desses lugares solicitando-lhe que usasse sua checklist de comportamentos e lhe desse o nome das crianças que apresentassem características autistas. Isso lhe franquearia o primeiro grande acesso à população de 78 mil e o ajudaria a reduzir sua população de estudo. A checklist continha 22 itens, como

PASSA A MAIOR PARTE DO TEMPO SOZINHA
LEVA CONSIGO OU PEGA OBJETOS CURIOSOS COMO PEDRAS OU LATAS
USA COM FREQUÊNCIA UMA VOZ "ESPECIAL" OU PECULIAR
É MUITO DESASTRADA OU DESAJEITADA NOS MOVIMENTOS CORPORAIS
TENTA EXAMINAR AS COISAS DE MODO ESTRANHO [...] CHEIRANDO-AS OU MORDENDO-AS

Lotter elaborou sua lista na base do improviso. Primeiro, apoiou-se nos dois critérios que, segundo Leo Kanner, eram a essência do autismo: o autoisolamento extremo e a insistência obsessiva na preservação da mesmice.[5] Mas foi além de Kanner e tomou emprestado um segundo arcabouço diagnóstico que atendia pelo nome um tanto curioso de "Os Nove Pontos de Creak".[6] Publicados no *British Medical Journal* em maio de 1961, os tais nove critérios pretendiam definir algo chamado "síndrome esquizofrênica na infância", que era mais uma expressão usada de maneira intercambiável para designar crianças com comportamentos autistas.

Uma renomada psiquiatra de Londres chamada Mildred Creak havia presidido uma comissão de treze experts britânicos que passaram nove meses discutindo e negociando uma lista de sintomas que acrescentou ao quadro geral características como "ansiedade aguda, excessiva e aparentemente ilógica", posturas e movimentos estranhos e "desconhecimento aparente da própria identidade pessoal". Mas os Nove Pontos, apesar do grande esforço de sua criadora, também se revelaram vagos e confusos na prática. Por exemplo, "desconhecimento aparente" não era um comportamento que servisse para uma avaliação precisa e objetiva. O desfocamento inerente da lista foi realçado pela crítica, que a menosprezou como "um agrupamento de sintomas concebido de modo artificial". A própria Creak admitiu que o "julgamento subjetivo" em sua aplicação "obviamente levava a divergências na interpretação".

Não obstante, usando esses nove pontos junto com sua interpretação do pensamento de Leo Kanner, Lotter improvisou uma definição própria de como era o autismo para poder sair a campo e verificar sua frequência.

A taxa de retorno do questionário de Lotter foi magnífica. Quando ele terminou de abrir os envelopes, estavam representados 97% da população de crianças com idade entre oito e dez anos do condado de Middlesex. Nesse primeiro passo, os professores detectaram 666 que apresentavam pelo menos algumas das qualificações da checklist de 22 itens do autismo. Confiando na expertise de seus orientadores e em uma análise mais detida de cada retorno, Lotter reduziu o grupo a 88 suspeitos de terem autismo, pelo menos como ele o definia.

A seguir, foi visitar cada um dos 88. Acrescentou à sua lista outros 47, cujos nomes encontrou esquadrinhando os prontuários de catorze centros médicos governamentais para crianças que não estavam na escola, em geral devido a alguma deficiência, de um total de 135. No outono de 1963, Lotter e sua esposa, Ann, que também era psicóloga e atuava como sua assistente de pesquisa, iniciaram o estudo. Juntos foram a escolas públicas em que estavam algumas daquelas crianças. Observaram cada uma, aplicaram testes de inteligência e de linguagem e conversaram com o pessoal, que, presumia-se, conhecia as crianças tão bem quanto quaisquer outras. Esse processo levou meses, mas, na primavera de 1964, possibilitou aos Lotter eliminar mais da metade dos 135 candidatos ao diagnóstico de autismo.

Então veio a parte emocionalmente mais difícil da investigação, quando os Lotter começaram a visitar em casa os 61 remanescentes. O propósito desses contatos domésticos era obter dos pais históricos médicos e comportamentais detalhados. Algumas das crianças ainda moravam em casa, mas outros estavam ausentes, internados em uma instituição qualquer. Em ambas as situações, os Lotter puderam ver a tensão sob a qual as famílias viviam e sentir o seu desespero. Na verdade, graças a essa longa jornada e a suas visitas a instituições e lares, eles vivenciaram coletivamente uma dose maior da realidade do autismo na vida das famílias do que qualquer outra pessoa vivenciara até então. Victor Lotter não podia se considerar um especialista em autismo quando iniciou aquele projeto, mas os meses de estudo sem dúvida o transformaram em um.

Todas as 61 crianças restantes na sua lista apresentavam algumas características autistas, mas agora Lotter tinha de decidir por si mesmo: Quais características delas indicavam autismo para o propósito da contagem?

A solução foi uma nova improvisação — uma espécie de decreto de sua parte. Ele simplesmente dividiu as crianças em dois grupos. Dispôs os 61 nomes numa lista em que aquelas com níveis mais altos de deficiência ficavam no topo e as menos deficientes, na base. Então traçou uma linha sob o 35º nome. As crianças acima dela seriam contadas como tendo autismo; as abaixo da linha eram excluídas. A justificação plena dessa seleção não estava clara nem para o próprio

Lotter. As 35 do alto, escreveu, eram meramente as "que se achava que deviam ser incluídas". Mas ele foi muito franco no tocante à natureza subjetiva da escolha feita. "O ponto em que se traçou a linha",[7] escreveu, foi meramente "arbitrário".

Trinta e cinco crianças em 78 mil. Ou 4,5 em 10 mil. Essa foi a primeira suposta taxa de prevalência do autismo. Nos anos subsequentes, sua importância aumentaria — não só como uma matéria de interesse histórico, mas como a referência com que todas as medições subsequentes da prevalência do autismo seriam comparadas. Independentemente do lugar ou da época em que fossem publicadas, as taxas de prevalência posteriores seriam invariavelmente citadas em contraste com a taxa de Lotter, muitas vezes como se ela fosse uma verdade sólida, objetiva e universal.

Lotter não a enxergava assim. Em um artigo de 1966 sumariando o seu levantamento, deixou claro que, com apenas umas poucas e pequenas alterações nas suposições que ele havia feito ao longo do caminho — algumas escolhas diferentes sobre onde traçar a linha em torno dos sintomas e da sua intensidade variável —, a estatística de 4,5 podia ter saído significativamente mais alta ou mais baixa.

Em todo caso, o relato inteligente e sincero de Lotter de sua aventura epidemiológica mostrou o dilema que se apresentaria sempre que se tentasse medir a "taxa de autismo", naquela época e no futuro. Definições imprecisas levavam a questões irrespondíveis sobre se diferentes estudos em épocas diferentes acaso falavam das mesmas pessoas. A incoerência ao decidir como é o autismo solapa de forma persistente a certeza quanto a quem há de ser incluído. Lotter constatou isso claramente quando resumiu tudo que havia aprendido em sua jornada entre as famílias do autismo do condado de Middlesex: "Prevalência 'verdadeira' pode não ser um conceito útil", escreveu em 1966, "no caso de uma síndrome […] tão mal definida".[8]

Aquela lição, aprendida pela primeira vez em Londres, se repetiria incontáveis vezes nos cinquenta anos seguintes.

27. Palavras soltas

A pesquisa científica é um campo dirigido por mentores. Todo pesquisador estabelecido é capaz de fazer a lista de professores sobre cujos ombros se apoia. Alguns chegam a se lembrar do primeiro encontro, do momento decisivo de conexão em que se formou o vínculo transcendental.

Para uma jovem alemã chamada Uta Aurnhammer, esse momento chegou no Maudsley em 1964. Um ano antes, ela havia se diplomado em psicologia pela Universidade do Sarre, na Alemanha, embora não tivesse intenção de fazer carreira nas ciências sociais. Isso mudou quando chegou a Londres. Aurnhammer só queria estudar um pouco de inglês, mas a energia da Londres dos anos 1960 a fascinou, e ela começou a procurar um jeito de ficar mais tempo por lá. Tendo ouvido falar de uma vaga em um programa de trabalho-estudo em pesquisa em psicologia, inscreveu-se, mas com pouca esperança de ser aceita. Por sorte, não só foi escolhida como o emprego era no Instituto de Psiquiatria, o que significava trabalhar no Maudsley.

Aurnhammer achou o lugar um verdadeiro banquete intelectual. O espírito iconoclasta lá reinante combinava muito bem com ela, assim como a opinião compartilhada por todos no instituto segundo a qual eles estavam engajados no trabalho que importava, estavam sondando fronteiras nunca transpostas. Aurnhammer adorou pegar carona nessa viagem e, quando não estava fazendo algum trabalho do curso ou consultando o dicionário até tarde da noite para dominar o inglês especialmente arcano dos relatórios de pesquisa psicológica, era vista na cafeteria do Maudsley, discutindo ideias com colegas e professores. Aliás, conheceu seu futuro marido, o psicólogo britânico Chris Frith, naqueles primeiros meses no Maudsley. Como ele não falava alemão, a amizade se transformou em uma imersão permanente na língua inglesa, para vantagem dela. Um ano depois do seu primeiro encontro, ela passou a se chamar Uta Frith.

Foi a participação em um *"journal club"* que levou Frith a encontrar seus mentores. Toda semana, ela e um grupo de outros jovens aprendizes de psicologia se reuniam para trocar ideias sobre artigos de pesquisa particularmente interessantes que cada um havia selecionado em uma lista determinada. Na semana da sua vez, ela chegou entusiasmada para discutir um texto que havia escolhido ao acaso, publicado no ano anterior. Tratava de alguns experimentos com as diferenças perceptivas de crianças rotuladas de "psicóticas" — o termo que enfim seria substituído por "autistas".[1]

Frith já tivera contato com tais crianças "psicóticas" no Maudsley e havia observado aquilo de que o texto falava. Era frequente as crianças ficarem olhando fixamente para a frente como se enxergassem através da pessoa sentada diante delas, ou parecerem surdas para a pessoa que batia um livro no tampo de uma mesa bem atrás delas. Não se viravam e nem mesmo se encolhiam, mas sua audição era perfeita. Essa impermeabilidade seletiva à interrupção era uma das características associadas ao autismo — como a indiferença de alguns pequenos ao extremamente quente ou ao extremamente frio —, que inquietavam os pais, mas interessavam muito aos psicólogos inquisitivos.

Na enfermaria, Frith tinha ouvido alguns psiquiatras atribuírem tais comportamentos a uma disfunção da relação parental. Achou a explicação pouco convincente, mas não dispunha de dados que sustentassem teorias alternativas. Não obstante, no artigo por ela escolhido para a discussão, os autores haviam bolado um experimento que identificava padrões cognitivos exclusivos das crianças com autismo relativas ao modo como elas registravam a forma, o tamanho, a luminosidade e a orientação do desenho. Sem dúvida, tratava-se de uma descoberta limitada, quase esotérica. Mas era sólida, com base experimental e indiscutivelmente indicativa de um componente neurológico no autismo.

Frith levou o trabalho ao *journal club* sem saber que seus autores trabalhavam no mesmo campus do Maudsley em que ela estava fazendo seu treinamento clínico. Assim que se deu conta disso, fez com que lhe mostrassem os dois: O'Connor e Hermelin. Um dia, durante o almoço, ela os abordou no refeitório do hospital. Falar alemão facilitou as coisas com Hermelin e lhe possibilitou ter uma conversa fluente e profunda sobre psicologia experimental. De imediato os dois professores ficaram impressionados com a audácia e a curiosidade de Frith quando ela fez algumas perguntas sagazes sobre o seu estudo. No fim desse encontro, Frith havia encontrado seus mentores. Pouco tempo depois, Hermelin e O'Connor a convidaram a fazer doutorado em psicologia experimental sob a orientação deles.

Foi assim que, em 1966, Frith fez sua incursão na escola da Florence Road a fim de levar a cabo um experimento cujo resultado figuraria entre os mais intrigantes e influentes de sua época.

Na noite anterior, ela ficara até tarde preparando o material, organizando um conjunto enorme de cartões desenhados à mão. Ainda que o experimento tivesse sido concebido sobretudo por seus novos orientadores de tese, Frith seria a responsável pela sua execução. Era montado como um jogo de memória. Ela leria uma lista de oito palavras. Após cada lista, pediria às crianças que repetissem as palavras que tinham ouvido na mesma ordem que ela havia pronunciado.

Mas havia algo inesperado. Em algumas listas, as palavras eram apresentadas em ordem inteiramente aleatória. Por exemplo, "dia ela fazenda quando gato cai costas ancinho". Em algumas listas, no entanto, as palavras faziam um pouco de sentido como partes de uma frase, como "ir para casa de carro nos escrever agora". Como sempre, devia haver um grupo de controle — meninos sem autismo de "idade mental" correspondente. Cada criança de cada grupo passaria por oito listas em oito "testes".

O resultado foi inequívoco. Com as listas de palavras aleatórias, as crianças com autismo estavam no mesmo nível que as outras ao repetir a maioria das oito palavras e, na verdade, eram mais capazes de reter na memória as últimas palavras de cada lista.

Com as listas não aleatórias, porém, as crianças sem autismo tinham uma grande vantagem. Obviamente, reconheciam as frases parciais dentro do grupo de palavras e usavam esse reconhecimento como um auxílio para recordar todas as palavras das listas.

Para as crianças do grupo do autismo, porém, era como se "nos escrever agora" fosse tão aleatório quanto "gato cai costas ancinho". Incapaz de perceber a presença organizadora da linguagem, o cérebro delas não recebia ajuda de memória das palavras que de fato tinham sentido juntas. Elas simplesmente não a ouviam.

Então Frith pegou os cartões que havia preparado na véspera e que continham figuras — pequenos desenhos de objetos comuns como uma casa, um pato, uma tesoura ou um guarda-chuva. Colocava diante da criança os cartões virados para cima em conjuntos de quatro em determinada ordem. Depois de uma pausa, embaralhava os cartões e pedia-lhe que restaurasse a ordem original.

Dessa vez também havia dicas para auxiliar a memória. Certos cartões combinavam na sequência lógica de um processo em andamento. Por exemplo, quando Frith depunha o desenho de uma vela acesa, colocava ao seu lado o de uma vela igual, mas derretida, já quase reduzida a um toco. Ou, ao lado do desenho de um ovo em um oveiro, punha o de um ovo semelhante em um oveiro semelhante, só que já aberto e semicomido.

Nesse teste de memória puramente visual, os garotos sem autismo de novo iam bem quando tais dicas visuais do significado estavam presentes. Mas as crianças com autismo não ficavam atrás. Seus resultados eram virtualmente idênticos aos do grupo de controle.

Esse intrigante resultado experimental veio a ser um clássico do mundo do autismo e apontava para uma hipótese convincente: que, embora possam perder algumas das complexidades da linguagem e o significado nelas contido, as crianças com autismo são notavelmente capazes de derivar significado de informações dadas por meios não linguísticos. Além disso, tal resultado sugeriu uma vez mais que as autistas eram mais bem sintonizadas com a aprendizagem visual do que com a auditiva. Esses insights foram reiteradamente confirmados por outras experiências e tiveram papel essencial nas maneiras pelas quais se plasmaram os métodos de ensino nos anos subsequentes.[2]

Quando publicaram essa pesquisa, O'Connor e Hermelin foram generosos ao mencionar Frith como colaboradora em uma nota de rodapé na primeira página: "Este trabalho foi levado a cabo por Uta Frith em colaboração com os autores".[3] Tanto reconhecimento a um pós-graduando não era comum naquela época; talvez isso mostrasse a convicção de seus mentores de que a sua protegida iria longe na área.

Quanto a isso eles tinham razão. Uta Frith viria a ser um dos maiores nomes no campo da pesquisa do autismo.[4] Além de formular suas próprias perguntas perspicazes a respeito da sua natureza e de conceber experimentos que lhes dessem respostas, passou a ser a principal "explicadora" do autismo para o grande público. Apresentou numerosos programas de televisão e era com frequência citada na imprensa. O seu livro *Autism: Explaining the Enigma*[5] [Autismo: Explicando o enigma] foi o primeiro escrito por uma pesquisadora a explicar o distúrbio como um assunto de interesse científico para um público geral. Em suas páginas, ela escreveu sobre os experimentos feitos na Florence Road com o mesmo senso de deslumbramento que a havia atraído e a seus mentores para o autismo, o mesmo deslumbramento que depois ela transmitiu para alguns dos seus brilhantes alunos. Descreveu em inglês simples as nuances de seus experimentos e delineou suas descobertas de modo a sugerir que o estudo do cérebro "autista" era, na verdade, o estudo de todos os cérebros. O livro seria traduzido para dez línguas e teria várias reimpressões.

A curiosidade popular pelo autismo começava a alçar voo. As perguntas feitas em Londres, que ganharam ímpeto na década de 1970, pegaram fogo na hora certa. Embora os pesquisadores não encontrassem todas as respostas, as indagações continuavam levando a mais e melhores indagações.

28. A grande caça aos gêmeos

No início da década de 1970, faleceu um clínico geral chamado M. P. Carter, que morava e trabalhava no leste da Inglaterra. Mais tarde, examinando-lhe os pertences pessoais, sua esposa achou na sua escrivaninha uma lista de nomes de gêmeos com autismo. Carter vinha organizando aquela lista desde 1967, quando pôs um anúncio em várias publicações médicas, pedindo "aos médicos que acaso conhecessem tais gêmeos que fizessem o favor de entrar em contato"[1] com ele. Carter era ativo na Sociedade Nacional para Crianças Autistas da Grã-Bretanha como seu organizador em East Anglia, e tivera contato com Bernard Rimland nos Estados Unidos. Os dois haviam discutido uma espécie de estudo conjunto de gêmeos autistas, mas Carter morrera antes de fazê-lo.

Sua esposa, percebendo que a breve lista de nomes provavelmente era importante, decidiu entregá-la a quem pudesse fazer uso dela. Foi assim que os nomes chegaram a um professor de psiquiatria de Londres chamado Michael Rutter.[2]

Rutter, então com quarenta e poucos anos, já era o superstar da psiquiatria infantil britânica e a primeira pessoa na Grã-Bretanha nomeada para uma cátedra dessa disciplina. Destinado a ser sagrado cavaleiro pela rainha mais tarde em sua carreira, ele era reconhecido pelo rigor intelectual e pela clareza rara e franca de sua escritura acadêmica. O autismo era apenas um de seus interesses, no qual, na qualidade de pensador e pesquisador, ele desempenhou um papel importantíssimo durante cinco décadas, a começar pela de 1960.

Em 1973, quando viu pela primeira vez a lista de gêmeos de Carter, Rutter logo vislumbrou as possibilidades. Outros pesquisadores haviam escrito sobre gêmeos e autismo, mas só minimamente, com poucos casos mencionados aqui ou acolá e sempre com dados esparsos. Porém, com um número suficiente de casos, Rutter achava que talvez fosse possível responder ao mesmo tempo a duas questões intrigantes: Com que frequência os gêmeos compartilhavam o autismo? E a taxa era a mesma nos gêmeos idênticos e nos fraternos? Números como esses tinham o potencial de esclarecer muita coisa na genética do autismo. Caso a análise mostrasse que os gêmeos idênticos compartiam o autismo a uma taxa mais elevada que o esperado, talvez fosse possível dar resposta à pergunta se os genes contribuíam para determinar quem tinha autismo e quem não.

A pergunta tinha sido tabu durante várias décadas, consequência do persistente escândalo científico dos argumentos genéticos usados pelos nazistas para justificar o assassinato de pessoas com deficiência mental. Durante muitos anos depois da Segunda Guerra Mundial, a busca de um vínculo entre a assinatura do DNA de uma pessoa e os sinais de doença mental ou deficiência intelectual não era um empreendimento que atraísse muitos pesquisadores. Em particular na psiquiatria americana, nada podia ser mais politicamente incorreto do que a sugestão da existência de uma dimensão genética no funcionamento da mente. O tabu era alimentado pela presença de muitos psiquiatras nascidos na Europa que haviam escapado do Holocausto ou tiveram familiares assassinados pelos nazistas. Nesse ponto, a paixão prevalecia sobre o espírito de investigação. Quando visitou os Estados Unidos em 1948, o psiquiatra dinamarquês Eric Stromgren achou deprimente não poder mencionar entre os colegas nem mesmo "a possibilidade de contribuições genéticas".[3] "A genética virou um palavrão", disse ele.

Além disso, a ainda predominante teoria da incriminação da mãe obstruía toda necessidade de explorar a dimensão genética ou biomédica do autismo. Com a aversão à investigação genética, durante muitos anos se empreendeu pouquíssimo estudo verdadeiramente científico do seu aspecto biomédico. Mas, tendo em mãos a lista de gêmeos, Michael Rutter se dispôs a enfrentar o tabu.

* * *

Quando começou a esboçar os contornos de um estudo, Rutter se decidiu por uma população-alvo: todos os pares de gêmeos britânicos — idênticos ou fraternos — em que pelo menos um dos irmãos parecesse afetado por características autistas. Esse era o princípio organizador da lista do dr. Carter, cujas dezenas de nomes davam a Rutter um bom ponto de partida. Como fizera seu antecessor, ele se valeu dos profissionais da saúde para entrar em contato com centros pediátricos, agências de serviço social e hospitais psiquiátricos a fim de localizar qualquer par de gêmeos que porventura tivesse escapado a Carter. Rutter recebeu muitas contribuições — talvez uma comprovação de seu prestígio. Começaram a chegar pelo correio envelopes grandes de documentos com os prontuários originais das crianças.

Embora todos esses prontuários apontassem para diagnóstico de autismo em pelo menos um gêmeo de cada par, Rutter queria ter certeza de que os diagnósticos eram válidos. Para ele, isso significava obter confirmação independente em todo e qualquer caso. Seria preciso visitar pessoalmente cada família da sua lista crescente para que as crianças fossem avaliadas cara a cara. Mas as dezenas de nomes da lista eram de crianças espalhadas por centenas de quilômetros do Reino Unido. Ele não tinha como visitar todas elas pessoalmente; seus deveres no Instituto de Psiquiatria já exigiam todo o seu tempo. De modo que só lhe restou contratar uma pessoa de fora.

Susan Folstein, criada no Missouri, era uma das quatro mulheres admitidas na turma de 1970 da Escola de Medicina Cornell, quando esse era o número máximo de mulheres inscritas. Quando ela contou a um professor que aspirava a também ser professora um dia, ele a aconselhou a se "especializar em alguma coisa".[4] Por coincidência, esse homem havia estudado no Maudsley e conhecia Michael Rutter. E pôs os dois em contato.

Assim, no verão de 1974, Folstein deu consigo no extremo norte da Inglaterra, chapinhando em um terreno encharcado rumo a um pequeno acampamento de trailers, no qual viu uma mãe se curvar para ajudar um garotinho nu a urinar na lama. O cabelo da mulher chegava à cintura, estava solto e era tão ruivo quanto o do menino. Lá não havia telefone, nem eletricidade, nem água corrente. No entanto, ela não se mostrou surpresa com a repentina presença de uma americana à porta do seu trailer. Uma carta havia chegado semanas antes, e a mulher, que não sabia ler, fora até a cidade para que o médico que cuidava de seus filhos a lesse para ela. Era de Folstein e explicava o seu interesse científico pelos filhos gêmeos da mulher.

As duas se sentaram no trailer, cercadas por estantes de vidro caprichadamente cortado. Outras crianças se juntaram a elas — muitas crianças. Folstein passou um bom tempo observando os gêmeos, fazendo perguntas à mãe e dando mais explicações sobre o objetivo do estudo. Também teve o cuidado de informá-la do que se sabia a respeito do autismo. Durante o chá, a mãe entendeu tudo e comentou: "Hum! Afinal de contas, até que vale a pena ler".

Durante a maior parte de 1974 e até o fim da primavera de 1975, Folstein passou mais ou menos dois dias por semana em campo, ocupada com a lista de gêmeos de Rutter, percorrendo o Reino Unido, tomando chá com gente das mais diversas classes sociais. O autismo estava em todos aqueles lugares. A mãe de cabelo ruivo pertencia a um grupo social muitas vezes chamado rudemente de "ciganos". Folstein conheceu outros grupos, passando uma tarde em meio a jardins esplêndidos na mansão campestre de uma atriz famosa casada com um conhecido músico, que eram pais de gêmeos. Em certa noite, jantou na casa de um general reformado, avô dos meninos que ela fora visitar, e comeu comida ruim servida em baixela de prata. Boa parte das crianças da lista já estava institucionalizada. Ela achou os terrenos e a arquitetura dos hospitais psiquiátricos pitorescos, mas seu interior escuro e lúgubre.

No transcurso desses meses, Folstein se tornou a expert que desejava ser. Dominou a observação e o relato dos comportamentos autistas, valendo-se dos critérios estabelecidos por Rutter. No entanto, foi ele quem assumiu o comando dos relatórios pormenorizados dela para determinar em definitivo se aquelas crianças apresentavam verdadeiras características autistas. Trabalhando com Folstein, eliminou os casos em que podia ter havido a presença de doenças como a rubéola ou de trauma físico antes ou durante o parto — tais incidentes podiam explicar alguns dos sintomas observados. Ele queria apenas os casos em que a possibilidade de herança continuava sendo uma questão em aberto, em que as duas crianças eram do mesmo sexo e em que havia motivos claros para diagnosticar autismo em pelo menos uma delas.

Concluídas as viagens de Folstein, seu demorado trabalho rendeu apenas 21 pares de gêmeos do mesmo sexo nos quais pelo menos um gêmeo por par correspondia aos parâmetros do estudo. Não era um número surpreendentemente baixo, considerando a relativa raridade dos gêmeos em geral e mais ainda a do autismo tal como o definiam os critérios um tanto rígidos do estudo. Em todo caso, foram as relações numéricas no grupo que entusiasmaram o mundo do autismo quando Rutter e Folstein divulgaram suas conclusões em julho de 1976, em uma conferência em St. Gallen, na Suíça.

Com Rutter a observá-la da plateia, Folstein tomou o palco e explicou os números. Vinte e um pares de gêmeos haviam sido escolhidos, contou.[5] Onze pares de gêmeos idênticos e dez de gêmeos fraternos, com autismo em uma ou em ambas as crianças de cada par. Folstein disse aos presentes que ela e Rutter estavam virtualmente convencidos de que não haviam deixado escapar um único par em sua varredura da Grã-Bretanha. Aquele número, 21, lembrou, cobria pares de gêmeos em que pelo menos um deles tinha sinais de autismo — um número baixo, sim, mas que refletia sobretudo a baixa probabilidade de nascimentos de gêmeos que apresentassem autismo.

Então Folstein revelou a constatação crucial: *os quatro pares em que ambas as crianças tinham autismo eram de gêmeos idênticos*. Ao mesmo tempo, entre os gêmeos fraternos, cujo DNA não era mais semelhante que o de qualquer irmão ou irmã comum, o autismo *nunca* se manifestava nas duas crianças.

Era cabal, mesmo em um conjunto de amostras tão reduzido; e a conclusão, claríssima: a herança genética tinha importância no autismo. Como mostrou Folstein, a probabilidade conhecida de duas crianças da mesma família terem autismo era de uma em cinquenta, ou seja, muito baixa. Mas, no caso dos gêmeos idênticos descritos no estudo, a probabilidade subia para uma em três. Não podia ser coincidência. A genética tinha de estar atuando.

Aquele dia foi decisivo na definição da origem do autismo. Nos 25 anos seguintes, a genética do distúrbio viria a ser uma área de investigação intensamente pesquisada. A despeito da esperança inicial de encontrar o "gene do autismo", ou genes, não houve nenhuma resposta instantânea. Mas, a cada ano, novas peças do quebra-cabeça foram consistentemente descobertas, coincidindo com o mapeamento completo do genoma humano no começo do século XXI. Por fim, desenvolveram-se ferramentas de pesquisa genética muito mais precisas do que as disponíveis para os investigadores quando Susan Folstein percorreu as estradas da Grã-Bretanha em 1974, fato que levou a pesquisas ainda mais profundas do genoma do autismo.

O estudo dos gêmeos também foi um dos poucos realizados no Reino Unido da época que não se centrou na Florence Road, mas isso aconteceu apenas porque os gêmeos com autismo eram pouco numerosos e muito dispersos. Na década de 1980, os pesquisadores continuariam visitando as crianças da Florence Road, à medida que as perguntas que eles queriam fazer acerca do autismo se tornavam mais sofisticadas; e as respostas, cada vez mais reveladoras.

Isso se verificou em especial no início da década de 1980, quando lá entrou um rapaz com uma pasta de documentos. Ele levava duas bonecas na pasta e uma ideia na cabeça: um experimento que informaria e intrigaria qualquer um que porventura tivesse se perguntado o que constituía a essência do autismo.

29. Achando as bolas de gude

Para quem explorava a natureza íntima do autismo, uma das perguntas mais espinhosas era a aparentemente direta e franca "O que causa o quê?". Fazia muito tempo que se sabia, por exemplo, que todas as crianças estudadas por Leo Kanner tinham no mínimo duas características em comum: dificuldade de processar a linguagem e falta de conexão social.

A questão era: Qual causava a outra, se é que a causava?

Acaso a deficiência de linguagem era o déficit principal, que interferia no desenvolvimento social por dificultar a comunicação social? Ou o mais importante era o déficit social, que impedia o desenvolvimento da linguagem, já que grande parte do aprendizado desta dependia da interação com outras pessoas?

Com o tempo, as respostas desenvolvidas pelos pesquisadores a tais perguntas suscitaram vários "modelos" úteis para o autismo. Tratava-se, na ausência de certeza empírica, de elaboradas suposições desenvolvidas a partir de qualquer um dos dados indiretos e em geral escassos disponíveis. Alguns acreditavam que os desafios sensoriais, por exemplo, eram a principal força motriz do autismo e afetavam tanto o reino linguístico quanto o social. Mas não faltavam outras teorias.

Em 1984, surgiu um modelo radicalmente novo, desencadeado por uma conversa em um acanhado prédio de tijolos e sem elevador da Gordon Street, no arborizado bairro londrino de Bloomsbury. Era ali que, havia alguns anos,

Uta Frith, já a caminho de se tornar mundialmente reconhecida, trabalhava em um programa de pesquisa chamado Unidade de Desenvolvimento Cognitivo. Ela agora estava a quilômetros de distância do Maudsley, dele separada por meia Londres e o rio Tâmisa. No entanto, sempre saudosa do troca-troca de ideias do tempo de estudante, incentivava reuniões dos alunos pós-graduandos no seu escritório da Gordon Street. Lá, nos chás grupais de fim de tarde, eram acaloradas as discussões sobre as últimas tendências e controvérsias em psicologia cognitiva. Frith estimulava os estudantes a buscarem ideias além dos limites convencionais da psicologia e a manterem contato com colegas de outras disciplinas. Seu objetivo era fomentar o sentimento de um seminário desestruturado e contínuo.

Uma tarde, Frith estava tomando chá com um rapaz chamado Simon Baron-Cohen, que aventava ideias para a sua tese de doutorado. Baron-Cohen chegara ao autismo com a mesma sensação de fascínio que Frith. Pouco depois de se formar em Oxford, havia trabalhado em uma escola chamada Árvore Genealógica,[1] que tinha um corpo discente de umas seis crianças pequenas com autismo e um pessoal mais ou menos do mesmo número. Para um rapaz de 21 anos que não conhecera o autismo na família, foi uma primeira exposição intensiva ao distúrbio. Baron-Cohen era professor de arte na aula de arte, panquequeiro na aula de culinária e motorista de ônibus nas excursões da escola; passava todos os minutos com aquelas crianças e com o autismo delas.

A garotada o assustava e cativava. Ele achava desconcertante fazer com que um dos pequenos se aproximasse até que seus rostos ficassem a poucos centímetros de distância — e perceber que a criança que o olhava com tanto interesse na verdade não o estava vendo. Em todo caso, não como uma pessoa inteira, somente como partes de anatomia — ou de geometria. Baron-Cohen sentia que, absortas em sua própria curiosidade, aquelas crianças eram igualmente alheias ao fato de ele as estar observando. Baron-Cohen ficava ao mesmo tempo perplexo e fascinado e não conseguia abandonar aquilo. Queria saber como a mente daqueles meninos entendia o mundo.

Naquele dia, quando Baron-Cohen e Frith se encontraram na Gordon Street, a eles se juntou Alan Leslie, um psicólogo escocês novo na unidade, cujo interesse especial era o estudo da brincadeira de personificação nas crianças. Os três tinham acabado de ler, no último número da publicação acadêmica *Cognition*, um artigo sobre um conceito chamado teoria da mente.[2]

Os dois autores do artigo, os austríacos Heinz Wimmer e Josef Perner, haviam elaborado um experimento formidável para explorar a capacidade das crianças pequenas de reconhecer o engano. A questão era como adaptar o experimento dos austríacos para fazer descobertas potencialmente novas sobre o autismo.

Os psicólogos usavam a expressão "teoria da mente" para designar o conhecimento do indivíduo de que os outros possuem estados mentais independentes — pensamentos, sonhos, crenças — diferentes dos dele. Uma pessoa desprovida de teoria da mente passaria a vida toda sem entender que os outros vivem percepções e perspectivas próprias. Ela tenderia a enxergar as demais como objetos sem vontade, como folhas levadas pelo vento.

Um corolário era a ideia da leitura da mente, mais tarde rebatizada "mentalização". Tratava-se da noção de que os seres humanos fazem, instintiva e constantemente, juízos baseados no seu cálculo do que os outros pensam. Mentalizar bem, argumentavam alguns, era sobreviver na selva evolucionária. Supor que um desconhecido que se aproximava em alta velocidade e brandindo um porrete acima da cabeça tinha intenção de matar você provavelmente era uma adivinhação inteligente e salvadora, sobretudo se o levasse a correr na direção oposta.

Nos anos 1970, esses conceitos ganharam importância em um artigo acadêmico nascido de um trabalho feito na Universidade da Pensilvânia sobre comunicação com primatas. Os pesquisadores propunham, com base em experimentos com um chimpanzé chamado Sarah, que até os animais eram capazes de adivinhar o que as pessoas queriam fazer em determinada situação. O artigo se intitulava "Does the Chimpanzee Have a Theory of Mind?" [O chimpanzé tem uma teoria da mente?]. Publicado em 1978, logo se tornou clássico.[3]

O artigo dos austríacos de 1983, que entusiasmou Baron-Cohen, Leslie e Frith, levava a ideia ainda mais longe. Se a teoria da mente funcionasse, propunham os autores, nada o mostraria melhor do que um experimento ligado ao talento humano para o engano. Eles argumentavam que qualquer ato enganoso, como contar uma mentira, depende de ter uma boa capacidade de avaliar a percepção da realidade da outra pessoa, uma vez que mentir é uma tentativa de manipular essa percepção. A tentativa de enganar mostra que o enganador trabalha a partir de uma teoria da mente. Para os austríacos, ambos pesquisadores de desenvolvimento infantil, a questão era: Quão cedo na vida essa avaliação do engano começa a se ativar?

A resposta, determinaram eles, era mais ou menos entre os quatro e os cinco anos de idade. No entanto, não foi o resultado que intrigou os psicólogos de Londres. Foi o uso inovador pelos pesquisadores daquilo que era conhecido como teste da falsa crença. Apresentado com uma história de marionetes de crianças sendo malcomportadas, as crianças reais eram convidadas a discernir quando certos personagens marionetes tinham sido levados a acreditar que uma coisa falsa era verdadeira. Considerava-se que as que conseguiam reconhecer o engano tinham sido aprovadas no "teste da falsa crença".[4]

Quando os três psicólogos estavam batendo papo na Alexandra House, começaram a se cristalizar os contornos de um projeto de doutorado para Baron-Cohen. O experimento que ele esperava conceber encontraria um modo de testar a capacidade das crianças com autismo de reconhecer o engano e, com isso, descobrir o que elas vivenciavam como teoria da mente. A questão era: Que tipo de experimento se podia conceber que funcionasse com elas?

A resposta proposta por Baron-Cohen estava em sua pasta de documentos quando ele entrou na casa da Florence Road.

Baron-Cohen era conhecido naquela escola, pois lá trabalhava uma vez por semana como assistente de ensino. Com o primeiro objeto de estudo sentado ao seu lado, começou a contar uma história ao garotinho, representando-a com as duas bonecas nas mãos.

"Esta é Sally",[5] disse, pondo a boneca loira de pé no tampo da mesa com a mão direita. A seguir, pôs de pé a boneca de cabelo preto na mão esquerda. "E esta é Ann."

O menino, que observava, não disse nada.

"Sally tem uma caixa amarela", prosseguiu ele, "e Ann tem uma caixa azul." Colocou diante de cada boneca uma caixa de plástico de cinco centímetros de altura, sem tampa, com a abertura virada para baixo.

"Sally tem uma bola de gude", anunciou Baron-Cohen, tirando uma do bolso. "E ela a guarda debaixo da sua caixa amarela."

Baron-Cohen continuou representando a história. A bola de gude ficou debaixo da caixa amarela de Sally.

"Então Sally resolve ir brincar lá fora."

Baron-Cohen escondeu rápido a boneca loira às suas costas. Então, na ausência de Sally, Ann ganhou vida na sua outra mão e começou a fazer algo ruim.

"Ann põe a bolinha na caixa dela." Baron-Cohen fez a transferência: passou a bola da caixa amarela, de Sally, para a azul, de Ann.

O garoto continuou observando.

Tinha chegado o momento revelador. "Sally volta para dentro." Baron-Cohen recolocou a boneca em cena, posicionada entre as duas caixas. Então fez a pergunta crítica ao menino.

"Onde Sally vai procurar a bolinha?"

Aguardou para ver que caixa o garoto escolhia.

Antecipadamente, como todos os pesquisadores, Baron-Cohen havia previsto o resultado daquele experimento: a maioria das pessoas responderia "na amarela". Elas viram Sally colocar a bola de gude lá e, assumindo sua perspectiva, saberiam que lá ia procurá-la quando voltasse.

O garoto que Baron-Cohen estava testando enxergou a mesma coisa. Mas Baron-Cohen previu que ele seria incapaz de assumir a perspectiva de Sally.

Onde Sally vai procurar a bola de gude?

Motivado pela pergunta, o menino apontou para a caixa azul — aquela em que ele *sabia* que a bola estava, não para a caixa amarela, na qual Sally pensaria equivocadamente que continuava escondida. E não foi aprovado no teste da falsa crença.

O segundo garoto testado fez a mesma coisa. O terceiro também. Caixa azul, todas as vezes. Baron-Cohen ficou assombrado com a persistência das respostas. Todas as crianças falhavam no teste e, assim fazendo, mostravam que sua previsão estava certa.

A seguir, um menino foi aprovado. Apontou para a caixa amarela de Sally. Algumas crianças depois, isso voltou a acontecer. Mesmo assim, 85% delas, com idade de seis a dezesseis anos, deram a resposta errada. Muitas eram altamente verbais e tinham QI médio.

Baron-Cohen levou Sally e Ann a duas outras escolas londrinas a fim de repetir o teste com um grupo de crianças muito mais jovens que não tinham autismo. Nenhum desses sujeitos de controle ultrapassava os quatro anos. Além disso, uma das populações da escola era formada por crianças com deficiências intelectuais, algumas com níveis de QI substancialmente mais baixos que as do grupo do autismo. Baron-Cohen lhes contou a mesma história e fez a mesma pergunta: "Onde Sally vai procurar a bolinha?".

O resultado foi quase a imagem especular do obtido com as crianças com autismo. A vasta maioria foi aprovada no teste — 86%, entre os quais figuravam as crianças com QI mais baixo. Ao que tudo indica, a deficiência intelectual não interferia na capacidade de assumir a visão do mundo de outra pessoa. Segundo a hipótese de Baron-Cohen, aquelas crianças possuíam justamente o que faltava aos garotos com autismo: uma teoria da mente em funcionamento.

Ao ouvir a exposição dos resultados de Baron-Cohen, Frith ficou tão encantada quanto chocada. Ela também não esperava que surgisse uma tendência tão clara. Convencida de que Baron-Cohen havia encontrado algo importante, estimulou-o a colher mais dados.

O resultado foi um artigo de 1985, na *Cognition*, que se tornou uma das referências na área.[6] Baron-Cohen era o autor principal, com Alan Leslie e Uta Frith ocupando a segunda e a terceira posições. Acenando para o famoso trabalho sobre a teoria da mente nos chimpanzés, intitularam o deles "Does the Autistic Child Have a Theory of Mind?" [A criança autista tem uma teoria da mente?]. Nele, fizeram uma declaração ousada sobre o que acreditavam que seus dados revelavam. "O nosso resultado", escreveram, "corrobora vigorosamente a hipótese segundo a qual as crianças autistas não empregam uma teoria da mente."[7]

A publicação do artigo teve um impacto imediato e duradouro, em particular sobre o prestígio de Baron-Cohen como pesquisador. Aos 25 anos, ele foi subitamente lançado à linha de frente da psicologia experimental. O "Teste Sally--Ann" passou a ser um dos experimentos ensinados nos cursos de graduação.

Baron-Cohen, Leslie e Frith haviam encontrado algo vital: algo até então não relatado e provavelmente essencial à própria natureza do autismo. "Nós demonstramos um déficit cognitivo", declararam, "que é em grande parte independente do nível intelectual geral e tem o potencial de explicar tanto a falta de brincadeira de personificação quanto a disfunção social em virtude de uma falha cognitiva circunscrita."

A validez da teoria da "teoria da mente" do autismo seria debatida durante anos,[8] assim como outras grandes ideias oriundas de Londres. Frith, trabalhando com suas alunas Amitta Shah e Francesca Happé, desenvolveu ainda outro modelo para o autismo, a que denominaram "coerência central fraca".[9] Seus experimentos mostraram que os indivíduos com autismo apresentavam capacidade superior de reconhecer e manipular partes de padrões e sistemas, porém menos talento para enxergar como as partes interagiam como um todo. Em outras palavras, eram mais fracos no pensamento em termos de conjunto, mas podiam ser mestres do detalhe.

Nesse meio-tempo, Baron-Cohen meteu novas ideias na conversa. Propôs, por exemplo, que o autismo podia ser entendido como o produto de "um cérebro extremamente masculino",[10] marcado pela propensão ao pensamento sistematizado, mas à custa da capacidade de empatizar bem com as outras pessoas. Isso tinha o propósito de explicar a proporção muito mais elevada de homens que de mulheres com autismo, assim como o porquê de o autismo aparecer com mais frequência nas populações de engenheiros que nas de poetas.

Em tudo isso, os pesquisadores de Londres não cessavam de espargir dados para respaldar suas ideias, deixando essas ideias evoluírem e se expandirem ou expirarem conforme indicassem os novos dados. As perguntas feitas em Londres continuaram a produzir insights assombrosos sobre como todos nós pensamos, não só aqueles com autismo.

PARTE VI
REDEFININDO UM DIAGNÓSTICO
(DÉCADAS DE 1970-90)

30. O espectro do autismo

Na metade da década de 1980, uma escritora que tinha muito a dizer sobre o autismo topou com um vocábulo que parecia capturar perfeitamente o distúrbio: "continuum". Ela sentiu que a palavra expressava bem o fato de as características autistas se manifestarem em uma variedade tão ampla de intensidades e combinações, entre pessoas das mais divergentes capacidades intelectuais e sociais. A palavra "continuum", disse, designava "um conceito de considerável complexidade, não uma simples linha reta entre o grave e o leve".[1]

Mas, depois de passar algum tempo escrevendo sobre o "continuum autista", ela concluiu que havia uma expressão melhor: o "espectro autista". Essa decisão estava fadada a remodelar de forma radical a maneira como as pessoas interpretavam e reagiam ao autismo. Sua repercussão foi política, social e científica. Em suma, aquela mudança de ideia mudou a história do autismo.

A escritora se chamava Lorna Wing. Destacada participante do círculo de pesquisadores de Londres, era uma psiquiatra com consultório ativo, uma pesquisadora que publicava estudos revolucionários, uma autora de livros em linguagem simples que ajudavam as famílias a enfrentar o autismo e uma ativista defensora dos indivíduos com autismo. Durante os cinquenta anos em que atuou, da década de 1960 a 2010, Wing eclipsou quase todo mundo na área. Sua estatura única entre os líderes da conversa global sobre o autismo — inclusive os americanos — contava com o reforço de uma diferença essencial entre ela e os demais pesquisadores. Schopler e Lovaas; O'Connor e Hermelin; Rutter, Frith e Baron-Cohen — nenhum deles se ocupava do autismo quando voltava para casa à noite.

Mas Lorna Wing, sim.

Wing recordou depois[2] sua primeira e horripilante suspeita de que havia algo errado com sua filha Susie, de seis meses. Isso aconteceu no fim da década de 1950, quando as duas estavam viajando de trem numa cabine em que outra jovem mãe, que ela não conhecia, levava no colo um bebê mais ou menos da idade de Susie. Como era comum na época, Wing não sabia nada de autismo, muito embora fosse psiquiatra, assim como seu marido John, que ela havia conhecido na aula de anatomia em que os dois foram incumbidos de dissecar o mesmo cadáver.

Wing reparou que o menino estava extasiado com as visões e os sons da viagem e que, quando via carneiros pela janela, apontava para eles com entusiasmo, olhando para a mãe para ver como esta reagia. Sua filha nunca fazia isso. Susie alternava entre ser passiva e introvertida e extremamente nervosa e gritona. Mal comia. Mal dormia. E, sem dúvida alguma, jamais se envolvia em uma conexão descontraída como a que ela via o menino ter com a mãe. Naquele momento, Wing sentiu um frio na espinha.

Logo que Susie completou três anos, seu pai assistiu por acaso a uma palestra da psiquiatra britânica Mildred Creak, que na época estava envolvida com uma das primeiras tentativas de classificar o conjunto de comportamentos que indicavam autismo. John Wing voltou para casa com um novo palpite acerca de Susie. Pouco depois disso, ela foi diagnosticada autista.

O autismo de Susie era grave, e seu diagnóstico foi feito em uma época em que o autismo grave levava a duas prescrições claras: institucionalização precoce para a criança e psicanálise para a mãe.

Nenhuma dessas recomendações despertou o interesse de Lorna Wing. Pelo contrário, ela tratou de usar sua formação para ajudar Susie a ficar fora da vida institucional e para dar assistência a outras famílias na mesma situação. Mudou seu foco profissional, transferindo-o para um ambiente de investigação em psiquiatria infantil. Ingressou na Unidade de Psiquiatria Social do Maudsley, juntamente com John, que veio a ser o seu diretor.[3] O casal mergulhou na realização de estudos que acabaram chegando às centenas. Um dos projetos de pesquisa que eles monitoraram foi o relevante estudo de Victor Lotter[4] que fez a primeira tentativa de mensurar a prevalência do autismo em uma população.

Mas a ciência era apenas uma parte da coisa para aquela mãe do autismo. Wing também se tornou a personalidade dominante na defesa dos pais na Grã-Bretanha.[5] Ajudou a fundar a Sociedade Nacional para Crianças Autistas[6] do país, em 1962, e participou da comissão que escolheu Sybil Elgar para dirigir a nova escola da sociedade.[7] Também foi a consultora de política científica do grupo. Nesse papel, tornou-se a intermediária, conectando os pais com a comunidade científica. Ela era singularmente indicada para isso, sendo a única pessoa em Londres com participação nos dois campos.

Mas não lhe faltaram obstáculos para transpor. Na época, havia um desafio inerente em ser mulher e tentar ser levada a sério pelos colegas da psiquiatria, um campo dominado pelos homens. E ser mãe de uma criança com a mesma deficiência que ela estudava podia despertar dúvidas quanto à sua capacidade de fazer ciência de maneira fria e objetiva.

Esse não era um problema menor. Nos Estados Unidos, Bernard Rimland, um dos poucos pais envolvidos com a pesquisa e que então combatia a mentalidade incriminadora das mães, também teve de enfrentá-lo. E criou para si mesmo a norma de evitar, quando escrevia ou falava em ambiente científico, mencionar a existência do seu filho Mark. Mesmo no seu livro pioneiro de 1964, não especificou que Mark era uma das crianças que ele descrevia com fins ilustrativos. Rimland não queria dar aos críticos um motivo para desqualificar seu desafio ao status quo como efusões de um pai estressado.[8]

Wing adotou essa norma quando, em 1970, publicou *Autistic Children: A Guide for Parents and Professionals* [Crianças autistas: Um guia para pais e profissionais]. Nenhum especialista havia escrito até então um livro como esse, que falasse diretamente com os pais sobre os desafios de criar um filho autista. Antes, a questão era considerada irrelevante: a institucionalização excluía a necessidade de aconselhar os pais. De resto, o livro sobre autismo que a maioria das pessoas ainda lia na época, *A fortaleza vazia*, de Bruno Bettelheim, insistia muito na incompetência dos pais. Mas Wing supunha que muitos pelo menos tentariam manter a família unida e que as mães e os pais precisavam de instruções práticas apresentadas em linguagem simples e direta. Assim, mostrou a importância de questões básicas, como a maneira pela qual os pais deviam se dirigir aos filhos pequenos.

"Para começar", aconselhava, "sempre se deve usar o nome da criança associado a situações agradáveis para ela."[9]

O livro de Wing foi recebido como um raio de luz nos lares das famílias que o leram. Passou por várias impressões e traduções para línguas estrangeiras — algumas amadoras. Em Tel Aviv, por exemplo, a mãe Edna Mishori, cofundadora da primeira organização de autismo de Israel, passou muitas noites, em 1971, consultando um dicionário hebraico-inglês e datilografando uma versão própria do livro de Wing, que copiou, grampeou e entregou a outras famílias israelenses.

Em virtude do impacto de *Autistic Children* na década de 1970, era correto dizer que, aos olhos dos pais da época, Lorna Wing havia escrito *"o livro"* sobre o autismo. E então ela o reescreveu.

O ponto de inflexão no pensamento de Wing sobre o distúrbio — que a levou a cunhar a expressão "espectro do autismo" — teve por base um conjunto de armários de arquivo no porão de um prédio administrativo do complexo do Hospital Maudsley. Os armários continham um conjunto de fichas que abarcavam um banco de dados manuscrito conhecido como Registro de Camberwell.[10] Cada ficha apresentava informações de algum indivíduo residente no distrito londrino de Camberwell que tivesse solicitado, em qualquer tempo, um serviço psiquiátrico fornecido pelo governo. Em suas mesas, uma equipe de meia dúzia de mulheres passava o dia todo atualizando à mão as informações provenientes de novos relatórios de campo, para que sempre estivessem atuais. Quando uma criança do distrito recebia serviços pela primeira vez em qualquer parte do sistema, sempre se abria uma ficha para ela ali mesmo no porão. A própria Wing e o marido haviam iniciado o registro nos anos 1960, com o fim declarado de, primeiro, garantir que o governo provesse serviços de forma adequada a quem deles precisasse e, em segundo lugar, produzir um banco de dados para a pesquisa psiquiátrica.[11]

Em 1972, Wing desceu ao porão com um novo projeto de pesquisa em mente. Queria explorar uma complicação particular encontrada com frequência pelos pesquisadores que tentavam contar o número de pessoas com autismo em qualquer população. Tratava-se do problema de como explicar gente que estava quase fora do alvo. Tais indivíduos, em geral parentes de pessoas que haviam sido diagnosticadas com autismo, também apresentavam algumas características evidentemente autistas, mas não o bastante para que chegassem a merecer um diagnóstico. Algo na sua linguagem talvez, ou no comportamento social, evocava de maneira inequívoca partes do transtorno geral tal como era compreendido na época.

Ou podia haver indivíduos cujas características autistas eram tão leves em algumas áreas que não se sabia ao certo se configuravam o quadro do distúrbio. Victor Lotter observou esse fenômeno na década de 1960, quando fez a contagem das crianças com autismo em Middlesex, e Susan Folstein o observou na de 1970, quando estava à procura de pares de gêmeos britânicos em que ambos tivessem autismo. Folstein acabou tendo de excluir da contagem final alguns pares de gêmeos em que uma das crianças, embora obviamente afetada em termos neurológicos, não atendia ao conjunto completo de critérios de autismo usados no estudo.[12]

Wing era uma mãe que apreciava tanto o valor dos serviços de apoio quanto a importância decisiva de ter um diagnóstico que justificasse a provisão de tais serviços. Talvez tenha sido essa a razão que a levou a querer achar um meio de contar todas as pessoas que manifestassem algum vestígio de comportamento autista, em qualquer grau e em qualquer combinação. O Registro de Camberwell seria a sua plataforma de lançamento.

Não podendo empreender sozinha um projeto tão grande, Wing pôs anúncio procurando um psicólogo que trabalhasse com ela — uma pessoa experiente com crianças e em avaliações cognitivas. Judith Gould, uma jovem psicóloga então em treinamento no Maudsley, preenchia os requisitos. Vinha fazendo as duas coisas em um projeto de pesquisa focado em educação. Depois de uma entrevista com John e Lorna Wing, foi contratada.[13] Naquele dia de 1972, a nova equipe formada por Wing e Gould se embrenhou no porão em que se guardavam os registros.

Não bastava fazer o levantamento dos dados das fichas; Wing exigia um processo de verificação rigoroso. Ela e Gould partiram em uma maratona de investigação de campo, passando noites e fins de semana batendo em portas em Camberwell para verificar com os próprios olhos o que as fichas diziam a respeito dos indivíduos nelas descritos. Restringindo a investigação a crianças de quinze anos ou menos, as duas procuraram ver todos os casos de autismo diagnosticado naquele grupo. Mas isso era apenas o começo. Ademais, queriam ver cada criança que, segundo o relatório, apresentasse algum vestígio de deficiência de desenvolvimento mais amplamente definida, ou seja, incapacidade intelectual, afasia ou qualquer tipo de dificuldade de aprendizagem. Características autistas esparsas, como interesses repetitivos ou indiferença social, também contavam.

Wing e Gould conduziram entrevistas individuais com mais de novecentos professores de crianças cujo histórico estava registrado nas fichas do porão. Depois disso, estiveram pessoalmente com mais de 132 crianças e seus familiares. Os dados colhidos no fim de uma tarde eram devolvidos ao sistema no dia seguinte e passados para as secretárias do porão, que os transcreviam nas fichas. Um dia, mais ou menos na metade do projeto, alguns operários apareceram à porta do porão com um perfurador de cartão do tamanho de uma escrivaninha. A computadorização havia chegado ao Maudsley. E, assim, o pessoal de escritório foi encarregado de transferir os dados de milhares de registros para os cartões perfurados. Enfim, caixas de cartões foram levadas à University College para serem processadas no computador central.

Desse modo, foi extremamente laboriosa a parte de trabalho de campo do projeto executada quatro anos antes que Wing e Gould estivessem em condições de começar a publicar. Mas, a partir do fim da década de 1970, elas produziram uma série de artigos que vieram a constituir o alicerce da reconsideração radical do conceito de autismo por parte de Wing. Foi nesse momento que ela rompeu com os conceitos predominantes e começou a alterar o modo como todos os outros interpretavam o distúrbio.

Wing concluíra que havia se negligenciado algo decisivo em todos os anos anteriores de análise do autismo, quando os círculos por ele atraídos eram demasiado restritos. Estava na hora de deixar de considerar significativos apenas os atributos autistas que se encaixassem em uma síndrome supostamente hermética, como fizera Kanner. Isso eliminava muita gente que precisava de ajuda, ou, como ela escreveria mais tarde, tinha "o efeito de excluir aqueles que não se ajustavam com perfeição às categorias".[14] Sem dúvida, sua percepção era influenciada pela experiência direta de criar um filho com autismo, coisa que lhe deu consciência das consequências, nas famílias, de um sistema de rotulação que não levava em conta a sua necessidade de ajuda. Por esse critério, escreveu ela, produzir definições estreitas "não se mostrou útil na prescrição de tipos de educação, de administração de comportamento, de medicação ou outro tratamento".

Mas o fato de julgar que as definições estreitas haviam falhado não significava que Wing achasse que o autismo não tinha nenhuma forma significativa. Ela e Gould propuseram um arcabouço chamado "tríade de incapacidade"[15] que abrangesse o núcleo definidor do distúrbio, a qual incluía, em primeiro lugar, uma incapacidade no conjunto usual de habilidade social de dar e receber; a segunda incapacidade relacionava-se com a linguagem recíproca, inclusive a não verbal; a terceira era uma deficiência em participar naquela que Wing denominava "imaginação social", como a usada na brincadeira de personificação.

Não obstante, o fundamental no arcabouço da tríade era a flexibilidade e a variabilidade. Dentro dele, argumentava Wing, as características do autismo podiam aparecer em um grande número de combinações e em infinitos matizes de intensidade, "até o limite da normalidade".[16] Esse, asseverou ela com audácia, era o quadro maior que escapara até ao grande Kanner. Embora de início Wing tenha usado a palavra "continuum" para capturar esse conceito, incluindo um capítulo em seu livro chamado "O continuum das características autistas", em 1988 ela havia passado a usar amiúde o termo "espectro" para denotar a mesma ideia.

Na década de 1990, Wing abandonou por completo o "continuum", tendo concluído que ele era por demais sugestivo de uma escala móvel de gravidade. Ela queria que os pesquisadores e clínicos se libertassem da dependência de uma simples régua para o autismo. Esperava incentivá-los a ser mais ágeis, mais perspicazes na maneira de reconhecer e interpretar diferenças que eram pouco suscetíveis de sempre aparecer nas mesmas gavetas asseadas e estreitamente desenhadas que os diagnosticadores naturalmente preferiam. Como ela dizia com frequência, repetindo um adágio de que se apropriou: "A natureza nunca traça uma linha sem borrá-la".[17]

Se qualquer outra pessoa que não Lorna Wing a houvesse promovido, é provável que a noção de "espectro autista" não deixasse de ser uma referência obscura em um ou outro artigo de publicação acadêmica. Mas Wing, além de ter influência entre os colegas, contava com uma legião de seguidores entre os pais com a qual nenhum outro profissional podia sonhar. E era incansável. Queria que a ideia de espectro se arraigasse e, nos anos 1980 e 1990, fez tudo que pôde para garantir que isso acontecesse. Continuou escrevendo a respeito dela e defendendo-a em conferências.[18] E, quando reviu seu clássico manual para os pais *Autistic Children*, que toda família do autismo possuía, intitulou-o *The Autistic Spectrum* [O espectro autista].[19] Na vasta comunidade ligada ao autismo, o título desse livro, mais que qualquer outra coisa, tornou a expressão conhecida.

Em 1984, Wing também divulgou a ideia do espectro quando os editores do *Manual Diagnóstico e Estatístico de Transtornos Mentais (Diagnostic and Statistical Manual of Mental Disorders, DSM)* — publicado pela Associação Americana de Psiquiatria — acharam conveniente atualizar o livro. Naquele ano, devido à sua estatura na área, ela foi convidada a redigir o primeiro esboço dos critérios revisados para o autismo, coisa que lhe deu proeminência nos três anos de debate e negociação que se seguiram.

A sua influência se evidenciou quando da publicação da nova edição em 1987. No lugar do menu de cinco diagnósticos distintos oferecidos pela edição anterior a pessoas com características autistas — que levava em consideração diferenças como a idade e a persistência dos sintomas —, a atualização agrupou todos em apenas duas categorias.

Uma delas se chamava "transtorno autista" e se aplicava a pessoas cujas características eram muito próximas daquilo que Leo Kanner chamaria de autismo. Entretanto, a outra "se inspirava" evidentemente no espectro. Era um rótulo amplo e abrangente que servia de diagnóstico das "quase fora do alvo" — características autistas que afetavam certas pessoas, mas que não chegavam a configurar o autismo "clássico". Embora cunhado na tosca linguagem do *DSM*, o rótulo transtorno global do desenvolvimento sem outra especificação (Pervasive Development Disorder Not Otherwise Specified, PDD-NOS) passou a ser importante e muito usado. Uma das causas disso, contava-se anedoticamente, era o fato de os pediatras às vezes recorrerem a ele por saber que as mães e os pais tinham medo de ouvir a palavra "autismo". Contudo, os pais que conheciam tal prática e preferiam ser informados diretamente e com franqueza queixavam-se de que PDD queria dizer "Pediatrician Didn't Decide" [O pediatra não decidiu].

Mas a categoria também "pegou" porque funcionava. Como argumentara Wing, nem todos os que precisam de ajuda cabem direitinho em simples caixas desenhadas com linhas limpas e sem manchas. Havia um lugar para o diagnóstico na vida real das pessoas, e um lugar para elas no diagnóstico.

Também foi por isso que, quando Wing mostrou a lógica do conceito de espectro de autismo, este aos poucos ganhou impulso, pois capturava a variabilidade da vida vivida por indivíduos cujas características distintivas eram demonstrável e extraordinariamente variáveis, mas que também compartilhavam uma espécie de pedra de toque de diferença difícil de definir.

Leo Kanner, pensava Wing, havia descoberto apenas uma fatia do espectro.

Em sua opinião a obra dele era histórica; chamara a atenção do mundo para o autismo. Mas ela estava começando a argumentar que Kanner descobrira apenas parte dele, e que havia muito mais do que isso no espectro.

Foi por essa razão que, ao mesmo tempo que apresentava ao mundo o conceito de espectro de autismo, Wing também apresentou outro conceito diagnóstico de que praticamente ninguém tinha ouvido falar até então.

Chamava-se síndrome de Asperger.

31. O austríaco

Eles se encontraram uma única vez quando Hans Asperger, um pediatra austríaco desconhecido no mundo anglófono, fez uma breve visita a Londres. Lorna Wing havia topado com um de seus artigos de décadas antes e, achando-o interessante, convidou Asperger a tomar chá na cafeteria do Hospital Maudsley. Segundo o relato posterior de Wing, eles se comunicaram em inglês, coisa que teria sido uma luta para o idoso visitante. Ele a tratou com cordialidade. Um ou dois anos depois, em 1980, faleceu, sendo seu nome ainda pouco reconhecido fora da Áustria.

Mas esse fato se alteraria de forma extraordinária dentro de uma década — e exclusivamente por causa de Lorna Wing. Durante os anos em que estava desenvolvendo e promovendo o conceito de espectro de autismo, ela também apresentou a obra de Asperger ao mundo. Ficara intrigada em especial com um trabalho por ele publicado na Alemanha no auge da Segunda Guerra Mundial, o qual lhe pareceu muito relevante para a ideia de espectro.

Mais tarde, Wing reconheceu que apresentar Asperger ao mundo havia gerado muitas consequências que ela estava longe de tencionar e que a deixaram, disse, com a sensação de, ao destampar o legado do austríaco, ter aberto uma caixa de Pandora. Mas, àquela altura, já não podia tornar a fechá-la.

A síndrome de Asperger ficou famosa, muito mais conhecida do que o próprio homem.

***

Magro, de óculos e aparência infantil — mesmo na idade adulta —, Hans Asperger foi criado em uma fazenda nas imediações de Viena. Solitário na infância, costumava fazer caminhadas no bosque recitando longas passagens de poemas que havia memorizado. Na adolescência, encontrou companhia em uma organização voltada para a natureza e a vida ao ar livre chamada "Estudantes Caminhantes".[1] Ela fazia parte do Bund Neuland, um vasto movimento juvenil de filiação católica. O ingresso nesse grupo marcou um momento decisivo para ele, que depois creditou a tal influência grande parte do seu desenvolvimento intelectual.

Asperger estudou medicina e se especializou em pediatria, trabalhando no Hospital da Universidade de Viena, no qual, em 1932, foi promovido a chefe de um programa que usava a educação como tratamento de transtornos mentais e de personalidade. Era uma espécie de escola dentro de um hospital. Esse seu trabalho, descrito em publicações por ele produzidas entre 1938 e 1944, foi a base do interesse posterior de Lorna Wing.

O relativo anonimato de Asperger fora da Áustria se devia só em parte ao fato de ele escrever e publicar em alemão. O outro fator era sua associação, devido ao lugar em que nasceu, ao Terceiro Reich de Hitler. A ciência médica do Reich era considerada mortal e factualmente corrompida pela ideologia. Embora os vitoriosos Aliados tenham se alegrado em adquirir os cientistas de foguetes da Alemanha, grande parte da pesquisa biomédica e psicológica levada a cabo na Alemanha ou na Áustria durante o período nazista era vista com desconfiança pelo resto do mundo. As associações ruins perduraram até muito depois do fim da guerra.

Não há registro de que Asperger tenha se filiado ao Partido Nacional-Socialista.[2] Se ele serviu o Exército alemão, foi por ter sido recrutado, como muitos médicos. Já tendo perdido um irmão na frente russa e sendo pai de cinco filhos, não ficou nada entusiasmado com a perspectiva de ir.[3] Em todo caso, seu serviço durou apenas alguns meses. Ele trabalhou em um hospital militar de campanha, na Croácia ocupada pelos nazistas, e voltou para casa abalado pela carnificina que presenciou.

Não obstante, a cultura médica na qual Asperger viveu em Viena estava impregnada de ideias nazistas. A cidade era especialmente perigosa para as crianças com deficiências. Em 1939, um ano depois da anexação da Áustria ao Terceiro Reich, o Estado lançou uma campanha de extermínio de bebês, crianças e adolescentes deficientes. Sua definição de "deficiente" incluía tanto enfermidades mentais quanto físicas. Embora apresentada como um programa de eutanásia, a campanha era impelida pela obsessão nazista por construir uma nação forte sacrificando os cidadãos mais fracos.

Para tanto, eles aplicaram uma lógica desprovida de emoção, mas econômica e egoísta. Não afirmavam que a presença de uma deficiência fosse, por si só, o teste de tornassol de uma decisão de vida e morte. Antes, o direito à vida de cada menino deficiente era submetido a uma espécie de análise de custo-benefício. Chamavam-se profissionais médicos para decidir o futuro de quais crianças era salvável com tratamento e educação e o de quais não. As que parecessem ter uma chance sólida de se beneficiar de um apoio escolar eram consideradas "educáveis". Nas que tivessem condições de se tornar cidadãos produtivos, o Estado podia justificar um investimento. Elas eram encaminhadas a escolas especiais e recebiam toda a assistência que estivesse ao alcance do Estado. As "ineducáveis", descritas na literatura nazista como "inúteis", não tinham essa chance. Eram executadas.

Em Viena, tal processo — o julgamento assim como a execução — ficava a cargo de médicos e enfermeiros em uma instituição conhecida como Spiegelgrund, que parecia um hospital infantil. O assassinato de cada criança era perpetrado durante dias e semanas mediante doses diárias de um medicamento anticonvulsivo chamado fenobarbital. Por via de regra, era ministrado na forma de supositório ou misturado com leite ou chocolate. Com o tempo, a substância causava uma deterioração paulatina da função pulmonar. Quando o fim chegava, a causa mortis em geral registrada era pneumonia. O pessoal extraía e preservava o cérebro de cada criança para pesquisa futura, então a família era convidada a levar seus restos mortais.

Nenhum médico em atividade em Viena podia evitar o contato com a burocracia médica nazificada. Hans Asperger há de ter cruzado diariamente com ela. Seu mentor no hospital da universidade, o professor Franz Hamburger, era um membro entusiasta do Partido Nacional-Socialista. Além disso, Asperger exerceu diversas funções consultivas na cidade, cujos principais administradores eram hitleristas leais. Para avançar profissionalmente, qualquer austríaco que quisesse fazer carreira precisava cair nas boas graças dos nazistas. Prosperar significava ser considerado ajustado.

Todo austríaco nessa situação tinha de descobrir um modo de navegar e sobreviver. No caso do pediatra Hans Asperger, é claro que sua reação foi canalizar o máximo de energia para o trabalho com crianças.

Em 3 de outubro de 1938 — quatro dias antes de Leo Kanner conhecer Donald Triplett em Baltimore —, Hans Asperger se postou perante muitos colegas em Viena e falou em um grupo de meninos que ele vinha estudando havia algum tempo e cuja personalidade descrevia como "autista". Usou a palavra de maneira nova, esclarecendo que não queria sugerir que os meninos sofressem de esquizofrenia.

Essa era uma diferenciação importante. Até então, "autismo" era uma palavra reservada exclusivamente para designar um dos comportamentos comumente apresentados por pessoas com esquizofrenia. Tratava-se de um retraimento social revelador, evidenciado pelo achatamento da personalidade, a interrupção da comunicação e a preferência pelo isolamento. Esse sintoma da esquizofrenia parecia ir e vir, em um distúrbio que em geral se manifestava no início da vida adulta.

Em 1938, exatamente como Leo Kanner faria cinco anos depois, em 1943, Asperger se apropriou conscientemente da palavra "autista" para denominar um comportamento que lembrava o retraimento esquizofrênico, mas que dele diferia. Em primeiro lugar, afetava crianças pequenas, manifestando-se às vezes em idade precoce, como dois anos. As crianças em questão não tinham alucinações nem ouviam vozes, como era típico da esquizofrenia. Ademais, o déficit social era de natureza mais ou menos permanente, não oscilava de um dia para o outro.

Asperger denominou esses meninos *"Autistischen Psychopathen"* — psicopatas autistas. Na Alemanha, a palavra "psicopatia" equivalia à expressão "transtorno de personalidade", sem nenhuma conotação de mente perturbada ou criminosa que tinha em inglês.

Pouco depois, o texto completo da conferência de Asperger foi publicado em um semanário médico.[4] Decorreriam seis anos e a maior parte da Segunda Guerra Mundial até que ele produzisse um segundo discurso digno de publicação sobre os meninos e seus comportamentos. O trabalho de 61 páginas publicado em 1944, que, aliás, era sua tese de pós-graduação,[5] contava a história de Fritz, Harro, Ernst e Hellmuth, quatro garotos austríacos com idade entre sete e dezessete anos, cujo comportamento capturava a essência do distúrbio. Até

1944, ele tinha visto duzentos meninos com aqueles tipos de características, mas nenhuma menina.

Os garotos descritos por Asperger se distinguiam em importantes aspectos de Donald e das outras crianças americanas sobre as quais Kanner escrevera no ano anterior, cuja qualidade distintiva, na opinião deste, era a aparente indiferença pelos seres humanos e a repulsa quase cabal por eles. A maioria dos meninos de Asperger, ao contrário, parecia procurar obter uma conexão com os demais, em geral com adultos, mas essas relações eram repletas de ansiedade e solapadas pela personalidade difícil dos garotos, que não despertava simpatia nem compreensão. Eles não conseguiam fazer amizade com outras crianças, que deles caçoavam sem dó. Asperger relatou que com frequência os via, no pátio ou a caminho da escola, às voltas com grupos de provocadores agressivos.

Vez ou outra, as crianças atormentadas revidavam. Fritz, por exemplo, certa ocasião atacou um colega de classe com um martelo, e várias delas foram expulsas da escola por mau comportamento na primeira ou na segunda série. Asperger enxergava a alienação na expressão facial daqueles meninos, notando um ocasional "brilho malévolo" em seus olhos.[6] Ernst era combativo não só com as outras crianças, mas também com os professores. Quanto a Harro, Asperger o classificou de mentiroso inveterado.

Esse lamentável ciclo de tendências antissociais, exacerbadas pela crueldade de outras pessoas, provinha das características específicas que Asperger atribuía aos garotos. Eles faziam pouco contato visual, fixando o olhar "no vazio". De mente extremamente literal, não se davam conta dos sinais não verbais dos demais — as sobrancelhas arqueadas, o dar de ombros e os suspiros, as frases incompletas. Também tendiam a ser fisicamente desajeitados, um fardo importante na prática do esporte, expondo-se assim a mais zombaria e exclusão.

Outra importante diferença em relação aos casos de Kanner era o fato de a maior parte das crianças de Asperger ser extremamente loquaz. Mas elas não eram simplesmente prolixas; falavam mais como adultos do que como seus pares, com gramática precisa e vocabulário rico, coisa que os outros às vezes achavam estranha e irritante. Os meninos também tendiam a se apegar a um ou dois temas restritos que os fascinavam e a ninguém mais — como a heráldica ou o layout das estradas de ferro. Falavam sem parar nesses assuntos, de um modo salmódico, automático, sem saber o quanto chateavam e exasperavam os outros. A própria facilidade que tinham com as palavras sabotava suas relações sociais.

Como assinalou Asperger, sua habilidade de linguagem bem desenvolvida era compatível com outra característica comum a todos os meninos: em termos intelectuais, eles eram perfeitos. Mais que perfeitos, em muitos casos. Fritz, mesmo aos oito anos, era capaz de resolver problemas, analisar dados e compreender com facilidade as nuances de sistemas complexos. Talvez, propôs Asperger, esses dons intelectuais não fossem uma casualidade, e sim o efeito colateral positivo de sua personalidade inconvencional. Talvez sua capacidade de mergulhar profundamente em um tema restrito andasse de braço dado com a capacidade de bloquear o acesso de distrações. Ele deu o exemplo de um garotinho obcecado por desenhar formas geométricas na areia, que chegou a se doutorar em astronomia e a demonstrar um erro matemático na obra de Newton.

Isso explicava por que, apesar de sua experiência difícil com as pessoas, a maioria daqueles meninos era mais capaz de aprender. Asperger citou as crianças de que havia tratado e que cresceram e tiveram carreira bem-sucedida — entre eles acadêmicos, músicos e especialistas em heráldica. Muito embora suas excentricidades persistissem na idade adulta, disse, "eles desempenhavam bem o seu papel, talvez melhor do que qualquer outro seria capaz".

A publicação que divulgou o artigo de Asperger era datada de 3 de junho de 1944. No dia 6 de junho, o Dia D, os Aliados se lançaram à invasão na Normandia.

Durante o fim da guerra e depois dele, a carreira de Asperger continuou a florescer. Em 1944, ele foi nomeado catedrático da Universidade de Viena;[7] em 1957, professor da Universidade de Innsbruck; e, em 1963, diretor do hospital infantil da Universidade de Viena. Passou toda a carreira trabalhando com crianças e publicou mais de trezentos artigos, em geral sobre seus psicopatas autistas, mas também, amiúde, sobre o tema da morte.[8] Em Viena, suas aulas sempre eram uma grande atração para os alunos. Ele continuou lecionando depois da aposentadoria oficial, embora tenha reduzido as aulas a uma por semana, sempre às quartas-feiras.[9] Em 1977, concedeu uma longa entrevista a uma rádio austríaca. Em 1980, aos 74 anos, adoeceu pouco antes de dar uma de suas aulas. Morreu antes da quarta-feira seguinte.

Por mais que estivesse estabelecido em seu país, o nome de Asperger nunca foi muito além das fronteiras da Áustria e da Alemanha durante sua vida. Quando do seu falecimento, o artigo de 36 anos antes descrevendo aqueles quatro meninos cujo comportamento ele considerava "autista" ainda tinha raros leitores no mundo anglofalante. Mesmo para aqueles que, como Bernie Rimland, prestavam atenção de maneira obsessiva nas novidades acerca do autismo, ele era uma relativa insignificância. Em seu abrangente livro sobre o autismo de 1964, Rimland mencionou o nome de Asperger uma única vez, e entre parênteses.[10] Em um bilhete daquele ano a um professor de genética de Stanford, Rimland confessou: "Eu não entendo muito bem a síndrome de Asperger".[11]

Em 1971, em em resenha de um livro de outra pessoa sobre o autismo, Leo Kanner fez uma breve referência a Asperger, mas errou na grafia do nome.[12] Arne van Krevelen, um dos primeiros pesquisadores do autismo na Holanda, que falava inglês e alemão, estava informado sobre o pesquisador austríaco, mas citou seu trabalho apenas uma ou duas vezes em publicações em língua inglesa.[13] Algumas publicações em russo também chegaram a mencioná-lo uma vez ou outra. Nas últimas décadas da sua vida, graças pelo menos em parte à barreira da língua, a relativa obscuridade de Asperger para o resto do mundo pareceu destinada a perdurar — fato que pelo visto não o incomodou muito.[14]

Mas eis que Lorna Wing soube dele.

Foi John Wing, que lia alemão, quem descobriu o artigo de 1944.[15] Quando ele o traduziu para a esposa, ela percebeu o quanto sua "tríade de incapacidades" se ajustava àqueles quatro meninos da Áustria. Também lhe ocorreu que várias crianças britânicas de que estava tratando combinavam notavelmente bem com os "psicopatas autistas" de Asperger. Ao mesmo tempo, Wing ainda estava processando a enorme quantidade de dados que havia colhido com Gould no Registro de Camberwell. Também lá encontrara relatos de crianças muito inteligentes e verbalmente capazes — bem parecidas com os garotos de Asperger.

Em 1981, Lorna Wing publicou "Asperger's Syndrome: A Clinical Account" [Síndrome de Asperger: Um relato clínico].[16] Nele, apresentou os casos de 1944 do austríaco lado a lado com descrições de crianças que ela vinha visitando, e mostrou como os garotos dos dois grupos correspondiam à descrição dos "psicopatas autistas" de Asperger. No entanto, sugeriu uma nomenclatura mais branda e bem-sonante. Notando que muita gente associava psicopatia a comportamento sociopata, declarou que, em seu artigo, "a expressão neutra síndrome de Asperger é preferível e será usada".[17] Com essa frase, lançou sem querer um novo e convincente diagnóstico que se propagaria por todo o mundo anglófono.

Como Wing deixou claro muitas vezes, seu objetivo ao chamar a atenção para o paper de Asperger não foi codificar suas observações de 1944 em um diagnóstico autônomo para a era moderna. De sua parte, não via "limites claros a separarem [a síndrome identificada por Asperger] dos outros transtornos autistas"[18] e não previa nem pretendia que o diagnóstico "síndrome de Asperger" — expressão que ela usava apenas em termos descritivos — fosse distribuído a milhares de indivíduos nos Estados Unidos, na Grã-Bretanha, na Irlanda, na Austrália, no Canadá e em muitas outras partes do mundo, ou que fosse definido, na década de 1990, tanto na prática quanto pelos manuais psiquiátricos mais conceituados, como diferente do autismo descrito por Leo Kanner.

Antes, Wing chamava a atenção para os meninos de Asperger por um único motivo: reforçar a sua ideia de espectro. Queria mostrar que a literatura médica estava repleta de descrições de indivíduos altamente verbais e inteligentes que, por também manifestarem algumas características autistas, pertenciam ao mesmo espectro daqueles cuja linguagem e o intelecto não eram tão bem desenvolvidos.

Na verdade, sendo uma ativista decidida a obter serviços para tanta gente quanto possível, Wing se opunha terminantemente a dividir o espectro em múltiplos diagnósticos. "A identificação de qualquer uma das síndromes comportamentais epônimas", escreveu, "não presta nenhuma ajuda prática a esse processo."[19] Ela admitia que, no caso de alguns pais e mesmo de alguns profissionais "que muitas vezes não conseguem acreditar em um diagnóstico de autismo"[20] quando os sintomas eram brandos, podia ser útil empregar o rótulo síndrome de Asperger. Mas isso era apenas para "ajudar a convencer as pessoas afetadas de que há um problema real".

O problema real, Wing sempre sustentaria, devia ser chamado de autismo. Mas, pelo fato de ela ter manifestado interesse pela síndrome de Asperger, e por ter dado esse nome ao distúrbio, o mundo pressupôs que ela o estava endossando.

O escrito de Asperger contribuiu para inspirar a concepção de espectro de Lorna Wing, mas, por ironia, nada indica que o próprio Asperger concordaria que essa era a melhor maneira de pensar o autismo. Na verdade, com base no relato de Wing de seu encontro no Maudsley, parece que ele resistiu a um aspecto essencial da ideia. Durante o chá, ela explicou com detalhes por que tinha certeza de que se podia compreender melhor tanto os meninos de Asperger em Viena quanto as crianças de Kanner em Baltimore admitindo que eles tinham o mesmo distúrbio fundamental. Não surpreendia que Wing adotasse esse ponto de vista. Uma das principais premissas da ideia de espectro era que as diferenças entre as pessoas com características autistas tinham menos importância do que as semelhanças. Tanto quando se falava em autistas cujos sintomas causavam incapacidade grave quanto nos que pareciam meramente excêntricos, ela acreditava que não tinha sentido separá-los em grupos baseados nas diferenças na maneira como seu autismo se manifestava.

O seu convidado discordou daquele modo de pensar. "Asperger, apesar de arrolar numerosas semelhanças, considerou que a sua síndrome era diferente da de Kanner",[21] contou Wing. "Nós aceitamos cordialmente que discordávamos."[22]

Asperger estabeleceu o mesmo limite claro em uma apresentação a pais do autismo na Suíça em março de 1977 — enfatizando a nítida diferença entre os seus pacientes e os de Kanner. Reiterando as mesmas observações que fizera em um artigo de 1968,[23] reconheceu que havia semelhanças entre os dois grupos de crianças e até "afinidade completa em alguns aspectos",[24] mas afirmou que as crianças de Kanner estavam em um "estado psicótico ou quase psicótico",[25] ao passo que "as de tipo Asperger não são tão gravemente transtornadas". Mais do que isso, frisou ele, "os casos típicos de Asperger são crianças muito inteligentes, com extraordinária originalidade de pensamento e espontaneidade de atividades".[26] Para o médico austríaco, era evidente que os dois grupos de crianças eram "tipos basicamente diferentes" e que ele e Kanner falavam de duas síndromes distintas. A palavra "autista", disse à plateia, é aplicável a "transtornos [...] de origens muito diversas que podem e *devem ser diferenciados*" (grifo nosso).

Em várias ocasiões, Asperger observou que as características tipicamente autistas se manifestavam em pessoas de capacidade mental tanto maior quanto menor, e se expressavam em gradações sutis de intensidade. Ao contrário de Wing, ele tendia a mencionar pouco essa observação, limitando-se a uma mera frase ou parágrafo aqui e ali. Na verdade, o foco de seus escritos eram as crianças com capacidade intelectual e verbal mais impressionante. Seus papers antigos tampouco exploraram modos de lidar com os desafios enfrentados pelas crianças com menos capacidade intelectual. Por certo, ele nunca propôs agrupá-las com todos os que apresentavam características autistas sob a égide do "autismo" — a essência da ideia de espectro.

* * *

No fim, a síndrome de Asperger se afirmou como diagnóstico porque os médicos a achavam útil. Não há boas estatísticas sobre o número de diagnósticos da síndrome feitos nos anos 1980, mas, nos 1990, o diagnóstico era muito usado, sobretudo na Grã-Bretanha. Também era popular na Suécia, onde o pesquisador Chris Gillberg publicou dezenas de estudos sobre a síndrome. Vários outros trabalhos de investigadores trataram com indiferença a questão de a síndrome de Asperger ser um fenômeno separado do autismo. Para os médicos, a questão era acadêmica. Ela convinha às pessoas que eles examinavam: como havia mostrado Wing, era mais fácil dar aos pais um diagnóstico de síndrome de Asperger do que lhes dizer que o filho tinha autismo.

Particularmente, o diagnóstico se propagou mesmo não sendo reconhecido pelo *DSM* da Associação Americana de Psiquiatria em 1991. Em 1992, a Organização Mundial da Saúde (OMS) passou à frente da APA ao incluir a síndrome de Asperger em um compêndio maciço intitulado *International Classification of Diseases* [Classificação internacional de doenças].

Com a popularidade cada vez maior do diagnóstico e com seu reconhecimento oficial por parte da OMS, os editores do *DSM* se sentiram pressionados a segui-la. Por coincidência, a APA tinha planos de publicar uma edição atualizada do *DSM* em 1994, coisa que tornou imprescindível decidir se incluía nele ou não a síndrome de Asperger.

Mas antes havia uma pergunta difícil de responder sobre o homem que emprestava o nome à síndrome.

32. A assinatura

Quando lhe fizeram a pergunta em 1993, em um telefonema transatlântico, Lorna Wing ficou chocada: *Hans Asperger foi nazista na juventude?*[1]

Fred Volkmar, do Centro de Estudos de Yale, se sentiu mal só por fazer a pergunta. Mas estava convencido de que devia, pois haviam surgido dúvidas sobre o caráter do médico austríaco. E era preciso tomar uma decisão logo sobre a conveniência de homenageá-lo postumamente dando seu nome a um transtorno descrito no *DSM*, a "bíblia" da psiquiatria.

Havia meses que os experts dirigidos por Volkmar vinham examinando estudos, empreendendo ensaios de campo e discutindo em salas de reunião, por telefone e por fax se a síndrome de Asperger merecia aquele reconhecimento formal. Como uma parte do grupo de trabalho havia escolhido "transtorno global do desenvolvimento" para a atualização do *DSM* de 1994, suas conclusões seriam decisivas.

O Centro de Estudos de Yale, de Volkmar, era o líder em pesquisa sobre o assunto nos Estados Unidos. A certa altura, uma solicitação de voluntários com a síndrome para uma pesquisa tinha dado a Yale uma lista de mais de oitocentos indivíduos e famílias de todo o país.[2] Em Yale e em outras partes, os médicos que achavam o conceito útil e relevante diagnosticavam os pacientes com a síndrome sem esperar que o *DSM* sancionasse o seu uso.

No entanto, ainda havia muita divergência quanto à validez do conceito. Não estava claro se os indivíduos com o diagnóstico eram de fato diferentes dos descritos como "autistas altamente funcionais", um conceito já conhecido e muito utilizado. Além disso, era evidente que as clínicas estavam alterando os critérios de maneira independente, levando à incoerência generalizada na aplicação do rótulo síndrome de Asperger. Assim, muitos argumentavam que síndrome de Asperger não era um acréscimo necessário ou útil para o léxico diagnóstico.

Por outro lado, a OMS tinha acabado de endossar a síndrome como um distúrbio autônomo. E, o que é mais relevante, o próprio Volkmar estava entre os convencidos de sua validez, tendo visto muita gente no Centro de Estudo Infantil de Yale cujos sintomas pareciam justificar o diagnóstico de síndrome de Asperger. Carismático, persuasivo e rigoroso, Volkmar seria um dos árbitros finais da consagração ou não do distúrbio no *DSM*. De modo que foi importante o fato de, apenas alguns meses antes da publicação do novo manual, ele decidir investigar a questão do suposto passado nazista de Hans Asperger.

Eric Schopler, por exemplo, estava convencido dessa mácula. Ele também figurava entre os que consideravam as ideias de Asperger supérfluas na compreensão do autismo, para não dizer concebidas com desleixo. Seus ataques à obra do pediatra austríaco na década de 1990 eram notoriamente pessoais, refletiam uma antipatia que não se justificava pela mera discordância profissional. "As sementes da nossa atual confusão de síndromes foram plantadas no solo rico de suas poucas publicações",[3] escreveu certa vez. Na opinião de Schopler, Asperger jamais "conseguiu identificar uma síndrome psiquiátrica replicável".

Podia-se entender a antipatia de Schopler como o rancor de um homem que, ainda menino, tivera de fugir da Alemanha com o resto da família judia e que desconfiava de qualquer adulto — alemão ou austríaco — cuja carreira médica tivesse florescido durante a época nazista. Tratava-se meramente de culpa por associação.[4] Mas isso não o impediu de lançar uma solitária campanha de boatos segundo a qual Asperger talvez tivesse sido simpatizante do nazismo, senão colaborador ou inclusive membro do partido. Mais de uma vez, Schopler divulgou tais insinuações em publicações por ele dirigidas, como o *Journal of Autism and Developmental Disorders*. Ali e em outros lugares, ele fez referências explícitas ao "antigo interesse de Asperger pelo Movimento Juvenil Alemão",[5] dando a entender uma conexão entre o austríaco e a Juventude Hitlerista. Não obstante, talvez pelo fato de Schopler ser sutil nas suas alusões, a maioria das pessoas que conheciam a síndrome de Asperger na década de 1990 ignorava qualquer controvérsia sobre o passado do homem que lhe dava o nome.

Volkmar, por exemplo, só ouviu falar nela no fim do processo de revisão do DSM.[6] Mas não foi Schopler quem lhe chamou a atenção para a suspeita. Durante os ensaios de campo que Volkmar estava empreendendo a fim de testar os critérios propostos para a síndrome de Asperger, dois colegas de Yale que ele tinha em alta estima mencionaram a questão. Um deles, Donald Cohen, ex-diretor do Centro de Estudo Infantil, havia publicado muita coisa sobre o autismo. O outro era um jovem star na área, um médico e pesquisador chamado Ami Klin. Quando estava se doutorando em psicologia em Londres, ele havia causado sensação com um estudo concebido de maneira brilhante que mostrava que o autismo afetava as reações da criança ao som da voz da mãe.[7] O próprio Cohen recrutara Klin para Yale em 1989. Os dois formaram uma estreita relação mentor-protegido baseada no fascínio de ambos pelo autismo e em um senso poderoso de identidade judaica. Cohen era judeu praticante e um dedicado estudioso do Holocausto. Klin, nascido no Brasil, era filho de sobreviventes do Holocausto e se formara em história e ciência política pela Universidade Hebraica de Jerusalém.

A questão sobre a qual ambos refletiam era se Asperger estava de algum modo envolvido com as atrocidades médicas atribuídas aos nazistas que governaram Viena.[8] Eles sabiam que a medicina já tinha se envergonhado por não ter feito essa pergunta no caso de vários médicos e pesquisadores que haviam atuado sob o Terceiro Reich. Os manuais modernos ainda continham referências a doenças com o nome de cientistas da era nazista cuja ética era repulsiva, se não criminosa, como neurologistas cujas descobertas significativas tinham sido feitas dissecando o cérebro de crianças e adultos assassinados pelos nazistas. Um tal de dr. Franz Seitelberger, de Viena, havia sido membro da SS, ao passo que o professor Julius Hallervorden, de Berlim, era conhecido por selecionar pacientes vivos cujo cérebro ele planejava estudar após a sua morte por "eutanásia". Hallervorden disse, de forma desprezível: "Já que vocês vão matar toda essa gente, pelo menos tirem os cérebros para que o material tenha alguma utilidade".[9] No entanto, as expressões "doença de Seitelberger" e "doença de Hallervorden-Spatz" continuavam aparecendo em publicações acadêmicas.

Em 1993, Asperger, morto havia treze anos, nunca uma grande presença no palco mundial, continuava sendo uma figura pouco conhecida. Em 1991, Uta Frith publicara um breve apanhado de sua vida e obra para acompanhar a tradução de seu grande paper de 1944. Ademais, a tradução de uma palestra ministrada por Asperger na Suíça, em 1977, tinha sido publicada, em 1979, na revista de uma organização britânica de autismo, mas não fora amplamente distribuída. Em suma, Volkmar sozinho não podia obter muita informaçao acerca do austríaco e não contava com nenhum verdadeiro "especialista em Asperger" a quem recorrer. Foi nesse contexto que telefonou para Lorna Wing, a única pessoa que ele conhecia que estivera pessoalmente com Hans Asperger, e lhe fez a pergunta: *Hans Asperger foi nazista na juventude?*.

Lorna Wing engoliu em seco. "Hans Asperger nazista?".[10] Volkmar pôde ouvir a sua indignação. Ela falou na profunda fé católica do médico austríaco e na sua vida dedicada aos jovens.

"Nazista? Não", disse Wing. "Não, não, não! Ele era um homem muito religioso."

Foi uma conversa breve, mas resolveu o problema.

Alguns meses depois, o *DSM-IV* foi publicado. Embora tivesse sido proposta a inclusão de 94 novos distúrbios mentais, somente dois foram acolhidos. Um foi o transtorno bipolar tipo II, o outro, o transtorno de Asperger.

Em 1993, Wing e Volkmar naturalmente nada sabiam das informações a respeito de Asperger que seriam descobertas nos anos seguintes.

O primeiro sinal de alerta foi dado em 1996. Naquele ano, Ami Klin, junto com Volkmar e a psicóloga Sarah Sparrow, começou a organizar um livro que eles planejavam intitular *Asperger Syndrome* [Síndrome de Asperger]. Contudo, Klin ainda tinha suas dúvidas. E, como seu nome ia aparecer na capa do livro, achou necessário algo mais que um telefonema a Lorna Wing para concluir se o pediatra austríaco era inocente.

No fim de 1996, Klin começou a escrever para arquivos e institutos da Alemanha e da Áustria em busca de documentos e outras informações acerca de Hans Asperger. Isso surtiu escasso resultado. Mas eis que um professor de Colônia, Alemanha, lhe recomendou o historiador austríaco Michael Hubenstorf, que dava aula no Instituto da História da Medicina da Universidade Livre de Berlim. "Nós gostaríamos de poder escrever que ele foi um médico bondoso cuja preocupação principal era o bem-estar de seu paciente [sic]",[11] escreveu Klin a Hubenstorf. "Mas não temos certeza disso."

Hubenstorf respondeu algumas semanas depois com uma carta de quatro páginas e um catálogo de cinco dos registros de carreira, promoções e publicações que havia reunido. A preocupação de Klin, escreveu, era justificada. Conquanto não tivesse encontrado nenhum indício de afiliação formal ao Partido Nacional-Socialista, Hubenstorf informou que "a carreira médica" de Asperger "se desenvolveu evidentemente em um meio de nacionalistas e nazistas alemães", e que ele foi promovido regularmente dentro desse meio. Hubenstorf acreditava que o médico austríaco teria minimizado suas ligações anteriores com nazistas conhecidos, como o professor Hamburger, outrora seu mentor, que Hubenstorf classificou de "o pediatra nazista mais declarado de todos".

"Não se sabe ao certo até que ponto ele foi um companheiro de viagem", concluiu Hubenstorf. Mas aconselhou Klin a pecar por excesso de cautela. E recomendou-lhe não publicar "o que quer que fosse antes de ter feito o máximo esforço para esclarecer o passado do professor Asperger".

No fim, Klin preferiu não seguir o conselho de Hubenstorf. Pesando tudo, reconheceu que não se havia encontrado nenhuma "prova irrefutável" de que Asperger tivesse participado diretamente de crimes médicos nazistas. Entrementes, ele havia recebido a cópia de um obituário do austríaco que o apresentava como um médico bom e meigo, dedicado ao cuidado das crianças. Sua filha, Maria Asperger Felder, também pôs a mão no fogo pela reputação do pai quando Klin a procurou. Psiquiatra de profissão, ela escreveu que seu pai discordava do determinismo racial dos nazistas, havia sido inimigo do sofrimento das crianças e jamais perdera "o interesse de toda a vida e a curiosidade por todas as criaturas vivas".[12]

Essa era a história do médico bondoso que Klin esperava que se revelasse verdadeira. Em 2000, ele, Volkmar e Sparrow publicaram *Asperger Syndrome*, com prefácio da filha do pediatra austríaco.

A versão "médico bondoso" de Asperger era muito atraente e concorreria para muitas avaliações de sua obra. Na verdade, uma narrativa extremamente positiva de Asperger como um homem de retidão moral ganhou relevo no novo milênio, alçando-o quase ao status de herói. Cada vez mais, ele passou a ser visto como um cauteloso mas valente e astuto sabotador do projeto nazista de exterminar crianças intelectualmente incapazes. Essa imagem dele recordava a afirmação de Uta Frith, em 1991, segundo a qual Asperger tinha sido um defensor ardente dos "inadaptados" que o programa de eugenia nazista pretendia eliminar. "Longe de desprezar os inadaptados", escreveu Frith na introdução à sua tradução do trabalho de Asperger de 1944, "ele se dedicou à sua causa — e isso em uma época em que a simpatia pelos inadaptados era no mínimo perigosa."[13]

A psiquiatra berlinense Brita Schirmer ampliou essa imagem de herói em 2002, ao chamar a atenção para a "humanidade e o compromisso corajoso [de Asperger] com as crianças a ele confiadas em tempos em que isso não era de modo algum óbvio nem sem perigo".[14]

Em 2007, os psicólogos dublinenses Viktoria Lyons e Michael Fitzgerald escreveram uma carta para o *Journal of Autism and Developmental Disorders*, homenageando Asperger como um homem que "tentava impedir que aquelas crianças fossem enviadas a campos de concentração na Segunda Guerra Mundial".[15]

E, em 2010, o historiador britânico do autismo Adam Feinstein publicou o resultado de sua viagem a Viena para investigar os rumores segundo os quais Asperger teria sido simpatizante de Hitler. "É mais provável que o contrário seja o caso",[16] concluiu.

Essa opinião sobre Asperger se apoiava em várias histórias convincentes. Diziam que, em duas ocasiões, quando trabalhava no hospital de Viena, ele havia escapado por pouco de ser preso pela Gestapo e arriscara a própria segurança ao se recusar a dar às autoridades os nomes de crianças deficientes. Em uma entrada em seu diário, escrita durante uma visita à Alemanha em 1934, ele parece estremecer diante da tormenta nazista que se armava: "Uma nação inteira vai em uma direção única, fanaticamente, com a visão toldada".[17] A fé católica e a participação na organização juvenil católica conhecida como Bund Neuland também foram citadas como prova de sua associação a uma moralidade progressista e em conflito com as ideias nazistas.[18]

Acima de tudo, essa opinião se arrimava nas declarações claras de Asperger, do início do período nacional-socialista, defendendo o direito das crianças mentalmente comprometidas de receber o apoio da sociedade. Durante a conferência de 1938 na qual descreveu pela primeira vez seus casos autistas, ele declarou: "Nem tudo que sai da linha e, portanto, é 'anormal' deve ser considerado 'inferior'". Do mesmo modo, na conclusão de seu trabalho mais conhecido, "Psicopatas autistas", de 1944, ele elogiou o dever da profissão médica "de defender essas crianças com toda a força da nossa personalidade".

De modo que tudo parecia favorecer a reputação de Asperger de pensador humanitário e liberal. Tratava-se de um retrato otimista e inspirador que tocava a sensibilidade moderna. E se revelaria seriamente falso.

Um dos sabões de roupa mais conhecidos no mundo tem a marca comercial Persil. Fabricado de início na Alemanha, Persil é a Voga da Europa. Na Áustria e na Alemanha, depois da Segunda Guerra Mundial, a palavra veio a significar, com humor negro, o esforço furioso e às vezes absurdo envidado por alemães e austríacos para limpar sua reputação. Devido à política de "desnazificação" dos Aliados, que visava excluir os membros e colaboradores do Partido Nazista dos cargos influentes, milhões se precipitaram a procurar testemunhas de sua inocência.[19] Especialmente valorizado era o testemunho de judeus que comprovasse um momento de bondade ou delicadeza enquanto o Holocausto se desenrolava. Em geral, os que buscavam limpar o nome se apresentavam a si próprios como vítimas, alegando que haviam sido ameaçados de prisão pela Gestapo ou de ter a carreira arruinada por se opor às políticas nazistas. Outros diziam ter apenas fingido apoiar os nazistas para resistir clandestinamente ao nacional-socialismo por dentro. No fim do processo, os bem-sucedidos saíam com um documento apelidado de *Persilschein*, ou seja, "atestado Persil",[20] confirmando que eles tinham sido declarados inocentes ou "limpos". Mesmo na época, havia muito cinismo com o *Persilschein*.

Sem dúvida, houve pelo menos alguns autênticos resistentes clandestinos entre os austríacos. Porém, muitos dos que se apresentavam como tal não passavam de dissimuladores. A carta de Michael Hubenstorf a Ami Klin mencionara a possibilidade de o passado de Asperger também ter sido encoberto até certo ponto. De fato, um segundo exame da narrativa do herói oferece motivos razoáveis de ceticismo. Em primeiro lugar, a história de sua quase prisão pela Gestapo tinha uma única fonte: o próprio Asperger. Ao que se sabe, ele a mencionou duas vezes em público: em uma palestra de 1962 e em um programa de rádio em 1974.[21] Para qualquer austríaco astuto e com conhecimento do fenômeno *Persilschein*, tal coisa era motivo para suspeitar que Asperger tivesse edulcorado sua experiência de ser politicamente investigado pelas autoridades nazistas ou, quem sabe, até houvesse inventado a história toda. A investigação que ele sofreu era um processo a que a maioria dos servidores públicos era submetida por força de uma lei outorgada depois da *Anschluss* para erradicar os judeus e qualquer outra pessoa considerada "pouco confiável". É bem provável que, não sendo afiliado ao partido, Asperger tivesse sido investigado, mas no fim os nazistas o inocentaram.

Outra bandeira teria sido a sua participação no Bund Neuland, que foi, segundo o próprio relato de Asperger, decisiva para o seu desenvolvimento como jovem. Embora ardentemente pró-católico, esse grupo também abraçava uma filosofia nacionalista antimoderna e pangermânica, e suas tensões com os nazistas provinham sobretudo da posição anti-igreja do Reich.[22] No mais, havia uma boa quantidade de terreno comum entre o Bund Neuland e o nacional-socialismo. Por exemplo, um número de 1935 da publicação mensal *Neuland* ressaltava o problema da "excessiva influência judaica"[23] nas camadas superiores da sociedade e discutia a necessidade de uma "separação clara" entre os "judeus de Viena" e o resto da população.

Ainda havia as palavras do próprio Asperger. A entrada em seu diário de 1934, que fala nos alemães a caminharem "em uma direção única, fanaticamente",[24] foi citada — de início por sua filha, depois por outros nela baseados — como prova de que ele condenava a nazificação da Alemanha. Entretanto, o texto completo se mostra mais ambíguo, com indícios de reverência e admiração, assim como de consternação:

> Uma nação inteira vai em uma direção única, fanaticamente, com a visão toldada, decerto, mas também com entusiasmo e dedicação, com uma disciplina e um controle tremendos, com uma eficácia terrível. Agora só soldados — o pensar da soldadesca — o etos — o paganismo germânico [...].

De resto, essa é a única passagem conhecida dos escritos do médico austríaco que sugere preocupação com o rumo que as coisas estavam tomando em 1934.

Quatro anos depois, no dia 3 de outubro de 1938, não houve ambiguidade na linguagem usada por Asperger em um discurso histórico perante uma assembleia de colegas médicos. As palavras que usou pareciam surpreendentemente pró-nazistas e foram ditas no início da alocução na qual ele discutiu pela primeira vez os seus "psicopatas autistas". Isso ocorreu sete meses depois da *Anschluss* nazista, a anexação da Áustria ao Terceiro Reich, mas as linhas iniciais do orador foram nada menos que uma declaração de amor à Áustria recém-nazificada.

"Estamos em meio a uma vasta renovação da nossa vida intelectual, que abrange todas as áreas desta existência — em particular na medicina",[25] começou ele. Aquele novo pensamento, disse, era "a ideia basilar do novo Reich: que o todo é maior que as partes; e o *Volk*, mais importante que qualquer indivíduo isolado".

Em um punhado de palavras, aquela era a visão definidora do fascismo alemão, que Asperger, no alento seguinte, aplicou aos seus colegas médicos. Essa "ideia basilar", exortou, "deve, ali onde ela envolve o bem mais precioso da nação — a saúde —, trazer mudanças profundas a toda a nossa atitude". Isso se aplicava, disse ele, "ao esforço ora envidado para promover a saúde genética e prevenir a transmissão de hereditariedade enferma". Era difícil não reparar na clara referência à "ciência" do aperfeiçoamento racial através da eugenia. "Nós, médicos, devemos executar com plena responsabilidade as tarefas que nos cabem nessa área", declarou ele.

Por si só, essa saudação à *Anschluss*, aos nazistas, à supressão da individualidade e à missão de purificar a linhagem genética da nação devia ter sido um golpe fatal na ideia de que Asperger havia resistido secretamente aos projetos nazistas. Uma análise de outros discursos e artigos médicos impressos na mesma publicação semanal em que foi divulgado o dele mostra que a abertura de sua fala nada tinha de típico.[26] Os seus defensores às vezes alegam que ele tinha seus próprios planos antinazistas — que procurou se livrar da Gestapo falando bem do regime. Brita Schirmer descreveu o preâmbulo como uma "hábil jogada de xadrez"[27] por parte do médico austríaco. Em geral, seus defensores afirmam, como corolário, que o texto completo do discurso, assim como o seu trabalho de 1944, constitui um argumento inequívoco em prol da proteção e do apoio a *todas* as crianças vulneráveis, independentemente do nível de deficiência.

Mas Asperger não apresentou esse argumento nem no discurso nem no paper. Apesar de reconhecer en passant que se podem detectar características autistas em crianças de capacidade mental tanto mais forte quanto mais fraca, pouco falou em ajudar estas últimas. Preferiu se concentrar nos meninos que possuíam o que ele chamava de "valor social"[28] — qualidade que ele não aplicava a todas as crianças. Mais tarde, os garotos do grupo por ele favorecido ficariam conhecidos como do "tipo Asperger" e, décadas depois, como "*aspies*". Eram aqueles que ele descreveu como "mais levemente afetados", bem como de modo algum raros na população. Virtualmente em todos os relatos sobre Asperger, ele descreve esses meninos com carinho, como "Pequenos Professores" — uma referência à sua inteligência e ao seu estilo por vezes pedante. (Isso não passa de mito; ele jamais usou a expressão "Pequenos Professores".)[29]

Asperger deixou explícita essa preferência no discurso de 1938, no qual admitiu que "achava mais gratificante escolher dois [de seus] casos não tão graves e, portanto, mais promissores"[30] para apresentar. Esse sempre seria o seu paradigma. Em 1944, ao discutir sobre suas crianças "mais levemente afetadas", ele foi efusivo ao festejar o quanto elas podiam ir longe, atendo-se em especial às que tinham o potencial de galgar os mais altos patamares da sociedade. Sem dúvida alguma, estava convencido — e dizia isso — de que as características autistas eram com mais frequência um dano do que um benefício para a maioria das pessoas por elas afetadas.[31] Mas tinha o prazer de contar que, para alguns, o autismo dava talentos intelectuais especiais e que os assim dotados podiam "subir a ocupações importantes". Citou como exemplos professores, cientistas e até um especialista em heráldica. Também afirmou que algumas das crianças mais capazes de que ele tratara haviam se tornado um ganho para um país em guerra. Durante o terceiro ano da Segunda Guerra Mundial, Asperger observou que tinha recebido cartas e relatos "de muitas das nossas antigas crianças" que estão servindo nas linhas de frente. Em 1941, escreveu que aqueles meninos vinham "desempenhando o seu papel na vida profissional, nas Forças Armadas e no partido".

Assim, uma vez mais, seus garotos haviam demonstrado que tinham "valor social" — nos termos que o Terceiro Reich apreciava.

Dito isso, a visão de Asperger da educação especial e do que ela era capaz não chegava a ser tão excepcional quanto sugerem seus adeptos. Contrariamente ao entendimento popular, a educação especial tinha o seu lugar na Alemanha nazista. O Reich permitia que crianças deficientes capazes de vir a ser cidadãos produtivos recebessem apoio e educação para alcançar esse fim. Até a Juventude Hitlerista tinha unidades especiais para cegos e surdos. Mas os nazistas estabeleciam um limite ali onde o custo do sustento da criança excedia a contribuição material máxima que ela podia dar ao Estado. Nessa criança os nazistas não viam o menor préstimo; sua vida era inútil.

Asperger não foi tão longe em nada do que publicou, e sua fé católica se opunha à esterilização e à eutanásia. Mas ele nunca defendeu as crianças que lhe pareciam menos "gratificantes". Na verdade, dava a impressão de descartar a possibilidade de bons resultados naquelas cujas características autistas vinham acompanhadas de uma "pronunciada inferioridade intelectual".[32] Em vez de abrir um caminho para ajudá-las, simplesmente comentou o destino "trágico" de tais indivíduos ou pelo menos de uma infeliz minoria deles. "Nos casos menos favoráveis", escreveu, "elas perambulam pelas ruas feito caricaturas, grotescamente desgrenhadas, falando sozinhas, dirigindo-se às pessoas à maneira dos autistas." Ao se referir aos "casos menos favoráveis", ele jamais felicitava suas diferenças autistas. Pelo contrário, seu tom era de comiseração.

Eric Schopler nunca apresentou uma argumentação minuciosa a favor de uma versão menos heroica de Asperger. Em vez de provas, tinha intuição, a qual talvez se devesse ao fato de ele ser um judeu que passou parte da vida na Alemanha.

Talvez uma desconfiança instintiva também explique o silêncio quase completo de Leo Kanner no tocante à obra de Asperger. Também judeu — um judeu que, como vimos, salvou a vida de outros judeus —, Kanner pode ter considerado o médico austríaco muito confortavelmente acomodado na Viena nazista e, por isso, preferiu não o reconhecer. Curiosamente, na única ocasião em que aludiu a Asperger em um trabalho impresso, Kanner escreveu seu nome errado.

Mas intuição não é prova. Em suma, ainda não havia nenhuma prova irrefutável. Mas eis que passou a haver.

Em maio de 2010, um acadêmico austríaco de voz suave entrou na prefeitura de Viena e se dirigiu ao salão nobre, o *Wappensaal*, no qual se realizava um simpósio em homenagem à memória de Hans Asperger. Aos 35 anos, Herwig Czech era historiador e professor na Universidade de Viena. Fora convidado a falar no simpósio pelos organizadores do hospital infantil de Viena em que Asperger havia feito o seu trabalho mais importante. Vários luminares da pesquisa do autismo estavam presentes, e a própria Lorna Wing chegaria à tarde.

A especialidade acadêmica de Czech era o papel da medicina no Terceiro Reich; a marca registrada do seu trabalho, exumar as discrepâncias — em geral constrangedoras — entre os relatos de si próprios que os médicos apresentavam no pós-guerra e a sua conduta real durante o conflito. O interesse de Czech nessa área talvez estivesse ligado à sua consciência nascente, na infância, de que seu meigo e afetuoso avô tinha sido "um nazista convicto". Não se tratava de uma coisa sobre a qual o velho falasse abertamente, mas esse conhecimento pesou muito em Czech devido ao que ele estava aprendendo na escola a respeito das trevas daqueles anos.

E foi esse conhecimento que o levou à prefeitura de Viena uns trinta anos depois da morte de Asperger. Diante dele, todos os presentes tinham nas mãos o programa do dia, cuja capa estampava uma fotografia em preto e branco do jovem dr. Asperger de jaleco e entregue a uma conversa profunda com um menino — ao que tudo indica um de seus pacientes. O título do simpósio aparecia acima da foto: "No rastro de Hans Asperger". O evento tinha sido motivado pelo reconhecimento internacional crescente da obra do médico austríaco. Durante dois dias, os oradores examinariam a sua carreira e apresentariam avaliações das mais recentes descobertas científicas referentes à síndrome de Asperger.

Os organizadores tinham sido informados antecipadamente de que Czech descobrira detalhes comprometedores relativos ao seu homenageado. Embora essa notícia não pudesse ser recebida com satisfação, eles o incentivaram, no espírito da investigação científica, a continuar procurando e a relatar o que porventura encontrasse. Mas quando se viu diante deles, Czech achou a situação um pouco embaraçosa: entre as 150 pessoas na plateia, achavam-se a filha de Asperger e alguns de seus netos. O título da palestra de Czech, impresso no programa, era "O dr. Hans Asperger e o programa nazista de eutanásia em Viena: Possíveis conexões".

O embaraço deu lugar à surpresa, depois ao choque, quando Czech, baseado no tesouro de documentos originais que havia escavado, se pôs a pintar um retrato de Asperger que deixava a narrativa heroica em ruínas. Havia, por exemplo, uma carta de 1941 que Czech encontrara no arquivo da Spiegelgrund — a instituição em que tantas crianças morreram de "pneumonia" depois de envenenadas com fenobarbital. Endereçada à administração da Spiegelgrund, a carta relatava a avaliação médica feita havia pouco tempo, no hospital da universidade, de uma menina chamada Herta Schreiber. A caligrafia era de Asperger. Herta tinha dois anos na época, a mais nova de dez filhos — dos quais cinco ainda moravam com os pais —, e passara toda a primavera doente, pois contraíra encefalite. Seu estado não parecia melhorar, e, em junho, a mãe a levou ao consultório de Asperger para que fosse examinada.

A carta continha uma avaliação do estado de Herta. Era evidente que ela havia sofrido uma espécie de trauma grave no cérebro: seu desenvolvimento mental cessara, seu comportamento se desintegrava e ela estava tendo convulsões. Asperger se mostrou inseguro quanto ao diagnóstico. Apontou várias possibilidades: grave transtorno de personalidade, distúrbio convulsivo, idiotia. A seguir, em prosa simples, deu uma opinião decididamente não médica: "Em casa, essa criança deve ser um fardo insuportável para a mãe, que tem cinco filhos sadios para cuidar".[33]

Tendo exprimido empatia pela mãe de Herta, apresentou sua recomendação: "Parece absolutamente necessária a internação permanente na Spiegelgrund". A carta estava assinada "Hans Asperger".

Todos na plateia entenderam o significado daquela carta. Era uma sentença de morte. Efetivamente, Czech confirmou que Herta foi internada na Spiegelgrund em 1º de julho de 1941 e lá assassinada em 2 de setembro de 1941, um dia depois de seu terceiro aniversário. O prontuário registra que ela morreu de pneumonia. As anotações no arquivo do hospital mencionavam que a mãe, chorando muito, havia concordado que a filha estaria melhor assim do que vivendo em um mundo no qual enfrentaria o ridículo e a crueldade constantes. Czech calculava que os pais de Herta apoiavam as ideias nazistas.

O efeito na sala foi fortíssimo. Enquanto ouviam, os presentes olhavam de esguelha para a fotografia de Asperger com o menino na capa do programa. Súbito, o caráter festivo do encontro tornou-se ferozmente descabido, quando Czech, em voz baixa e impassível, continuou dando outras notícias inquietantes do passado nazista.

Em fevereiro de 1942, contou, Asperger foi o pediatra sênior representante da cidade de Viena em uma comissão formada para examinar o estado de saúde de 210 crianças austríacas internadas em um hospital da Baixa Áustria. Vários meses antes, o governo havia começado a tomar medidas para aplicar leis educacionais obrigatórias até às crianças naqueles hospitais, contanto que fossem "educáveis". Um painel de sete experts foi incumbido de compilar uma lista de nomes de internos que, apesar dos problemas mentais, deviam começar a frequentar aulas em instituições acadêmicas tradicionais ou de educação especial. Em um só dia, Asperger e seus colegas examinaram o prontuário das 210 crianças. Embora tivesse achado dezessete muito novas e 36 muito velhas para a educação compulsória, o painel definiu 122 como aptas para a escolarização.

Restaram 26 meninos e nove meninas. Seu destino, explicou Czech, era conhecido, e ele acreditava que Asperger também o conhecia. Um resumo escrito especificando a composição, o objetivo e os procedimentos da comissão afirmava claramente que as crianças consideradas "ineducáveis" seriam "transferidas para a Ação Jekelius" o mais depressa possível. Quando isso foi escrito, Erwin Jekelius, ex-assistente de Franz Hamburger, o mentor de Asperger, era noivo da irmã caçula de Hitler, assim como diretor da Spiegelgrund. A "Ação Jekelius" era um eufemismo que os membros da comissão devem ter entendido muito bem. Asperger disse certa vez que corria "grande perigo" por se recusar a notificar crianças para as autoridades. Essa, obviamente, não foi uma das tais ocasiões.

Czech também falou em descobertas que sugeriam uma afinidade maior entre Asperger e os nazistas do que o médico havia admitido. Segundo os arquivos que estes tinham dele, Asperger era reiteradamente considerado um austríaco em quem as autoridades nazistas podiam confiar, e cada vez mais com o passar dos anos. Sempre que pleiteava um cargo ou uma promoção, ele tinha seu pedido atendido como uma pessoa que, embora não fosse afiliada ao partido, acatava os princípios nacional-socialistas no exercício do seu trabalho. Em um caso, um funcionário do partido escreveu que ele "concorda com os princípios da política de higiene racial".[34]

Nos anos posteriores à sua intervenção no simpósio, Czech descobriria outras provas do quão longe Asperger foi nessa concordância. Ele encontrou cartas com a caligrafia do médico austríaco, que usava *Heil Hitler* como saudação final. Isso não era obrigatório. Também descobriu uma solicitação de emprego preenchida com a letra de Asperger, em que ele se apresentava como candidato à Associação de Médicos Nazistas, um grupo que funcionava como o braço da política médica do partido e auxiliou no fechamento de consultórios de médicos judeus. Czech constatou ainda que Asperger havia se candidatado a consultor médico da divisão vienense da Juventude Hitlerista, embora não haja registro de que tenha sido aceito. Enfim, na opinião de Czech, Asperger teve o cuidado, durante a guerra, de salvaguardar sua carreira e polir "sua credibilidade nazista".[35] Pelo visto, fez o que era necessário.

Naquele dia, Czech falou durante apenas vinte minutos na prefeitura de Viena. Então parou para responder às perguntas do público. Aproveitando esse intervalo, o dr. Arnold Pollak, diretor da clínica em que Asperger havia trabalhado durante grande parte da sua carreira, levantou-se de um salto, visivelmente agitado.[36] Voltando-se para a sala, pediu a todos os presentes que se levantassem e fizessem um minuto de silêncio em homenagem às muitas crianças cujo assassinato havia muito esquecido Herwig Czech lhes devolvera à memória. Todo o público se levantou e o acompanhou no silencioso tributo.

PARTE VII

SONHOS E LIMITES

(DÉCADAS DE 1980-90)

33. O sonho da linguagem

"Comunicação em nível de frase." Foram essas as palavras que saltaram aos olhos de Doug Biklen quando a carta chegou da Austrália em 1987. Em atividade na Universidade de Syracuse na época, Biklen era muito conhecido nos círculos acadêmicos e ativistas como um pensador progressista dos direitos civis das pessoas com deficiências.[1] O autor da carta, um advogado australiano chamado Chris Borthwick, havia escrito para informá-lo da descoberta assombrosa feita pela mulher com quem ele vivia, cujo nome era Rosemary Crossley. Biklen conhecera o casal alguns anos antes, quando o governo australiano o convidou a dar uma série de conferências sobre o seu trabalho nos Estados Unidos. Nesse meio-tempo, disse Borthwick na carta, Crossley tinha realizado algo até então considerado impossível: comunicação bilateral, "em nível de frase", em língua inglesa em crianças com autismo que nunca haviam falado. Tratava-se de garotos cujo comportamento e produção verbal — grunhidos, gritos ou simplesmente puro silêncio — sugeriam não só uma limitada capacidade de linguagem como também déficits cognitivos graves.

Mas Crossley testara esses limites ensinando as crianças a digitarem mensagens em um aparelhinho computadorizado. Borthwick contou que ela obtinha frases em apenas três sessões.

"Uma por uma", frisou Borthwick. "Todas elas. A turma toda. Cem por cento."

Biklen ficou fascinado e inspirado. Fazia vinte anos, desde o fim da década de 1960, que estava na vanguarda da campanha pelo reconhecimento das pessoas com deficiências como membros plenos da sociedade — e para pôr fim aos preconceitos que viam a incapacidade como sinônimo de defeito. Quando estudante na Universidade de Syracuse, ele começou a acompanhar o lendário Burton Blatt, seu mentor, nas idas às alas dos fundos das grandes instituições do estado de Nova York a fim de revelar as abomináveis condições de depósito em que eram mantidas as pessoas intelectualmente incapacitadas. No fim da década de 1980, estava bem estabelecido por mérito próprio. Fazia parte do corpo docente da Syracuse dirigindo seu Centro de Política Humana, que sustentava a pesquisa e a defesa dos direitos da deficiência, e era autor de vários livros bem conceituados. Também recebera de instituições como a União Americana pelas Liberdades Civis diversos prêmios ligados a direitos.

Biklen era muito conhecido nos distritos escolares de Syracuse e arredores por causa de sua campanha, iniciada nos anos 1970 e da qual outros participaram, para abrir todas as salas de aula a todas as crianças, independentemente de deficiência.[2] Tomando emprestada a argumentação apresentada no emblemático caso *Brown versus Conselho de Educação*, na Suprema Corte em 1954, que determinou a inconstitucionalidade de escolas públicas separadas para alunos brancos e afro-americanos, Biklen combateu a segregação de fato por deficiência praticada pela maioria das escolas públicas dos Estados Unidos — nas quais "educação especial" em geral significava salas de aula separadas e currículo separado. A "inclusão" — a ideia de que todos deviam ter acesso aos mesmos espaços, serviços e oportunidades — passou a ser o lema de Biklen.

O mérito inerente de suas alegações se estabelecera com as várias vitórias jurídicas obtidas pelos pais da região de Syracuse, que, com o estímulo e a orientação dele, haviam defendido com sucesso, inclusive processando escolas, o direito das crianças com deficiência ao acesso a salas de aula regulares.[3] Sua pressão também conquistou para os filhos vários apoios para aumentar sua capacidade de participar acadêmica e socialmente, coisa que podia incluir um intérprete de língua de sinais para um menino surdo ou um segundo professor que ajudasse uma criança com autismo a se concentrar.

Nem todos os experts achavam que a inclusão era sempre benéfica para a criança, e a eficácia da inclusão seria muito debatida nos anos subsequentes. Mas Biklen era radical. Argumentava que o educador tinha a responsabilidade ética de considerar óbvia a educabilidade de cada aluno e exortava as escolas e os professores a abordarem toda criança com uma "presunção de competência".

Contudo, a presença de alunos não verbais com autismo em uma sala de aula regular apresentou um desafio especial. Eles não conseguiam avançar, já que o progresso acadêmico dependia muito da alfabetização conversacional, da troca verbal vital com os professores e com os colegas. Muitas daquelas crianças não podiam demonstrar tal coisa. Como reconheceu Biklen, essa diferença parecia ser incontornável.

Foi por isso que, ao receber a carta sobre a "comunicação em nível de frase", Biklen entendeu que tinha de averiguar por si mesmo de onde vinham aquelas palavras.

Rosemary Crossley era uma celebridade na Austrália.[4] Em 1984, a história de seu triunfo no estabelecimento da comunicação bilateral com uma adolescente que não sabia falar virou um filme baseado em um best-seller escrito por ela em coautoria com a jovem. Annie MacDonald, nascida em 1961, foi diagnosticada com paralisia cerebral e acreditava-se que tinha grave dano cerebral. Não conseguia andar nem se alimentar sozinha. No filme, como na vida real, Crossley era assistente na instituição em que Annie residia no fim da década de 1970, quando começou a desconfiar que o intelecto da menina era, na verdade, íntegro e vibrante. Com o tempo, empenhou-se muito em fazer uma conexão com Annie, procurando um meio de se comunicar por palavras. Mais tarde, declarou que tivera sucesso usando um método inventado por ela própria. Ademais, afirmou que isso havia confirmado o seu palpite de que Annie não era de modo algum mentalmente prejudicada e, na verdade, tinha muito a dizer. Crossley concluiu que a paralisia cerebral a impedia de falar por interferir na produção mecânica da fala. Então inventou um método que contornava a linguagem falada.

Ela o denominou "comunicação facilitada". Ficou comumente conhecido como CF. Em 1988, quando Biklen viajou à Austrália para uma visita de uma semana, Crossley demonstrou o método para ele.

Na primeira sessão, Biklen foi apresentado a um homem de 24 anos chamado Louis. Embora falasse um pouco, ele parecia ser puramente ecolálico, ou seja, apenas repetia as palavras dos outros, sem nenhum significado discernível. Naquele dia, o rapaz começou dizendo "Desculpe. Levar mamãe no ônibus. Desculpe" muitas e muitas vezes, não importava o que lhe dissessem.⁵ Mas, como observou Biklen, Crossley se sentou ao lado de Louis, segurou-lhe o antebraço direito e, dirigindo-se diretamente a ele, pediu desculpas pela natureza elementar do que estavam prestes fazer. Então se voltou para uma pequena tela eletrônica deitada na mesa diante deles e pediu a Louis que pusesse o dedo em várias figurinhas que apareciam na tela quando uma voz computadorizada dizia o nome do objeto mostrado. Com Crossley a lhe segurar de leve o braço, Louis o estendeu e, vacilante, acertou cada alvo por vez: *carro, círculo, triângulo*. Passados alguns minutos, as figuras na tela foram substituídas pelas palavras *mão, olho, peixe*. Crossley aproximou a mão do pulso de Louis e segurou a parte de cima do punho da camisa — uma vez mais, muito de leve — ao mesmo tempo que lhe pediu que apontasse as palavras específicas. Ele voltou a acertar. Depois disso, passou a escolher palavras isoladas de frases completas e letras de um quadro com o alfabeto. Crossley o felicitava cordialmente cada vez que ele acertava.

Já havia passado meia hora quando Crossley mostrou um comunicador Canon — um pequeno aparelho com teclado que desenrolava uma fita de papel em que se lia o que fora digitado — não muito diferente de um rotulador. Pediu a Louis que dissesse o seu nome, coisa que ele fez com o uso do teclado. A essa altura, Crossley lhe tocava o braço apenas de forma intermitente. Então lhe perguntou se ele queria dizer algo. Louis moveu o dedo, e a fita de papel tornou a avançar a cada letra digitada. Disse: EU NÃO SOU RETARDADO. Ela respondeu: "Não, eu também acho que não". Louis continuou digitando; dessa vez a fita disse: MAMÃE PENSA QUE EU SOU BURRO PORQUE NÃO SEI USAR DIREITO A MINHA VOZ.

Biklen ficou estupefato. Durante uma visita subsequente à Austrália, que durou quase quatro semanas, esteve com 21 pessoas identificadas como portadoras de autismo, a maior parte das quais tinha pouca ou nenhuma linguagem falada. "Conversou" com elas por intermédio da CF. Algumas, ainda pouco familiarizadas com o dispositivo, tinham vocabulário limitado, produzindo uma comunicação de teclado cheia de erros de ortografia e gramática. Outras, que se comunicavam havia três ou quatro anos, pareciam ter dominado a arte da conversa. Em cada caso, um facilitador fazia o papel desempenhado por Crossley com Louis, incentivando a pessoa que digitava e com ela mantendo um leve contato físico. Podia dar apoio ao seu antebraço ou cotovelo ou manter a mão no ombro dela. Esse contato tinha a finalidade não de conduzir a escolha da letra, mas de oferecer uma leve resistência que retardava o processo, suavizando os movimentos impulsivos ou involuntários. Por exemplo, se a pessoa começasse a digitar a mesma tecla repetidas vezes, o facilitador lhe puxava a mão, afastando-a do teclado. Em alguns casos, não havia contato físico nenhum, coisa que Biklen chamou de teclagem "independente" — embora o facilitador ficasse sempre a centímetros de distância.

Biklen teve oportunidade de conversar com pessoas que os outros talvez considerassem profundamente incomunicativas e, quase com certeza, intelectualmente incapacitadas. Mas a CF o convenceu do contrário. Por exemplo, ele conheceu Bette, uma moça incapaz de ir ao banheiro sozinha, mas verbalmente sofisticada a ponto de lhe perguntar por intermédio do teclado "se gente como eu será normal um dia [...] capaz de fazer mais coisas que as outras pessoas fazem". Um menino explicou que havia dominado a leitura "ficando perto das palavras e assistindo à televisão". Biklen participou de conversas facilitadas que chegaram a envererar por piadas e trocadilhos e até a sondar assuntos filosóficos como "a construção social da realidade" e a natureza da própria incapacidade. "O que a integração tem de fato a oferecer a algumas pessoas terrivelmente retardadas?",[6] perguntou pela CF uma jovem chamada Polly. Isso era tanto mais extraordinário pelo fato de haverem negado toda educação a muitas daquelas crianças e adolescentes e de talvez nunca terem lido para elas. No entanto, eles estavam compondo sentenças completas, com gramática reconhecível e ortografia mais do que aceitável.

Crossley não foi a primeira pessoa a afirmar que se comunicava com indivíduos não falantes diagnosticados com autismo. Já se haviam tentado várias modalidades, com uma ampla gama de resultados, alguns mais bem documentados que outros.

O primeiro uso conhecido de tentativa de comunicação por meio de teclado para pessoas com autismo datava de 1964, quando uma pediatra chamada Mary Goodwin instalou uma "máquina de escrever falante"[7] no Centro Médico Bassett em Cooperstown, Nova York. O aparelho fora desenvolvido pelos Edison Laboratories como um produto experimental para o ensino da leitura de modo a tornar "o aprendizado [...] uma experiência bem-sucedida e agradável para o aluno".[8] Quase do tamanho de uma geladeira, a máquina de escrever falante combinava um teclado com um computador primitivo programado para fazer com que uma voz gravada dissesse o nome de cada letra digitada ao mesmo tempo que a letra era projetada no monitor. Goodwin deixou várias crianças, todas diagnosticadas com autismo, explorarem o teclado digitando à vontade.

De início, os impressos só mostravam combinações aleatórias de letras. Com o tempo, porém, Goodwin informou que algumas crianças passaram a construir palavras reconhecíveis. Por exemplo, um garoto chamado Robbie fez uma sequência — maciocloroxtoquefinallíquidodemarfimbnkkll — que produziu claramente as palavras "macio", "clorox", "toque", "final", "líquido" e "de marfim". Talvez não fosse coincidência que tais palavras, assim como outras produzidas por Robbie, fossem nomes de marcas e descrições de produtos que ele por certo vira em anúncios publicitários.[9] No entanto, durante algum tempo, o trabalho de Goodwin causou muito entusiasmo, o qual se dissipou quando se verificou que a produção verbal das crianças não conseguia passar daquela versão digitada de ecolalia.

Também na década de 1960, uma mãe chamada Rosalind Oppenheim publicou um artigo no *Saturday Evening Post* sobre como ensinara seu filho gravemente prejudicado a escrever, soletrar e fazer contas através da manipulação da sua mão para ajudá-lo a segurar um lápis.[10] Embora ela tivesse escrito um livro descrevendo o método, não angariou muita atenção nem muitos adeptos.

Ivar Lovaas havia, é claro, usado a ABA para instilar a aptidão da fala em crianças não falantes. Com algumas — mais amiúde as que tinham inteligência superior —, obteve fluência perceptível. Com as menos inteligentes, o progresso foi mais modesto: vocabulários práticos pequenos, que permitiam à criança pedir verbalmente o que queriam. Esse não foi um êxito insignificante e ajudou a diminuir grande parte da frustração cotidiana causada pela incapacidade da criança de comunicar as suas vontades e necessidades mais básicas. Um menino chamado Reeve, por exemplo, depois de horas e horas de ensino baseado na ABA, aprendeu a formar frases simples que começavam com "Eu quero…" e a responder à pergunta "O que você está fazendo?" com respostas específicas e corretas, como "Estou desenhando". Sem sombra de dúvida, isso marcou um avanço importante em sua capacidade de interagir com o mundo. Mas não fez o trabalho preparatório para que o próprio cérebro do garoto assumisse o processo de aquisição de linguagem. Reeve nunca aprendeu uma palavra nova simplesmente por ouvi-la e nunca fez uma tentativa espontânea de praticar a sua aptidão. Não se tornou uma pessoa capaz de exteriorizar seus pensamentos.

Nos anos 1980, uma abordagem diferente e inteiramente não verbal produziu comunicação autêntica equivalente à de Reeve. Dois educadores de Delaware, a fonoaudióloga Lori Frost e o analista comportamental Andrew Bondy, criaram pequenos símbolos pictóricos que descreviam objetos ou atos, cada qual do tamanho aproximado de um cartão de crédito. Eles constituíam o vocabulário do sistema. Uma criança treinada no seu uso que quisesse, por exemplo, um copo de suco escolheria a imagem do suco e a entregaria à pessoa a quem faria o pedido. O ato físico de pegar e entregar a figura contornava a necessidade da fala e superava a fragilidade apresentada por algumas crianças para apontar com o dedo. Simples e eficaz, o sistema de comunicação por intercâmbio de imagem (*picture exchange communications system*, PECS) ganhou muitos usuários.[11] (Vários anos depois, adotou-se uma abordagem visual comparável para criar aplicações incrivelmente sofisticadas no iPad e em outros computadores com tela sensível ao toque. Tal como o PECS, essas aplicações possibilitaram a comunicação sem fala e sem a necessidade de dominar a complicada gramática inglesa.)

Mas, no fim da década de 1980, o equivalente a uns 25 anos de experimentos na comunicação com pessoas não verbais com autismo ainda não havia produzido nada próximo da experiência rica e complexa da linguagem plenamente realizada.

Então surgiu a CF.

Doug Biklen voltou da Austrália convencido. Em agosto de 1990, publicou na *Harvard Educational Review* um relato do que tinha visto Rosemary Crossley fazer. Reconheceu ter sido cético no começo, notando que a CF gerava resultados desiguais — as crianças produziam linguagem com alguns facilitadores, mas não com outros. Ele também observou que algumas pareciam nem sempre olhar para o teclado ao digitar. Isso levantava a possibilidade de os facilitadores guiarem a seleção de letras. "Talvez sejam esses comportamentos", escreveu, "que levam algumas pessoas a temer que a comunicação facilitada não seja mais real que um tabuleiro Ouija."

Mas Biklen acabou aderindo. Admitindo que não sabia ao certo por que a CF funcionava, afirmou que tinha visto "o suficiente para justificar a suposição continuada de sua validez". Na verdade, escreveu, a comunicação facilitada o havia "obrigado a redefinir o autismo". Foi uma afirmação audaciosa, já que, a rigor, ele nunca tinha sido uma autoridade em autismo. Mas o seu entusiasmo era contagioso, tanto que os professores e fonoaudiólogos das escolas de Syracuse começaram a usar a comunicação facilitada, consultando Biklen em reuniões fora do horário de trabalho. Quando a notícia se espalhou, o entusiasmo se reproduziu nos noticiários, que, quase invariavelmente, descreviam a CF como um milagre. Em 1991, o *New York Times* publicou um comovente artigo de fundo intitulado "The Words They Can't Say" [As palavras que eles não podem dizer], descrevendo as tristes mensagens que as crianças digitavam. "Diga à minha mãe que eu lamento nunca ter conseguido aprender a falar",[12] dizia uma. "Eu vou morrer se não arranjar um amigo", lia-se em outra. Em 1992, a jornalista Diane Sawyer, do programa de televisão *Prime Time Live*, passou uma semana em Syracuse com Biklen e alguns de seus alunos. A reportagem resultante ganhou um Prêmio Emmy.

Nesse meio-tempo, centenas de aspirantes a facilitador se inscreveram no treinamento do método, oferecido por um programa criado por Biklen na Universidade de Syracuse. Em menos de um ano, oitocentas pessoas concluíram o curso. Em breve, ofereceram-se workshops na Universidade Temple, na Universidade do Maine e na Universidade de Buffalo.[13] A experiência em CF passou a ser requisito nas novas contratações dos departamentos de educação especial. Um distrito escolar do estado de Nova York pôs um anúncio no jornal local procurando um fonoaudiólogo, mas especificou que "era desejável o conhecimento de comunicação aumentativa e facilitada".[14]

Os que aprendiam o método sentiam-se parte integrante de uma revolução na educação especial. Com certeza, era nisso que acreditava uma professora do Maine quando, no fim de 1992, começou a usar a CF, sem imaginar que as palavras que ela convencia uma menina a dizer traziam consigo a catástrofe.

34. A criança lá dentro

Depois quem mais culpou Janyce Boynton foi ela própria.[1]
Pelas palavras que surgiram.
Pelo que a família sofreu.
Por ter acreditado.
Em 1992, Boynton tinha oito anos de experiência no ensino de crianças com necessidades especiais e, mais recentemente, em fonoaudiologia. Não ganhava bem, mas não era por dinheiro que se dedicava ao magistério. Para ela, ajudar crianças gravemente incapacitadas a melhorar suas possibilidades de achar um lugar no mundo era recompensa suficiente. Boynton, que trabalhava para as escolas públicas Ellsworth do condado de Hancock, no Maine, recebia rotineiramente os casos "difíceis", como Betsy Wheaton, de dezesseis anos. Em primeiro lugar, ela começou a estudar CF em busca de um meio de se comunicar com a adolescente, que tinha autismo.

Uma colega, professora assistente que participara de um workshop de CF, havia recomendado o método. Ela se sentou com a menina e, usando a fotocópia plastificada de um teclado, mostrou a Boynton como funcionava. O dedo de Betsy começou a tocar as letras quase de imediato, dando respostas coerentes a simples perguntas "sim/não". Boynton logo duvidou do que viu. Era muito mais provável que quem estivesse dando as respostas fosse a assistente que lhe segurava a mão, não Betsy. Mas depois, tendo observado um pouco mais e visto o quanto a assistente estava convencida, mudou de ideia.

Se fosse verdade, seria maravilhoso para Betsy, uma garota inquieta e ocasionalmente agressiva, mas Boynton sempre intuíra que aquele comportamento combativo tivesse origem em uma frustração com a sua incapacidade de se comunicar. Às vezes, dava com Betsy fitando-a com uma intensidade que sugeria que ela queria dizer alguma coisa. No momento em que se sentou e lhe segurou de leve a mão para tentar a CF pela primeira vez, Boynton o sentiu: era verdade. As mãos das duas até podiam se deslocar como um par, mas a dela se limitava a acompanhar, a dar apoio.

As palavras não saíram de pronto. No começo, a maior parte do que as duas produziam juntas eram sequências de letras aparentemente fortuitas. Mas, passadas algumas semanas, começaram a surgir palavras soltas condizentes com o contexto, como quando Boynton lhe fazia uma série de perguntas do tipo "preencher o espaço em branco". Em uma das primeiras vezes em que isso aconteceu, foi a palavra "turistas" quando ela perguntou a Betsy: "Quem escala montanhas?". Em outra ocasião, quando lhe pediu que montasse uma frase em torno do verbo "caiu" de uma cartela tirada de um conjunto de palavras de vocabulário, a adolescente digitou "o-f-i-l-h-o-d-a-p-u-t-a".[2] A seguir apontou para a cartela — *caiu* — e tornou a acionar o teclado, digitando letras que completavam a frase: "n-o-c-h-ã-o". Boynton ficou agradavelmente surpresa ao descobrir senso de humor na jovem aluna. Ainda que o processo como um todo fosse demorado e carecesse de fluência, viu naquelas produções a prova de que, por trás do silêncio de Betsy, se escondia um intelecto em funcionamento. E isso era eletrizante.

A criança lá dentro. Essa sempre havia sido a concepção mais tentadora de autismo, a ideia do filho "real" escondido atrás da máscara do autismo. Embora não usasse a expressão, Leo Kanner ajudou a inspirá-la ao chamar a atenção para o olhar dos onze primeiros meninos de que tratou. Escreveu sobre "a impressão de seriedade", "uma expressão de beatitude" e as "boas potencialidades cognitivas" de que "todos [eram] inquestionavelmente dotados".[3] Quando refletia acerca do "sorriso plácido" que via nos lábios das crianças nas ocasiões em que estavam mais satisfeitas, coisa que acontecia quando as deixavam ficar em seu mundo íntimo, era como se ele estivesse se perguntando quem na verdade eram aqueles meninos — ou seriam, se não estivessem mais constritos ou confinados pelo autismo.

O poder dessa ideia se refletia na frequência com que ela entrava nos sonhos de pais do autismo — literalmente. "À noite, sonhei *que o meu filho sabia falar*."[4] Tais declarações, com formulações um pouco diferentes, viviam aparecendo nas memórias, nos fóruns on-line e nas conversas com mães e pais que oscilavam entre a esperança e a angústia. A possibilidade de "libertar" os filhos os enchia de esperança. A impossibilidade de fazê-lo levava-os a se sentir esmagados pela culpa, convencidos de que decerto não estavam empenhados o suficiente em abrir caminho. Era como se o autismo fosse um quarto trancado e eles estivessem o tempo todo à procura da chave.

O desejo ardente de achar "a criança lá dentro" era em muitos aspectos exclusivo das famílias às voltas com o autismo. Nas que enfrentavam outros distúrbios de desenvolvimento, como a síndrome de Down, o amor se traduzia em aceitar o filho tal como era e em lhe proporcionar tantas oportunidades quantas possíveis sem esperar uma transformação radical. Os pais de filhos com autismo não os amavam menos, porém muitos deles sentiam um forte impulso para salvá-los e saíam em busca de tratamentos revolucionários a fim de ajudá-los.

Esse era o caso sobretudo dos pais de crianças recém-diagnosticadas, as quais provavelmente tinham menos de cinco anos. Afinal, o único ponto em que quase todos os especialistas concordavam era a necessidade de iniciar a terapia intensiva precoce antes dessa idade. Os novos pais do autismo não queriam ficar perto dos mais antigos, que podiam aconselhá-los a não alimentar muita esperança. Tampouco gostavam das precauções recomendadas por cientistas, que tendiam a sugerir que o tratamento em voga no momento carecia de apoio empírico. Os recém-chegados não davam ouvidos a essas advertências. Já que não havia tempo a perder, já que era preciso salvar uma criança, por certo era mais sensato tentar alguma coisa do que não tentar nada — contanto que a ideia parecesse razoável e ninguém corresse o risco de se machucar. Assim, em todas as décadas posteriores à de 1960, os pais tentaram todos os tipos de terapias alternativas — que apareciam e desapareciam, causando entusiasmo e depois, em geral, decepção.

Na África do Sul, aplicavam nas crianças enemas com água sanitária diluída para livrar o corpo de espíritos malignos;[5] em outro lugar, usava-se o mesmo método para matar a "bactéria" causada pelo autismo. Os pais se inscreviam na "terapia do abraço",[6] promovida por uma psiquiatra de Nova York chamada

Martha Welch e endossada por um ornitólogo premiado com o Nobel. Consistia em fazer as mães abraçarem os filhos com toda a força ao mesmo tempo que gritavam com eles até que se acalmassem, coisa considerada como o começo da cura. Na França, pais tentaram a "terapia de *packing*",[7] que consistia em embrulhar fortemente a criança em lençóis úmidos e refrigerados, como um casulo, deixando só a cabeça de fora.

Outras abordagens envolviam regimes de megavitaminas, dietas especiais e exposição a golfinhos e cavalos. Todas vinham acompanhadas de uma teoria plausível e de relatos de pais garantindo que o método beneficiara pelo menos os seus filhos. A notícia em geral se disseminava boca a boca, mas, às vezes, uma nova terapia surgia com cobertura maciça dos meios de comunicação.

Esse foi o caso em 1993, quando Victoria Beck, uma mãe de New Hampshire, levou o filho de três anos a um hospital de pesquisa de Maryland, a oitocentos quilômetros de distância, à procura de um tratamento que o aliviasse de uma dor gastrintestinal constante. Como parte do teste diagnóstico, Parker, que tinha autismo, recebeu um hormônio de porco chamado secretina. Em questão de dias, sua digestão, a fala e a sociabilidade melhoraram de maneira drástica.[8] Beck contou a história do filho para a mídia; em consequência disso, desenvolveu-se uma demanda maciça de secretina. Em alguns lugares, o preço disparou a ponto de quatro doses custarem 8 mil dólares — o custo de produção da substância era inferior a 180 dólares.[9] Os testes clínicos jamais demonstraram um benefício comparável ao progresso feito por Parker.

Tal como a secretina, praticamente todas essas terapias foram reprovadas nos testes de validez cientificamente controlados, e os pais que as tentaram, em sua maioria, ficaram decepcionados. Tendo aprendido com essas experiências, muitos deles concluíram que a busca da cura miraculosa mais recente não era a melhor maneira de empregar seu tempo e energia.

Mas nem todos chegaram a essa conclusão. Muitos enfoques alternativos considerados desacreditados continuaram vivos indefinidamente, fora da atenção da mídia, praticados por pais que se limitavam a afirmar, de maneira discreta, que viam melhora nos filhos. Mas ninguém nunca pôde refutar com certeza a possibilidade de, talvez para um número pequeníssimo de pessoas, algo real e terapêutico ter chegado a ocorrer ou pelo menos a dar essa impressão. Ninguém tampouco pôde acusar os pais ainda envolvidos com tais práticas de não tentarem com empenho encontrar a chave para soltar a criança lá dentro.

★ ★ ★

À medida que continuava a trabalhar com Betsy, Janyce Boynton, lendo um pouco da literatura publicada pelo movimento CF, aprendeu que a comunicação bem-sucedida dependia de muito mais do que a mera técnica mecânica. Exigia um comprometimento quase espiritual, já que a teoria da CF sustentava que a facilitação eficaz se apoiava em um nível profundo de confiança entre a pessoa que digitava e o seu facilitador. Também exigia a fé absoluta deste no processo e na realidade da capacidade intelectual do indivíduo facilitado. Isso significava que Boynton sempre devia se dirigir a Betsy como se dirigiria a qualquer pessoa capaz de entender plenamente cada palavra que dissesse. O que podia ser cansativo, já que lhe cabia encarregar-se de toda a conversa, mas ela achava o esforço e as horas empregadas nisso muito gratificantes. Também extraía grande satisfação da confiança crescente que Betsy nela depositava — como evidenciava a qualidade cada vez melhor da linguagem por ela produzida. Boynton retribuía aquela confiança com lealdade. Betsy passou a ser a sua principal prioridade. Sendo o seu vínculo crucial com o mundo, Boynton ficaria com ela e a defenderia a qualquer custo.

E então, misteriosamente, Betsy começou a bater em Boynton. Aconteceu na primeira semana de janeiro de 1993, mais ou menos à mesma época em que Boynton tinha tomado providências para frequentar um curso de aperfeiçoamento em CF na Universidade do Maine. Durante várias sessões, Betsy deu sinais de agitação, arranhando-a e afastando-lhe a mão com safanões. Boynton persistiu, sabendo que a literatura da CF ensinava os facilitadores a contarem com períodos em que a frustração e a raiva vinham à tona. Um dia, porém, a garota a esbofeteou com tanta força que ela demorou a se recompor. Naquele momento, ocorreu-lhe que Betsy estava tentando lhe dizer algo — uma coisa para a qual ainda não encontrara palavras. E teve uma intuição. A bofetada, pensou, devia ser sinal de problemas em casa.

Entre os colegas de Boynton em educação especial, era indiscutível que, quando uma criança deficiente começava a se comportar mal, o comportamento podia ser resultado de maus-tratos, e que era dever do professor ficar alerta para essa possibilidade. Naquela época, também havia certo pânico devido a acusações de abuso sexual generalizado nas creches de todo o país, com vários professores presos e condenados a longas penas de reclusão. Esses casos, que acabaram quase todos desmentidos,[10] fizeram com que os educadores se tornassem extremamente vigilantes quanto à possibilidade de abuso.

Então, para o horror de Boynton, as palavras soletradas pelo dedo de Betsy se tornaram sombrias e horripilantes. Começaram com palavrões e algumas queixas relativamente benignas com relação ao seu pai. Mas, algumas sessões depois, com uma linguagem franca e dura, surgiram referências explícitas ao pai de Betsy: referências a ele lhe tocando os órgãos genitais e os seios.

Enojada e assustada por Betsy, Boynton levou suas transcrições manuscritas das sessões de CF ao chefe do departamento de educação especial da escola, que, por sua vez, as entregou ao chefe do departamento de orientação. Dois dias depois, Boynton, Betsy, uma policial e uma funcionária do Departamento de Serviços Humanos (DSH) estavam sentadas muito juntas atrás da porta fechada de uma saleta de fonoaudiologia, na qual a investigadora do DSH queria entrevistar Betsy. Boynton estava nervosa, receava que aquela gente não compreendesse o seu papel de facilitadora de Betsy ou não reconhecesse que as mensagens digitadas eram realmente as palavras de uma moça de dezesseis anos capaz, inteligente, mas irritada.

Boynton ficou aliviada quando a investigadora do DSH iniciou a entrevista dirigindo-se diretamente a Betsy. Olhou para ela e simplesmente disse: "Oi".[11]

Ao que Betsy aproximou a mão, apoiada na de Boynton, do teclado e digitou duas letras. OI.

A investigadora sorriu, e Boynton relaxou.

Mas, quando ela facilitou a parte seguinte da conversa, outro sentimento se apoderou das pessoas presentes na sala. O horror. Quando Betsy pressionou o dedo em uma tecla após outra, Boynton transcreveu uma descrição chocantemente explícita: ELE ME FODE E MME FODE E ME FAZ SEGURAR O PÊNISSS DELE.

"Quem tocou em você?", perguntou em voz alta a mulher do DSH. "Onde tocaram em você?"

O MEU PAI.

"Quando?"

DEPOIS DA ESCOLA.

"Onde?"

NA MINHA CASA.

Novas perguntas suscitaram detalhes ainda mais inquietantes.

SAI UMA COISA

"Que coisa sai?"
A FODA DELE
"Como é?"
É COMO
S F A A PEGAJOSA E.
... DDAA BRANCA
EU TENHO MEDO TENHO MEDO ATAQUE
"Do que você tem medo?"
DO MEU PAI E DA MINHA MÃ...
"Você tem medo de Jamie?"
TENHO

Betsie disse várias vezes que Jamie, seu irmão, abusava dela, assim como sofria abuso da mãe e do pai.

"Onde Jamie está?"
ESTÁ FODIDO E EM CASA FF A FF
"Quem fode o seu irmão?"
O MEU PAI E A PUTA

Com intervalos, a entrevista prosseguiu durante quatro horas, produzindo detalhes cada vez mais gráficos. A certa altura, mostraram a Betsy desenhos anatomicamente corretos do corpo masculino e do feminino, lado a lado, e lhe pediram que mostrasse onde ficava a "coisa" do seu pai. Ela deu a impressão de não entender a pergunta, apontando para a região pubiana do desenho da mulher. Quando lhe perguntaram pela segunda vez, um pouco mais tarde, Betsy apontou para o pênis do homem e a seguir digitou PÊNIS.

Betsy não foi autorizada a voltar para casa e para os pais naquela noite. Em questão de horas, um juiz emitiu um mandado de emergência de transferência dela e do irmão para a tutela do Estado. Providenciou-se para que os dois ficassem em lares adotivos — mas separados, pois Jamie, de catorze anos, era considerado tanto vítima como suspeito. A polícia achava que os pais o haviam submetido a uma "lavagem cerebral" para se transformar em um abusador sexual. Logo encontraram uma família disposta a acolhê-lo, mas o DSH teve dificuldade para alojar uma garota deficiente como Betsy. Isso se resolveu quando um amigo do irmão de Boynton concordou em abrigá-la em caráter temporário.

Os pais de Betsy ficaram desesperados. O pai, Jim, assistente de capitão de ferryboat, e a mãe, Suzette, que limpava peixe em um mercado, não tinham apenas perdido os dois filhos. Agora enfrentavam a possibilidade real de serem processados pelo estupro de ambos. Atemorizados e confusos, só sabiam de uma coisa com certeza: as alegações não passavam de invenção. Tinham tanta confiança em que aquele fato óbvio seria confirmado com rapidez que abriram mão do direito a um advogado e concordaram em cooperar plenamente.[12]

Mas isso os colocou na situação terrível de ter de chamar a própria filha de mentirosa. Porque, tal como Boynton — e as autoridades escolares e a polícia —, Jim e Suzette acreditavam na CF. Tinham achado animador, nos últimos meses, descobrir pela primeira vez o que a sua menina tão calada pensava. Como muitos pais cujos filhos agora "falavam" através da CF, eles mesmos tinham fracassado como facilitadores. Por algum motivo, as palavras não saíam quando seguravam a mão de Betsy. De modo que agradeceram o fato de Boynton ter estabelecido a confiança para fazer com que o método funcionasse. A dor de ouvir aquelas falsidades terríveis era ainda pior pela certeza deles de que provinham da própria Betsy.

Então um cético entrou na investigação. Phil Worden era o advogado nomeado para assumir temporariamente a tutela legal dos dois adolescentes. Tinha dois filhos um pouco mais novos que Jamie, o irmão de Betsy. Não assumiu essa incumbência com disposição hostil. Decidido a entender a verdadeira ameaça a Betsy, tratou de conversar com todos os adultos no caso, inclusive os pais da menina. Eles lhe deram a impressão de ser sinceros e o impressionaram por se mostrarem tão ansiosos quanto os demais para que a investigação avançasse. Boynton também o impressionou pela franqueza e pela paixão pelo dever de fazer o máximo por Betsy.[13] Worden acreditou que ela estava terrivelmente transtornada por ver a família Wheaton se separar. No entanto, ao contrário de Boynton e dos pais de Betsy, ele não tinha certeza de que confiava na CF.

Desde a primeira vez que viu Boynton e Betsy juntas, Worden enxergou coisas na interação delas que todos os outros pareciam decididos a não enxergar. Os três se reuniram com a assistente social do DSH e um detetive da polícia estadual na mesma sala da escola. A reunião tinha sido convocada para que ele ouvisse a história contada pela própria Betsy. Com Boynton a lhe dar apoio à mão e ao indicador, a garota digitou OLÁ PHIL na imagem plastificada de um teclado. Worden ficou desconcertado. De pronto, pareceu-lhe tão óbvio que Boynton estava conduzindo a digitação e igualmente óbvio que todos os outros adultos na sala pensavam o contrário. Era surreal, como se, por não chamar a atenção para a ficção à sua frente, ele participasse dela. Não obstante, guardou suas dúvidas para si e tratou de fazer algumas perguntas a Betsy.

O modo como ela reagiu acentuou ainda mais as suspeitas dele. Durante toda a sessão, Betsy se mostrou agitada, movimentando o corpo de maneira tão vigorosa que nem olhava para o teclado, mesmo nos momentos em que, a mão apoiada na de Boynton, continuava pressionando as teclas, digitando palavras. Súbito, desferiu um soco tão forte no rosto de Boynton que os óculos desta voaram. A facilitadora ralhou com ela: "Betsy, quando você me bate, dói. Eu quero conversar com você, mas não consigo se você me bater". Para Worden, nada daquilo parecia ser coisa que se pudesse chamar de comunicação com palavras. Ele não sabia ao certo se tinha visto Betsy pressionar sozinha uma só letra do teclado.

A assistente social deve ter se dado conta da dúvida de Worden, pois o convidou a ficar com ela no lado da mesa em que Boynton estava transcrevendo, caractere por caractere, as letras digitadas por Betsy. Olhando para a folha de papel, ele ficou surpreso ao ler uma mensagem coerente, supostamente composta por Betsy naquele momento, levantando mais acusações contra o pai. Dizia que tinha medo do pai, que ele a "comia" e que ela precisava de proteção. Worden se sentiu compelido a perguntar como a menina podia ter dado tantas informações se nem estava olhando para o teclado. A resposta não foi persuasiva. Boynton disse que Betsy havia memorizado a disposição das letras, de modo que já não precisava olhá-lo.

Depois dessa reunião, Worden não conseguiu se livrar da sensação de que as verdadeiras vítimas no caso de Betsy eram seus pais. E se dispôs a estudar com rapidez a literatura sobre a CF. Procurou os outros professores de Betsy, que lhe deram vários artigos elogiosos sobre o método, um dos quais escrito por Doug Biklen. Por sua própria conta, porém, Worden encontrou uma referência desfavorável à CF no boletim informativo trimestral de Rimland sobre autismo. Em breve, estava ao telefone com o próprio Rimland, que criticou com veemência tanto a CF quanto Doug Biklen, dizendo que o método era enganoso e destrutivo.[14] Tendo informado Worden da origem e dos problemas da CF, revelou que os Wheaton não eram a primeira família a enfrentar acusações de abuso sexual dos próprios filhos — sendo as acusações comunicadas através de mensagens facilitadas.

De fato, como Worden apurou, o falso cenário de abuso sexual ocorrera várias vezes nos três anos transcorridos desde que se havia começado a usar a

CF. De certo modo, tratava-se de um eco da histeria em torno do abuso sexual nas creches, que ainda estava no auge em várias partes do país. Rimland citou diversos casos em que pais, professores e até assistentes sociais tinham sido acusados falsamente por meio da CF. Pais inocentes foram encarcerados enquanto seus supostos crimes eram investigados, contou-lhe Rimland, porque a polícia estava convencida de que a comunicação facilitada era real. O que Worden precisava fazer, recomendou, era providenciar um teste rigoroso para determinar se as palavras atribuídas a Betsy provinham dela ou de Boynton.

Aquilo fazia sentido para Worden, e ele achou que também faria para Boynton. Até então, suas conversas haviam sido e continuavam sendo respeitosas, profissionais e francas. Ele mostrou que seria útil para todos os envolvidos tratar de confirmar em definitivo a autoria das palavras de Betsy. Boynton o compreendeu. Também tinha certeza de que um teste confiável provaria que as palavras eram da menina. No entanto, hesitou, pois sabia que a ampla comunidade da CF, da qual ela fazia parte, não via com bons olhos a ideia de testar a validez do método. O teste seria encarado quase como um ato de traição, porque questionar a realidade da comunicação era violar o princípio de "presunção de competência". Esperava-se que todo facilitador sentisse um compromisso não só emocional como filosófico com esse princípio. Na sessão de treinamento a que Boynton havia assistido havia pouco na Universidade do Maine, fora expressado reiteradamente o imperativo "não testar". Os professores chegavam até a alegar que não podia existir teste da CF, pois o próprio processo de testar solaparia os vínculos de confiança que a faziam funcionar. Tratava-se de uma posição profundamente anticientífica, mas, para os verdadeiros crentes da CF, era um dogma.

Três semanas depois, a família Wheaton continuava fragmentada. Nem Jim nem Suzette Wheaton tinham sido presos, em grande parte porque Worden exigia que não se tomasse nenhuma medida contra eles enquanto não se confirmasse a capacidade de Betsy de se comunicar pela CF. Entrementes, ele havia entrado em contato com um fonoaudiólogo chamado Howard Shane, cujo programa, em Harvard, era especializado em desenvolver hardware e software que possibilitassem a comunicação de pessoas cuja capacidade de construir fala era disfuncional — em virtude de lesão cerebral, talvez, ou de doença degenerativa, como a esclerose múltipla. Era uma tecnologia como essa que permitia ao físico britânico Stephen Hawking se comunicar. No caso de Hawking, seus óculos continham um sistema eletrônico que reagia aos movimentos de sua bochecha, que então produzia comunicação verbal por um computador. Shane não tinha nada contra a presunção de competência. Mas acreditava na tecnologia, não na CF.[15]

Shane já tinha sido testemunha como perito em vários julgamentos em que a CF fora usada para fornecer testemunho acusando pais ou outros de abuso sexual. Sempre se apresentava como testemunha de defesa e sempre conseguia desacreditar o método. Na tribuna, explicava com detalhes por que as afirmações feitas em prol da CF se opunham a tudo quanto se sabia a respeito do autismo, que não tinha sido "redefinido" pela CF, apesar das afirmações de Biklen. Ademais, argumentava que a poesia e a prosa sofisticadas apresentadas como obra de crianças pequenas abusavam da credulidade — tanto quanto o fato de as crianças pressionarem tantas vezes as teclas sem olhar para o teclado.

Mas a contribuição mais significativa de Shane nesses julgamentos era a construção de experiências vivas, simples, que podiam ser feitas diante de um juiz e de um júri para ajudá-los a entender, em minutos, se podiam confiar na CF ao decidir condenar uma pessoa à prisão. Quando Phil Worden o chamou, Shane apresentou um procedimento de teste no qual ele mostraria imagens simultaneamente a Betsy e a Boynton. Elas ficariam sentadas lado a lado para possibilitar a facilitação, mas uma divisória impediria que uma visse a figura mostrada à outra. Então Shane pediria a Betsy que desse o nome da coisa representada. O truque era que, algumas vezes, ele mostraria figuras idênticas a Betsy e Boynton e, em outras, figuras diferentes. Se a CF fosse real, pouco importava o que Boynton visse, já que ela era apenas a facilitadora. Se a CF fosse real, as mensagens só dariam o nome dos itens estampados nas figuras mostradas a Betsy, todas as vezes.

Worden teve trabalho para vencer a resistência de Boynton a submeter a CF — e efetivamente a si própria — à prova daquele modo. Ele apelou para o seu lado racional e para o seu senso de decência, alegando que, tendo em conta o que estava em jogo para a família, eliminar as dúvidas sobre a CF era a coisa mais humana a fazer. Boynton compreendeu tudo e, depois de muito ponderar, concordou com Worden que, naquela situação, o método precisava ser posto à prova. No íntimo, também queria saber ao certo se ela ou Betsy era a autora daquelas acusações horríveis. Consentiu, e foi marcada a data em que Howard Shane viajaria de Boston para testar a CF.

Àquela altura, havia mais de um mês que Betsy fizera as primeiras e alarmantes acusações. Quando chegou à escola para o teste, Boynton encontrou um bilhete anônimo na sua mesa: "Essa aluna tem a sorte de contar com você na vida".[16] Naquele momento, ela não tinha tanta certeza disso. Quando entrou na sala escolhida para o teste — a mesma em que costumava trabalhar com Betsy —, viu a adolescente já sentada, segurando um bicho de pelúcia, e, uma vez mais, sentiu uma conexão e um amor profundos por ela.

Shane sorriu para Boynton e lhe pediu que não ficasse nervosa. Então começou a mostrar as figuras. Uma a uma, mostrou um conjunto para Betsy e outro para Boynton. Na primeira rodada, mostrou às duas a figura de uma chave. Quando ele lhe pediu para identificar a coisa representada, Betsy, com Boynton a lhe tocar o braço, digitou CHAVE.

A seguir, Shane mostrou uma xícara a Betsy. Mas, dessa vez, ainda com a ajuda de Boynton, ela digitou CHAPÉU. Depois, ele mostrou-lhe a figura de um cão, mas ela digitou TÊNIS. E quando ele mostrou um barco, ela digitou SANDUÍCHE. Todas essas respostas estavam erradas, mas não eram arbitrárias. Cada resposta errada correspondia precisamente às imagens que *Boynton* estava vendo no seu lado da divisória. E assim foi durante algum tempo, com resposta errada sempre que a facilitadora via uma figura diferente da mostrada a Betsy. E, a cada vez, a resposta errada coincidia com a imagem apresentada a Boynton.

O teste se estendeu por três horas, com intervalos. Por exemplo, Shane pediu a Boynton que saísse da sala, então encheu uma bexiga, soltou-a no ar e a deixou zumbir a esmo sobre a cabeça dos presentes. Então chamaram Boynton de volta e perguntaram a Betsy o que Shane acabara de lhe mostrar. BANANA, digitou ela.

O resultado foi inequívoco. Não houve comunicação verbal real com Betsy naquele dia. E a implicação era concludente: nunca tinha havido comunicação alguma.

Boynton foi embora sem saber do resultado. Só várias horas depois, quando chegou em casa e acionou a secretária eletrônica, foi que ouviu a mensagem que o revelava. Ela se encolheu feito uma bola e chorou muito.

Vários meses depois, a rede de televisão PBS transmitiu um documentário intitulado *Prisoners of Silence* [Prisioneiros do silêncio], no qual atores encenavam quase literalmente o teste levado a cabo por Shane com Betsy e Boynton.[17] Antes disso, houvera algumas coberturas negativas do caso, mas a transmissão marcou um ponto de inflexão depois do qual a queda em desgraça da CF foi quase instantânea, não só no Maine como em escala nacional. Quem viu com os próprios olhos a experiência simples e intuitiva de Shane sentiu que havia presenciado o descrédito de uma farsa deslavada. Quando a cobertura da mídia se tornou universalmente hostil à CF, os distritos escolares céticos de todo o país a abandonaram tão depressa quanto a haviam adotado três anos antes. As inscrições nos cursos da CF declinaram precipitadamente, e os alunos com autismo que frequentavam aulas avançadas de matemática e física — porque seu eu "facilitado" ia muito bem nessas matérias — foram devolvidos às antigas classes de educação especial, onde sua capacidade de usar palavras era considerada inexistente. Voltaram a ser crianças para as quais era provável que se negasse o benefício da dúvida para a presunção de competência.

Douglas Biklen foi ridicularizado pela imprensa e no meio acadêmico. Aqueles que haviam passado anos estudando detidamente o autismo nunca viram com bons olhos a sua afirmação inicial de que a CF impunha a "redefinição" do distúrbio. Agora que o método se revelara uma fraude de maneira tão pública e notória, eles acharam que seria imperdoável Biklen não admitir que tinha se equivocado no referente ao método.

Mas Biklen não acreditava que tivesse se equivocado. Em 1994, quando se publicou uma série de estudos desacreditando a CF em publicações com revisão por pares, ele começou a atacar os métodos dos descreditadores, reiterando a diferença a seu ver existente entre a CF bem executada e a mal executada. Também se esforçou para esclarecer exatamente o que ele reivindicava para a CF. "Eu não ando por aí dizendo que todo mundo é inteligente ou que todos os que usam a CF são brilhantes", declarou à Associated Press. "Estou dizendo que precisamos perceber que não ser capaz de falar não é a mesma coisa que não ter nada a dizer."[18]

Afortunadamente para Biklen, a Universidade de Syracuse o respaldou, apesar do menosprezo generalizado que a instituição enfrentava por ter criado um Instituto de Comunicação Facilitada, por ele dirigido. Em 2006, o instituto continuava funcionando e Biklen foi promovido ao cargo de decano da Escola de Educação. Em 2007, a reitora Nancy Cantor citou o trabalho dele com a CF como um motivo de orgulho para a universidade e observou com brandura que "a controvérsia em torno da comunicação facilitada na literatura da pesquisa em psicologia e educação parece incansável".[19] Também é verdade que o instituto — rebatizado Instituto de Comunicação e Inclusão em 2010 — continuava sendo um canal para o financiamento externo da universidade, atraindo contribuições significativas, estimadas na casa dos milhões de dólares, de fundações particulares cuja fé na CF, como a de Biklen, nunca esmoreceu.

Em 2014, Biklen se aposentou.

Surpreendentemente, Janyce Boynton não abandonou a CF logo depois do malogro no teste das figuras. Envergonhada e chocada com o fracasso formidável de um método em que acreditava de maneira tão profunda, primeiro teve esperança de provar que a culpa era do teste de Shane, não da CF. Durante várias semanas, continuou mantendo sessões de CF com Betsy, nas quais borbotaram mais acusações de abuso sexual. Quando ela as notificou devidamente, os pais de Betsy solicitaram seu afastamento da função de professora da sua filha.

E então, depois de passar um breve período se perguntando se não estava enlouquecendo, Boynton começou a estudar mais a fundo a CF. Atormentada pela culpa pelo mal causado aos Wheaton, descobriu com que facilidade os facilitadores podiam dirigir a produção de palavras sem sequer perceber que o estavam fazendo. Parecia impossível, mas os experimentos mostravam que isso acontecia muitas vezes. Lendo aqueles trabalhos, detectou algo em si mesma: que, o tempo todo, havia desejado desesperadamente que as palavras fossem de Betsy, pois queria muito que ela tivesse voz. O resto — as fantasias horrendas sobre a vida doméstica da garota — permaneceu obscuro para ela.

Perto do fim do ano letivo de 1993, Boynton informou os superiores de sua mudança de posição com relação à CF e instou o distrito escolar a suspender por completo o uso do método no currículo. Em uma declaração, o distrito anunciou que estava fazendo exatamente isso.

O documentário da PBS desmerecendo a CF foi ao ar em outubro de 1993. Boynton se recusou a dar entrevista, e o filme não citou o seu nome quando recriou o teste das figuras. Mas ela não tardou a se sentir pessoalmente atingida por uma reação violenta. Um comentarista do jornal local exigiu que a identificassem publicamente e a expulsassem do magistério. Ao mesmo tempo, Boynton foi informada de que a comunidade mais ampla da CF não queria ter nada a ver com ela. E soube que os círculos da CF a classificavam de "péssima facilitadora", dando a entender que a sua inépcia causara um dano enorme ao método. De certo modo, no impasse em torno da CF, ela havia sido descartada por ambos os lados como a vilã da história.

Em 1994, uma reportagem televisiva sobre o caso filmou Janyce Boynton pedindo desculpas aos pais de Betsy. Essa foi a primeira e única vez que eles se encontraram depois da debacle, mas, nesse encontro, os Wheaton se mostraram amáveis e indulgentes. Passados alguns anos, a família recebeu outro golpe brutal com o suicídio de Jamie, o irmão caçula de Betsy.[20] Ele tinha vinte e poucos anos e no mesmo dia matou a esposa, de dezenove. Suzette, sua mãe, disse mais tarde que Jamie nunca voltou a ser o mesmo após o trauma da fragmentação da família em 1993.

Janyce Boynton trabalhou mais seis anos nas escolas Ellsworth, depois mudou de cidade e começou a fazer e vender artesanato.

Em janeiro de 2012, Boynton foi localizada por uma repórter da ABC News interessada em um comentário seu sobre uma reportagem divulgada naquela noite no programa de televisão *20/20*. Ela ficou assombrada quando a jornalista lhe contou o motivo: a catástrofe se repetira — uma vez mais.

Naquela noite, Boynton assistiu, no *20/20*, à matéria sobre uma família chamada Wendrow, residente em West Bloomfield, Michigan, que, quinze anos depois da sua desastrosa experiência com a CF, havia pressionado o distrito escolar para que financiasse um facilitador para sua filha Aislinn, de catorze anos, que tinha autismo e não falava. Apesar do amplo consenso científico sobre a técnica estar desacreditada, ela ainda mantinha um número reduzido de seguidores entre as famílias que, como Doug Biklen na Universidade de Syracuse — na qual continuava havendo curso de CF —, sustentavam que a condenação geral era excessivamente ampla e deixava de lado os casos em que o método de fato funcionara. Atuando à margem das terapias respeitáveis, não surpreendia que os facilitadores e as famílias formassem uma subcultura autorreforçadora de apoio à prática. Julian e Tal Wendrow, os pais de Aislinn,[21] ingressaram nessa subcultura em 2005, depois de depositar esperança em uma grande variedade de outras terapias — da ABA ao PECS, aos suplementos de musicoterapia e à massagem craniossacral —, nenhuma das quais contribuiu muito para aliviar as dificuldades de Aislinn.

Quando experimentaram a CF e viram as palavras começarem a sair, os Wendrow comemoraram. Em parte, porque viram a rapidez com que o resto do mundo mudou de atitude para com a sua filha quando as pessoas passaram a acreditar que ela sabia usar as palavras e era intelectualmente intacta. Também gostavam de conversar com ela e do seu bom desempenho escolar.

Mas eis que, tal como no Maine, a criança facilitada começou a acusar o pai de abuso sexual. A polícia e os promotores acreditaram na validez da comunicação e puseram Julian Wendrow atrás das grades durante quase três meses, inclusive, estranhamente, 74 dias em cela solitária.

Então, como informou o *20/20*, Howard Shane, agora quase vinte anos mais velho, foi ao Michigan e demonstrou que a comunicação era uma ilusão involuntariamente provocada pelo facilitador. Quando da transmissão do programa, Julian Wendrow tinha sido posto em liberdade, e a família voltara a se unir. Agora os Wendrow estavam processando as autoridades policiais, coisa que suscitara a reportagem do *20/20*.

Fazia quase duas décadas que Boynton não falava sobre a CF em público. Mas ela fez questão de responder quando a repórter da ABC lhe pediu um comentário. A repetição do fato a entristecia, disse. Explicou que era fácil os facilitadores e os familiares se iludirem e esquecerem de suspender a descrença em face de um processo manifestamente improvável por quererem muito que fosse verdadeiro. Contou à jornalista da ABC que havia tentado ter esperança de que, depois do seu papel na catástrofe anterior, o episódio ao menos servisse de lição para que os outros duvidassem da CF e ficassem longe dela. Naquela noite, porém, depois de assistir a toda a reportagem do *20/20*, ela perdeu o ânimo ao ver mais uma família se inteirar do perigo da CF à custa de tanto sofrimento.

Uma vez quebrado o silêncio, Boynton decidiu dizer mais. Ainda em 2012, publicou um artigo em uma publicação acadêmica dedicada a soluções clínicas e educacionais para deficiências de comunicação. Seu artigo se intitulava "Facilitated Communication — What Harm It Can Do: Confessions of a Former Facilitator" [Comunicação facilitada — o mal que pode fazer: Confissões de uma ex-facilitadora]. Era uma invectiva contra o que ela chamou de "o mito da CF". Lamentou publicamente sua ingenuidade e apelou para o duro realismo em situações em que o sonho de chegar à criança lá dentro é capaz de cegar totalmente a razão.

No entanto, essa esperança pode perdurar mesmo naqueles que sofreram por alimentá-la. Até em Julian Wendrow. Depois de acusado de abuso sexual pela própria filha e de quase ter passado anos na cadeia por causa disso, ele foi obrigado a abandonar a sua fé na CF.[22] Mas confessou que o fez com muita relutância e que o preço que pagou valeu a alegria de acreditar que a CF era real e que sua filha conversava mesmo com ele.

Porque via que as pessoas a tratavam de modo diferente quando ainda pensavam que suas palavras eram reais.

E porque ele adorava ouvir tudo quanto ela tinha para dizer.

O sonho era poderosíssimo.

35. Uma definição esquiva

"Ela me obrigou a redefinir o autismo."[1] Quando Douglas Biklen disse essas palavras em 1990, referindo-se à comunicação facilitada, não percebeu o quanto os psiquiatras e psicólogos que trabalhavam na área havia décadas as acharam insolentes. Sem nada além de um diploma de educação especial, ele desafiou "o conhecimento produzido por quase cinquenta anos de pesquisa enérgica e constante sobre o autismo".[2] Para os experts estabelecidos, era simplesmente abominável Biklen, que Eric Schopler chamava de "ideólogo",[3] se atrever a reivindicar o direito de *redefinir* o autismo.

E, no entanto, era exatamente isso que os experts faziam desde o tempo de Leo Kanner: contestar-se mutuamente e competir para promover suas próprias definições e redefinições de autismo — sua forma, seu alcance, suas causas. A maior parte desse empurra-empurra contínuo ocorria longe dos olhos do público leigo, que presumia que, quando médicos com mestrado e doutorado usavam a palavra "autismo", todos aludiam à mesma coisa. Mas isso não era verdade, porque as definições de autismo sempre foram flexíveis — determinadas pelo consenso ou por qualquer um dos experts concorrentes que fosse mais persuasivo em determinado momento. Todas as grandes ideias acerca do autismo no decorrer dos anos — desde a inculpação da mãe até os conceitos respaldados por ciência mais sólida, como cegueira mental, coerência central fraca e o espectro unificador — ainda não passavam de hipóteses. Contudo, a maioria era tratada, no auge de sua popularidade, como fato objetivo. Pelo menos até que aparecesse a grande ideia seguinte.

Graças à elasticidade da definição, tem sido fácil para os interesses rivais plasmar o autismo como o que eles querem que seja, coisa que às vezes leva a conflitos enormes. Há décadas que o autismo é visto como um desafio comportamental, ou médico, ou psicogênico. Dele culparam as mães e as vacinas. E a ele se reagiu com "cuidado maternal substituto", megavitaminas, comunicação facilitada, bofetadas, terapia do abraço e, em alguns países africanos, com exorcismo. No momento em que escrevemos, considera-se que o autismo ocorre em um espectro, conceito esse que tem a virtude de promover a inclusão, mas também causa desinteligência entre os que veem o autismo como uma tragédia e os que o consideram um dom e uma identidade.

Há anos que as figuras mais respeitadas da comunidade do autismo se queixam da falta de uma definição única e indiscutível dele. Por exemplo, em 1968, Michael Rutter deplorou o "estado de coisas irremediavelmente confuso [...] mais complicado do que precisa ser".[4] Dez anos mais tarde, em 1978, Eric Schopler avisou que os cientistas entendiam mal o trabalho uns dos outros "porque os critérios de diagnóstico são diferentes".[5] Mais uma década depois disso, em 1988, Fred Volkmar e Donald Cohen escreveram, frustrados, sobre a "história longa e controversa dos conceitos ligados ao autismo".[6] E, em 1998, Volkmar e Ami Klin reclamaram "da confusão e da pletora de conceitos diagnósticos"[7] em torno do autismo e, na época, também da síndrome de Asperger.

Faz tempo que um dos adágios prediletos da comunidade do autismo é "Quem conheceu uma pessoa com autismo conheceu *uma* pessoa com autismo", que capta a essência do problema ao mesmo tempo que afirma a complexa variabilidade das características autistas. E é essa enorme variabilidade das características autistas que torna tão difícil definir o autismo. Foi o que estorvou o esforço de Victor Lotter para contar as pessoas com autismo no início da década de 1960, quando precisou traçar uma linha para definir o distúrbio, a qual ele mesmo considerou arbitrária ou pelo menos subjetiva, já que se baseava apenas nas suas observações. Não obstante, os juízos subjetivos de Lotter e de outros pesquisadores tiveram consequências reais, em especial no campo da epidemiologia. Serão impossíveis as comparações válidas entre populações em épocas e lugares diferentes enquanto as definições forem altamente incoerentes. Lotter achou a lição digna de ser compartilhada quando, em 1966, preveniu que seria impossível determinar a prevalência do autismo enquanto todos não tivessem chegado a um acordo sobre o que estavam tentando contar.

O debate sobre quem considerar autista não era só acadêmico; tinha um efeito profundo sobre a vida dos indivíduos. Afinal, a pessoa precisava ser diagnosticada com autismo para ter acesso aos serviços de apoio.

Repetidas vezes, um ou outro pesquisador criava um conjunto de critérios com o intuito de dar fim ao caos — propondo uma definição ou modelo destinado a se apresentar como a última palavra sobre a questão do que entender por *autismo*. O esforço para tanto foi enorme. Mas o objetivo continuou arredio.

Mildred Creak havia tentado pôr ordem no caos em 1961, quando publicou seus Nove Pontos.[8] Estes logo foram considerados insuficientes pelo mundo clínico, que os estraçalhou. Para ela, a experiência foi como se a tivessem "jogado aos lobos".[9]

Em 1972, Michael Rutter também tentou arrumar a confusão quando fez uma campanha bem-sucedida para descartar o diagnóstico de "esquizofrenia infantil", que durante muito tempo havia competido com o diagnóstico de autismo em crianças. Argumentou que estava "na hora" de colocar aquele conceito problemático, "educada e respeitosamente, mas com firmeza, em seu devido lugar na seção sobre 'a história da psiquiatria'".[10] Ainda insatisfeito, produziu um novo arcabouço do autismo, que ficou conhecido como os "critérios de Rutter"[11] no começo da década de 1970. Baseados nos estudos epidemiológicos e clínicos dele e de outros pesquisadores, os critérios[12] especificavam que o autismo se manifestava em três domínios e em graus variados: na deficiência da linguagem, na deficiência social e em padrões de comportamento restritivos e repetitivos. Inspiração para a posterior "tríade de incapacidades" de Lorna Wing e Judith Gould, os critérios de Rutter ganharam seguidores e durante muitos anos foram citados com frequência por pesquisadores como o padrão em que confiavam. Sem dúvida, parte dessa aceitação se deveu ao prestígio de Rutter como um dos pensadores e autores mais lúcidos da psiquiatria acadêmica. Ele era versado em definir os parâmetros de um tópico e tinha um estilo claro e despretensioso que tornava suas conclusões muito mais convincentes. "A questão não era como diferenciar autismo de normalidade. Isso o porteiro do hospital podia fazer sem ajuda especializada",[13] escreveu certa vez a respeito do desafio de esclarecer qual era a aparência do autismo nas crianças examinadas no Maudsley.

Em 1977, porém, a Sociedade Nacional para Crianças Autistas[14] promoveu uma definição própria que acrescentava um quarto domínio: o processamento sensorial. Desenvolvida pelos investigadores da UCLA Edward Ritvo e B. J. Freeman, essa definição também tornava centrais na experiência de ter autismo as "reações anormais a sensações".[15]

E ainda havia o *DSM* da Associação Americana de Psiquiatria,[16] que constituiu sua própria saga.

Em 1993, quando Fred Volkmar e seus colegas estavam tentando enfiar a síndrome de Asperger no *DSM*, o livro já vinha sendo impresso havia mais de quarenta anos, com edições revistas publicadas sempre que a psiquiatria mudava de ideia, coisa surpreendentemente frequente.

A partir de 1980, por exemplo, o *DSM* foi emendado pelo menos uma vez por década, com diagnósticos inteiros passando por uma revisão do tipo pente-fino ou sendo descartados, e o acréscimo de novos diagnósticos. De maneira muito notória, sob a enorme pressão da comunidade gay e seus aliados e apesar das objeções vociferantes de um contingente de psiquiatras em geral mais velhos, o *DSM* retirou o diagnóstico de homossexualidade como doença mental em 1972. Por mais que fossem alardeadas como consequências positivas da pesquisa e da compreensão melhores, esta e outras correções revelaram até que ponto o diagnóstico psiquiátrico é influenciado não só pelos dados científicos como também por fatores culturais, políticos e outros.

O autismo só foi incluído no *DSM* em 1980, na edição conhecida como *DSM-III*, que apareceu quase quarenta anos depois que Leo Kanner publicou seu primeiro artigo sobre o transtorno. Revelou-se uma definição cambiante — alterada de forma significativa em 1987 e uma vez mais em 1994. Embora tenha passado por uma leve mudança em 2000, ela foi submetida a uma revisão impressionante, acompanhada de muita ansiedade, em 2013. Ao longo desse processo, a extensão da definição aumentou e diminuiu. O número de palavras em sua lista de sintomas, cerca de setenta a princípio, saltou para mais de seiscentas em uma edição, encolheu para trezentas na seguinte e então voltou a se expandir para quase novecentas palavras duas edições depois. O nome também mudou com frequência: de *autismo infantil* para *transtorno autista* para *transtorno do espectro autista*. De maneira muitíssimo crítica, a lista de sintomas desenvolvida pelos autores do *DSM* para identificar pessoas com autismo continuou sendo corrigida. Em uma edição, o paciente tinha de satisfazer a um mínimo de oito de dezesseis critérios para receber o diagnóstico. Em outra, precisava satisfazer a pelo menos seis de doze. No segundo caso, segundo Volkmar e Brian Reichow, de Yale, havia mais de 2 mil diferentes combinações de sintomas capazes de produzir um diagnóstico de autismo.[17] Em 1994, o acréscimo do transtorno de Asperger como um diagnóstico separado complicou ainda mais o quadro diagnóstico.

Com muita frequência, os zigue-zagues do *DSM* na questão do autismo refletem a divisão quase filosófica entre dois campos de experts: os "agrupadores" [*lumpers*] e os "separadores" [*splitters*]. Essa tensão estava em evidência quando Lorna Wing e Hans Asperger divergiram quanto a se os casos dele e os de Leo Kanner eram mais parecidos que diferentes, ou vice-versa. Recorde-se que Asperger acreditava que via duas síndromes marcadamente diferentes nos seus casos e nos de Kanner. Sua insistência em separar as crianças dele e as de Kanner em grupos diversos, de acordo com diferenças fundamentais, fez dele um separador clássico. Wing, por sua vez, sempre falou como uma verdadeira agrupadora, alegando que virtualmente todo mundo com vestígio ou combinação de comportamentos autistas pertencia ao mesmo grupo, pois os mecanismos centrais do comportamento autista operavam em todos do mesmo modo, embora em graus variáveis. Foi esse pensamento que a levou à construção do seu muito influente modelo "espectro" de autismo. Hoje em dia, essa ideia agrupadora por excelência é amplamente aceita, tanto que até a cultura popular parece reputá-la uma verdade irrefutável.

Mas, se a história for um guia, isso pode mudar. Como qualquer entendimento anterior do autismo, o constructo do espectro não está isento de inconvenientes, e um retorno aos separadores é perfeitamente possível se, por exemplo, no futuro a investigação científica determinar que grupos de comportamentos autistas que *parecem ser* semelhantes na verdade resultam de causas divergentes — ambientais, genéticas ou outras. O estudo do câncer oferece uma analogia. Durante anos, o câncer sobreviveu como o nome genérico de todos os cânceres, até que o campo da oncologia descobriu que os diversos cânceres são, na realidade, radicalmente diferentes, cada qual com assinatura própria e processo biológico distinto próprio — e, assim, abriu caminho para os separadores. O autismo também pode se revelar uma entidade plural. É possível que os pesquisadores descubram que, na verdade, existem *autismos*, cada qual com "impressão digital" genética própria, cada qual significativamente sem relação com os demais. Se isso acontecer, a ideia de um espectro amplo, que borra essas diferenças, terá menos poder explicativo e estará sujeita a perder parte de sua prevalência na conversa sobre o autismo.

Contudo, tais linhas de investigação demandariam o compromisso de pesquisar os aspectos biomédicos do autismo em vez de enfocar as intervenções psiquiátricas e comportamentais. Ainda no começo da década de 1990, praticamente não havia pesquisa biológica do autismo, e os poucos cientistas que o estudavam tinham pouco apoio financeiro. Isto é, até que quatro pais residentes em litorais opostos dos Estados Unidos decidissem fazer alguma coisa.

36. O encontro das mentes

Os dois maridos começaram a brigar antes mesmo que servissem a entrada. No fim do almoço, a ideia de fusão parecia descartada. Por motivos de filosofia e personalidade, começou a ficar evidente que duas das mais ambiciosas organizações de pais comprometidas com a causa do autismo não iam se unir.

Foi decepcionante, talvez, porque ambos os casais e ambas as organizações perseguiam o mesmo objetivo: inspirar a comunidade de pesquisa biomédica a levar o autismo a sério. Porque, a julgar pela sua reunião no fim de 1995 em um restaurante próximo da Universidade Princeton, isso definitivamente não ia acontecer.

Em todo caso, não haveria pesquisadores com base na biologia. Não haveria geneticistas, alergistas, endocrinologistas ou gastrenterologistas. Para os investigadores dessas ou de outras áreas biomédicas, o autismo era um "não tema", um distúrbio infantil sem saída que convinha deixar nas mãos dos psicólogos, psiquiatras e pediatras.

Por uma coincidência notável, pouco tempo antes esses dois pares de pais, em litorais opostos dos Estados Unidos, haviam decidido alterar essa realidade com um nível de ambição e energia que, juntos, galvanizariam um movimento. Sem saber da existência um do outro, os dois casais tiveram a mesma ideia de mudar o mundo, quase exatamente ao mesmo tempo.

Um deles morava em Hillsborough, Nova Jersey, mas usava uma caixa postal da vizinha Princeton como endereço do seu grupo. Marido e mulher eram da Ivy League e gostavam da associação implícita com a Universidade Princeton. O outro casal, que viera de Los Angeles para aquele almoço, ganhava a vida na indústria cinematográfica. Um conhecido comum havia incentivado os quatro a se reunirem àquela mesa para discutir a união de forças. A julgar pelas aparências, aquele encontro de mentes fazia muito sentido.

Afinal de contas, elas tinham muito em comum.[1]

A advogada especializada em direito societário Karen London havia abandonado o exercício da profissão quando seu filho Zach foi diagnosticado com autismo em 1987. Seu marido, Eric, psiquiatra de pesquisa, prosseguira no seu trabalho focado na doença de Alzheimer e na psiquiatria geriátrica, se bem que agora, é claro, lesse tudo quanto aparecia na literatura médica que lançasse luz sobre o distúrbio do seu filho. Os colegas, como o amigo e psiquiatra Arvan Mirrow, também estavam atentos à pesquisa relevante e a levavam a Eric de quando em quando.

Em novembro de 1993, Mirrow apareceu à porta da casa dos London, em Nova Jersey, trazendo nos braços três grossos fichários. Tinha acabado de voltar do encontro anual da Sociedade de Neurociência, ocorrido naquele ano em Washington. Os fichários continham o conjunto completo de breves resumos descritivos de cada nova pesquisa apresentada e discutida no congresso. Ao todo, eram uns 11 mil resumos, todos ligados à pesquisa do cérebro, que estava se tornando um tema cada vez mais "quente". Mirrow havia pegado os fichários achando que Eric e Karen talvez quisessem examinar os resumos em busca de um novo estudo centrado no autismo.[2]

Os três passaram as horas seguintes folheando os resumos, correndo o dedo pelo índice remissivo, no fim de cada fichário, em busca da palavra "autismo". Quando a encontravam, um deles fazia uma ficha de registro.

O resultado lhes pareceu patético. Onze vezes em 11 mil papers.[3] E o que era pior: nenhum daqueles artigos se ocupava do autismo. A palavra aparecia apenas en passant, em frases como "em contraste com o autismo" ou "diferentemente do autismo". Karen e Eric acharam difícil entender que os mais importantes cientistas do cérebro haviam se reunido e não mencionaram o autismo.

* * *

Certa vez, em 1974, fizera-se um esforço concentrado para investigar como o autismo influenciava e era influenciado pelos sistemas orgânicos do corpo, inclusive o cérebro. Em junho daquele ano, um grupo de pais presentes na reunião anual da Sociedade Nacional para Crianças Autistas em Washington havia levado os filhos consigo, com o objetivo expresso de extrair o máximo de dados sobre seu cérebro e seu corpo que o período de cinco dias permitisse.

Foi mais ou menos como uma simulação de incêndio. Enquanto o encontro regular de pais ocorria no salão de baile do hotel, uma perua parava à entrada do saguão a cada 45 minutos para transportar outro grupo de quatro crianças e os respectivos pais a uma clínica próxima. Lá, cada uma delas passava rapidamente por uma bateria de medições do corpo, coleta de sangue, coleta de urina e alguns apressados testes psicológicos, enquanto os pais respondiam a questionários sobre comportamentos e histórico familiar. A seguir, todos iam embora a tempo de dar lugar aos passageiros da van seguinte. Desse modo, colheram-se dados biomédicos de um total de 78 crianças com autismo — mais do que já se havia colhido em um único projeto de pesquisa.

Embora não tenha produzido avanços, o livro de artigos baseados nesses dados, publicado em 1976, rendeu algumas conclusões intrigantes. As observações com base biológica[4] detectavam a presença crescente de anticorpos do *Herpes simplex virus*, níveis elevados de zinco e um grau de irritação intestinal mais alto do que o esperado — além de muitos outros. Todos eram uma pista potencial para novas pesquisas.

Mas ninguém seguiu as pistas, com exceção, talvez, de um dos pais que organizaram o movimento, Bernie Rimland. Isso não ocorreu porque o trabalho fosse menosprezado. Ocorreu porque, em 1976, com exceção de Rimland e de pouquíssimos outros, praticamente ninguém na comunidade científica se interessava pela biologia do autismo.

Isso não havia se alterado muito quando Eric e Karen London jantaram com uma cientista chamada Margaret Bauman no outono de 1993. Neurologista pediátrica do Hospital Geral de Massachusetts, Bauman figurava entre os raros cientistas da época interessados no estudo do cérebro físico de crianças com autismo.⁵ Ela tinha acesso a um pequeno mas precioso depósito de tecido encefálico, presente de alguns pais enlutados mas generosos de filhos com autismo que tinham morrido jovens. Durante algum tempo, ela pôde empreender um reduzido número de estudos esmiuçando aquilo que aparecia como anomalias anatômicas distintas nos cérebros estudados. Mas confessou aos London que não era fácil conseguir financiamento de sua pesquisa, pois poucas fundações tinham motivo para entender o autismo naquele nível. No momento, sem verba nova programada, os cérebros estavam no congelador de um laboratório, sem uso.

Os London sacudiram a cabeça ao saber disso. Bauman confidenciou que já havia tido a mesma conversa com outros pais e que muitos estavam tão incomodados quanto ela. Também contou que ia falar para alguns deles na noite seguinte, quando seria a oradora de abertura na conferência anual do Centro de Auxílio e Serviços para a Comunidade do Autismo de Nova Jersey, que, aliás, já havia começado.

Ocorre que os London se revezavam para assistir à conferência de modo que um deles sempre pudesse estar em casa cuidando de Zach. Foi Eric que compareceu no dia seguinte quando Bauman ministrou sua palestra. Quando esta terminou, ela passou a responder a perguntas dos presentes.

"Por que não podemos obter patrocínio para pesquisar o autismo?", indagou um pai.

Em vez de responder, Bauman correu os olhos pela plateia.

"O dr. London está aqui?", perguntou.

Surpreso, Eric ergueu a mão devagar — ou melhor, apenas o dedo.

"Oh, sim, ótimo", disse Bauman, "porque *ele* está criando uma organização!"

Minutos depois, quando o evento com a neurologista chegou ao fim, Eric se viu cercado de pais. Alguns já estavam agradecendo. Outros queriam saber como ajudar.

London pediu licença, procurou um telefone público e ligou para casa a fim de contar a Karen que os dois tinham acabado de virar ativistas da pesquisa do autismo.⁶

Jon Shestack sempre levava uma fotografia do filho Dov na carteira, reservada para as ocasiões em que achava necessário um empurrãozinho emocional para obter o que queria. Por exemplo, em uma sala repleta de parlamentares relutantes em se deixar persuadir a votar a favor de mais financiamento para a pesquisa do autismo, ele pegava a foto e a erguia bem alto, como que a dizer: "Este é um dos meninos para o qual eu peço ajuda. Há meio milhão de crianças como ele".

Shestack era produtor cinematográfico. Um de seus maiores créditos seria um thriller sobre o sequestro fictício do *Air Force One*, o avião presidencial. Sua esposa, Portia Iversen, produtora de televisão, roteirista, diretora de arte e cenógrafa, já havia ganhado um Prêmio Emmy. Eles se conheceram na metade da década de 1980 e se casaram em 1992. Seu filho Dov, nascido no mesmo ano, foi diagnosticado com autismo em 1994. Naquele dia, o psicólogo do desenvolvimento que o diagnosticou deu a eles o conselho que lhe pareceu o melhor de todos: "Abracem-se e chorem, depois toquem a vida para a frente". Foi tão esquisito quanto chocante. Todas as instituições tradicionais tinham sido fechadas na década anterior. Era difícil acreditar que um profissional fosse capaz de recomendar uma solução retrocessiva como descartar o filho de dois anos e tentar esquecer a sua existência. Dov, alertou o médico, ia lhes destruir a vida se eles não o internassem logo.

O casal jamais cogitou fazê-lo. Nenhum dos dois sabia muito a respeito do autismo, mas ambos sabiam que, àquela altura, cientistas sem dúvida deviam saber muito mais sobre ele — e o que fazer a respeito — do que seu desinformado pediatra. Cultos, abastados e confiantes na sua capacidade profissional de "produzir" saídas para situações difíceis, Shestack e Iversen, juntos, resolveram encontrar aquela ciência e aqueles cientistas. Unidos, todos eles resgatariam Dov do autismo.

Era assim que os dois concebiam o autismo: como o invasor que sentiam que lhes roubara o filho. Ainda com menos de dois anos, Dov tinha olheiras profundas por falta de sono. Era incapaz de digerir a comida, e a diarreia que começara quando ele nasceu não melhorava. Dov não fazia contato visual. Olhava fixamente para as sombras no piso ou para os raios de luz que entravam pela persiana da cozinha. Tampouco falava.

Para Jon e Portia, era evidente que o filho estava doente, e seu objetivo era simples: achar cura para ele.

Começaram a investigar sem demora os tratamentos disponíveis que tivessem credibilidade, mas por instinto sentiram que a situação de Dov exigia uma abordagem mais rápida que os programas graduais e meticulosos, como o TEACCH e outro conhecido como "Floortime", desenvolvido pelo psicólogo

Stanley Greenspan, de Maryland. Esse método recomendava[7] aos pais sentarem literalmente no chão com os filhos e se deixarem guiar por eles em busca de uma interação mais imediata, receptiva e lúdica. Jon e Portia também estiveram pessoalmente com Ivar Lovaas na UCLA. Nesse encontro, perceberam mais uma vez que a abordagem oferecida durava anos e tinha resultado incerto. Isso exigia uma paciência que, na opinião deles, não condizia com a situação de Dov. Uma abordagem convencional que haviam experimentado, a fonoaudiologia, já tinha ido mal. Depois de vários meses tentando, a terapeuta desistiu, dizendo a Portia que, com o seu tempo limitado, ela se sentia obrigada a trabalhar com crianças que tivessem uma chance real de progredir.

Ouvir isso foi devastador. Mas também reforçou a convicção do casal de que estava perdendo o tempo de Dov com aquelas terapias fundadas na educação, pois era evidente que o seu autismo se entrelaçava com doenças físicas — os problemas gastrointestinais, a questão do sono, as convulsões, a hipersensibilidade à maioria dos alimentos. Jon e Portia estavam convencidos de que seu filho sofria de uma espécie de disfunção orgânica, a qual obviamente lhe envolvia o cérebro.

Mas não conseguiam encontrar um especialista com quem discutir o autismo de Dov a tal nível. Os analistas comportamentais nada tinham a oferecer nesse aspecto. Tampouco os psiquiatras e os pediatras. Embora a maioria dos experts já concordasse que as raízes do autismo eram orgânicas — isto é, biologicamente baseadas no organismo físico —, nenhum deles havia sido treinado para tratar do autismo de modo organicamente focado. Não se ensinavam esses tratamentos nas faculdades de medicina porque eles não existiam. Quer dizer, não fora do charlatanismo.

Portia começou a entender isso quando, na sua frustração, tomou a ousada decisão de mergulhar na literatura médica, muito embora sempre tivesse se dedicado às letras e às artes. Propôs-se a achar os estudos que encarassem o autismo pela transecção da química encefálica, do tecido nervoso, dos padrões de sono e do desempenho metabólico, tornou-se assinante de bancos de dados científicos e começou a frequentar a biblioteca da faculdade de medicina da UCLA. Quando descobriu — exatamente como os London o fizeram naqueles fichários de resumos — que o autismo não interessava aos pesquisadores biomédicos, ela começou a procurar estudos que, no seu entender, lançassem alguma luz sobre o autismo, ainda que seus autores não pensassem assim. Saindo da UCLA com pilhas de fotocópias, Portia entendeu que estava muito despreparada para aquele trabalho e tratou de se inscrever como ouvinte em cursos de biologia molecular e neuroanatomia. Não sabia ao certo aonde aquilo tudo a levaria, mas sabia que tipo de conhecimento procurava: qualquer um que esclarecesse o autismo de Dov como situação médica — curável mediante tratamento médico.

O problema era não haver promessa de carreira na pesquisa biomédica do autismo. Cientistas, como todo mundo, tinham necessidade de comer. Também tinham ego. Ao escolher um campo de investigação, os recém-formados decidiam, naturalmente, com um senso de curiosidade inata — talvez o mesmo que os levara à ciência, para começar. Mas havia outras considerações. Eles haviam de querer pelo menos uma sensação mínima de segurança de que seu trabalho não os levaria a um impasse. Também queriam ter boas chances de obter financiamento para o seu trabalho, idealmente durante anos a fio. A questão da pesquisa biomédica do autismo estava presa em uma inércia autorreforçadora. Os jovens pesquisadores não se interessavam pelo autismo porque não havia trabalho anterior a sugerir que a pesquisa sobre o assunto fosse promissora para a carreira. E os financiadores não demandavam mais investigação na área porque pouco se produzira que mostrasse que o investimento valia a pena.

Em Nova Jersey, Eric e Karen London entenderam o que era necessário para que a situação mudasse. Dinheiro. Ele teve oportunidade de testar essa proposição quando começou a frequentar congressos científicos. Percorria os salões enormes em que os pesquisadores do mundo todo se postavam, às centenas, junto a exposições do tamanho de um pôster de tabelas, dados e gráficos que ilustravam o resultado de suas últimas investigações. Tais desenvoltas "sessões de pôster" são uma tradição nas reuniões e conferências científicas, concebidas para estimular os cientistas a terem um pouco de conversa espontânea e um livre intercâmbio de ideias. Em um desses eventos, um encontro do mesmo grupo de neurociência do qual provinham os três fichários, Eric voltou a achar que, entre os milhares de pôsteres, nenhum mencionava o autismo. Vários, porém, exibiam trabalhos que sugeriam, ao menos para ele, a possibilidade de serem aplicáveis ao autismo. Por exemplo, quem fazia tomografia do cérebro ou pesquisa sensorial podia colher objetos de estudo na população autista.

London não se surpreendia com os olhares enviesados que lhe dirigiam quando ele falava nessas possibilidades com os pesquisadores. Alguns precisavam que ele os lembrasse o que era autismo. Nenhum via sentido em desviar seu trabalho para enfocar um transtorno obscuro que, em todo caso, pertencia à psicologia. Certos expositores ficavam visivelmente irritados quando ele insistia no assunto.

Mas isso mudou no momento em que London informou os cientistas de que tinha dinheiro no bolso e queria financiar pesquisas voltadas para o autismo. De súbito, os investigadores antes impacientes passaram a concordar que, ora essa, teoricamente não havia nada que impedisse o autismo de receber mais atenção na sua pesquisa — uma área de estudo tão interessante!

Eric não estava blefando quando disse que tinha dinheiro. Em 1994, não muito tempo antes que Margaret Bauman recorresse a ele na frente de todo mundo na sua palestra, Eric e Karen haviam lançado a Aliança Nacional para a Pesquisa do Autismo (National Alliance for Autism Research, NAAR). Sua missão, como explicava uma versão antiga de seu site na internet, era "financiar e acelerar a pesquisa biomédica"[8] do autismo. Dali por diante, os London, com a ajuda de outros pais, progrediram rápido na construção de uma organização. Tiveram a sorte de receber algumas doações consideráveis nos primeiros cinco meses de existência, da magnitude de dezenas de milhares de dólares, feitas por um reduzido número de doadores ricos. Esse sucesso inicial levou-os a acreditar que sua visão tinha uma chance de se realizar e que chegaria mais dinheiro.

Aquelas primeiras doações também pareceram justificar a estratégia que haviam adotado. Para garantir sua credibilidade como uma associação digna de receber doações, Eric e Karen fizeram questão de associar à NAAR as melhores pessoas do país; o autismo estava mais do que farto de charlatanice. Sendo ele próprio cientista, Eric era visceralmente comprometido com a boa prática científica. Ambos queriam que esse valor se refletisse nas pessoas com quem trabalhavam. Naqueles primeiros meses, mexendo os pauzinhos que podiam mexer e recorrendo a amigos de amigos, ele e Karen montaram um conselho consultivo composto de cientistas altamente credenciados e de um punhado de graduados da Ivy League. Foi mais ou menos nessa época que alugaram a caixa postal que lhes dava endereço em Princenton; queriam conferir à pesquisa do autismo "credibilidade" no establishment. Para mudar o mundo para o autismo e tornar a pesquisa sobre ele uma questão dominante, tinham a intenção de só envolver mentes científicas sérias.

No esforço para obrigar a ciência a enfocar o autismo, Jon Shestack cunhou rápido um slogan sobre o que acreditava que ele e Portia precisavam fazer por Dov: "Apressar a ciência". O uso dessa frase entrou no seu repertório ativista tanto quanto o hábito de mostrar a fotografia do filho. "Apressar a ciência" podia ter sido o nome da organização que Jon e a esposa lançaram em março de 1995 com esse objetivo em mente. Mas eles escolheram outro que expressava igualmente bem o sentimento: Cure Autism Now [Curar o Autismo Já]. A organização ficou conhecida como "CAN", que em inglês significa "poder".

A CAN começou com menos foco no público científico tradicional do que a organização dos London. Jon e Portia já acreditavam que a ciência tradicional havia abandonado seu filho. Nenhum dos dois era cientista de formação, e Jon, em especial, não tinha paciência com limites. Usava o autismo de Dov como uma ferida, para justificar uma intensidade insistente, por vezes intimidadora, quando pressionava os outros para que vissem por que o problema de Dov devia ser problema *deles*. Alguns achavam isso repulsivo, mas a inexorabilidade de Shestack fazia dele um ativista e um arrecadador de fundos extraordinariamente eficaz.

Portia era a parceira mais plácida da dupla, sua metade mais intelectual. A que tentava entender a ciência. Também foi graças a ela que, nos seus primeiros dias, a CAN começou a se distanciar da ciência do "establishment", aliando-se a um homem que, em detrimento de si próprio, começara a perder o respeito de boa parte da comunidade do autismo.

Naquela época, Bernie Rimland, o "primeiro" pai ativista do autismo, o organizador, agitador e carrasco da teoria inculpadora da mãe, estava mais apaixonado e dedicado à causa do que nunca. Ainda era amado pelos pais a quem sempre ligava de volta quando telefonavam, mas vinha se isolando cada vez mais dos círculos científicos sérios. Esse era o resultado de suas posturas com frequência dogmáticas com relação a certas teorias prediletas da causa e do tratamento do autismo — como sua insistência em que os regimes de megavitaminas[9] atenuavam os sintomas do transtorno. O fato de essas afirmações não resistirem ao escrutínio de bons estudos científicos não afetava seu compromisso com elas. Alguns cientistas começaram a cochichar, cruelmente, a palavra "maluco" ao se referir a Rimland. Na metade da década de 1990, ia longe o tempo em que os jornais o citavam como a autoridade mundial em autismo. Num mundo governado pela revisão por pares, o ex-herói do autismo se marginalizava.[10]

Mas Rimland não perdia o ânimo por causa disso. O sublevador outsider que outrora estivera certo quando todos os outros estavam errados — no tocante às "mães geladeiras" — parecia muito à vontade acreditando que isso ainda era verdade. De resto, ainda havia membros da comunidade que apreciavam os outsiders, pais como Jon Shestack e Portia Iversen. E, em 1994, eles lhe deram 25 mil dólares.[11]

Pouco antes de o casal fundar a CAN, Portia se apresentou a Rimland. Lendo seus boletins informativos científicos, havia descoberto o grande espaço que ele dava a estudos que enumeravam terapias alternativas. Quanto mais conversavam, mais ela admirava o que via como seu espírito aberto e sua empatia com uma mãe frustrada com a falta de pesquisa mais profunda dos mesmos tipos de terapias biomédicas que o intrigavam. Rimland mencionou a sua ambição de organizar um congresso que reunisse esses tipos de pesquisadores, mas lamentou não ter dinheiro para tanto. Jon resolveu esse problema[12] em três semanas com uma carta apaixonada a muitos dos amigos bem relacionados dos seus pais na sua cidade natal, a Filadélfia, e arredores.

Portia compareceu ao congresso, realizado em Dallas em janeiro de 1995. Não foi uma reunião grande: seis pais e 27 médicos e doutores. Mas ela ficou interessada pela gama de disciplinas representadas: genética, imunologia, psiquiatria, bioquímica, neurociência, farmacologia, endocrinologia, gastroenterologia e toxicologia. Também reparou nas regras básicas isentas de juízo de valor. Um bioquímico e pai do autismo chamado Jon Pangborn havia decretado que, no primeiro dia, nenhum orador seria desafiado ou questionado em seu trabalho ou hipóteses. As ideias de todos deviam aterrissar com suavidade e ter o benefício de germinar numa atmosfera em que o ceticismo estava temporariamente suspenso.

Assim, apresentou-se uma vasta gama de ideias esperançosas e promissoras. Entre elas, figuravam dietas especiais, mais acerca de suplementos e informações sobre um procedimento conhecido como quelação, no qual o indivíduo recebia doses de substâncias que removiam os metais pesados acumulados no corpo. Os presentes entendiam perfeitamente que os médicos que representavam tais técnicas, cuja eficácia e segurança não estavam de todo estabelecidas, se aventuravam fora dos cautelosos limites usuais da ciência. Mas no grupo havia um consenso de que a "emergência do autismo" justificava tais medidas. Como observou Sid Baker, outro médico participante, apenas alguns clínicos e pais "tinham estômago para uma relação risco/benefício".[13]

Portia e Jon falavam muito em trabalhar com profissionais que se sentissem bem com o pensamento alternativo, de modo que ela ficou animada por tê-los encontrado em Dallas. Voltou a Los Angeles cheia de entusiasmo.

No entanto, a falta de prosseguimento nos meses subsequentes ao congresso a decepcionou. Ainda em contato frequente com Rimland, Portia esperava que os membros do grupo de Dallas[14] começassem a mobilizar arrecadadores de fundos e a acumular um tesouro para financiar estudos formais. Afinal, todos eles queriam erigir provas mais sólidas para suas ideias a fim de aumentar sua aceitação. Mas isso não aconteceu. Com relutância, Portia concluiu que, por mais que o admirasse, devia parar de contar com Rimland para organizar o tipo de iniciativa que ela concebera.

Seu marido compartilhou com ela essa frustração. Nenhum esforço estava ajudando Dov, e essa era a prioridade. Uma noite, quando Jon estava deitado lendo o jornal, Portia se sentou no pé da cama para dobrar a roupa lavada. De repente, ele ergueu a vista e anunciou: "Nós temos de criar uma fundação própria".[15]

A Cure Autism Now foi lançada em março de 1995. No espaço de um ano, os Estados Unidos tinham ganhado duas organizações, uma em Princeton e outra em Hollywood, dedicadas exatamente à mesma coisa.

No almoço da "fusão", o desentendimento irrompeu quando Eric London opinou que o casal de Hollywood despertava falsas esperanças por chamar seu grupo de "Cure Autism Now".

Jon passou alguns instantes simplesmente olhando para ele.

Os dois casais ainda eram novatos naquilo. Tinham acabado de saber da existência um do outro. Nenhum deles havia financiado um único estudo até então. Karen, a esposa de Eric, era a mais entusiasmada com a ideia de unir forças, que podia multiplicar a influência dos dois grupos e reduzir a concorrência por financiamento. Ela e o marido já haviam proposto trabalho conjunto à Sociedade de Autismo da América, mas foram rejeitados. A SAA havia desdenhado uma tentativa semelhante de Jon e Portia. Na época, não estava interessada em financiar pesquisa biomédica.[16]

A fusão parecia ser uma possibilidade real, mas eis que Jon e Eric se puseram a discutir a questão da esperança.[17] Podiam se passar cinco anos, disse o segundo, sem que surgisse uma cura. "O que você acharia então?", quis saber.

"Eu acharei o nome ainda *mais* adequado", disparou Jon.

Eric não sabia disso, mas o argumento da "falsa esperança" era o que Jon mais ouvia. E o detestava. "Se você for um jovem pai", prosseguiu ele, "e não tiver esperança, não vai continuar casado. Não vai continuar vivendo se não tiver algo por que viver."

O fracasso não era uma opção, afirmou Shestack ao médico à sua frente. Para London, isso era absurdo; ele sabia que, na ciência, o fracasso quase sempre fazia parte do processo.

E nisso havia uma diferença importante. Em 1995, Jon e Portia queriam "apressar a ciência" a tempo de curar seu filho. Eric e Karen aceitavam o autismo de Zach como um fato, mas queriam que agora se fizesse boa ciência pelo bem das gerações futuras.

O almoço terminou depois de um pouco mais de conversa forçada. Jon e Portia já haviam deixado claro que a Cure Autism Now continuaria sendo independente. Quando os dois casais se despediram, Eric lançou uma última oferta de paz. Convidou Jon e Portia a lhe enviar um fax caso mudassem de ideia.

Esse fax nunca chegou.

37. O mágico

Ele usava trança e, nos círculos médicos, era conhecido como "o mágico".[1]

O seu primeiro ano de visitas domiciliares foi 1997, quando percorreu toda a Califórnia. Depois se aventurou pelo resto dos Estados Unidos. Só nas três primeiras semanas de janeiro de 2000, ele cobriu 4 mil quilômetros e sete estados. Como não gostava de avião, viajava de trem, depois de carro alugado, dirigindo sozinho e cercado de copos de café vazios e mapas amarrotados, uma lista de crianças no banco ao lado. Levava no porta-malas uma valise especialmente desenhada cheia de frascos de sangue.

Ed Berry era flebotomista — coletor de sangue profissional. Chamavam-no de mágico devido ao seu raro dom de trabalhar com crianças com autismo — conseguia espetar a agulha e tirar o sangue sem que elas ficassem traumatizadas. Não havia truque. Ele simplesmente trabalhava com delicadeza, sorrindo o tempo todo, e as crianças, por um motivo desconhecido, pareciam saber que podiam confiar nele.

Com idas e vindas, a turnê de venipuntura de Berry durou sete anos. Ele entrava nos bairros nobres de Nova York e Chicago e nas estradas suburbanas da Virgínia e do Texas. Passava grande parte do tempo nas áreas rurais dos Estados Unidos. Certa vez, tendo Port Huron no espelho retrovisor, viajou horas por estradas de terra até uma casinha solitária do sertão do Michigan, na qual moravam trigêmeos com autismo. O esforço pelo menos lhe valeu três conjuntos de frascos cheios.

Fazia mais de vinte anos que, em Washington, aqueles pais fizeram a tentativa apressada, quase ingênua, de sondar os aspectos orgânicos do autismo em apenas cinco dias — alugando uma perua que circulava veloz entre o hotel e a clínica para submeter os filhos a uma bateria de testes em apenas 45 minutos.

Sem dúvida, não deixava de ser igualmente inusitada a ideia de um flebotomista dos anos 2000 alugar um carro e atravessar todo o país para visitar casas em que morava mais de uma criança com autismo. O plano era criar uma grande biblioteca de material genético, coisa inexistente até então. Aquele "intercâmbio de recursos genéticos do autismo" seria usado como chamariz para levar os cientistas a começarem a investigar o distúrbio como uma história contada no DNA humano.

Heterodoxo, improvável e cheio de obstáculos potenciais, o plano tinha sido maquinado por dois pais do autismo, o casal de Hollywood que acreditava que tentar algo assim — contratar Ed Berry para que pusesse o pé na estrada — os ajudaria a "apressar a ciência".

Só foi em julho de 1996 que Eric e Karen London despacharam o primeiro conjunto de solicitações de propostas (SDPS)[2] a diversas instituições de pesquisa dos Estados Unidos. Eram convites formais a cientistas de pesquisa para incentivá-los a solicitar financiamento da NAAR mediante atraentes propostas de investigação. Estabeleceu-se o dia 15 de outubro como prazo final para as respostas.

Nos dois anos que se seguiram à fundação da NAAR, os London continuaram a congregar um conselho consultivo de primeiríssimo time e começaram a montar um conselho honorário de celebridades encarregado de proporcionar endossos e glamour, como o jogador de futebol americano Dan Marino e o trompetista de jazz Wynton Marsalis. Também organizaram ciclos contínuos de conferências e grupos de apoio ao autismo, explicando o objetivo da NAAR e fazendo os primeiros pedidos de doações.

De início, chegaram alguns cheques modestos. Mas, em dezembro de 1995, quando a divisão de Manhattan da Sociedade de Autismo da América decidiu selecionar a NAAR para o seu apelo de Natal, o dinheiro passou a chegar em grande quantidade, a começar pelos 13 mil dólares arrecadados quando Marsalis fez um pequeno concerto beneficente pela causa. Depois entraram duas doações separadas de 30 mil. No fim de 1996, uma única contribuição anônima de meio milhão de dólares transformou a NAAR em uma força motriz científica. Os London puderam alugar um escritório real em Princeton, em vez de só uma caixa postal, e contratar os primeiros membros do seu staff. Mais importante: tiveram condições de começar a doar dinheiro aos pesquisadores.

Agora lhes cabia simplesmente esperar para ver que tipo de reações chegariam à nova sede. As SDPs tinham sido enviadas a dezenas de centros de pesquisa biomédica dos Estados Unidos e do resto do mundo. Mas isso não garantia que todos tivessem ideias de pesquisa do autismo dignas de patrocínio. Seria uma decepção se chegassem muitas propostas ruins, mas seria uma vergonha se não chegasse nenhuma. E a apenas algumas semanas da data-limite de 15 de outubro, era justamente essa a quantidade até então chegada a Princeton: nenhuma.

As conexões de Hollywood seriam importantíssimas para a Cure Autism Now, em especial durante os seus primeiros dias, quando a organização estava com pressa de estabelecer sua conta bancária. No fim de 1995, Jon Shestack começou a telefonar para os amigos da indústria cinematográfica solicitando contribuições em dinheiro e encontrou muita gente disposta a preencher cheques generosos. Um deles — o ator Anthony Edwards — foi mais além. Havia trabalhado com Jon no filme *A vingança dos nerds*, de 1984, e vinha de ter seu grande sucesso na televisão representando o médico de pronto-socorro no popular seriado de televisão *Plantão médico*. Por fazer o papel de um médico confiável, Edwards era muito procurado por instituições de caridade para que endossasse sua causa. Como Shestack era seu amigo, ele aderiu à Cure Autism Now.

Embora não fosse um pai do autismo, Edwards deu à CAN o que Dan Marino e Wynton Marsalis deram à NAAR: um fator de brilho combinado com verdadeira convicção. Empenhou-se muito em manter a continuidade das contribuições do show business, apresentando eventos de arrecadação de fundos e falando sobre o autismo à imprensa de Hollywood. Ele transmitia a mensagem com perfeição — a mensagem da impaciência. "O objetivo é largar tudo e curar o autismo",[3] disse certa vez ao *USA Today*. "Não em uma semana ou em um mês, não quando os cientistas decidirem, mas JÁ!"

Quando começaram a chover doações privadas — a partir de um evento inaugural de arrecadação que angariou 75 mil dólares[4] —, Jon Shestack também se empenhou em tornar os recursos fiscais mais disponíveis para a pesquisa do autismo. Foi nesses dias que descobriu o seu talento para fazer lobby político. Valendo-se do seu dom de contar histórias, transformou a energia e o foco necessários em um meio de canalizar e exprimir sua frustração com o fato de seu filho Dov continuar sendo um menino necessitado de cura. Governadores e parlamentares ficaram conhecendo a paixão única de Jon. Cedo ou tarde, todos davam com a fotografia de Dov erguida diante de seus olhos. Jon tornava tão difícil dizer-lhe não que, anos depois, quando o Congresso aprovou uma lei autorizando quase 1 bilhão de dólares em cinco anos para a pesquisa do autismo — a emblemática Lei de Combate ao Autismo, de 2006 —, uma grande parte do crédito coube a Jon Shestack.[5]

Muito antes, Anthony Edwards prestara ajuda de outra maneira — transformando Jon no persuasor político que veio a ser. Certa vez, quando o senador Bill Frist se opunha a um projeto de lei de financiamento que Jon queria que fosse aprovado, Edwards interveio. Convidou Frist, que por acaso se achava em Los Angeles, a visitar o cenário de *Plantão médico*. O senador, que tinha sido cirurgião antes de entrar na política, era um grande fã da série. Quando entrou na "sala dos residentes" ficcional, viu-se transportado para o seu tempo de residente, no qual as cadeiras eram tão surradas e rachadas quanto as escolhidas pela cenografia para o set do seriado. Edwards viu que o senador estava gostando. Assim "amaciado", Frist foi apresentado a Jon, que também estava no cenário e trazia Dov consigo. Todos posaram para fotografias, e Jon fez seu discurso para obter o apoio do político ao projeto de lei. Pois este foi mais além e ingressou no grupo de senadores que lideravam da luta pela aprovação.

Não obstante, tais negociações, do mesmo modo que a arrecadação de fundos, exigiam basicamente que Jon e Portia, e por extensão a CAN, fossem levados a sério — presunção essa que não se podia dar por líquida e certa. Na verdade, parecia claramente implausível a proposição de que, por conta da sua paixão, os pais do autismo eram capazes de fazer com que um campo de pesquisa surgisse do nada. E a ideia de que esses pais tomariam importantes decisões sobre os estudos científicos a serem financiados com o dinheiro disponível — mesmo que eles próprios o tivessem arrecadado — era facilmente descartável como quimera de amadores. Nos primeiros tempos, a maior ameaça à missão da CAN era simplesmente que a desconsiderassem. Com efeito, algumas das primeiras medidas tomadas pela organização quase garantiram esse resultado.

Portia continuava se esforçando para dominar a dimensão científica da operação do casal. Além de ler e tentar entender os livros e artigos que estudava, era a encarregada da maior parte da tarefa de criar a forma organizacional da CAN e preencher suas fileiras. Tal como Eric e Karen London, partiu da ideia de montar um conselho consultivo científico, por isso se voltou para pessoas como as que tinha conhecido em Dallas, cientistas que a impressionaram com sua disposição para transgredir as regras e correr riscos com terapias antes mesmo que a ciência as dominasse plenamente. O compromisso da CAN com as terapias alternativas contava com a simpatia dos pais frustrados com as práticas prevalecentes, se bem que, aos olhos de alguns, também fazia com que ela parecesse muito próxima da periferia médica.

De início, Portia e Jon estabeleceram uma diretriz clara, inegociável, mas altamente inconvencional para qualquer ciência que a CAN patrocinasse: precisava ser aprovada por não cientistas. No tocante ao financiamento, a organização criou um segundo conselho consultivo quase todo composto de pais, que tinha a última palavra quanto à pesquisa que ela custearia ou não. Tratava-se de uma tentativa de garantir que toda investigação financiada pela CAN tivesse "relevância direta para o autismo", tal como o vivenciavam as pessoas que com ele conviviam. Por exemplo, um estudo sobre o sono talvez não ocorresse a um jovem pesquisador de laboratório que nunca havia passado uma noite na casa de uma criança com o distúrbio, mas praticamente qualquer pai ou mãe do autismo podia mostrar o vínculo íntimo entre autismo e distúrbios do sono. A CAN queria que a ciência reagisse às experiências diretas das famílias e aos seus insights sobre o autismo. Era norma sua que todo projeto tivesse alta probabilidade de fazer "descobertas clínicas concretas capazes de ter impacto direto sobre a vida das famílias".[6] Mas tal grau de controle parental sobre a tomada de decisão científica — que a NAAR não replicava — também afugentava muitos cientistas estabelecidos.

Em 1995, Portia empreendeu um giro de recrutamento, viajando a cidades de todo o país a fim de fazer apelos em pessoa, sobretudo a cientistas mais jovens, não só para persuadi-los a ver que o autismo era uma janela fascinante e promissora para sua especialidade — fosse genética, biologia molecular, neurociência ou qualquer outra — como também para averiguar se eles se dispunham a jogar de acordo com as regras da CAN.

Nessa época, Portia foi apresentada a um professor assistente de neurologia da UCLA chamado Daniel Geschwind. Por cortesia a um colega do corpo docente que tinha dois filhos autistas, ele concordou em ter com ela uma conversa de duas horas na sala de reuniões do seu laboratório. Três horas e meia depois, a conversa prosseguia, e Geschwind estava prestes a tomar a decisão mais importante da sua carreira. Ouvindo Portia — aquela diretora de arte de Hollywood que, de algum modo, aprendera a falar a "língua" da pesquisa —, sentiu-se arrastado. Ela lhe oferecia a oportunidade única na vida — ainda que fosse uma aposta — de ser um dos primeiros participantes de um vasto empreendimento científico. Naquele dia, quando os dois se despediram, o conselho consultivo científico da Cure Autism Now já tinha diretor.

Esse foi um momento decisivo para a CAN. Geschwind era o líder perfeito para uma organização que esperava deixar para trás a sua adolescência. Embora aceitasse as normas da Cure Autism Now relativas à influência parental sobre o financiamento, ele acreditava que a organização precisava se distanciar da "turma" da terapia alternativa. No decorrer de vários meses, a composição do seu conselho consultivo científico[7] passou por uma transformação, perdendo diversos membros cujos pontos de vista eram menos ortodoxos e acolhendo cientistas com pedigree mais próximo do grupo que a NAAR havia reunido, muitos dos quais ainda eram juniores o suficiente para aceitar a aposta que Geschwind aceitara.

Enquanto isso, no Leste, a sala de estar dos London em Nova Jersey começou a se encher de caixas durante a semana anterior a 15 de outubro. Cientistas de todo o país enviavam propostas em resposta às cartas de SDP da NAAR. Cada caixa representava uma proposta, duplicada vinte vezes para ser distribuída entre os membros do conselho consultor científico da organização.

Quando o dia 15 de outubro enfim chegou, 27 caixas empilhadas aguardavam ser abertas. Karen, que era judia, acordou afinal entendendo o que uma criança cristã sentia na manhã de Natal. Ela e Eric se instalaram na sala de estar, abriram as caixas e mergulharam no seu conteúdo. Ficaram encantados ao ver que as propostas que liam com atenção eram tão boas quanto os lugares de que haviam chegado eram respeitáveis. Provinham de pesquisadores da Universidade Duke, da Escola de Medicina da Universidade Johns Hopkins, da Universidade da Califórnia em Irvine e de quinze outras importantes universidades. Já não se tratava de uma quimera. Cada proposta corroborava aquilo que eles defendiam havia dois anos: que uma organização dirigida por pais podia moldar e guiar uma investigação científica séria do autismo. Algumas semanas depois, o conselho consultivo científico criado pelos London se reuniu em um hotel próximo de Harvard para escolher as propostas a serem financiadas entre as 27 candidatas.

Àquela altura, a NAAR havia arrecadado quase 850 mil dólares,[8] e a meta era desembolsar 150 mil na primeira rodada de financiamento. O conselho dividiu essa quantia igualmente entre cinco vencedores. Seus estudos iam desde o uso da neuroimagiologia do cérebro para explorar o impacto de altas quantidades de substância branca detectadas em crianças com autismo, passando pela medição das ondas cerebrais de crianças com autismo quando elas tentavam falar, até o uso de alguns métodos novos de detecção molecular para explorar o possível papel de determinado vírus na origem de comportamentos autistas.

Todo o trabalho produzido a partir dessa primeira rodada de financiamento incrementou de maneira essencial o entendimento científico do autismo e gerou resultados publicáveis. Em um ano, dois beneficiários da primeira subvenção da NAAR chamaram a atenção de financiadores federais, que lhes ofereceram um total de 3,6 milhões de dólares para que dessem prosseguimento às investigações lançadas pelo dinheiro da organização. Foi a realização do cenário ideal dos London. O "capital semente" que havia contribuído para tornar o autismo atraente para os pesquisadores despertara o interesse de outros patrocinadores, que também estavam se apresentando. Parecia ser o começo de um círculo virtuoso.

No fim da primavera de 1996, Jon Shestack viajou à Costa Leste, a Washington, a fim de fazer lobby no Congresso pelo aumento dos gastos com pesquisa biomédica. Também foi aos INS comunicar aos cientistas uma das maiores ideias da CAN para "apressar a ciência". Os dados do conceito eram tão ousados e radicais que ele esperava certa agitação na plateia de geneticistas a quem se dirigiu. Mas, quando acabou de falar naquele dia, o silêncio glacial no recinto lhe disse outra coisa. Ao olhar para a cara dos cientistas, o pai do autismo de Hollywood levou a mão à carteira. Estava na hora de tornar a mostrar o retrato de Dov.

A Cure Autism Now estava pronta para começar a gastar dinheiro, e a pesquisa genética subira ao topo da sua lista de prioridades. Uma vez mais, a influência de Dan Geschwind se fez sentir. Durante meses, ele havia educado os fundadores da CAN tanto na promessa quanto nos desafios de investigar os fundamentos genéticos do autismo. Disse-lhes que a complexidade do distúrbio apontava para o envolvimento de um grande número de genes e de um número ainda maior de combinações de genes. Cada uma dessas combinações, interagindo com fatores ambientais ainda por serem detectados, podia representar um caminho diferente para ter autismo. Em outras palavras, era possível que houvesse muitos tipos de autismo com uma ampla gama de causas. Enveredar por cada caminho seguindo pegadas genéticas era vital para classificar essas complexidades e conceber intervenções.

Geschwind disse ainda que, quando os fundadores da CAN começassem a gastar dinheiro em pesquisa, o alvo principal devia ser a pesquisa genética, mas também explicou que as respostas não viriam do estudo do DNA de um ou dois indivíduos com o transtorno. As diferenças sutis e múltiplas entre as pessoas com autismo exigiam que os investigadores tivessem acesso ao DNA de, no mínimo, centenas de indivíduos. Além disso, para derivar as informações genéticas mais significativas, o DNA de irmãos oferecia a melhor oportunidade para descobertas.

Mas havia um grande obstáculo: não existia em lugar algum um laboratório com aquela quantidade de material genético de irmãos autistas nos refrigeradores de armazenamento. Devido ao tempo e ao dinheiro que custavam encontrar e analisar o DNA de um único par de irmãos doadores, a maior parte dos pesquisadores só contava com um punhado de espécimes. Ademais, todos eles guardavam com todo o zelo o pouco que tinham. Afinal, a ciência era competitiva. A glória e a recompensa financeira resultante provinham do fato de ser o "primeiro e único" a fazer descobertas importantes. Em consequência disso, os pesquisadores genéticos relutavam em compartilhar entre si seus espécimes de DNA, muito embora juntar recursos levasse mais rápido a descobertas mais significativas.

Mas eis que Portia apresentou uma ideia arrojada: a CAN que criasse uma coleção própria de DNA. Ela a faria crescer e a colocaria à disposição da comunidade científica em geral. Para tanto, lançaria mão de uma de suas forças exclusivas enquanto organização: a conexão íntima com as famílias. Em suma, Portia queria recorrer à rede de pais da CAN para que tomassem a iniciativa de oferecer os filhos como doadores. A organização se encarregaria do recrutamento, da coleta e do armazenamento do DNA, depois o colocaria à disposição dos cientistas comprometidos com a pesquisa do autismo. Seria uma "cortesia" maciça para os laboratórios de genética do mundo, pois a CAN pagaria tudo.

Como Shestack sempre contava depois, os geneticistas dos INS não gostaram da ideia quando ele a apresentou. Talvez achassem que aquilo perturbaria em excesso o status quo, além de contrariar o etos competitivo prevalente entre os cientistas. Isso podia muito bem ser verdade, mas também havia motivos científicos sensatos para pensar que um programa de coleta de DNA dirigido por pais fosse um desastre. Colher material genético não era coisa para amadores, mas o plano da CAN requeria que as famílias levassem os filhos a um médico ou clínico local para colher o sangue, pusessem a amostra em um pacote e a enviassem à organização, que então daria um jeito de armazená-la. Como se não bastasse, a CAN não tinha nenhum meio confiável de determinar se aquelas crianças mereciam mesmo o diagnóstico de autismo nem de saber que combinações específicas de características autistas cada uma delas apresentava. Se fosse presumível que padrões genéticos diferentes levavam a "autismos diferentes", esse tipo de informação era crucial. Enfim, tudo indicava que o plano da CAN produziria lixo científico.

E, assim, a CAN retificou seu plano; Jon e Portia contrataram o "mágico" Ed Berry. Agora a organização mandaria um expert colher sangue da maneira certa: segura, consistente e profissional. Eles haviam conhecido Berry quando, em seu prolongado esforço para agendar os tratamentos médicos de Dov, fora preciso colher sangue do menino, e foram informados de que ele era a pessoa indicada.

Levar Berry para a CAN foi apenas uma das medidas tomadas por Jon e Portia, sob a orientação de Geschwind, para profissionalizar seu conceito. Ele instruiu o casal sobre a necessidade absoluta da máxima coerência nos procedimentos usados para colher cada amostra e na maneira de documentar as características autistas de cada indivíduo doador. Também explicou que os pesquisadores iam querer a história detalhada não só das duas ou mais crianças de uma família com autismo como também dos membros dessa família, que compartilhavam a maior parte do mesmo DNA. Os fundadores da CAN se resignaram a gastar muito mais dinheiro do que pretendiam de início.

Também contrataram a dra. Catherine Lord,[9] que chegou com um dos currículos mais esplêndidos do autismo. Diplomada em psicologia pela UCLA e por Harvard, tinha feito residência clínica com o famoso programa TEACCH na Universidade da Carolina do Norte e ficara famosa por ter ajudado a desenvolver uma nova ferramenta de identificação do autismo em crianças. O Autism Diagnostic Instrument (ADI) era um questionário especializado, dirigido aos pais, para extrair reconhecimento de comportamentos em uma criança que, embora raros, fossem indicativos de autismo. O ADI era reconhecido pelo poder de gerar resultados confiáveis e coerentes, independentemente das inclinações do testador, desde que este fosse bem treinado no seu uso.[10] Com a CAN custeando a despesa, Lord começou a dirigir workshops para transformar muitos estudantes inteligentes e interessados em "avaliadores" certificados de ADI.

Em 1997, justo quando seus homólogos de Nova Jersey estavam entregando as primeiras cinco subvenções da NAAR, Jon e Portia afinal lançaram o projeto completo de DNA, sob o acrônimo AGRE — Autism Genetic Research Exchange [Intercâmbio de Pesquisa Genética do Autismo]. Muitas famílias logo se inscreveram, a imaginação empolgada com a possibilidade de quebrar o código genético do autismo. Cada qual recebia a visita domiciliar de um dos novos avaliadores de ADI, que passava horas entrevistando a família. O resultado, juntamente com as fitas de áudio e de vídeo gravadas durante a visita, voltava a Los Angeles para análise. Quando um diagnóstico de autismo era confirmado, Ed Berry entrava em cena, chegando depois de uma longa viagem de trem e de carro para, à sua maneira delicada, colher sangue da família toda. A seguir, ele remetia as amostras físicas de sangue, embaladas contra danos, ao Depósito de Células da Universidade Rutgers para preservação perpétua. Lá chegando, cada amostra era submetida a rastreamento genômico, assim como a um processo de "imortalização", no qual cópias das células componentes do sangue eram manufaturadas e multiplicadas para criar uma reserva indefinida idêntica aos originais.

Não era um processo que avançasse com rapidez. As primeiras 150 famílias tardaram três anos a passar por ele, e a essa altura outras 250 estavam na fila. Com o tempo, o custo do programa chegou a exceder 1 milhão de dólares anuais. Mas então ele recebeu um apoio significativo na forma de uma subvenção multimilionária dos INS, que foi um grande estímulo para a Cure Autism Now. Fazer com que dinheiro de fora fosse canalizado para o autismo sempre tinha sido um dos objetivos da organização, e obter aquele nível de compromisso financeiro também provou que ela estava à altura do desafio do controle de qualidade.

Por certo, a comunidade científica estava convencida. Quando a coleção pouco a pouco aumentou, superando as 540 amostras colhidas na edição de 2005 de sua publicação on-line, *ADVANCES*, pesquisadores do mundo todo começaram a se servir com regularidade dos recursos da biblioteca e a publicar artigos, dando crédito ao trabalho da CAN na genética do autismo. Àquela altura, pelo menos 63 autores haviam citado o banco de dados em suas publicações.[11]

Sem dúvida, essas séries iniciais de investigação mais profunda dos genomas de indivíduos diagnosticados não fizeram senão confirmar que o "código" que todos queriam quebrar seria bem mais complexo que o previsto. Porém, mesmo esse reconhecimento representou um avanço significativo.

Na Costa Leste, como Karen e Eric London esperavam, a obtenção de resultados científicos reais a partir da primeira série de estudos financiados pela NAAR facilitou a arrecadação de fundos para a seguinte. Com mais dinheiro, produziu-se ainda mais pesquisa de qualidade. O círculo virtuoso prosseguiu. Em 1998, o segundo ano de seu programa de subvenção, a NAAR respaldou dez estudos na quantia de meio milhão de dólares. Em 1999, quando chegaram propostas de lugares distantes como a Itália e a Rússia, dezesseis beneficiários receberam 800 mil dólares em subvenções e bolsas de estudos. Estas satisfaziam uma ambição específica dos London. Concedidas em blocos de 100 mil dólares divididos em dois anos, estavam à disposição de jovens pesquisadores e médicos comprometidos em fazer da dimensão biomédica do autismo o foco exclusivo de sua carreira em desenvolvimento. Não houve escassez de solicitantes. Graças aos London, nasceu um novo tipo de carreira profissional quando o novo milênio se iniciou.

Então os London também começaram a construir uma biblioteca de material biológico. No caso da NAAR, a meta era criar um banco de tecido cerebral que possibilitasse a pesquisa anatômica. Na maioria dos casos, as crianças com autismo morrem de maneira inesperada — sobretudo por afogamento ou convulsões.[12] A NAAR criou protocolos para fazer abordagens sensíveis mas oportunas das famílias enlutadas, sugerindo a doação de órgãos para o bem de futuras gerações de crianças.[13] Com o tempo, a notícia da existência de um banco de tecido se propagou na comunidade do autismo dos Estados Unidos e as doações aumentaram. Fisicamente armazenado no Centro de Recursos de Tecido Cerebral Harvard, o banco de cérebros do autismo logo chamou a atenção de pesquisadores, lançando muitos estudos que sem ele talvez nunca fossem feitos.

Sem dúvida, as diferenças de estilo, assim como nuances em filosofia, continuariam a distinguir a CAN da NAAR. Mas, na realidade, com o passar do tempo, "Hollywood" e "Princeton" cooperaram mais do que competiram. Os dois grupos passaram a coordenar seus calendários de modo a não solicitar propostas de pesquisa da comunidade científica ao mesmo tempo. Um se referia ao outro de modo favorável nos respectivos boletins informativos e recomendava-lhe futuros pesquisadores quando achava mais adequado. Cada qual evitava escrupulosamente criticar em público as escolhas científicas do outro.

A essa altura, a comunidade do autismo se acostumara à ideia da existência de duas organizações à testa da pesquisa biomédica, operando mudanças profundas e duradouras nas maneiras como o autismo era investigado, percebido e financiado para fins de pesquisa. Trabalhando com objetivos praticamente idênticos, os dois grupos inspiraram cientistas de ramos de investigação díspares e rarefeitos a abraçarem o mistério do autismo como digno do seu tempo, da sua energia e das suas grandes ideias.

Em 2001, a NAAR e a CAN patrocinaram juntas o primeiro Encontro Internacional para a Pesquisa do Autismo [International Meeting for Autism Research, Imfar] como um complemento do congresso daquele ano da Sociedade de Neurociência. Ele foi um sinal do grande sucesso dos dois grupos na legitimação da pesquisa do autismo, tanto que cerca de duzentos cientistas dos Estados Unidos e do Canadá, que foram ao congresso principal, de neurociência, também reservaram tempo para o encontro de autismo. Tratava-se do mesmo pool de pesquisadores que Eric London visitara apenas alguns anos antes, procurando em vão nos seus pôsteres um sinal de interesse pelo autismo e topando com irritação quando tentava despertá-lo. Agora eles estavam interessados.

Esses primeiros duzentos cientistas foram apenas o começo. Nos anos subsequentes, quando o Imfar passou a ser um evento independente, o comparecimento de pesquisadores dobrou, para logo voltar a dobrar, e os cientistas viajavam dos seis continentes para participar. Até a imprensa começou a mandar representantes em busca de reportagens entre as centenas e centenas de papers, pôsteres e apresentações que agora os cientistas estavam ávidos por publicar.

O início de tudo isso — a criação de uma atenção científica nova ao autismo, a obtenção do dinheiro para avançar nessa direção, o recrutamento de pesquisadores jovens para fazer da compreensão do autismo o foco da sua carreira — sempre seria creditado aos fundadores da CAN e da NAAR. Eles alargaram os limites — que sempre haviam existido e sempre existiriam, até onde o que era conhecido como certo a respeito do autismo colidia com o seu persistente mistério. Confundiram para sempre aqueles limites — até o ponto em que os experts não podiam decidir com certeza onde procurar os próprios contornos do autismo, e de tal modo que os pais continuariam sonhando transpor de um salto as fronteiras do mistério, como alguns certa vez pensaram que podiam fazer com dedos em um teclado. Mas esses quatro pais preferiram o trabalho árduo da ciência. Em grande parte por causa do que eles haviam iniciado na década de 1990, os limites do conhecimento continuariam avançando ao passo que o mistério cedia, pouco a pouco, mas ano a ano, nas incursões realizadas pela boa ciência.

Mas, durante aqueles mesmos anos, e inclusive em data recuada como a do primeiro encontro Imfar organizado pelos pais em 2001, outra força esteve em ação para dirigir ao tema autismo um foco mais luminoso do que nunca. Já não eram apenas cientistas prestando atenção no distúrbio. Pela primeira vez, um público muito maior começou a aprender o que era autismo, mas de um modo que deslocou sua reação, com uma rapidez notável, da curiosidade para o medo.

PARTE VIII

COMO O AUTISMO FICOU FAMOSO

(DÉCADAS DE 1980-90)

38. Pondo o autismo no mapa

Todos olharam quando Temple Grandin entrou no restaurante. Era uma mulher espigada, de rosto comprido e voz quase sempre mais alta que o necessário. Naquele dia, ela não precisou dizer nada para chamar a atenção dos presentes — sua indumentária se encarregou disso: camisa vistosamente bordada ao estilo rodeio, cinturão de caubói com uma enorme fivela de metal em forma de escudo e, no pescoço, um lenço vermelho digno de qualquer faroeste.

Para Emily Gerson Saines, que estava observando Grandin avançar com passos decididos para a mesa, foi como ter uma visão. Àquela época, em 2001, fazia oito anos que ela era ativista do autismo, tempo suficiente para saber o que todos no mundo fechado do autismo sabiam: que Grandin era, se não um milagre, a maior celebridade que aquele mundo conhecia.[1]

Mesmo dedicada ao ativismo pelo autismo, Gerson Saines continuava na atividade de empresária de estrelas do cinema e agora tinha um projeto em mente que uniria aqueles dois mundos. Queria produzir um filme sobre o autismo e queria baseá-lo em um livro escrito por Grandin anos antes intitulado *Thinking in Pictures* [Pensar com imagens].

O livro de Grandin tinha um significado especial para Gerson Saines. Quando foi publicado, ela acabara de ingressar na família do autismo. Na época, estava desesperadíssima com o diagnóstico do filho Dashiell. Naqueles primeiros meses depois de receber a notícia, teve brevemente um exemplar nas mãos, enviado por sua mãe. No entanto, chocada com o diagnóstico e quase imobilizada pela depressão, deixou-o de lado.

No seu escritório de Manhattan, onde era uma competente executiva da mídia, Gerson Saines sempre tinha uma expressão impassível. Mas em casa, na cidadezinha suburbana de Larchmont, Nova York, em geral se sentia como se estivesse desmoronando. Dashiell era um "fujão" clássico — comportamento capaz de pôr de joelhos até o pai ou a mãe mais forte e resistente. Quando tinha oportunidade, ele saía correndo e ia para a rua, e a única maneira de evitar isso, fora trancar todas as portas, era mantê-lo sob vigilância constante.

Havia outros problemas. Dashiell não falava. Quase não dormia. Não gostava de comer. E, em um dia particularmente ruim de 1996, fez uma lambança terrível com as próprias fezes, lambuzando com elas as paredes e o piso do banheiro. Ao ver tal coisa, Gerson Saines se ajoelhou para limpar tudo, usando uma escova de dentes para chegar aos rejuntes, tirar as manchas marrons e o mau cheiro. *Que merda, tudo é merda, eu estou coberta de merda, a minha vida é uma merda*, pensou ela naquele momento, e começou a chorar. Esse era o lado da sua existência que ninguém no escritório podia ver.

Recompondo-se, Gerson Saines terminou a limpeza, jogou fora a escova e subiu para tomar banho. No caminho, pôs Dashiell diante do televisor — um vídeo qualquer que o distraísse nos dois minutos que ela levaria para entrar e sair do chuveiro.

Foi no segundo minuto que ouviu os carros buzinando na rua. Não, não tão depressa — não pode ser ele, pensou. Deixando um rastro de água, correu até uma janela do primeiro andar e olhou para baixo. *Era ele*. Dashiell tinha fugido e estava lá fora, no meio da rua, dançando no asfalto enquanto os veículos em ambas as direções freavam a centímetros dele.

Gerson Saines correu até o armário para se vestir e salvar o filho. Quando fez menção de pegar a blusa mais à mão, um fedor horrendo lhe feriu as narinas. Vinha da blusa, percebeu logo. Vinha *de tudo que estava no armário*. De algum modo, Dashiell também estivera ali, com as fezes, e as havia esfregado praticamente em todas as roupas dela.

No mesmo instante, Gerson Saines aceitou a única opção disponível. Com as buzinas ainda tocando na rua e a gritaria já a todo vapor, arrancou a blusa do cabide e a vestiu, a seguir pôs uma calça suja tirada de outro cabide. Segundos depois, saiu à rua correndo, mechas de cabelo molhado grudadas na testa e nos ombros, a roupa coberta de manchas marrons. Murmurando pedidos de desculpas que vinham de um lugar ainda notavelmente coerente dentro dela, pegou a mão de Dashiell, levou-o de volta para casa e fechou a porta da rua, deixando lá fora tudo quanto fosse perigoso, lá fora onde as outras pessoas podiam viver normalmente.

Quando ouviu os carros se afastarem, restaurando a suave quietude suburbana, Gerson Saines se encostou na porta, soltou a mão de Dashiell e estudou a situação. Agora sabia. De todos os pontos baixos que havia suportado até então, esse tinha sido o pior.

Mas também foi nesse momento, com as costas na porta, que Gerson Saines decidiu: as coisas vão mudar por aqui. A primeira coisa que fez foi achar roupa limpa. Depois chamou um chaveiro, que logo instalou fechaduras novas na parte interna de todas as portas da casa.

Com o tempo, Dashiell viria a ser um belo jovem que, depois de muito trabalho, adquiriu aptidões suficientes para lidar muito melhor com o mundo à sua volta. Até ajudou a arrecadar fundos participando de caminhadas do autismo. Mas isso aconteceu muito mais tarde. Primeiro, Temple Grandin entrou na vida da sua mãe — não muito depois daquele dia desalentador — quando esta por fim pegou o livro dela. Ficou de imediato envolvida com a mensagem que transmitia: que o autismo não era um fim nem era uma prisão. Grandin e sua história serviram como uma espécie de corda salva-vidas. O livro a tirou da inércia e a lançou no ativismo.[2] Na verdade, Gerson Saines é cofundadora de uma das novas organizações do autismo mais enérgicas dos anos 1990, a Coalizão do Autismo para Pesquisa e Educação.

Agora, lá estava ela, mais de cinco anos depois, lançando Grandin em um filme sobre a sua vida. Gerson Saines sabia que ela seria uma grande personagem cinematográfica em todos os sentidos, sua luta e seu triunfo, para não falar na roupa de caubói com que fora almoçar naquele dia. Era uma figura autenticamente inspiradora. E, pela leitura de *Thinking in Pictures*, Gerson Saines também sabia que havia mais de trinta anos que ela se vestia assim todos os dias. Fazia parte da lenda, fazia parte da sua celebridade.

A partir de 2001, a ideia de que o autismo contava com uma "celebridade" tinha sentido na família do autismo, mas, fora dela, Grandin não era famosa. Na linguagem empregada pelos ativistas, a "consciência" do autismo era insuficiente e o público em geral continuava ignorando os desafios específicos enfrentados pelas pessoas com autismo e suas famílias.

Na verdade, essa era parte do motivo pelo qual Gerson Saines queria levar a história de Grandin a Hollywood. Esperava inspirar a comunidade do autismo, mas também queria explicar o transtorno a um público mais amplo que não prestava atenção no autismo. Como entendia que a maioria das pessoas tinha muito menos incentivo para pensar ou sentir muita coisa pelo assunto, fosse como fosse, ela resolveu dar-lhe uma boa história para que tivesse por que se importar. A vida de Temple Grandin não era uma boa história; era uma história magnífica. Além disso, Gerson Saines só queria fazer um bom filme. Um bom filme sobre o autismo.

Em 1969, no seu último longa-metragem intitulado *Ele e as três noviças*, Elvis Presley representou um médico que se apaixona por uma freira quando ambos estão trabalhando com crianças desamparadas. Na ocasião em que uma menina chamada Amanda, abandonada pela mãe, chega à clínica recusando-se a falar, é a freira, representada por Mary Tyler Moore, que diz: "Acho que ela é autista".[3] Na mesma hora, Presley confirma o diagnóstico e procede imediatamente à cura. Explicando a Moore que está prestes a eliminar a "frustração autista" da garota, envolve-a nos braços. Estava implícito que a frustração da pequena era consequência de ter sido privada do amor materno. Agora Presley administra o antídoto. Abraçando com mais força a menininha abandonada, começa a dizer com sua famosa voz de Elvis: "Você precisa aprender a amar as pessoas". E então repete com suavidade as palavras que precisam ser ditas: "Eu te amo, Amanda. Eu te amo. Te amo".

Amanda luta para se livrar do abraço de Presley, mas, de repente, para e recupera a voz. Diz a palavra "louco". Depois diz "amor". E, com isso, fica curada.

Era assim que os filmes costumavam tratar o autismo no século XX, nas raras vezes em que o tratavam: o autismo era um problema solucionável só com amor. Essa era a mensagem fundamental de *Meu filho, meu mundo*, de 1979, cujo subtítulo era *Um milagre do amor*.[4] Suzy e Barry Kaufman afirmavam ter resgatado o filho do autismo — que eles atribuíam à falta de vínculo afetivo parental — cumulando-o de atenção, respeitando seus impulsos e imitando seus comportamentos.

De volta à categoria puramente ficcional, *O enigma das cartas*, de 1993, retratava uma menina que, em reação à morte do pai, se torna silenciosa e fria a qualquer interação humana. Ao mesmo tempo, desenvolve a habilidade de construir sofisticadas torres de cartas de baralho e de se equilibrar em lugares altos. O psicólogo Tommy Lee Jones diagnostica autismo, mas a mãe, representada por Kathleen Turner, se recusa a aceitar o diagnóstico, alegando de maneira desafiadora que "a única coisa que ela precisa é de um pouco de atenção da mãe". Trabalhando por um instinto maternal qualquer, Turner constrói uma torre de madeira compensada, mais alta que uma casa, imitando a construção de cartas da filha, mas em escala muito maior. A mulher e a menina sobem juntas na torre, e, nesse ponto, a criança é curada.

De um modo ou de outro, o amor era a resposta de todos esses filmes, que não se afastavam muito da bem arraigada mensagem da época da inculpação da mãe: o autismo florescia ali onde faltava o amor adequado.

Por outro lado, o seriado de televisão *Marcus Welby, Médico* mostrava um doutor do tipo "vovozão", se bem que iconoclasta, praticando uma versão antiga da análise comportamental aplicada ao estilo de Lovaas em um garotinho chamado Paulie. Tentando fazer com que Paulie o olhe nos olhos, Welby o recompensa com chicletes e um sorriso meigo sempre que ele obedece. Quando o menino resiste, Welby grita com ele, persegue-o pela sala e enfim lhe dá um tapa no rosto. Quando a mãe de Paulie reclama, Welby lhe dirige uma grave repreenda: "Você vai ver Paulie apanhar", diz. "Vai aprender a bater nele com as suas próprias mãos — ou então vai vê-lo passar o resto da vida em uma instituição!"[5]

Em 1969, quando esse episódio foi ao ar, os pais do autismo o acharam positivo — não tanto por causa da mensagem da ABA, mas porque, na época, o autismo mal tinha registro na consciência pública. Talvez o médico mais benquisto da televisão levasse o público a finalmente prestar atenção. Mas não levou. Assim como Welby foi cuidar de outra doença na semana seguinte, os telespectadores fizeram o mesmo. Esse tendia a ser o padrão quando Hollywood fazia incursões no autismo: criava um momento fugaz de interesse, mas depois a maioria das pessoas parava de pensar no assunto.

Os documentários e as ocasionais reportagens impressas também tinham pouca influência. Muitos deles descreviam o autismo como exótico ou como um enigma intrigante. Os artigos de revista tinham manchetes como: "As crianças do transe", "Os estranhos entre nós",[6] "As crianças das fadas"[7] e "Os garotos com olhar distante".[8] Os meninos autistas eram apresentados como curiosidades da natureza, esquisitos, místicos e irreais. Outro tipo de reportagem reconhecia a gravidade do autismo e o estresse por ele imposto às famílias, adotando um tom insensivelmente sombrio. Por exemplo, em 1965, houve a notória matéria da revista *Life* cujo subtítulo chamava as crianças autistas de "débeis mentais graves".[9] Em vez de descrevê-las como estranhas, tais artigos as consideravam demasiado imperfeitas para serem totalmente humanas.

É verdade que, nessa época, estava ficando mais fácil encontrar narrativas sobre pessoas reais com autismo. Em geral, tratava-se de livros escritos por pais sobre os filhos, um modelo que remontava às primeiras memórias de uma mãe do autismo, *The Siege*,[10] que chegaram às livrarias em 1967. Sua autora, Clara Claiborne Park, uma das primeiras ativistas do autismo, dava aula de literatura e criação literária em uma faculdade da Nova Inglaterra. Sua história dos primeiros oito anos com a filha Jessie — a qual ela chamava de "Ellie" no livro — tornou-se leitura obrigatória dos jovens estudantes de educação especial na década de 1970 e inspirou mais de um deles a se especializar em autismo. *The Siege* também foi um contrapeso persuasivo para *A fortaleza vazia*, de Bruno Bettelheim, publicado quase ao mesmo tempo e considerado o livro definitivo sobre o assunto.

Embora tenham aparecido umas poucas memórias semelhantes nas décadas de 1970 e 1980 — particularmente *For the Love of Ann* [Pelo amor de Ann], de 1973, baseada no diário de um pai,[11] e *A Child Called Noah* [Um menino chamado Noah], de 1989,[12] que inspirou uma reportagem no programa de televisão *60 Minutes* —, o número de leitores desses livros sempre foi limitado. Em geral, eram lidos por pessoas que já participavam da "família" do autismo. As histórias compartilhadas ofereciam um senso de comunidade, que mitigava a solidão vivenciada pelas famílias, mas raramente contavam aos leitores qualquer coisa a respeito do autismo que eles já não soubessem por experiência própria.

Fossem programas dramáticos de televisão, ternas histórias escritas por pais ou artigos taciturnos publicados em revistas, a raridade percebida do autismo dava ao público geral uma desculpa para manter o pensamento a uma confortável distância dele. As pessoas podiam se sentir seguras sabendo que o autismo nada tinha nem jamais teria a ver com elas. Tratava-se de uma novidade psicológica da qual era possível se livrar mudando de canal ou virando a página.

Então foi lançado *Rain Man*, o primeiro bom filme sobre o autismo.

Em dezembro de 1988, quando *Rain Man* chegou aos cinemas, o efeito foi imediato. Em todos os Estados Unidos e na Grã-Bretanha, qualquer um que tivesse uma conexão íntima com o autismo começou de repente a ser interrogado. As perguntas eram feitas por amigos e parentes e, em muitos casos, por jornalistas, todos agora curiosos sobre aquele distúrbio fascinante em que eles nunca haviam pensado muito ou nem mesmo ouvido falar antes de assistir ao filme. O próprio Bernie Rimland recebeu dezenas de telefonemas. Disse aos leitores do seu boletim informativo que *"Rain Man* está estimulando todos os jornais e revistas do país a publicar um artigo sobre o autismo".[13] Ruth Sullivan, ainda a decana dos ativistas do autismo, apresentou-se no *Oprah Winfrey Show* e declarou: *"Rain Man* fez o campo do autismo avançar 25 anos!".[14] Uma manchete do *Orlando Sentinel*, oito dias depois da estreia do filme,[15] apreendeu o que havia acontecido: *"Rain Man* Puts Autism on the Map" [*Rain Man* põe o autismo no mapa].

Na comunidade do autismo, as pessoas, na sua maioria, concordaram e ficaram encantadas com o filme. A pesquisadora britânica Uta Frith captou esse sentimento ao elogiá-lo como "uma descrição espetacular" que "ajudou a diminuir o sentimento de apreensão ou medo do autismo".[16]

Rain Man não era perfeito, mas quase — o primeiro filme que entendeu o autismo e, ao fazê-lo, atingiu muita gente. Sem dúvida, filmes inferiores sobre o tema haviam precedido *Rain Man* e outros igualmente inferiores o sucederiam. Mas isso não fez senão frisar a duradoura singularidade de *Rain Man* pelo que era: um bom filme sobre o autismo.

Ocorre que o primeiro roteiro de *Rain Man* nada tinha a ver com autismo. A grande ideia inicial era a história de um homem afetado pela chamada "síndrome do idiota prodígio" ou *"savant"*. Em 1983, em uma conferência da Associação de Cidadãos Retardados, no Texas, o roteirista Barry Morrow conheceu uma pessoa assim: Kim Peek, de 32 anos. Com um grau de deficiência intelectual que o impedia de morar sozinho, ele vivia com o pai em Utah. Não tinha autismo. No entanto, era dono de um talento fenomenal para absorver e recordar informações. Havia decorado partituras sinfônicas, as obras de Shakespeare e listas telefônicas inteiras. Também era um calculador de calendário capaz de dizer o dia da semana de qualquer data milhares de anos atrás ou à frente. Quando lia livros, usava os olhos de maneira independente, lendo ao mesmo tempo a página esquerda e a direita.

Morrow ficou fascinado. Em outubro de 1986, havia terminado o esboço de um roteiro intitulado *Rain Man* sobre dois irmãos, um dos quais tinha os prodigiosos dons mentais de Peek.[17] O caçula, Raymond, sofre de deficiência de desenvolvimento e é herdeiro de uma fortuna. O mais velho, Charlie, uma alma rancorosa que só recentemente descobriu a existência de Raymond, quer apenas o dinheiro.

Foi Dustin Hoffman que acabou com essa versão de *Rain Man*, decidindo que queria participar do projeto, mas não no papel que lhe haviam oferecido — o do ressentido Charlie, o irmão mais velho. Fazia questão de representar Raymond. Em 1983, havia assistido ao programa *60 Minutes* sobre um *savant* musical chamado Leslie Lemke. Incapaz de falar ou de enxergar, ele tocava de forma quase impecável as mais complexas peças de piano depois de ouvi-las uma única vez. Hoffman ficou profundamente comovido com a história de Lemke. Gail Mutrux, uma produtora associada,[18] foi incumbida de colher mais informações sobre os *savants*. Descobriu que a síndrome do idiota prodígio era rara e tinha mais probabilidade de afetar pessoas intelectualmente deficientes do que as com autismo. Ao mesmo tempo, os produtores souberam da interpretação do ator Cliff Robertson, premiado com o Oscar, de um adulto intelectualmente comprometido em um filme de 1968 intitulado *Charly*. Ninguém quis meramente repeti-lo. E assim ficou decidido: como até então não se havia interpretado um adulto com *autismo*, Raymond seria autista.[19]

Como não podia deixar de ser, a busca de informações sobre o distúrbio logo levou Mutrux a Bernie Rimland, que dirigia seu Instituto de Pesquisa do Autismo (IPA) em uma loja próxima de sua casa em San Diego. Quando ela lhe telefonou, Rimland lhe disse que teria prazer em ler o roteiro e dar algumas informações sobre o autismo.

Dias depois, Mutrux viajou a San Diego para se encontrar com Rimland, que a esperava com uma pilha de livros e artigos, e fez de tudo para convencê-la de que o autismo era fascinante. Ele queria que Raymond fosse autista; já previa a publicidade que um bom filme de Hollywood faria para a causa.[20]

Nesse meio-tempo, o projeto escolhera e perdera uma série de diretores — Marty Brest, Steven Spielberg, Sydney Pollack —, todos a princípio interessados, mas depois desinteressados por diferentes motivos. Por fim, o trabalho coube a Barry Levinson, que, no ano anterior, dirigira *Bom dia, Vietnã*. Ele e Hoffman sentiram-se atraídos pelo desafio de criar um personagem com cujo mundo íntimo não seria fácil se identificar e que, no fim do filme, não viveria o habitual salto catártico da autodescoberta. Hoffman mal podia esperar para começar. "Quando as pessoas examinarem a minha carreira, serei lembrado por dois papéis: Ratso Rizzo e Rain Man", disse ele em uma das primeiras reuniões. "Quero fazer esse filme e quero fazê-lo depressa."[21]

Rimland foi contratado como consultor técnico, junto com Darold Treffert, uma autoridade em *savants*.[22] Naturalmente, Hoffman queria ver como era o autismo a fim de tentar entrar nele. Com a ajuda de Rimland, Mutrux desenterrou alguns documentários, entre os quais dois concluídos com uma diferença de vinte anos, mas ambos com a mesma pessoa: Joe Sullivan, o filho de Ruth Sullivan. Fazia mais ou menos um ano que o segundo desses filmes, *Portrait of an Autistic Young Man* [Retrato de um jovem autista] ficara pronto e tinha ido ao ar na rede PBS, de modo que as cenas descartadas ainda estavam disponíveis. Hoffman assistiu às quinze horas eliminadas. Quando ele enfim o conheceu, Sullivan estava comendo *puff* de queijo como sempre comia: um a um com um palito. Hoffman tomou nota. No filme, Raymond fisgaria sua comida com um palito.

Bernie Rimland também levou o filho Mark a um encontro com Hoffman e alguns produtores.[23] Então com vinte e poucos anos, o rapaz havia crescido para se dar bem em um nível relativamente alto. Pintava e ajudava o pai levando recados e varrendo o escritório do IPA. Parece que também prestara muita atenção em uma fotografia autografada de Hoffman que seu pai havia pendurado no escritório após uma visita anterior a Los Angeles, pois, naquele dia, no almoço, Mark ficou surpreso com o fato de o cabelo do astro do cinema ser muito mais grisalho na vida real. Quando ele disse isso em voz alta e monotônica, seu pai estremeceu. Hoffman riu. Tinha visto oficialmente o autismo em ação.

Foi Ruth Sullivan que apresentou Dustin Hoffman a um rapaz que levava uma vida independente em Princeton, Nova Jersey. Aos vinte e poucos anos, Peter Guthrie tinha várias aptidões de *savant*: cálculo de calendário, cabeça fenomenal para estatística e a capacidade de desenhar objetos com perspectiva quase perfeita e nos mínimos detalhes. Também tinha autismo. Lia livros sem entender o significado e morria de medo de chuva. Tinha grande dificuldade para conversar; mostrava-se muito melhor em colher estatísticas sobre a pessoa com que ia se encontrar e falar nelas quando estivesse diante dessa pessoa. No entanto, dentre todos os que conheceu na fase de pesquisa, foi com Peter que Hoffman mais se deu bem.

Peter tinha um irmão mais velho solícito e protetor, Kevin, que o levou a Nova York na primeira vez em que o convidaram a se encontrar com a equipe de produção. Foi por sugestão de Kevin que Peter e Hoffman foram jogar boliche, junto com Tom Cruise. Uma amizade real começou naquele dia. Nos meses seguintes, Hoffman seguiu o ritmo dos irmãos Guthrie, convidando-os a sua casa, assistindo à televisão com eles e observando como interagiam. Quem conhecia Peter Guthrie reconheceu de cara a postura, a voz e a expressão facial usadas por Hoffman na maior parte de *Rain Man*.[24]

Segundo disse Levinson tempos depois, o enredo de *Rain Man* foi basicamente moldado pelo caráter dos dois irmãos. Charlie, um manipulador nato, acha impossível manipular Raymond. Antes tem de descobrir quem é Raymond e, ao fazê-lo, aumenta a capacidade de conexão humana do irmão. Raymond, por sua vez, não revela com facilidade o seu eu íntimo, não por ser deliberadamente evasivo, mas por causa do autismo. Pouco a pouco, foram se excluindo os pontos da trama mais voltados para a ação no roteiro original, e *Rain Man* se transformou em um filme de "relacionamento" viçoso, de tipo diferente.

Mas, no filme, foi a descrição sensível e fiel do autismo que deu ao público algo novo em que pensar. Uma cena crítica ficou conhecida como o "momento do palito". Em um jantar com Charlie, Raymond pede palitos para com eles comer suas panquecas. A garçonete deixa cair a caixa sem querer, espalhando os palitos junto aos pés de Raymond. Este olha rápido para o chão e murmura baixinho: "Oitenta e dois, oitenta e dois, oitenta e dois". Está contando, em incrementos de 82, o número de palitos caídos: 246. Charlie pergunta à garçonete quantos palitos vêm na caixa. Ela verifica e responde: "Duzentos e cinquenta". Charlie caçoa dizendo que Raymond está "chegando perto". Mas a moça olha para dentro da caixa e para. "Sobraram quatro", diz a Charlie em voz baixa. A cena impressionava pela rapidez e pela tranquilidade com que revelava os dons extraordinários de que Raymond era dotado.

Hoffman, naturalmente, não representava um *savant*. Representava um homem com autismo, e a interpretação era impecável. Fora das paredes de uma instituição pela primeira vez, Raymond tem uma expressão imutável: um olhar baixo e ligeiramente perplexo. A necessidade de mesmice — inclusive de uma reserva constante de palitos e roupa de baixo da Kmart — define o seu itinerário. Ele tem problemas sensoriais e acha insuportáveis os ruídos altos. É ingênuo e toma tudo ao pé da letra. Tem andar rígido e obsessão por estatísticas esportivas. Quando lhe perguntam como foi o primeiro beijo que lhe deram, a única coisa que consegue dizer é "molhado". Em geral, detesta ser tocado e, quando está ansioso, repete muitas vezes o diálogo de parte de uma velha comédia, o número do "Quem é o primeiro", de Abbott e Costello. Ele o decorou ipsis litteris, sem perceber que pretende ser engraçado.

No final hollywoodiano padrão, Raymond talvez se curasse do autismo. Ou então veria o mundo o suficiente para saber que queria viver para sempre fora das paredes daquela instituição. Ou, quem sabe, ele e o irmão ficariam tão apegados durante sua semana de aventuras e desventuras que decidiriam morar juntos. Mas o final de *Rain Man* não trilha os caminhos esperados. Embora Charlie, o irmão mais novo, passe por uma mudança profunda, passando a ser um cara mais legal, a transformação de Raymond é menos óbvia. É preciso certo entendimento do autismo para avaliar o quanto ele mudou. Por exemplo, no fim do filme, Raymond entende uma piada pela primeira vez. Duas breves cenas mais tarde, *faz* seu primeiro gracejo, coisa que aprendeu na convivência com Charlie. E, nos últimos minutos — só por um momento —, ele se inclina e encosta a testa na do irmão, agora à vontade com a conexão física com um homem que reconhece como parente, um conceito cujo significado parece ter se aprofundado para ele. Esse pequeno gesto representa um salto gigantesco.

Entretanto, não há nenhum milagre. Raymond continua tendo autismo, um tanto debilitante. E, por causa disso, volta para o lugar em que se sente mais seguro. Trata-se de uma instituição caríssima que oferece cuidados humanos 24 horas por dia. Esse final diz uma verdade sobre o autismo, a qual ressoa nos pais e nas pessoas com o distúrbio: autismo é para sempre.

Rain Man teve estreia oficial na cidade de Nova York no dia 12 de dezembro de 1988. Três meses depois, ganhou o Oscar de melhor filme, melhor direção e melhor roteiro original; e Hoffman, o de melhor ator.

Sem dúvida, não faltaram críticas. Pauline Kael, da *New Yorker*, detestou o filme e o chamou de "kitsch lacrimoso".[25] Também houve resmungos na comunidade do autismo, de pais cujos amigos de repente começaram a querer saber se seus filhos haviam decorado a lista telefônica ou eram ótimos em contar palitos.

Ao mesmo tempo, *Rain Man* resolveu um problema que inquietava os pais desde os primeiros dias do autismo: o fato de este ser dificílimo de explicar para os de fora. Durante tanto tempo, os pais de filhos autistas se sentiram insuportavelmente sós, e, enfim, o público teve pelo menos uma compreensão grosseira do distúrbio.

Ruth Sullivan tinha razão, pois *Rain Man* mudou a história do autismo para melhor. Sem dúvida alguma, continuou sendo verdade que, para a vasta maioria dos cinéfilos, os desafios reais do autismo seguiram sendo exatamente o que eram: um problema dos outros. Mas, depois de 1988, a maior parte das pessoas pelo menos entendeu, ainda que de forma tosca, o que era o distúrbio e também passou a ter uma visão em geral favorável de como pode ser uma pessoa com autismo.

Foi um progresso — ainda que a primeira celebridade produzida pelo universo do autismo, Raymond Babbitt, não passasse de um personagem ficcional. Seria necessária uma celebridade da vida real com autismo para levar a mensagem ainda mais longe.

O primeiro livro de Temple Grandin, publicado em 1986, quando ela tinha 39 anos, foi considerado revolucionário. Pela primeira vez, a experiência de ter autismo era descrita em forma de livro e na primeira pessoa por quem realmente vivia com ele. Depois de uma infância difícil, durante a qual suas características autistas muitas vezes eram perturbadoras e incapacitantes, Grandin emergiu como uma adulta que ocupava o seu lugar no mundo mais amplo. E, no entanto, continuava tendo autismo. O título do seu livro, *Emergence: Labeled Autistic* [Emergência: Rotulada autista], tentou abranger esse período.

A história se concentra sobretudo nas décadas de 1950 e 1960 — anos durante os quais o compromisso inabalável de sua mãe com a filha deu-lhe a oportunidade de trabalhar com professores e parentes dedicados ao sucesso dela. Na meninice, Grandin era incapaz de falar e ficava facilmente devastada por experiências sensoriais que a maioria das pessoas nem chegava a notar. Certa vez, a caminho de uma sessão com um fonoaudiólogo de carro com a sua mãe, Eustacia Cutler, esta pôs um chapéu na sua cabeça para a viagem. Para Grandin, o chapéu era horrivelmente doloroso. Contrariando as instruções da mãe, ela o tirou com violência e o jogou pela janela do motorista. Eustacia, que estava ao volante, estendeu o braço para apanhá-lo, mas, ao fazê-lo, colidiu com um caminhão. No estresse do momento, Grandin pronunciou algumas de suas primeiras palavras, dizendo repetidas vezes "gelo" quando o vidro quebrado da janela choveu sobre ela.

Em *Emergence*, Grandin escreveu que ainda via com vividez aquele momento, como fazia com tudo quando lhe havia acontecido. Descreveu-se como uma "pensadora visual", com uma mente que usava imagens para recordar o passado e fazer cálculos sobre o presente e o futuro.[26]

A determinação de sua mãe de não a institucionalizar levou Grandin a frequentar diversas escolas convencionais. Isso deu certo quando ela estava nas primeiras séries, mas se tornou mais problemático na adolescência. Grandin foi expulsa do ensino médio por brigar. Depois disso, entrou em um internato de Vermont para crianças bem-dotadas com problemas emocionais, onde conheceu um professor de ciências chamado dr. Carlock, que conseguiu entender como ela pensava. Seu incentivo mudou a vida dela. Ele via o valor das diferentes "fixações" de Grandin e as usou para motivá-la a estudar psicologia e ciência.

Grandin entrou na faculdade e depois foi fazer pós-graduação no Arizona, onde estudou a reação do gado à pressão relaxante, tema que a fascinava. Por fim, sua pesquisa lançou os fundamentos do tratamento mais humano do gado em todo o país. Isso tornou Grandin, no fim dos anos 1970, uma figura conhecida no pequeno universo da administração do gado. Seu nome foi citado muitas vezes na imprensa especializada, em assuntos relacionados com o manejo do gado ou nos créditos dos seus artigos publicados sobre o tema. Mas nunca se mencionou o seu autismo.

A certa altura, porém, a existência de Grandin foi se tornando pouco a pouco conhecida em outro pequeno universo, o dos pais do autismo, no qual a sua história era transmitida boca a boca quase como um mito. As pessoas ouviam cochichos a respeito de uma mulher-feita com doutorado que tinha autismo e trabalhava com vacas em algum lugar do Oeste. Os pormenores eram sempre incertos; e sua identidade, tão vagamente conhecida que até Ruth Sullivan, que conhecia todo mundo envolvido com autismo nos Estados Unidos da metade da década de 1980, não a reconheceu quando com ela se encontrou por acaso em um aeroporto.

As duas haviam aterrissado em Chicago no mesmo voo vindo de St. Louis e, depois, viajaram lado a lado no ônibus fretado que as levou ao hotel, no qual ambas iam assistir a um congresso de autismo. Embora nenhuma das duas fosse muito falante, elas conversaram durante a viagem, e Sullivan ficou impressionada com o muito que aquela moça parecia saber acerca do autismo. Só no segundo ou terceiro dia do congresso foi que Sullivan juntou as pontas: a mulher do ônibus era a lendária doutora. Então se aproximou de Grandin e lhe perguntou se ela se dispunha a falar no congresso do ano seguinte.

Um ano depois, em 1987, tímida e desajeitada, Grandin foi o sucesso surpresa do congresso anual da Sociedade Nacional para Crianças Autistas. Em uma tarde de workshops, Sullivan havia encaixado Grandin em uma mesa-redonda de uma hora sobre "Adultos com autismo", com dez cadeiras. Os assentos em torno da mesa logo foram ocupados, e atrás deles outras doze pessoas de pé se inclinavam para ouvir Sullivan iniciar a introdução. Logo o público de pé aumentou a ponto de formar quatro fileiras. Sullivan pediu um intervalo e com rapidez providenciou outra sala com mais espaço e um palco.

Nos sessenta minutos seguintes, com a moderação de Sullivan, Grandin manteve a plateia fascinada. Para os pais, ouvi-la falar da sua experiência de autismo foi como encontrar de repente uma intérprete fluente em uma língua que os confundira durante anos. As perguntas vieram rapidamente. *Por que o meu filho rodopia tanto? Por que o som o tranquiliza? Por que ele não me olha nos olhos?* Grandin não pôde responder a todas as perguntas, mas explicou, de uma perspectiva puramente em primeira mão, como era a vida do lado de lá da experiência do autismo. Falou da sua sensibilidade ao som, dizendo que era "como estar amarrada nos trilhos e o trem vinha chegando".[27] Também explicou a sensibilidade extrema da sua pele, que algumas roupas pareciam tão ásperas que eram horrivelmente dolorosas. E falou das suas dificuldades para comunicar o que sentia e entender o que as outras pessoas sentiam.

Foi uma conversa muito íntima, durante a qual alguns pais choraram. Esse foi um momento decisivo na vida de Grandin; naquele dia, ela ficou conhecida como a pessoa com autismo mais famosa do mundo. Em breve, grupos de autismo de todo o país começaram a agendar palestras suas. Em 1988, ela foi convidada a participar do conselho da Sociedade de Autismo da América (antiga SNCA), a primeira pessoa com o diagnóstico chamada a exercer uma função. Sullivan observou que, a cada ano, com mais experiência na vida pública, Grandin foi ficando notavelmente à vontade ao falar em público, chegando até a usar o humor com eficácia.

Na década de 1990, o neurologista britânico Oliver Sacks incluiu o perfil de Grandin em um livro sobre pessoas com manifestações variadas da fiação do cérebro. Ele ficou encantado com um comentário dela em uma conversa em que disse que às vezes se sentia como "uma antropóloga em Marte".[28] Gostou tanto da frase que a usou como título de um artigo sobre Grandin na *The New Yorker* e, mais tarde, voltou a usá-la no seu livro.

Em 1995, Grandin publicou seu segundo livro, *Thinking in Pictures* [pensando em imagens]. Escrito na primeira pessoa, era um relato verdadeiro de uma menina com autismo que, com todo o apoio da mãe, cresceu para ser cientista, palestrante, escritora e uma inspiração para todos os que ouviram falar dela na comunidade do autismo.

Quando, durante o almoço em 2001, Emiliy Gerson Saines falou em fazer um filme sobre a história de Grandin, esta não precisou ser convencida. Adorou a ideia de um filme sobre a sua vida. Também gostou de saber que *Thinking in Pictures* tinha dado esperança a Emily, coisa que as duas queriam que se propagasse. E ambas desejavam disseminar algo mais: uma compreensão melhor das pessoas com autismo, assim como mais compaixão por elas. Era justamente aquele tipo de compreensão e compaixão que havia possibilitado a Grandin, outrora uma menina que não falava, participar de um almoço de negócios formal em Manhattan e discutir um projeto cinematográfico. Naquele dia, ela e Gerson Saines chegaram a um acordo selado com um aperto de mão: juntas iam fazer um filme que levasse as pessoas a pensarem no autismo como nunca até então, um filme que tivesse uma história verdadeira no seu bojo.

Ele tardou até o fim da década para ser rodado. Ocorre que, durante essa década, a consciência do autismo chegou a alturas sem precedentes, mas não por causa de qualquer coisa feita por Hollywood. Antes, outra força propulsora entrou em jogo no início do novo milênio e produziu uma realidade fundamentalmente nova para o lugar do autismo na imaginação do público. O autismo, outrora um distúbio obscuro, tratado pela mídia como uma curiosidade, pelos políticos como não prioritário e pela maior parte da comunidade de pesquisa como uma espécie de periferia da carreira, se transformou de súbito em um dos assuntos mais prementes do momento. No fim da década, tinha virado uma obsessão da mídia, um futebol político e alvo de investigação científica no valor de centenas de milhões de dólares.

A mudança mais profunda centrou-se em uma nova percepção de quem precisava se preocupar com o autismo. Antes disso, a experiência dele se restringia às famílias em que já havia se instalado. O autismo era considerado tão incomum que, para todos os demais, sua relevância era quase igual a zero.

Mas essa sensação de segurança desapareceu com a introdução de uma palavra nova nas conversas sobre o autismo.

"Epidemia."

39. Emergência da sociedade

O autismo só ficou verdadeiramente "famoso" nos Estados Unidos quando as pessoas passaram a temê-lo. No começo da década de 2000, ele deixou de ser uma coisa fascinante e incomum para se transformar em uma ameaça que acossava a nação, dando o que pensar a quem quer que tivesse filhos ou planejasse tê-los. Essa relevante mudança de percepção — quando o autismo de repente se tornou uma emergência da sociedade — se apoiava em uma observação sensata. Simplesmente parecia haver mais crianças com autismo do que de costume.

Isso indicava que o autismo havia escapado aos seus antigos limites e começado a se espalhar com rapidez. Decerto essa foi a impressão de um funcionário do Senado Estadual da Califórnia que era pai de um menino com autismo. Rick Rollens tinha sido secretário do Senado Estadual durante 24 anos, mas se afastou do cargo em 1996 para se dedicar ao ativismo do autismo a fim de ajudar a encontrar uma cura para o filho de seis anos.[1]

Em 1997, pouco depois de abandonar o emprego no parlamento, Rollens procurou um dos membros mais poderosos do Senado: Mike Thompson, o democrata que presidia a Comissão de Orçamento da Casa. Eles tinham ficado amigos íntimos com o passar dos anos, e o ex-funcionário queria lhe pedir um favor. Que Thompson inserisse algumas palavras no projeto de lei orçamentária daquele ano. O senador concordou. As tais palavras entraram e ainda estavam presentes em 1998, quando o projeto se transformou em lei.

Como consequência, naquele ano solicitou-se ao Departamento de Serviços para a Deficiência (DSD) que fizesse um estudo interno do nível de serviços prestados a todas as pessoas com deficiências de desenvolvimento em um período de onze anos a partir do fim da década de 1980. Entre os serviços analisados, incluíam-se os oferecidos em reação a toda a gama de deficiências de desenvolvimento, desde paralisia cerebral até epilepsia e autismo.

Rollens, é claro, só estava interessado nos números referentes ao autismo, pois queria manifestar uma ideia acerca do distúrbio. Estava convencido de que a análise dos registros do departamento provaria que, de uma hora para a outra, na metade da década de 1990, mais crianças do que nunca tinham autismo. Era desastroso, pensava ele, que ninguém houvesse se dado conta daquele incremento. Os INS dedicavam mais tempo e esforço à investigação dos distúrbios do sono[2] do que ao estudo de qualquer coisa relacionada com o autismo.

Rollens não tinha nenhum indício estatístico de aumento e sabia disso; por essa razão precisava dos números do DSD. Mas via com os seus próprios olhos que "ônibus lotados de meninos" chegavam aos mesmos centros e escolas em que seu filho Russel havia começado a receber ajuda vários anos antes com muito menos crianças ao seu lado. Entrementes, pais que Rollens não conhecia estavam pedindo ajuda à Families for Early Autism Treatment [Famílias para o Tratamento Precoce do Autismo], organização que ele ajudara a criar, através do seu novo boletim informativo na internet. Rollens tinha a impressão de ouvir uma nova história de diagnóstico a cada dia.

Na época, o *DSM* ainda adotava a suposição-padrão de que o autismo ocorria a uma taxa de quatro a cinco pessoas em 10 mil, número esse derivado em grande parte do levantamento de Victor Lotter em um único condado britânico feito mais de trinta anos antes.[3] Nesse ínterim, realizaram-se poucos estudos complementares da prevalência do autismo, sobretudo porque a comunidade da pesquisa não os achava necessários.

Rollens queria que os dados da Califórnia preenchessem a lacuna. Com um quadro de todas as pessoas que receberam serviços no período examinado — com diagnóstico de autismo confirmado por profissionais em cada caso —, acreditava que isso traçaria uma linha da tendência ascendente ano a ano, provando que a sua hipótese estava certa.

O relatório do DSD ficou pronto na primavera de 1999,[4] e Rollens recorreu aos contatos de sua vida anterior no Senado para ter acesso a um dos primeiros exemplares. O que leu o sobressaltou. Segundo a síntese do relatório, entre 1987 e 1998, houvera um aumento de 273% no número de pessoas que se beneficiavam de serviços para o autismo oferecidos pelo estado. No relatório, "autismo" se referia apenas a pessoas com o tipo "clássico" do distúrbio tal como o especificava o *DSM*. Como o estado não prestava serviços a pessoas diagnosticadas com síndrome de Asperger ou transtorno global do desenvolvimento sem outra especificação, tais condições não se incluíam no total do relatório. Em vez das 4,5 pessoas com autismo em 10 mil, o número dos que recebiam serviços na Califórnia se aproximava de sessenta em 10 mil. A tendência era muito mais acentuada do que ele mesmo suspeitara.

Rollens vazou o relatório imediatamente para o *Los Angeles Times*, que publicou uma reportagem com um título que ele achou perfeito: "State Study Finds Sharp Rise in Autism Rate" [Estudo do estado constata acentuado aumento da taxa de autismo].[5] Tanto o corpo do texto quanto um dos subtítulos empregavam a palavra "epidemia".

O "Estudo da Califórnia", como passou a ser chamado, acendeu uma fogueira que não se apagaria nos dez anos seguintes, e a palavra "epidemia" ficou ligada ao autismo com tanta frequência e com tanta força que as aspas que a delimitavam não tardaram a desaparecer.

O espectro perturbador de uma epidemia de autismo veio a ser, por relutante consenso popular, mais um dos fatores psicológicos de estresse do século XXI — mais um motivo pelo qual o mundo era um lugar perigoso para criar filhos. A revista *Child* apreenderia perfeitamente essa ansiedade ao chamar o autismo de "transtorno que define uma época".[6]

Grupos de interesse de todos os matizes se apropriaram da palavra, já que todos reconheciam que suas reivindicações de financiamento seriam muito mais persuasivas se o autismo fosse considerado uma crise nacional aterrorizante. As lideranças desses grupos começaram a citar o argumento da epidemia em todos os discursos e press releases, insistindo de forma exaustiva na urgência da sua causa com duas estatísticas: qual era o índice de autismo *antes* e qual tinha passado a ser. Diferentes grupos usavam números diferentes, mas, fosse como fosse, todas as estatísticas eram alarmantes.

Os meios de comunicação trataram a história da epidemia sem piedade. A *Time* fez dela matéria de capa em 2002:[7] "Inside the World of Autism: More Than One Million Americans May Have It, and the Number of New Cases Is Exploding" [No mundo do autismo: Mais de 1 milhão de americanos podem tê-lo, e o número de casos novos está explodindo]. A NBC News se associou à *Newsweek* em 2005 para produzir uma série de uma semana de programas sob a rubrica "AUTISM: The Hidden Epidemic?" [AUTISMO: A epidemia oculta?].

Mais ou menos ao mesmo tempo, em reação ao clamor público, o Congresso convocou uma série de audiências comandadas pelo deputado republicano Dan Burton, que tomou como ponto de partida a presunção de que a nação estava enfrentando uma epidemia que exigia investigação. "Temos uma epidemia nas mãos", declarou ele em 2002, "e nós no Congresso precisamos assegurar que os INS e os CDC [Centros de Controle e Prevenção de Doenças] tratem essa situação como uma epidemia."[8] Nas eleições que se acercavam, esperava-se que até os candidatos à Casa Branca tivessem formulado posições sobre a questão epidêmica. A maioria aceitava a sua realidade como uma verdade.

Isso foi corroborado pela série de estatísticas apresentadas durante toda a década pelos CCD. Em 2004, a agência publicou um alerta aos pediatras relatando que o autismo, nos Estados Unidos, afetava uma em cada 166 crianças.[9] Em 2007, anunciou um novo número: uma em 150. Dois anos depois, ele passou para uma em 110. Agora, segundo os CCD, a linha de tendência desenterrada pela Califórnia em 1999 era uma preocupação de âmbito nacional.

Estava claro — os números o provavam. Aquela coisa não fazia senão aumentar. Todos tinham razão de estar com medo.

Mas, como sempre, havia muitas maneiras de contar o autismo, e nem todas confirmavam o quadro de epidemia projetado por Rick Rollens, Dan Burton e as organizações de defesa. Na verdade, era o sinal de sucesso de todos esses agentes manter os políticos, o público e a mídia falando em epidemia quando, na opinião da maioria dos cientistas sociais que examinavam a matéria, o caso estatístico do aumento maciço da incidência de autismo era altamente duvidoso. Muitos especialistas sugeriam que a epidemia que assustava todos podia não existir na realidade.

As dúvidas dos experts começaram com os números da Califórnia revelados graças à persistência de Rick Rollens. Tais números pareciam contar uma história simples: mais crianças recebendo serviços estaduais para o autismo significava que o autismo estava crescendo na população. Mas essa formulação supunha que calcular a demanda de serviços era a mesma coisa que contar, uma a uma, todas as crianças com o distúrbio na Califórnia. Não só não era a mesma coisa como, na prática, a demanda de serviços nunca seria um parâmetro confiável para medir o ritmo da propagação do autismo na população.

Por exemplo, era de esperar que a demanda de qualquer coisa — das carteiras de motorista aos parquinhos infantis públicos — aumentasse quando houvesse crescimento da população. De fato, nos anos abrangidos pelo relatório de autismo da Califórnia, a população cresceu de maneira significativa, em cerca de 16%. Esse era um fator que um epidemiologista teria de levar em conta e possivelmente subtrair de qualquer tendência geral naquilo que ele estivesse medindo. Não é um ajuste difícil de fazer e, com efeito, a equipe que produziu os números da Califórnia não contou de forma intencional as crianças que haviam se mudado para o estado nos anos por ela examinados.

Mas havia muitos outros fatores de confusão não tão facilmente corrigíveis, e nenhum irritava mais do que a falta de clareza quanto a quem devia ser contado. Tratava-se do antigo problema que dificultou o primeiro estudo de prevalência — o de Victor Lotter na Grã-Bretanha na metade da década de 1960, quando ele se viu às voltas com a falta de critérios claros para o distúrbio que estava tentando monitorar.

Trinta e cinco anos depois, quando o alarme de epidemia ressuscitou o esforço para descobrir a "verdadeira" prevalência, esse esforço topou com os mesmos tipos de obstáculos que Lotter enfrentara. Pode-se dizer que os problemas eram até piores no fim da década de 1990, dada a frequência com que o *DSM* alterava os critérios do autismo. As pessoas diagnosticadas com autismo usando o *DSM* de 1997, por exemplo, podiam não o ser conforme um *DSM* anterior aos anos 1990 e vice-versa.

Estudos feitos mais tarde, no novo milênio, demonstraram que tais resultados eram altamente possíveis. Por exemplo, em 2012, os pesquisadores revisitaram um ótimo conjunto de dados colhidos em Utah nos anos 1980.[10] Ed Ritvo, da UCLA, havia passado quatro anos — de 1982 a 1986 — tentando identificar, no estado de Utah, todas as pessoas com idade entre três e 25 anos que podiam ter autismo, diagnosticado oficialmente ou não. Localizou e examinou um total de 379 indivíduos, dos quais 241 foram considerados como tendo o distúrbio. Isso deixou de lado 138 que, embora tivessem comportamentos inusuais, não chegavam a ser diagnosticados com autismo pelos critérios de Ritvo,[11] os quais provinham da edição de 1980 do *DSM*.

Mais de vinte anos depois, os mesmos dados voltaram a ser usados. Tal como Ritvo antes deles, os pesquisadores se propuseram a identificar autismo exatamente no mesmo grupo de 379 indivíduos — mas queriam ver o efeito do uso de uma definição de autismo mais atualizada. Afortunadamente para eles, Ritvo havia guardado registros excelentes e logo os colocou à disposição dos jovens pesquisadores. Mas, no lugar dos seus critérios, estes adotaram a checklist do autismo constante da edição de 2000 do *DSM*, que havia passado por três revisões no intervalo de duas décadas. O resultado foi impressionante. De súbito, a "prevalência" do autismo no grupo disparou. Os critérios mais recentes identificaram 64 indivíduos adicionais com o diagnóstico, todos os quais tinham sido excluídos na década de 1980. Como consequência, a parcela do grupo inicial considerada com autismo era agora cerca de 25% maior que a de um quarto de século antes. É claro que esse "aumento" não podia ser usado para afirmar que houvera um crescimento extraordinário da "verdadeira" prevalência do autismo em Utah. Em termos objetivos, nada havia mudado. Quer dizer, nada a não ser a definição de autismo.

Essas mudanças internas do *DSM* e as complicações que elas criavam para os estudos da prevalência do autismo eram as partes da história que os cientistas sociais mostraram ser notavelmente difíceis de explicar para o público. Eles se referiam a "critérios afrouxados" ou a um "fenótipo mais amplo do autismo", mas tal linguagem não chegava nem de longe a ser evocativa como a palavra "epidemia".

O mesmo se passava quando eles sugeriam que um dos fatores que contribuíam para dar a impressão de mais casos de autismo do que antes era o que denominavam vigilância e notificação aumentadas.[12] Isso aludia à possibilidade de mais casos de autismo serem notificados porque havia mais gente com uma postura vigilante em relação a ele. Tais padrões eram um fenômeno reconhecido em toda a história médica. Os índices de prevalência de, por exemplo, clamídia ou gonorreia em geral subiam nos lugares em que se implementavam programas de controle dessas doenças. No entanto, "vigilância" não era uma palavra que expressasse de maneira clara essa ideia.

Tampouco a palavra "notificação" comunicava o quanto a prevalência podia ser afetada por qualquer abordagem particular da autoridade para colher informações. Isso ficou evidente no início da década de 1990, quando, graças à pressão dos pais, o Congresso começou a solicitar aos estados que especificassem os números de crianças com autismo que estavam inscritas em programas de educação especial nos termos da Lei da Educação para Indivíduos com Deficiências. Àquela altura, muitas das crianças sujeitas a ser contadas já estavam na escola, algumas havia vários anos. Mas, antes, elas tinham sido agrupadas na categoria "outras deficiências de saúde" ou, talvez, "retardado mental" ou ainda "incapaz de aprender".

Entretanto, a partir do ano letivo de 1992-3, as escolas foram obrigadas a começar a rever as avaliações daquelas crianças para verificar se deviam mudar para uma nova categoria de autismo. Demorou alguns anos para que cada distrito escolar de cada estado pusesse esse sistema em marcha enquanto as escolas locais se ocupavam dos diversos dossiês. O resultado foi que, durante vários anos seguidos, os estados, um após outro, enviaram números que saltavam às alturas por si sós — coisa que sempre acontece quando uma conta parte de zero.[13]

Illinois, por exemplo, notificou apenas cinco crianças beneficiárias de serviços sob a categoria autismo no ano letivo de 1992-3, o primeiro em que solicitaram que começasse a procurá-las, mas, em 2002-3, o número chegou a 5800. Um grupo de interesse empregou essa estatística sob o título "O autismo cresce DE MANEIRA EXTRAORDINÁRIA"[14] no seu boletim informativo on-line. Também fez a conta para os leitores, revelando que a prevalência de autismo em Illinois havia aumentado assombrosos 101 500% em uma década. Isso eclipsou até os números citados pelo congressista Dan Burton quando presidiu uma audiência da Assembleia Legislativa em 2000. "A Flórida apresentou um aumento do autismo de 571%",[15] relatou. "Maryland registrou um aumento de 513% entre 1993 e 1998." Ele também mencionou os 273% do relatório da Califórnia.

Essa alarmante série de números apontava para outro aspecto estranho da falada epidemia nacional: seu ritmo variava muitíssimo de um estado para o outro. Mesmo estados vizinhos apresentavam taxas de prevalência do autismo que às vezes nem se aproximavam. Assim, em 2002, segundo os dados federais,[16] o Alabama tinha uma taxa de prevalência de cerca de três crianças por 10 mil, ao passo que a da Geórgia era mais que o dobro. Pouca coisa separava fisicamente esses dois estados — apenas um rio que não percorria toda a extensão da sua fronteira comum. Minnesota e Iowa são separados meramente por uma linha reta no mapa, mas, em 2012, a taxa de prevalência apresentada por Minnesota era dez vezes maior que a do vizinho imediato.[17]

Os cientistas sociais tinham uma boa ideia do porquê disso. As informações sob escrutínio tinham sido colhidas por autoridades educacionais, não por agências de saúde pública. A Lei da Educação para Indivíduos com Deficiências tinha dado uma definição-padrão de autismo, mas deixara que cada Departamento de Educação de cada estado criasse critérios próprios para determinar o direito a serviços de educação especial.

Cada autoridade montava sua checklist, que variava de meros cinco itens a dezessete. Alguns estados exigiam adesão rigorosa a uma versão dos critérios do *DSM*; outros, à definição da Lei da Educação para Indivíduos com Deficiências; e vários, às duas. Alguns exigiam diagnóstico de um psiquiatra autorizado pelo conselho de medicina ou de um psicólogo clínico habilitado, mas outros não. Em certos casos, a decisão de prestar serviços — coisa completamente diferente de um diagnóstico clínico — ficava a cargo de um grupo formado pelos pais, o diretor da escola e os professores de educação especial. Todas essas disparidades levavam os pesquisadores a lidar com dados que estavam longe de ser uniformemente derivados.

Além disso, em vez de revelar a prevalência "verdadeira", aqueles números representavam o que os cientistas sociais chamavam de prevalência "administrativa". Contar o autismo contando as pessoas que recebiam serviços era como contar os vegetarianos em um avião somando os pedidos de refeição sem carne. Assim como haveria todas as maneiras possíveis de perder a "prevalência" verdadeira nesse cenário, a prevalência administrativa do autismo estava sujeita a várias influências distorcedoras. Entre elas figuravam os simples erros de escrita ou de aritmética, bem como a subjetividade inerente a um diagnóstico baseado na observação do comportamento.

Ainda que se indicassem os mesmos critérios, o autismo continuava sendo um diagnóstico determinado por uma mensuração não objetiva — a opinião da pessoa incumbida de fazer a avaliação. A pesquisa mostrou claras tendências geográficas e socioeconômicas nesse aspecto. Os diagnósticos eram mais prováveis nas comunidades que ofereciam mais serviços em geral e mais comuns em americanos brancos e abastados do que em membros de minorias étnicas ou em crianças de famílias pobres. Também era possível um profissional negar o diagnóstico a uma criança e outro confirmá-lo no mesmo paciente. Na verdade, em certas regiões os pais dispunham de listas de avaliadores simpáticos ao diagnóstico, com os quais se podia contar para que rotulassem de autista uma criança cujos sintomas eram de caso-limite.

Os pais tinham um forte motivo para tais "compras" de diagnóstico: graças aos anos que eles passaram fazendo lobby, as escolas haviam se tornado muito mais sensíveis às necessidades das crianças com diagnóstico de autismo do que às das rotuladas, por exemplo, de deficientes intelectuais ou de outro tipo de dificuldade de aprendizagem. Além disso — e também devido ao ativismo parental —, o rótulo do autismo havia perdido parte do seu estigma. Diziam que os pediatras e outros profissionais com poder de rotular às vezes forçavam um pouco as avaliações a fim de garantir à criança o acesso a melhores programas e serviços estaduais.

Em 2007, o sociólogo Richard Roy Grinker citou um psiquiatra infantil sênior, nos INS, que teria dito: "Sou capaz de chamar uma criança de zebra se isso fizer com que ela obtenha os serviços educacionais de que acho que precisa".[18] A psiquiatra nova-iorquina Isabelle Rapin, outra importante pesquisadora na área, foi sincera no tocante a esse fenômeno. "Reconheço antecipadamente que contribuí para a 'epidemia' em Nova York",[19] escreveu em 2001, citando o exemplo de um paciente de quatro anos por ela diagnosticado, no início da década de 1990, como portador de "um grave transtorno de desenvolvimento da linguagem e com sérios problemas comportamentais". Anos depois, o pai dele lhe telefonou à procura de um diagnóstico de autismo para o filho. Com base apenas nessa conversa e na nova e menos restritiva margem dada por uma definição de autismo, Rapin concordou em dar ao garoto o rótulo de autista.

Decerto, essa chamada substituição diagnóstica há de explicar parte do aumento aparente dos números do autismo. Nos anos 1970 e 1980, quando se passou a usar o rótulo "transtorno de aprendizagem", o número de crianças com dificuldade de aprendizagem na escola se dilatou em todo o país, ao mesmo tempo que o número de alunos rotulados de "retardados mentais" caiu vertiginosamente.[20] Isso se deveu, em grande medida, ao fato de crianças com deficiência intelectual leve terem sido transferidas para a categoria que acarretava menos estigma.

A questão de se uma dinâmica parecida estava inflando os números do autismo fascinou um jovem cientista social em treinamento chamado Paul Shattuck no início da década de 2000. Pós-graduando na Universidade de Wisconsin, ele se preparava para o doutorado em bem-estar social. Queria estudar "a relação entre a crescente prevalência administrativa do autismo na educação especial dos Estados Unidos e as mudanças no uso de outras categorias de classificação".[21] Não analisou nem abordou de maneira direta nenhuma criança para o seu estudo. Preferiu, usando os dados que colheu no Departamento de Educação dos Estados Unidos, examinar as contagens anuais em cada estado das crianças, com idade entre seis e onze anos, portadoras de deficiências em educação especial.

Os resultados de Shattuck, publicados em 2006, chamavam a atenção e eram controversos por vários motivos. Vistos como um todo, os dados por ele apresentados mostravam que, em 44 estados, os grandes aumentos da prevalência "administrativa" de autismo se equiparavam às reduções do número de crianças rotuladas de "deficientes cognitivas" e "incapazes de aprendizagem". Era como se um grupo de crianças tivesse ido de uma extremidade da gangorra à outra. A conclusão de Shattuck foi que, pelo menos naqueles estados, a substituição diagnóstica parecia explicar grande parte do crescimento aparente do autismo.

O estudo de Shattuck tinha fragilidades, que ele mesmo admitiu e outros apontaram. Sua dependência de dados baseados na escola, cuja credibilidade era tão questionada, era um problema. Ele não investigou até o nível local, muito menos até o nível ainda mais profundo de monitorar crianças individuais que haviam passado de uma categoria a outra. Shattuck também relatou que o padrão de substituição diagnóstica não se detectava em um punhado de estados, inclusive na Califórnia, e não tinha explicação para isso.

Sem embargo, seu estudo — e até as críticas a ele — sublinhou uma conclusão inescapável: não se podia provar nem desmentir epidemia alguma com os números disponíveis. Os dados eram simplesmente demasiado caóticos para que alguém pudesse afirmar o que quer que fosse com um mínimo de certeza. Nenhum cientista confiável que examinasse os números discordaria.

Durante algum tempo, na metade da década de 2000, os telespectadores australianos viram um emocionante anúncio de serviço público, no qual uma série de pessoas falava diretamente para a câmera a fim de descrever o desafio do autismo que afetava as crianças na Austrália. A certa altura, uma mulher declarava: "Uma em 166 crianças nascidas *terá* autismo".[22]

Na apresentação, não havia como saber de onde vinha a cifra "uma em 166" — tratava-se de uma estatística americana atribuída com frequência aos CCD a partir de 2004. Como disse a *Scientific American* três anos depois, àquela altura o número havia se tornado "conhecidíssimo"[23] em consequência da repetição incessante por parte dos grupos de interesse e das reportagens da mídia sobre o autismo. Da Índia à Irlanda, à Argentina e à África do Sul, a cifra "uma em 166" passou a ser a expressão numérica da história da epidemia.

Mas os CCD jamais tiveram a intenção de transformar a medida "uma em 166" na taxa mundial de autismo. A estatística só passou a ser o centro das atenções devido a uma intervenção habilidosa de Peter Bell, um pai do autismo.[24] Na qualidade de presidente da Cure Autism Now, ele foi um dos vários líderes que participaram de uma reunião em Washington, em 2003, convocada pelos CCD para dar informações às diversas organizações do autismo do país. Durante a discussão, alguém mencionou o fato embaraçoso de cada grupo presente usar um número diferente ao se referir à prevalência do autismo. Aquilo confundia o público e ameaçava solapar a credibilidade de todos eles. Apesar das relações às vezes rancorosas entre os agentes, todos concordaram que a coerência era importantíssima quando se discutia a dimensão da epidemia.

Naquele dia, o grupo ouviu a apresentação de uma funcionária dos CCD chamada Marshalyn Yeargin-Allsopp. Juntamente com a Academia Americana de Pediatria, os CCD haviam analisado estudos epidemiológicos recentes a fim de fornecer aos pediatras uma estimativa mais exata da prevalência. Mas, como Yeargin-Allsopp mostrou a Bell e aos outros, os números variavam muito. Um estudo que ela havia dirigido, examinando a população da região metropolitana de Atlanta, detectara autismo em aproximadamente uma em cada trezentas crianças. Outro, realizado em Utah, havia constatado um índice muito mais baixo: uma em quinhentas. Três estudos adicionais — um cobrindo um único vilarejo de Nova Jersey, o segundo em um condado inglês e o terceiro no estado de Illinois — detectaram taxas muito mais elevadas: cerca de uma em 166 crianças. A questão da prevalência ainda não tinha resposta simples nem estatística unificadora.

Quando a apresentação chegou ao fim, Peter Bell, que havia trabalhado doze anos em marketing empresarial, fez uma pergunta a Yeargin-Allsopp. Acaso ela estava dizendo que aquela ampla gama representava "o melhor cálculo dos CCD" da prevalência do autismo nos Estados Unidos naquele momento? Yeargin-Allsopp ficou calada, olhou à sua volta e balançou a cabeça. Sim, confirmou, naquele momento, os CCD não tinham cálculo melhor. Dessa vez foi Bell que olhou para os presentes, perguntando a cada um se sua organização concordaria em se ater a um único número, citando os CCD como sua autoridade, em todas as discussões públicas futuras sobre a prevalência do autismo. Todos concordaram e apoiaram o número mais alarmante da gama: uma para 166. Esse passou a ser o número propagado pelos grupos de defesa e repetido pelos meios de comunicação. Em breve, foi amplamente aceito como uma verdade.

Quem visitasse o site dos CCD descobriria que a agência não endossava aquilo. Na verdade, frisava que não havia uma cifra única e que todos os estudos empregados eram de escala relativamente reduzida. Afirmava com clareza o que poucos queriam saber: "Não há uma contagem de todos os indivíduos com autismo na população".[25]

A Academia Americana de Pediatria, por outro lado, prescindiu de tais nuances. O "Alerta do autismo" por ela expedido aos pediatras no verão de 2004 deu o que a maioria das pessoas talvez estivesse procurando: um número único que fez com que uma história imensamente complicada parecesse simples — e também muito assustadora.

Em alguns anos, a cifra uma em 166 ficou obsoleta. Em 2007, os CCD passaram a operar o que fazia tempo que faltava: um sistema financiado pelo governo de monitoramento das taxas de prevalência do autismo ao longo do tempo. A intervalos regulares — mais ou menos de dois em dois anos —, a agência relatava novos índices baseados em seu próprio monitoramento. Naquele ano, a agência anunciou que agora a taxa de prevalência mensurada era de uma em 150. Tratava-se de um aumento notável e de uma manchete importante em um mundo agora preparado para achar indícios de uma epidemia de autismo. Em todos os relatórios subsequentes, o número dos CCD continuou subindo, até que a taxa que eles representavam passasse a ser mais que o dobro da antiga uma por 166.

O novo número dos CCD ainda não era uma "contagem de toda a população" de pessoas com autismo. Tal empreendimento teria sido caríssimo e além de qualquer possibilidade de um verdadeiro controle de qualidade. A taxa de autismo dos CCD nunca foi e nunca seria um verdadeiro "recenseamento do autismo". Ao contrário, o programa de monitoramento dependia, como a maior parte da epidemiologia, de amostras da população. Especificamente, para obter uma cifra "nacional", os CCD escolhiam uns sessenta condados entre os 3144 do país, localizados em apenas dez estados, além de todos os condados do Arkansas.[26] Em vez de estabelecer uma amostra cientificamente representativa da nação como um todo, esses lugares eram escolhidos porque, em qualquer tempo, cerca de 10%

da população de crianças de oito anos do país vivia naquelas comunidades. Um painel de clínicos em Atlanta — todos treinados pelos CCD para a função — ficava conhecendo cada um daqueles meninos de oito anos só no papel.

As desvantagens óbvias inerentes a diagnósticos a longa distância eram um pouco compensadas pelas vantagens de todos os avaliadores aplicarem um conjunto de critérios único e coerente aos registros de todas as crianças dos onze estados. Desse modo, as variações locais no modo de encarar ou diagnosticar o autismo tinham menos probabilidade de distorcer o resultado. Os avaliadores dos CCD tinham acesso aos prontuários escolares e sanitários e neles procuravam sinais de comportamentos autistas. Na verdade, em seus escritórios em Atlanta, eles "diagnosticavam" autismo em centenas de crianças de oito anos espalhadas pelos onze estados, as quais nunca na vida tinham recebido o rótulo de autista.

Mesmo assim, em levantamento após levantamento, os resultados dos CCD revelaram grandes incongruências geográficas nos índices de prevalência de todo o país. Seus dados de 2008 produziram uma taxa "nacional" maior do que nunca: uma em 88 — a estatística mais alarmante já usada pelos defensores da causa do autismo. Mas essa proporção dissimulava uma propagação enorme nas taxas estado por estado, porque era meramente a média de todos os resultados locais. Naquele ano, por exemplo, o número de Nova Jersey foi uma em 49, mais que quatro vezes superior ao do Alabama, que foi uma em 210. Além disso, o Alabama parecia resistir à tendência. Sua prevalência apresentada em 2008 era 20% mais baixa que a de 2006 — fato a que poucos fizeram referência em meio a toda a discussão sobre uma epidemia de autismo que piorava.

Alguns enxergaram as disparidades geográficas como o reflexo de algum tipo de contaminador ambiental em ação, mais ativo em certas localidades do que em outras. Isso explicava por que um endereço de Nova Jersey parecia ser um risco maior do que um do Alabama. Isso podia ser considerado um mapa rodoviário grosseiro com que investigar um possível propulsor ambiental do autismo — algo que nenhum cientista descartaria, nem mesmo os "céticos da epidemia": o que há no ar ou na água de Nova Jersey que não está presente na do Alabama?

No entanto, essa abordagem teria de explicar o papel do comportamento humano na inflação dos números da "epidemia". Por exemplo, fazia tempo que Nova Jersey era um ímã para as famílias do autismo, que se mudavam para lá dos estados vizinhos, aumentando-lhe a taxa de prevalência a cada caminhão de mudança que chegava. As famílias eram atraídas pelas ofertas superiores de educação especial para o autismo financiada pelo estado, que estavam entre as melhores do país. Não se podia dizer o mesmo do Alabama.

Uma explicação rival sustentava que os números crescentes na década de 2000, em vez de marcar uma epidemia, mostravam que a epidemiologia estava se aproximando da realidade. Segundo esse ponto de vista, era provável que o autismo, independentemente dos critérios específicos, sempre tivesse feito parte da condição humana, mas chamou a atenção de Leo Kanner e, depois, levou a várias décadas de ajuste da definição. Não era que o autismo estivesse se difundindo em uma porcentagem da espécie humana maior do que no passado, e sim que, até 1999, a sociedade não havia feito um esforço intensivo para procurar as pessoas que já viviam com autismo.

Além disso, todos os tipos de fatores dificultavam o processo de contagem: tendências geográficas no diagnóstico, definições cambiantes, influências raciais e econômicas e a pura logística da contagem. Os cientistas sociais que defendiam essa opinião encaravam os números crescentes dos CCD como um sinal positivo de que a epidemiologia estava deixando passar cada vez menos pessoas que correspondiam à definição sempre em expansão do autismo. Esse ponto de vista dava a entender que, um dia, o mundo afinal teria uma estatística que apreendesse com precisão todo o autismo existente. As previsões do possível número variavam, sobretudo porque a definição de autismo vigente estava sempre sujeita a ser alterada uma vez mais.

O número mais extremo proposto por investigadores confiáveis proveio de um estudo de 2011 empreendido na Coreia do Sul,[27] onde os pesquisadores examinaram uma população de mais de 55 mil crianças e fizeram avaliações cara a cara, inclusive de crianças que não frequentavam aulas de educação especial. Entrando em salas de aula regulares, examinando alunos que até então não tinham sido diagnosticados e usando critérios amplos, inclusivos, os investigadores obtiveram uma taxa de prevalência de uma em 38.[28]

A *Time* a classificou de "talvez [...] a estimativa mais precisa até hoje da prevalência do autismo em crianças em idade escolar". Também era o número mais elevado já produzido por pesquisadores com revisão por pares. O pesquisador chefe, Young-Shim Kim, refutou a ideia de que uma em 38 fosse prova de uma epidemia. "Essas crianças não apareceram de uma hora para a outra. Estavam aí o tempo todo", disse ele à *Time*. "Nós é que não as tínhamos contado."[29]

Mas isso também não passava de teoria. Basicamente, a argumentação contra uma epidemia de autismo moderna — tanto quanto a argumentação a favor

— era detida pelo mesmo fluxo de areia movediça estatística que permeava os muitos conjuntos de dados incoerentes e propensos à distorção produzidos ao longo dos anos, cujos problemas inerentes faziam comparação entre exercícios de adivinhação passados e presentes. Mesmo quando estavam bastante convencidos de que a substituição diagnóstica e outros fatores externos explicavam uma parte ou mesmo a maior parte do aumento detectado, os cientistas não negavam que uma parcela dele continuava sendo inexplicável.

De resto, a falta de indícios de uma epidemia não era indício de *ausência* de epidemia. Logo, a maioria se recusava a negar que tivesse presenciado um aumento verdadeiro da incidência. Para as famílias do autismo do mundo todo, não era outra coisa que se sentia: que, apesar dos indícios pró ou contra, havia mais crianças com autismo do que antes.

Em agosto de 2010, alguns meses antes da publicação do estudo sul-coreano na *Time*, Emily Gerson Saines se vestiu para ir com Temple Grandin a uma entrega de prêmios em Los Angeles. Pôs um vestido, ao passo que Grandin preferiu uma roupa preta de caubói. Nos nove anos decorridos depois daquele almoço em Manhattan, o projeto de Emily de um filme sobre a vida de Grandin avançara de maneira agitada, mas devagar. Isso não se devia aos costumeiros problemas financeiros que obstruem os sonhos de Hollywood. Na verdade, a HBO logo se interessara pela ideia e não havia retirado o seu apoio até então. Emily também cumprira a única condição fixada por Grandin para autorizar a realização do filme: que o produtor obtivesse a aprovação da mãe dela, Eustacia Cutler.[30]

Ficou claro que o verdadeiro obstáculo a uma guinada rápida no projeto era a própria Gerson Saines. Ela fazia questão de que o filme captasse o autismo de forma correta, e era muito exigente quanto ao que queria do roteiro. Queria que o público aprendesse algumas verdades fundamentais a respeito do distúrbio, entendesse como o mundo encarava Temple Grandin e que, embora tivesse enfrentado numerosos desafios, ela ao mesmo tempo era recompensada com insights que escapavam à maioria das pessoas. Gerson Saines também queria mostrar como o autismo afetava uma família, inclusive nos momentos em que permitia momentos de alegria e riso. Entretanto, era difícil pôr tudo isso em um bom roteiro. Mais de um roteirista tentou, e uma série de diretores também não conseguiu atingir o alvo que Gerson Saines tinha em mente.

Isso mudou na primavera de 2008, quando a HBO colocou o diretor britânico Mick Jackson no projeto. Ele tentou mexer no script. Embora em geral discordasse de Gerson Saines durante a reescrita, conseguiu criar uma versão que agradou aos dois. As filmagens começaram naquele mesmo ano, no Texas. A atriz Claire Danes foi contratada para representar Grandin na juventude. Passou uma tarde com ela em Nova York, e essa foi a única vez que as duas se encontraram até quase o fim das filmagens, quando Grandin viajou ao Texas para passar alguns dias vendo-se a si mesma interpretada por Danes.

Gerson Saines receava um pouco essa visita. Não queria que, àquela altura da produção, a Temple Grandin real se pusesse a fazer observações sobre o desempenho de Danes ou a questionar quaisquer outras escolhas artísticas do filme. Isso, pensou, seria desastroso.

Naquela noite, quando ela e Grandin foram jantar, ocorreu-lhe que mostrar a ela parte da metragem já rodada talvez a ajudasse a se habituar à experiência de ver outra pessoa fingir que era ela. Propôs que abrissem mão da sobremesa e voltassem mais cedo ao quarto de hotel para assistir a trechos do filme.

Pouco tempo depois, a dupla estava sentada na beira da cama de Gerson Saines, assistindo a algumas cenas. Grandin ficou encantada e surpresa com o que viu.

"Claire Danes — ela sou eu! Não consigo acreditar!", disse.

Mas, algumas cenas adiante, Gerson Saines ouviu a amiga emitir um som estranho. Intrigada, virou-se para olhar. Grandin continuava de olho na tela, mas estava chorando. Gerson Saines imaginou que fosse por causa da cena a que estavam assistindo, na qual um cavalo morria.

Mas Grandin lhe contou que se comovera com um dos outros personagens do filme: o seu velho professor, dr. Carlock, interpretado por David Strathairn. O Carlock real havia falecido, e Grandin confessou que fazia tempo que não pensava nele. No dia seguinte, a tristeza passou e ela se divertiu muito no set do filme *Temple Grandin*. Para alívio de Gerson Saines, não fez nenhuma objeção ao modo como contavam a sua história.

A crítica recebeu espetacularmente bem o filme, que estreou no início de 2010 na HBO. Tudo quanto sua produtora desejava tinha sido alcançado. Os resenhistas o qualificaram de "brilhante", "triunfante", "ousado" e "incrivelmente alegre e muitas vezes engraçado". Fizeram-se, é óbvio, comparações com o lançamento de *Rain Man* mais de duas décadas antes — não só por causa de sua qualidade como também devido ao seu poder de chamar a atenção para o autismo.

No entanto, a diferença era que, em 2010, não havia muita gente nos Estados Unidos — ou em vários outros lugares — que não tivesse pelo menos ouvido falar em autismo. As muitas análises do filme não precisavam gastar palavras explicando essa parte da história. Agora o autismo era famoso. A história edificante da vida de Temple Grandin até serviu de antídoto para a taciturnidade geral que cercava a discussão sobre o distúrbio — coisa que fazia parte do que Gerson Saines pretendia fazer.

A confirmação plena chegou na noite em que ela e Grandin, com sua indumentária toda preta de caubói, compareceram à entrega do prêmio Emmy no Teatro Nokia em Los Angeles. Como filme de televisão, *Temple Grandin* tinha sido indicado para nada menos que quinze prêmios Emmy — apenas dois abaixo do total. Naquela noite, ganhou sete, inclusive o que obrigou a Própria Emily Gerson Saines a subir no palco: o de melhor filme feito para a televisão. Em meio ao entusiasmo que se seguiu ao anúncio, ela se levantou de um salto e, acompanhada de Grandin, Claire Danes e outros membros da equipe de produção, foi receber o troféu.

Uma vez entregue a estatueta, Gerson Saines passou a fazer o discurso de agradecimento. Começou com uma frase que quase todos os presentes já tinham ouvido: "O autismo alcançou proporções epidêmicas".[31]

PARTE IX
"EPIDEMIA"
(DÉCADAS DE 1990-2010)

40. O medo à vacina

Se uma epidemia de autismo estava em marcha no início do século XXI, era lógico que alguma coisa a havia causado. Decerto algo que aparecera na paisagem poucos anos antes do início do novo milênio, pois foi então que os números começaram a disparar. Também devia ser uma coisa que estava presente na vida da maior parte das crianças dos Estados Unidos e do Reino Unido, já que esses eram o epicentro do fenômeno. Enfim, o causador sem dúvida tirava proveito de uma via ainda indeterminada para entrar no corpo das crianças e lhes afetar o cérebro.

Recente. Onipresente. Invasivo. Fosse qual fosse o culpado, essas seriam suas características distintivas.

No inverno de 1998, em Londres, apontou-se um suspeito: uma vacina.

O furor do autismo com a suposta teoria da vacina se alimentava do pavor generalizado de que as crianças o contraíssem pela agulha de um médico. Fadado a durar anos, o medo foi provocado no Hospital Royal Free, de Londres, na manhã de 26 de fevereiro de 1998.[1] Naquele dia, o departamento de imprensa do hospital convocou os jornalistas para a apresentação preliminar de um paper de um de seus pesquisadores famosos, o jovem gastroenterologista Andrew Wakefield. Seu artigo, escrito com doze coautores, seria publicado dias depois na *Lancet*, a mais antiga publicação médica da Grã-Bretanha e uma das mais respeitadas. Essa associação e o nome do hospital conferiram credibilidade instantânea a Wakefield, coisa que teve muito a ver com a maneira como o mundo reagiu ao que ele disse ter descoberto.

O artigo de Wakefield[2] descrevia doze crianças por ele examinadas nos cerca de dois anos anteriores e que apresentavam comportamentos autistas acompanhados de inflamação intestinal grave. Depois de outros exames, Wakefield contou que havia encontrado algo mais em cada uma das crianças, que tinham entre três e dez anos de idade: vestígios de vírus do sarampo no trato intestinal. Com base nisso, ele e sua equipe presumiram que aquela combinação de três partes — problemas intestinais, autismo e vírus do sarampo — compunha a base de uma síndrome única. Fizeram uma breve alusão à possibilidade de um "vínculo causal" e disseram o nome da sua candidata a esse vínculo: a vacina conhecida como MMR [SRC no Brasil] tinha sido ministrada a onze das crianças, e não muito depois disso se iniciaram os problemas estomacais e os comportamentos autistas.

A MMR, uma vacina tríplice aplicada com uma só injeção, visava três doenças diferentes: sarampo, rubéola e caxumba. Segundo o trabalho, oito das doze crianças estavam se desenvolvendo normalmente, mas então, dias depois de tomar a injeção, começaram a apresentar sintomas clássicos de autismo, inclusive a perda da fala. Em um caso, a mudança ocorreu em um só dia. Em outros, relataram os autores, foram os pais que sugeriram que os dois fatos estavam ligados por uma "associação geral no tempo": primeiro a vacina, pouco depois a deterioração do comportamento.

Ninguém que lesse o artigo podia ignorar aonde os autores estavam chegando: que o vírus vivo do sarampo na vacina MMR podia provocar inflamação no intestino, e que essa inflamação, por sua vez, talvez levasse o cérebro a ficar inflamado, resultando no autismo. Tratava-se por certo de uma ideia intrigante, mas, mesmo assim, inteiramente especulativa. A principal prova disso — as lembranças dos pais — era muito frouxa para sustentar fortes afirmações científicas. No emprego dos qualificativos em todo o trabalho — "pode ser", "possivelmente" e até "não provou uma associação" —, Wakefield e seus colegas davam a entender que reconheciam que ainda se tratava apenas de uma hipótese.

A entrevista coletiva foi um fiasco. A equipe de relações públicas do hospital havia colocado Wakefield a uma mesa com quatro outros médicos, entre eles Arie Zuckerman, o decano da faculdade de medicina, que lá estava para garantir ao público que a vacina MMR era efetivamente segura. Contudo, Wakefield havia enviado a Zuckerman a cópia de uma carta[3] de quatro semanas antes, na qual afirmava que, se indagado diretamente, ele admitiria suas dúvidas quanto à segurança da MMR. Naturalmente, os jornalistas incitaram Wakefield a dizer se achava a MMR segura ou não. Como prometera, ele respondeu que tinha preocupações em relação à vacina. Na sua opinião, explicou, a mistura de três tipos de vírus vivos podia ser excessiva para o sistema imunológico de crianças pequenas. Wakefield não se opunha ao uso apenas da vacina contra sarampo em qualquer criança — inclusive no seu filho. Mas uma aplicação três-em-um, disse, era algo que os pais talvez preferissem evitar, dividindo a vacina em três injeções separadas por intervalos temporais.

"Não creio que os testes de segurança a longo prazo de MMR sejam suficientes",[4] disse. E acrescentou um marco ético em torno da questão. "Mais um caso desses é demais",[5] declarou.

Com ar chocado, Zuckerman se levantou de um salto. Os repórteres que estavam presentes se lembram dele esmurrando a tribuna,[6] tentando apagar o impacto dos minutos anteriores. "Centenas de milhões de doses dessas vacinas foram ministradas no mundo inteiro", declarou. "E se mostraram absolutamente seguras."

Por um instante, Wakefield pareceu entender, corretamente, que seu chefe queria que ele voltasse atrás. "Só quero dizer umas coisas", começou, "e é para explicar que não temos discordância na nossa percepção da necessidade de uma vacina contra o sarampo. Quanto a isso, todos concordamos que é extremamente importante." Mas, na frase seguinte, ele tornou a recuar. "Eu não concordo com o professor Zuckerman quanto ao alcance dos testes de segurança que foram feitos."

De maneira surpreendente, outro médico do painel começou a se perguntar em voz alta se o jovem gastroenterologista não estava no caminho certo. "De fato", meditou, "parece que essa combinação única de três vírus na mesma injeção é um fato inatural e inusitado." E assim prosseguiu durante mais de meia hora, depois da qual Wakefield começou a dar entrevistas privadas, explicando por que a sua descoberta sobre a MMR merecia estudos suplementares e que, nesse meio-tempo, convinha evitar essa vacina. Nos dias subsequentes, sua declaração mais citada — uma frase que usou em mais de uma entrevista depois da entrevista coletiva — foi a referente à sua motivação pessoal para se posicionar: "Para mim, é uma questão moral".[7]

Foi uma escolha retórica que alteraria em definitivo a sua carreira. Quase todos os virologistas, pediatras e funcionários da saúde pública do mundo sabiam que a vacina MMR era um exemplo magnífico de ciência aplicada e salvadora de vidas; ela praticamente havia relegado ao esquecimento as três doenças visadas. Se Wakefield quisesse fazer daquela uma questão moral, a ciência por trás das suas pretensões teria de ser incrivelmente convincente.

Mas havia outra plateia que precisava de muito menos persuasão. A Grã-Bretanha tinha uma história muito conhecida de ceticismo com vacinas,[8] cujos adeptos estavam em conflito com as autoridades de saúde pública desde o fim do século XIX. No fim do século XX, eles eram uma força marginal[9] e não muito bem-sucedida, uma vez que a maior parte do público britânico apoiava a prática da vacinação. Era o que demonstravam as taxas de imunização acima de 90%[10] com a maioria das vacinas na metade da década de 1990, muito embora o programa britânico não fosse obrigatório como era, nos Estados Unidos, para o ingresso nas escolas públicas.[11] Enquanto alguns adversários da imunização questionavam de modo categórico a necessidade de quaisquer vacinas, suspeitando de uma trama da indústria farmacêutica para criar um mercado para si, outros reconheciam a eficácia delas, mas queriam mais provas de que eram seguras. Também havia os que nutriam uma hostilidade filosófica às vacinas. Eles se opunham a que o Estado obrigasse qualquer pessoa a se submeter a um procedimento invasivo, pois viam nisso uma afronta à liberdade individual.

É claro que não se podia dizer que as vacinas nunca fizeram mal. Mesmo os seus adeptos mais ardorosos reconhecem a existência de riscos mínimos de reação adversa em qualquer indivíduo.[12] Isso vale para todo produto farmacêutico. Independentemente das precauções tomadas, sempre haverá indivíduos que, devido à sua constituição biológica peculiar, terão reação tóxica a uma substância ou recurso que em geral se mostra seguro. Esses resultados não significam que o produto seja defeituoso. A penicilina não é considerada um antibiótico defeituoso pelo fato de provocar reações alérgicas fortes e até fatais em um pequeno subgrupo de pacientes. Tal susceptibilidade não é previsível nem detectável de antemão. A sociedade aceita essa situação imperfeita porque as estatísticas mostram que a penicilina faz bem a muito mais pessoas do que as que prejudica.

Sabe-se que, quando se lança um programa de imunização, ocorrem alguns efeitos adversos[13] que não foram descobertos no estudo clínico, porque são raríssimos e específicos dos indivíduos que os sofrem. Os profissionais da saúde pública que promovem imunização universal obrigatória sabem disso, mas acreditam que o risco minúsculo é tolerável, bem como necessário. Não receber a vacina expõe esse mesmo indivíduo a um perigo muito mais provável de contrair a doença por ela visada. Além disso, quanto mais pessoas forem vacinadas, maior é a proteção à população como um todo.

Mas essa lógica não oferece consolo àqueles que têm o infortúnio de pertencer ao grupo lesado, quando a agulha obrigatória no braço é a coisa que torna uma criança cega, ou surda, ou paralítica para o resto da vida. Nesses casos raros, a angústia da família é agravada pelo fato de raramente haver prova de que o dano é resultado direto da vacina. Em geral, do ponto de vista da família, o indício mais convincente é o timing: o fato observado de a primeira manifestação de uma enfermidade parecer coincidir quase exatamente com a aplicação da vacina — em questão de dias ou até de horas. Mas coincidência não é prova de causação. E essa era a única coisa que Wakefield tinha — "uma associação geral no tempo" — para vincular a vacina MMR aos comportamentos autistas das crianças.

Não obstante, para as doze famílias cujos filhos participaram do estudo de Wakefield, a falta de dados convincentes que apoiassem as suas afirmações era uma questão de somenos. Todos sentiam que ele era o primeiro cientista que de fato lhes dera ouvidos.[14] Ninguém mais havia considerado válidas ou significativas as suas ideias sobre a conexão entre a aplicação da MMR e a doença dos seus filhos. Ademais, Wakefield era gastroenterologista. O aparelho digestivo extremamente problemático era um dos males comuns às doze crianças; o outro era o autismo. Na opinião das famílias, as duas coisas tinham de estar relacionadas, já que começaram mais ou menos ao mesmo tempo.

Elas não conseguiam fazer com que seus médicos levassem essa teoria a sério. Alguns pais sentiam que o sistema médico zombava deles. Mas aquele homem de jaleco branco — que Wakefield às vezes vestia para aparecer na televisão — dizia ao mundo que eles não eram loucos, nem ingênuos, nem ignorantes. E ele o formulava como uma questão de bem e mal, de certo e errado — em nome dos seus filhos, cujos pais acreditavam que tinham sido lesados para sempre. Naquele instante, sob as luzes da televisão no Royal Free, surgiu um campeão saído do mesmo mundo médico que, até então, desprezara os seus insights.

Mas agora havia o espetáculo dos outros médicos, na entrevista coletiva, arremetendo contra o alerta de Wakefield, jogando-se uns sobre os outros para garantir a segurança da vacina MMR. Nos dias subsequentes, um grande número de autoridades médicas britânicas, ao qual se uniram especialistas em vacina dos Estados Unidos, fez alegações parecidas, e a própria OMS se declarou "francamente alarmada com sugestões de que havia uma relação causal".[15]

Para as famílias e para Wakefield, aquela sucessão de manifestações de apoio à MMR não fazia senão mostrar quem eles estavam enfrentando — uma muralha de interesses firmemente estabelecidos, absolutamente contrários até a que se considerasse a possibilidade de a vacina MMR ter efeitos nocivos. Qualquer crítica ao trabalho dele era encarada como um vil ataque pessoal a um homem bom que estava tentando ser moral. Também era um ataque às famílias, aos seus filhos e a qualquer criança futura que viesse a receber a MMR. Eles formaram um círculo protetor em torno daquele jovem e solitário pesquisador. A guerra estava declarada.

E "vacina causa autismo" era a sua palavra de ordem.

Ainda que Wakefield não tivesse pronunciado as palavras "vacina causa autismo" em fevereiro de 1998, não foram outras as que o público ouviu nas semanas e meses seguintes. Em um país já ressabiado com as vacinas, as manchetes com palavras como "alerta" e "proibição" contra a MMR desencadearam sustos que nunca voltariam a desvanecer. Não que os jornalistas aceitassem a teoria como um fato. Todas as reportagens mostravam Wakefield como um caso único e diziam que a vacina contra sarampo salvava vidas. Um programa da Independent Television News (ITN), no Reino Unido, apresentou números e também um gráfico animado:[16] em comparação com os 800 mil casos de sarampo notificados em 1950, houvera apenas 4170 em 1997. Uma conhecida autoridade em imunização, o dr. Robert Aston, também apareceu lembrando os telespectadores que "a imunização é, de longe, a melhor coisa produzida pela ciência médica".

Entretanto, os pais do autismo que apareciam nos mesmos noticiários, em especial na televisão, eram muito mais convincentes que os especialistas e os seus números. A cobertura da ITN mostrou algumas crianças bonitas que tinham autismo e cujas mães explicavam, quase com certeza, que a "picada", no modo de falar britânico, tornara seus filhos autistas. "É uma roleta-russa", disse uma delas. "Você leva as crianças para tomar a vacina, e qual vai ter o transtorno?"

A entrevista coletiva de Wakefield aconteceu no fim de fevereiro. Na metade de março, um em cada cinco clínicos gerais do Reino Unido tinha no consultório pelo menos cinco famílias que rejeitavam a vacinação categoricamente ou faziam questão de tomar a de sarampo em separado. Além disso, informou o *Guardian*, alguns médicos estavam começando a compartilhar as dúvidas dos pais. Diziam que certo dr. Nagle, na zona norte de Londres, "os aconselhava a não dar a dose de reforço da MMR aos filhos de cerca de quatro anos".[17]

Tratava-se de um ciclo autoperpetuador. Quanto maior o número de pais que decidiam rejeitar a MMR, mais a imprensa enxergava um tema de atualidade válido. Em junho, apenas quatro meses depois que Wakefield publicou seu artigo na *Lancet*, as vacinações de MMR haviam caído quase 14% em Gales do Sul.

Foi uma história rara que manteve o público cativo não só durante semanas ou meses, mas durante anos. No resto de 1998 e 1999 adentro, a onda de resistência à MMR prosseguiu. Enquanto os pais faziam circular petições contra a vacina, o Parlamento debatia seus pretensos perigos. Em 2001, o medo continuava fora de controle, e o primeiro-ministro Tony Blair se meteu em uma trapalhada política.[18] Tendo incentivado publicamente os pais a darem a MMR aos filhos, recusou-se a contar se o seu filho de vinte meses a havia recebido.

Nesse período, a carreira de Wakefield passou por um tumulto. Ele dera prosseguimento à sua pesquisa mesmo com a controvérsia a florescer ao seu redor, defendendo-se de forma impressa de todos os pesquisadores que o atacavam e registrando novos casos da sua síndrome — dezenas deles.[19] Em dezembro de 2001, quase quatro anos depois da divulgação do artigo crucial sobre a MMR, ele publicou quase uma dúzia de outros estudos sobre doenças intestinais, sarampo e autismo, todos divulgados em várias publicações prestigiosas, com revisão por pares.

O medo à vacina tornou Andrew Wakefield famoso e, em certos círculos, querido. Assediado por entrevistadores e solicitações de palestras, ele percorreu o mundo a convite, mais identificado que nunca com a ideia de que as vacinas eram a causa do autismo. Em 2000, foi levado a Washington, para depor no Congresso a respeito do seu trabalho sobre a MMR. Naquele mesmo ano, falou sobre a sua pesquisa no programa *60 Minutes*, da CBS. Em toda parte, e apesar de questionado várias vezes, recusou-se a voltar atrás na recomendação aos pais para que evitassem a MMR enquanto não houvesse prova de segurança.

O uso da notoriedade, por parte de Wakefield, para difundir a mensagem errada por fim pareceu excessivo aos seus empregadores. Em novembro de 2001, ele se afastou da função que exercia no Hospital Royal Free, mas só depois de ser informado de que não tinha outra escolha.[20] "Só posso supor", disse à *Lancet*, que a sua pesquisa "era politicamente incorreta".[21] No *Sunday Express*, assumiu uma postura agora conhecida: "Talvez o establishment médico não tenha estômago para isso, mas não posso abandonar essas crianças [...] não vou me queixar, vou seguir adiante".[22]

A saída de Wakefield do Royal Free nada fez para conciliar o público com a vacina. No dia 5 de dezembro, o *Guardian* informou que, em Londres, o índice de vacinação da MMR havia declinado para 79%,[23] quando o ideal eram 95% ou mais. Na Escócia cairia para 86% em 2003, em comparação com 94% em 1995. "Por ora", escreveu a jornalista Linda Steele, "ainda paira um ponto de interrogação sobre a segurança da MMR."[24]

A demissão de Wakefield tampouco lhe prejudicou a reputação aos olhos dos seus seguidores. Depois de perder o emprego, ele começou a passar mais tempo nos Estados Unidos, sustentando o seu trabalho e a sua família com financiamento particular. Entrementes, a sua história recebeu grande consagração em 2003, quando foi transformada em filme[25] para a televisão britânica, assistido por 1,6 milhão de pessoas. O papel de Wakefield coube ao digno e simpático Hugh Bonneville, que mais tarde representaria o patriarca da família Crawley em *Downton Abbey*. Intitulado *Hear the Silence* [Ouça o silêncio], o filme mostrava um universo médico distópico, no qual os médicos e cientistas, na sua maioria, eram rígidos, cínicos, covardes ou intrigantes — sendo Wakefield o cientista-detetive de coração puro e em busca da verdade, que ia aonde os dados o levavam. No início da história, quando lhe perguntavam se acreditava que a MMR causava autismo, Bonneville, no papel de Wakefield, se calava, olhava ao longe e respondia: "Eu gostaria de saber". Mas os autores da fita deixavam claro o seu ponto de vista; a resposta era um sim sem reservas. A atriz Juliet Stevenson estava espetacular no papel da mãe de um menininho com autismo, que passava a maior parte do filme lutando com um médico após outro, e eles descartavam o que Stevenson tinha a dizer. "Alguma coisa lhe aconteceu!", gritava ela, frustrada, para todos. "Isso é o que eu sei no fundo do coração!" No fim, quando Stevenson enfrentava o pediatra com as palavras "Vá se foder!" — a penúltima frase do filme —, o instinto maternal ficava plenamente justificado como o melhor tipo de prova que existe.

O problema era aquela medicina convencional carecer de contestação. A certeza requer dados, e a coleta de dados demora. Até então, ninguém além de Wakefield havia examinado especificamente se havia ligação entre o autismo e a MMR. Em outras palavras, o melhor indício de segurança dos especialistas era a *ausência* de indício de falta de segurança. Infelizmente, isso não respondia à pergunta para a qual os pais de fato queriam respostas, a saber: "Onde está a prova de que a MMR *não* oferece o risco sugerido?".

A ausência inicial de uma resposta convincente foi uma bênção para Wakefield. Também deu uma grande vantagem, na Grã-Bretanha, ao pesadelo popular de ser possível contrair autismo a partir de uma agulha. Até Wakefield admitia a falta de prova científica de tal vínculo — mas, graças a ele, à imprensa britânica e à natureza humana, outra coisa manteve a conexão.

O medo.

Nos anos subsequentes à entrevista coletiva inicial de Wakefield, esse medo havia se estendido ao outro lado do Atlântico. Em 1999 e na primavera de 2000, o Congresso dos Estados Unidos teve pelo menos três audiências sobre a segurança da vacina. Nas duas primeiras, o autismo foi mencionado apenas en passant. No entanto, na audiência de abril de 2000, na Comissão da Câmara para Supervisão e Reforma do Governo, a história da epidemia foi reconhecida como uma narrativa política em tempo integral, na qual em breve ficou raro, em Washington, as palavras "autismo" e "vacinas" não serem ditas juntas na mesma frase.

Naquela audiência de abril, a principal testemunha foi Andrew Wakefield[26] fazendo a sua estreia americana. E ele roubou a cena. O seu sotaque britânico encantou, e os slides e os dados que levou consigo causaram alarme. Ele declarou ter encontrado novos casos de crianças com autismo, problemas estomacais e vírus do sarampo. "Agora já investigamos mais de 150 crianças", anunciou. Wakefield achara a síndrome em 146 delas. "A grande maioria tinha autismo." Diante das câmeras e dos jornalistas das principais redes do país, explicou o que aquilo significava: "A história como nos foi contada e que temos a obrigação de relatar é que a maioria das crianças regrediu depois de um período de desenvolvimento normal em face da vacinação de MMR". Como sempre, ele acrescentou uma nota de rodapé: "Isso não significa que ela seja a causa da doença".

Em junho de 2000, em mais uma audiência sobre a vacina[27] no Congresso americano, uma mãe da Geórgia chamada Lyn Redwood se revelou uma testemunha magnífica. Falou no filho Will e na sua convicção de que as vacinas o haviam mudado. "Ele era um bebê feliz, comia e dormia bem, sorria, brincava, andava e falava, tudo com um ano de idade", contou. "Pouco depois do seu primeiro aniversário, teve infecções múltiplas, perdeu a fala e o contato visual, desenvolveu uma dieta limitadíssima e passou a sofrer acessos intermitentes de diarreia." Redwood tinha certeza de que a culpa era das vacinas.

Embora fosse tristemente parecida com as histórias que os pais britânicos contavam à imprensa havia dois anos, a de Redwood diferia da narrativa britânica em um aspecto crucial: nada tinha a ver com o vírus do sarampo, tão central na teoria de Wakefield. E mais: não fazia nenhuma alusão ao sarampo — nem à vacina MMR. Pelo contrário, apontava um culpado inteiramente diferente pela doença do seu filho.

Esse culpado era o mercúrio. De fato, as vacinas continham mercúrio, uma toxina conhecida. Desde a década de 1930, ele entrava na composição das vacinas a fim de evitar a contaminação.[28] Os frascos mantidos nos hospitais e consultórios médicos continham várias doses e eram fechados com tampa de borracha. Enfiava-se uma agulha de seringa para extrair uma dose quando se ia vacinar um paciente. Teoricamente, as agulhas eram esterilizadas antes de sugar a vacina. Na prática, microrganismos vivos às vezes conseguiam entrar no fluido, comprometendo todo o frasco e sujeitando o paciente ao risco de infecção.

Nos anos 1930, para prevenir esse perigo, a empresa farmacêutica Eli Lilly começou a vender um produto chamado timerosal, um pó bactericida e fungicida que funcionava como conservante, normalmente em solução. A segunda sílaba da palavra "timerosal" — *mer* — derivava de um dos seus principais componentes, o mercúrio, que constituía quase a metade do seu peso molecular. Em quantidade ínfima — não mais que 0,01% em solução —, o timerosal se mostrou tão eficaz na preservação da esterilidade que, durante décadas, foi o ingrediente-padrão em uma vasta gama de produtos, de sprays nasais a solução de lentes de contato. Porém, mesmo quando os fabricantes desses produtos adotaram novos conservantes, a indústria farmacêutica continuou usando o timerosal nas vacinas. No fim da década de 1990, ele era ingrediente de mais de trinta vacinas diferentes.[29]

A presença de mercúrio no corpo não justifica necessariamente um grito de alarme.[30] Praticamente todos os seres humanos têm certa quantidade da substância metilmercúrio no organismo, consequência de resíduos no alimento que ingerem e no ar que respiram. A dosagem é importante. Por exemplo, uma lata de 170 gramas de atum contém cerca de sessenta microgramas de metilmercúrio,[31] ou seja, 0,0006 gramas, quantidade que nunca motivou um recall maciço de atum nos supermercados. Ao mesmo tempo, são frequentes os sinais de alerta contra o atum,[32] pelo menos em certas populações, como as grávidas e as crianças pequenas, refletindo o fato de que níveis precisos do risco do mercúrio nos seres humanos sempre foram uma zona cinzenta. Os dados são escassos, pois os experimentos com base na administração deliberada de mercúrio às pessoas seriam eticamente impossíveis.

Sem embargo, fizeram-se estimativas a partir do estudo de populações *acidentalmente* envenenadas, como os vários milhares de iraquianos que, no começo da década de 1970, ingeriram farinha de trigo importada que havia sido tratada com um fungicida de metilmercúrio.[33] Os danos neurológicos se disseminaram e chegaram a causar óbitos. Mais tarde, cientistas examinaram de perto os dados do Iraque e de alguns outros lugares com alta exposição conhecida. A partir desse trabalho, a Agência de Proteção Ambiental (Environmental Protection Agency, EPA) dos Estados Unidos produziu uma suposta dose de referência de mercúrio, ou seja, a quantidade que os seres humanos podem ingerir diariamente com segurança e sem efeito nocivo a longo prazo. Mas a EPA estabeleceu uma margem de segurança extremamente cautelosa — e, portanto, ampla. O número era 0,1 micrograma diário por quilo[34] do peso do corpo, coisa que, para não perder de vista a incerteza científica, "excedia" de forma deliberada, por um fator dez, o risco estatisticamente estabelecido. No caso de um homem de 75 quilos, seriam mais ou menos oito microgramas diários, isto é, a quantidade que ele ingeriria comendo cerca de um oitavo de lata de atum. Eram talvez três garfadas, coisa que mostrava o quanto a EPA quis ser cuidadosa com a dose de referência, na sua incerteza no tocante à quantidade de mercúrio que era demasiada. E, no entanto, visto de outro modo, o limite da EPA não era *tão* rigoroso assim. O tal homem de 75 quilos continuava podendo comer muito atum — 47 latas por ano — sem ultrapassar a dosagem de referência.

As vacinas feitas com timerosal — como as que levaram Lyn Redwood a alertar o Congresso — continham 25 microgramas de mercúrio por dose.[35] Isso parece pouco, menos do equivalente a meia lata de atum. Mesmo porque ninguém recebe 47 doses por ano, e o composto de mercúrio usado no conservante da vacina não se decompõe do mesmo modo que o mercúrio encontrado na comida[36] nem permanece tanto tempo no corpo. Entretanto, só em 1998, respondendo a perguntas formuladas pelo Congresso, os cientistas encarregados de orientar a política de imunização dos Estados Unidos começaram a calcular quanto mercúrio entrava no corpo das crianças pela vacinação.[37] O resultado surpreendeu por ser mais do que eles imaginavam.

Na metade da década de 1980, a única vacina com timerosal dada regularmente às crianças era a DTP (ou tríplice bacteriana), que protegia contra a difteria. Mas, em breve, se acrescentaram mais doses ao programa recomendado.[38] Em 1999, este incluía a vacina Hib, uma defesa sobretudo contra a meningite induzida pela influenza, e a de hepatite B — sendo as três aplicadas e acompanhadas de doses adicionais durante os primeiros seis meses do bebê. Como resultado, em 1999 a exposição de uma criança de seis meses ao mercúrio do timerosal havia subido a 187 microgramas.[39] Além disso, era comum haver dias em que um bebê tomava múltiplas vacinas, recebendo uma dose de mais de sessenta microgramas de mercúrio no espaço de poucos minutos. Retomando o exemplo do atum, era o equivalente a mais de uma lata ingerida por uma criança de cinco quilos. É claro que as vacinas estavam longe de ser um fato cotidiano. Costumavam ser aplicadas a espaços de meses, com exposição zero ao timerosal entre uma e outra.

Sem saber se esses níveis representavam um perigo para as crianças ou não, os principais experts em imunização do país decidiram pecar por excesso de cautela.[40] Em julho de 1999, muito pressionados por um pediatra da Johns Hopkins chamado Neal Halsey, a Academia Americana de Pediatria e o Serviço de Saúde Pública publicaram declarações coordenadas[41] contendo três recomendações: que os pediatras passassem a usar vacinas sem timerosal sempre que possível; que os fabricantes de vacina retirassem o timerosal das fórmulas futuras; e que a vacina contra a hepatite B, normalmente dada nas primeiras doze horas de vida do recém-nascido, fosse adiada na maioria dos casos para de dois a seis meses depois.

Estranhamente, a declaração prosseguia dizendo que nenhum risco conhecido apresentado pelo timerosal justificava de fato aquelas recomendações. Tentava se mostrar inequivocamente confiante quanto a isso, afirmando que não existiam "dados ou indícios de dano causado pelo nível de exposição". Mas boa parte do resto da declaração parecia solapar essa certeza, já que fazia reiteradas referências ao risco "desconhecido e provavelmente" bem pequeno de haver algo errado com as vacinas — e apresentava como motivo para pedir a evitação do timerosal o princípio segundo o qual "qualquer risco potencial preocupa".

Além disso, a Academia Americana de Pediatria divulgou um comunicado de imprensa com comentários do seu presidente,[42] o dr. Joel Alpert, que pareciam pouco tranquilizadores, embora evidentemente pretendesse o efeito contrário. "Os níveis atuais de timerosal não fazem mal às crianças", teria dito Alpert. "Mas a redução desses níveis tornará as vacinas seguras ainda mais seguras." O emaranhamento de mensagens ocasionou um dos comunicados públicos de saúde mais confusos da história dos Estados Unidos. E também um dos mais importantes.

Não fosse a estranhamente formulada revisão da política por parte dos experts, Lyn Redwood talvez nunca tivesse suspeitado de um vínculo entre o autismo do seu filho e o mercúrio das vacinas.[43]

Mas, como o anúncio parecia apontar para um problema, ela resolveu vasculhar os registros de imunização do menino e calcular a quanto mercúrio de vacinas ele havia sido exposto no primeiro ano de vida. "Os meus piores temores se confirmaram",[44] disse ela mais tarde no Congresso. "Todas as suas primeiras vacinas continham timerosal."

Obedecendo ao mesmo impulso, outros pais do autismo fizeram descobertas semelhantes em todo o país. Alguns já estavam desconfiados das vacinas, desde que os rumores sobre a hipótese de Wakefield acerca da MMR começaram a atravessar o oceano. A Cure Autism Now não tardou a exigir ação mais rápida do governo para retirar o timerosal das vacinas.[45] Mas, para os pais das crianças que haviam apresentado sinais de autismo antes de ter recebido a MMR — entre as quais o filho de Redwood —, as vacinas deviam ter *outra* coisa, aparte o vírus do sarampo, que explicasse o que havia acontecido aos seus filhos. Redwood se revelou uma excelente porta-voz desses pais.

No fim de 1999, ela criou um pequeno site dedicado ao tema do mercúrio nas vacinas, que logo veio a ser uma encruzilhada para os pais que navegavam na internet em busca de conselho e companhia na sua dor e da certeza de que o timerosal causara autismo nos seus filhos. Através dessa rede formada de maneira espontânea, Redwood emergiu como a mais proeminente das "mães do mercúrio", o apelido dado ao pequeno grupo de mães particularmente ativas. Cada vez mais, assim passou a ser identificada nas apresentações das palestras e entrevistas de televisão que dava.

Redwood também tinha a vantagem de aparentar calma e compostura. Embora às vezes os pais que culpavam as vacinas fossem considerados pelos críticos como exaltados e ignorantes, ela jamais correspondeu a esse estereótipo. Durante todo o discurso adversário, mantinha-se serena, séria e civilizada. Mesmo os que achavam a sua campanha contra o timerosal equivocada eram obrigados a reconhecer o seu profissionalismo, o seu preparo e a sua disposição para ouvir, assim como para falar. Como seu marido Tommy, médico emergencista, Redwood era profissional da saúde — enfermeira licenciada — e sabia transitar no discurso clínico sem perigo de tropeçar. Não só havia administrado muitas vacinas na sua carreira como continuava atestando a importância da vacinação como uma prioridade da saúde pública. Sua posição de que as vacinas deviam ser "mais seguras" — e não eliminadas — refutava a acusação generalizada contra os pais do seu campo de serem extremistas "antivacina". Alguns eram, sem dúvida, mas a maioria não.

Para muita gente, Redwood se mostrou muito sensata ao depor no Congresso em julho de 2000, quando atacou o timerosal valendo-se da própria declaração do governo. "Afirmar que 'não há indício de dano'", disse, "não quer dizer que não tenha ocorrido *nenhum* dano. A verdade é que não olhamos de maneira adequada ou nos recusamos a ver."

Tendo se achado uns aos outros, os pais que queriam que o timerosal fosse investigado — e que alguém pagasse pelo dano que eles acreditavam que o produto causava — tomaram o caminho trilhado pelas gerações anteriores de pais do autismo: organizaram-se. Em 2000, o grupo formado em torno de Lyn Redwood criou uma instituição sem fins lucrativos chamada SafeMinds.[46] Seus membros fundadores se organizaram com sofisticação, refletindo a experiência profissional dos principais ativistas do direito, da saúde, das relações públicas e da consultoria de gestão. Eram experientes no uso da internet, que estava se afirmando como um veículo de organização e defesa. E decidiram se armar de argumentos e dados que propagassem sua mensagem em um mundo mais amplo.

Tal como outros grupos de pais antes deles, mergulharam na literatura científica para se mostrar capazes — até certo ponto — de questionar as declarações de cientistas estabelecidos dos quais eles discordavam. Um grupo até produziu um artigo baseado em pesquisa expondo sua hipótese de que o autismo era, como dizia o título do trabalho, "uma forma nova de envenenamento por mercúrio". Embora repleto de notas de rodapé e tabelas de dados, não encontrou quem o imprimisse até ser aceito por uma publicação escocesa chamada *Medical Hypotheses*. No entanto, esse não chegou a ser o endosso ruidoso de sua seriedade esperado pelos pais, já que a missão autoproclamada da revista era a publicação de "hipóteses para as quais o apoio experimental ainda era fragmentário".

Isso revelou o eterno calcanhar de aquiles dos ativistas da vacina: a falta de apoio científico convincente a uma hipótese que seus adeptos abraçavam como um fato incontestável. Invertendo as tradições-padrão e consagradas da ciência, partiram da conclusão de que as vacinas haviam prejudicado os seus filhos e, depois, saíram à procura do indício que provasse que eles tinham razão. Isso ficou explícito em uma declaração que apareceu no site da SafeMinds em 2001, afirmando que se esperava que a pesquisa "provasse que o timerosal era uma causa do autismo". Essa atitude, em detrimento do grupo, dava a muita gente a impressão de que eles eram ingênuos com os procedimentos da ciência. Eles abraçavam prontamente toda a gama de terapias alternativas,[47] sendo a quelação uma opção empregada por muitos. A própria quelação tinha efeitos colaterais tóxicos e, em casos raros, até causava a morte. Mais radicalmente que todos, um médico de Maryland começou a injetar Lupron em meninos,[48] uma droga que inibe a secreção dos chamados hormônios sexuais — o estrogênio nas mulheres e a testosterona nos homens. Desenvolvido para retardar o avanço do câncer de próstata e dos fibromas, também era aplicado em criminosos sexuais como forma de "castração química". Para injetar a droga em crianças com autismo, o médico alegava que o autismo induzido pelo mercúrio vinha acompanhado e era exacerbado por níveis excessivos de testosterona, que prejudicavam a capacidade da criança de eliminar o mercúrio. Embora muitos pais que recorreram a essas terapias dissessem ter visto efeitos benéficos, nenhum dos métodos contava com o apoio de pesquisa controlada e alguns eram peremptoriamente refutados pelo establishment científico.

Não obstante, a habilidade política dos pais do mercúrio levou-os a uma vitória significativa na arena científica no segundo semestre de 2001. Reagindo ao temor que eles haviam alimentado, o Congresso ordenou ao *think tank* médico do governo americano, o Instituto de Medicina (Institute of Medicine, IOM), que avaliasse o estado da pesquisa disponível de timerosal e autismo.[49] Vários pais prestaram depoimento à comissão do IOM encarregada da tarefa. No dia 1º de outubro, o painel do IOM divulgou a sua constatação de que "os indícios para aceitar ou rejeitar" a hipótese dos pais de uma relação causal entre o timerosal e o autismo era "inadequada". Ademais, a força-tarefa entendeu que, no aguardo de mais indícios que a confirmassem ou refutassem, "a relação hipotética é biologicamente plausível".

Para os pais ativistas, foi uma vitória importante: a confirmação oficial de que a sua reivindicação não era uma simples fantasia disparatada. Encorajados, animados, eles continuaram pressionando pela causa dos filhos, a intensidade do seu esforço a evocar os pais do autismo das gerações anteriores. Ao fazê-lo, as mães e os pais atuantes na primeira metade da primeira década do novo milênio contavam com duas grandes vantagens sobre os predecessores. Uma era a internet, na qual um grupo básico de usuários podia se conectar com milhares de postagens, levando a uma sensação de apoio e solidariedade, quando não de exagerada força numérica.

A outra vantagem era a subversão completa do equilíbrio de poder entre profissionais e "consumidores" verificada nos quarenta anos de existência do ativismo do autismo. Desaparecera a deferência habitual à expertise que antigamente se esperava do público leigo. A desconfiança contra a autoridade e o impulso para contestá-la tinham se tornado uma prática usual. As mães do mercúrio jamais duvidaram do seu direito de interpelar altos funcionários da Food and Drug Administration (FDA), dos INS ou dos CDC.[50] Estes, por sua vez, também deviam acreditar em tal direito, ou pelo menos achavam politicamente prudente respeitá-lo, pois recebiam os pais, que eram convidados a questionar os funcionários em sessões abertas e a testemunhar em audiências científicas.

Outrora tímidos, quase "de chapéu na mão" no trato com a classe dos experts, os pais do autismo dos anos 2000 assumiram o direito de manter as autoridades médicas sob forte pressão. Uma mãe, que depois foi convidada a participar do programa *Today*, da NBC, se gabou em uma postagem on-line da atitude dos pais de tumultuar uma reunião com o pessoal dos INS,[51] à qual tinham sido convidados para que alguns dos principais pesquisadores do autismo do país os informassem sobre o seu trabalho mais recente. Irritada quando os apresentadores se puseram a discutir estudos que nada tinham a ver com as questões "dela" — vacinas, problemas gastrointestinais ou alergias alimentares —, a plateia começou a interromper, pegando o microfone e gritando "Nós não somos idiotas!", "Por que vocês estão nos fazendo perder tempo?" e "Escutem: NÓS JÁ NÃO SOMOS SUSCETÍVEIS À SUA PROPAGANDA!". A certa altura, a mãe que escreveu o relato tentou lançar um boicote em plena reunião. "Se os INS continuarem a me fazer perder tempo", declarou, "eu vou almoçar." Parte do público se levantou para acompanhá-la. Embora ela não tenha chegado a sair e, mais tarde, declarasse que se arrependia do seu comportamento "contraproducente", admitiu que "foi gostoso humilhar publicamente os que estão no poder".

O pêndulo oscilara de tal modo que, às vezes, os burocratas encarregados da saúde pública do país davam a impressão de estar, se não humilhados, completamente intimidados pela fúria dos que acreditavam no vínculo do autismo com o timerosal. Agora, graças ao poder outorgado ao povo pelo Congresso na década de 1970, os pais podiam obter cópias dos e-mails internos, memorandos e transcrições de reuniões dos cientistas do governo e procurar sinais de que este estivesse encobrindo os riscos do mercúrio. Uma dessas transcrições possibilitou que o advogado ambiental Robert Kennedy Jr. a usasse em um artigo intitulado "Deadly Immunity" [Imunidade mortal], publicado na revista *Rolling Stone* em 2005, no qual acusava o governo e os fabricantes de vacina de conspirarem para "esconder os riscos do timerosal".[52] Kennedy chamou-o de "um pavoroso estudo de caso de arrogância, poder e ambição institucionais". Com a divulgação do artigo, o Senado lançou uma investigação formal de possíveis incorreções de funcionários científicos do governo, inclusive conflitos de interesse financeiros, na qual os membros da liderança da política de vacinação do país foram tratados como réus.

O ano de 2005 viu outro divisor de águas para a teoria do mercúrio quando o escritor David Kirby publicou *Evidence of Harm* [Indício de dano], um relato em estilo subliterário da campanha das mães do mercúrio. Adotando a postura de um jornalista imparcial, ele afirmou que "toda boa reportagem tem dois lados, e esta não é uma exceção".[53] Mas, sendo Lyn Redwood a protagonista e a principal fonte da narrativa, as simpatias penderam descaradamente para os pais ativistas, que, escreveu Kirby, "nunca abandonaram a ambição de provar que foi o mercúrio das vacinas que lançou os seus filhos, na maioria meninos, no mundo infernal e perdido do autismo".[54]

Por atiçar o medo e a conscientização crescente do autismo, o livro teve um poder sem precedentes. Kirby foi infatigável no esforço de promovê-lo, aparecendo em toda parte, desde o *Montel Williams Show* até o *Meet the Press*, da NBC. Ministrou conferências em todo o país e foi um convidado frequente em um popular programa de rádio cujo apresentador, Don Imus, acreditava piamente na conexão timerosal-autismo. O grupo do Yahoo "Evidence of Harm" atraiu primeiro centenas, depois milhares de postagens mensais, revelando-se o principal ponto de encontro on-line dos teóricos do mercúrio.[55]

Com certas conotações da história de Erin Brockovich, não houve surpresa quando o livro de Kirby, que foi best-seller do *New York Times*, logo inspirou um filme de Hollywood.[56] A sua leitura fez os pais de toda parte sentirem que seus filhos corriam o perigo claro e presente de contrair autismo. Eles ficaram com medo, e nunca uma campanha de sensibilização foi mais poderosa que o medo.

Outros políticos começaram a se dar conta desse medo. Graças ao lobby dos pais e, em particular, de Jon Shestack, da Cure Autism Now, o Senado aprovou a Lei de Combate ao Autismo,[57] em 2006, sem um único voto contrário, autorizando uma despesa de 1 bilhão de dólares em cinco anos para satisfazer as necessidades das pessoas com autismo. No fim de dezembro, o presidente George W. Bush sancionou o projeto de lei revisto.

Além de autorizar o bilhão de dólares, a lei modificava a composição de uma comissão criada para aconselhar o governo federal no modo de gastar a verba. Chamado Comitê de Coordenação Interagências do Autismo (CCIA), parecia mais um pedaço sem vida da burocracia. Mas o CCIA reconstituído foi concebido para ter verdadeiro ímpeto e, ao mesmo tempo, refletir o fato de o autismo haver se tornado uma preocupação política. Era o que se via na lista de pessoas convidadas a participar do novo comitê, na qual brilhavam nomes de especialistas,[58] quase todos doutores em medicina e em outras disciplinas, que representavam os altos escalões dos serviços governamentais e da burocracia da pesquisa sanitária. Mas a lei também requeria que o novo CCIA incluísse cidadãos por ela chamados de "membros do público". Ele tinha de contar com pelo menos seis: gente que não fizesse parte de nenhuma burocracia federal, mas tivesse conexão com o autismo. Pelo menos um devia ser "pai ou ter a guarda legal de um indivíduo com transtorno do espectro autista".

Em 2007, Lyn Redwood, então presidente da SafeMinds, recebeu uma carta em papel timbrado do governo federal. Assinada por Mike Leavitt, secretário do Departamento da Saúde e Serviços Humanos, informava que lhe ofereciam uma das seis vagas reservadas ao público.

Para os pais do autismo de outros tempos, semelhante convite seria impensável. A nomeação de Redwood, em particular, representou uma ruptura radical. Uma mãe do mercúrio chegara a um alto posto na hierarquia da elaboração de políticas do autismo nos Estados Unidos, para trabalhar entre cientistas. Resultado direto do medo causado pela afirmação de que as vacinas haviam desencadeado uma epidemia de autismo, foi uma alteração notável no curso dos fatos e um sinal indicador da chegada dos pais como força política.

Mas outra força entrara na arena do autismo naquela época, uma organização fundada em 2005, cujo domínio não tardaria a ter, de maneira deliberada, influência sobre praticamente tudo quanto se relacionasse com o autismo, da ciência à atenção da mídia e à política. O timing do seu estabelecimento — em pleno pavor epidêmico — foi decisivo, tanto para o seu propósito quanto para a sua estratégia.

Mas esse grupo não foi fundado por ativistas contra a vacina nem por pais. Dessa vez, tratava-se de um casal de avós.

41. Autism Speaks

Durante cinco dias no fim de fevereiro de 2005, a rede NBC dedicou ao autismo parte de cada um de seus telejornais.[1] Sob a rubrica "AUTISM: The Hidden Epidemic?", os noticiários matinal e noturno dos referidos dias apresentaram o autismo como uma emergência nacional que estava sendo negligenciada. A MSNBC e a CNBC, emissoras a cabo da NBC, também transmitiram segmentos da série. Em produção durante quatro meses, ela foi um compromisso maciço com um grupo de defesa e, tanto quanto se tinha memória, sem precedentes na divisão de jornalismo de uma rede de televisão. Mais tarde, a NBC informou que cerca de 40 milhões de pessoas assistiram a pelo menos parte da série.[2]

Na manhã do último dia, os telespectadores conheceram o executivo da televisão que pusera "The Hidden Epidemic?" no ar. Aparecendo no cenário do programa *Today*, Bob Wright, diretor executivo da NBC, e sua esposa, Suzanne, sentados em banquetas, conversaram com o entrevistador Matt Lauer. O tema era o problema enfrentado pelas famílias que tentavam lidar com os desafios do autismo. Wright frisou que tais famílias estavam "na maioria dos casos exaustas e falidas",[3] sem meios de reivindicar mais atenção e dinheiro.

"Atualmente, há muitas organizações particulares boas, mas...", ia dizendo Bob quando Suzanne o interrompeu.

"Nós precisamos de uma organização nacional", afirmou ela.

Logo depois, dobrou a lapela do casaco e mostrou o pequeno broche que levava. Era azul e tinha a forma de uma peça de quebra-cabeça. Tratava-se do logotipo de uma organização nova que eles anunciaram naquela manhã: a Autism Speaks [Autismo Fala].

Naquele inverno, circulara nos meios do autismo a notícia de que um casal de Nova York, com riqueza e poder substanciais, tinha um neto que havia sido diagnosticado com autismo. Na verdade, quando os Wright foram ao programa *Today* e revelaram que eram os tais avós, já fazia quase um ano que os médicos do Hospital Presbiteriano de Nova York haviam dito a eles e a sua filha Katie que não tinham resposta médica para as graves enfermidades de Christian, de três anos.

Os médicos detectaram no menino o misterioso transtorno global do desenvolvimento sem outra especificação, um nome aparentemente vazio.[4] Eles sabiam que era outra maneira de dizer que Christian tinha autismo. Seus sintomas eram inconfundíveis. Não falava mais, embora tivesse tido algumas palavras a certa altura. Não fazia contato visual com ninguém, nem mesmo com a mãe. Mal comia e quase não dormia. Também sofria repetidos acessos de inflamação no aparelho digestivo. Seu traseiro era áspero devido à diarreia constante, e ele vivia tendo infecções estafilocócicas, candidíases e infecções oculares. Os Wright não tinham dúvida de que o problema de Christian era uma espécie de doença do corpo.

Bob Wright ficou estupefato quando os médicos disseram à família que o problema do garoto não tinha conserto. Os médicos decerto sabiam que ele era membro do conselho diretor daquele hospital, o que em geral servia para alguma coisa. Haviam passado três dias examinando Christian, mas a mãe do menino ia levá-lo para casa sem remédio, sem terapia e sem respostas reais. Wright ficou magoado pelo neto — e pela filha. Também ficou zangado.

Nos anos subsequentes, muitos pais do autismo diriam, com um toque de triste gratidão, que a pior coisa que aconteceu à família Wright, o diagnóstico de seu neto, foi uma das melhores para as suas famílias. Era um reconhecimento de que a raiva de Bob Wright pela falta de respostas para o seu neto, assim como a decisão dele e de Suzanne de tornar pública a sua história, havia reordenado o universo do autismo. Wright tinha influência e estava disposto a usá-la. A série "The Hidden Epidemic?", quando todos os recursos da divisão de jornalismo de uma rede de televisão se dispuseram a abordar o tema, foi apenas o aperitivo.

Sua produtora geral era uma jovem vice-presidente da NBC chamada Alison Singer. Logo que soube do diagnóstico de Christian, ela enviou um e-mail a Bob e Suzanne[5] oferecendo-se para ajudar como pudesse, sendo uma mãe que sabia perfeitamente o que a filha dos Wright estava passando: sua filha Jodie, de sete anos, era gravemente afetada. O irmão adulto de Singer, Steven, que tinha autismo, agora também estava sob a sua guarda. Aliás, sua mãe era Rita Tepper, a mulher que havia se culpado achando que não amava bastante o filho recém-nascido devido à sua semelhança temporária com um pinto.

Logo se formou um vínculo estreito entre Wright e Singer. Enquanto ele a encarregou de criar a série "The Hidden Epidemic?" — o seu maior trabalho de produção até então —, ela o apresentou a Eric e Karen London, os pais que haviam fundado a NAAR uma década antes e que estavam tendo mais sucesso do que nunca no patrocínio de pesquisa científica. Singer, que às vezes fazia trabalho voluntário para a NAAR, achou que convencer Wright a ser doador podia beneficiar muito a organização, dada a sua paixão por ajudar o neto.

Wright conheceu os London, mas não se limitou a isso. Tratou de conhecer os dirigentes de muitas outras organizações do autismo, assim como os diretores de vários programas educacionais, de centros de pesquisa de universidades e de agências do governo. Ao todo, passou uns seis meses se informando sobre o autismo, seus principais pensadores e ideias e sobre as respostas desenvolvidas para o transtorno.

O que ele viu o deixou desanimado. Em toda parte, Wright conheceu gente que o impressionou com o seu conhecimento e compromisso, mas achou chocante o fato de o campo do autismo ser tão fragmentado e estar, com tanta frequência, em guerra consigo mesmo. Não era apenas pela existência de muitas organizações diferentes, cuja eficácia ficava prejudicada por sua escala reduzida e pela em geral inútil desconsideração de umas às outras. Era pelo próprio teor do discurso na comunidade do autismo. Este sempre teve a tendência a ser cáustico. Mas, na metade da década de 2000, o tom vituperador havia subido muito. Para qualquer um que, como Wright, estivesse em contato com aquilo pela primeira vez, era horrível ver o quanto a conversa se tornara desagradável e tendia a continuar assim nos anos vindouros.

* * *

Tratava-se da controvérsia da vacina, que estava destroçando a comunidade — e em nenhum lugar mais do que na internet. De um lado, havia um grupo de blogueiros dedicados a impor a tese do mercúrio. De outro, um grupo autoidentificado "céticos", que dedicava quase tanto tempo a insultar e provocar os ativistas quanto a desacreditar suas afirmações acerca das vacinas. Não era incomum, por exemplo, ver David Kirby, o autor de *Evidence of Harm*, ser chamado de "um verdadeiro imbecil" e "um idiota". Mas a invectiva também ia na direção oposta. Em certo ano, logo depois do Dia de Ação de Graças, o site Age of Autism — que se apresentava como "Jornal Diário Eletrônico da Epidemia de Autismo" — postou uma paródia da pintura clássica de *Freedom from Want*, Norman Rockwell. O quadro original mostrava uma família à mesa da festa de Ação de Graças, preparando-se para comer um peru. Mas na versão editada com Photoshop,[6] no lugar do peru aparecia um bebê vivo, e os rostos de todos os comensais eram os de figuras importantes dos INS e dos CCD, assim como de outras pessoas consideradas inimigas. Entre elas figurava o de Amy Wallace, uma jornalista da revista *Wired*, que entrara pouco tempo antes em conflito com os ativistas.

O pecado de Wallace foi escrever favoravelmente[7] sobre o homem mais detestado pelos adeptos da teoria da vacina — um pediatra da Filadélfia chamado Paul Offit. E o pecado deste era sua disposição a questionar o que ele chamava de "pensamento volitivo" dos pais que acreditavam na teoria da vacina. Offit era um dos poucos críticos bem credenciados do campo da vacina a dizer alto e bom som que estava na hora de acabar com a pretensão de que os insights e intuições dos pais tinham tanto peso quanto as descobertas de cientistas respeitados. Sua franqueza era um presente para a mídia, e, durante vários anos, praticamente não houve uma grande reportagem sobre a segurança da vacina que *não* lhe desse destaque como a sua principal voz, contestando com verve e vigor o que os pais diziam. Ele passou a ser a referência principal e inigualável dos cientistas.

Havia um senão. Nos anos 1990, Offit participara da invenção e patenteara uma bem-sucedida vacina contra o rotavírus, coisa que lhe rendeu vários milhões de dólares na época. Em 2006, essa vacina passou a fazer parte do programa de vacinação recomendado, a ser dada no segundo e no quarto meses de vida. Seus inimigos pais se agarraram a isso, alegando que o verdadeiro motivo de Offit para atacar suas convicções era o desejo de proteger uma fonte de renda importantíssima. Do ponto de vista deles, toda vez que Offit abria a boca para opinar sobre segurança de vacina, o seu discurso podia se reduzir a três palavras: "conflito de interesse".

A obsessão pelo dr. Paul Offit na comunidade on-line de ativistas da vacina tornou-se uma das atrações secundárias mais ferozes e prolongadas da controvérsia. Apelidado "Dr. All Profit" [Dr. Só Lucro], ele emergiu como o demônio-padrão na longa e exaustiva luta dos pais com inimigos invisíveis no governo e no establishment médico. Mas Offit estava ali, bem visível e audível. Nas postagens no site Age of Autism, era chamado de "monstro", de "escória", de "um dos piores vilões, o mais malvado de todos". Mais tarde, o site o denominou o "Negador da Década". Mais tarde ainda, J. B. Handley, fundador de um grupo chamado Generation Rescue, escreveu: "Vou fazer tudo que estiver ao meu alcance para garantir que Offit seja lembrado na história como uma das cabeças mais sinistras, desonestas e bem financiadas que a indústria farmacêutica já produziu". Em várias ocasiões, Offit recebeu ameaças de morte anônimas por telefone e e-mail. Certa vez, um desconhecido lhe telefonou e disse o nome de todos os seus filhos. Outra pessoa lhe escreveu: "Eu vou pendurá-lo pelo pescoço até você morrer". Ele passou algum tempo acompanhado de um segurança.

Foi esse o panorama que Bob Wright encontrou quando, motivado pelo diagnóstico do neto, passou a se ocupar do autismo. As dissensões lhe ofendiam a sensibilidade, não que ele fosse particularmente delicado, mas por ser um homem de negócios, e dos mais pragmáticos. Wright era simpático, espirituoso e leal com quem lhe mostrava lealdade. Mas, sendo um diretor executivo interessado em ganhar, sabia fazer exatamente isso e com uma intensidade que o tornou rico, respeitado e temido no reino empresarial. Na NBC, comandando vastos recursos e exercendo um poder executivo irrefutável, ele transformou a rede em um conglomerado de comunicação muito maior, mais inovador e mais onipresente do que antes.

Agora Wright queria aplicar o seu talento e procurar ganhos semelhantes no confronto com os desafios do autismo. Queria fazer com que todas as pessoas inteligentes na área trabalhassem juntas, como se estivessem sob uma "tenda enorme", como ele costumava dizer. Queria a Autism Speaks otimizada para a eficiência como qualquer negócio deve ser, com todos na empresa sincronizados, harmonizados e centralizados sob uma equipe administrativa; um logotipo unificador; e uma declaração de missão clara, coerente e executável de enfrentar aquela epidemia. Com perspectiva de homem de negócios, Wright recorreu a profissionais de pesquisa de mercado, que criaram o nome Autism Speaks e remodelaram o logotipo da peça de quebra-cabeça que outros grupos do autismo usavam havia quarenta anos. Ofereceu salários de seis dígitos[8] para atrair executivos experientes em entidades sem fins lucrativos para gerir as operações cotidianas.

Wright não tinha intenção de adotar a abordagem paulatina, de começar em um porão, de juntar dólar por dólar que, por necessidade, os fundadores de praticamente todos os outros grupos do autismo na história haviam adotado. Ele queria a Autism Speaks grande desde o primeiro dia e decidiu assumir ele mesmo a direção, usando a influência que pudesse para que a organização fosse erigida, financiada e reconhecida — e rápido.

Isso logo se tornou possível quando o seu velho amigo Bernie Marcus doou 25 milhões de dólares[9] durante os primeiros cinco anos para que a organização começasse a funcionar. Logo nos primeiros meses, a Autism Speaks lançou arrecadadores de fundos de alta potência, como um concerto de Jerry Seinfeld[10] e Paul Simon, e com o ex-âncora da NBC Tom Brokaw no papel de mestre de cerimônias — todos amigos dos Wright. Esses foram pontos de referência que a maioria das organizações sem fins lucrativos tardava anos a realizar, e poucas chegaram a tanto.

Wright convidou Alison Singer a atuar como diretora executiva interina, e ela aceitou, desde que com horário flexível por causa das exigências em casa. Assim, a sua carreira de executiva da televisão chegou ao fim. A militância do autismo e o empenho em transformar a Autism Speaks em uma força motriz o mais depressa possível passaram a ser o novo foco total de sua vida profissional. Devido à conexão pessoal que tinha com o autismo em casa, Singer ficou mais próxima dos Wright, sentindo-se quase da família enquanto trabalhavam juntos para construir a "tenda enorme" que Bob enxergava como o meio de pôr fim à acrimônia inútil e de tornar a vida das famílias mais fáceis o mais depressa possível.

A Autism Speaks alcançou o seu objetivo de várias maneiras. Uma das suas principais prioridades era a "conscientização do autismo", que simplesmente significava levar as pessoas a conhecerem o transtorno e se interessarem por ele.

Nesse aspecto, a visibilidade obtida pelo grupo logo no primeiro ano mereceu a inveja do superpovoado e conflituoso setor das entidades sem fins lucrativos. Naturalmente, o temor à vacina já havia possibilitado uma onda de conscientização impelida pelo medo, mas a Autism Speaks surfou com habilidade nessa onda, disparando o alarme da epidemia[11] e, ao mesmo tempo, se apresentando como um oásis de informação inteligente, profissionalmente administrada, fornecida com serenidade e fidedigna. Os pais de filhos recém-diagnosticados começaram a entrar no site da Autism Speaks primeiro à procura de respostas, enquanto jornalistas em busca de citações e informações colocavam a equipe de experts da Autism Speaks no topo da sua lista de telefonemas. Pela primeira vez na história, a Sociedade de Autismo da América, o grupo fundado por Bernard Rimland e Ruth Sullivan (originalmente Sociedade Nacional para Crianças Autistas), deixou de ser a porta-estandarte da causa do autismo na imaginação popular. Ela servira à causa com nobreza e, às vezes, com heroísmo, mas agora era eclipsada pelo estrelato e pela energia personificados pelos Wright. Na qualidade de embaixadores da Autism Speaks, Bob e Suzanne pareciam onipresentes,[12] assim como o seu logotipo do quebra-cabeça azul. As celebridades o usavam em cerimônias de premiação. Ele foi estampado em 5 milhões de xícaras da Starbucks[13] e era vendido por um dólar na caixa registradora de todas as lojas da Modell's Sporting Goods. Nenhuma outra organização militante conseguiu, na época ou depois, creditar para si a conscientização de tanta gente em tão pouco tempo.

A sua segunda prioridade ficava sob a rubrica "defesa". Ser percebida como uma gigante que se traduzia em acesso imediato ao poder pelos lobistas da Autism Speaks, tentando operar mudanças na política do governo. Nenhum político se atrevia a recusar um encontro com Bob Wright ou com um dos seus emissários. Durante vários anos, isso ajudou a entidade a registrar uma série de vitórias, convencendo as Assembleias Legislativas a aprovarem leis que obrigavam as companhias de seguro a pagar o tratamento do autismo. Antes disso, a cobertura era quase universalmente negada às famílias sob o pretexto de o autismo não ser um problema de saúde. Talvez nenhuma outra "reforma" do autismo tenha produzido mais benefício material às famílias do que as novas leis de seguro criadas por influência da Autism Speaks.

E ainda havia a pesquisa científica. A Autism Speaks também queria ser "dona" dessa área.

Mas foi aí que as coisas ficaram muito mais complicadas.

***

Nos vinte anos durante os quais Bob Wright ocupou cargos como o de presidente e diretor executivo, a rede de televisão NBC quintuplicou o seu tamanho em termos de renda.[14] Partes desse crescimento vieram do desenvolvimento eficiente de setores existentes da própria NBC. Mas outras vieram da detecção de propriedades externas valiosas — empresas que já estavam prontas, funcionando e, de preferência, ganhando dinheiro — e da sua aquisição por compra ou algum outro arranjo. Nessa prática empresarial comum, conhecida como fusões e aquisições, o crescimento ocorre com uma "canetada".

A Autism Speaks, a caminho da grandeza, adotou essa abordagem.[15] Antes de fundá-la e durante o seu primeiro ano de operação, Wright trabalhou arduamente para acolher na sua enorme tenda o que havia de melhor em matéria de entidades sem fins lucrativos do autismo. A Autism Speaks chamava essas transações de "fusões", mas, na verdade, sempre que uma organização de fora era levada para dentro daquela maneira, perdia de imediato a sua identidade por trás da peça de quebra-cabeça azul. Era evidente que certos grupos atraíam a Autism Speaks devido aos ativos particulares que possuíam, inclusive gente talentosa. Por exemplo, a primeira fusão anunciada, concluída antes mesmo do lançamento oficial, foi com um grupo chamado Coalizão do Autismo para Pesquisa e Educação (Autism Coalition for Research and Education, ACRE), que sobressaía na organização de torneios de golfe com celebridades e outros eventos de arrecadação de fundos. Uma cofundadora do grupo era Emily Gerson Saines, a produtora do filme *Temple Grandin*. O outro cofundador, Kevin Murray, entrou na diretoria da Autism Speaks, oferecendo imediatamente expertise nesse tipo de captação de recursos, à qual, a Autism Speaks sabia, eles queriam dar continuidade. A ACRE tinha mais uma coisa valiosa: o status fiscal 501(c)(3), ou seja, de entidade sem fins lucrativos isenta de imposto de renda. A transferência desse status para a nova organização permitiu-lhe começar a aceitar de imediato doações dedutíveis de imposto.

Naturalmente, era inevitável que as duas organizações de mais destaque dirigidas por pais e patrocinadoras da pesquisa científica logo chamassem a atenção de Bob Wright. Na época do lançamento da Autism Speaks, a NAAR, criação de Eric e Karen London, e a Cure Autism Now, fundada e ainda dirigida por Jon Shestack e Portia Iversen, representavam duas décadas de experiência combinada, com malas diretas e bem desenvolvidas redes de cientistas já prontas. Ademais, a NAAR tinha o banco de tecido cerebral e a CAN, a famosa biblioteca de DNA. Ambos, que levaram anos para ser construídos, eram únicos e preciosos. Ainda quando a Autism Speaks estava sendo lançada em 2005, Wright já sabia que queria aqueles ativos. E encarregou Alison Singer de iniciar as negociações de fusão.

Pela primeira vez, mas não pela última, a Autism Speaks estava prestes a magoar certas pessoas.

Jon Shestack se opunha irredutivelmente a qualquer tipo de fusão com o grupo de Wright.[16] Seus motivos eram em parte pessoais. Ele adorava a Cure Autism Now. Adorava dar tudo quanto tinha a uma causa que o fazia lançar mão de talentos de que ele nem sabia que era dotado, e isso nutria a sua paixão tanto quanto lhe exauria os dias. Além disso, aquela era a sua maneira de *fazer alguma coisa* pelo filho Dov, a qual lhe parecia muito mais condizente com a sua personalidade de produtor de Hollywood do que não fazer nada. Ele não tinha o menor interesse em abrir mão disso para fazer parte de um gigante dirigido a partir de Nova York.

Shestack também tinha uma aversão filosófica a ver a CAN sendo engolida. Passara a acreditar que era bom para a ciência que os pesquisadores contassem com mais lugares — não com menos — a que recorrer para pedir dinheiro. Quando, por exemplo, a NAAR negava uma subvenção a um cientista, este sempre tinha a possibilidade de recorrer à CAN, ou vice-versa. A CAN e a NAAR haviam chegado a uma détente produtiva sob a qual, apesar da rivalidade que as separava, o terreno que cada uma delimitava para pesquisa em geral não se sobrepunha ao da outra. Ele achava benéfico o arranjo existente, no qual nenhum grupo sem fins lucrativos tinha poder monopólico sobre a escolha dos caminhos a serem explorados pela ciência do autismo.

Por essa razão, Shestack via a Autism Speaks, que também andava atrás da NAAR — e de pelo menos mais uma organização menor —, como uma ameaça. Anos antes, ele recusara a oportunidade de fusão com a NAAR, mas, quando Alison Singer lhe telefonou pela primeira vez, falando no interesse de Bob Wright em unir forças, Shestack ligou na mesma hora para os London, em Princeton, e lhes propôs reconsiderar a possibilidade de casamento. Uma organização CAN-NAAR combinada, argumentou, serviria de contrapeso à Autism Speaks, e isso seria bom para todos.

Mas os London não viam a coisa desse modo.[17] Tinham tido reuniões com os Wright e concluído que unir-se à Autism Speaks não faria senão alçar o seu trabalho a um plano mais elevado, com o financiamento e a visibilidade aumentados que a influência dos Wright se mostrara capaz de produzir. Shestack pediu encarecidamente aos London que não levassem aquilo adiante, mas não tinha ideia do ponto a que eles já haviam chegado nas negociações com Singer e Wright. No dia 30 de novembro de 2005, a Autism Speaks e a NAAR divulgaram uma declaração conjunta anunciando "a consolidação das duas entidades filantrópicas".[18] Três membros da diretoria da NAAR, entre eles Eric London, passaram a integrar o conselho diretor da Autism Speaks, mas o nome NAAR desapareceu. A "nova estrutura", segundo o comunicado de imprensa, "ficará conhecida coletivamente como Autism Speaks, Inc.".

Shestack só foi avisado da fusão no dia em que ela ocorreu e pouco antes que fosse anunciada publicamente, quando Singer, em Nova York, adiou a sua chegada a uma reunião e telefonou da rua para a casa dele em Los Angeles.[19] Sentando-se na escada da entrada de uma casa em uma rua próxima da Madison Avenue, ela se preparou para o que ia fazer. Gostava e respeitava Shestack, com quem trabalhara quando ele foi entrevistado para a série "The Hidden Epidemic?". Também sabia que ele ficaria contrariadíssimo com a notícia. Queria que a recebesse de sua boca.

Shestack estava no banho quando ela ligou e lhe pediu que voltasse a telefonar dali a alguns minutos. Quando Singer o fez, o esperado aconteceu. Ele soltou uma série de palavrões seguida de uma diatribe sobre por que o que a Autism Speaks estava tentando fazer era prejudicial à ciência. Ela o escutou até o fim, mas, como ainda era o braço direito de Wright nessa matéria, tinha outro recado para dar. Da maneira mais delicada que pôde, esclareceu que, se optasse por continuar dirigindo a CAN como uma organização independente, ele que não esperasse nenhuma consideração por parte da Autism Speaks na concorrência por financiamento, pela atenção da mídia ou mesmo pela lealdade das celebridades de Hollywood, que tinham todos os motivos para querer cair nas boas graças de Bob Wright. Ademais, em breve a Autism Speaks abriria um escritório em Los Angeles, organizando caminhadas na cidade e ocupando espaço de anúncios nos jornais e cartazes. Shestack ouviu o recado como *Junte-se a nós se não quiser que o esmaguemos*. Singer não usou semelhante linguagem, mesmo porque não achava que fosse necessário. Sabia que ele a entenderia perfeitamente. Pediu-lhe que, por favor, reservasse algum tempo para pensar se a fusão não era a melhor coisa para todos.

Desanimado, Shestack levou o problema a um dos seus confidentes mais íntimos na CAN, o pai do autismo Peter Bell, então na presidência da organização. Ele era para Shestack o que Singer era para Wright: um amigo e um ativista dedicado que, como Singer, havia abandonado uma carreira bem-sucedida em outro campo — a de executivo de marketing na indústria farmacêutica — para trabalhar exclusivamente na Cure Autism Now. Até se mudara com a família de Nova Jersey para Los Angeles. Se alguém tinha uma ideia para se esquivar daquilo que Shestack encarava como uma ameaça de absorção, essa pessoa era Bell.

Mas Bell o surpreendeu. Disse-lhe que era impossível ganhar uma luta com Bob Wright. Além disso, tal como os London, ele tinha bons motivos para participar de uma organização maior.

Alguns meses depois, Shestack soube que a maior parte do conselho diretor da Cure Autism Now era da mesma opinião. A Autism Speaks parecia ser o futuro, e não tinha sentido não fazer parte dela. Quando a questão foi submetida a votação, a proposta foi aprovada. Só dois membros votaram contra. Um foi Jon Shestack; Portia Iversen, sua esposa e cofundadora, a outra.

Em 29 de novembro de 2006, uma declaração conjunta anunciou a fusão da Cure Autism Now com a Autism Speaks.[20] Uma vez mais, um nome desapareceu. "A organização consolidada", dizia a declaração, "ficará conhecida como Autism Speaks, Inc." Peter Bell foi imediatamente contratado como vice-presidente executivo de programas e serviços e tornou a se mudar para o Leste com a família. Shestack e Iversen receberam assentos no conselho diretor da Autism Speaks. Quando seu mandato terminou três anos depois, nenhum dos dois foi convidado a voltar.

A administração da missão de pesquisa pela Autism Speaks se mostraria controversa, para dizer o mínimo. Por um lado, o dinheiro que começou a ser canalizado para a nova investigação científica logo ultrapassou qualquer coisa com que uma instituição beneficente particular já havia contribuído para a ciência do autismo.[21] Em 2006, a organização desembolsou quase 14 milhões de dólares, valor 26% superior ao que a CAN e a NAAR tinham dado juntas a cientistas em 2005. Em 2007, a Autism Speaks registrou um número maior ainda: 24 milhões de dólares. Em 2008, houve um novo salto, para 27 milhões. Além disso, a organização controlava tanto a biblioteca de DNA quanto o banco de tecido cerebral. Enfim, a Autism Speaks começaria a contribuir para um consórcio global de cientistas dedicado a sequenciar o genoma completo de 10 mil indivíduos de famílias afetadas pelo autismo.

O lobby político da Autism Speaks ajudou a encaminhar para a pesquisa do autismo dezenas de milhões de dólares do orçamento federal, e seus programas de conscientização também alertaram mais cientistas do que nunca para as possibilidades e oportunidades — para eles próprios — no estudo do autismo. Anualmente, cientistas de mais de quarenta países juntavam-se em massa no encontro anual da Sociedade Internacional para a Pesquisa do Autismo, da qual a Autism Speaks passou a ser a principal financiadora e anunciante.

E, no entanto, em poucos anos, o desempenho da Autism Speaks na área da pesquisa científica seria questionado por todos os lados, e o grupo cederia a outros a posição de liderança nesse campo, enquanto o sonho de Bob Wright de uma organização "tenda enorme" — sincronizada, harmonizada e centralizada — cairia perigosamente, empurrado pelo peso de demasiados pontos de vista irreconciliáveis.

E tudo porque a Autism Speaks se enredou na controvérsia da vacina, na qual a ciência não tinha e nunca teve nada a acrescentar.

42. Uma história se desemaranha

O artigo de Andrew Wakefield sempre contivera fios soltos suficientes para que os críticos começassem a desmontá-lo praticamente assim que foi publicado na *Lancet* nos idos de 1998. Sabendo que o artigo geraria controvérsia, Richard Horton, o editor da publicação, providenciou para que uma refutação aparecesse no mesmo número.

Escrita por uma dupla de pesquisadores de vacina americanos dos CCD, Robert Chen e Frank DeStefano,[1] era uma diatribe preventiva, na qual eles argumentavam que levantar a questão de um vínculo causal entre vacinas e autismo era irresponsável e até perigoso. Os fatos, escreveram, eram motivo de reafirmação da segurança da vacina MMR. Mencionaram o seu uso seguro em "centenas de milhões de pessoas no mundo todo", sem um só relato de alguém que tivesse "desenvolvido problemas intestinais ou comportamentais crônicos". Citaram o trabalho de cientistas que haviam tentado em vão reproduzir as constatações de Wakefield "usando avaliações mais sensíveis e específicas". Salientaram que os pacientes de Wakefield não representavam uma amostra aleatória e que sua dependência da lembrança dos pais para apontar com precisão o começo dos problemas digestivos e comportamentais era questionável. Também mostraram que, em várias das crianças, os problemas comportamentais já existiam antes dos problemas intestinais.

Durante o ano seguinte, os indícios científicos contra Wakefield continuaram a crescer. Em junho de 1999, a *Lancet* publicou uma investigação epidemiológica conduzida por um pesquisador do Royal Free Hospital chamado Brent Taylor.[2] Sua equipe havia examinado registros de vacinação de quase quinhentas crianças que receberam diagnóstico de autismo durante um período de anos que incluía a introdução da MMR na Grã-Bretanha. Esperava-se que o vínculo causal surgisse como um súbito aumento do autismo coincidente com o uso da MMR. A equipe de Taylor não detectou nenhum.

A seguir, pesquisadores americanos contribuíram com um estudo da Califórnia,[3] publicado no início de 2001, comparando tendências na vacinação da MMR e o diagnóstico de autismo entre crianças nascidas no estado em 1980 e em 1994. "Essencialmente, não se observou nenhuma correlação", informaram os autores do estudo no *Journal of the American Medical Association*.

Em 2006, o suposto vínculo tinha sido investigado por epidemiologistas do Japão, da Finlândia, dos Estados Unidos, da Grã-Bretanha, da Dinamarca, do Canadá e de outros países — mais de uma dezena de vezes ao todo —, e os pesquisadores não encontraram nenhuma associação significativa entre o uso da MMR e o autismo.

Entrementes, outros pesquisadores procuraram indícios da proliferação do vírus do sarampo que Wakefield dizia ter encontrado repetidas vezes nos intestinos de crianças com comportamentos autistas. Mas esses estudos tampouco conseguiram replicar suas constatações.

A imprensa não desconsiderou essa conclusão quase unânime de cientistas em meia dúzia de países. Os estudos quase sempre viravam notícia, mas sempre no âmbito da narrativa em curso de verdades rivais — a dos cientistas em oposição à das famílias. E, fosse como fosse, Wakefield continuava gozando do benefício da dúvida.

Foi um jornalista freelance o autor da reportagem preliminar que levou à perdição de Wakefield. Brian Deer era repórter investigativo[4] e escrevia com frequência para o *Sunday Times*, denunciando atividades ilícitas na indústria de serviços de saúde. No fim de 2003, o filme de TV *Hear the Silence*, sobre Wakefield e suas teorias, deu muito que falar pouco antes de estrear, e isso instigou a discussão pública a respeito da questão da MMR. Um editor do *Sunday Times*, querendo aproveitar essa onda, decidiu pedir a Deer que conseguisse "uma bomba" em torno da MMR.[5]

Deer encarava a história da MMR com um ceticismo profundo ainda não demonstrado pela maioria dos colegas na imprensa. Um dos seus primeiros telefonemas foi para uma mãe cujo filho participara do estudo da *Lancet*. Deer não deu o sobrenome verdadeiro quando entrou em contato com ela, uma manobra que havia combinado de antemão com os seus editores. Apresentou-se com o sobrenome materno para que a entrevistada não ficasse com o pé atrás caso conhecesse as suas reportagens. Assim enganada, a mulher conversou com ele durante várias horas, respondendo a suas perguntas de um modo que o pasmou.

Contou-lhe, por exemplo, que só havia notado os primeiros sintomas comportamentais do filho meses depois que lhe deram a injeção de MMR — não catorze dias depois, como relatara Wakefield. Em uma entrevista posterior dessa mãe, Deer ficou sabendo que não foi por acaso que ela escolheu o Royal Free Hospital para tratar dos problemas intestinais do filho. Como ele descobriria em breve, várias famílias haviam consultado um advogado especializado em danos corporais que, no fim da década de 1990, estava começando a preparar um processo de segurança do produto contra os fabricantes da MMR. E esse advogado orientou essas famílias a pedirem aos seus clínicos gerais que as encaminhassem para Wakefield. No entanto, o artigo deste na *Lancet* dizia que todas as famílias o haviam procurado "por iniciativa própria".

Deer também descobriu que Wakefield e o advogado haviam se correspondido anteriormente sobre a possibilidade de estabelecer um vínculo causal entre a vacina e o autismo que fosse suficiente para justificar um processo judicial. Com a intervenção do advogado, providenciou-se para que o médico recebesse cerca de 80 mil dólares para financiar um estudo piloto — o mesmo que depois foi publicado na *Lancet*. Além disso, Wakefield revelou à equipe de advogados os resultados do estudo da *Lancet* antes mesmo que fossem impressos.

Quando Deer lhe pediu que explicasse essas descobertas, Wakefield tentou fazer com que parecessem um lapso insignificante de etiqueta editorial. "Eu acredito que esse artigo foi feito com boa-fé",[6] disse. "Ele relatou as constatações." Depois escreveu uma carta à *Lancet* negando toda e qualquer acusação de deslize ético. E, em todas as entrevistas, reafirmou suas conclusões originais.

Mas qualquer um que já tivesse feito pesquisas ou confiado nelas percebeu de imediato o quanto a reportagem de Deer era comprometedora. Foi o que aconteceu com dez dos doze coautores do paper de Wakefield, que nada sabiam do envolvimento dele com advogados. Constrangidos, eles retrataram publicamente[7] da parte do artigo que propunha uma ligação entre a MMR e o autismo. O editor da *Lancet* declarou por escrito: "Se soubéssemos do conflito de interesse que o dr. Wakefield tinha em seu trabalho, [o artigo] teria sido rejeitado".[8] O diretor médico da Grã-Bretanha acusou Wakefield publicamente de "misturar preconceito com ciência",[9] e o secretário da Saúde solicitou que ele fosse investigado "com muita urgência".[10]

A imprensa britânica, que antes era o megafone do médico ajudando a atiçar o medo à MMR, apressou-se a condená-lo. "A sua credibilidade está em ruínas",[11] escreveu o *Sun*. "Ele tem muito que responder." O *Independent* o retratou como "um homem cada vez mais isolado [...] desencaminhado pelo poder de sua própria crença".[12]

E, no entanto, mesmo tendo se voltado contra Wakefield, muitos meios de comunicação continuaram relutantes em declarar a morte da sua renegada hipótese da MMR. Surpreendentemente, um editorial do *Independent* de 2004 chegou a dizer o contrário, afirmando que "agora a necessidade urgente é de mais estudo real do autismo e da MMR".[13] O *Sun* também pôs oxigênio fresco na controvérsia, invocando como "um fato que, enquanto os mistérios do autismo não forem muito bem explicados, a MMR não pode ser completamente aceita".[14]

Em suma, o medo à MMR perdurou, e, em certos meios, também perdurou a convicção de que a ciência de Wakefield ainda podia estar certa, mesmo que ele tivesse infringido uma ou duas regras ao longo do caminho. Para alguns, seus acordos financeiros pareciam irrelevantes. "Ele não é contador",[15] disse uma mãe simpatizante a um repórter. "É médico." Em todo caso, os pais que ficaram do seu lado se tornaram ainda mais fervorosos no carinho por ele.

Wakefield, por sua vez, nunca voltou atrás. Sempre sustentaria que a reportagem de Deer fazia parte de uma campanha de difamação, de uma conspiração para destruí-lo. Mas, na época, ele passava a maior parte do tempo nos Estados Unidos e continuava exercendo a medicina — tratando de crianças americanas, falando para plateias americanas e, como sempre, parecendo gostar da luta.

"Eu não tenho absolutamente nada que esconder", disse ele a um jornalista sem o menor sinal de remorso, medo ou incerteza. "Andam falando em investigação. Eu gostaria que a fizessem mesmo."[16]

★ ★ ★

A insistência de Wakefield na existência de uma conspiração tornou-se uma parte conhecida da controvérsia da vacina. De modo geral, quando queriam que a ciência não apoiasse as teorias dos ativistas da vacina segundo as quais a causa do autismo era o mercúrio ou a MMR, eles se sentiam estimulados em sua convicção de que os resultados negativos faziam parte de um complô para esconder a verdade. Essa, naturalmente, foi a ideia mestra do retrato de Robert Kennedy, na *Rolling Stone*, do encobrimento maciço por parte do governo dos perigos do timerosal. Segundo os que acreditavam na conspiração, fazia décadas que ela estava em curso. As empresas farmacêuticas faziam parte dela, juntamente com as autoridades médicas americanas e britânicas e com, no mínimo, centenas de cientistas de todo o mundo, que sabiam que as vacinas causavam autismo. Segundo essa opinião, o que dirigia a conspiração eram as ambições de carreira e o dinheiro. A indústria farmacêutica, diziam, estava em pânico com a possibilidade de processos judiciais de segurança do produto e comprava pesquisadores, reguladores, jornalistas e talvez alguns políticos no mundo inteiro. Coisa que vinha acontecendo desde os anos 1930. Por isso que a ciência insistia em rejeitar a teoria da vacina. Entre as instituições reputadas corrompidas figuravam a FDA, os INS, o IOM e, naturalmente, os CCD.

A teoria também atraiu adeptos de fora da comunidade do autismo. Para alguns da extrema esquerda política, ela condizia com as narrativas acerca dos males dos grandes conglomerados. Para os da extrema direita, parecia ser mais um exemplo de burocratas do governo a conspirarem para tirar o direito das pessoas de fazer escolhas próprias quanto a tratamento médico.

Mas essa também veio a ser uma história que se desemaranhava quanto mais era estudada. Descobriu-se que a reportagem de Kennedy continha erros graves suficientes para que tanto a *Rolling Stone* quanto a revista eletrônica *Salon* divulgassem correções quase imediatamente após a sua publicação. Mais tarde, os críticos acusaram a matéria[17] de fazer citações fora de contexto ou de editá-las a fim de ressaltar a aparente perversidade dos funcionários citados. Por fim, a *Salon* publicou uma retratação completa[18] do texto e o tirou do seu site.

Talvez o golpe mortal para os teóricos da conspiração tenha sido a conclusão da investigação do suposto complô pelo Senado dos Estados Unidos.[19] Dirigidos pelo republicano Mike Enzi, senador que os ativistas da vacina consideravam um aliado, os investigadores requereram milhares de páginas de documentos dos INS, do IOM e dos CCD. Durante dezoito meses, leram atentamente e-mails e transcrições de reuniões e entrevistaram funcionários dos três órgãos. No fim, não encontraram nada incriminador. "As alegações de acobertamento não se confirmaram", declarou o relatório final.

Nos Estados Unidos, as mães do mercúrio também viram a história se voltar contra elas no começo de 2004. Naquele ano, o Instituto de Medicina programou um novo painel[20] para analisar a pesquisa mais recente que testava a alegação de que o timerosal causava autismo. Três anos antes, um painel similar do IOM dera às mães uma pequena vitória ao admitir que o vínculo com o timerosal era "biologicamente plausível". Mas em 2004 havia muito mais dados para examinar. Novos estudos epidemiológicos tinham sido feitos nos Estados Unidos, na Grã-Bretanha, na Suécia e na Dinamarca. Recuando vários anos nos registros, a notícia foi decepcionante para o campo da vacina: o IOM não achou prova de que o autismo estivesse ligado ao timerosal. Aliás, na Dinamarca, o timerosal fora retirado das vacinas em 1992, mas o autismo estava mais prevalente do que nunca.

Os participantes do painel do IOM escutaram respeitosamente as apresentações dos investigadores aliados às mães do mercúrio, mas não se deixaram impressionar. Em um estudo, os pesquisadores haviam injetado timerosal em uma linhagem de ratos criados para ser sensíveis ao mercúrio, os quais então apresentaram sinais de comportamentos antissociais. Entretanto, o próprio pesquisador, um cientista da Universidade Columbia financiado em parte pela SafeMinds, reconheceu: "É claro que precisamos determinar a relevância dos estudos animais para o desenvolvimento neural humano". O painel julgou educadamente o trabalho com ratos "difícil de avaliar".

No relatório de 2004, os membros do painel do IOM asseveraram sem ambiguidade: "Atualmente, nenhum indício corrobora essa hipótese. O comitê conclui que os indícios favorecem a rejeição de uma relação causal entre as vacinas que contêm timerosal e o autismo".

O IOM divulgou o relatório na manhã de 18 de maio de 2004. No fim do dia, grupos ativistas, que tinham confiado no julgamento do IOM quando coincidiu com os seus interesses, já haviam iniciado uma campanha para denegri-lo. A SafeMinds publicou um comunicado de imprensa[21] criticando ferozmente os treze experts membros do comitê por terem "comprometido sua integridade e independência", atuando sob a "influência do cartel", e por elaborarem um relatório que era "um fracasso por qualquer padrão científico aceitável". Um ano depois, um membro da SafeMinds revelou que o comunicado havia sido redigido antes da publicação do relatório do IOM — para o caso de resultado indesejável.[22] Essa confissão só fez aumentar a impressão de que os pais ativistas rejeitariam todos e quaisquer dados e conclusões que não apoiassem a sua agenda política. Ficou cada vez mais difícil para eles afirmar que a ciência — não o evangelismo — estava no centro da sua argumentação contra o mercúrio.

Em Londres, Brian Deer não dera por encerrada a reportagem sobre Wakefield. Depois da matéria publicada no *Sunday Times*, ele passou grande parte do resto de 2004 trabalhando em um documentário televisivo de uma hora[23] baseado no seu relato inicial e em tudo quanto fosse possível acrescentar com mais investigação. Isso o levou aos Estados Unidos, onde Wakefield agora trabalhava no Austin Surgical Hospital, no Texas, tratando de crianças com autismo em um centro chamado Thoughtful House [Casa Amável].

Quando o documentário foi ao ar no dia 18 de novembro, Deer tinha muitas coisas para contar a respeito do médico, nenhuma delas escusatória. A sua maior descoberta foi que, antes da publicação do artigo na *Lancet* em 1998, ele já havia depositado um pedido de patente de um novo tipo de vacina contra sarampo que poderia atrair os pais que quisessem evitar a MMR. O conflito de interesses era chocante: Wakefield teria um interesse financeiro direto em que o público ficasse apavorado com a vacina MMR.

Deer também informou, pela primeira vez, que vieram à tona grandes problemas com a metodologia de Wakefield. O jornalista havia localizado um ex-estudante de medicina que se tornara pesquisador e tinha participado do estudo dos doze temas originais do médico. Incumbido de procurar vestígios do vírus do sarampo, o rapaz testou as especificações de Wakefield, mas em nenhum momento obteve o tal vírus. Tendo comunicado isso devidamente a Wakefield, mais tarde ele ficou estupefato ao ler no artigo publicado que o médico relatava a presença do vírus do sarampo em todas as doze crianças. Segundo o pesquisador, a evidência era inexistente desde o começo, e ele dizia justamente isso no documentário.

O clímax do filme mostra o jornalista localizando Wakefield em um centro de conferências de Indianápolis, onde o médico tinha acabado de dar uma palestra para a Sociedade de Autismo da América. Quando Deer se apresentou, ele reconheceu o nome na hora e, assustado, estendeu a mão para tapar a lente da câmera.

Mais de um ano depois, em uma entrevista no Texas[24] a um simpático jornalista do jornal britânico *Express*, Wakefield contou ao seu público o que achava do ataque à sua reputação. Com indiferença, rebateu as descobertas cada vez mais numerosas de Deer como um monte de interpretações irrelevantes e maliciosas de coisas que são corriqueiras na rotina das investigações laboratoriais.

"Eu não vou embora enquanto não tiver terminado essa tarefa", disse. "É simplesmente um trabalho que precisa ser feito, encontrar a verdade."

A verdade científica deriva dos laboratórios, não dos tribunais. Mas pelo menos o tribunal é um lugar em que se podem testar as histórias. E, em 2004, lançou-se um processo formal para dar à teoria da vacina o seu dia na sala de audiência.

Já fazia uns três anos, desde a constatação inicial do IOM de que a teoria do timerosal era pelo menos "biologicamente plausível", que os advogados atendiam filas de clientes. A maioria queria enfrentar a Eli Lilly, a inventora do timerosal, um alvo com muito dinheiro no bolso. Alguns escritórios de advocacia faziam propaganda na televisão em busca de clientes,[25] ao passo que, nas comunidades on-line do autismo, circulava um anúncio à procura de famílias interessadas em "obrigar a multibilionária indústria farmacêutica internacional a pagar".[26] Exortava os pais a entrarem em contato com a Mercury Vaccine Alliance, um consórcio de 35 escritórios de advocacia que planejava um ataque judicial à Eli Lilly e a vários produtores licenciados do timerosal.

A repercussão foi enorme.[27] As famílias que acreditavam na teoria da vacina queriam justiça e, sem dúvida, precisavam de dinheiro — o custo financeiro da terapia e do cuidado dos filhos era enorme. Em março de 2002, famílias de pelo menos 25 estados estavam inscritas, e a Mercury Vaccine Alliance entrou com processos em pelo menos onze. Nesse meio-tempo, formaram-se duas outras coalizões de advogados. Segundo o *National Law Journal*, um grupo que incluía o jurista Andrew Waters, de Dallas, já havia movido 45 ações, com outras já engatilhadas. "Estamos cogitando algo entre oitocentas e novecentas", disse Walters a Mary Cronin Fisk, do *Journal*.

Os advogados contaram a Fisk que achavam a história da vacina "uma das causas de ação mais tentadoras na memória recente", pois os casos pareciam ao mesmo tempo muito ganháveis e muito lucrativos. Quando o cliente é "uma criança pequena com toda a vida pela frente", disse-lhe Walters, "o apelo ao júri é inigualável". Além disso, como informou Fisk, "a indenização potencial podia ser astronômica" — na ordem de 10 milhões a 30 milhões de dólares por caso. O cenário parecia montado para uma das maiores sagas de segurança do produto desde os litígios do tabaco na década de 1990.

Não obstante, dois fatos inesperados contiveram o ímpeto. O primeiro tinha relação indireta com o Onze de Setembro. Logo depois dos ataques, o Congresso e o presidente Bush se apressaram a autorizar a criação de um Departamento de Segurança Interna. O projeto de lei redigido com esse fim consistia em 187 páginas de texto denso, e é provável que nenhum membro do Congresso tenha tido oportunidade real de lê-lo do começo ao fim antes de votar. Mais ou menos um dia antes da votação — muito em cima da hora para que se pudesse fazer alguma coisa —, um parlamentar que preferiu o anonimato introduziu misteriosamente uma breve emenda no projeto de lei.[28] Embora tivesse apenas dois parágrafos, esse aditamento armava um escudo quase impenetrável para proteger a Eli Lilly de processos de segurança do produto que visassem ao timerosal — e os fabricantes de quaisquer outros ingredientes individuais usados em receitas de vacina. A descoberta da emenda suscitou um breve clamor; obviamente, a inclusão repentina em uma legislação urgente de um artigo sem a menor relação com a norma editada pelo Congresso revelou a mão do lobby da indústria farmacêutica ou de um aliado dela.

As famílias foram então obrigadas a dar continuidade a suas causas mediante um processo judicial conhecido como tribunal da vacina ou, oficialmente, Programa Nacional de Compensação de Dano Causado por Vacina. Desde o fim da década de 1980, o tribunal da vacina era o lugar em que a maioria das pessoas que demonstravam de maneira plausível que tinham sido prejudicadas por uma vacina recebia compensação, financiada por um imposto sobre cada vacina vendida. O tribunal reembolsava as despesas médicas e as custas processuais das famílias, mas as indenizações em caso de morte, assim como por "dor e sofrimento", se limitavam a 250 mil dólares.

O tribunal da vacina reconhecia que certos tipos de danos já estavam documentados o suficiente para que não fosse necessário discutir os mecanismos biológicos implícitos. Era de conhecimento comum, por exemplo, que a vacina contra a pólio podia causar choque anafilático. No entanto, o autismo não constava da lista de eventos adversos conhecidos. Isso significava que os advogados em busca de indenização para os clientes tinham de apresentar uma teoria que ligasse o autismo a uma vacina, corroborar essa teoria e depois alegar que a criança em questão tinha autismo por causa da vacinação.

Era uma série de obstáculos difíceis de transpor.

Então veio a segunda surpresa, quando os juízes do tribunal da vacina — designados como "mestres especiais" — ficaram sobrecarregados em virtude da súbita onda de casos novos centrados no autismo. Durante a sua primeira década, o tribunal foi chamado a julgar cerca de 4600 demandas apresentadas. Nenhuma alegou que a vacina havia causado autismo até 1999, quando se moveu uma única ação nesses termos. O tribunal não recebeu nenhum caso de autismo no ano seguinte, mas acolheu dezoito em 2001. A partir de então, a carga de processos aumentou muito. No primeiro semestre de 2002, trezentos novos casos de autismo foram apresentados ao tribunal. Seis meses depois, o número mais que dobrou. O ano seguinte, 2003, viu outras 2438 queixas entrarem. Por fim, o total de casos de autismo a serem julgados se aproximou de 5 mil.

Foi nesse ponto que os magistrados anunciaram uma abordagem especial para julgá-los. Em vez de analisá-los um a um — processo que ameaçava consumir o resto de sua vida profissional e adiar a solução para milhares de famílias —, eles abririam caminho no congestionamento submetendo a julgamento a própria alegação "vacinas causam autismo". Fariam isso adotando uma abordagem "caso de teste" da disputa. Os advogados das famílias foram convidados a escolher algumas crianças representativas e usar o seu histórico médico, respaldado pela pesquisa científica, para ilustrar o processo pelo qual as vacinas lhes causaram autismo. Se o conseguissem, as famílias restantes poderiam contar com tal precedente na sua reclamação. Entretanto, se os casos de teste falhassem, seria o fim das demandas ligadas ao autismo.

Com bilhões de dólares de indenização na balança, as apostas eram altas. E agora as famílias tinham de aguardar. A teoria do autismo ligado à vacina começaria a ser julgada em março de 2004, com veredicto previsto para aquele verão.

Em Washington, março de 2004 chegou e passou, e o mesmo sucedeu à data em que o tribunal da vacina começaria a ouvir as alegações. Todos os advogados achavam que precisavam de mais tempo para a pesquisa pormenorizada e a descoberta necessária àquele tema tecnicamente complexo. Particularmente os advogados das famílias admitiam que ainda não tinham indícios suficientes e precisavam de certos estudos ainda em andamento. Depois de vários adiamentos durante mais de um ano, marcou-se a data inicial para um futuro bem distante: junho de 2007. Em suma, as famílias teriam de esperar um bom tempo para que afinal começasse o teste judicial da sua história.

Nesse ínterim, mais uma péssima notícia para os ativistas da vacina chegou na forma de "gol contra" marcado por David Kirby, o autor de *Evidence of Harm*. Em 2005, em um diálogo com um blogueiro cético,[29] ele reconheceu um modo simples de testar a teoria do timerosal: acompanhar a taxa de autismo na Califórnia durante alguns anos; se ela caísse, a teoria estaria certa. Isso porque, no início da década de 2000, os fabricantes haviam deixado de usar o timerosal na maior parte das vacinas aplicadas em crianças. Era lógico que os bebês nascidos no novo milênio estivessem menos expostos ao metilmercúrio das vacinas e, por conseguinte, que as notificações de autismo declinassem. Em um e-mail ao blogueiro que atendia por Cidadão Cain, Kirby reconheceu: "Se o número de crianças de três a quatro anos diagnosticadas não tiver diminuído em 2007, a hipótese timerosal-autismo ficará muito prejudicada".

Em 2007, o prazo venceu, mas a prevalência do autismo registrada na Califórnia não caiu. Subiu.[30] No ano seguinte, voltou a subir.

Aos poucos, a série de reveses do argumento da vacina desfez a principal façanha dos seus proponentes: transformar aquela que sempre tinha sido uma tendência periférica a desconfiar das vacinas em um fenômeno cultural predominante. Essa transformação foi instigada pela grande mídia, que sempre descreveu a controvérsia como um "debate" e outorgou estatura igual aos cientistas e aos pais oponentes. Mas a prática começou a decrescer em 2007 e 2008, à medida que os dados científicos se acumulavam, debilitando a percepção de que a história tinha dois lados. Também foi nesse período que os produtores que adquiriram os direitos de filmagem do livro de David Kirby devem ter sentido o oxigênio vazar de sua história de pais em luta para chegar à verdade. O filme não chegou a ser feito.

E, no entanto, ainda que estivesse perdendo ímpeto, a campanha contra as vacinas recebeu um último sopro de energia fresca na pessoa da estrela de *reality show*, comediante e ex-modelo da *Playboy* Jenny McCarthy. O seu filho tinha sido diagnosticado com autismo em 2005, de modo que ela chegou mais ou menos tarde nas discussões sobre o autismo, em 2007. Mas era glamorosa, segura e bastante visível. Nos anos seguintes, o rosto e o nome de McCarthy se identificariam com a controvérsia, e ela ficaria conhecida por desafiar os especialistas. Afirmando que o autismo do seu filho era consequência da vacinação e que ela descobrira como "curá-lo" usando remédios alternativos, McCarthy optou por anunciar como um ativo a sua falta completa de educação formal em medicina, psicologia, nutrição ou em qualquer coisa relacionada com a ciência. "Foi na Universidade do Google que tirei o meu diploma", disse no *The Oprah Winfrey Show*, frase que ficou famosa e foi recebida com aplausos.

Evidentemente, em alguns círculos, a história ainda atraía.[31]

43. A maior fraude

No verão de 2007, quase 5 mil famílias estavam esperando — em alguns casos, havia até cinco anos — que o tribunal da vacina, em Washington, começasse a ouvir os depoimentos contra e a favor da afirmação de que as vacinas causaram autismo nas crianças. No dia 11 de junho, essa espera chegou ao fim. Às nove horas daquela manhã, três juízes assistentes ocuparam o seu lugar em uma sala de audiência moderna e despojada a dois minutos a pé da Casa Branca.[1] A galeria estava lotada sobretudo de advogados, mas foram tomadas providências para que as famílias tivessem a possibilidade de acompanhar o pleito por telefone. Centenas o fizeram.[2]

Para aquelas famílias, receber indenização dependeria de apresentar uma explicação biologicamente plausível de como a vacina havia causado autismo em cada criança. A existência de duas hipóteses — uma baseada no sarampo, outra no mercúrio — complicava a situação. Mas os advogados das famílias haviam se aliado, formando uma comissão jurídica que concordou em apresentar as duas hipóteses, uma por vez, além de uma terceira: de o autismo às vezes resultar da ação conjunta do vírus do sarampo e do mercúrio. As três hipóteses seriam contestadas pelos advogados que representavam o governo federal.

Entre os fisicamente presentes no primeiro dia de audiência, achavam-se os pais de Michelle Cedillo, de doze anos, de Yuma, Arizona, que seria o primeiro caso de teste da terceira hipótese. Michelle estava presa por um cinto a uma cadeira de rodas e usava nos ouvidos um abafador de ruídos[3] parecido com os protetores usados pelos membros da equipe de terra na pista dos aeroportos. Diagnosticada com autismo, Michelle também era profundamente incapacitada de outras maneiras. Segundo os seus pais, ela tivera um desenvolvimento normal quando bebê, mas havia sofrido uma série de doenças depois de tomar a vacina MMR aos dezesseis meses.

Para que eles fossem indenizados, era decisivo estabelecer que outrora existira uma Michelle "de antes" — uma criança sadia, com desenvolvimento normal, que estaria perfeitamente bem se não tivesse sido vacinada. Aqui, sua mãe, Theresa, fez um depoimento comovente,[4] oferecendo um relato expressivo de uma criança que ria, brincava e dizia palavras como "maçã", "mamãe" e até "Jesus", pois, explicou Theresa, "a minha mãe lhe mostrava o crucifixo todos os dias em sua casa, [dizendo a Michelle] 'Jesus te ama'". Depois, durante a exibição de vídeos domésticos, Theresa fez comentários sobre os primeiros quinze meses de vida da filha. As fitas mostravam uma bebê sorridente, brincando com brinquedos, rindo com os adultos, divertindo-se ao tomar banho na pia da cozinha.

O contraste com a Michelle sentada diante do tribunal impressionava. Ela era uma menina de doze anos gravemente enferma. Estava perdendo a visão, tinha convulsões, não sabia usar palavras e sofria de artrite e irritação abdominal extrema. Aos onze anos, havia sofrido uma queda devido a uma convulsão e fraturado a perna.

Durante todo o depoimento matinal, Michelle grunhiu e bateu repetidas vezes em si mesma. Por fim, seus pais a levaram para fora. Tinha ficado claro: as apostas eram altíssimas para as famílias. Não menores eram as suas necessidades. Foi o que afirmou o juiz assistente George Hastings quando olhou para a pequena plateia, em grande parte composta por advogados, e disse: "Sem dúvida, a história da vida de Michelle é trágica".

As audiências dedicadas especificamente à vida e às dificuldades de Michelle duraram doze dias. Então coube a Hastings proferir a sentença. Mas antes ele precisava ler mais de 3 mil páginas de depoimentos, bem como milhares de páginas de prontuários médicos, os relatórios de uns vinte experts e cerca de oitocentos estudos acadêmicos. Não terminaria esse trabalho em apenas alguns meses.

No dia 18 de junho de 2007, bem quando a audiência pública do caso de Michelle Cedillo chegou ao seu ponto médio, o *New York Times* publicou uma matéria de primeira página[5] com a manchete "Autism Debate Strains a Family and Its Charity" [Debate sobre autismo pressiona uma família e sua entidade]. Embaraçosa nos detalhes, a reportagem expunha a altercação feroz que dividira uma família de ativistas do autismo: a família de Bob, Suzanne e Katie Wright.

Bastante dolorosa no que dizia respeito a eles, a notícia também evidenciava que a controvérsia da vacina estava semeando o caos na Autism Speaks.

Semanas antes da publicação da matéria, Katie Wright, a filha de Bob e Suzanne, havia informado a comunidade on-line do autismo[6] da sua convicção cada vez mais forte de que uma vacina tornara o seu filho doente. Repetiu essa opinião em uma entrevista gravada em vídeo a David Kirby.[7] Depois, participando de um episódio do *Oprah Winfrey Show* dedicado ao autismo, disse que Christian havia tido uma reação horrível a múltiplas vacinas.

Tais declarações foram sem dúvida inoportunas, já que a Autism Speaks sempre procurou ser escrupulosamente imparcial na controvérsia da vacina. Isso irritava as pessoas dos dois lados da polêmica: as que queriam que a organização repudiasse a teoria e as que queriam que ela a abraçasse. Durante a entrevista a Kirby, Katie Wright mostrou de que lado estava quando opinou que alguns membros da Autism Speaks eram "resistentes à mudança" e "tinham medo de ofender os funcionários do governo". Entendeu-se que ela estava se referindo a alguns da geração mais velha de pais do autismo, pelo menos a um deles — o fundador da NAAR, Eric London —, agora membro do conselho diretor da Autism Speaks. "Os filhos de muitos desses pais", disse Wright, "agora são adultos. E acho que está na hora de eles se aposentarem."

Ainda que Wright tivesse tido o cuidado de frisar que falava por si, não pela organização dos seus pais, a distinção foi eclipsada pelo fato de ela ser, afinal de contas, a filha do chefão.

Uma declaração sucinta[8] de Bob e Suzanne não tardou a aparecer no site da organização. "Katie Wright não é porta-voz da Autism Speaks", dizia. "As opiniões pessoais da nossa filha diferem das nossas e não representam nem refletem a missão atual da Autism Speaks [...]. Ela deu entrevista a David Kirby sem o conhecimento ou o consentimento da Autism Speaks." O casal também se dirigiu às muitas pessoas que Katie podia ter insultado, dizendo com firmeza que seu esforço era bem-vindo, independentemente da geração de ativistas a que elas pertencessem.

A última linha dizia: "Pedimos desculpas aos nossos estimados voluntários que foram levados a acreditar no contrário pela declaração da nossa filha".

A reportagem do *New York Times* informou que pais e filha já não se falavam. Mas Katie, uma blogueira ativa, continuou se comunicando com o seu público on-line.[9] "Lamento muito se as afirmações que refletiram a minha frustração com o ritmo e o alcance da pesquisa do autismo ofenderam [...]", escreveu a pais e voluntários. Ao mesmo tempo, afirmou sua hostilidade contra os "cientistas dos CCD, dos INS e de outros lugares, que subestimaram e ofuscaram durante muitíssimo tempo a conexão autismo-meio ambiente". E mencionou a dura declaração postada pelos seus pais: "Não entendo por que foi necessária a minha condenação pública nesses termos". Na verdade, sua mãe e seu pai pareciam estar arrependidos do tom da postagem, tendo acrescentado depois: "Ela é nossa filha, e nós a amamos muito".

Nenhum dos Wrtight quis levar a desavença adiante. A necessidade de cuidar de Christiam os ligava a todos. Katie e os pais se reconciliaram logo depois da reportagem do *New York Times*.

A história se esfumou, mas não o seu efeito perturbador sobre a aspiração da Autism Speaks de se colocar acima do entrevero da polêmica da vacina. Agora o público podia facilmente se perguntar se, para manter a paz na família Wright, a organização não cederia às pressões dos ativistas para que levasse a teoria da vacina mais a sério. Ao mesmo tempo, o episódio moveu pelo menos uma executiva da Autism Speaks a começar a fazer lobby internamente para que o grupo tomasse o rumo oposto e repudiasse qualquer adesão à crença de que as vacinas causavam autismo.

Essa executiva era Alison Singer,[10] uma das lugares-tenentes mais leais de Bob Wright. Em 2007, o ano da reportagem e do começo do julgamento da vacina, ela — que antes acreditava que a teoria da vacina tinha mérito — mudou de ideia. Contava com os relatórios do IOM, além de outros estudos, e sentia que os dados respondiam de maneira persuasiva à questão. Na verdade, Singer sempre diria que, se os estudos tivessem chegado a outra conclusão, sua opinião naturalmente seria diferente. Mas defender essa posição dentro da Autism Speaks era entrar em conflito com uma realidade incômoda: a filha do patrão era uma mãe que ainda acreditava que as vacinas causavam autismo, e o próprio patrão estava comprometido com uma filosofia de inclusão que requeria não se indispor com aqueles, na comunidade do autismo, que acatavam a teoria da vacina.

Singer sabia que Wright confiava nela. A portas fechadas, podia falar com ele sobre tais assuntos e ser ouvida com respeito. Inúmeras vezes Wright encerrara tais conversas dizendo: "Alison, eu sei que você vai fazer a coisa certa". Singer entendia o que se esperava dela. Como ainda confiava na missão maior, obedecia, guardando para si as suas dúvidas quando estava representando a Autism Speaks.

Mas, no período que se seguiu à reportagem do *New York Times*, Singer descobriu que estava ficando mais difícil jogar aquele jogo, uma vez que ela também passara a acreditar que a controvérsia da vacina vinha desperdiçando anos de financiamento de pesquisa e de energia aos quais se podia ter dado melhor uso. Além disso, começavam a chegar relatos de surtos de doença que podiam estar plausivelmente — ainda que não de maneira decisiva — ligados à recusa dos pais a deixar que os filhos fossem vacinados. Em 2004 e uma vez mais em 2005, casos de coqueluche triplicaram de repente, chegando a mais de 25 mil.[11] (A tendência não parou aí: na Califórnia, o estado mais afetado, a coqueluche matou dez bebês em 2010, tendo acumulado um total de 9 mil casos notificados — o maior número estadual desde 1947. Enquanto isso, o sarampo voltava a ser ativo nos Estados Unidos, sendo as infecções notificadas em 2014 as mais numerosas em vinte anos.)[12]

Singer via um cenário de pesadelo, no qual um dia a Autism Speaks seria acusada de deixar as crianças adoecer e morrer por não usar a sua autoridade moral para esclarecer a situação com base no que dizia a ciência: que as vacinas não causavam autismo. Ela não sabia quanto tempo conseguiria silenciar publicamente sobre o assunto. Então, um mero e-mail a levou a uma resposta.[13]

O e-mail chegou no fim de janeiro de 2009, quando Singer estava pondo *nuggets* de frango no forno para o jantar da filha. Com o laptop aberto no balcão da cozinha, pôde ver que a autora do e-mail era Lyn Redwood. Ainda presidente da organização antitimerosal SafeMinds, ela continuava trabalhando no Comitê de Coordenação Interagências do Autismo, do governo federal. Mas Singer também tinha assento lá devido ao seu posto na Autism Speaks. Todo mês, sentava-se com Redwood à mesma mesa, entre os outros quatro "membros do público" do CCIA, para votar nas políticas do autismo do país.

O e-mail de Redwood foi distribuído a todos os membros do comitê, instando-os a inserir uma nova linguagem em um esboço de recomendações de pesquisa que havia sido aprovado na sessão anterior. O timing era importante. O comitê completo devia se reunir no dia seguinte para terminar o rascunho, que a Autism Speaks já havia endossado publicamente. Continha novas iniciativas de pesquisa centradas nas vacinas, mas Redwood pedia que o documento incluísse uma declaração de princípios explícita "para fazer o máximo possível nessas investigações para descobrir inclusive o papel potencial das vacinas e dos componentes das vacinas".[14] Ela propôs várias outras correções no esboço, cujo efeito concreto seria alinhar mais o plano estratégico às prioridades dos ativistas da vacina.

Isso fez algo mudar dentro de Singer. Tendo pedido ao marido que assumisse os afazeres na cozinha, ela desceu ao porão a fim de telefonar para Bob Wright. Disse-lhe que não podia votar a favor das alterações de Redwood. E mais, não podia apoiar os dois estudos enfocados na vacina já aprovados, por não acreditar que fossem cientificamente justificáveis. Wright a escutou com paciência, mas lhe disse que ele e Suzanne continuavam acreditando que era do interesse de todos votar em mais pesquisa centrada na vacina.

Foi uma conversa cordial, no fim da qual Wright disse a Singer que confiava no seu julgamento e, uma vez mais, que contava com ela para que fizesse "a coisa certa".

Naquela mesma noite, Singer enviou por e-mail[15] a sua carta de demissão a Wright. Nela, elogiava Bob e Suzanne e expressava gratidão por ter participado do que eles haviam construído na Autism Speaks. Juntos, escreveu, eles "elevaram o 'autismo' ao vocabulário global". No entanto, explicou, "por uma questão de consciência pessoal, não posso votar a favor de destinar mais recursos para a pesquisa de vacina que já foi feita e que eu e muitos outros achamos conclusiva".

A notícia chocou o mundo do autismo na manhã seguinte, em parte porque Singer era identificadíssima com a Autism Speaks. Aparecia nos vídeos da organização, havia ajudado a escrever suas posições políticas e tinha a função de vice-presidente executiva. Fora a lugar-tenente dos Wright, a que fazia cumprir as diretrizes, a sua confidente e amiga.

Isso se refletiu na resposta generosa de Bob Wright,[16] que chegou antes do amanhecer. "Alison", dizia, "eu respeito a sua decisão. Estou surpreso, mas quero lhe agradecer por todas as suas contribuições para a AS. Nós não teríamos construído esta organização sem o seu talento e o seu empenho."

Naquele dia, quando participou da reunião do CCIA, Singer já não era representante da Autism Speaks. Votou pela rejeição da linguagem proposta por Lyn Redwood. E, quando o comitê repassou inesperadamente as partes do plano estratégico que já exigiam mais investigações de vacinas, uniu-se à maioria votando pela exclusão de tais recomendações.[17]

A resposta oficial da Autism Speaks[18] ao voto de Singer foi bem menos afável que o e-mail de Wright. Uma declaração o citou dizendo: "Estamos indignados e decepcionados com esse desvio de última hora no meticuloso processo de aprovação do Plano Estratégico". Em consequência disso, anunciava a declaração: "A Autism Speaks retira o seu apoio ao Plano Estratégico".

A seguir, vinha todo um parágrafo dedicado a Singer. Não dizia uma palavra sobre os anos de serviços prestados. Confirmando que ela "já não era [...] representante" do grupo, sublinhava que seu pedido de demissão "foi aceito". Isso logo desencadeou uma onda de especulação por parte de blogueiros sobre o porquê de Singer ter sido despedida. Alguns usaram a expressão "posta na rua".

Mas o drama da saída de Singer da Autism Speaks também galvanizou muitos pais do autismo que antes não haviam se manifestado a favor da posição tomada por ela. Entre seus defensores, incluíam-se mães e pais que estavam cansados de ver a controvérsia da vacina roubar a cena quando havia tantas outras coisas sobre que conversar. Tal como Singer, aqueles pais acreditavam que a ciência tinha respondido às perguntas acerca da MMR e o timerosal e que estava na hora de seguir adiante.

Perder Singer foi perturbador para a Autism Speaks, e não só pelo tanto que ela contribuíra para o seu estabelecimento e crescimento. O seu afastamento foi um questionamento direto e público do compromisso da organização com a ciência séria. Um segundo golpe veio alguns meses depois da demissão de Singer, quando Eric London também saiu da Autism Speaks. Ao sair, ele, que participava do conselho consultivo científico, disparou justamente contra esse aspecto do trabalho da organização.[19] "Depois de três anos de grande esperança de que a Autism Speaks fosse o veículo ótimo do avanço da ciência e do tratamento do autismo", escreveu na carta de demissão, ele agora sentia que as escolhas feitas pela entidade "afetaram negativamente a pesquisa do autismo". Esses desenvolvimentos tiveram consequências. A energia que a Autism Speaks teve de empregar para defender a sua reputação no front da ciência se tornou uma distração do seu sucesso desmedido em outra missão: fazer com que o mundo se preocupasse com o autismo.

Com o debate da vacina, a Autism Speaks havia contrariado a sua própria determinação bem-intencionada de não excluir ninguém. Na tentativa de servir de ponte sobre o abismo entre as duas facções polarizadas, fora obrigada a dar piruetas retóricas com uma declaração de princípios que endossava os "benefícios comprovados"[20] da vacinação, mas, ao mesmo tempo, prometia investigar a possibilidade de as vacinas serem nocivas. Formulada para não se indispor nenhum dos lados, se indispôs com os dois.

Os Wright se viram em meio a um fogo cruzado. Dedicaram uma grande quantidade do seu tempo pessoal a ajudar famílias e tiveram por recompensa somente o menosprezo e o desdém das duas facções do debate da vacina. Sendo a figura mais proeminente da organização, Bob Wright em particular era com frequência chamado a se declarar favorável a um ou ao outro lado. Como continuassem tentando ficar "em cima do muro" e dar atenção a outras questões importantes, ele e a esposa às vezes eram maldosamente caluniados devido ao seu "silêncio",[21] sobretudo pelos crentes em conspirações.

Nesse ínterim, a contribuição financeira da Autism Speaks[22] para a pesquisa do autismo declinou de modo acentuado com relação ao seu pico. Em 2009, o investimento direto do grupo em ciência caiu para pouco mais de 11 milhões de dólares, menos da metade da cifra de 2008, que havia marcado um ponto alto. Nos anos subsequentes, esse número oscilou, mas não voltou a se aproximar do nível de 2008. Em alguns anos, a quantidade total de subvenções não foi muito superior à que a CAN e a NAAR davam juntas antes da fusão com a Autism Speaks, com sua prometida sinergia.[23]

Logo depois de se demitir, Alison Singer criou a Autism Science Foundation (ASF), também com a missão de financiar a pesquisa, se bem que não sobre os perigos potenciais das vacinas.[24] Isso conferiu à entidade a aura de contrapeso à Autism Speaks, ainda que pequeno. Mais significativo em termos de dinheiro e prestígio, um empreendimento chamado Simons Foundation Autism Research Initiative (SFARI) entrou em cena em 2007, concedendo uma média de 45 milhões de dólares anuais[25] em subvenções e eclipsando a Autism Speaks e todas as demais entidades do autismo. A SFARI, que se mantinha deliberadamente discreta — sem anúncios na televisão, sem caminhadas, sem lobby —, foi fundada graças à generosidade de uma família cujo objetivo era impelir o avanço da ciência do autismo. Verdadeiramente acima da cizânia, sem público a que prestar satisfação, a SFARI evitava completamente a controvérsia da vacina e era tanto mais respeitada por isso. Embora continuasse sendo o nome principal entre as entidades sem fins lucrativos do autismo, justificadamente reconhecida por ter feito a causa avançar de muitas maneiras, a Autism Speaks já não era a líder na área da pesquisa científica — em parte devido aos cismas criados pela controvérsia da vacina.

Enfim, a Autism Speaks escolheu um lado.[26] Em 2015, deletou discretamente sua declaração de princípios sobre vacinas, substituindo-a por outra que dizia:

> Nas últimas duas décadas, uma pesquisa extensiva indagou se havia um vínculo entre as vacinações da infância e o autismo. O resultado dessa pesquisa é claro: as vacinas não causam autismo. Pedimos encarecidamente que todas as crianças sejam vacinadas.

Postada sem pompa, a declaração parecia uma nota de rodapé.

Quando Alison Singer se demitiu da Autism Speaks no inverno de 2009, a família de Michelle Cedillo ainda aguardava o veredicto do tribunal da vacina. Haviam decorrido dezessete meses, durante os quais o conjunto restante de casos de teste prosseguira. Dois deles apresentavam crianças como Michelle, cujos pais demandavam lesão pela ação combinada da MMR e do timerosal. Uma segunda série de três casos tentava documentar a ação isolada do timerosal. A terceira série, que enfocava somente a MMR, foi cancelada. O primeiro conjunto havia explicado os mecanismos suficientemente bem.

No dia 12 de fevereiro de 2009, em uma decisão de 174 páginas,[27] o juiz assistente Hastings pronunciou um duro veredicto contra o pedido de indenização de Michelle Cedillo. Usando itálicos, declarou *"extremamente improvável* que os distúrbios de Michelle tenham alguma ligação com a sua vacinação de MMR ou qualquer outra". Essa decisão não se deveu a uma eventual falta de compaixão pelos pais da menina, mesmo porque ele os elogiou por terem uma "natureza muito afetuosa, zelosa e corajosa". Mas, na qualidade de juiz assistente, não encontrou motivo para acreditar que o autismo da filha deles tivesse sido causado pelas vacinas.

Pelo contrário, disse Hastings, o grosso dos indícios "se opunha maciçamente" à demanda dos pais "no tocante a praticamente todos os aspectos das suas teorias de causação". O caso era tão "parcial" que, no fim, a decisão que ele tinha de tomar "não chegava a ser difícil".

A sentença foi devastadora para quem acreditava nos méritos da teoria da vacina e para os que haviam passado anos promovendo-a. Mas, a seguir, de forma muito inusitada, Hastings ainda dirigiu uma ou duas reprimendas àqueles que haviam contribuído para convencer famílias como os Cedillo a acreditarem na teoria. Eles confiaram em médicos e outros especialistas cujo conselho, escreveu recorrendo uma vez mais ao itálico, era *"erradíssimo"*. "Os Cedillo foram enganados", disse: enganados "pelos médicos que, no meu entender, são culpados de juízos grosseiramente errôneos".

Foi objetivo e direto. A teoria da vacina fracassara mais uma vez.

Um a um, os casos-testes restantes também fracassaram. Depois disso, as famílias entraram com recurso, mas foi em vão. No verão de 2010, o último desses recursos — impetrado pelos pais de Michelle Cedillo — foi negado. Os advogados que estimulavam os pais a mover ação logo perderam o interesse, vendo que não haveria dia de pagamento. A ciência simplesmente não estava do lado deles.

O ano de 2010 também foi ruim para Andrew Wakefield, talvez o pior da sua carreira. Ele esperava desde meados de 2007 que o Conselho Geral de Medicina, a autoridade autorizadora dos médicos do Reino Unido, julgasse a sua "aptidão para o exercício da profissão". A investigação veio a ser a mais longa da história do conselho,[28] requerendo 217 dias de audiências, interposições e deliberações, e custou cerca de 9 milhões de dólares.

Em 28 de janeiro de 2010, o tribunal de cinco membros decidiu contra Wakefield de modo esmagador. Manteve três dúzias de acusações contra ele. A sentença qualificou reiteradamente o seu comportamento com palavras como "desonesto", "irresponsável", "antiético" e "enganoso".

Em fevereiro, a *Lancet* afinal se retratou de todo o artigo dele de 1998.[29] "Sinto que fui ludibriado",[30] queixou-se o editor Richard Horton, acrescentando que agora estava "totalmente claro" que as alegações do paper eram "totalmente falsas".

Em maio, no equivalente a uma audiência decisória, o tribunal do Conselho Geral de Medicina julgou Wakefield "inapto para o exercício da profissão" e o declarou "excluído do registro médico".[31] Isso cancelou a sua inscrição; ele nunca mais poderia exercer a profissão no Reino Unido.

Esses dois fatos tiveram um efeito decisivo sobre a discussão a respeito das vacinas, sobretudo na vasta maioria do público que não dedicava horas de estudo para entender os pormenores. Bastava contar que o médico que dizia que as vacinas eram perigosas fora despojado do registro e que a pesquisa por ele publicada tinha sido renegada para que a maioria das pessoas compreendesse que o episódio havia sido uma desventura longa, confusa e amarga.

Tal como o medo à MMR que ele havia criado quinze anos antes, a história da sua derrocada percorreu o globo. A notícia se difundiu não só no Reino Unido como na maioria das redes noticiosas e até nos longínquos jornais da Austrália. Analisando as transgressões de Wakefield no dia em que o painel do Conselho Geral de Medicina divulgou as suas conclusões, o *New York Daily News* opinou: "Hippocrates Would Puke" [Hipócrates vomitaria].[32]

A partir de 2010, a grande imprensa praticamente abandonou toda tendência própria a apoiar a hipótese da vacina. Na maior parte das coberturas, a palavra "desacreditada" passou a ser o adjetivo-padrão. A revista *Time* levou essa ideia ao limite mais excessivo em uma edição de 2012 que listava as "grandes fraudes científicas".[33] O primeiro colocado: Andrew Wakefield.

Agora Wakefield era tão infame quanto o próprio autismo era famoso: dois resultados inegavelmente entrelaçados. E, enquanto enfim esfriava, a controvérsia por ele inflamada deixou um terceiro resultado como sequela: o impulso duradouro que deu a um novo conjunto de vozes, do qual antes raramente se ouvia falar, com uma nova perspectiva do que significava ter autismo. Ofendidos pela premissa fundamental dos ativistas da vacina de que o autismo era uma espécie de doença e uma tragédia, eles viraram essa proposição de ponta-cabeça, comemorando "ser autista" e declarando "cura" um palavrão.

Ao lançar o último grande debate do autismo, também reivindicaram uma autoridade única para falar no assunto: eles próprios eram autistas.

PARTE X

HOJE

44. Encontrar uma voz

"É pra você."

No verão de 2013, em um estúdio de som de Los Angeles, Alex Plank proferiu a sua primeira fala como ator de televisão. Fazia meses que era consultor de script de um seriado policial intitulado *The Bridge*. Nesse período, graças à sua afabilidade, ganhou a estima de todo mundo no set. É verdade que ele vivia pedindo um papel diante das câmeras, mas o fazia com alegria e bom humor — como se soubesse que a sua ambição nunca se realizaria.

Mas, naquele verão, houve necessidade de última hora de um figurante — "o estagiário" — que entregasse um envelope a uns repórteres. Depois de uma leitura do roteiro, o produtor se virou para o diretor de elenco e sugeriu que Alex ficasse com o papel, talvez até com uma fala.

O tempo de Alex na tela não passou de onze segundos. Dada a deixa, ele entrou em cena, aproximou-se dos personagens habituais do seriado e estendeu a carta. Disse a sua fala claramente e deu meia-volta para sair da redação.

Nesse momento, um dos outros atores improvisou uma resposta.[1]

"Obrigado, Alex."

Quando o programa foi ao ar, o jovem consultor de script ficou comovido porque a improvisação apareceu.

Plank tinha acabado de completar 27 anos quando obteve o papel de estagiário. Na época, já havia realizado muitas coisas além de conseguir participar de um seriado policial muito bem conceituado. Ainda adolescente, fundou um site inovador e lançou um programa de televisão na internet. Mais tarde, produziu e dirigiu documentários[2] e percorreu todo o país no circuito dos locutores.

E tudo isso aconteceu porque, quando ele tinha nove anos, um médico o diagnosticou com síndrome de Asperger.

Alex cresceu saudável, amado e em segurança, mas a sua infância fora de casa era um tormento social. Nascido em 1986 e criado em Charlottesville, Virgínia, ele parecia se sentir mal no seu ambiente mesmo quando bebê.[3] Assustava-se facilmente. Nunca relaxava no colo da mãe; era como se não conseguisse encontrar uma posição confortável nos braços dela. Não tinha paciência para ouvir histórias nem para abraços e carícias. Havia ocasiões em que passava horas aos berros, o corpo rígido.

Quando ficou alguns anos mais velho, Alex começou a apresentar comportamentos mais evidentemente estranhos. Rodopiar era um dos principais. Ele girava muitas e muitas vezes e parecia não ficar tonto. Batia palmas quando estava agitado. Tapava os ouvidos para abafar os ruídos. Na escola maternal em que os pais o puseram e depois no jardim de infância, isolava-se das outras crianças. Parecia detestar as atividades em grupo, sobretudo certa brincadeira que consistia em saltar por baixo e por cima de um paraquedas balançante, coisa que o apavorava.

Ao mesmo tempo, porém, Alex se deu bem em todas as etapas de desenvolvimento intelectual esperadas. Começou a falar mais ou menos na época normal e, no jardim de infância, sabia contar e fazer adições simples. Depois, quando o submeteram a um teste de inteligência, a diretora da escola ficou admirada. Telefonou para a sua mãe contando que ele havia obtido o melhor resultado da história da escola. Entretanto, em virtude dos seus problemas sociais, os pais resolveram matriculá-lo na primeira série um ano depois do habitual, de modo que ele tinha sete anos quando entrou no ensino fundamental.

Nessa etapa, custou caro ser socialmente inadequado. Os outros garotos logo notaram que Alex era diferente e passaram a zombar dele, a intimidá-lo ou, na melhor das hipóteses, a não levar em conta a sua existência. A triste ironia foi que, àquela altura, ele estava começando a *querer* ter amigos. No entanto, a exclusão era total; as amizades e os interesses comuns dividiam a sua classe e o seu bairro em grupos dos quais Alex não participava. Em certo ano, um único menino aceitou o convite para ir à sua festa de aniversário. Ocorre que ele próprio tinha problemas, pois sofria de alergias graves. A mãe de Alex fez um bolo sem amendoim para receber esse amigo potencial. Mas, na manhã do aniversário, o pai do garoto telefonou pedindo desculpas. O seu filho não ia. Surgira um "imprevisto".

Naqueles anos, Alex surpreendeu os pais com a sua resistência emocional. Suportava o pouco-caso com que tratavam o seu aniversário fazendo uma excursão com o pai e o irmão e passando um dia maravilhoso apesar dos pesares. Quando não conseguia arranjar companhia entre as crianças, dava um jeito de se enturmar com os adultos. Cresceu especialmente apegado aos avós, que moravam perto de Washington e sempre o hospedavam. Algumas aptidões notáveis de Alex, como a inusitada capacidade de se concentrar em coisas que outras crianças achavam chatíssimas, chamavam a atenção dos seus pais e avós. Por exemplo, se o levassem a um concerto, ele, mesmo ainda pequeno, era capaz de ficar quietinho na poltrona, prestando atenção nos sons produzidos pela orquestra.

A música era importante naquela família. Tanto os pais quanto a irmã e o irmão mais novos de Alex eram músicos consumados. Ele também aprendeu a tocar um pouco de piano e clarinete, mas a sua maneira de progredir era atípica. Parecia adorar tocar repetidamente escalas musicais até que ficassem bonitas, quase como música. Já as músicas propriamente, Alex preferia aprendê-las de ouvido e decorá-las, pois não conseguia ler a partitura e tocar ao mesmo tempo, coisa que exigia certa proeza de coordenação mão-olho que simplesmente lhe faltava.

Alex tinha o mesmo problema nos esportes: não conseguia dominar a fluidez e a sutileza requeridas por qualquer jogo de bola. No basquete, por exemplo, mostrava-se incapaz de entender os necessários mecanismos de timing para interagir com os outros jogadores no dar ou receber passes ou para construir uma jogada coordenada em direção ao cesto. Já com a natação ele se dava muito bem — até com a natação competitiva. Ali a sua resistência e determinação também lhe davam vantagem, já que ele treinava mais horas do que qualquer um da sua equipe. As complexidades físicas do nado de costas, de peito e borboleta ficavam fora do seu alcance. Mas ele dominava o nado livre, e isso bastava. Quando estava na água, o rosto voltado para baixo e a toda a velocidade, a incapacidade de entender piadas em terra firme não era estorvo para a sua velocidade rumo ao outro lado da piscina.

Nos estudos, Alex era competente e, às vezes, criativo. Para comemorar o Mês da História Afro-Americana na primeira série, os alunos foram convidados a escolher uma figura histórica, desenhar a forma dessa pessoa em uma folha de cartolina e depois acrescentar os detalhes, para exibição nas paredes da sala de aula. Ele desenhou uma figura sem rosto e fez questão de pendurá-la de ponta-cabeça. Essa foi a sua descrição de Guion Bluford, o primeiro astronauta afro-americano a flutuar no espaço, de capacete, visto de costas. Naquele ano, ele tinha uma professora compreensiva.

Nos outros anos, os professores acharam Alex exasperador. Faltava-lhe tato e ele não hesitava em apontar um ou outro erro dos professores quando tinha certeza de que estava com a razão. Nenhum deles achava graça nessa característica. Uma professora o pôs de castigo por contestá-la, muito embora ele tivesse razão no ponto em questão. Outros tendiam a considerar os seus problemas sociais na escola evitáveis se ele se esforçasse mais para ser "normal". Um professor de educação física, genuinamente preocupado por ver Alex sofrer *bullying* com tanta frequência, sugeriu à sua mãe que o ensinasse a manter a postura da boca e dos lábios de modo diferente, pois o jeito como ele costumava fazê-lo era a causa do ridículo. Em outra ocasião, a diretora da escola mandou Alex se sentar com sete outros garotos que o estavam atormentando e, aparentemente à procura de uma solução do conflito, percorreu o círculo pedindo a cada menino que apresentasse as suas queixas. Enquanto Alex escutava, os sete garotos se revezaram reclamando à diretora do quanto ele era esquisito e irritante.

Enfurecidos com isso, os pais de Alex se decidiram por uma troca de escola. Mas, a certa altura, reconheceram que tanto os professores quanto os alunos reagiam a aspectos da personalidade do seu filho que eram, de fato, socialmente problemáticos. O modo como ele procurava travar amizade era desastrado: simplesmente se aproximava da pessoa e propunha que ficassem amigos. Na opinião da sua mãe, o costume de corrigir os professores refletia a incapacidade de Alex de "enxergar o mal-estar dos outros". Além disso, quando a professora lhe fazia uma pergunta, ele era incapaz de ver aonde ela queria chegar, como faziam os outros meninos, porque parecia carecer de qualquer insight do processo de pensamento da outra pessoa. Entrementes, a sua dificuldade para ter contato visual prejudicava muito a qualidade da troca que ele podia ter com a pessoa com a qual estava tentando entabular conversa.

Nenhuma dessas inépcias sociais — assim como o seu desajeitamento físico

— era culpa de Alex. Não surgiram por falta de empenho suficiente em ser mais "normal". Na verdade, ele não tinha ideia de como fazê-lo. Tampouco provinham da falta de empenho dos seus pais para fazer com que o filho "se adequasse" — coisa que as autoridades escolares às vezes davam a entender. Mas eram obstáculos que prejudicavam as suas forças óbvias: a inteligência privilegiada, a criatividade, a resistência e a determinação.

Na terceira série, os pais de Alex o submeteram à avaliação de vários especialistas. O diagnóstico de um deles foi transtorno da comunicação. Outro achou que ele tinha transtorno do déficit de atenção com hiperatividade (TDAH). Também houve quem diagnosticasse transtorno obsessivo-compulsivo (TOC). Para os seus pais, nenhum desses diagnósticos captava aquilo que tornava Alex diferente. Nenhum explicava por que a sua jovem vida era, em termos sociais, uma corrida de obstáculos tão difícil. Se "aquilo" tinha nome, eles ainda não sabiam qual era.

A primeira vez que ouviram a expressão "síndrome de Asperger" foi de um psiquiatra de Charlottesville em 1995. Eles relutavam em ver o filho tão bem encaixadinho "em uma gaveta", como pensava Mary. Ao mesmo tempo, eram obrigados a admitir que o diagnóstico, que só aparecera no *DSM* no ano anterior, abrangia muito bem a mescla de comportamentos do menino.

O peso da palavra "diagnóstico" afetou muito Alex, que, aos nove anos, tinha uma percepção infantil do seu significado. Para ele, queria dizer "defeituoso". Coisa que o envergonhava.

Também fazia com que se sentisse ainda mais isolado. Foi esse mesmo sentimento que seus pais tiveram ao receber o diagnóstico. O TDAH e o TOC pelo menos eram conhecidos: condições de que se falava na televisão e em artigos de revista. Mas aquele diagnóstico era diferente. *Asperger* soava de modo tão misterioso, tão estranho, mas ao mesmo tempo tão particular. Eles não sabiam de nenhuma outra criança com o mesmo rótulo. Não havia livros sobre a síndrome na biblioteca. Na literatura acadêmica, a maioria dos estudos tratava o transtorno como por demais exótico ou irremediavelmente arcano, relatórios com títulos como "Síndrome de Asperger: Um relato de dois casos da Malásia", ou "Possível síndrome de Asperger em um travesti delinquente e deficiente mental", ou "Anomalias corticocalosais na síndrome de Asperger".[4]

Em Delaware, uma mãe chamada Barbara Kirby passou pela mesma coisa quando o seu filho recebeu o diagnóstico em 1993. O pediatra do garoto não sabia nada da síndrome de Asperger, e o grupo de autismo local, quando ela perguntou, só "ouvira falar nela" e não tinha nenhuma outra informação. Kirby chegou a telefonar para os hospitais da cidade, e todos responderam que nunca viram um caso. Frustrada, ela consultou a internet na esperança de entrar em contato com alguém que tivesse experiência com a síndrome. No fim de 1995, fundou o primeiro grupo de discussão on-line dedicado ao assunto, ao qual deu o nome OASIS.[5] A abordagem franca do assunto e a atmosfera solidária satisfizeram uma necessidade até então invisível. O movimento aumentou com rapidez, já que 5 mil famílias se inscreveram no grupo. Em 2001, as visitas ao site chegaram a 1 milhão.[6] Naquele ano, Kirby descreveu o OASIS como "o ponto de encontro central das famílias cujos filhos foram diagnosticados com a síndrome de Asperger".

Assim foi durante alguns anos. Mas, em 2004, surgiu um site da síndrome que abriu caminho no ciberespaço, tomando impulso como um lugar de reunião de pessoas que tinham — ou pensavam ter — a síndrome. O começo foi tão bem-sucedido e visível que ajudou a operar uma mudança extraordinária na maneira como se percebia e se falava na síndrome de Asperger — e no autismo em geral. O site era obra de um adolescente: Alex Plank, de dezessete anos, que inventou um nome inteligente para o seu novo empreendimento de mídia: Wrong Planet [Planeta Errado] — também conhecido como wrongplanet.net.

Ele o construiu por um motivo: queria companhia.

No fim da adolescência, Alex aceitou o seu diagnóstico. Enfim estava em um colégio mais complacente com as suas diferenças e de maneira geral se sentia feliz. Quando conseguiu um papel na produção do colégio de *West Side Story*, ele descobriu que gostava daquele tipo de colaboração estruturada, assim como das luzes da ribalta. Como muita gente com a síndrome, Alex também se sentia atraído por computadores. Passava horas aprendendo sozinho a programar e era contribuinte ávido da Wikipedia como verificador de fatos. Fez correções em milhares de verbetes.

Mas nenhuma dessas atividades dava resposta à sua sensação de ser a única pessoa que ele conhecia com a síndrome de Asperger. Esperava que a internet o ajudasse a encontrar outros como ele, com quem pudesse interagir e trocar perspectivas do que significava viver com esse rótulo. Encontrou muitos sites dedicados à síndrome imbuídos da perspectiva dos pais, mas não achava outras pessoas que a tivessem em parte alguma.

Foi quando teve uma grande ideia. No início do verão de 2004, durante uma de suas estadas periódicas na casa dos avós em Washington, ocorreu-lhe a ideia de um site que atraísse outras pessoas com a síndrome. Alex passou um mês indo de bicicleta à biblioteca local, pois não havia internet na casa dos avós, e montou a infraestrutura básica do Wrong Planet usando a sua incipiente capacidade de programar. O site foi lançado em julho de 2004, apresentando-se como "uma comunidade da web para indivíduos com síndrome de Asperger".[7]

Em 20 de julho, pouco mais que um mês depois, o site já contava com 328 membros.[8] Em novembro, tinha 694. Em março seguinte, ultrapassava os mil. E, em janeiro de 2007, 8156 pessoas haviam ingressado nele. Quando os seus fóruns agregaram milhares, depois centenas de milhares, de postagens — sobre temas que iam de escola a *bullying*, de namoro a computadores —, o site foi descoberto pelo *Washington Post*, que apresentou um perfil de Alex em 2005. Seguiram-se apresentações no *Good Morning America* e no Fox News no ano seguinte. De início, Alex ficou comovido com a rapidez com que as coisas avançavam. Jamais esperara que o Wrong Planet fosse muito mais que um pequeno grupo de apoio. Mas o *Post* lhe atribuía a "criação de uma comunidade da síndrome de Asperger", uma com personalidade própria — e personalidades. Formavam-se panelinhas no Wrong Planet. Havia brigas. Relações românticas começavam. Registraram-se alguns casamentos. Isso em si era notável, uma vez que muitos dos temas presentes nas suas páginas de fórum chegavam em postagens que refletiam o desespero de seus autores por ter uma relação romântica.

Em 2005, refletindo sobre o porquê de o Wrong Planet se mostrar tão atraente para o seu público com tanta rapidez, Alex explicou ao *Post* que "bater papo on--line possibilita às pessoas [com a síndrome] não se preocupar"[9] com o julgamento dos outros sobre a sua fala ou peculiaridades. A pressão social desaparecia.

Porém, algo mais fundamental estava em jogo, que se relacionava com o fato de ter a síndrome: on-line, o contato visual não tinha importância. Tampouco os outros aspectos efêmeros da comunicação não verbal — os olhares de reprovação, as mudanças sutis de entonação que faziam parte da conversa no mundo real e que sempre causavam problemas para Alex e a sua comunidade. No entanto, a comunicação pura por texto — o idioma da internet em 2005 — livrava os usuários do Wrong Planet daquele fardo. Em geral, para quem quer que tivesse dificuldade com sinais faciais e vocais, a internet era um equalizador, porque, em uma sala de chat, ninguém sabia que o outro tinha a síndrome de Asperger.

Portanto, Alex Plank facilitou o surgimento de um novo conjunto de vozes na conversa global sobre o autismo — e bem na época em que tal conversa estava chamando a atenção de um público muito maior. Mais ou menos a partir de 2000, por causa do medo à vacina, a curiosidade sobre o autismo continuou aumentando. Para os meios de comunicação, o fenômeno de indivíduos que podiam falar no autismo a partir da experiência direta era alimento para infinitas reportagens. Steve Silberman, da revista *Wired*,[10] escreveu um artigo célebre, "The Geek Syndrome" [A síndrome do *geek*], dando destaque a algumas daquelas pessoas ao mesmo tempo que sugeria que elas constituíam um percentual importante da população da indústria da alta tecnologia no Vale do Silício. Um escritor britânico, Mark Haddon, publicou o best-seller *O estranho caso do cachorro morto*, romance cujo narrador era um rapazinho de quinze anos com todas as características da síndrome de Asperger.[11] O livro vendeu tanto que acabou transformado em uma premiada peça teatral apresentada na Broadway e no West End de Londres.

Alex fazia parte do reconhecimento crescente da síndrome de Asperger. De 2005 a 2009, continuou dirigindo o Wrong Planet ao mesmo tempo que frequentava a Universidade George Mason. Nesses anos, recebeu convites para programas de entrevistas e conferências. Depois de formado, decidiu fazer documentários, como o curta-metragem *autism reality*, que encontrou público em reuniões do autismo, em festivais de cinema de interesse geral e no YouTube. Enfim, a sua fama cada vez maior como narrador na primeira pessoa da "experiência" da síndrome levou-o a ser contratado como consultor de script. A protagonista de *The Bridge* era uma investigadora de polícia de inteligência brilhante e com características autistas. Alex tinha a função de assegurar que os roteiristas entendessem "bem" o autismo. A atriz que interpretava a investigadora, Diane Kruger, creditou a Alex ter se mantido autêntica ao representar a síndrome.

Antes disso, porém, Alex já havia adquirido uma plataforma de vídeo própria chamada *Autism Talk TV*, uma série de vídeos que ele hospedava com dois amigos também identificados como "no espectro". Produzidos ao longo de vários anos e presentes tanto no site do Wrong Planet quanto no da Autism Speaks, os vídeos tinham uma sensibilidade irônica, consciente de si e "aspergiana". Havia muitas piadas internas sobre os grandes momentos e as dificuldades da vida vivida com a síndrome, e muitos conselhos para navegar em um mundo em que, apesar da conscientização crescente, os apresentadores e seu presumível público continuavam sendo gente esquisita lá fora. Um episódio se intitulava

"Como flertar e arranjar namorado(a)", no qual, de início, a apresentadora anunciava com um brilho nos olhos: "Neste episódio, Alex aprende a paquerar e paquera uma *garota real*".[12]

Os vídeos recebiam dezenas de milhares de cliques, presumivelmente de muitas das pessoas a que se dirigiam. Era sobre a vida delas que os vídeos de Alex falavam. A história delas contada por um igual. Súbito, as pessoas "no espectro" passaram a falar por si mesmas e de um modo que não podia ser ignorado. Isso mudou tudo.

Antes só existia uma pessoa famosa considerada capaz de falar no autismo a partir de dentro dele: Temple Grandin.[13] Quando foi descoberta na década de 1980, ela chocou e fascinou a comunidade ativista do autismo, então quase toda constituída de pais, além de alguns pesquisadores e educadores. Grandin era estimada e considerada uma anomalia devido à sua capacidade de ter conversas detalhadas sobre como o mundo podia ser vivenciado pelos seus filhos, a esmagadora maioria dos quais nunca mantinha tal conversa.

De repente, eis que surgem milhares de pessoas como Temple Grandin, todas participando daquela conversa, congregando-se no Wrong Planet e em outros sites, assim como em encontros e conferências da síndrome de Asperger. No entanto, alguns dos participantes nunca tinham sido diagnosticados com a síndrome. Alguns haviam sido rotulados de "AAF", isto é, portadores de "autismo altamente funcional". Essa expressão — nunca um diagnóstico do *DSM*, mas muito usada pelos clínicos — precedeu a popularização da síndrome de Asperger e foi personificada por Temple Grandin, que assim se apresenta no seu site.[14] Usava-se "altamente funcional" para designar indivíduos que, embora tivessem características autistas evidentes, eram pelo menos medianos e muitas vezes acima da média em expressão oral e nível de QI. Isso fez com que o AAF se parecesse muito com a síndrome de Asperger; aliás, um dos debates mais intensos na época se centrou na questão de haver ou não uma diferença significativa entre o AAF e a síndrome de Asperger.

Para muitos, descobrir que tinham a síndrome foi como encontrar a peça perdida que completava o quebra-cabeça da sua vida. As famílias também se sentiam assim. Lorna Wing falou de maridos que iam à sua clínica para ser avaliados e saber se tinham a síndrome, levando a esposa, que mostrava igual interesse pelo resultado. "Ambos se sentiam felizes e mais próximos quando ficavam sabendo os motivos dos seus problemas passados",[15] escreveu Wing.

Quando a base de assinantes do Wrong Planet aumentou, uma identidade construída em torno da síndrome de Asperger já era um fenômeno cultural bem estabelecido[16] — desde a sua expressão nas arenas da política e de linhas de ação específicas, passando por Hollywood se arriscando em programas com personagens "aspergianos", até as vendas on-line de canecas, fivelas de cabelo, cortinas, sacolas e camisetas que estampavam o tema "Orgulho Aspergiano". Uma camiseta muito vendida dizia: SOCIALMENTE DESAJEITADO, INTELECTUALMENTE AVANÇADO.

"Todo mundo é meio autista de vez em quando?", perguntou Uta Frith. "Às vezes, eu também gostaria de reivindicar para mim mesma uma pitada de autismo."[17] De fato, passou a ser atraente ver a síndrome de Asperger às vezes tão próxima do "normal" que a diferença parecia em risco de perder grande parte da sua importância. Essa ideia tinha todos os tipos de atrativo. Potencialmente, qualquer um podia mergulhar o dedo nas águas do espectro de quando em quando: qualquer um que nunca tivesse entendido as piadas que todo mundo achava engraçadas; qualquer um que fosse motivo de zombaria por observar rigorosamente as regras; ou qualquer um que simplesmente tivesse dificuldade para travar e manter amizades. Era um alívio e dava certa satisfação poder ligar essas características ocasionais a um diagnóstico sancionado pelo *DSM*.

Isso veio a ser tanto mais verdadeiro à medida que alguns *"aspies"* começaram a se atribuir certa superioridade, invertendo o protótipo da deficiência. Temple Grandin gostava de dizer que a primeira lança de pedra "provavelmente foi inventada por um *aspie* que ficava um tempão lascando pedras enquanto os outros batiam papo".[18] Ela estava longe de ser a única pessoa de dentro do espectro a argumentar que um pouquinho de autismo não fazia mal a ninguém.

Segundo essa opinião, o cérebro autista era o único capaz de pensamento original e tinha a perseverança necessária ao desenvolvimento de ideias transformadoras. Virou uma espécie de jogo de salão de pessoas identificadas como *aspies* compor listas de vultos históricos cuja contribuição para o conhecimento e a cultura elas atribuíam à suposta presença do autismo. Entre os nomes mais ilustres, figuravam Albert Einstein, Isaac Newton, Emily Dickinson, Abraham Lincoln, Michelangelo, Mozart e Van Gogh. Norm Ledgin dedicou um livro inteiro, *Diagnosing Jefferson* [Diagnosticando Jefferson], com prefácio de Temple Grandin, à tentativa de provar que o terceiro presidente dos Estados Unidos tinha síndrome de Asperger e que essa era "a única explicação para toda a gama de idiossincrasias de Jefferson".[19]

"Hoje em dia é quase um charme ter Asperger",[20] disse Tom Hibben, pai de um menino com a síndrome, à revista *Slate*. No seu blog chamado Adventures in Aspergers,[21] Hibben escreveu sobre os seriados cômicos da televisão, como *Parenthood* e *The Big Bang Theory*, cujo elenco tinha personagens com características autistas e "mostrava às massas que as pessoas desse tipo não só eram membros produtivos da sociedade como também geniais!". Já em 2001, a revista *Wired*, com o convite "Take the AQ Test" [Faça o Teste de QA], oferecia aos leitores um questionário de cinquenta itens, baseado no usado pelo destacado pesquisador Simon Baron-Cohen, "como medida da extensão das características autistas em adultos". O item 13 dizia: "Prefiro ir a uma biblioteca a ir a uma festa". A *Wired* incluiu o necessário aviso de que "o teste não é o meio de fazer diagnóstico".[22]

Ocorre que o diagnóstico amador de autismo acabou entrando na moda. Em 2012, a escritora Nora Ephron foi citada postumamente pela revista *New York* contando a um amigo em um e-mail: "Noto que pelo menos três vezes por semana me dizem (ou eu digo a alguém) que esse ou aquele homem está no espectro". O autor do artigo, Benjamin Wallace, sugeriu que a síndrome de Asperger — que ele acreditava representar um conjunto de comportamentos verdadeiramente incapacitante em algumas pessoas — estava sendo banalizada em uma "gíria comum, um dispositivo conceitual para processar o mundo moderno".[23] Como argumentou Wallace, as normas de rigor no diagnóstico pareciam estar resvalando no modo como o rótulo vinha se tornando "um sinônimo para o marido adúltero, o plutocrata socialmente inepto, o patrão sem tato, a criança prodígio sem amigos, o criminoso sem remorso".

Entrementes, o Wrong Planet hospedou uma *thread* dedicada ao autodiagnóstico, na qual os membros explicavam por que declaravam que "tinham a síndrome" embora não tivessem passado por uma avaliação profissional. Wallace, da *New York*, encarou com ceticismo essa tendência na década de 2000. "O boom do autodiagnóstico", escreveu, "vem acompanhado de autodiagnósticos que podem se apoiar no seu poder de não persuasão."[24]

Em outras palavras, nem todos os que usavam o rótulo da síndrome de Asperger pareciam ter a vida prejudicada por uma dose indevida de desajeitamento social. Seria fácil para os telespectadores em geral verem Alex Plank, articulado, espirituoso e relaxado, discutindo deficiência no *Good Morning America* e então saírem perguntando a si mesmos: "Que deficiência?". No diluído limite entre o autista e o "normal", Plank impressionaria muita gente como pertencente à categoria "normal", na qual, em todo caso, a sua série de sucessos como empresário da internet, apresentador de vídeos e palestrante motivacional sugeriria que ele, na verdade, esbanjava traquejo social.

Se Alex tivesse nascido uma geração antes, a chance de a sua história de sucesso ser associada à palavra "autismo" seria praticamente nula. Aliás, é difícil imaginar que, em 1975, um médico, tendo examinado uma pessoa tão falante, inovadora e determinada como Alex, chegasse a cogitar um diagnóstico de autismo. Naquela época, o diagnóstico era reservado para gente às voltas com problemas muito maiores que os de Alex e de outros da sua geração que receberam o rótulo síndrome de Asperger. Em outras palavras, antes do espectro, dizer que Alex tinha autismo seria mais ou menos como dizer que tanto uma pessoa daltônica quanto uma que não enxerga absolutamente nada deviam ser consideradas "deficientes visuais". Ainda que isso fosse tecnicamente verdadeiro, não teria muita utilidade agrupá-las na mesma categoria.

Mas Alex nasceu na era do espectro. E, muito embora ele fosse altamente funcional, as suas dificuldades eram reais. Essa combinação lhe conferiu o poder de declarar, com um misto de orgulho e desafio, e com a afirmação de muitos: "Eu tenho autismo". Os que não viam indício de deficiência no desempenho de Alex diante de grandes plateias provavelmente não sabiam como foi a sua infância ou o quanto o seu sucesso de "sorte grande" no Wrong Planet aumentou a sua autoconfiança. O seu savoir-faire social na vida adulta foi resultado da prática e do esforço assíduos que ele fez na adolescência, quando estudava ativamente os comportamentos das outras pessoas — seus tons de voz e expressões em determinadas situações — e depois os memorizava, nota por nota, como as músicas que na infância aprendia a tocar no piano. No seu documentário *autism reality*, de 2009, Alex, aos 23 anos, aparece ao volante de um carro (tinha acabado de aprender a dirigir) e explica o muito que precisa se esforçar em todos os momentos de todos os dias para "passar" por "normal".

"Duvido que alguém perceba o quanto eu luto todo santo dia simplesmente com situações sociais normais", diz ele, tirando por um momento as mãos do volante e fazendo aspas no ar para realçar a palavra "normal". "Isso exige um gasto enorme de energia mental."[25]

★ ★ ★

Outro *aspie* ilustre, Michael John Carley, enfrentou as dificuldades sociais com tanto sucesso que a sua deficiência também parecia invisível. Na verdade, ele se considerava diferente, não deficiente. Tal como Alex, ficou conhecido quando estabeleceu um lugar em que as pessoas com a síndrome de Asperger podiam se congregar, mas o dele era sobretudo off-line. Em 2003, fundou uma organização chamada Global and Regional Asperger Syndrome Partnership (GRASP), que patrocinava grupos de apoio pessoal para adultos com a síndrome.[26] Naquela época, muitos adultos estavam sendo diagnosticados, e Carley era um deles. Tinha 36 anos em 2000, quando diagnosticaram o seu filho pequeno, e, dias depois, disseram-lhe que ele também se qualificava para um diagnóstico.

Carley era um escritor de talento, um dramaturgo encenado e um guitarrista competente que às vezes se apresentava em casas noturnas, além de trabalhar para uma série de entidades beneficentes e participar de projetos de ajuda no exterior. Mas, quando recebeu o rótulo, achou-o aceitável e o acolheu. "Sempre desconfiei", disse ao entrevistador de rádio Terry Gross em 2004, "que na verdade não tinha o senso de experiência compartilhada com as outras pessoas que eu queria e desejava na vida." Também disse que nunca foi de muita conversa e tinha uma forte tendência a dizer às pessoas o que realmente pensava.

A percepção de que muitos afetados pela síndrome tinham mais dificuldade que ele o inspirou a criar uma organização que representasse os seus interesses. Em breve, a GRASP cresceu a ponto de incluir trinta filiais em todos os Estados Unidos. Sendo o seu líder, Carley se dedicava sobretudo a combater a estigmatização e a defender as pessoas quando as suas tendências aspergianas as metiam em encrenca. Fez amizade com o notório sequestrador do metrô Darius McCollum, que foi preso várias vezes por entrar furtivamente na cabine do condutor dos trens do metrô de Nova York e partir pelos bairros da cidade com passageiros involuntários a bordo. Verdadeiro especialista nos mecanismos internos do metrô de Nova York — as rotas, os regulamentos, o número de veículos, os horários e os sinais, que estudava obsessivamente desde menino —, McCollum nunca machucou ninguém. Quando sequestrava um trem, fazia as paradas programadas. Também fugia com um ou outro ônibus de vez em quando. Em 2013, aos 49 anos, tinha sido preso 29 vezes e passara quase um terço da vida na cadeia.[27] Tratado com relativa indulgência no começo, passou a ser condenado a penas mais duras nos últimos anos. Os juízes não acreditavam na sua defesa: que ele tinha síndrome de Asperger e que o roubo compulsivo de trens provinha de uma obsessão aspergiana à qual era praticamente impossível resistir.

Em um desses poucos interlúdios de liberdade, McCollum esteve uma ou duas vezes em reuniões de grupo de apoio na filial de Manhattan da GRASP. Foi em uma dessas ocasiões que conheceu Carley. Quando, como era inevitável, ele voltou a ser preso, Carley começou a visitá-lo no presídio de Rikers Island. Sentados em bancos de aço em lados opostos de uma parede baixa, Carley mesclava consolo, compreensão e abraços de urso com uma espécie de reprimenda de irmão mais velho. "Que merda você aprontou desta vez?" foi a sua saudação em uma das visitas. E ele dizia com insistência que McCollum precisava aprender a resistir à tentação que estava arruinando a sua vida.

Do lado de fora, porém, Carley fazia tudo quanto estava ao seu alcance para apresentar o obsessivo do metrô como uma vítima da fiação do seu próprio cérebro. "Nós não criamos nenhum lugar a que ele possa ir", disse ao *Huffington Post*. "As pessoas olham para Darius, para a sua conduta e inteligência, e pensam que ele devia ter mais juízo. Não o entendem, porque ninguém entende o transtorno nesse contexto."[28]

Em dezembro de 2012, Carley agiu rápido quando um homem de vinte anos chamado Adam Lanza provocou um massacre com arma de fogo em uma escola elementar de Newtown, Connecticut. Em questão de horas, a imprensa informou que Lanza, que se suicidara, tinha diagnóstico de síndrome de Asperger. A apreensão se espalhou na comunidade do autismo; temia-se uma narrativa renovada que considerasse as pessoas do espectro como um risco à segurança pública. Na ocasião, toda a comunidade do autismo deixou de lado as diferenças internas quando um grupo após outro expediu declarações explicando por que os fatos não sustentavam uma conexão entre a síndrome e a violência contra os outros.

Como de costume, a contribuição de Carley sobressaiu pela elegância e força. "Pedimos a todos, por favor, não se deixem prender excessivamente ao ângulo do espectro", disse em uma declaração divulgada horas depois do tiroteio. "Concentremo-nos, isso sim, no luto; lamentemos dor e que um fato tão terrível e trágico se tenha abatido sobre nós neste dia horrível, horrível."[29]

Embora tivesse diagnóstico de síndrome de Arperger, Carley conseguiu levar uma nota emocional melhor que a maioria das pessoas. Assim, ele era como Alex Plank e tantos outros que receberam o rótulo da síndrome nos anos 1990 e

2000 — gente que exalava competência e um bom grau de confiança. Ainda que ele e Plank batalhassem o tempo todo para compensar os déficits sociais, o seu sucesso e a sua eloquência não faziam senão mostrar que o esforço valia a pena. Por serem capazes de "passar por normais" com tanta frequência — e, mais importante ainda, por ostentarem ao mesmo tempo orgulho pela sua diferença —, eles de fato "normalizavam" o autismo na imaginação popular. A capacidade que tinham de se dar bem no mundo real desmistificava e desestigmatizava o conceito.

Mas a sua presença na conversação do autismo também transtornou aquele que tinha sido um dos pressupostos dela: o sólido consenso entre experts, desde a década de 1960, de que a maioria das pessoas com autismo era intelectualmente deficiente. Relatada em vários estudos, essa constatação de banco de dados estimava que entre 70% e 80% das pessoas diagnosticadas se encaixavam na faixa de inteligência "abaixo da média".[30] Tais números, porém, eram de antes da existência do espectro do autismo, da época em que as definições eram diferentes. Em 2010, a balança se inclinara de forma extraordinária na direção oposta. Naquele ano, os CCD informaram que quase a metade da população diagnosticada com autismo atingia os mais altos níveis de inteligência.[31] Essa "mudança demográfica", impulsionada por uma combinação com a inclusão maior do espectro do autismo, que também ajudou a elevar as taxas de prevalência, teria profundas consequências sociais. Por certo, tal reconhecimento de mais pessoas reputadas altamente funcionais alterou os tipos de serviços que a sociedade era chamada a lhes fornecer, coisa que passou a ser uma nova arena para o ativismo. Mas, quando houve a mudança, ocorreu algo mais radical, que alterou em definitivo a política para o autismo.

Foi o nascimento de uma nova filosofia chamada "neurodiversidade", que muitos acolheram de bom grado na comunidade do autismo. Porém, ao mesmo tempo, alguns pais dessa comunidade descobriram um novo adversário na arena: as próprias pessoas com autismo.

45. Neurodiversidade

Na segunda semana de dezembro de 2007, certos sites da internet informaram sobre uma nova campanha, que já estava estampada em cartazes e, em breve, apareceria nas páginas das revistas *Newsweek* e *New York*. O conteúdo, na opinião de muitos, era ultrajante, embora os anúncios consistissem apenas em palavras em uma página. Mas os que viram suas imagens, em geral como um anexo encaminhado por um amigo ou conhecido incomodado, logo entenderam do que se tratava. De um pedido de resgate. Daqueles que os sequestradores datilografam em velhas e desconjuntadas máquinas de escrever impossíveis de rastrear. Um deles dizia:

> O seu filho está em nosso poder.
> Vamos providenciar para que ele,
> enquanto viver,
> não seja capaz de cuidar de si
> nem de interagir socialmente.
> Isto é só o começo.
> Autismo

Era a data do lançamento da muito planejada campanha "Pedidos de Resgate" do Centro de Estudo da Criança da Universidade de Nova York (UNY). A agência de publicidade encarregada estava com toda uma série de outros pedidos de resgate fictícios prontos para serem divulgados, inclusive um escrito em maiúsculas: O SEU FILHO ESTÁ EM NOSSO PODER. NÓS VAMOS DESTRUIR A SUA CAPACIDADE DE INTERAÇÃO SOCIAL. Essa nota vinha assinada pela SÍNDROME DE ASPERGER.

Concebida durante meses, a campanha de pedidos de resgate visava, segundo os publicitários, atuar como "um alerta para famílias, educadores e profissionais de saúde e provocar o diálogo para que as crianças recebam a ajuda de que necessitam".[1] Os bilhetes simulados foram lançados primeiramente na cidade de Nova York, em onze outdoors e duzentos quiosques. Depois disso, a campanha se expandiria para os jornais, em um total de cinco grandes mercados, durante pelo menos dezesseis semanas. Conforme um comunicado de imprensa da UNY, esperava-se que o lançamento inicial chegasse "a mais de 700 milhões de impressões", número que parecia gigantesco.

Dezoito meses depois de anunciada, contudo, a campanha cessou.

Havia entrado em conflito com o movimento da neurodiversidade. E o movimento vencera.

Os primórdios do movimento da neurodiversidade remontam a um dia de julho de 1993 em que um homem de 31 anos chamado Jim Sinclair se dirigiu a um público de pais, em uma conferência sobre autismo em Toronto, e se identificou como uma pessoa com autismo. A seguir, distribuiu um manifesto. Proclamava que, para gente como ele, os pais do autismo faziam parte do problema. Havia muito, argumentava, que pais e mães cometiam o erro de acreditar que os filhos — por terem autismo — eram um golpe terrível do destino. Mas isso estava longe de ser verdade, asseverava Sinclair. "Não chorem por nós",[2] dizia ele, porque não havia nem nunca tinha havido necessidade de pranto.

Mais tarde, Sinclair publicou um ensaio on-line baseado na conferência, no qual desenvolveu a sua crítica ao movimento dos pais. O sentido da argumentação era o seguinte: em vez de sempre procurar melhorar a vida dos filhos, os pais insultavam a humanidade e solapavam a dignidade deles.

"Quando os pais dizem: 'Queria que o meu filho não tivesse autismo'", escreveu, "o que estão dizendo de fato é: 'Queria que o filho autista que eu tenho não existisse'."

Isso trazia à lembrança, de maneira surpreendente, a desacreditada tese de Bruno Bettelheim, dos anos 1960, segundo a qual as mães alimentavam o sentimento secreto de "que seria muito melhor se o filho morresse"[3] e, assim, causavam-lhe autismo. Em 1993, em um eco distante da culpabilização da mãe, Sinclair atribuiu um impulso paralelo aos pais às voltas com o autismo dos filhos.

"Leiam isso de novo", prosseguia. "É isso que nós ouvimos quando vocês lamentam a nossa existência. É isso que nós ouvimos quando vocês rezam por uma cura."

Sinclair não era pai. Fazia anos que frequentava conferências sobre autismo, falando em muitas delas. Mas nunca havia endereçado uma mensagem como essa a pais cujos filhos eram, em muitos casos, extremamente deficientes. Para ele, isso não tinha relevância.

"Vocês tentam se relacionar com o filho autista", dizia, "e o filho não reage […] não há comunicação. Essa é a coisa mais difícil do mundo, não?"

"O único problema é que não é verdade."

E repreendia os pais por não se empenharem o suficiente em se relacionar com os filhos autistas. "Dá mais trabalho se comunicar com uma pessoa cuja língua nativa não é a mesma que a sua", afirmava.

Quanto ao sentimento de perda dos pais por causa do futuro que os filhos nunca chegariam a ter, Sinclair sugeria que "o melhor lugar para tratar dessas questões não é uma organização dedicada ao autismo, e sim um grupo de aconselhamento e apoio ao luto parental".

"Guardem o luto que tiverem de guardar", exortava, mas não na frente do filho autista. E aconselhava: "Comecem a aprender a soltar".

Na história do movimento da neurodiversidade, o ensaio de Sinclair ficou conhecido como a declaração "Não chorem por nós".

Durante quarenta anos, a partir da década de 1960, o trabalho de apoio ao autismo foi uma missão levada a cabo quase inteiramente por mães e pais dedicados a melhorar o mundo para os filhos. Eram deles as vozes que se ouviam, falando por gente que não podia falar por si. Em nome dos filhos, eles mudaram o mundo.

Mas Sinclair, falando em 1993, não deixava de ter razão ao dizer que a imagem do autismo projetada pelo movimento dos pais em geral estava eivada de tristeza e se apoiava na premissa de que o autismo representava algo errado na vida dos filhos. Isso não significava que os pais não os amassem. A sua dedicação irrefutável a melhorar a vida deles provava o contrário. Mães e pais comemoravam os triunfos dos filhos e achavam graça nas suas esquisitices.

Mas, nas três décadas de ativismo anteriores a 1993 e, sem dúvida, nos anos que se seguiram, predominou a opinião segundo a qual o autismo era simplesmente uma coisa ruim. Com muita frequência, a retórica ativista o apresentava como um invasor alienígena, um parasita, uma epidemia, um inimigo. A descrição do autismo feita à *Newsweek* por Portia Iversen, uma das fundadoras da Cure Autism Now, apreendeu com precisão esse sentimento: "É como *A cidade dos amaldiçoados*", disse ela. "É como se tivessem entrado furtivamente na sua casa durante a noite e deixado atrás o corpo perplexo do seu filho."[4]

As organizações escolhiam nomes como Defeat Autism Naw! [Derrotar o Autismo Já!], e os livros tinham títulos como *Targeting Autism* [O autismo na mira]. O maior triunfo legislativo obtido pela defesa dos pais chamou-se Lei de Combate ao Autismo, e os ativistas da vacina enxergavam o autismo como um dano infligido de maneira criminosa. E queriam reverter o dano e ver cabeças rolando. A maior e mais importante entidade de apoio do autismo no início da década de 2000, a Autism Speaks, tinha sido lançada com um site que declarava: "Essa doença arrebatou os nossos filhos. É tempo de recuperá-los".[5]

Foi exatamente esse pensamento que Jim Sinclair e outros procuraram refutar desenvolvendo uma filosofia que chamaram de neurodiversidade. Segundo o seu princípio central, ter autismo — ou "ser autista", formulação preferida pelos adeptos dessa filosofia — era apenas mais uma maneira de ser humano. Assim enunciada, a ideia parecia sadia e nada contenciosa. Mas o seu passo lógico seguinte foi uma afirmação muito mais controversa: já que ser humano não requeria cura, o autismo tampouco precisava de cura. E não se devia propor nenhum esforço para fazer com que o autismo desaparecesse.

A cunhagem da palavra "neurodiversidade" é creditada a uma socióloga australiana,[6] que estava no espectro e usou o termo em uma tese avançada em 1990. Ela demorou muitos anos para ser ouvida por um público mais amplo. Jim Sinclair, que continuava falando nela, havia criado uma organização on-line para a discussão da ideia cerca de um ano depois da sua fala de Toronto. O site, chamado Autism Network International (ANI), não contribuiu muito para popularizar o ponto de vista da neurodiversidade, talvez porque o seu pequeno grupo de frequentadores tendesse a hostilizar os visitantes que não se identificassem como autistas. O ANI não simpatizava muito com "neurotípicos" — palavra usada pelo campo da neurodiversidade para designar os que não tinham autismo.

Em 1998, uma autista conhecida como Muskie se divertiu um pouco com isso quando criou o site de uma pseudo-organização que batizou de Instituto para o Estudo dos Neurologicamente Típicos. Muskie mandou os "especialistas" do IENT apresentarem os fatos por trás do transtorno que ela denominava "síndrome neurotípica".[7]

O QUE É SN? Síndrome neurotípica é um transtorno neurobiológico caracterizado pela preocupação com assuntos sociais, delírios de superioridade e obsessão pela conformidade.

ELA É COMUM? Tragicamente, nada menos que 9625 em cada 10 mil indivíduos podem ser neurotípicos.

HÁ TRATAMENTO PARA A SN? Não se conhece a cura da síndrome neurotípica.

A neurodiversidade fez uma aparição fugaz na grande imprensa em 1998, quando Harvey Blume, da revista *Atlantic*, sugeriu em tom provocador que, para a iminente Idade da Informática, "a neurodiversidade pode vir a ser exatamente tão crucial para a espécie humana quanto a biodiversidade o é para a vida em geral".[8]

Alguns anos depois, os argumentos centrais da neurodiversidade deixaram uma pequena marca em um processo judicial no Canadá, quando a ex-funcionária do correio Michelle Dawson, diagnosticada com autismo já adulta, fez um comentário público sobre um caso julgado pela Suprema Corte do país, apresentando um artigo contrário aos pais que recorriam à Justiça para obter financiamento governamental da terapia ABA para os filhos. Os pais perderam. Embora o depoimento de Dawson não tenha sido o fator decisivo, ficou claro que os magistrados lhe deram ouvidos, pois citaram as suas opiniões na sentença. Ela argumentara que a ABA era uma abominação comparável à tortura e tinha o objetivo, como escreveram os juízes, de "modificar a mente e a personalidade da criança".[9]

Mas essas eram impressões de somenos. Em 2006, com o medo a se espalhar, o autismo passou a ser um problema público, e a Autism Speaks estava no seu segundo ano de conscientização do distúrbio como uma emergência nacional. Mesmo assim, quase ninguém no público geral, ou mesmo na maioria dos círculos do autismo, tinha ouvido falar em neurodiversidade. Isso era frustrante e até alarmante para os que viam o autismo não como uma situação de urgência, mas como central para a sua identidade — e no núcleo do que eles eram como seres humanos.

Então um deles, um adolescente da Universidade de Maryland, em Baltimore, decidiu mudar o enredo.

Ari Ne'eman tinha cinco anos quando a declaração "Não chorem por nós" foi redigida. Catorze anos depois, quando era segundanista em Nova Jersey, ele fundou a Autistic Self-Advocacy Network (ASAN). Seu lema, tomado emprestado das campanhas dos direitos da deficiência da década de 1990, era "Nada sobre nós sem nós".[10] A missão da ASAN — garantir que a voz dos autistas fosse ouvida nos debates sobre políticas e nos corredores do poder — era mais uma iteração do movimento da neurodiversidade. E uma grande ambição para uma campanha sem pessoal remunerado e dirigida a partir de um dormitório estudantil.

Ne'eman, que mesmo na faculdade em geral era visto de gravata e levando uma pasta de documentos, foi diagnosticado com síndrome de Asperger aos doze anos. Passou algum tempo em uma escola especial, que ele achava detestável. Era reticente com os repórteres que indagavam sobre o seu passado anterior àquela época. Em Troy, Nova York, em 2013, deu a um jornalista simpatizante uma resposta tipicamente vaga: "A minha experiência na infância foi parecida com a da maioria dos autistas", disse. "Nós lutamos socialmente.[11] Eu me interessava muito por assuntos específicos." O jornalista pareceu entender. Essa era a única coisa que ele tinha a dizer sobre o assunto.

Entretanto, Ne'eman não se mostrava nada tímido na escolha das palavras quando se punha a falar contra os que ele achava que o atacavam. Como valorizava a sua identidade autista, Ne'eman desprezava as mensagens da Autism Speaks, cuja influência não tinha rival e cujo logotipo da peça de quebra-cabeça era visto em toda parte. Depois de fundar a ASAN em 2006, ele começou a escrever e falar contra a "publicidade continuamente desumanizante"[12] do grupo, acusando-a de "promover o aviltamento da vida autista". Em 2007, quando a mãe de uma menina autista tentou matar a própria filha, Ne'eman chegou a acusar a Autism Speaks de "cumplicidade moral" com o crime. Vinculou a tentativa de homicídio a um vídeo da Autism Speaks recentemente divulgado, no qual Alison Singer confessava que, em certas ocasiões, cogitava pegar o carro e se atirar de uma ponte com a filha. Ele fez o comentário sobre a "cumplicidade moral" em um depoimento preparado para ser prestado no Comitê de Coordenação Interagências do Autismo, órgão federal do qual Singer participava. O CCIA censurou tais palavras na transcrição on-line da sessão.

Ne'eman também se opunha a muitas abordagens da investigação científica endossada e patrocinada pela Autism Speaks. Por um lado, não tinha nada contra a pesquisa "de questões relacionadas com a qualidade de vida dos autistas",[13] nem contra os estudos epidemiológicos, nem contra o desenvolvimento de instrumentos diagnósticos que ajudassem a identificar populações que deviam ser incluídas no espectro. Era favorável à pesquisa de tecnologias de apoio mais inovadoras para pessoas cujas características autistas lhes causavam dificuldades funcionais, como os instrumentos que auxiliavam os sem fala a se comunicarem. Mas se opunha de forma categórica ao desenvolvimento de quaisquer metodologias que, na sua opinião, forçassem as pessoas a reprimir a sua personalidade autista a fim de parecerem mais "normais". Entre elas se incluíam o desenvolvimento de certos medicamentos e, sem sombra de dúvida, a ABA ao estilo de Lovaas. "Buscar a normalização"[14] mediante o uso de tais métodos, escreveu ele, "nos obriga a lutar contra nós mesmos." Acima de tudo, Ne'eman e o movimento da neurodiversidade como um todo rejeitavam qualquer empreendimento científico cuja meta principal fosse encontrar a "cura" do autismo.

Ocorre que, em 2007, a busca da cura já era uma prática solidamente estabelecida na maior parte da pesquisa em curso. Nos laboratórios, desde o do Hospital Mont Sinai de Nova York e o da Universidade Columbia até os INS, nas imediações de Washington, e o Mind Institute, de Davis, Califórnia, a pesquisa do autismo estava tão em voga que, aparentemente, qualquer estudo, em qualquer área, tinha mais chance de obter patrocínio se a palavra "autismo" figurasse na sua proposta de subvenção. Não se mencionava a palavra "cura", mas àquela altura isso era desnecessário.

Fizeram-se algumas descobertas fascinantes e alguns desenvolvimentos surpreendentes nos cerca de dez anos decorridos depois que a pressão dos pais desencadeou o processo. Os cientistas descobriram todas as peculiaridades orgânicas dos autistas. Constataram que o cérebro das crianças com autismo era 20% maior que o das outras;[15] que a dopamina, a substância química do cérebro cuja produção aumenta rapidamente em reação ao prazer, não fluía como de costume nos cérebros autistas em reação ao som da voz humana;[16] e que, quando pediam a um autista que executasse uma tarefa visual com um componente emocional, como recordar uma fisionomia, o fluxo sanguíneo nas partes anterior e posterior do cérebro parecia dessincronizado. Criaram uma tecnologia de monitoramento ocular capaz de detectar o risco de desenvolver autismo em bebês de apenas dois meses.[17] E fizeram uma descoberta referente ao sono das crianças autistas:[18] o rápido movimento dos olhos — que tende a coincidir com o sonhar — ocorria com frequência um terço menor do que nas demais crianças. Também estabeleceram que as crianças com autismo dormiam uma hora a menos por noite do que as outras. Verificaram que os pais mais velhos tinham mais probabilidade[19] de gerar um filho com autismo, e que as mães que tomavam ácido fólico[20] antes de engravidar apresentavam um risco 40% menor de ter filho com autismo. Também lançaram estudos pré-natais[21] baseados na descoberta de que o risco de autismo era mais elevado quando as mães adoeciam no primeiro trimestre da gravidez.

As pistas vinham de áreas inesperadas, uma das quais envolvia a febre. Pelo menos desde a década de 1980, os pais relatavam certo "efeito da febre", ou seja, que os sintomas autistas dos filhos aumentavam de maneira extraordinária quando eles tinham febre alta.[22] Isso veio a ser o ponto de partida de diversos estudos da febre. Nesse meio-tempo, descobriram-se substâncias capazes de mitigar os sintomas. A melatonina auxiliava algumas crianças[23] a dormirem melhor. A risperidona e outros antipsicóticos[24] ajudavam a reduzir os comportamentos repetitivos e hiperativos.

Quanto ao behaviorismo, os pesquisadores biomédicos também aprenderam estudando animais. Nos INS, a pesquisadora Jacqueline Crawley modificava o DNA de ratos a fim de produzir roedores novos que apresentavam uma "versão murídea" do autismo.[25] Disso resultavam ratos muitíssimo antissociais ou obsessivamente propensos a se lamber sem parar. Embora estivessem longe de ser analogias perfeitas do organismo humano, esses roedores "transgênicos" possibilitavam experimentos com injeção de substâncias químicas. A fiação neural da mosquinha-da-fruta[26] também produziu novos insights quando os pesquisadores descobriram que tais insetos, quando expostos a odores demasiado intensos, tinham a capacidade de reduzir a sua própria sensibilidade — quase "desligando" o olfato —, coisa que algumas pessoas com autismo parecem incapazes de fazer quando sujeitas a barulho alto, luz forte ou experiências táteis que lhes são desagradáveis.

Por mais inventivas e abrangentes que fossem essas descobertas e investigações, a sua quase totalidade era motivada pelo mesmo objetivo, que incomodava o movimento da neurodiversidade: a prevenção do autismo antes que ocorresse e a sua supressão caso ocorresse.

Por esse motivo, na opinião de Ne'eman, nada era mais aterrorizante que a busca em andamento de desemaranhar as complexas bases genéticas do autismo. Envidava-se um esforço enorme para identificar genes "de risco", que viriam a ser alvo de tratamento futuro se, como se esperava, a pesquisa genética acabasse apontando para múltiplos caminhos do autismo ou para muitos *autismos* diferentes. Mas Ne'eman temia o dia em que uns ou outros se tornassem tão claramente marcados que disso resultasse um teste genético de autismo. Pois, escreveu ele, "a forma mais provável de prevenção seria o aborto eugênico".[27] Lembrou que tal coisa já acontecia no caso da síndrome de Down: graças a um teste pré-natal disponível desde a década de 1980, 92% das gravidezes com resultado positivo para a anomalia cromossômica responsável pela síndrome eram interrompidas em vários países, entre os quais Estados Unidos, Reino Unido, Nova Zelândia, França e Cingapura. "A maioria de nós no espectro do autismo não acorda de manhã", escreveu ele, "desejando não ter nascido."

Isso não diferia muito do que Temple Grandin dissera anos antes a Oliver Sacks na *The New Yorker*: "Se me fosse possível estalar os dedos e deixar de ser autista, eu não o faria", disse ela em uma entrevista em 1993. "O autismo faz parte do que eu sou."[28] Mas Grandin sempre encantou os pais do autismo, ao passo que Ne'eman, tal como Sinclair antes dele, irritava grande parte desse público. Muitas mães e pais achavam exasperante receber preleções de adultos perfeitamente verbais, com carteira de motorista e matrícula na faculdade, cuja suposta deficiência causada pelo autismo parecia minúscula em comparação com a que os seus filhos enfrentavam.

É claro que nenhum pai ou mãe discordava da parte do discurso de Ne'eman que dizia que as pessoas no espectro mereciam respeito, dignidade, segurança e o máximo de autoridade possível sobre a sua vida — valores que a sociedade adotara, pelo menos teoricamente, quando fechou as instituições psiquiátricas um quarto de século antes. Mas, em 2007, não era nada fácil aceitar a proposição bem mais radical da neurodiversidade, segundo a qual a criança com autismo grave não era propriamente doente. Muitos pais hostilizados por Ne'eman duvidavam que ele tivesse autismo — fosse do tipo que fosse. Mas alguns acreditavam reconhecer uma enorme falta de empatia nos seus pronunciamentos a respeito deles enquanto pais ou, pelo menos, uma falta de tato que parecia ser indício de que Ne'eman correspondia, sim, ao estereótipo da síndrome de Asperger. Em todo caso, ele não passava de um estudante — fácil de desdenhar.

Foi quando começaram a aparecer os cartazes "Pedido de resgate".

"O seu filho está em nosso poder."

A insensibilidade tão alarmista assustou muitos na comunidade do autismo. Mas, quando soube disso, Ari Ne'eman viu aí uma oportunidade. Estava no campus da Universidade de Maryland-Baltimore quando seu celular recebeu uma enxurrada de e-mails de membros da sua organização sobressaltados com o que estava acontecendo em Nova York. A campanha tinha apenas alguns dias quando vários blogueiros da neurodiversidade souberam dela e avisaram os outros. Aquilo se transformou em uma tempestade, mas só no interior do seu pequeno círculo.

Ne'eman agiu com rapidez. Divulgou prontamente um alerta de ação aos membros da ASAN, exortando-os a enviar mensagens e telefonar sem demora para o Centro de Estudo da Criança da UNY.[29] O alerta dava os nomes das pessoas a serem procuradas na universidade, na agência de publicidade e na empresa de cartazes que tinha dado o seu tempo e espaço. Moveram uma ação judicial. Telefonaram para os jornais de Nova York. E, o mais fundamental, Ne'eman pediu ajuda a outras organizações da deficiência mais reconhecidas,[30] cuja credibilidade ele esperava que elevasse o seu protesto acima do nível de um mero estudante universitário cercado de um punhado de blogueiros.

Isso resultou em uma carta assinada por catorze organizações veteranas. Seguiu-se a cobertura da imprensa. Em poucos dias, a campanha publicitária e a campanha contra a campanha publicitária chamaram a atenção do *New York Times* e do *New York Daily News*.[31] Procurado por jornalistas, o diretor do Centro de Estudo, Harold Koplewicz, pareceu não reconhecer o dano. Afirmou que estava satisfeito porque a campanha atingira o seu objetivo, que era chamar a atenção para o autismo. Disse ao *New York Times* que, apesar do mal-estar, o qual ele lamentava, já decidira "ficar do lado dela e atravessar a tempestade".[32]

Mas a tempestade recrudesceu. Mais de 3 mil pessoas entraram em contato com a UNY, a grande maioria contrariada com a campanha, inclusive muitos pais.

"Caro autismo", escreveu uma mãe em uma mensagem eletrônica para a UNY, zombando da campanha, "o meu filho não está em seu poder. Está aqui comigo. Vou garantir que ele nunca seja definido unicamente pelo seu autismo [...] vou garantir que nós comemoremos os seus dons."[33] Em breve, a UNY também recebeu telefonemas do *Washington Post* e do *Wall Street Journal*.

Quinze dias depois de divulgar o alerta de ação, Ne'eman se achava no dormitório da faculdade quando um repórter do *Washington Post* telefonou. Estava em busca de uma reação ao anúncio que a cidade de Nova York acabava de fazer: a UNY havia encerrado a campanha. Ne'eman pediu ao jornalista que esperasse um momento, pôs o telefone no *mute*, deu um forte soco no ar e retomou a ligação. "Esses anúncios refletem uns estereótipos muito antigos e prejudiciais",[34] disse com a voz de um ativista com muitos anos de experiência no seu trabalho.

Aquele foi um momento decisivo para a neurodiversidade, para a Autistic Self-Advocacy Network e para o seu fundador, Ari Ne'eman. Animado e — tão importante quanto — não mais um simples figurante na conversação do autismo, ele passou a ser uma pessoa procurada por jornalistas em busca de citações, e o número de membros da ASAN aumentou muito. Nos anos seguintes, Ne'eman continuou usando os alertas de ação para mobilizar os seus seguidores contra os que ele considerava inimigos. A Autism Speaks continuou sendo o seu alvo preferido. Em Columbus, Ohio, uma "caminhada" de conscientização da Autism Speaks topou com uma contracaminhada organizada pelos membros da ASAN local.[35] Em 2009, a ASAN ajudou a organizar um protesto na internet que levou à retirada de um vídeo da Autism Speaks intitulado *Eu sou o autismo*[36] — que, uma vez mais, personificava o distúrbio como um ladrão malvado que roubava crianças.

Nesse ínterim, em reconhecimento à ascensão da neurodiversidade, Ne'eman, como o seu representante mais visível, foi escolhido pela Casa Branca, em 2009, para participar do Conselho Nacional da Deficiência. Em 2010, foi nomeado para o Comitê de Coordenação Interagências do Autismo, órgão que estabelecia as prioridades do governo federal na pesquisa e nos serviços do autismo, no qual trabalharam Lyn Redwood e Alison Singer. A sua presença ajudou o comitê a cumprir a ordem judicial de incluir pelo menos uma pessoa que estivesse no espectro.

Estar no espectro dava a Ne'eman uma clara vantagem política sobre aqueles que ele encarava como adversários: pouca gente queria enfrentá-lo em público.[37]

Embora Ne'eman não temesse o confronto, ninguém achava vantajoso ser visto discutindo com um homem que usava o seu autismo como um emblema de honra e apresentava a si mesmo e aos seus companheiros como alvos de intolerância. Nesse aspecto, ele havia lançado a ASAN no momento certo. A afirmação da organização segundo a qual o autismo não devia ser considerado simplesmente como um problema de desenvolvimento, e sim como uma variação neurológica — que tornava "todos os autistas únicos como qualquer outro ser humano" —, encontrou eco em uma cultura prestes a aceitar variações mais amplas na identidade de gênero. Na verdade, os adeptos do ponto de vista da neurodiversidade com frequência invocavam a campanha pelos direitos dos LGBT, mostrando paralelos com a sua própria campanha e se referindo a Ne'eman e outros francos defensores como "abertamente autistas". A implicação era que quem questionasse os argumentos de Ne'eman era bitolado e intolerante com as diferenças. Por isso ele quase sempre acabava protagonizando um debate unilateral. Nenhuma organização respeitável queria se arriscar a passar por retrógrada ao entrar em discussão com Ne'eman. É verdade que ele tinha muitos detratores em salas de bate-papo e em blogs, mas o seu principal alvo, a Autism Speaks, dava-lhe uma espécie de passe para dizer o que bem entendesse sem réplica.

E, assim, em 2012, a Autism Speaks voltou a outra face quando um dos seus executivos foi nomeado para um cargo prestigioso pela Casa Branca, e a organização de Ari Ne'eman publicou uma declaração condenando tanto o executivo quanto a decisão de nomeá-lo. O cargo era uma vaga no Comitê Presidencial para Pessoas com Deficiências Intelectuais, e o nomeado era Peter Bell, vice-presidente executivo da Autism Speaks. Bell havia entrado na defesa do autismo no fim da década de 1990, na qualidade de presidente do grupo cujo nome — Cure Autism Now — era um anátema contra tudo em que Ne'eman acreditava. Chamando a nomeação de "decepcionante e infeliz",[38] a declaração alegava que "Peter Bell tem um longo histórico de apoiar posições radicais contra a vacina amplamente desacreditadas na comunidade científica", ao passo que a Autism Speaks tinha um "histórico escabroso e controverso". Tal como os seus empregadores, Bell foi constrangido pela sua posição quando recebeu esse ataque. E o deixou sem resposta.

Ocorre, porém, que certa vez a esposa de Bell, Liz, havia passado uma descompostura em Ne'eman. Três anos antes, em abril de 2009, os dois compareceram ao mesmo fórum público que reunira um grupo de "militantes" do autismo para uma conversa com o governador de Nova Jersey, Jon Corzine. Quando o chamaram, Ne'eman se levantou, olhou para o governador e apresentou o seu conhecido argumento binário — que as pessoas com autismo precisavam de apoio, o qual devia ser dado, mas isso não justificava nenhuma tentativa de tratamento ou cura e nenhuma outra reação que tornasse uma pessoa autista menos autista.[39]

Liz Bell, que nunca tinha ouvido Ne'eman falar, achou a primeira parte do argumento completamente razoável. Aceitação pela comunidade, oportunidades de trabalho, o grau máximo possível de autodeterminação — esses eram valores em que ela e o seu marido e praticamente todo pai ou mãe do autismo acreditavam e pelos quais haviam passado anos lutando. Se neurodiversidade era isso, Liz Bell lhe dava todo o apoio.

Mas a outra parte da mensagem de Ne'eman — "nada de cura" —, Bell esperava que não impressionasse muito a plateia, em especial um outsider com poder real como o governador. Não queria que ele confundisse aquele surpreendente estudante universitário com a verdadeira cara do autismo. Na verdade, quanto mais os ativistas como Ne'eman — talentosos, articulados, persuasivos — afirmavam com orgulho a sua identidade autista, mais as pessoas pareciam esquecer os outros autistas com deficiências graves. Bell tinha em mente aqueles que nunca falariam, que precisavam ser vigiados 24 horas por dia para que não saíssem por aí de madrugada para se afogar em um rio ou em uma piscina, que precisavam que lhes trocassem a fralda pelo menos duas vezes por dia, mesmo sendo adultos. Os noticiários noturnos raramente contavam a história dos membros da comunidade do autismo que eram incapazes de dar entrevista. E o público ficava com um entendimento equivocado do quanto o "autismo real", como algumas famílias o chamavam em particular e desafiando a argumentação da neurodiversidade, era debilitante e solapava as oportunidades de uma vida bem vivida.

O tipo de autismo do filho de Bell, Tyler, de dezesseis anos, raramente despertava o interesse das câmeras. Ele tinha QI muito mais baixo que o de Ari, pouca capacidade de falar e uma dificuldade extrema com aptidões elementares como tomar banho, fazer a barba e se vestir. Como cerca de um quarto dos indivíduos com autismo "clássico", também tinha convulsões. Sofria dores intensas e frequentes devido a problemas digestivos.

Ao ouvir Ne'eman se dirigindo ao governador, Bell entendeu que ele não queria prejudicar Tyler. Mas que jamais convivera com alguém como Tyler. Nem havia cuidado dia após dia de uma pessoa assim. E, apesar da insinuação no manifesto

"Não chorem por nós", de Jim Sinclair, de que pais ou mães como ela desejavam que os filhos não existissem e não se empenhavam o suficiente para compreendê--los, Bell acreditava que ninguém na vida de Tyler o compreendia mais do que ela — fosse a comunicação com palavras ou sem elas. Às vezes, Bell se desesperava com o que lhe podia acontecer quando ela morresse, quando já não restasse ninguém capaz de entender as vontades e necessidades do seu filho. Esse também era um problema que nem Ari Ne'eman nem a mãe de Ari Ne'eman teriam de enfrentar.

Quando o evento terminou, Bell não se conteve. Queria dizer tudo isso na cara de Ne'eman. Um amigo a levou ao escritório do diretor do centro que acolhera o fórum e a deixou na frente de Ne'eman, apresentando-a como "Liz, esposa de Peter Bell". Percebendo a associação passada do casal Bell com a Cure Autism Now e a sua posição atual na Autism Speaks, Ne'eman tampouco se conteve. Disse o que havia de errado em qualquer grupo que lutava por uma cura. Liz Bell reagiu descrevendo o próprio filho e a sua vida. Falou na diarreia constante. Contou que Tyler falava aos dois anos de idade e depois começou a perder a linguagem. Que também perdeu a capacidade de dormir à noite, coisa que fazia até os três anos. Falou na dor que ele agora sentia com frequência. E nas convulsões. Em suma, disse, isso não era "mais uma maneira de ser humano". Era ser doente.

Quanto à aversão de Ne'eman à palavra "cura", Bell lhe disse: "Se um dia, Ari, o meu filho e eu pudermos discutir como você e eu estamos discutindo agora, se ele puder argumentar como você contra as curas — então, sim, eu direi que ele está curado".

Ne'eman escutou com respeito, mas não arredou pé da sua posição. Também possibilitou a Bell ter um inesperado insight a seu respeito. A sua determinação e a sua integridade como ativista eram inexpugnáveis. Ele se recusava a medir as palavras, a falsificar os fatos ou a fazer graça para agradar à sua plateia. Mesmo cara a cara com uma mãe do autismo, cujo amor total pelo filho e o desespero com o seu futuro deviam ser evidentes, Ne'eman foi inflexível. Não recuou, não ofereceu simpatia nem suavizou o seu tom. Tendo visto isso, Bell voltou para casa pensando que as pessoas que ainda duvidavam seriamente que aquele rapaz tivesse verdadeiras deficiências autistas estavam equivocadas. A insensibilidade total que ela presenciara parecia refletir não simplesmente as convicções de Ne'eman como também a sua incapacidade de aceitar um ponto de vista que não fosse o dele. Essa, ela sabia, era considerada uma característica autista clássica — a qual Simon Baron-Cohen chamava de "cegueira mental".[40]

Uma teoria decorrente,[41] também proposta por Baron-Cohen, sustentava que aquele estilo cognitivo interferia na experiência de sentir empatia. A ideia era controversa e insultante para algumas pessoas com síndrome de Asperger, que apontavam para estudos que sugeriam que o "déficit" de empatia na síndrome era exagerado. Mas outros aceitavam com relutância que a deficiência nessa área era real, fazia parte daquilo que tornava tão difícil conviver com a síndrome de Asperger em um mundo de "neurotípicos".

Ari Ne'eman estava sem dúvida alguma no espectro, disse Liz Bell consigo quando foi para o carro naquele dia. E isso, sem dúvida, fazia parte integrante de quem ele era. Mas Bell não queria que Ari falasse pelo seu filho Tyler. O distúrbio deste e o daquele nada tinham em comum.

O argumento da neurodiversidade, que continuava angariando adeptos, devia sua existência ao reconhecimento da síndrome de Asperger no final do século xx. Quando Lorna Wing a usou para argumentar que o autismo era um espectro grande, amplo, profundo e embaciado e o *DSM* reconheceu o diagnóstico na sua edição de 1994, o *DSM-IV*, os limites em torno do distúrbio se alargaram de modo exponencial. Sem esses dois desenvolvimentos, parece improvável que a noção de autismo cunhada por Leo Kanner em 1943 pudesse se dilatar a ponto de incluir um grande número de pessoas inteligentes, talentosas e independentes como Alex Plank, Michael John Carley e Ari Ne'eman em 2010. A síndrome foi o seu bilhete de ingresso no espectro — o deles e o de muitos outros, e deu ao argumento da neurodiversidade debatedores e promotores mais eficazes.

Então, em 2013, a síndrome de Asperger como diagnóstico foi eliminada pela Associação Americana de Psiquiatria — excluída do *DSM*. A reviravolta nada teve a ver com as descobertas relatadas três anos antes pelo historiador austríaco Herwig Czech, sugerindo que Asperger teria cooperado com o programa nazista de eliminação de crianças deficientes. Como Czech fez a sua apresentação na Alemanha, para um público majoritariamente local, as conclusões a que chegou não impressionaram o mundo anglófono, no qual a consciência da síndrome de Asperger era predominante.

A medida tomada pela Associação Americana de Psiquiatria, que demorou a chegar, resultou da persistente dúvida quanto à utilidade do conceito da síndrome. Em 2001, isso já era evidente na literatura médica. "Does *DSM-IV* Asperger's

Disorder Exist?" [Existe o transtorno de Asperger do *DSM-IV*?], perguntava o título de um artigo daquele ano no *Journal of Abnormal Child Psychiatry*.

Seguiram-se outros papers como esse, fazendo perguntas parecidas, e a maior parte deles recebendo resposta negativa. Doze anos depois, um artigo na *Health* continuava observando que "em termos científicos [o transtorno de Asperger] mostrou-se uma categoria um tanto vaga".[42]

Para dezenas de milhares de pessoas com o diagnóstico, essa parecia ser uma discussão absurda. Claro que o transtorno existia — uma vez que elas existiam. E também existiam organizações e grupos de apoio da síndrome, assim como clínicas nela especializadas, funcionando nos Estados Unidos e em outros países, sobretudo na Grã-Bretanha e na Austrália. Mas os profissionais que estudavam a síndrome de Asperger sabiam o que alguns usuários do rótulo ignoravam: que, do ponto de vista científico, ela constituía uma disfunção diagnóstica. Desde o começo, descumpria um requisito básico: significar a mesma coisa toda vez que fosse usada.

Tratava-se do mesmo problema que a princípio estorvara a compreensão das características autistas — um desacordo sobre se todo mundo estava falando na mesma coisa. Hans Asperger descreveu os primeiros casos da síndrome que levava o seu nome, mas nunca elaborou uma lista de critérios. Lorna Wing tentou elaborá-la quando chamou a atenção do mundo para ela, assim como fez o sueco Christopher Gillberg, cujos critérios foram adotados por muitos, mas de modo algum por todos os estudos de pesquisa de outros países. Ainda em 1994, o comitê do *DSM-IV* também tentou definir o diagnóstico, como fizeram muitos outros. Mas nenhuma dessas variadas listas de critérios era inteiramente igual às outras. Por exemplo, os diversos teóricos davam peso diferente ao desenvolvimento da linguagem e da inteligência. Também havia divergência sobre como rotular uma pessoa cujo comportamento mudava com o tempo — as que podiam parecer mais "aspergianas" mais tarde na vida do que na infância.

Como sempre, os médicos, ao rotular, faziam julgamentos com base na sua experiência e compreensão pessoais de como eles achavam que a síndrome de Asperger devia ser. E, como de costume, a objetividade ficava prejudicada no processo. Um estudo muito publicado descobriu que, entre doze centros de pesquisa americanos diferentes,[43] a probabilidade de uma pessoa ser diagnosticada com a síndrome dependia menos de suas características reais do que de qual dos doze centros a avaliasse. Em outro estudo, os investigadores descobriram que, usando os critérios do *DSM-IV*, nem mesmo os quatro casos originais de Hans Asperger preencheriam os requisitos do diagnóstico da síndrome.⁴⁴ Os autores que perguntaram "Does *DSM-IV* Asperger's Disorder Exist?" publicaram dados que sugeriam que os médicos simplesmente desconsideravam a definição do *DSM* e faziam o diagnóstico com "definições influenciadas pela literatura e pela crença popular".⁴⁵

"Síndrome de Asperger significa muitas coisas diferentes para pessoas diferentes", disse a pesquisadora Catherine Lord ao *New York Times* em 2009. "Ela confunde e não tem muita utilidade."⁴⁶

Enquanto Lord falava, outra versão nova do *DSM* estava em fase de planificação. Ela participava do grupo de trabalho encarregado de descobrir o que fazer com a síndrome de Asperger e os três outros diagnósticos baseados em características autistas: o transtorno autista (o autismo "clássico"), o transtorno desintegrativo da infância e o PDD-NOS, que servia para tudo. Em fevereiro de 2010, o grupo publicou uma versão preliminar da provável solução. O seu plano era reduzir os quatro diagnósticos a um só, muito abrangente, que ficaria conhecido como transtorno do espectro autista. Ele ainda incluiria um modo de distinguir as várias manifestações das características autistas, introduzindo uma escala para especificar a gravidade dos sintomas-chave. Isso significaria que uma pessoa antes diagnosticada com síndrome de Asperger seria muito provavelmente reconhecida, para os propósitos futuros do *DSM*, como portadora de autismo, mas sem a deficiência intelectual ou de linguagem que o acompanhava. E também seria o fim da linha para a síndrome de Asperger. O nome e o diagnóstico sairiam em definitivo das páginas do *DSM*.

A oposição veio de toda a comunidade do autismo. Fred Volkmar, de Yale, retirou-se do grupo de trabalho por não conseguir convencer os colegas a manter viva a síndrome de Asperger.⁴⁷ Temple Grandin interferiu citando o tamanho e a força oral da comunidade da síndrome como uma razão para se manter a categoria. "O PDD-NOS, eu o jogaria na lata de lixo", disse ela ao *New York Times*. "Mas manteria a síndrome de Asperger."⁴⁸

Um parlamentar do estado de Nova York e pai do autismo tentou parar o relógio com um projeto de lei que estabeleceria oficialmente a linguagem clara do *DSM* como a "definição" estatal do autismo. Cerca de 9 mil pessoas assinaram uma petição on-line escrita por Michael John Carley e contrária às mudanças. Outras 5400 assinaram uma petição patrocinada pela Associação da Síndrome de Asperger da Nova Inglaterra, exigindo que o *DSM* mantivesse o diagnóstico "a fim de ajudar a garantir a continuidade clínica e o senso de comunidade estabelecido, tão precioso para os indivíduos já diagnosticados e para as famílias, e a manter o entendimento, obtido a duras penas, do rótulo na população em geral".[49]

Irromperam discussões nos fóruns do Wrong Planet. Uma *thread* intitulada "O *DSM-5* está roubando a nossa identidade"[50] expôs um dos principais temores da comunidade da síndrome de Asperger. A postagem de abertura alegava que a fusão da síndrome com o autismo "causaria muito dano à reduzida quantidade de conscientização da síndrome de Asperger pela qual nó$ demo$ duro nos últimos quinze anos".

Uma segunda preocupação criada pela nova definição se estampou em uma manchete do *New York Times* no início de 2012: "New Definition of Autism Will Exclude Many, Study Suggests" [Nova definição do autismo excluirá muitos, sugere estudo].[51] Isso desencadeou todo um furor novo. Em Yale, três pesquisadores, entre eles Fred Volkmar, submeteram alguns antigos dados de caso aos parâmetros estabelecidos pela nova definição proposta. O resultado mostrou que, em um grupo de pessoas que, em 1993, tinham recebido um dos quatro diagnósticos de autismo prestes a ficarem obsoletos, quase 40% não se encaixariam na nova categoria de autismo do *DSM-5*. Em toda a comunidade do autismo, espalhou-se o receio de que, com a nova definição, as pessoas perdessem o acesso aos serviços e ao apoio do governo.

Reagindo ao pânico, o próprio grupo de trabalho do *DSM* divulgou garantias de que o risco de as pessoas perderem os seus diagnósticos era uma preocupação exagerada e de que a nova definição podia muito bem incluir pessoas cujo autismo não havia sido detectado no passado. Não tardaram a surgir estudos confirmando essa previsão.

Curiosamente, algumas postagens no Wrong Planet apresentavam a mesma argumentação. E Ari Ne'eman começou a escrever textos propondo que um diagnóstico abrangente atrairia as pessoas no espectro porque, na realidade, reconhecia a validez do espectro, que era um conceito estimado pelo movimento da neurodiversidade. Ele e Steven Kapp, da UCLA, escreveram um artigo que elogiava a desordem repensada como "um desenvolvimento positivo tanto do ponto de vista da ampliação do acesso ao fornecimento de serviços quanto como um meio de mostrar fidelidade à literatura de pesquisa".[52] Ademais, como questão filosófica, Ne'eman apoiou a abolição da divisão da população do autismo em grupos ditos altamente funcionais e altamente disfuncionais, que o movimento da neurodiversidade enxergava como uma divisão falsa com base, antes de mais nada, em ditames "neurotípicos" do que constituía "funcional" ou "disfuncional".

No fim, depois de seis anos de alteração da definição de autismo com base na pesquisa continuada, o grupo de trabalho e os editores do *DSM-5* aprovaram o transtorno do espectro autista — a definição nova e abrangente de autismo, que entrou em vigor em maio de 2013. A síndrome de Asperger desapareceu, embora, nas palavras de Francesca Happé, outra integrante do grupo de trabalho, tivesse feito uma contribuição valiosa enquanto durou. "O transtorno de Asperger [...] prestou um grande serviço na conscientização de que algumas pessoas no espectro do autismo têm QI elevado e boa linguagem",[53] escreveu ela. Mas, uma vez atendida essa finalidade, estava na hora, como argumentava Lorna Wing havia décadas, de reconhecer o autismo — fosse o que fosse, independentemente das suas muitas maneiras de se manifestar — como algo que existia em um espectro.

Enfim, essa foi a ideia triunfante.

Por ora.

Provavelmente, a única certeza do autismo é de que a história está longe de chegar ao fim. O mistério segue sendo complexo. As tentativas de investigar a sua natureza continuam trazendo novas questões à tona. As linhas demarcatórias traçadas pelos profissionais podem, e é de esperar, se deslocar uma vez mais.

Nessa incerteza reside grande parte da explicação de por que, em um período de oitenta anos, a história do autismo foi tão singularmente assolada por divisões e disputas. A natureza esquiva inerente ao conceito, a imprecisão no modo pelo qual tem sido descrito e a variedade das maneiras como se apresenta — a um grau que roça a infinitude — significavam que qualquer um podia dizer o que quisesse a respeito do autismo, e provavelmente o dizia. Esse efeito se observou várias vezes na compreensão da palavra "autismo" por todos os tipos de teorias, terapias, reclamações, interpretações e controvérsias — do científico ao social, ao jurídico e ao quase religioso.

Embora apenas parte disso tenha contribuído para lançar luz sobre o que é autismo, *tudo* isso serviu de espelho para as sociedades que reconheceram o autismo como coisa real. Nem tudo revelado nesse espelho era lisonjeiro: não a culpabilização inspirada pelo autismo, nem a vituperação, nem a exploração, nem a fanfarronice, nem o abandono descarado e às vezes deliberado do vulnerável.

Ao mesmo tempo, porém, esse espelho mostrou que, na busca de tratamentos e serviços, de reconhecimento e compreensão, algumas qualidades boas e admiráveis entraram em jogo, ao longo das décadas, graças a muita gente. Gente que demonstrou talento para a organização, a abnegação, a ampliação do conhecimento através da ciência sólida e para canalizar o amor para a energia pura, inesgotável.

Efetivamente, o fato é que, mesmo com toda a belicosidade ligada à palavra "autismo", o ímpeto que moveu a polêmica também impeliu, com o tempo, todas as sociedades que tentaram lidar com o autismo na mais louvável direção, que é a do reconhecimento cada vez maior da dignidade dos indivíduos que são diferentes em virtude de caber no rótulo de algum modo. Essa interpretação do autismo veio a ser compartilhada pelos inimigos mais ressentidos e pelos espectadores mais fortuitos: que ter autismo — ser autista — representa só uma ruga a mais no tecido da humanidade, e que nenhum de nós vive uma vida "sem rugas".

46. Um homem feliz

Em setembro de 2013, os amigos e parentes de Donald Triplett "fretaram" uma galeria de arte em Forest, Mississippi, a fim de dar uma festa para ele. Todos os convidados eram da cidade e a grande maioria o conhecia praticamente desde sempre. Três anos antes, a revista *The Atlantic* havia publicado um artigo sobre o papel dele na história inicial do autismo — algo que a maior parte dos presentes desconhecia.[1] A matéria acrescentava um moderado brilho de celebridade ao querido vizinho, do qual eles também se orgulhavam. Mais de cem pessoas compareceram naquele dia, inclusive muitos figurões dos negócios e da política de Forest. Serviram vinho e queijo, um bolo com oitenta velinhas em homenagem a Donald, brindaram e cantaram um turbulento "Parabéns a você".

O desejo mais profundo de Mary Triplett era que o seu desconcertante e complicado filho se desse bem na vida.

Esse desejo se realizou em quase tudo quanto ela esperava. O garoto da cidadezinha venceu.

Donald aprendeu a dirigir aos 27 anos, em 1960. Depois disso, a estrada passou a lhe pertencer quando ele quisesse.

Foi Mary quem lhe deu a chave do carro naquele setembro. Na época, Donald morava com os pais, na casa que seria a sua até o fim da vida. Oliver, o irmão mais novo, tinha saído de lá quatro anos antes para cursar a faculdade e depois fora estudar direito na Ole Miss. Dentro de dois anos, iria se casar e constituir uma família.

O Ford Fairlane, uma verdadeira banheira, estava estacionado como sempre debaixo de uma árvore alta que dava sombra à entrada de veículos de pedrisco bem próxima da porta lateral da casa. Mary assumiu o papel de instrutora de direção. Tinha sentido; fazia muitos anos que era a professora de Donald. Com o motor desligado, explicou como ajustar os espelhos, onde pôr as mãos no volante, o funcionamento do freio e do acelerador. A seguir, mandou-o pôr a chave no contato e girá-la.

Sem dúvida, quando o Ford saltou com vida, Donald ficou um pouco tenso e levou as mãos para a parte superior da direção, inclinando-se a ponto de quase tocar o queixo nela. Dali por diante, essa seria a sua posição predileta ao volante. A mãe o ensinou a pisar no acelerador com o pé direito e usar o mesmo pé para frear, mas Donald não entendeu bem essa parte. Quando o automóvel se afastou devagar da casa e saiu à rua asfaltada, ele estava usando os dois pés, o esquerdo no breque, o direito no acelerador. Foi um pouco brusco o avanço do carro aos solavancos e em pequenos arranques e soluços. Mas funcionou tão bem que ele nunca se deixou dissuadir de fazê-lo. Continuaria sendo um homem de dois pés nos pedais o resto da sua vida de motorista.

No primeiro dia, porém, Donald ainda era um vacilante aprendiz de direção pela primeira vez no trânsito. Talvez tenha ocorrido a Mary que aquela era a mesma rua que a fazia se preocupar obsessivamente com o filho ainda pequeno, temendo que ele saísse correndo, fosse para a pista e acabasse morrendo. Isso tinha sido no tempo em que o menininho parecia incapaz de reconhecer o perigo. Mas essa era uma das muitas coisas de Donald que haviam mudado. Outrora ela o havia julgado um louco irremediável, perdido para o mundo. Mas os dois seguiram adiante aos trancos e barrancos, e, ao chegar à estrada orlada de pinheiros, ela percebeu que o filho tinha ido incrivelmente longe.

Em 1953, quando concluiu o ensino médio, Donald rabiscou para si aquele bilhete de uma só frase ao lado do seu retrato no anuário: *"Boa sorte para mim"*.[2] Na época, a sorte já estava entrando no seu caminho e dando o tom das várias décadas seguintes da sua existência. Já havia um padrão. Uma a uma, ele encontrou as balizas de ser gente grande — concluir o ensino médio, entrar na faculdade, começar a trabalhar, aprender a dirigir. Sem dúvida, fez todas essas coisas "com atraso", muitas vezes anos depois dos seus pares. Mas, com a ajuda dos outros, continuou tendo sucesso à sua maneira, no seu tempo.

No fim do verão de 1953, John Rushing, o craque adolescente de futebol americano que foi um dos protetores de Donald na Forest High School, estava em casa fazendo as malas para a faculdade quando o telefone tocou. Era Beamon Triplett oferecendo-lhe carona quando a família levasse Donald à faculdade dali a alguns dias. Tanto Donald quanto John iam começar seus estudos no East Central Community College, a cerca de quarenta minutos de carro de Forest. Beamon também pediu um favor. A família ficaria agradecidíssima, disse, se Rushing ficasse de olho em Donald na faculdade. Surpreso, o rapaz se sentiu honrado por merecer a confiança de um dos homens mais importantes da cidade. Aceitou a carona e a missão, prometendo a Beamon não deixar que nada nem ninguém prejudicasse o seu filho.[3]

A verdade é que Donald e o East Central se deram tão bem que a tutela extraoficial de Rushing nunca chegou a ser testada. É possível que a causa disso tenha sido o novo e arrebatado entusiasmo de Donald por entrar em clubes. Durante os dois anos que passou no East Central, ele começou a desenvolver um lado mais sociável e, fora da sala de aula, passou a encher os dias e fins de semana com atividades de grupo. Segundo o anuário da faculdade, foi tesoureiro da classe no primeiro ano, *song leader* da Associação Cristã de Moços, membro da Associação Cristã de Estudantes, membro do clube teatral — e essa era só a metade da lista. As notas que tirava podiam ser medíocres — em geral B ou C —, mas a sua vida social ia de vento em popa.

No entanto, Donald conservava todas as suas esquisitices: não olhar as pessoas nos olhos, o modo estranho de andar, as saídas abruptas das conversas — se é que chegavam a ser conversas. Começava toda interlocução com o aquecimento de duas sílabas "Ahn-ahn" — seguido de uma só frase, no máximo duas, e então ficava em silêncio. Se acaso tivesse curiosidade pelos sentimentos e ideias da pessoa que tentava falar com ele, nunca a mostrava de modo convencional. Escrevia com frequência para a mãe, contando os detalhes de atividades como as tarefas da faculdade ou as compras, mas nunca falava no que pensava ou sentia.

Donald continuava tendo autismo. Um encontro para animar a torcida antes de uma importante partida de basquete contra um antigo rival lembrou os seus colegas no East Central desse fato. Durante as aclamações e discursos, a "galera" pediu em coro que ele fosse chamado das arquibancadas para a quadra, onde lhe deram um microfone e pediram que previsse o resultado do jogo.

"Ahn, ahn! Eu acho que o East Central vai perder esse jogo!", declarou Donald, literal e exageradamente sincero.

Isso produziu um silêncio estupefato logo seguido de uma explosão de vaias e assobios. A reação o deixou confuso. Donald sabia o que significava uma vaia, mas não conseguia entender o que ele havia feito para provocá-la — foi preciso explicar-lhe. A verdade é que os apupos foram bem-humorados, mas Donald era incapaz de saber se as pessoas nas arquibancadas ainda gostavam dele — se entendiam que ele era diferente e se o aceitavam.

Em uma noite de sexta-feira em setembro de 1955, quase na hora do jantar, os membros da Alpha Lambda Chi — uma fraternidade do Millsaps College, de Jackson, Mississippi — se reuniram no prédio de tijolos da sua sede para fazer um ritual solene. Bem-apessoados e conservadores no vestir, os rapazes examinaram uma lista de 54 homens da Millsaps que desejavam ingressar na sua agremiação exclusiva. Naquela noite, os confrades foram generosos no seu julgamento. Rejeitaram somente quatro. Cinquenta foram convidados a ingressar. Um deles era Donald, agora um terceiranista de 22 anos.

Uma das melhores coisas que aconteceram na vida de Donald foi o período passado no Millsaps College. Como em tudo o mais, ele entrou atrasado nessa fase. Aos 22 anos, a maioria dos estudantes já tinha se formado ou estava prestes a fazê-lo. Mas Donald acabava de chegar ao Millsaps, depois de dois anos no East Central Community College, no qual obtivera o título técnico em humanidades. No Millsaps, embora ele voltasse a tirar notas sofríveis, o seu "traquejo" social continuou a florescer, acentuado pela disposição dos confrades a lidar com as suas esquisitices. Ele travou amizade com um rapaz de dezenove anos chamado Brister Ware, um calouro de Jackson que era de uma família de médicos e tinha tendência a proteger as pessoas vulneráveis.[4] Quando o conheceu, Ware viu um jovem decente, ingênuo e franco que talvez precisasse de ajuda em partes da vida em que a sua aptidão era pouco desenvolvida. Temendo que a fala de Donald, rígida e em tom sempre uniforme, prejudicasse o seu sucesso, ele começou a estimulá-lo a imprimir mais variedade e energia à sua conversação. Tentou lhe ensinar um pouco de gíria. E, quando soube que Donald não aprendera a nadar, levou-o ao rio Pearl, ali perto, no qual passaram 45 minutos chapinhando na água barrenta. Esse esforço foi em vão; Donald era muito descoordenado para aprender. Mas Ware continuou procurando outros meios de auxiliá-lo. Não era caridade, não aos seus olhos. Ele agradecia muito a amizade de Donald.

No Millsaps, Donald mais uma vez prosseguiu no seu ritmo mais lento, levando três anos para se formar em vez de dois. Especializou-se em francês, uma escolha irônica tendo em conta a sua incapacidade de manter uma conversa de verdade. Sobreviveu, entre outras coisas, por ter ido bem na parte de vocabulário dos exames, na qual pôde contar com a memória para ser aprovado.

Em novembro de 1955, apareceu um baile da faculdade na agenda, e Donald escreveu à mãe falando em sair para comprar um smoking "e as coisas que o acompanham". No mesmo bilhete, informou: "O pessoal da Lambda Chi deve levar as namoradas, de modo que eu vou levar uma garota".

Donald não mostrou entusiasmo pela perspectiva. Não se sabe se houve esse encontro; ele não escreveu à mãe sobre isso. Mas sabe-se que ele não teve namorada na faculdade nem depois. Já com bem mais de vinte ou trinta anos, a relação mais profunda com uma mulher — com qualquer pessoa — continuava sendo a que ele tinha com a mãe. Mary parecia não se incomodar. Escreveu em uma carta mais ou menos dessa época: "Ele participa muito pouco de conversa social e não mostra interesse pelo sexo oposto".[5]

A família Triplett tinha vínculos estreitos com o Millsaps College, no qual Beamon havia se diplomado e foi presidente da associação de ex-alunos quando Donald lá estudava. E o fundador da universidade, certo major Millsaps, fora parceiro de negócios do avô de Mary. Isso pode ter facilitado a admissão de Donald na faculdade, sobretudo com as notas baixas que tirou no East Central. No entanto, as conexões familiares foram sem dúvida úteis para lhe garantir um emprego quando se formou. Ele retornou a Forest e foi trabalhar no banco da família.

A mãe e o pai de Donald tinham o compromisso de assegurar um lugar no mundo para o filho, e o negócio da família foi o veículo para tanto. Lá ele podia cometer erros — mais que qualquer outro empregado —, e alguns eram notórios.

Quando atendia telefonemas de clientes, Donald tinha o costume de deixar o fone no balcão quando a pessoa ainda estava falando e ir se ocupar de outra tarefa. Durante algum tempo, deu de cumprimentar os clientes do banco pelo número da respectiva conta, coisa que alguns achavam desagradável. No decorrer dos anos, quando uma ou outra função se mostrava acima da sua capacidade, Donald passava a fazer trabalho mais burocrático, que requeria menos interação direta com os clientes. Enquanto os Triplett controlassem o banco, ele teria ocupação vitalícia, por mais errático que fosse o seu desempenho.

Assim acomodado no trabalho, na família e no quarto em que dormia desde a infância, Donald atravessou a vida protegido das dificuldades enfrentadas por tantas outras pessoas com autismo. Em 1956, descobriu o golfe e ficou um tanto obcecado. Nas décadas de 1960 e 1970 e, mais tarde, na meia-idade e no fim desta, era ponto pacífico que, quando Donald estava na cidade, só havia um lugar onde encontrá-lo durante a tarde. O golfe foi um prazer de toda a vida que ele nunca soube explicar com palavras.

Donald era um espetáculo à parte no campo de golfe do Forest Country Club, perceptível até das cadeiras de balanço da varanda da sede do clube. A sua tacada era pesada, rígida e desajeitada, mas não deixava de ser consistente, altamente coreografada e muito peculiar. Começava com os polegares. Parado a certa distância da bola, as pernas a formarem um largo "A", ele lambia a gema de cada polegar — primeiro o direito, depois o esquerdo — antes de agarrar com firmeza a empunhadura do taco. Isso feito, erguia-o inteiro sobre a cabeça, até ficar com os braços quase retos no ar, como se estivesse segurando uma placa presa na ponta de uma vara. Mantinha essa posição por um momento e então começava a ensaiar todo o movimento descendente, traçando um arco com a cabeça do taco rumo ao chão, até detê-la entre os pés, mais ou menos perto da bola. Logo depois, tornava a erguer o taco até a posição inicial, parava e então o descia outra vez — exatamente como antes, só que agora mais depressa. Seguia-se o terceiro sobe-desce. Nesse ponto, com a cabeça do taco se aproximando da velocidade total do swing, avançava alguns centímetros, os olhos fitos na bola, o corpo curvado em direção a ela, os pulsos a girarem da maneira correta. Quando enfim fazia contato, ele quase sempre obtinha um bom e sonoro *plaft!* quando a bola subia, em geral na direção certa.

O movimento do corpo depois da tacada também era singular. Em vez de permitir a rotação do taco e do corpo até perderem o ímpeto e pararem por si sós, ele se detinha trêmulo no instante em que batia na bola e começava a dobrar os joelhos, movimentando o corpo para cima e para baixo, esquadrinhando o céu à procura da bola. Só parava quando a avistava. Então ia para o carrinho de golfe e para a jogada seguinte.

Apesar dos seus rituais — ou talvez por causa deles —, Donald não jogava mal. Não tinha dificuldade para percorrer o circuito do campo de golfe, sabia usar diversos tipos de tacos e, de vez em quando, acertava *putts* de três a quatro metros e meio. Provavelmente o ajudava o fato de o domínio do golfe depender de certa repetição mecânica. Ele era um homem que se sentia maravilhosamente bem com a mesmice, e o golfe tem muitas coisas que nunca variam. O swing básico é sempre o mesmo. E a bola sempre está parada quando o golfista precisa fazer alguma coisa com ela. E, embora em geral seja considerado um jogo social, o golfe sempre se reduz ao jogador contra o campo. Se quisesse, Donald podia simplesmente jogar sozinho.

E era isso que ele fazia. Quase sempre jogava sozinho e ficava satisfeitíssimo.

Para a sua mãe, uma parte de Donald sempre seria um mistério. "Eu queria tanto saber quais são de fato os seus sentimentos íntimos",[6] escreveu Mary na sua última carta a Kanner, quando Donald tinha 36 anos. Mas o texto também desbordava de otimismo. Afinal de contas, escreveu, as coisas para ele acabaram sendo "muito melhores do que esperávamos". Mary havia alcançado a meta com que toda mãe sonha: criar um filho que fique muito bem quando ela partir deste mundo. "Se Donald conseguir manter o status quo", disse, "acho que ele se ajustou o suficiente para cuidar de si. Nós estamos verdadeiramente agradecidos por todo esse progresso."

Na época, Mary estava a poucos meses de completar 66 anos. Enviuvou uma década depois, quando um acidente de carro matou Beamon. E, passados mais cinco anos, morreu de insuficiência cardíaca, aos oitenta. Donald não mostrou grande emoção em nenhum dos dois enterros. Mais tarde, assim respondeu a uma pergunta sobre a perda da mãe: "Na verdade, era de esperar. Eu na verdade não fiquei abatido, nem chorei, nem nada disso".[7]

Não obstante, quando Donald estava feliz de verdade, isso transparecia. A sua satisfação se estampava no sorriso que sempre lhe iluminava o rosto. Embora ele continuasse sendo um enigma para a mãe, ela e qualquer um que o conhecesse podiam dizer com certeza que Donald era um homem feliz.

E como isso aconteceu não chega a ser um mistério. Grande parte se devia ao lugar em que ele vivia: Forest, Mississippi.

Para um homem com autismo, a vida em uma comunidade pequena do Mississippi oferecia muitas vantagens: familiaridade, previsibilidade, tranquilidade e segurança. Forest era um lugar de ritmo lento, pouco barulho e no qual Donald podia ter certeza de que os dias eram todos muito parecidos. Também havia a envolvente rede de relações endêmicas na vida de qualquer cidade pequena, onde todo mundo sabe muito bem da vida dos outros.

Não que Forest fosse um paraíso. Lá nunca faltou pobreza, nem abuso de drogas, nem disputas políticas ou crimes, inclusive um raro homicídio a espaços de anos. A cidadezinha impôs a segregação nos anos 1960 e viu a maior parte do seu outrora charmoso centro morrer lentamente nos anos 1970. Mas Donald não precisava morar em um paraíso para ser feliz. Em Forest, vivia em um círculo de mississipianos que não se incomodavam com o seu modo de ser diferente. Eles não se sentiam incomodados e, por conseguinte, ele não se sentia incomodado pelo medo, pelo ridículo ou pela crueldade. E quanto mais fechavam os olhos para os seus déficits sociais, tanto mais estes perdiam a relevância, ao passo que as suas forças e capacidades continuavam a se desenvolver e expandir.

Sim, Donald era de família rica, coisa que tinha muito a ver com as suas circunstâncias e com a maneira como o recebiam. Como comentou um jornalista do Mississippi, referindo-se ao modo pelo qual Forest reagia a ele: "Em uma cidadezinha sulista, o pobre esquisito é louco. Mas o rico esquisito é apenas meio excêntrico".

Mas isso tinha outro lado, no tocante a Donald. As pessoas simplesmente gostavam dele. À medida que ele se aproximava da velhice, era justo dizer que era benquisto na sua pequena comunidade.

Celeste Slay, uma congregada da Primeira Igreja Presbiteriana de Forest, estava devotamente sentada entre os demais fiéis e ao lado do marido, Mervyn, ouvindo com atenção as palavras de despedida do pastor. De repente, foi atingida na nuca por um elástico.

Celeste se virou, mas já sabia quem a acertara. Donald Triplett, em um dos bancos de trás, acabava de fazer com que um "olá" percorresse velozmente o espaço sagrado em direção a uma das senhoras de que gostava. Não era a primeira vez, e não acontecia só com ela. Havia um pequeno grupo de mulheres em Forest — não chegavam a uma dúzia — que Donald, já com mais de setenta anos, gostava de atingir com um elástico sempre que as encontrava, onde quer que fosse. Algumas eram surpreendidas na igreja; outras, na arquibancada da Forest High durante um jogo de futebol americano ou ao virar a esquina de um corredor do Walmart.

A artimanha de Donald com o elástico era a sua maneira de flertar. Mary o interpretara mal no passado ao dizer que o seu filho não se interessava pelo sexo oposto. Ou então ele havia mudado. Porque, bem depois de ter passado pela meia-idade, começou, de modo um tanto ingênuo, a dar a entender a certas mulheres que gostava delas. Como isso acontecia em Forest, onde todo mundo o conhecia, ninguém ficava magoado nem ofendido. As mulheres que Donald tendia a acertar com o elástico — todas funcionárias do banco e todas de meia-idade — sabiam do que se tratava: de um amigo a ensaiar um tipo brando de paquera. E gostavam dos apelidos que ele inventava para cada uma. Jan Nester — uma das suas favoritas — era "Jan com um Plano". Celeste Slay, a mulher da igreja, era "Celeste Celestial". Donald também dava presentes. Aparecia diante da mesa de uma delas com uma prenda qualquer muito mal embrulhada — um ímã de geladeira ou uma espátula. Com frequência, os itens chegavam com a etiqueta do preço. Às vezes, Donald dava o presente e exigia reembolso imediato em dinheiro vivo. Alguns passos dessa dança ele nunca dominaria.

No entanto, em troca desse esforço, Donald recebia algo real: atenção, que ele passara a valorizar. As mulheres o tratavam de um jeito maternal, chamavam-no de "Don querido" e faziam com que se sentisse necessário e bem-vindo no banco, aonde ia toda tarde. No início da década de 2000, fazia muitos anos que ele não trabalhava mais lá oficialmente. Na verdade, a família de Mary já não o dirigia. Quando o banco teve dificuldades financeiras nos anos 1980, o controle cotidiano passou para um homem de 27 anos chamado Gene Walker, que prometeu à família sempre dar um jeito de arranjar serviço para Donald. Nos trinta anos seguintes, Walker cumpriu a palavra. Cuidava para que os empregados novos fossem informados do seu status no escritório e assegurava que sempre fosse tratado com respeito. Embora as suas responsabilidades profissionais tivessem diminuído com o tempo e a renda de um fundo de investimento substituísse o seu salário, Donald nunca deixou de ter um lugar no Banco de Forest. Aos setenta e poucos anos, começou a se dizer "aposentado", mas continuava indo visitar todos os dias os amigos do banco, que eram quase a sua família naquela fase da vida.

Quando Donald tinha uns 79 anos, Jan Nester, do banco, aconselhou-o a comprar um telefone celular e lhe mostrou como enviar mensagens de texto. Ele ficou viciado. Foi como se tivessem removido uma espécie de barreira íntima. De uma hora para a outra, passou a digitar palavras constantemente, comunicando-se com fluência pela primeira vez na vida. Crianças não verbais com autismo viveram uma descoberta parecida em 2010, quando do lançamento do iPad. Manipulando imagens e caracteres na tela, algumas conseguiam se exprimir sem depender de palavras e gramática, que sempre foram obstáculos. Do mesmo modo, quando enviava mensagens de texto, Donald podia esquecer as complexas exigências visuais e físicas da linguagem falada, como o contato visual, as expressões faciais e as ginásticas neurológicas para transformar pensamento em som. Enviando mensagens, ele "falava" com uma voz diferente.

A maior parte dos textos se endereçava a suas amigas do elástico. Certa vez, em 2014, Donald enviou do Texas uma mensagem a Celeste:

DONALD: No MS está bonito como no TX, Celeste Celestial?
CELESTE: Está ensolarado e fazendo 26 graus. Lindo. Que bom que você o tornou seguro…
DONALD: A gente se vê em 16 de junho
CELESTE: Divirta-se e se cuide Don!!
DONALD: Domingo eu te acerto com um elástico

Domingo significava igreja, que ele nunca perdia, a menos que não estivesse na cidade.

Na verdade, Donald viajava muito — talvez mais que qualquer um em Forest —, consequência de uma paixão pelas viagens que desenvolveu aos trinta e poucos anos. Foi então que correr o mundo passou a ser um dos seus dois passatempos permanentes, assim como o golfe.

Donald nunca passava muito tempo fora. A duração máxima das suas viagens costumava ser de seis dias, pois ele procurava estar de volta para a escola bíblica dominical na igreja presbiteriana. Mas pelo menos doze vezes por ano saía da cidade para visitar outros lugares. Viajando por terra, ar, ferrovia e mar, aos setenta e tantos anos havia estado em pelo menos 28 estados americanos — inclusive no Havaí, mais de quinze vezes — e em mais de 36 lugares no exterior, entre eles Alemanha, Tunísia, Hungria, Dubai, Espanha, Portugal, França, Bulgária e Colômbia. Tirou fotos das pirâmides, fez safári na África e vestiu um *muumuu* para dançar na frente de uma dançarina do ventre em um cruzeiro ao largo da costa do Marrocos. Fosse aonde fosse, sempre viajava sozinho.

Em particular, Donald não travava amizades nas viagens. Isso requeria bate-papo, para o qual não tinha talento nem interesse. Parecia viajar com o propósito de entrar em contato com as *coisas* — com as estruturas emblemáticas, as estátuas e os topos de montanha que via em livros, na internet e na televisão. Quando regressava das viagens, organizava as suas fotografias em álbuns grossos, deixando as estantes abarrotadas de dezenas de volumes. No fim da década de 1990, quando aprendeu a usar o computador, revisitou todas elas, atribuindo um número a cada viagem e criando um banco de dados e um índice que facilitavam a busca de fotos específicas. Era assim que ele cuidava das suas lembranças. Já próximo dos oitenta anos, continuava pegando a estrada várias vezes por ano e colhendo mais recordações.

Nos últimos anos de vida, quando Donald precisava se vestir bem para um evento, a colega do banco Jan Nester levava-o para comprar roupa. Essa ajuda era necessária. Sem nenhuma intervenção, ele usava a calça extremamente abaixada devido à barriga volumosa. Para evitar que caísse, apertava o cinto ao máximo. Como isso em geral não bastava para segurar a calça, Donald levava a mão às costas para manusear e puxar o cinto. Às vezes ele usava suspensórios, que resolviam o problema. Mas, nessas ocasiões, com frequência ficavam torcidos nas costas.

No tocante a cores e estampados, Donald parecia indiferente à sua combinação, e até mesmo a escolha do tamanho certo era uma questão de sorte. Quando punha uma camisa e uma calça, era muito provável que passasse vários dias com elas. Ele não dava a mínima para manchas, amassados e eventuais rasgões. Em geral, era preciso uma delicada sugestão de Jan para que ele percebesse que não ficava bem se apresentar em público com uma camisa polo surrada ou bermuda. "Don, querido", dizia ela, "você não tem necessidade de usar essa camisa."

Em geral, Jan o levava à Burns Clothing, no centro de Forest. Ocorre que a Burns era vizinha do prédio em que ficava o antigo escritório de advocacia do pai de Donald, no qual Beamon escreveu a sua carta a Leo Kanner em 1938. E se situava na mesma praça do tribunal em torno da qual, certa vez, Donald dera voltas decorando o número da placa dos carros. Tom e Margaret Burns, os donos da Burns Clothing, continuavam em atividade, embora a maior parte do comércio das redondezas tivesse fechado as portas. Ainda prosperavam, graças à capacidade de satisfazer as preferências particulares dos fregueses.

Por exemplo, Tom Burns sabia perfeitamente que Donald usava a calça abaixo da barriga e levava isso em conta quando o posicionava diante do espelho duplo e se ajoelhava para tirar a medida da cintura aos pés. Burns sabia que, qualquer que fosse a calça escolhida por aquele cliente, ele teria de reformá-la, ajustando a cintura, cortando a barra e fazendo a bainha. Mas gostava de fazer isso para Donald. E gostou de ajudá-lo a se vestir para comemorar o octogésimo aniversário na sexta-feira seguinte.

Foi um evento de fim de tarde. Todos os empregados do banco compareceram. Assim como o seu irmão Oliver e a família do filho de Oliver. E muita gente do country club.

Donald sorriu durante toda a reunião, mas, como sempre, não fez discurso. "Estou contente porque cheguei aos oitenta", disse ao jornalista que fez a cobertura da festa. Se o homem esperava algo mais emotivo, Donald o decepcionou. Naturalmente, como era uma comemoração diurna, ele ia perder o golfe daquele dia. Mas parece que não se importou. Como disse ao repórter: "A recepção foi uma boa ideia [...]. Claro que eu pensei muito em todos os que a prepararam". Tratando-se dele, tais palavras denotavam muito sentimento.

Além disso, Donald sabia que, no dia seguinte e nos outros, estaria no campo de golfe na hora certa, jogando à luz minguante daquelas tardes de setembro. Estava entrando na sua nona década. E, com o avanço daquele outono, e nos dias e horas em que o sol declinava atrás dos pinheiros ao longo do *fairway* e a sua sombra se alongava no gramado, para quem observasse das cadeiras de balanço da varanda da sede do clube, seria fácil adivinhar quem estava lá, no crepúsculo, jogando golfe sozinho. Era o primeiro filho do autismo, aproveitando o que restava da luz do dia para embocar a bola em mais alguns buracos antes do jantar.

Epílogo

Certo dia de 2007, a 1600 quilômetros do Mississippi, dois homens em um ônibus repararam em um adolescente que viajava sozinho no banco à frente deles, balançando o corpo, grunhindo e fazendo movimentos estranhos e repetitivos com os dedos diante dos olhos. Durante o percurso vespertino regular do ônibus em Caldwell, Nova Jersey, os homens começaram a zombar do comportamento "pirado" do rapaz, e o fizeram em voz alta o suficiente para que os outros passageiros ouvissem e virassem a cabeça para os ruidosos viajantes. O garoto parecia alheio aos comentários. Não parou de se balançar. Pelo contrário, os seus movimentos e vocalizações se intensificaram, coisa que irritou os dois homens. Um deles se inclinou, aproximando-se do ouvido do adolescente, e perguntou, rude: "Ei, qual é o teu problema, cara?". Uma altercação parecia iminente.

Isso levou um passageiro no banco traseiro a se levantar. Pete Gerhardt, psicólogo especializado em autismo adolescente e adulto, acompanhava tudo que se passava na frente pelo fone Bluetooth que levava nos ouvidos e que se comunicava com o usado por Nicholas, o rapazinho. Havia semanas que os dois faziam juntos aquele trajeto, pois Gerhardt estava ensinando o garoto a andar de ônibus. Tinham começado sentados lado a lado, mas, gradualmente, o professor aumentou a distância entre eles, usando os fones de ouvido para ficarem em contato. Falava o mínimo possível, limitando-se a cochichar de vez em quando para animar Nicholas ou lhe explicar com toda a calma os fatos inesperados que fazem parte da experiência de qualquer passageiro de ônibus, como ficar preso em um congestionamento ou perder uma parada.

Mas sofrer *bullying* dos outros passageiros não fazia parte daquela experiência.

Gerhardt foi para a frente.

Nem todos os lugares são como Forest, Mississippi. E nem todo adulto com autismo tem as vantagens de que Donald Triplett desfrutou durante mais de oito décadas. Sem dúvida, a riqueza e a influência da família Triplett tiveram um papel importante no fato de ele ser aceito e até recebido de braços abertos pela comunidade. Essas mesmas vantagens proporcionaram-lhe uma vida feliz, com uma rede de pessoas a cuidarem dele e a oportunidade de viver com independência na sua própria casa. Decerto, as aptidões inerentes de Donald — a sua inteligência inata e a sua adaptabilidade aprendida — também foram cruciais. Mas é difícil acreditar que ele chegaria a realizar o seu potencial se tivesse passado a vida em uma instituição ou em uma comunidade hostil às suas diferenças e indiferente às suas circunstâncias. Fora de Forest, é fácil imaginar Donald sendo tratado como o adolescente do ônibus.

Conduzida por pais durante tanto tempo, a conversação global sobre o autismo sempre tendeu a se concentrar nas crianças. A começar pelo nome que Leo Kanner lhe deu, "autismo infantil", passando pela terapia ABA de Ivar Lovaas, a batalha pela escolarização pública e a tempestade em torno das vacinas, o autismo como um distúrbio da infância sempre foi o centro das atenções. Houve exceções, é claro — o Reymond de *Rain Man* e Temple Grandin nos deram uma visão convincente de adultos com autismo —, mas, quando a sociedade pensa no autismo, em geral pensa em crianças. Peter Gerhardt sempre gracejava que só se tornara um tão destacado especialista em autismo adulto porque enfrentava pouquíssima concorrência profissional na extremidade "adulta" do espectro. Ele entendia a preferência dos colegas por trabalhar com crianças. Estas, dizia, são mais "fofinhas" que os adultos, os quais, devido ao seu tamanho físico e a seus modos estabelecidos, também são mais difíceis de ajudar. A opção por se especializar em adultos, dizia Gerhardt, não era considerada "uma aposta profissional".

A tendência a auxiliar crianças com autismo também era visível nas mensagens dos grupos de defesa, que as descreviam como protagonistas (e às vezes vítimas) na história do autismo. Raramente se viam adultos nos anúncios de arrecadação de fundos. Até a pesquisa biomédica e a psicológica estavam muito inclinadas para o autismo na infância, a julgar pela preferência dos cientistas por recrutar crianças quando precisavam de objetos de estudo humanos. Comparativamente, a pesquisa de adultos com autismo ficava muito atrás.

Tudo isso significa que, ao completar 21 anos, idade em que se espera que os seus pares "neurotípicos" se lancem no mundo, os indivíduos com autismo, em especial os que apresentam sintomas mais graves, se pegam lutando para ficar minimamente envolvidos com o mundo. Os que precisam de apoio significativo para cursar a escola — e o receberam na forma de assistência patrocinada pelo Estado — o perdem de repente. Sem dúvida alguma, existem bolsões de excelência, mas estão dispersos nos Estados Unidos. Sediado em Phoenix, o Southwest Autism Research & Resource Center oferece uma vasta gama de serviços que cobrem toda a vida de um indivíduo com autismo e é muito admirado. O mesmo se pode dizer do programa Extraordinary Ventures, sediado em Chapel Hill, Carolina do Norte, que se concentra exclusivamente no emprego para adultos. Mas, em grande parte do país, não há suficientes soluções como essas. Para a maioria dos adultos cuja independência é obstruída pelo autismo, há poucas oportunidades de trabalho, ou de continuar estudando, ou mesmo de viver em um ambiente condizente com o conceito de vida adulta. A maior parte continua morando, literalmente, no quarto da infância enquanto os pais são vivos.

Se isso não é possível e se houver a possibilidade de obter a assistência do Estado, é provável que sejam encaminhados a um dos pequenos lares grupais que passaram a ser o arranjo habitacional padrão para os deficientes desde que se fecharam as grandes instituições. Esses lugares, embora chamados "lares", se parecem mais com dormitórios, se bem que sem vínculo com uma universidade, nos quais não há nada que fazer o dia todo, a não ser assistir à televisão, navegar na internet ou participar dos esporádicos passeios em grupo. Os residentes não têm a menor influência sobre quem são os seus coabitantes e, às vezes, nem mesmo sobre o que comem. Conta-se com uma equipe de apoio mínima, e os contratados, em geral por um salário mínimo, quase sempre têm pouquíssimo treinamento. Como observou Gerhardt, uma manicure ganha um salário parecido, mas os requisitos para o exercício da profissão são mais rigorosos.

É difícil determinar o número de americanos sujeitos a semelhante destino, em parte porque as estatísticas derivadas do conceito de espectro em geral misturam pessoas com aptidões de vida razoavelmente bem desenvolvidas com outras sem nenhuma independência. Nem todas, é claro, precisam de ajuda. Mas, sem ela, pelo menos dezenas de milhares levarão uma vida definhada. Um estudo de 2013 constatou que cerca de 50 mil adolescentes com autismo estavam prestes a completar dezoito anos.[1] Isso sugere que talvez meio milhão de pessoas ingressarão na população autista adulta em 2023. Dos que já chegaram ao início da idade adulta, mais da metade nunca teve um emprego remunerado, e só 12% dos mais gravemente prejudicados já haviam trabalhado em uma atividade qualquer.[2] Nesse grupo, oito em dez ainda moravam em casa, com pais idosos.[3]

A invisibilidade dos adultos com as variantes mais graves de autismo é um dos principais motivos pelos quais isso acontece. Fora da família, eles têm poucos defensores, e o fato de já não serem "fofinhos", como observou Gerhardt, não ajuda muito. Dito isso, porém, há pelo menos um punhado de iniciativas para enfrentar essa situação, algumas muito criativas.

Um pai dinamarquês chamado Thorkil Sonne, por exemplo, fez uma segunda hipoteca, em 2003, a fim de abrir uma empresa com pessoal quase exclusivamente autista.[4] A sua aposta era que o serviço da empresa — teste de software — aproveitasse as vantagens de muitos integrantes do espectro, como a memória superior e a capacidade de tolerar atividades repetitivas sem se entediar nem perder o foco. Sabendo que as pessoas do espectro teriam dificuldade nas entrevistas de emprego tradicionais, Sonne desenvolveu uma série de tarefas de programação e construção de robôs LEGO para avaliar os empregados potenciais. A sua empresa, chamada Specialisterne, ou "Os Especialistas", veio a ser um benefício permanente na Dinamarca. Depois, ele enfrentou o desafio de exportar o modelo a outros países, entre os quais os Estados Unidos.

No fim de 2015, uma mãe de Nova York chamada Ilene Lainer, fundadora, com Laura Slatkin, da primeira escola particular subvencionada para crianças com autismo, assim como de uma agência de serviços para o autismo chamada New York Collaborates for Autism, lançou um programa piloto de habitação que pretendia ser a melhor alternativa para o modelo lar grupal.[5] Baseada em um programa de Kansas City para pessoas com deficiências de desenvolvimento, o programa de Lainer usa o patrocínio do estado para reembolsar as famílias que se dispõem a oferecer espaço, alimento e acolhida inclusiva a indivíduos incapazes de morar sozinhos. Trata-se, em essência, de um modelo de "família adotiva" que não exige imóveis novos e oferece a adultos com autismo um meio de supervisão e a possibilidade de formar relações estreitas e duradouras com famílias postiças.

Em 2013, Connie e Harvey Lapin — que aos setenta e tantos anos continuavam sendo ativistas do autismo — obtiveram do Legislativo da Califórnia uma resolução que proibia o estado de impor soluções habitacionais iguais para todos. Em vez disso, o Programa de Autodeterminação por eles criado possibilitava a indivíduos e famílias opções de acordos de moradia para um só indivíduo ou de habitação grupal para aqueles cuja deficiência exigia mais apoio.[6]

Essas e outras iniciativas para mudar o destino de adultos autistas tendem a ter pelo menos duas coisas em comum: todas ainda são em escala reduzida e experimentais; e todas foram criadas por pais preocupados com o destino dos filhos idosos quando eles tiverem morrido e com quem há de defendê-los.

No entanto, é possível que nem sempre seja assim. Como a conscientização da diferença autista continua a se disseminar, pode ser que surja um senso de responsabilidade compartilhada, inspirando comunidades a trabalharem mais para abrir espaço para as pessoas com autismo, e não só para as que têm linguagem e os dons e aptidões que atraem a maior parte da cobertura da mídia. Nesse aspecto, deu-se um desenvolvimento notável quando, em 2014, a Faculdade de William e Mary criou um curso de neurodiversidade, dado em parte por John Elder Robison, um homem cujo diagnóstico de síndrome de Asperger já na maturidade mudou a sua vida para melhor.[7] Ele sempre tentou desempenhar um papel conciliador entre as várias facções na discussão da neurodiversidade, exortando os "neurotípicos" a apreciarem as perspectivas dos *spectrumites*, e vice-versa. Cursos como o de Robison promovem a causa da aceitação das pessoas no espectro e podem até inspirar o desejo de participar da solução dos problemas enfrentados pelos adultos.

Por exemplo, Pete Gerhardt sustenta há muito tempo que a missão de defesa dos adultos com autismo devia ser compartilhada por uma comunidade maior que a dos pais idosos. No seu mundo ideal, a aceitação das diferenças dos indivíduos autistas seria tão generalizada e automática que, em praticamente qualquer ambiente — no trabalho, na lanchonete do bairro nas manhãs de sábado, no banco que recebe a sombra da tarde no parque ou em qualquer lugar em que as mesmas pessoas vivem dando de cara umas com as outras, e mesmo entre estranhos —, nós reconheceríamos e tomaríamos a iniciativa de acolher e proteger o sujeito esquisitão.

"Ei, qual é o teu problema, cara?"

Gerhardt achou as palavras ameaçadoras. Levantando-se às pressas, tratou de ir ter com Nicholas na frente do ônibus antes que a situação escapasse ao controle.

Súbito, outro passageiro se levantou, obstruindo o caminho. Gerhardt não o conhecia, mas, depois de tantas semanas viajando com Nicholas, percebeu que já o tinha visto. O homem se aproximou dos passageiros agressivos e, segundo Gerhardt, disse-lhes: "Qual é o problema dele? Ele tem autismo. E qual é o problema *de vocês*? Que tal calarem a boca?".

Houve um silêncio tenso e um cheiro de violência no ar. Mas os valentões devem ter sentido que todos no ônibus estavam do lado de Nicholas. Deram de ombros e o deixaram em paz.

Gerhardt ficou admirado. E também contentíssimo. Percebeu que aquele ônibus, naquele trajeto, se transformara em uma das comunidades espontâneas que ele tinha em mente. Não se fizeram apresentações, mas havia surgido uma familiaridade entre os passageiros regulares, uns dez ou doze que faziam aquele trajeto diariamente à mesma hora. Tal como em Forest, um vizinho decidira que o tal esquisitão era, na verdade, "um de nós", simplesmente parte do grupo.

Isso aconteceu em um ônibus em Nova Jersey. Pode ser assim em qualquer lugar.

Cronologia do autismo

Na verdade, são duas cronologias. Uma é constituída de marcos políticos, científicos e outros pontos de referência públicos. A outra, em itálico, mostra balizas pessoais na vida de muitos pais e jovens com autismo retratados neste livro. Esperamos que a combinação contribua para esclarecer como as mudanças na legislação e nas atitudes afetaram os indivíduos.

1848
Samuel Gridley Howe, educador e advogado, informa a Assembleia Legislativa de Massachusetts da sua investigação da situação dos deficientes intelectuais de todo o estado. É provável que vários dos indivíduos então classificados de "idiotas" hoje fossem diagnosticados com autismo.

1910
O psiquiatra suíço Eugen Bleuler cunha a expressão "pensamento autista" para designar os padrões de raciocínio de alguns dos seus pacientes esquizofrênicos.

1919
Archie Casto, de cinco anos, de uma família de seis pessoas de Huntington, Virgínia Ocidental, é internado no Hospital Estadual para Dementes da cidade.

1933
Em 9 de setembro, nasce Donald Triplett, filho de Mary e Beamon Triplett, de Forest, Mississippi.

1937
Por recomendação médica, Mary e Beamon Triplett internam Donald no Preventorium, instituição dedicada a evitar que as crianças contraiam tuberculose, em Sanatorium, Mississippi.

1938
Beamon Triplett escreve um relato de 33 páginas dos comportamentos inusitados do seu filho Donald, de quatro anos, e o envia ao psiquiatra Leo Kanner, chefe do departamento de psiquiatria infantil do Hospital Johns Hopkins.

O pediatra austríaco Hans Asperger faz uma palestra no Hospital da Universidade de Viena, descrevendo meninos examinados na sua clínica, que apresentam déficits sociais combinados com muita inteligência. Influenciado pelo emprego da palavra "autista" por parte de Bleuler, toma-a emprestada para identificar uma síndrome que ele chama de "psicopatia autista". O termo é usado pela primeira vez no sentido moderno.

Mary e Beamon Triplett levam Donald, agora com cinco anos, a uma consulta com Kanner.

1942
Em carta a Mary Triplett, Leo Kanner teoriza que Donald e várias outras crianças com comportamentos parecidos têm um transtorno não reconhecido anteriormente. Tal como Asperger, ele toma emprestada de Bleuler a palavra "autista", chamando esse novo transtorno "distúrbio autista do contato afetivo".

1943
Leo Kanner publica "Autistic Disturbances of Affective Contact", o relato clínico de onze crianças que levará ao reconhecimento do autismo como uma síndrome específica.

Donald Triplett vai morar com Ernest e Josephine Lewis em uma fazenda fora de Forest, Mississippi.

1944
Hans Asperger publica a sua tese de pós-graduação, *Die 'Autistischen Psychopathen' im Kindesalter*. Desconsiderada durante a maior parte das quatro décadas seguintes, ela levará ao reconhecimento da síndrome de Asperger.

1947
Donald Triplett é hospitalizado com artrite reumatoide juvenil.

1948
Em um artigo na revista *Time*, Kanner diz que os pais restritivos conservavam meticulosamente "as crianças com autismo em uma geladeira que não descongelava". A sua metáfora suscitará a expressão "mãe geladeira" — a mãe a cujo frio comportamento enjeitador se atribuirá o autismo do filho.

1959
Pesquisadores fazem experimentos em que ministram LSD a crianças com autismo, em parte na esperança de facilitar-lhes a fala. Os experimentos não dão o resultado esperado e a pesquisa é abandonada quando o LSD passa a ser estigmatizado e difícil de obter.

A filha de três anos da psiquiatra Lorna Wing é diagnosticada com autismo.

1960
Donald Triplett, agora com 27 anos, aprende a dirigir.

1961
A psiquiatra infantil britânica Mildred Creak publica "Nine Points", uma tentativa de definir os critérios para diagnosticar a "síndrome esquizofrênica infantil", uma das muitas denominações rivais de agrupamentos de características autistas.

1962

Na Grã-Bretanha, um grupo de pais funda a entidade que virá a ser a National Autistic Society, a primeira organização do autismo.

1963

Os psicólogos britânicos Beate Hermelin e Neil O'Connor fazem experimentos cujo resultado sugere com veemência que o autismo tem base mais biológica que psicogênica. Eles darão continuidade à pesquisa ao longo dos anos 1970.

Joseph, filho de Ruth e William Sullivan, é diagnosticado com autismo.

1964

Bernard Rimland, psicólogo e pai de um filho com autismo, publica *Infantile Autism: The Syndrome and Its Implications for a Neural Theory of Behavior*. O seu ataque à teoria da mãe geladeira se mostra decisivo.

A ativista Ruth Sullivan organiza um pequeno grupo de mães do autismo para fazer campanha para que os filhos tenham acesso à educação pública.

O uso precoce e bem-sucedido da análise comportamental aplicada (ABA) — conhecido como o estudo de Dicky —, conduzido por Montrose Wolf, Todd Risley e Hayden Mees, evita que uma criança com autismo grave perca a visão.

O psicólogo O. Ivar Lovaas inicia experimentos com o uso da ABA, na UCLA, tendo por objeto crianças gravemente afetadas. A aplicação de choques elétricos faz parte da sua tentativa de modificar os comportamentos autistas.

1965

A revista *Life* publica um artigo apresentando ao público o tratamento controverso de Lovaas.

Um grupo de pais funda a Sociedade Nacional para Crianças Autistas, a primeira organização dos Estados Unidos a fazer campanha pelos direitos das crianças com autismo. Bernard Rimland e Ruth Sullivan são os principais líderes.

A educadora Sybil Elgar abre a primeira escola para crianças autistas do Reino Unido.

1966
Com base no seu levantamento de crianças de oito a dez anos de idade no condado de Middlesex, Inglaterra, o psicólogo sul-africano Victor Lotter publica o primeiro estudo da prevalência do autismo. A sua constatação de 4,5 casos em cada 10 mil crianças passa a ser a referência de todos os relatórios de prevalência subsequentes.

Os psicólogos Eric Schopler e Robert Reichler lançam um programa piloto, na Universidade da Carolina do Norte, que levará ao estabelecimento do programa TEACCH (Treatment and Education of Autistic and Related Communication Handicapped Children).

1967
Bruno Bettelheim, diretor da Escola Ortogênica, na Universidade de Chicago, publica *A fortaleza vazia*, que se torna um best-seller. O livro atribui o autismo a um trauma psicológico em geral causado pelas mães durante a infância.

O educador Burton Blatt e o fotógrafo Fred Kaplan publicam *Christmas in Purgatory*, um relato gráfico do "inferno na Terra" que eles descobriram em diversas instituições americanas para deficientes intelectuais.

Steven, filho de Rita e Jerry Tepper, é diagnosticado com autismo.

1969
Na reunião anual da Sociedade Nacional para o Autismo, Kanner faz um discurso em que "isenta" os pais da responsabilidade pelo autismo dos filhos.

1970
Lorna Wing, psiquiatra e mãe de uma menina com autismo, publica o primeiro livro endereçado aos pais sobre as dificuldades de criar um filho com o distúrbio: *Autistic Children: A Guide for Parents and Professionals*.

Alice e George Barton adotam Frankie, um menino de seis anos com autismo grave, em um orfanato da Califórnia.

1971
O ativista e advogado Tom Gilhool defende a Associação para Crianças Retardadas da Pensilvânia em um processo judicial solicitando educação pública para as crianças com deficiência de desenvolvimento. Gilhool ganha a ação e, em consequência, muitos outros estados, seguindo o exemplo da Pensilvânia, alteram a sua legislação a fim de acolher tais alunos.

As mães ativistas Mary Lou "Bobo" Warren e Betty Camp conseguem fazer com que a Assembleia Legislativa da Carolina do Norte aprove um projeto de lei de financiamento do TEACCH, que virá a ser um dos mais influentes e generalizados programas educacionais para crianças com autismo.

Na Califórnia, Alec Gibson mata o filho autista de treze anos, acreditando que assim o salvará das crueldades do mundo. Ele confessa imediatamente e é condenado à prisão perpétua.

1972
O repórter de TV Geraldo Rivera denuncia a situação horrenda da Willowbrook State School, uma instituição para deficientes mentais de Staten Island, em cuja população há muitas crianças e adultos com autismo. O escândalo leva ao fechamento da Willowbrook e ao aumento da pressão para que as instituições similares sejam fechadas.

1974
Ronald Reagan, governador da Califórnia, sanciona um projeto de lei que obriga o estado a educar todas as crianças, independentemente da deficiência.

Shawn Lapin, um garoto de seis anos com autismo, é destaque em uma matéria de capa da revista Newsweek *intitulada "The Troubled Child".*

1975
É aprovada a Lei Federal de Educação para Todas as Crianças Deficien-

tes, que depois passará a se chamar Lei da Educação para Indivíduos com Deficiências.

1977
O psiquiatra britânico Michael Rutter e a psicóloga americana Susan Folstein publicam o seu "estudo de gêmeos", reforçando de maneira significativa a compreensão do autismo como um distúrbio com forte componente genético.

1979
Lorna Wing e a psicóloga Judith Gould publicam dados que reforçam o argumento segundo o qual o autismo deve ser descrito como um "espectro".

1980
Rosemary Crossley e Annie McDonald publicam *Annie's Coming Out*, um relato do uso da "comunicação facilitada", por parte de Crossley, para possibilitar a comunicação a Annie, que tem grave deficiência física.

O autismo entra pela primeira vez no *DSM* (*Diagnostic and Statistical Manual of Mental Disorders*) como um transtorno mental.

1981
Lorna Wing publica o seu trabalho "Asperger's Syndrome: A Clinical Account", apresentando Hans Asperger ao mundo anglófono.

Ivar Lovaas publica *Teaching Developmentally Disabled Children: The ME Book*, o primeiro guia prático, endereçado a pais e profissionais, do uso da ABA no tratamento de crianças com autismo.

1985
Os psicólogos Simon Baron-Cohen, Alan Leslie e Uta Frith publicam um importante estudo sobre autismo e "teoria da mente", a ideia de que os indivíduos sabem que os outros possuem estados mentais diferentes dos deles. Segundo os autores, as pessoas com autismo não empregam a teoria da mente.

1986

Temple Grandin publica *Emergence: Labeled Autistic*, o seu primeiro livro sobre a experiência de ter autismo.

1987

Ivar Lovaas publica um estudo no qual afirma que 47% das crianças de que ele trata conseguiram se "recuperar" do autismo graças ao seu programa de ABA. Irrompe a controvérsia sobre a validade de tais resultados.

1988

Dustin Hoffman estrela o filme *Rain Man*, que põe o autismo no mapa como nunca até então.

Archie Casto é solto do Hospital Estadual Spencer depois de seis décadas de institucionalização.

1990

Tendo tomado conhecimento da comunicação facilitada (CF) no laboratório de Rosemary Crossley na Austrália, Douglas Biklen, um educador da Universidade de Syracuse, publica na *Harvard Educational Review* as suas descobertas na área. Os profissionais que trabalham com crianças autistas logo adotam a CF.

O Congresso dos Estados Unidos aprova a Lei da Educação para Indivíduos com Deficiências. Pela primeira vez o autismo é classificado como deficiência para fins de direito de subvenção.

Jodie, filha de dois anos e oito meses de Alison Tepper Singer, é diagnosticada com autismo.

1993

Tratada pela fonoaudióloga Janyce Boynton, Betsy Wheaton, uma menina não verbal de dezesseis anos com autismo grave, usa a CF para acusar a sua família de abuso sexual. O fonoaudiólogo Howard Shane, de Harvard, empreende um experimento rigoroso, revelando que a própria Boynton é responsável pelas comunicações de Betsy e que não houve abuso algum. Despencam as inscrições nos cursos de treinamento em CF.

O militante autista Jim Sinclair dá uma palestra intitulada "Não chorem por nós", marcando o nascimento de um movimento de autodefesa de pessoas com autismo. A palestra lança a pedra fundamental de uma filosofia contrária às tentativas de curar o autismo, mais tarde alcunhada "neurodiversidade".

Catherine Maurice, mãe de dois filhos com autismo, publica *Let Me Hear Your Voice*, um relato da recuperação dos seus filhos do autismo com o uso da ABA. A demanda da ABA explode.

Zachary, filho de quase dois anos de Karen e Eric London, é diagnosticado com autismo.

1994
A Associação Americana de Psiquiatria acrescenta o transtorno de Asperger ao *DSM*.

Karen e Eric London, pais de um menino com autismo, fundam a National Alliance for Autism Research (NAAR), a primeira organização a financiar a pesquisa biomédica do autismo.

1995
Bernie Rimland funda a Defeat Autism Now! (DAN), uma sucursal do seu Autism Research Institute, para promover tratamentos biomédicos não tradicionais do autismo.

Portia Iversen e Jon Shestack, pais de um garoto com autismo, fundam a Cure Autism Now (CAN), a segunda organização a arrecadar fundos para financiar a pesquisa biomédica. Tal como a NAAR, eles fazem lobby em prol do apoio a serviços para pessoas com autismo.

Dov, filho de Portia Iversen e Jon Shestack, é diagnosticado com transtorno global de desenvolvimento. Mais tarde, será diagnosticado com autismo.

Alex Plank, de nove anos, é diagnosticado com síndrome de Asperger.

1996
A socióloga australiana Judy Singer, ela mesma no espectro, cunha a palavra "neurodiversidade" e, na sua dissertação, fala em um movimento da neurodiversidade.

Gary Mayerson move ação judicial para obrigar o Departamento de Saúde do condado de Westchester a pagar a terapia de ABA do seu filho. Mayerson vence.

1997
A NAAR concede suas primeiras subvenções, totalizando 150 mil dólares para cinco cientistas que investigam o autismo.

A CAN lança o Autism Genetic Research Exchange, um banco de amostras de DNA de famílias com filhos autistas, que fica à disposição de todos os pesquisadores do autismo.

1998
O gastroenterologista britânico Andrew Wakefield publica um artigo na *Lancet*, relatando uma associação entre a vacina MMR, o autismo e doenças intestinais.

Harvey Blume escreve sobre a neurodiversidade na *The Atlantic*, alegando que ela "pode ser tão crucial para a espécie humana quanto a biodiversidade o é para a vida em geral". É a primeira vez que o termo aparece na grande imprensa.

1999
A NAAR cria um banco de tecido encefálico de crianças com autismo para pesquisa anatômica.

O Departamento de Serviços à Deficiência da Califórnia informa que o número de pessoas que recebe atendimento para o autismo aumentou 273% desde 1987. A cifra gera medo de uma epidemia de autismo.

A Academia Americana de Pediatria e o Serviço de Saúde Pública recomendam a retirada do timerosal das vacinas, e os pediatras começam a usar vacinas sem timerosal sempre que possível. Ao mesmo tempo, as duas instituições negam a existência de indícios de que o timerosal seja nocivo. A atitude cria confusão e aumenta o temor público das vacinas.

2000
Um grupo de pais funda a SafeMinds, uma organização que reivindica mais pesquisa da segurança das vacinas.

O deputado republicano Dan Burton, presidente do Comitê de Reforma Governamental, convoca audiências para investigar a ligação entre vacinas e autismo. Ele exorta os Institutos Nacionais de Saúde e os Centros de Controle e Prevenção de Doenças a tratarem o autismo como uma epidemia.

2001
A NAAR e a CAN patrocinam o primeiro Encontro Internacional para a Pesquisa do Autismo, que atrai pesquisadores do mundo todo. O evento anual cresce a ponto de vir a ser o maior do seu tipo.

Devido à controvérsia causada pelo seu artigo, Andrew Wakefield é obrigado a se afastar do cargo que ocupa no Royal Free Hospital.

2003
O ativista Michael John Carley, diagnosticado com síndrome de Asperger pouco antes que seu filho receba o diagnóstico, cria a organização Global and Regional Asperger Syndrome Partnership (GRASP) a fim de apoiar as pessoas do espectro e combater o estigma em torno do autismo.

2004
As principais organizações do autismo começam a considerar um em 166 como taxa de prevalência do autismo.

O Instituto de Medicina divulga um relatório afirmando que os indícios não corroboram nenhuma relação causal entre o timerosal das vacinas e o autismo.

O repórter investigativo Brian Deer publica sua primeira reportagem sobre conflitos de interesse financeiros no trabalho descrito no artigo de Andrew Wakefield na *Lancet*. Ele passará os sete anos seguintes persistindo na reportagem.

O secundarista Alex Plank, diagnosticado com síndrome de Asperger na infância, cria o Wrong Planet, um recurso e comunidade on-line para pessoas com autismo e síndrome de Asperger.

2005
É publicado *Evidence of Harm*, do jornalista David Kirby. O livro é um dramático relato favorável aos pais em luta para provar a existência de um vínculo entre vacinas e autismo.

Bob e Suzanne Wright anunciam a criação da Autism Speaks, que visa à educação do público, ao financiamento da pesquisa, ao aumento do envolvimento governamental e ajudar a encontrar a cura do autismo. Segue-se a fusão da NAAR com a nova organização.

2006
Fusão da CAN com a Autism Speaks.

É aprovada a Lei de Combate ao Autismo, que destina 1 bilhão de dólares à pesquisa do autismo.

O ativista Ari Ne'eman, que tem síndrome de Asperger, funda a Autistic Self-Advocacy Network para garantir que a voz das pessoas do espectro do autismo seja ouvida nos debates sobre políticas.

2007
Iniciam-se os "processos da vacina" na US Court of Federal Claims. Quase 5 mil famílias pedem indenização pelos supostos danos sofridos pelos seus filhos. Alegam que o autismo deles foi causado pelas vacinas.

O Centro de Estudo da Criança da Universidade de Nova York lança a campanha "Pedidos de resgate", apresentando o autismo como um sequestrador de crianças, na cidade de Nova York. Ari Ne'eman lidera uma bem-sucedida luta para pôr fim à campanha.

2009

Alison Singer, vice-presidente executiva da Autism Speaks, pede demissão devido ao continuado apoio do grupo à pesquisa da possível ligação da vacina com o autismo. Ela funda a Autism Science Foundation para incentivar a pesquisa biomédica das possíveis causas e dos tratamentos médicos do autismo.

Eric London, fundador da NAAR, se afasta do conselho diretor da Autism Speaks, também em conflito com a posição do grupo sobre a pesquisa do autismo.

Na US Court of Federal Claims, juízes assistentes julgam o caso apresentado pela família de Michelle Cedillo. Nesse primeiro de uma série de casos-testes da teoria da vacina, eles decidem pela inexistência de conexões entre vacinas e autismo. O resultado será o mesmo em todos os casos subsequentes.

2010

A *Lancet* se retrata do artigo de Andrew Wakefield de 1998, depois de anos de investigação que revelam fraude por parte de Wakefield. Este perde a licença médica.

Em uma conferência em homenagem a Hans Asperger, o historiador austríaco Herwig Czech surpreende os presentes ao revelar que Asperger provavelmente teve um papel no envio de crianças deficientes para a instituição Spiegelgrund durante a Segunda Guerra Mundial, na qual foram exterminadas. A notícia não chega ao mundo anglófono.

O filme da HBO *Temple Grandin* recebe muitos prêmios Emmy.

2013

O transtorno de Asperger é excluído do *DSM-5*. Todos os agrupamentos reconhecidos de comportamentos autísticos, inclusive os anteriormente atribuídos à síndrome de Asperger, passam a integrar o título transtorno do espectro autista.

Donald Triplett, a primeira pessoa diagnosticada com autismo, completa oitenta anos.

Notas

PARTE I: O PRIMEIRO FILHO DO AUTISMO (DÉCADAS DE 1930-60)

I. DONALD [pp. 17-26]

1. Esse e outros detalhes do fenômeno Quintland são de Pierre Berton, "The Dionne Years" (*New York Times Magazine*, 23 abr. 1978).
2. Leo Kanner, "Autistic Disturbances of Affective Contact". *Nervous Child*, v. 2, p. 220, 1943. Os comportamentos de Donhjald na infância foram registrados pelos médicos e por seus pais e informados por Kanner.
3. Ibid., p. 221.
4. Carta de Leo Kanner a Mary Triplett, 17 set. 1939, arquivos médicos do Hospital Johns Hopkins. Os registros foram entregues à família Triplett em dezembro de 2007.
5. Os autores obtiveram informações biográficas de Mary e Beamon Triplett entrevistando a família Triplett. Também se pode encontrar um relato conciso da sua genealogia, educação e atividades cívicas disperso nas páginas do *Scott County Times* da década de 1950. Ver Scott County History Book Committee, *History of Scott County, Missouri: History & Families* (Paducah, KY: Turner, 2003).
6. Pat Putnam, "Sports Scrapbook". *Sarasota Journal*, 13 set. 1957; Angela Christine Stuesse, *Globalization "Southern Style": Transnational Migration, the Poultry Industry, and Implications for Organizing Workers Across Difference*. Austin: Universidade do Texas, 2008. Tese (Doutorado em Antropologia).
7. Scott County History Book Committee, op. cit.
8. Prontuário de Donald Grey Triplett, Lar de Crianças Inválidas Harriet Lane, do Hospital Johns Hopkins, fornecido aos autores pela família Triplett. (Note-se que o Harriet Lane fechou em 1972.) Relato abreviado do dr. Leo Kanner.

9. Relato abreviado de Kanner.
10. Kanner, "Autistic Disturbances", p. 217.
11. Ibid., p. 219.
12. O prédio do Preventorium ainda existe e serve de depósito no terreno do atual Boswell Regional Health Center. O nosso relato do seu funcionamento e do tipo de vida entre as suas paredes provêm de *The Mississippi State Sanatorium: A Book of Information about Tuberculosis and Its Treatment in Mississippi*, 1939, localizado no Departamento de Arquivos e História, Jackson, Mississippi; entrevista aos autores da ex-residente Cecile Snider, que morou no Preventorium no início da década de 1930; e entrevista de David Tedford, diretor de serviços vocacionais na sede do Boswell.

2. UMA AMEAÇA À SOCIEDADE [pp. 27-38]

1. Um resumo do prontuário de Donald, descoberto nos arquivos do Johns Hopkins e obtido pelos Triplett, menciona a opinião do clínico geral da família, que "sentia que os pais haviam sobre-excitado o menino" e recomendava mudança de ambiente.
2. Id.
3. Embora a idade mínima do Preventorium fosse quatro anos, Donald foi autorizado a entrar aos três. Ficou no Preventorium três a quatro vezes mais tempo que a média dos residentes.
4. "Report of Committee on Classification of Feeble-Minded". *Journal of Psycho-Asthenics*, v. 15, p. 61, 1910.
5. "Brief History of the Association", Approved Board of Directors, *AAID Chapter Leadership Manual*, p. 1, 12 out. 2011. A AAID explica a sua evolução histórica em: <aaidd.org/ intellectual-disability>.
6. Benjamin Spock, *The Common Sense Book of Baby and Child Care* (Nova York: Duell, Sloan, and Pearce, 1946), p. 502.
7. Esse e todos os outros pormenores da vida de Petey Frank procedem do relato do seu pai, John P. Frank, *My Son's Story* (Londres: Sidgwick & Jackson, 1952).
8. Ibid., p. 100.
9. Obituário de John Peter Frank, ObitsForLife. Disponível em: <www.obitsforlife.com/obituary/52773/Frank-John.php>.
10. Spock, op. cit., p. 503.
11. Esse e outros detalhes do declínio de Donald provêm dos prontuários hospitalares de Donald Triplett no Lar de Crianças Inválidas Harriet Lane e no Johns Hopkins, fornecidos aos autores pela família Triplett.
12. Id.
13. Id.
14. *Savannah Press*, 6 nov. 1924.
15. Tal como citado em Jonathan Peter Spiro, *Defending the Master Race: Conservation, Eugenics and the Legacy of Madison Grant* (Burlington: University of Vermont Press, 2008), p. 185.
16. Detalhes dos critérios de teste disponíveis a partir de imagens dos cartões de pontuação visíveis em "Fitter Family Contests", Image Archive on the American Eugenics Movement. Disponível em: <www.eugenicsarchive.org/eugenics/list2.pl>. Aqui também se pode ler o texto dos três cartazes em fotografias originais dos concursos Família Mais Apta.

17. "Fitter Families for Future Firesides: A Report of the Eugenics Department of the Kansas Free Fair, 1920-1924", preparado pelo Kansas Bureau of Child Research (Eugenics Committee of the United States of America, 1924). Disponível em: <www.eugenicsarchive.org/html/eugenics/essay_6_fs.html>.

18. A nossa discussão da difusão e da respeitabilidade obtidas pelo movimento eugênico nas classes altas dos Estados Unidos se apoia em grande parte na excelente crônica desse período oferecida por Spiro, *Defending the Master Race*.

19. Madison Grant, *The Passing of the Great Race*. Abergele: Wermod and Wermod, 2012.

20. Ibid., p. 77.

21. Theodore Roosevelt elogia o livro *The Passing of the Great Race* (Nova York: Scribner's, 1916), de Madison Grant.

22. Jonathan Peter Spiro, op. cit., p. 372.

23. Ibid., p. 192.

24. Os números de 1933 da esterilização do Mississippi, da Virgínia e da Califórnia provêm de "Sterilization Laws", Image Archive on the American Eugenics Movement. Disponível em: <www.eugenicsarchive.org/ eugenics/list2.pl>.

25. Imagem n. 948, "Sterilization Laws", Image Archive on the American Eugenics Movement. Disponível em: <www.eugenicsarchive.org/ eugenics/list2.pl>.

26. Editorial não assinado. *Delta Democrat Times*, Greenville, Mississippi, 11 jan. 1939.

27. Foster Kennedy, "The Problem of Social Control of the Congenital Defective: Education, Sterilization, Euthanasia". *American Journal of Psychiatry*, v. 99, n. 1, pp. 13-6, jul. 1942.

28. Leo Kanner, "Exoneration of the Feebleminded". *American Journal of Psychiatry*, v. 99, n. 1, pp. 17-22, jul. 1942.

3. O CASO I [pp. 39-50]

1. Esse e os pormenores biográficos subsequentes dos primeiros anos de Kanner procedem de Eric Schopler, Stella Chess e Leon Eisenberg, "Our Memorial to Leo Kanner". *Journal of Autism and Developmental Disorders*, v. 11, n. 3, pp. 257-69, 1981.

2. Kanner discorreu de maneira sucinta sobre a história inicial da sua especialidade em uma conferência posteriormente publicada como "Historical Perspective on Developmental Deviations" em *Psychopathology and Child Development* (Nova York: Springer, 1976), pp. 7-17.

3. "Doctor Misses Death". *Halifax Herald*, 6 set. 1937.

4. James W. Trent, *Inventing the Feeble Mind: A History of Mental Retardation in the United States*. Berkeley, CA: University of California Press, 1994.

5. Leo Kanner, autobiografia inédita, Arquivos da Associação Americana de Psiquiatria, Arlington, Virgínia.

6. "Acusação de Libertar Dementes É Reiterada, Médico do Hopkins Diz que Meninas Foram Soltas para Fornecer Honorários e Mão de Obra Barata". *Baltimore Sun*, 14 maio 1937.

7. Carta de James Lamphier a Leo Kanner, 16 jun. 1938, Arquivos da Associação Americana de Psiquiatria.

8. Carta de Leo Kanner a James Lamphier, 23 jun. 1938, Arquivos da Associação Americana de Psiquiatria.

9. Leo Kanner, "Exoneration of the Feebleminded". *American Journal of Psychiatry*, v. 99, n. 1, pp. 17-22, jul. 1942.

10. Entrevista de Oliver Triplett aos autores.

11. O conteúdo da carta de Beamon Triplett está preservado apenas na forma de excertos citados por Leo Kanner em "Autistic Disturbances of Affective Contact" (*Nervous Child*, v. 2, pp. 217-22, 1943).

12. Afinal, Jimmy não foi devolvido ao orfanato. Foi adotado por conhecidos dos Triplett que se apegaram a ele assim que o viram. Jimmy passou o resto da vida em Forest.

13. Leo Kanner, "Follow-up Study of Eleven Autistic Children Originally Reported in 1943". *Journal of Autism and Childhood Schizophrenia*, v. 1, n. 2, p. 120, 1971.

14. Ibid., p. 121.

15. Kanner, "Autistic Disturbances", p. 220.

16. Ibid., p. 219.

17. Carta de Leo Kanner a Mary Triplett, 17 set. 1939, arquivos médicos do Hospital Johns Hopkins. Os registros foram entregues à família Triplett em dezembro de 2007.

18. Id.

19. Carta de Leo Kanner a Mary Triplett, 28 set. 1942, arquivos médicos do Hospital Johns Hopkins.

20. Quando este livro estava prestes a ser publicado, o jornalista Steve Silberman publicou o seu livro *Neurotribes*. Nele, relatou a sua descoberta inicial de que um tcheco especialista em diagnóstico chamado Georg Frankl, que trabalhou com Kanner em Baltimore nesse período, trabalhara antes com o pediatra austríaco Hans Asperger em Viena. Silberman afirma que, por intermédio de Frankl e pelas suas próprias leituras de publicações médicas em alemão, Kanner devia saber que Asperger já havia empregado o termo "autista" em data recuada como 1938. Achamos intrigante a descoberta de Silberman da conexão de Frankl com os dois homens. Além disso, a sua teoria segundo a qual Kanner incorporou aspectos do pensamento de Asperger ao seu modelo de autismo, sem lhe dar crédito, não pode ser descartada como possibilidade. Contudo, também parece plausível que Kanner, como Asperger, tenha tomado emprestado o termo "autista" do psiquiatra suíço Eugen Bleuler, que sabidamente o empregou em 1911 para designar comportamentos observados na esquizofrenia. Em uma palestra de 1965, Kanner disse exatamente isso. Ademais, embora os dois chamassem os casos que estudavam de "autistas", eles se concentravam em populações diferentes de crianças, e as condições que descreveram divergiam em vários aspectos importantes.

Em todo caso, foi o uso de Kanner do termo "autista" — não o de Asperger, que era pouco conhecido fora do mundo germanófono — que desencadeou o complexo encadeamento de acontecimentos que constituiu a história do autismo tal como a viveram e entenderam milhares de famílias nas décadas subsequentes. Essa é a história que contamos.

De resto, como ficará claro nos capítulos 31 e 32, a nossa avaliação da obra e do caráter de Asperger difere significativamente da de Silberman.

4. CRIANÇAS SELVAGENS E LOUCOS SANTOS [pp. 51-64]

1. Discurso de Leo Kanner no encontro anual da Sociedade Nacional para o Autismo, Washington, DC, 17 jul. 1969. Há uma transcrição disponível na Associação Americana de Psiquiatria.

2. Uta Frith (Org.), *Autism and Asperger Syndrome*. Cambridge, Reino Unido: Cambridge University Press, 1991, p. 38.

3. Natalia Challis e Horace W. Dewey, *The Blessed Fools of Old Russia*. Ann Arbor: University of Michigan; Franz Steiner Verlag, 1974, pp. 1-11.

4. Natalia Challis e Horace W. Dewey, "Basil the Blessed: Holy Fool of Moscow". *Russian History*, v. 14, n. 1, pp. 47-59, 1987.

5. Rab Houston e Uta Frith, *Autism in History: The Case of Hugh Blair of Borgue*. Oxford: Blackwell, 2000.

6. Ibid., p. 149.

7. Jean-Marc-Gaspard Itard, *The Wild Boy of Aveyron*. Trad. de George e Muriel Humphrey. Englewood Cliffs: Prentice-Hall, 1962.

8. Ibid.

9. Samuel Gridley Howe, *The Servant of Humanity*. Boston: Dana Estes & Co., 1909, p. 204.

10. Ibid., p. 204.

11. Samuel G. Howe, *Report Made to the Legislature of Massachusetts upon Idiocy*. Boston: [s.n.], 1848, pp. 8-17, 51-3.

12. Ibid., p. 7.

13. Catherine Slater, "Idiots, Imbeciles and Intellectual Impairment". Langdon Down Museum of Learning Disability. Disponível em: <langdondownmuseum.org.uk/the-history-of-learning-disability/idiots-imbeciles-and-intellectual-impairment/>.

5. DUPLAMENTE AMADO E DUPLAMENTE PROTEGIDO [pp. 65-71]

1. Exceto quando especificado de outro modo, os detalhes da vida de Donald durante os anos 1939-45 procedem de Leo Kanner, "Autistic Disturbances of Affective Contact" (*Nervous Child*, v. 2, 1943) e de Leo Kanner, "Follow-up Study of Eleven Autistic Children Originally Reported in 1943" (*Journal of Autism and Childhood Schizophrenia*, v. 1, n. 2, 1971).

2. Entrevista de Donald e Oliver Triplett aos autores.

3. Entrevista de James Rushing aos autores.

4. Visita dos autores à casa dos Lewis; entrevista de Oliver Triplett.

5. Carta do avô de Donald Triplett, William McCravey, 22 jun. 1943, fornecida aos autores por Oliver Triplett.

6. UMA ESPÉCIE DE GÊNIO [pp. 72-81]

1. Em 2005, um jornalista da UPI chamado Don Olmsted, mais tarde um dos fundadores do site AgeofAutism.com, presumiu que o mercúrio era a causa do autismo de Donald. Chegou a essa conclusão, em parte, pelo fato de o garoto aparentemente ter melhorado quando os médicos da Clínica Campbell lhe deram um composto conhecido como "sais de ouro", que, na época, era o tratamento-padrão da artrite reumatoide. Olmsted propôs que os sais de ouro haviam acelerado a eliminação do mercúrio do corpo de Donald. Em um livro que alegava que os comportamentos autistas

na criança muitas vezes podiam ser consequência de um ambiente contaminado pelo mercúrio, ele explicou como esse elemento teria atingido o cérebro em desenvolvimento de Donald. A madeira usada na construção da casa dos Triplett, sugeriu, podia ter sido tratada com um fungicida à base de mercúrio, o qual, por sua vez, se infiltrara no ar da casa, onde Mary Triplett o inalou quando estava grávida de Donald.

No texto inicial, Olmsted chegou a sugerir que os sais de ouro curaram o menino do autismo. Citou o irmão dele, Oliver Triplett, dizendo que "a tendência de Donald à excitabilidade e ao nervosismo extremo praticamente desapareceu". Também citou um médico — que, é claro, não examinara Donald — que dizia: "Parece que ele saiu prontamente do espectro".

A teoria tem vários defeitos, sobretudo a falta de indícios de que a madeira das paredes da casa dos Triplett contivesse mercúrio ou de que Mary Triplett tivesse se exposto a níveis tóxicos de mercúrio. Ademais, como é evidente para qualquer um que tenha conhecido Donald, até hoje ele continua sendo uma pessoa com autismo. Não "saiu do espectro". Além disso, um informe de 1956 a seu respeito escrito pelo substituto de Kanner, Leon Eisenberg ("The Autistic Child in Adolescence". *American Journal of Psychiatry*, v. 112, n. 8, pp. 607-12, fev. 1956), dizia que a moderação dos seus comportamentos autistas havia começado *antes* que ele adoecesse. Aliás, Eisenberg notou que a melhora de Donald, ao que parecia, prosseguira durante a doença e depois dela, quando até se acelerou, mas essa percepção podia facilmente ser o resultado natural de observar um menino com uma dor terrível voltar a si com a diminuição dessa dor.

Em uma entrevista em 2007, Oliver Triplett nos contou que os seus pais não atribuíam a redução do "nervosismo" de Donald aos sais de ouro ministrados na Campbell. Pelo contrário, segundo ele, a sua mãe acreditava que a febre alta é que havia melhorado o comportamento do garoto. Embora fosse tão espectulativa quanto a teoria dos sais de ouro de Olmsted, é curioso como a intuição de Mary coincide com a pesquisa recente, que indica que febres altas têm efeito moderador sobre certos comportamentos autistas. Ver, por exemplo, Curran et al., "Behaviors Associated with Fever in Children with Autism Spectrum Disorders" (*Pediatrics*, v. 120, n. 6, pp. e1386-e1392, 1º dez. 2007).

2. Entrevista de Oliver e Donald Triplett aos autores.
3. Entrevistas de Janelle Brown, John Rushing e Celeste Graham aos autores.
4. As atividades de Mary Triplett eram mencionadas com frequência no *Scott County Times*, o jornal local publicado em Forest, Mississippi, de 1950 a 1951.
5. Entrevista de Janelle Brown.
6. Entrevista de Celeste Graham.
7. Entrevista de Buddy Lovett aos autores.
8. Entrevista de Janelle Brown.
9. Entrevista de Buddy Lovett.
10. Entrevista de John Rushing.
11. Scott County History Book Committee, op. cit.
12. Entrevistas de Donald e Oliver Triplett aos autores.
13. Donald Triplett deu aos autores os seus anuários da Forest High School.

PARTE II: O JOGO DA CULPA (DÉCADAS DE 1960-80)

7. A MÃE GELADEIRA [pp. 85-91]

1. Esse e outros pormenores da experiência de Rita Tepper provêm de uma entrevista dela aos autores.
2. "Medicine: Frosted Children". *Time*, 26 abr. 1948.
3. Ibid.

8. O PRISIONEIRO 15 209 [pp. 92-9]

1. Exceto quando especificado de outro modo, os detalhes da vida de Bruno Bettelheim procedem de Richard Pollak, *The Creation of Doctor B: A Biography of Bruno Bettelheim* (Nova York: Simon & Schuster, 1997) e de Bruno Bettelheim, "Individual and Mass Behavior in Extreme Situations" (*Journal of Abnormal and Social Psychology*, v. 38, n. 4, pp. 417-52, 1943).
2. Theron Raines, *Rising to the Light: A Portrait of Bruno Bettelheim*. Nova York: Knopf, 2002, p. 124.
3. Solicitação de subsídio à Fundação Ford apresentada pela Escola Ortogênica Sonia Shankman, da Universidade de Chicago, e Bruno Bettelheim, 9 ago. 1955, 4, Rockefeller Archive Center, Sleepy Hollow, NY. Os arquivos contêm as propostas e respostas de Bruno Bettelheim à Fundação Ford.
4. Bruno Bettelheim, *The Empty Fortress: Infantile Autism and the Birth of the Self*. Nova York: Free Press, 1967, p. 60.
5. Robert Coles, "A Hero of Our Time". *New Republic*, 4 mar. 1967.
6. Eliot Fremont-Smith, "Children Without an I". *New York Times Book Review*, 10 mar. 1967.
7. Bruno Bettelheim, *The Empty Fortress*, op. cit., p. 163.
8. Id., "Joey, a Mechanical Boy". *Scientific American*, p. 131, mar. 1959.
9. Id., *The Empty Fortress*, op. cit., p. 67.

9. A CULPA DE KANNER [pp. 100-5]

1. Leo Kanner, "Problems of Nosology and Psychodynamics in Early Infantile Autism". *American Journal of Orthopsychiatry*, v. 19, n. 3, pp. 416-26, 1949.
2. Id., "Autistic Disturbances of Affective Contact". *Nervous Child*, v. 2, p. 250, 1943.
3. Carta de Louise Despert a Leo Kanner, 12 jul. 1942, Arquivos da Associação Americana de Psiquiatria, Arlington, Virgínia.
4. Leon Eisenberg, "The Past 50 Years of Child and Adolescent Psychiatry: A Personal Memoir". *Journal of the American Academy of Child and Adolescent Psychiatry*, v. 40, n. 7, pp. 743-8, jul. 2001.
5. Leo Kanner, discurso feito na qualidade de laureado com o Stanley R. Dean Research Award pela Associação Americana de Psiquiatria em Nova York, 4 maio 1965. Disponível em: <neurodiversity.com/library_kanner_1965.pdf>.

6. Leo Kanner, "Infantile Autism and the Schizophrenias". *Systems Research and Behavioral Science*, v. 10, n. 4, pp. 412-20, 1965.

7. Leo Kanner, discurso feito na reunião anual da Sociedade Nacional para o Autismo, Washington, DC, 17 jul. 1969. Transcrição disponível na Associação Americana de Psiquiatria.

8. Entrevista de Ruth Sullivan aos autores.

9. Entrevista de Bruno Bettelheim a Dick Cavett, *The Dick Cavett Show*, ABC, 2 jun. 1971.

10. MORDENDO A LÍNGUA [pp. 106-14]

1. Em entrevista aos autores, Audrey Flack contou a história de Audrey e Melissa Flack, assim como os fatos ocorridos no Hospital Lenox Hill.

2. Exceto quando especificado de outro modo, todas as informações acerca desse estudo procedem de Katharine F. Woodward, Norma Jaffe e Dorothy Brown, "Psychiatric Program for Very Young Retarded Children" (*American Journal of Diseases for Children*, v. 108, pp. 221-9, 1964).

3. Ibid.

4. Ibid.

5. "Anwar Sadat, Man of the Year". *Time*, 2 jan. 1978.

6. Audrey Flack, *Audrey Flack, Art and Other Miracles*, manuscrito inédito que ela ofereceu aos autores.

7. James Warren, "Another Opinion: Chicago Adds to Doubts Raised About Bettelheim's Methods, Personality". *Chicago Tribune*, 25 jul. 1991; Shari Roan, "A Quiet Advocate for the Child: Psychology: The Late Bruno Bettelheim Rewrote the Code of Treatment for Emotionally Disturbed Children". *Los Angeles Times*, 16 mar. 1990.

8. Daniel Goleman, "Bruno Bettelheim Dies at 86: Psychoanalyst of Vast Impact". *New York Times*, 14 mar. 1990.

11. MÃES EM ARMAS [pp. 115-22]

1. Entrevista de Ruth Sullivan aos autores.

2. Id.

3. John Machacek, "No School for Bright Boy Suffering from Autism". *Knickerbocker News*, 22 fev. 1966.

4. Ruth Sullivan, "Parents As Trainers of Legislators, Other Parents, and Researchers". In: Eric Schopler e Gary Mesibov (Orgs.), *The Effects of Autism on the Family*. Nova York: Plenum, 1984.

5. Ibid., p. 235.

6. Ibid.

7. Ibid., p. 237.

8. As primeiras escolas fundadas por pais nos Estados Unidos foram: o Instituto May, antes chamado Escola dos Pais para Crianças Atípicas, criado por Jacques e Marie May em 1955 em Cape Cod; o Instituto de Deficiências de Desenvolvimento, de início chamado Centro Suffolk para Crianças Emocionalmente Perturbadas, no condado de Suffolk, Massachusetts; e o Centro para Deficiências

de Desenvolvimento, primeiramente chamado Centro Nassau para Crianças Emocionalmente Perturbadas, em Woodbury, Nova York. Ver: <198.173.67.27/dramatic_progress_in_the _past.htm>.

12. O AGITADOR [pp. 123-36]

1. Entrevista de Jon Panghorn aos autores.
2. Esse e outros pormenores da vida de Bernard Rimland são provenientes de uma entrevista de Gloria Rimland, sua esposa, e de Stephen Edelson aos autores.
3. *Autismo: Desafios Presentes, Necessidades Futuras — Por que Taxas Crescentes? Audiência Perante a Comissão de Reforma Governamental da Casa*, CVI Congresso, depoimento de Bernard Rimland, ph.D., Instituto de Pesquisa do Autismo, 2000.
4. Carta de Bernard Rimland, ph.D., a Leo Kanner, médico, c. 1960, arquivo da Associação Americana de Psiquiatria.
5. Id.
6. Carta de Bernard Rimland a Bruno Bettelheim, 22 mar. 1965, Bruno Bettelheim Papers, Universidade de Chicago.
7. Carta de Bruno Bettelheim a Bernard Rimland, 25 mar. 1965, Bruno Bettelheim Papers, Universidade de Chicago.
8. Carta de Bernard Rimland a Bruno Bettelheim, 5 abr. 1966, Bruno Bettelheim Papers, Universidade de Chicago.
9. Carta de Bruno Bettelheim a Bernard Rimland, 25 mar. 1965, Bruno Bettelheim Papers, Universidade de Chicago.
10. Leo Kanner, prefácio. In: Bernard Rimland, *Infantile Autism: The Syndrome and Its Implications for a Neural Theory of Behavior.* Nova York: Appleton-Century-Crofts, 1964, p. 21.
11. Entrevista de Edelson.
12. Bernard Rimland, *Infantile Autism*, op. cit., p. 278.
13. Leo Kanner, "The Specificity of Early Infantile Autism". *Acta Paedopsychiatrica*, v. 25, pp. 108-13, 1958.
14. William G. Patrick, "Bizarre Withdrawal Symptoms Mark Infantile Autism Cases". *Salt Lake City Tribune*, 17 mar. 1967.
15. "Autism Film Screened Tonight". *Oxnard Press Courier*, 8 maio 1969.
16. Ellen Hoffman, *Washington Post*, jul. 1969.
17. Robert J. Crean Papers, 1947-71, Wisconsin Historical Society Archives, Wisconsin Center for Film and Theater Research. Disponível em: <digital.library.wisc.edu/1711.dl /wiarchives.uw--whs-us0095an>.
18. TV listings, *Herald Statesman*, 6 fev. 1965.
19. Entrevista de Christopher Crean aos autores. Ele lhes forneceu uma cópia do programa *Directions '65: "Conall"*, produzido pelo seu pai em 1965.
20. Entrevista de Ruth Sullivan aos autores.
21. Entrevistas de Ruth Sullivan e Ellen Rampell, filha de Herbert e Rosalyn Kahn; Frank Warren, "The Role of the National Society in Working with Families", em Eric Schopler e Gary Mesibov (Orgs.), *The Effects of Autism on the Family* (Nova York: Plenum, 1984).

13. EM CASA NUMA TARDE DE SEGUNDA-FEIRA [pp. 137-52]

1. Essa e outras lembranças referentes a Frankie Barton são de uma entrevista de Alice e George Barton aos autores.
2. Entrevista aos autores de Lorenzo Dall'Armi, superintendente do sistema escolar de Santa Barbara.
3. Mooza V. P. Grant, "The President Reports". *National Society for Autistic Children, Inc., Newsletter*, verão 1968.
4. Entrevista de Ruth Sullivan aos autores.
5. A história da crise da psiquiatria é bem contada em Edward Shorter, *A History of Psychiatry: From the Asylum to the Age of Prozac* (Nova York: John Wiley & Sons, 1997).
6. Entrevista de Mary Ellen Nava aos autores.
7. Essa e outras recordações da vida na família Gibson provêm de uma entrevista de Junie Gibson aos autores.
8. "Retarded Son Is Dead: Father Calls Police to Say He Shot Boy". *Santa Barbara Press*, 6 jan. 1971.
9. Ibid.
10. Mary Ellen Nava, "Readers Comments". *Santa Barbara Press*, 9 jan. 1971.
11. Entrevista de Mary Ellen Nava.
12. *The People of the State of California, Plaintiff, v. Alexander Gibson, Defendant*, Original Reporter's Transcript of Grand Jury Proceedings, January 12, 1971, Superior Court of the State of California for the County of Santa Barbara.
13. Ibid.
14. Entrevista de Mary Ellen Nava.
15. Mary Ellen Nava, "Readers Comments".
16. Entrevista de Mary Ellen Nava aos autores. Como presidente da Sociedade para Crianças Autistas de Santa Barbara, ela foi entrevistada por funcionários do Departamento de Educação da Califórnia. Ela e Alice Barton participavam do programa piloto lançado pelo dr. Koegel para crianças com autismo em reação à morte de Dougie Gibson.
17. Ursula Vil, "Mother of Slain Autistic Child Describes an Odyssey of Grief". *Los Angeles Times*, 26 mar. 1972.
18. Entrevista de Robert e Lynn Koegel aos autores.
19. *A Minority of One*, dirigido por Mike Gavin, KNBC, 11 maio 1975.

PARTE III: O FIM DAS INSTITUIÇÕES (DÉCADAS DE 1970-90)

14. "ATRÁS DOS MUROS DA INDIFERENÇA DO MUNDO" [pp. 155-65]

1. Exceto quando especificado de outro modo, os detalhes da vida adulta de Archie Casto procedem de uma entrevista de Ruth Sullivan e Harriet Casto aos autores, "Archie, Autism and Another Time", *ADVOCATE: Autism Society of America Newsletter*, outono 1991.

2. Leo Kanner, *Childhood Psychosis: Initial Studies and New Insights*. Nova York: Winston/Wiley, 1973, pp. 161-87.

3. Bernard Rimland, *Infantile Autism*, op. cit., p. 10.

4. Michael Rutter e Linda Lockyer, "A Five to Fifteen Year Follow-up Study of Infantile Psychosis". *British Journal of Psychiatry*, v. 113, n. 504, pp. 1169-82, 1967.

5. Amitta Shah, Nan Holmes e Lorna Wing, "Prevalence of Autism and Related Conditions in Adults in a Mental Handicap Hospital". *Applied Research in Mental Retardation*, v. 3, n. 3, pp. 303-17, 1982.

6. Ed Prichard, "The Huntington State Mental Hospital". Doors to the Past, 4 jan. 2008. Disponível em: <www.rootsweb.ancestry.com/~wvcccfhr/history/hospital.htm>.

7. Censo Federal dos Estados Unidos 1920. Local: Huntington Ward 7, Cabell, Virgínia Ocidental; arquivo: T625_1951, p. 1B, distrito 193, imagem 504, Ancestry.com.

8. "Cruelty to Lunatics: Serious Charges Against a Pennsylvania Asylum". *New York Times*, 31 mar. 1890.

9. "Nurses Tell of Cruelty". *San Bernardino Daily Sun*, 11 ago. 1903.

10. Albert Maisel, "Bedlam". *Life*, 6 maio 1946.

11. Charles Armentrout, "Mentally Ill Tots Crying for Love and Attention". *Charleston Gazette*, 31 jan. 1949.

12. Charles Armentrout, "Huntington Hospital Fire Kills 14 Patients". *Charleston Gazette*, 27 nov. 1952.

13. Burton Blatt, "The Tragedy and Hope of Retarded Children". *Look*, 31 out. 1967.

14. Clipe de *Willowbrook: The Last Great Disgrace*, produzido por Albert T. Primo (1972). Disponível em: <www.youtube.com/watch?v=k_sYn8DnlH4>.

15. O DIREITO À EDUCAÇÃO [pp. 166-72]

1. Bernard Rimland, *Infantile Autism*, op. cit., p. 80.

2. Fred Pelka, *What We Have Done: An Oral History of the Disability Rights Movement*. Amherst: University of Massachusetts Press, 2012, p. 136.

3. Ibid.

4. Entrevista de Tom Gilhool aos autores.

5. Fred Pelka, op. cit., p.137.

6. Ibid., p. 138.

7. Leopold Lippman e I. Ignacy Goldberg, *Right to Education: Anatomy of the Pennsylvania Case and Its Implications for Exceptional Children*. Nova York: Teachers College Press, 1973.

8. Entrevista de Gilhool.

9. *The Pennsylvania Association for Retarded Children et al., Plaintiffs, v. Commonwealth of Pennsylvania et al., Defendants*, US District Court, E. D. of Pennsylvania, 5 maio 1972, 11. Disponível em: <www.pilcop.org/wp-content/uploads/2012/04/PARC-Consent-Decree.pdf>.

10. Thomas K. Gilhool, "The Uses of Litigation: The Right of Retarded Citizens to a Free Public Education". DHEVV, 1972. Disponível em: <mn.gov/mnddc/parallels2/pdf/70s/72/72-CII-USD.pdf>.

11. *The Pennsylvania Association for Retarded Children*, p. 25.
12. Leopold Lippman e Ignacy Goldberg, op. cit., p. 44.

16. TOMANDO O ÔNIBUS [pp. 173-89]

1. Matt Clark, "The Troubled Child". *Newsweek*, 8 abr. 1974.
2. Essa e outras reminiscências da vida com Shawn Lapin provêm de uma entrevista de Connie e Harvey Lapin com os autores.
3. A LEID garante acesso à educação pública a alunos com deficiências, política que não era exigida em todos os estados antes de 1975.
4. Harry Nelson, "New Help Seen in the Child Care Practitioner". *Geneva Times*, 10 maio 1971.
5. Connie e Harvey Lapin desistiram do processo em setembro de 1974, quando Ronald Reagan sancionou a Lei da Educação. Outras informações sobre o ativismo dos Lapin se acham no seu site Autism & Activism: <autismandactivism.com/policy-legislation/>, e na Coleção Harvey e Connie Lapin, Coleções e Arquivos Especiais, Biblioteca Oviatt, Universidade Estadual da Califórnia, Northridge, <www.oac.cdlib.org/findaid/ark:/13030/c80p1286/entire_text/>.
6. *National Society for Autistic Children, Inc., Newsletter*, jun. 1974.
7. Entrevista de Kimberly Gund aos autores.
8. Ursula Vils, "Lloyd Nolan Recalls Tragedy of Autism". *Los Angeles Times*, 11 mar. 1973.
9. *A Minority of One*, dirigido por Mike Gavin, KNBC, estreia em 11 maio 1975.

17. VER O MAR PELA PRIMEIRA VEZ [pp. 190-5]

1. Gil Eyal, *The Autism Matrix*. Cambridge, Reino Unido: Polity, 2010, pp. 101-2.
2. O Centro de Serviços para o Autismo foi fundado por Ruth Sullivan e começou a funcionar na sua casa em 1979. É um centro de saúde behaviorista sem fins lucrativos criado para prestar serviço nos condados de Cagell, Wayne, Lincoln e Mason, na Virgínia Ocidental. As informações sobre a criação do CSA provêm de uma entrevista de Ruth Sullivan aos autores.
3. Esse e outros pormenores da vida adulta de Archie Casto procedem de uma entrevista de Ruth Sullivan e Harriet Casto aos autores, "Archie, Autism and Another Time", *ADVOCATE: Autism Society of America Newsletter*, outono 1991.
4. "Spencer State Hospital". Kirkbride Buildings, <www.kirkbridebuildings.com/buildings/spencer/>.

PARTE IV: COMPORTAMENTO, ANALISADO (DÉCADAS DE 1950-90)

18. O BEHAVIORISTA [pp. 199-209]

1. Andy Roberts, *Albion Dreaming: A Popular History of LSD in Britain*. Cingapura: Marshall Cavendish, 2008, pp. 12-4.
2. Alfred M. Freedman, Eva V. Ebin e Ethel A. Wilson, "Autistic Schizophrenic Children: An

Experiment in the Use of D-Lysergic Acid Diethylamide (LSD-25)". *Archives of General Psychiatry*, v. 6, n. 3, pp. 203-13, 1962; Lauretta Bender, Gloria Faretra e Leonard Cobrinik, em "LSD and UML Treatment of Hospitalized Disturbed Children" (*Recent Advances in Biological Psychology*, v. 5, p. 84, 1963), identificaram a League School como local do experimento de Freedman com o LSD.

3. Apud Alfred Freedman, Eva Ebin e Ethel Wilson, op. cit., p. 205.

4. Ibid., 205.

5. Ibid., p. 211.

6. Ibid., p. 212.

7. Lauretta Bender, Lothar Goldschmidt e Siva D. V. Sankar, "Treatment of Autistic Schizophrenic Children with LSD-25 and UML-491". In: Joseph Wortis (Org.), *Recent Advances in Biological Psychiatry*. Nova York: Springer, 1962, p. 170.

8. Lauretta Bender, Gloria Faretra e Leonard Cobrinik, op. cit., p. 85.

9. Lauretta Bender, "Children's Reactions to Psychotomimetic Drugs". In: Daniel H. Efron (Org.), *Psychotomimetic Drugs*. Nova York: Raven, 1970, pp. 265-73.

10. James Q. Simmons, Daniel Benor e Dale Daniel, "The Variable Effects of LSD-25 on the Behavior of a Heterogeneous Group of Childhood Schizophrenics". *Behavioral Neuropsychiatry*, v. 4, n. 1/2, pp. 10-6, 1972.

11. Harold A. Abramson, "The Use of LSD-25 in the Therapy of Children (A Brief Review)". *Journal of Asthma Research*, v. 5, pp. 139-43, 1967.

12. Ver, por exemplo, Edward M. Ornitz, "Childhood Autism: A Review of the Clinical and Experimental Literature" (*California Medicine*, v. 118, n. 4, pp. 21-47, 1973); e James Simmons, Daniel Benor e Dale Daniel, op. cit., em que Simmons conclui: "As constatações geram certa dúvida quanto ao valor do LSD como terapia em si ou como um acessório terapêutico".

13. "É importante notar, tendo em conta os argumentos morais e éticos capazes de impedir o uso do choque elétrico, que o seu futuro era certa institucionalização. Eles foram tratados intensivamente em um ambiente residencial com técnicas psiquiátricas convencionais, durante o ano anterior ao presente estudo, sem nenhuma modificação observável no seu comportamento. Esse fracasso do tratamento é compatível com os relatos de outras medidas parecidas com tais crianças." Em Ole Ivar Lovaas, Benson Schaeffer e James Q. Simmons, "Building Social Behavior in Autistic Children by Use of Electric Shock" (*Journal of Experimental Research in Personality* v. 1, p. 100, 1965).

14. Laura Schreibman, "Memories of Ole Ivar Lovaas, 'Never, Ever Dull'". *Observer* (Association for Psychological Science), p. 23, nov. 2010.

15. James Q. Simmons et al., "Modification of Autistic Behavior with LSD-25". *American Journal of Psychiatry*, v. 122, n. 11, pp. 1201-11, 1966.

16. Ole Ivar Lovaas, Benson Schaeffer e James Simmons, op. cit., pp. 99-105.

17. Os prenomes dos meninos aparecem juntos em uma lista de nomes na dedicatória do livro de Lovaas *Teaching Developmentally Disabled Children: The ME Book* (Baltimore: University Park Press, 1981), p. xii.

18. Ole Ivar Lovaas e James Q. Simmons, "Manipulation of Self-Destruction in Three Retarded Children". *Journal of Applied Behavior Analysis*, v. 2, n. 3, pp. 143-57, 1969.

19. Lovaas escreveu: "Sem dúvida, foi doloroso para o experimentador" (ibid., p. 149). Presumimos que, tanto por ser o autor principal do estudo quanto por uma questão de princípio, ele teria se sujeitado a usar o Hot-Shot em si mesmo e, portanto, se referia a si quando falava no "experimen-

tador". Do mesmo modo, supomos que ele aludiu a si quando identificou o "Experimentador 1" como a pessoa que aplicava choques no garoto chamado John. Uma vez mais, na qualidade de autor principal, é quase certo que Lovaas teria dado essa designação a si próprio.

20. Ibid., p. 150.
21. Laura Schreibman, op. cit.
22. Paul Chance, "A Conversation with Ivar Lovaas about Self-Mutilating Children and How Their Parents Make It Worse". *Psychology Today*, v. 7, n. 8, p. 78, jan. 1974.
23. Ibid., pp. 76, 79.
24. Robert Ito, "The Phantom Chaser: For Ivar Lovaas, UCLA's Controversial Autism Pioneer, a Life's Work Is Now Facing a Crucial Test". *Los Angeles Magazine*, p. 50, abr. 2004.

19. "GRITOS, TAPAS E AMOR" [pp. 210-21]

1. Dan Moser e Alan Grant (fotógrafo), "Screams, Slaps & Love: A Surprising, Shocking Treatment Helps Far-Gone Mental Cripples". *Life*, 7 maio 1965.
2. Ivan Pavlov, "Physiology of Digestion". In: *Nobel Lectures: Physiology or Medicine 1901-1921*. Cingapura: World Scientific, 1999.
3. Ibid., p. 154.
4. John B. Watson, "Psychology as the Behaviorist Views It". *Psychological Review*, v. 101, n. 2, pp. 248-53, 1994. Publicado a partir de uma palestra ministrada na Universidade Columbia em 24 fev. 1913.
5. Pode-se ver uma demonstração dessa proeza de Skinner em <www.youtube.com/watch?v=TtfQlkGwE2U>.
6. Amber E. Mendres e Michelle A. Frank-Crawford, "A Tribute to Sidney W. Bijou, Pioneer in Behavior Analysis and Child Development: Key Works That Have Transformed Behavior Analysis in Practice". *Behavior Analysis in Practice*, v. 2, n. 2, pp. 4-10, 2009; Sidney Bijou, "Reflections on Some Early Events Related to Behavior Analysis of Child Development". *Behavior Analyst* 1, n. 19, pp. 49--60, 1996.
7. Montrose Wolf, Todd Risley e Hayden Mees, "Application of Operant Conditioning Procedures to the Behaviour Problems of an Autistic Child". *Behavior Research and Therapy*, v. 1, n. 2/4, pp. 305-12, 1963.

20. A AVERSÃO AOS AVERSIVOS [pp. 222-9]

1. Ole Ivar Lovaas, *Teaching Developmentally Disabled Children: The ME Book*. Baltimore: University Park Press, 1981.
2. Ole Ivar Lovaas, Robert Koegel, James Q. Simmons e Judith Stevens Long, "Generalization and Follow-up Measures on Autistic Children in Behavior Therapy". *Journal of Applied Behavior Analysis*, v. 6, n. 1, pp. 131-66, 1973.
3. Ole Ivar Lovaas, *Teaching Developmentally Disabled Children*, op. cit., p. 16.
4. "Resolution on Intrusive Interventions", relatada em Susan Lehr e Robert Lehr, "Why Is

My Child Hurting? Positive Approaches to Dealing with Difficult Behaviors. A Monograph for Parents of Children with Disabilities", p. 25. ERIC. Disponível em: <eric.ed.gov/?id= ED334728>.

5. Apud C. Holden, "What's Holding Up 'Aversives' Report?" (*Science*, v. 249, n. 4972, p. 980, 1990).

6. Bernard Rimland, "Aversives for People with Autism". *Autism Research Review International*, v. 2, n. 3, p. 3, 1988.

7. "Autistic Child Brings Years of Toil as Loving Parents Strive to Help". *Daily Herald*, 19 jun. 1973.

8. Brian A. Iwata, "The Development and Adoption of Controversial Default Technologies". *Behavior Analyst*, v. 11, n. 2, p. 149-57, 1988.

9. Eric Schopler e Gary B. Mesibov (Orgs.), *Behavioral Issues in Autism*. Nova York: Plenum, 1994, p. 18.

10. Robert S. P. Jones, *Challenging Behaviour and Intellectual Disability: A Psychological Perspective*. Clevedon, Reino Unido: Bild, 1993, p. 101.

11. Anne Donnellan e Gary LaVigna, "Myths about Punishment". In: Alan C. Repp e Nirbhay N. Singh (Orgs.), *Perspectives on the Use of Nonaversive and Aversive Interventions for Persons with Developmental Disabilities*. Belmont, CA: Wadsworth, 1993, pp. 33-57.

12. John W. Jacobson, Richard M. Foxx e James A. Mulick, *Controversial Therapies for Developmental Disabilities: Fad, Fashion, and Science in Professional Practice*. Nova York: CRC, 2005, p. 295.

13. Ibid., p. 296.

14. Ole Ivar Lovaas, *Teaching Developmentally Disabled Children*, op. cit., p. 3.

21. O "ANTI-BETTELHEIM" [pp. 230-43]

1. Muitos pormenores sobre Eric Schopler procedem de entrevistas de Gary Mesibov, Lee Marcus e Brenda Denzler aos autores.

2. Schopler a E. B. White, 27 fev. 1977, TEACCH Files, Universidade da Carolina do Norte.

3. Eric Schopler, "Parents of Psychotic Children as Scapegoats". *Journal of Contemporary Psychotherapy*, v. 4, n. 1, pp. 17-22, 1971.

4. Richard Pollak, op. cit., p. 282.

5. Eric Schopler, "Recollections of My Professional Development". Apresentação para o Simpósio Emma P. Bradley, "What Future for the Helping Professional", 22 out. 1971.

6. Schopler contou esse caso em Eric Schopler, "The Anatomy of a Negative Role Model", em Gary Brannigan e Matthew Merrens (Orgs.), *The Undaunted Psychologist: Adventures in Research* (Filadélfia: Temple University Press, 1993), pp. 173-86.

7. Ibid., p. 177.

8. Richard Pollak, op. cit., p. 228.

9. Ibid., pp. 198-9, 207-8.

10. O trabalho de Schopler foi publicado como artigo: "The Development of Body Image and Symbol Formation Through Bodily Contact with an Autistic Child" (*Journal of Child Psychology and Psychiatry*, v. 3, n. 3/4, pp. 191-202, 1962).

11. Entrevista em arquivo de Schopler a Brenda Denzler, Carrboro, Carolina do Norte, no seu escritório no TEACCH, 17 dez. 2001.

12. As reminiscências de Eric Schopler e Robert Reichler de suas experiências provêm de "Recollections of My Professional Development", apresentação de Schopler no Simpósio Emma P. Bradley, 22 out. 1971; entrevista de Eric Schopler a Gary Mesibov, 18 jun. 1988, fornecida pelo TEACCH; entrevista em arquivo de Schopler a Brenda Denzler; entrevista de Robert Reichler aos autores.

13. Esse experimento é descrito em Rex W. Speers e Cornelius Lansing, *Group Therapy in Childhood Psychosis* (Chapel Hill: University of North Carolina Press, 1965).

14. A bem da privacidade, o sobrenome é omitido nesse caso.

15. Os vídeos editados constituem o filme *Conjoint Parent-Therapist Teaching of a Pre-School Psychotic Child, Child Research Project*, Universidade da Carolina do Norte, 1967.

16. Eric Schopler e Robert Reichler, "Parents as Co-therapists in the Treatment of Psychotic Children". *Journal of Autism and Childhood Schizophrenia*, v. 1, n. 1, pp. 87-102, 1971.

17. Entrevista de Betty e Norman Camp aos autores.

18. Entrevista de Mary Lou Warren aos autores.

19. Mary Lou "Bobo" Warren, *My Humpty-Dumpty: A Mother's View*, manuscrito inédito entregue por ela aos autores.

20. Mary Lou Warren, *My Humpty-Dumpty*.

22. QUARENTA E SETE POR CENTO [pp. 244-50]

1. Daniel Goleman, "Researcher Reports Progress Against Autism". *New York Times Magazine*, 10 mar. 1987.

2. Ibid.

3. Ibid.

4. Ole Ivar Lovaas, "Behavioral Treatment and Normal Educational and Intellectual Functioning in Young Autistic Children". *Journal of Consulting and Clinical Psychology*, v. 55, n. 1, pp. 3-9, 1955.

5. Bernard Rimland, "In Defense of Ivar Lovaas", coluna do editor. *Autism Research Review International*, v. 1, n. 1, p. 3, 1987.

6. Entrevista de Eric Schopler a Gary Mesibov, 18 jun. 1988, fornecida pelo TEACCH.

7. Id.

8. Eric Schopler, "Lovaas Study Questioned", cartas ao editor. *Autism Research Review International*, v. 1, n. 3, p. 6, 1987.

9. Eric Schopler e Gary B. Mesibov, *Diagnosis and Assessment in Autism*. Nova York: Plenum, 1988, p. 6.

10. Entrevista de Schopler a Mesibov.

11. Ole Ivar Lovaas, "Clarifying Comments on the UCLA Young Autism Project", Universidade da Califórnia, Los Angeles, Departamento de Psicologia, 2 ago. 2000.

12. Ibid.

13. John J. McEachin, Tristram Smith e Ole Ivar Lovaas, "Long-Term Outcome for Children with Autism Who Received Early Intensive Behavioral Treatment". *American Journal on Mental Retardation*, v. 97, n. 4, p. 360, 1993.

14. Richard M. Foxx, "Commentaries on McEachin, Smith and Lovaas: Rapid Effects Awaiting Independent Replication". *American Journal of Mental Retardation*, v. 97, n. 3, p. 375, 1993.

15. Tristram Smith, "Outcome of Early Intervention for Children with Autism". *Clinical Psychology: Science and Practice*, v. 6, n. 1, p. 40, 1999.

23. OLHE PARA MIM [pp. 251-9]

1. Exceto quando especificado de outro modo, essa e todas as citações subsequentes atribuídas a Bridget Taylor derivam de várias entrevistas dela aos autores. Os pormenores do seu trabalho com os irmãos Maurice procedem das mesmas entrevistas e de Catherine Maurice, *Let Me Hear Your Voice* (Nova York: Knopf, 1993).

2. Bruno Bettelheim, op. cit.

3. Bernard Rimland, *Infantile Autism*, op. cit.

4. Clara Claiborne Park, *The Siege*. Nova York: Harcourt, Brace & World, 1967.

24. DO TRIBUNAL À SALA DE AULA [pp. 260-74]

1. Exceto quando especificado de outro modo, as reminiscências da experiência dos Mayerson provêm da entrevista de Gary Mayerson aos autores.

2. Entrevista de SueAnn Galante aos autores.

3. Perry A. Zirkel, "The Autism Case Law: Administrative and Judicial Rulings". *Focus on Autism and Other Developmental Disabilities*, v. 17, n. 2, pp. 84-93, 2002.

4. Ibid., p. 84.

5. Perry A. Zirkel, "Autism Litigation Under the IDEA: A New Meaning of 'Diproportionality'?". *Journal of Special Education Leadership*, v. 24, n. 2, pp. 93-102, 2011.

6. Memorandum Decision and Order Granting Plaintiffs' Motion for Attorneys' Fees, *BD, et al., Plaintiffs, v. Barbara A. Debuono, et al.*, United States District Court, Southern District of New York, 14 nov. 2001.

7. Janet Gramza, "Families Struggle with Schools, Governments". *Post-Standard*, 14 abr. 1997.

8. Beverley Sharp, "Autism and Discrimination in British Columbia". Discurso proferido no British Columbia Woman's Rights Committee, 8 dez. 1997.

9. Glen Sallows e Tamlynn Graupner, "Intensive Behavioral Treatment for Children with Autism: Four-Year Outcome and Predictors". *American Journal on Mental Retardation*, v. 110, n. 6, pp. 417-38, 2005.

10. *Special Education: Is Idea Working as Congress Intended? Hearing Before the House Committee on Government Reform*, CVII Congresso (2001).

11. Janet Gramza, op. cit.

12. Entrevista de Galante.

13. Entrevista de Suzanne Kaplan aos autores.

14. Entrevista de Galante.

15. Entrevista de Janet Twyman aos autores.

16. Transcrição das minutas da audiência entre Gary Mayerson e o Departamento de Saúde do Estado, na questão da Petição de GSM em nome da criança "MM". As audiências começaram em 2 de outubro de 1996 e terminaram em 30 de dezembro de 1996, no Departamento de Saúde do Estado de Nova York, Mamaroneck, Nova York. Gary Mayerson forneceu as transcrições aos autores.

17. A LEID impõe dois pré-requisitos fundamentais: 1) que as crianças recebam educação pública livre e adequada no menos restritivo dos ambientes; 2) que elas sejam colocadas em ambientes que lhes possibilitem um benefício educacional significativo. Ver Peter Wright e Pamela Wright, *Wrightslaw: Special Education Law*, 2. ed. (Hartford, VA: Harbor House Law Press, 2007), em <www.wrightslaw.com/advoc/articles/idea.lre.fape.htm>.

18. Mitchell L. Yell e Erik Drasgow, "Litigating a Free Appropriate Public Education: The Lovaas Hearings and Cases". *Journal of Special Education*, v. 33, n. 4, p. 205, 2000.

19. Os seguintes fatos são relatados em uma decisão de 3 abr. 1997. *Na questão de Gary S. Mayerson & Lilli Z. Mayerson, demandantes, em nome da criança MM*, após uma audiência perante o juiz de direito administrativo do Departamento de Saúde de Nova York G. Liepshutz, 5 set. 1996.

20. Entrevista de Kaplan.

21. "Quick Reference Guide for Parents and Professionals: Autism/Pervasive Developmental Disorders". Departamento de Saúde do Estado de Nova York, 1999. Disponível em: <www.health.ny.gov/publications/4216.pdf>.

22. "Mental Health: A Report of the Surgeon General". Institutos Nacionais de Saúde, 1999. Disponível em: <profiles.nlm.nih.gov/ps/access/ NNBBHS.pdf>.

23. Durante o julgamento, Gary Mayerson consignou nos registros do tribunal informações sobre Melinda Baird e a sua estratégia, inclusive "Building a Blueprint for an Appropriate and Defensible Autism Program".

24. Entrevistas ao autor de vários especialistas no campo do autismo e estudos de abordagens ecléticas do comportamento foram a base dessa informação. Ver também Jane S. Howard et al., "A Comparison of Intensive Behavior Analytic and Eclectic Treatments for Young Children with Autism" (*Research in Developmental Disabilities*, v. 26, n. 4, pp. 359-83, 2005).

25. Glen Sallows e Tamlynn Graupner, op. cit.

PARTE V: AS PERGUNTAS FEITAS EM LONDRES (DÉCADAS DE 1960-90)

25. AS PERGUNTAS FEITAS [pp. 277-84]

1. Helen Green Allison em Lorna Wing (Org.), *Aspects of Autism: Biological Research* (Londres: Gaskell Psychiatry, 1988), pp. 18-20.

2. "Elgar, Sybyl Lillian". In: Lawrence Goldman (Org.), *Oxford Dictionary of National Biography 2005-2008*. Oxford: Oxford University Press, 2013, p. 344.

3. Micah Buis, "Educating about Autism". *Vassar, the Alumnae/i Quarterly*, outono 2006.

4. "Elgar, Sybil Lillian", op. cit., p. 344.

5. Uta Frith, "Looking Back: The Avengers of Psychology". *Psychologist*, v. 22, n. 8, ago. 2009.

6. Neil O'Connor e Beate Hermelin, "Auditory and Visual Memory in Autistic and Normal Children". *Journal of Mental Deficiency Research*, v. 11, n. 2, pp. 126-31, 1967.

26. QUEM CONTA? [pp. 285-90]

1. Os detalhes da vida de Lotter e da sua contratação em Londres provêm de uma entrevista de Grace Lotter, sua esposa, aos autores.
2. Victor Lotter, "Epidemiology of Autistic Conditions in Young Children". *Social Psychiatry*, v. 1, n. 3, pp. 124-35, 1966.
3. Michael Rutter, "Concepts of Autism: A Review of Research". *Journal of Child Psychology and Psychiatry*, v. 9, n. 1, 1968.
4. Leo Kanner, "Infantile Autism and the Schizophrenias". *Behavioral Science*, v. 10, n. 4, p. 413, 1965.
5. Leo Kanner e Leon Eisenberg, "Childhood Schizophrenia: Symposium, 1955: 6. Early Infantile Autism, 1943-55". *American Journal of Orthopsychiatry*, v. 26, n. 3, pp. 556-66, 1956.
6. Mildred Creak, "Schizophrenic Syndrome in Childhood: Further Progress Report of a Working Party (April, 1964)". *Developmental Medicine and Child Neurology*, v. 6, n. 5, pp. 530-5, 1964.
7. Lotter, op. cit., p. 132.
8. Ibid., p. 132.

27. PALAVRAS SOLTAS [pp. 291-5]

1. Dorothy V. M. Bishop, "Forty Years On: Uta Frith's Contribution to Research on Autism and Dyslexia, 1966-2006". *Quarterly Journal of Experimental Psychology*, v. 61, n. 1, pp. 16-26, 1988.
2. Beate Hermelin e Neil O'Connor, "Remembering of Words by Psychotic and Normal Children". *British Journal of Psychiatry*, n. 58, pp. 213-8, 1967.
3. Neil O'Connor e Beate Hermelin, op. cit.
4. Ver Dorothy Bishop, op. cit.
5. Uta Firth, *Autism: Explaining the Enigma*. Oxford: Basil Blackwell, 1989.

28. A GRANDE CAÇA AOS GÊMEOS [pp. 296-301]

1. M. P. Carter, "Twins with Early Childhood Autism". *Journal of Pediatrics*, v. 71, n. 2, p. 303, 1967.
2. Entrevista de Sir Michael Rutter ao autor.
3. Apud Leon Eisenberg, "Why Has the Relationship Between Psychiatry and Genetics Been So Contentious?" (*Genetics in Medicine*, v. 3, n. 5, p. 377, 2001).
4. Essa e outras reminiscências do trabalho sobre autismo em gêmeos procedem de uma entrevista de Susan Folstein aos autores.
5. Susan Folstein e Michael Rutter, "Genetic Influences and Infantile Autism". *Nature*, v. 265, n. 5596, pp. 726-8, 1977.

29. ACHANDO AS BOLAS DE GUDE [pp. 302-8]

1. Entrevista de Simon Baron-Cohen aos autores.
2. Heinz Wimmer e Josef Perner, "Beliefs about Beliefs: Representation and Constraining Function of Wrong Beliefs in Young Children's Understanding of Deception". *Cognition*, v. 13, n. 1, pp. 103-28, 1983.
3. David Premack e Guy Woodruff, "Does the Chimpanzee Have a Theory of Mind?". *Behavioral and Brain Sciences*, v. 1, n. 4, pp. 515-26, 1978.
4. Heinz Wimmer e Josef Perner, op. cit., p. 113.
5. Os pormenores do arcabouço experimental se devem a uma entrevista de Simon Baron-Cohen aos autores. Além disso, ele nos forneceu o vídeo de uma recriação do "Experimento Sally-Ann", produzido por Hugh Phillips e a consultora acadêmica Ilona Roth, da Open University, Reino Unido, 1990.
6. Simon Baron-Cohen, Alan M. Leslie e Uta Frith, "Does the Autistic Child Have a 'Theory of Mind'?". *Cognition*, v. 21, n. 1, pp. 37-46, 1985.
7. Ibid., p. 43.
8. Ver, por exemplo, Gene S. Fisch, "Autism and Epistemology IV: Does Autism Need a Theory of Mind?" (*American Journal of Medical Genetics Part A*, v. 161, n. 10, pp. 2464-80, 2013).
9. Amitta Shah e Uta Frith, "Why Do Autistic Individuals Show Superior Performance on the Block Design Task?". *Journal of Child Psychology and Psychiatry*, v. 34, n. 8, pp. 1351-64, 1993; e Francesca Happé e Uta Frith, "The Weak Coherence Account: Detail-focused Cognitive Style in Autism Spectrum Disorders". *Journal of Autism and Developmental Disorders*, v. 36, n. 1, pp. 5-25, 2006.
10. Simon Baron-Cohen, *The Essential Difference: Male and Female Brains and the Truth About Autism*. Nova York: Basic, 2004, pp. 133-54.

PARTE VI: REDEFININDO UM DIAGNÓSTICO (DÉCADAS DE 1970-90)

30. O ESPECTRO DO AUTISMO [pp. 311-9]

1. Lorna Wing, "The Continuum of Autistic Characteristics". In: Eric Schopler e Gary Mesibov (Orgs.), *Diagnosis and Assessment in Autism*. Nova York: Plenum, 1988, p. 92.
2. Exceto quando especificado de outro modo, as informações biográficas de Lorna Wing procedem de Giulia Rhodes, "Autism: A Mother's Labour of Love" (*Guardian*, 24 maio 2011); "Lorna Wing: Psychiatrist Whose Work Did Much to Improve the Understanding of Autism After Her Only Child Had the Condition Diagnosed" (*Times*, 12 jun. 2014); e "Lorna Wing — Obituary" (*Daily Telegraph*, 9 jun. 2014).
3. Traolach S. Brugha, Lorna Wing, John Cooper e Norman Sartorius, "Contribution and Legacy of John Wing, 1923-2010". *British Medical Journal*, v. 198, n. 3, p. 176, 2011.
4. Victor Lotter, op. cit., pp. 163-73.
5. "Dr. Lorna Wing OBE — 1928-2014". National Autistic Society, 13 jun. 2014. Disponível em:

<web.archive.org/web/20150315024118/http://www.autism.org.uk/news-and-events/news-from-the-nas/dr-wing-obe-1928-2014.aspx>.

6. Frank Warren, op. cit., p. 102.

7. Adam Feinstein, *A History of Autism: Conversations with the Pioneers*. Chichester, West Sussex: Wiley-Blackwell, 2010, p. 88.

8. Isso mudava quando o público de Rimland era composto de outros pais, parlamentares e a mída. Nessas situações, ele não hesitava em aludir ao seu status de pai.

9. Lorna Wing, *Autistic Children: A Guide for Parents*. Nova York: Brunner; Mazel, 1972, p. 90.

10. Registro de casos psiquiátricos de Camberwell, disponível em: <www.kingscollections.org/catalogues/kclca/collection/i/10in7050/>.

11. Lorna Wing et al., "Camberwell Cumulative Psychiatric Case Register Part I: Aims and Methods". *Social Psychiatry*, v. 3, n. 3, pp. 116-23, 1968.

12. Entrevistas de Susan Folstein e Sir Michael Rutter aos autores.

13. Entrevista de Judith Gould aos autores.

14. Fred Volkmar, Rhea Paul, Ami Klin e Donald Cohen, *Handbook of Autism and Pervasive Developmental Disorders, Diagnosis, Development Neurobiology, and Behavior*. Hoboken, NJ: John Wiley & Sons, 2005, p. 599.

15. O conceito tripartite de autismo de Wing e Gould era evocativo — e provavelmente por ela informado — da proposta muito anterior de Rutters, segundo a qual o autismo se manifestava em três "domínios". Mas eles introduziram o déficit de "imaginação" na mistura e, o mais importante, enfatizaram a frouxidão e a flexibilidade relativas da sua tríade.

16. Fred Volkmar, Rhea Paul, Ami Klin e Donald Cohen, op. cit., p. 599.

17. Lorna Wing, "Reflections on Opening Pandora's Box". *Journal of Autism and Developmental Disorders*, v. 35, n. 2, p. 202, 2005.

18. Ver, por exemplo, Martha Bridge Denckla, "New Diagnostic Criteria for Autism and Related Behavioral Disorders: Guidelines for Research Protocols". *Journal of the American Academy of Child Psychiatry*, v. 25, n. 2, pp. 221-4, 1986.

19. Lorna Wing, *The Autistic Spectrum: A Guide for Parents and Professionals*. Londres: Constable, 1996.

31. O AUSTRÍACO [pp. 320-9]

1. Maria Asperger Felder, "Hans Asperger (1906-1980) Leben und Werk". In: Rolf Castell (Org.), *Hundert Jahre Kinder und Jugendpsychiatrie*. Göttingen: V&R, 2008, p. 100.

2. Na época em que este livro estava sendo escrito, Herwig havia submetido a publicação o seu artigo "Hans Asperger and Nazi Race Hygiene in WW II Vienna" ao *Journal of Social History of Medicine*.

3. Viktoria Lyons e Michael Fitzgerald, "Did Hans Asperger (1906-1980) Have Asperger Syndrome?". *Journal of Autism and Developmental Disorders*, v. 37, n. 10, pp. 2020-1, 2007.

4. Hans Asperger, "Das Psychisch Abnormale Kind". *Wiener Klinische Wochenschrift*, v. 51, pp. 1314-7, 1938. Os autores agradecem a Jeremiah Riemer a tradução de todos os escritos de Asperger citados neste livro. A bem da clareza, fizemos ocasionais modificações no texto em inglês, de modo que a responsabilidade pelas traduções é exclusivamente nossa.

5. Hans Asperger, "Die 'Autistischen Psychopathen' im Kindesalter", *Archiv für Psychiatrie und Nervenkrankheiten*, v. 117, pp. 76-136, 1944.

6. Hans Asperger, "Autistic Psychopathy in Childhood". In: Uta Frith (Org.), *Autism and Asperger Syndrome*, op. cit., p. 79.

7. Uta Frith, *Autism and Asperger Syndrome*, p. xii.

8. Ibid., p. 208.

9. Adam Feinstein, op. cit., p. 18.

10. Bernard Rimland, *Infantile Autism*, op. cit., p. 54.

11. Carta de Bernard Rimland ao dr. Joshua Lederberg, 31 jul. 1964. The Joshua Lederberg Papers, Profiles in Science, Biblioteca Nacional de Medicina dos Estados Unidos. Disponível em: <profiles.nlm.nih.gov/ps/retrieve/ResourceMetadata/BBALQA>.

12. Gil Eyal, *The Autism Matrix*. Cambridge, Reino Unido: Polity, 2010, p. 216.

13. D. Arn van Krevelen, "Early Infantile Autism and Autistic Psychopathy". *Journal of Autism and Childhood Schizophrenia*, v. 1, n. 1, pp. 82-6, 1971.

14. Em uma palestra em alemão em 1977, no congresso da Associação Suíça de Pais de Autistas, Asperger fez piada do seu relativo anonimato no mundo do autismo em comparação com Leo Kanner: "Os americanos não leem artigos em alemão". No contexto, mostrou-se mais resignado que ressentido. *Communication*, v. 13, n. 3, pp. 45-52, 1979.

15. "Lorna Wing — Obituary", *Daily Telegraph*, 9 jun. 2014.

16. Lorna Wing, "Asperger's Syndrome: A Clinical Account". *Psychological Medicine*, v. 11, n. 1, pp. 115-29, 1981.

17. Ibid., p. 115.

18. Id., "Past and Future of Research on Asperger Syndrome". In: Ami Klin, Fred R. Volkmar e Sara S. Sparrow (Orgs.), *Asperger Syndrome*. Nova York: Guilford, 2000.

19. Id., "The Relationship Between Asperger's Syndrome and Kanner's Syndrome". In: Uta Frith, *Autism and Asperger Syndrome*, op. cit., p. 116.

20. Ibid.

21. Lorna Wing, "Reflections on Opening Pandora's Box". *Journal of Autism and Developmental Disorders*, v. 35, n. 2, p. 198, 2005. A cena do encontro de Lorna Wing com Hans Asperger também é narrada em *The History of Autism*, de Adam Feinstein.

22. Ibid.

23. Hans Asperger, "Zur Differentialdiagnose des Kindlichen Autismus". *Acta Paedopsychiatrica*, v. 35, pp. 136-45, 1968.

24. Hans Asperger, "Problems of Infantile Autism (A Talk)". *Communication*, n. 13, pp. 45-52, 1979.

25. Ibid.

26. Não está claro se Asperger usou a terceira pessoa nesse caso ou se foi escolha do tradutor. Os autores não tiveram acesso ao original alemão.

32. A ASSINATURA [pp. 330-44]

1. O relato da conversa Wing-Volkmar, nesse capítulo, provém de uma entrevista de Fred Volkmar aos autores. Embora represente a sua melhor lembrança do telefonema, com um alto grau

de confiança na sua exatidão, não se deve considerá-lo como excertos de uma rigorosa transcrição textual do telefonema, que não existe.

2. Ami Klin, Fred R. Volkmar e Sara S. Sparrow, *Asperger Syndrome*. Nova York: Guilford, 2000, p. 2.

3. Eric Schopler, "Premature Popularization of Asperger Syndrome". In: Eric Schopler, Gary B. Mesibov e Linda J. Kunce (Orgs.), *Asperger Syndrome or High-Functioning Autism?*. Nova York: Plenum, 1998, p. 386.

4. O relato da desconfiança de Schopler com relação a Asperger foi corroborado na entrevista de Gary Mesibov, antigo colaborador de Schopler no TEACCH, aos autores.

5. Eric Schopler, "Ask the Editor: Are Autism and Asperger Syndrome (AS) Different Labels or Different Disabilities?". *Journal of Autism and Developmental Disorders*, v. 26, n. 1, p. 109, 1996.

6. Os pormenores da conversa de Fred Volkmar com Lorna Wing procedem da entrevista de Volkmar aos autores.

7. Ami Klin, "Young Autistic Children's Listening Preferences in Regard to Speech: A Possible Characterization of the Symptom of Social Withdrawal". *Journal of Autism and Developmental Disorders*, v. 21, n. 1, pp. 29-42, 1991.

8. O relato das conversas Cohen-Klin provém da entrevista de Ami Klin aos autores.

9. Apud Daniel Konziella, "Thirty Neurological Eponyms Associated with the Nazi Era" (*European Neurology*, v. 62, n. 1, pp. 56-64, 2009).

10. Entrevista de Fred Volkmar aos autores.

11. Os detalhes da correspondência de Ami Klin com Michael Hubenstorf provêm de entrevistas de Klin aos autores e de cartas que ele lhes mostrou.

12. Maria Asperger, prefácio a Klin et al., *Asperger Syndrome*, op. cit., p. xii.

13. Hans Asperger, "Autistic Psychopathy in Childhood", op. cit., pp. 37-92.

14. Brita Schirmer, "Autismus und NS-Rassengesetze in Österreich 1938: Hans Aspergers Verteidigung der 'Autistischen Psychopathen' gegen die NS-Eugenik". *Die neue Sonderschule*, v. 47, n. 6, pp. 460-4, 2002.

15. Viktoria Lyons e Michael Fitzgerald, op. cit.

16. Adam Feinstein, op. cit., p. 15. O diário de Hans Asperger é citado em Maria Asperger Felder, "Zum Sehen geboren, zum Schauen bestellt...", em Arnold Pollack (Org.), *Auf den Spuren Hans Aspergers* (Stuttgart: Schattauer, 2015).

17. Hans Asperger, diário, 1934, em Maria Asperger Felder, ibid.

18. Steve Silberman, *NeuroTribes: The Legacy of Autismo and the Future of Neurodiversity*. Nova York: Avery, 2015, p. 121.

19. O fenômeno de membros do Partido Nazista tentarem reescrever o seu passado no período de desnazificação é bem ilustrado na história de um caso de Herwig Czech e Lawrence A. Zeidman, "Walther Birkmayer, Co-describer of LDopa, and His Nazi Connections: Victim or Perpetrator?" (*Journal of the History of the Neurosciences: Basic and Clinical Perspectives*, p. 19, 3 abr. 2014).

20. Ernst Klee, *Persilscheine und falsche Pässe: Wie die Kirchen den Nazis halfen* ("Atestados Persil e passaportes falsos: como as igrejas ajudaram os nazistas"). Frankfurt: Fischer Taschenbuch, 1991.

21. Os trechos da palestra de 1962 de Hans Asperger e da de sua fala no rádio de 1974 são de Hans Asperger, "Ecce Infans. Zur Ganzheitsproblematik in der modernen Pädiatrie", Wiener Antrittsvorlesung, 1962 (*Wiener klinische Wochenschrift*, v. 74, pp. 936-41, 1962). O historiador austríaco Herwig Czech descobriu esse material e o disponibilizou para os autores.

22. John Connelly, *From Enemy to Brother: The Revolution in Catholic Teaching on the Jews, 1933--1965*. Cambridge, MA: Harvard University Press, 2012.

23. Pode-se encontrar um exemplo das tendências políticas e filosóficas do Bund Neuland em L. Z., "Die Juden Wiens", *Neuland. Blätter jungkatholischer Erneuerungsbewegung*, pp. 19-21, 1935. Os autores devem essa informação a Herwig Czech.

24. Hans Asperger, diário, 1934, em Maria Asperger Feldner, "Zum Sehen geboren, zum Schauen bestellt...", op. cit.

25. Hans Asperger, "Das Psychisch Abnormale Kind", op. cit.

26. Herwig Czech forneceu aos autores uma análise das falas e de outros diários e artigos.

27. Brita Schirmer, op. cit.

28. Hans Asperger, "Die 'Autistischen Psychopathen' im Kindersalter", op. cit.; ibid.

29. O psicólogo sueco Chris Gillberg, que popularizou a expressão "Pequenos Professores" em um livro muito lido de 1991, confirmou para os autores, em 2015, que ele mesmo a cunhou para captar a essência dos meninos estudados por Asperger. Ainda que o historiador Herwig Czech observe que, em um trabalho de 1939, Asperger chamou de "professoral" o modo de falar de um garoto, a expressão "Pequenos Professores", muitas vezes atribuída a ele, não se acha em nenhum dos seus escritos.

30. Hans Asperger, "Das Psychisch Abnormale Kind", op. cit.

31. No trabalho "Die 'Autistischen Psychopathen' im Kindersalter", de 1944, p. 118, Asperger escreveu: *"Leider überwiegt nicht in allen, nicht einmal in den meisten Fällen das Positive, Zukunftweisende der autistischen Wesenszüge"*. Tradução: "Infelizmente, as coisas positivas e promissoras [mais literalmente, 'voltadas para o futuro'] nas características autistas não preponderam em todos os casos, aliás, nem mesmo na maioria deles".

32. Id.

33. Com base em documentos fornecidos aos autores por Herwig Czech. Ver também Herwig Czech, "'The Child Must Be an Unbearable Burden to Her Mother': Hans Asperger, National Socialism, and 'Race Hygiene' in World War II Vienna", trabalho inédito apresentado a *Molecular Autism* em 2015.

34. Id.

35. Id.

36. Entrevista de Arnold Pollak aos autores.

PARTE VII: SONHOS E LIMITES (DÉCADAS DE 1980-90)

33. O SONHO DA LINGUAGEM [pp. 347-54]

1. Exceto quando especificado de outro modo, esses e outros pormenores de Chris Borthwick e Douglas Biklen procedem de uma entrevista de Biklen e de uma carta de Borthwick a Biklen, de 15 abr. 1987, fornecida por este aos autores.

2. Steven J. Taylor e Douglas Biklen, *Understanding the Law: An Advocates Guide to the Law and Developmental Disabilities*. Syracuse, NY: Human Policy, 1980; entrevista de Douglas Biklen aos autores.

3. Entrevista de Biklen.

4. Rosemary Crossley e Anne McDonald, *Annie's Coming Out*. Melbourne: Deal; Penguin, 1980.

5. Douglas Biklen, "Communication Unbound: Autism and Praxis". *Harvard Educational Review*, v. 60, n. 3, 1990.

6. Ibid.

7. Irene Mozolewski, "Dr. Goodwin to Be Seen on British TV". *Oneonta Star*, 7 jun. 1966.

8. Barbara A. Sanderson e Daniel W. Kratchvil, "The Edison Responsive Environment Learning System or the Talking Typewriter Developed by Thomas A. Edison Laboratory, a Subsidiary of McGraw Edison Company". Institutos Americanos de Pesquisa em Ciências Comportamentais, Palo Alto, Califórnia, jan. 1972.

9. Shirley Cohen, *Targeting Autism: What We Know, Don't Know, and Can Do to Help Young Children with Autism Spectrum Disorders*. Berkeley: University of California Press, 2006, pp. 168-9.

10. Rosalind Oppenheim, "They Said Our Child Was Hopeless". *Saturday Evening Post*, 17 jun. 1961.

11. Desenvolvido em 1985 por Andrew S. Bondy, ph.D., e Lori Frost, fonoaudióloga. Picture Exchange Communication System, PECS Pyramid Educational Consultants, Inc. Disponível em: <www.pecsusa.com/pecs.php>; Jennifer B. Ganz, Richard L. Simpson e Emily M. Lund, "The Picture Exchange Communication System (PECS): A Promising Method for Improving Communication Skills of Learners with Autism Spectrum Disorders". *Education and Training in Autism and Developmental Disabilities*, v. 47, n. 2, pp. 176-86, 2012.

12. Carta ao editor de Jacqueline J. Kingon e Alfred H. Kingon, "The Words They Can't Say", *New York Times Magazine*, 3 nov. 1991.

13. Daniel Gonzales, "Critics Call It a Hoax but 100 Teachers Soon Will Gather to Learn More". *Syracuse Herald-Journal*, 22 fev. 1994.

14. "Special Education Teacher Vacancies". *Syracuse-Herald Journal*; Cayuga-Onondaga BOCES, 20 jul. 1991.

34. A CRIANÇA LÁ DENTRO [pp. 355-71]

1. Exceto quando especificado de outro modo, os pormenores da experiência de Janyce Boynton com a comunicação facilitada provêm de uma entrevista dela aos autores e de Janyce Boynton, "Facilitated Communication: What Harm It Can Do: Confessions of a Former Facilitator" (*Evidence-Based Communication Assessment and Intervention*, v. 6, n. 1, pp. 3-13, 2012).

2. As respostas de Betsy pela CF, tais como relatadas nesse capítulo, procedem de documentos entregues aos autores por Phil Worden, que foi tutor *ad litem* de Betsy e Jamie Wheaton. Worden colheu todos os arquivos, artigos e comunicações escritas aplicáveis ao Teste de Validez da Comunicação Facilitada para o Fifth District Court & Maine Dept. of Human Services, jan. 1993.

3. Leo Kanner, "Autistic Disturbances of Affective Contact". *Nervous Child*, v. 2, p. 247, 1943.

4. "What I Imagine He Sounds Like". *Short Bus Diaries*, 26 set. 2012. Disponível em: <shortbusdiaries.com/what-i-imagine-he-sounds-like/>.

5. Entrevista aos autores de curandeiros tradicionais e pela fé da África do Sul.

6. Jan Mason, "Child of Silence: Retrieved from the Shadow World of Autism: Katy Finds Her Voice". *Life*, 15 set. 1987.

7. L. Spinney, "Therapy for Autistic Children Causes Outcry in France". *Lancet*, v. 370, n. 9588, pp. 645-6, 2007.

8. Entrevista de Victoria Beck aos autores.

9. Laura Johannes, "New Hampshire Mother Overrode Doubts on New Use of Old Drug". *Wall Street Journal*, 10 mar. 1999.

10. Lawrence Wright, "Child-Care Demons". *New Yorker*, 3 out. 1994.

11. Transcrição da entrevista com a polícia, a investigadora do DHS e todos os outros documentos relevantes pertencentes ao processo de teste da CF fornecidos aos autores por Phil Worden.

12. Entrevista de Suzette e Jim Wheaton aos autores.

13. Essa e outras reminiscências das interações entre Phil Worden e Janyce Boynton procedem das entrevistas dos dois aos autores.

14. Entrevista de Worden.

15. Entrevista de Howard Shane aos autores.

16. Entrevista de Boynton aos autores.

17. "Prisoners of Silence". *Frontline*, produzido por John Palfreman, PBS, 19 out. 1993, transcrição em: <www.pbs.org/wgbh/pages/frontline/programs/transcripts/1202.html>.

18. Nancy Shulins, "Debate over Autism Communication Rages On". *Chicago Daily Herald*, 16 maio 1994.

19. Reitora Nancy Cantor, "Imagining America, Imagining Universities: Who and What?". Discurso de boas-vindas à Imagining America Annual Conference na Universidade de Syracuse, 7 set. 2007. Disponível em: <www.syr.edu/chancellor/speeches/ Imagining AmericaAnnualConferenceRemarks090707.pdf>.

20. Bill Trotter, "Deaths Motive Unknown; Recently Wed Woman Stabbed, Man Shot on Swans Island". *Bangor Daily News*, 24 jul. 2001. Disponível em: <archive.bangordailynews.com/2001/07/24/deaths-motive-unknown-recently-wed-woman-stabbed-man-shot-on-swans-island>.

21. Entrevistas de Tal e Julian Wendrow aos autores.

22. Entrevista de Julian Wendrow.

35. UMA DEFINIÇÃO ESQUIVA [pp. 372-7]

1. Douglas Biklen, "Communication Unbound: Autism and Praxis". *Harvard Educational Review*, v. 60, n. 3, pp. 291-315, 1990.

2. Robert Cummins e Margot Prior, "Further Comment: Autism and Assisted Communication: A Response to Biklen". *Harvard Educational Review*, v. 62, n. 2, pp. 228-42, 1992.

3. Eric Schopler, em "Editor's Note" a Margot Prior e Robert Cummins, "Questions about Facilitated Communication and Autism" (*Journal of Autism and Developmental Disorders*, v. 22, n. 3, p. 331, 1992).

4. Michael Rutter, "Concepts of Autism: A Review of Research", op. cit.

5. Eric Schopler, "On Confusion in the Diagnosis of Autism". *Journal of Autism and Childhood Schizophrenia*, v. 8, n. 2, pp. 137-8, 1978.

6. Fred R. Volkmar e Donald J. Cohen, "Classification and Diagnosis of Childhood Autism". In: Eric Schopler e Gary Mesibov (Orgs.), *Diagnosis and Assessment in Autism*. Nova York: Plenum, 1988, p. 72.

7. Fred R. Volkmar e Ami Klin, "Asperger Syndrome and Nonverbal Learning Disabilities". In: Ibid., p. 107.

8. Mildred Creak, "Schizophrenic Syndrome in Childhood: Progress Report (April, 1961) of a Working Party". *British Medical Journal*, v. 2, n. 5, p. 889, set. 1961.

9. Id., "Schizophrenic Syndrome in Childhood: Further Progress Report of a Working Party (April, 1964)". *Developmental Medicine and Child Neurology*, v. 6, n. 5, p. 530, 1964.

10. Michael Rutter, "Childhood Schizophrenia Reconsidered". *Journal of Autism and Childhood Schizophrenia*, v. 2, n. 3, p. 315, 1972.

11. Embora não fosse expressão de Rutter, era usada normalmente pelos pesquisadores que empregavam os seus critérios. Ver, por exemplo, R. J. McClelland, D. G. Eyre, O. Watson, G. J. Calvert e Eileen Sherrard, "Central Conduction Time in Childhood Autism" (*British Journal of Psychiatry*, v. 160, n. 5, pp. 659-63, 1992).

12. Encontra-se uma descrição dos critérios de Rutter em Michael Rutter, "Diagnosis and Definition". In: Michael Rutter e Eric Schopler (Orgs.), *Autism: A Reappraisal of Concepts and Treatment*. Nova York: Plenum, 1978, pp. 1-25.

13. Michael Rutter, "The Emanuel Miller Memorial Lecture 1998, Autism: Two-Way Interplay between Research and Clinical Work". *Journal of Child Psychology and Psychiatry*, v. 40, n. 2, p. 170, 1999.

14. Em 1987, o nome passou a ser Sociedade de Autismo da América.

15. Edward Ritvo e B. J. Freeman, "National Society for Autistic Children Definition of the Syndrome of Autism". *Journal of Pediatric Psychology*, v. 2, n. 4, p. 146, 1977.

16. A discussão sobre as mudanças no *DSM* entre 1980 e 2013 baseia-se no texto real do *Diagnostic and Statistical Manual of Mental Disorders*, da Associação Americana de Psiquiatria, Washington, DC: *DSM-III* (1980), *DSM-III-R* (1987), *DSM-IV* (1994) e *DSM-5* (2013).

17. Fred Volkmar e Brian Reichow, "Autism in *DSM-5*: Progress and Challenges". *Molecular Autism*, v. 4, p. 13, 2013.

36. O ENCONTRO DAS MENTES [pp. 378-89]

1. As histórias ligadas à fundação e à administração da CAN provêm de entrevistas de Jon Shestack e Portia Iversen aos autores. Lisa Lewis intermediou o encontro de Princeton: ela esteve com Portia na conferência da DAN na qualidade de mãe do autismo e também conhecia os London da "comunidade do autismo".

2. As histórias ligadas à fundação e à administração da NAAR procedem da entrevista de Karen e Eric London aos autores.

3. Entrevista de Karen e Eric London; entrevista aos autores do pesquisador da Society for Neuroscience (<www.sfn.org/>).

4. Mary Coleman (Org.), *The Autistic Syndromes*. Amsterdam: North-Holland, 1976.

5. Ver, por exemplo, Margaret L. Bauman, "Brief Report: Neuroanatomic Observations of the Brain in Pervasive Development Disorders" (*Journal of Autism & Developmental Disorders*, v. 26, n. 2, pp. 199-203, 1996).

6. Entrevista de London.

7. Encontram-se mais informações sobre o Floortime no site do dr. Greenspan: <www.stanleygreenspan.com>.

8. O site da NAAR já não existe, mas se encontra material do seu boletim informativo, o *NAA-Rative*, no site da Autism Speaks: <www.autismspeaks.org/news/news-item/naarative>.

9. Bernard Rimland, "Megavitamin B6 and Magnesium in the Treatment of Autistic Children and Adults". In: Eric Schopler e Gary Mesibov (Orgs.), *Neurobiological Issues in Autism*. Nova York: Springer Science Business Media, 1987, pp. 389-405.

10. Sid Baker, "Learning About Autism". *Global Advances in Health and Medicine*, v. 2, n. 6, pp. 38-46, 2013; entrevista de Sid Baker aos autores.

11. Entrevista de Shestack e Iversen.

12. Outros, além de Jon e Portia, contribuíram para custear a conferência.

13. Entrevista de Baker.

14. A DAN! (Defeat Autism Now!) representava uma frouxa rede de médicos e outros profissionais da saúde que era aberta para o uso das várias terapias biomédicas alternativas discutidas na conferência. O "protocolo DAN" de tratamentos alternativos ganhou adeptos sobretudo entre pais convencidos de que o autismo dos filhos era consequência do dano causado pela vacinação. A rede se dissolveu em 2011.

15. Portia Iversen, *Strange Son: Two Mothers, Two Sons, and the Quest to Unlock the Hidden World of Autism*. Nova York: Riverhead, 2006, p. 30.

16. Embora não quisesse somar forças com nenhum grupo de pesquisa biomédica, desde muito cedo a SAA apoiou e contribuiu com a pesquisa da CAN e da NAAR.

17. As reminiscências dessa conversa provêm da entrevista de Shestack.

37. O MÁGICO [pp. 390-402]

1. Entrevista de Ed Berry aos autores.

2. Cópia da SDP original enviada a pesquisadores potenciais da NAAR, jul. 1996, fornecida por Karen London aos autores.

3. John Morgan, "*ER*'s Anthony Edwards Curing Autism Now". *USA Today*, 12 out. 2000.

4. Entrevista de Jon Shestack aos autores.

5. Lei de Combate ao Autismo de 2006, S. 843, CIX Congresso (2006).

6. Cure Autism Now, *ADVANCES: Hope, Partnership, and Action to Accelerate the Pace of Biomedical Research in Autism and Related Disorders*, edição do décimo aniversário, outono 2005.

7. Entrevista de Daniel Geschwind aos autores.

8. Entrevista de Karen e Eric London aos autores; documentos fornecidos por Karen London aos autores.

9. Entrevista de Catherine Lord aos autores.

10. Michael Rutter, Anne Le Couteur e Catherine Lord, "ADI-R, Autism Diagnostic Interview — Revised". Pormenores sobre o ADI e como implementá-lo acham-se em: <nyp.org/services/cadb-adir-diagnostic-instrument.html>.

11. Ibid.

12. Jane Pickett, Ellen Xiu, Roberto Tuchman, Geraldine Dawson e Clara Lajonchere, "Mortality in Individuals with Autism, with and without Epilepsy". *Journal of Child Neurology*, v. 26, n. 8, pp. 932-9, 2011; Lori McIlwain, "Autism & Wandering: A Guide for Educators". National Autism Association, 20 abr. 2015. Disponível em: <nationalautismassociation.org/autism-wandering-a-guide-for-educators/>.

13. Entrevista de London.

PARTE VIII: COMO O AUTISMO FICOU FAMOSO (DÉCADAS DE 1980-90)

38. PONDO O AUTISMO NO MAPA [pp. 405-20]

1. As histórias ligadas à produção de *Temple Grandin* para a HBO procedem de uma entrevista de Emily Gerson Saines aos autores.

2. Temple Grandin, *Thinking in Pictures: My Life with Autism*. Nova York: Vintage, 1995.

3. *Change of Habit*, dirigido por William Graham, produzido por Joe Connelly, 1969.

4. Barry Kaufman publicou o livro *Son-Rise* em 1976, uma história sobre o seu filho Ryan. O livro tornou-se um docudrama e foi ao ar pela NBC em 1979.

5. *Marcus Welby, médico*, Daniel Petrie, ABC. Temporada 1, Episódio 2: "The Foal", 30 set. 1969.

6. M. Ballin, "Autistic Children: The Strangers in Our Midst". *McCall's*, n. 101, nov. 1973.

7. Jornal diário *Ha'aretz*, 1973.

8. Donald R. Katz, "Kids with the Faraway Eyes". *Rolling Stone*, pp. 48-53, 8 mar. 1979.

9. Dan Moser e Alan Grant (fotógrafo), op. cit.

10. Clara Claiborne Park, op. cit.

11. James Copeland, com base em um diário de Jack Hodges, *For the Love of Ann* (Londres: Random House, 1973).

12. Josh Greenfield, *A Child Called Noah: A Family Journey*. Nova York: Holt, Rinehart and Winston, 1989.

13. Bernard Rimland, "*Rain Man* and the Savant Secrets". *Editors Notebook, Autism Research International Newsletter*, v. 3, n. 1, p. 3, 1989; <www.ariconference.com/ari/newsletter/031/page3.pdf>.

14. Ibid. para as citações de Sullivan no *Oprah Winfrey Show*. Ver também o site de Darold Treffert em: <www.daroldtreffert.com/>.

15. Agnes Torres Al-Shibibi, "'Rain Man' Puts Autism on the Map". *Orlando Sentinel*, 22 dez. 1988.

16. Lance Workman, "From Art to Autism". *Psychologist*, v. 26, n. 12, dez. 2013.

17. Fran Peek e Stevens Anderson, *The Real Rain Man: Kim Peek*. Salt Lake City: Harkness Publishing Consultants, 1996.

18. Entrevista de Gail Mutrux aos autores.

19. Entrevista de Barry Levinson aos autores.

20. Entrevista de Steve Edelson aos autores.

21. David Ansen, Michael Reese, Sarah Crichton e Jennifer Foote, "Who's on First?". *Newsweek*, p. 52, 16 jan. 1989.

22. "Savant Syndrome: Islands of Genius". Wisconsin Medical Society. Disponível em: <www.wisconsinmedicalsociety.org/professional/savant-syndrome/>.

23. Entrevista de Edelson; entrevista de Gloria e Mark Rimland aos autores.

24. Sherri Dalphonse, "Dustin and Me". *Washingtonian*, jul. 1992.

25. Matt Patches, "Remembering 'Rain Man': The $350 Million Movie That Hollywood Wouldn't Touch Today". *Grantland*, 9 jan. 2014.

26. Temple Grandin e Margaret M. Scariano, *Emergence: Labeled Autistic*. Nova York: Grand Central, 1996.

27. Ruth Sullivan, prefácio a *The Way I See It: A Personal Look at Autism and Asperger's*, de Temple Grandin (Arlington, TX: Future Horizons, 2008), p. xiv.

28. Oliver Sacks, *An Anthropologist on Mars: Seven Paradoxical Tales*. Nova York: Picador, 1995, p. 244.

39. EMERGÊNCIA DA SOCIEDADE [pp. 421-37]

1. Esse e outros casos ligados a Russell Rollens no presente capítulo provêm de uma entrevista de Rick Rollens aos autores.

2. Martha U. Gillette, Thomas Roth e James P. Kiley, "NIH Funding of Sleep Research: A Prospective and Retrospective View". *SLEEP*, v. 22, n. 7, pp. 956-8, 1999.

3. Victor Lotter, op. cit., pp. 124-35.

4. "Changes in the Population of Persons with Autism and Pervasive Developmental Disorders in California's Developmental Services System: 1987 Through 1998. A Report to the Legislature". Departamento de Serviços do Desenvolvimento da Califórnia, 1º mar. 1999. Disponível em: <www.dds.ca.gov/Autism/docs/autism_report_1999.pdf>.

5. Thomas H. Maugh, "State Study Finds Sharp Rise in Autism Rate". *Los Angeles Times*, 16 abr. 1999.

6. Tracy Mayor, "A Disorder That's Defining an Era". *Child*, dez. 2005.

7. J. Madeleine Nash e Amy Bonesteel, "The Secrets of Autism". *Time*, 6 maio 2002.

8. *The Autism Epidemic: Is the NIH and CDC Response Adequate? Hearing Before the House Committee on Government Reform*, CVII Congresso (2002), depoimento de Dan Burton, presidente da comissão.

9. Exceto quando especificado de outro modo, as estatísticas de prevalência de autismo no presente capítulo provêm de *Prevalence of the Autism Spectrum Disorders (ASDs) in Multiple Areas of the United States, 2000 and 2002*, relatório da Autism and Developmental Disabilities Monitoring (ADDM) Network, em: <www.cdc.gov/ncbddd/autism/documents/Autism CommunityReport.pdf>; e *Prevalence of the Autism Spectrum Disorders (ASDs) in Multiple Areas of the United States, 2008*, relatório da Autism and Developmental Disabilities Monitoring (ADDM) Network, em: <www.cdc.gov/ncbddd/autism/documents/ADDM-2012-Community-Report.pdf>.

10. Eric Fombonne, Judith S. Miller et al., "Autism Spectrum Disorder Reclassified: A Second Look at the 1980s Utah/UCLA Autism Epidemiologic Study". *Journal of Autism and Developmental Disorders*, v. 43, n. 1, pp. 200-10, 2012.

11. Edward R. Ritvo et al., "The UCLA-University of Utah Epidemiologic Survey of Autism: Prevalence". *American Journal of Psychiatry*, v. 146, n. 2, pp. 194-9, 1989.

12. Eric Fombonne, "Epidemiology of Pervasive Developmental Disorders". *Pediatric Research*, v. 65, n. 6, pp. 591-8, 2009.

13. Entrevista de Paul Shattuck aos autores.

14. Postado por "Orac", "Well, That Didn't Take Long". Respectful Insolence (Science Blogs), 5 abr. 2006. Disponível em: <scienceblogs.com/insolence/2006/04/05/well-that-didnt-take-long-the>.

15. *Autism: Present Challenges, Future Needs — Why the Increased Rates? Hearing Before the House Committee on Government Reform*, CVI Congresso (2000), declaração de Dan Burton, presidente da comissão.

16. *Prevalence of the Autism Spectrum Disorders (ASDs) in Multiple Areas of the United States, 2008*, pp. 8-23.

17. Doug Smith, "Autism Rates by State". *Los Angeles Times*, 9 dez. 2011.

18. Arthur Allen, "The Autism Numbers, Why There's No Epidemic". *Slate*, 15 jan. 2007.

19. David Amaral, Daniel Geschwind e Geraldine Dawson, *Autism Spectrum Disorders*. Oxford: Oxford University Press, 2011, p. 4.

20. Paul T. Shattuck, "Prevalence of Autism in US Special Education: The Contribution of Diagnostic Substitution to the Growing Administrative Prevalence of Autism in US Special Education". *Pediatrics*, v. 117, n. 4, p. 1029, 2006. Os dados de Shattuck foram compilados das contas anuais de educação especial publicadas pelo Departamento de Educação dos Estados Unidos.

21. Ibid., p. 1028.

22. Autism Awareness Commercial, "Autism Awareness", <www.youtube.com/watch?v=y-7t3daKTQMg>.

23. Hal Arkowitz e Scott O. Lilienfeld, "Is There Really an Autism Epidemic?". *Scientific American*, 6 dez. 2007.

24. Entrevista de Peter Bell aos autores.

25. *Prevalence of the Autism Spectrum Disorders (ASDs) in Multiple Areas of the United States, 2000 and 2002*, p. 31.

26. O número de estados e condados costuma mudar de um ano para o outro e de um relatório para o outro. Por exemplo, em 2008, Alabama, Arizona, Arkansas, Colorado, Flórida, Geórgia, Maryland, Missouri, Nova Jersey, Carolina do Norte, Pensilvânia, Carolina do Sul, Utah e Wisconsin participaram da ADDM Network. Em 2010, porém, a Carolina do Sul não participou; essas diferenças podem alterar de maneira significativa os números da prevalência.

27. Um novo estudo publicado por P. C. Pantelis e D. P. Kennedy em *Autism* (jun. 2015) informa que a taxa de prevalência constatada no estudo sul-coreano de 2011 se baseou em suposições errôneas. Pantelis e Kennedy concluem que, se os pesquisadores sul-coreanos tivessem compensado a incerteza criada no design do seu estudo, a gama dos seus resultados teria sido quase duas vezes maior que o relatado de início, tornando as conclusões duvidosas.

28. Young Shin Kim et al., "Prevalence of Autism Spectrum Disorders in a Total Population Sample". *American Journal of Psychiatry*, v. 168, n. 9, pp. 904-12, 2011.

29. Alice Park, "South Korean Study Suggests Rates of Autism May Be Underestimated". *Time*, 9 maio 2011.

30. Entrevista de Emily Gerson Saines aos autores.

31. Discurso de Emily Gerson Saines ao ganhar um Emmy pela produção de *Temple Grandin*, 2010.

PARTE IX: "EPIDEMIA" (DÉCADAS DE 1990-2010)

40. O MEDO À VACINA [pp. 441-59]

1. Antes da entrevista coletiva, o Royal Free Hospital divulgou um press release — "Nova pesquisa vincula o autismo a doença intestinal" — e distribuiu um vídeo informativo de vinte minutos, ambos para promover o iminente estudo da *Lancet*.

2. Andrew J. Wakefield et al., "Ileal-Lymphoid-Nodular Hyperplasia, Non-Specific Colitis, and Pervasive Developmental Disorder in Children". *Lancet*, v. 351, n. 9103, pp. 637-41, 1998. Todos os pormenores do estudo informados no presente capítulo provêm desse ensaio.

3. Wakefield apresenta a carta em Andrew Wakefield, *Callous Disregard: Autism and Vaccines — The Truth Behind a Tragedy*. Nova York: Skyhorse, 2010, pp. 96-9.

4. Rebecca Smith, "Andrew Wakefield: The Man Behind the MMR Controversy". *Telegraph*, 29 jan. 2010.

5. Transcrição parcial da entrevista coletiva do Royal Free, 26 fev. 1998. Essa e todas as citações da coletiva figuram na transcrição do General Medical Council, Fitness to Practice Panel, nos casos do dr. Andrew Wakefield, do professor John Walker-Smith e do professor Simon Murch. Presidente: dr. Surendra Kumar. 7 abr. 2008. Disponível em: <wakefieldgmctranscripts.blogspot.com/2012/02/day-17.html>.

6. O jornalista Jeremy Laurance, do *Independent*, recordou vivamente a cena em entrevista aos autores e em Jeremy Laurance, "I Was There When Wakefield Dropped His Bombshell" (*Independent*, 29 jan. 2010).

7. Jeremy Laurance, "Health: Not Immune to How Research Can Hurt; Jeremy Laurance Talks to the Man at the Centre of the Controversy over the MMR Vaccine". *Independent*, 3 mar. 1998.

8. Em 1885, por exemplo, 100 mil pessoas fizeram passeata contra um programa obrigatório de vacinação contra varíola na cidade de Leicester.

9. Um levantamento sistemático publicado em 2007 descobriu uma dispersão de pequenas organizações "desconfiadas da vacina", com registro de adeptos de apenas sessenta pessoas, e nenhuma com mais que 2 mil. Ver Pru Hobson-West, "'Trusting Blindly Can Be the Biggest Risk of All': Organised Resistance to Childhood Vaccination in the UK" (*Sociology of Health and Illness*, v. 29, n. 2, pp. 198-215, 2007).

10. Ver o Diagrama 2 em Dan Anderberg, Arnaud Chevaliera e Jonathan Wadsworth, "Anatomy of a Health Scare: Education, Income and the MMR Controversy in the UK" (*Journal of Health Economics*, v. 30, n. 3, p. 520, 2011).

11. Gary L. Freed, "Vaccine Policies across the Pond: Looking at the U. K. And U. S. Systems". *Health Affairs*, v. 24, n. 3, pp. 755-7, 2005.

12. Ver, por exemplo, a afirmação "Vaccines can and do cause harm" [As vacinas podem causar e causam dano] em Gregory A. Poland e Robert M. Jacobson, "Understanding Those Who Do Not Understand: A Brief Review of the Anti-Vaccine Movement" (*Vaccine*, v. 19, n. 17/9, pp. 2440-5, 2001).

13. Encontra-se uma excelente discussão das complexas praticidades e políticas desse equilíbrio custo-benefício em Arthur Allen, *Vaccine* (Nova York: W. W. Norton, 2008).

14. Mais de uma década depois, as famílias continuavam afirmando isso. Ver, por exemplo, Fiona Macrae e David Wilkes, "Damning Verdict on MMR Doctor: Anger as GMC Attacks 'Callous Disregard' for Sick Children" (*Daily Mail*, 29 jan. 2010).

15. Sarah Boseley, "Jab Warning 'Wrong: WHO Chief Attacks Doctors over Claim of Vaccine Link with Autism". *Guardian*, 12 mar. 1998.

16. Reportagem da Independent Television News (ITN), "MMR Vaccine: Autism Link Story", 26 fev. 1998, número de referência BSP270298055, <www.itn.source.com>.

17. Sarah Boseley, "MMR Vaccination Fears 'Not Justified': No Evidence of Link to Autism or Bowel Disease, Scientists Say". *Guardian*, 25 mar. 1998.

18. Sarah Womack, "Blair Silent over Leo's MMR Jab". *Telegraph*, 21 dez. 2001.

19. Ver, por exemplo, Andrew J. Wakefield, "Enterocolitis in Children with Developmental Disorders". *American Journal of Gastroenterology*, v. 95, n. 9, pp. 2285-95, 2000.

20. Lorraine Fraiser, "Anti-MMR Doctor Is Forced Out". *Telegraph*, 2 dez. 2001.

21. Sarah Ramsay, "Controversial MMR-Autism Investigator Resigns from Research Post". *Lancet*, v. 358, n. 9297, p. 1972, 8 dez. 2001.

22. Lucy Johnston, "US Research on Controversial Vaccine May Vindicate Consultant Who Was Forced to Resign: New Tests Back Expert Who Sounded Alarm over Triple Jab for Children". *Sunday Express*, 9 dez. 2001.

23. Maxine Frith, "Measles Alert in MMR Crisis". *Evening Standard*, 3 jul. 2002.

24. Linda Steel, "Parents: 'It Is Not about the Science. It's about Belief': Andrew Wakefield — the Doctor Who First Linked MMR and Autism — Has Resigned. But Does That Mean He Was Wrong about the Vaccine?". *Guardian*, 5 dez. 2001.

25. *Hear the Silence*, dirigido por Tim Fywell, Channel 5 (Reino Unido), estreia em 9 dez. 2002.

26. Depoimento de Wakefield em "Autism: Present Challenges, Future Needs — Why the Increased Rates?". *Hearing Before the Committee on Government Reform*, Câmara dos Deputados, 6 abr. 2000.

27. "Mercury in Medicine: Are We Taking Unnecessary Risks?". *Hearing Before the Committee on Government Reform*, Câmara dos Deputados, 18 jul. 2000.

28. Esses relatos da história do desenvolvimento do timerosal se encontram no relatório da comissão de 18 jul. 2000, citado acima, e em Paul Offit, *Autism's False Prophets: Bad Science, Risky Medicine, and the Search for a Cure* (Nova York: Columbia University Press, 2008), pp. 96-7.

29. Anne M. Hurley, Mina Tadrous e Elizabeth S. Miller, "Thimerosal-Containing Vaccines and Autism: A Review of Recent Epidemiologic Studies". *Journal of Pediatric Pharmacology and Therapeutics*, v. 15, n. 3, p. 173, jul.-set. 2010.

30. A Food and Drug Administration esclarece isso quando publica e atualiza as orientações sobre os níveis seguros de mercúrio no alimento consumido. Ver, por exemplo, o folheto "Mercury in Fish: Cause for Concern?", 1995, Food and Drug Administration, disponível em: <www.fda.gov/OHRMS/DOCKETS/ac/02/briefing/3872_Advisory%207.pdf>.

31. Cálculo baseado na quantidade média de metilmercúrio — 0,035 ppm — no atum branco enlatado, declarada pela Food and Drug Administration, para os anos 1990-2010, na publicação on-line "Mercury Levels in Commercial Fish and Shellfish (1990-2010)", <www.fda.gov>.

32. Ver, por exemplo: "Fish: What Pregnant Women and Parents Should Know", minuta atualizada em jun. 2014, FDA e EPA, <www.fda.gov/Food/FoodborneIllnessContaminants/Metals/ucm393070.htm>.

33. Farhan Bakir et al., "Methylmercury Poisoning in Iraq". Science, v. 181, n. 4096, pp. 230-41, jul. 1973.

34. "How People Are Exposed to Mercury", circular on-line da Agência de Proteção Ambiental dos Estados Unidos, 29 dez. de 2014, <www.epa.gov/mercury/exposure.htm>.

35. "Uproar over a Little-Known Preservative, Thimerosal, Jostles U. S. Hepatitis B Vaccination Policy". Hepatitis Control Report, verão 1999, n. 4, p. 2. Disponível em: <www.hepatitiscontrolreport.com/articles.html>.

36. Em termos moleculares, o metilmercúrio presente na cadeia alimentar é diferente do etilmercúrio produzido quando o timerosal é metabolizado pelo corpo. Um guia on-line dos Centros de Controle e Prevenção de Doenças explica: *"Ethylmercury is formed when the body breaks down thimerosal. The body uses ethylmercury differently than methylmercury; ethylmercury is broken down and clears out of the blood more quickly"*. Disponível em: <www.cdc.gov/vaccinesafety/Concerns/thimerosal/thimerosal_faqs.html#b>.

37. Hepatitis Control Report, op. cit.

38. Ibid.

39. Ibid.

40. Acha-se um relato do raciocínio e das ações dos cientistas em Arthur Allen, "The Not-So-Crackpot Autism Theory" (*New York Times Magazine*, 10 nov. 2002).

41. Declaração do Serviço de Saúde Pública publicada em "Notice to Readers: Thimerosal in Vaccines: A Joint Statement of the American Academy of Pediatrics and the Public Health Service", *Morbidity and Mortality Weekly Report* (Centros de Controle e Prevenção de Doenças, v. 48, n. 26, pp. 563-5, 9 jul. 1999).

42. "Press Release: AAP Address FDA Review of Vaccines". 14 jul. 1999. Disponível em: <www.aap.org/advocacy/archives/julvacc.htm>.

43. Entrevista de Lyn Redwood aos autores. Também se encontra um relato detalhado do trajeto de Redwood como uma sinopse principal em David Kirby, *Evidence of Harm: Mercury in Vaccines and the Autism Epidemic: A Medical Controversy* (Nova York: St. Martin's, 2005).

44. Depoimento de Redwood na audiência do Comitê de Reforma Governamental da Câmara dos Deputados, 18 jul. 2000.

45. "Cure Autism Now Calls for Removal of Mercury-Based Preservative in Children's Vaccinations". PR Newswire, 17 jul. 2001.

46. O nome é o acrônimo de "Sensible Action for Ending Mercury-Induced Neurological Disorders".

47. Tais terapias eram e continuam sendo amplamente propagandeadas on-line, sobretudo em sites que promovem a teoria da vacina no autismo. Encontra-se uma avaliação crítica, mas acessível, dessas abordagens em Trine Tsouderos e Patricia Callahan, "Risky Alternative Therapies for Autism Have Little Basis in Science" (*Chicago Tribune*, 22 nov. 2009).

48. Dessa prática há um relato exaustivo e crítico de um blogueiro/investigador em Kathleen Seidel, "Autism and Lupron: Playing with Fire", Neurodiversity.com, 19 fev. 2006, <web.archive.org/web/ 20120204153600/http://neurodiversity.com/weblog /article/83/autism-testosterone--lupron-playing-with-fire>.

49. O histórico e as constatações da análise do IOM se acham em *Immunization Safety Review: Thimerosal-Containing Vaccines and Neurodevelopmental Disorders* (Washington, DC: National Academy Press, 2001).

50. Entrevista de Lyn Redwood. Ademais, *Evidence of Harm*, de Kirby, evoca múltiplas cenas em que se dá aos pais acesso direto às autoridades superiores.

51. O relato dessa confrontação figura em David Kirby, op. cit., p. 104.

52. Robert Kennedy Jr., "Deadly Immunity". *Rolling Stone*, 14 jul. 2005, e Salon.com, 16 jun. 2005, <www.rollingstone.com/politics/news/deadly-immunity-20110209>.

53. David Kirby, op. cit., p. xii.

54. Ibid.

55. O grupo "Evidence of Harm" depois originou o grupo "Environment of Harm", com acesso restrito aos membros: <groups.yahoo.com/neo/groups/EOHarm/info>.

56. Por meio de EvidenceOfHarm.com (agora extinto), <web.archive.org/web/20060815 043144/http://www.evidenceofharm.com/>.

57. O texto e a história da lei podem ser encontrados em <www.congress.gov/bill/109th--congress/senate-bill/843>.

58. "HHS Secretary Leavitt Announces Members of the New Interagency Autism Coordinating Committee". Press release, Departamento de Saúde e Serviços Humanos, 27. nov. 2007.

41. AUTISM SPEAKS [pp. 460-71]

1. Um comunicado de imprensa da NBC afirmava: "'Autism: The Hidden Epidemic?' is part of a weeklong series of special autism coverage airing across the various networks of NBC News during the week of February 21. *Today, Nightly News with Brian Williams*, CNBC, MSNBC, Telemundo and MSNBC.com will all provide extensive information and reports on the disorder". Fonte: PRNewswire, "NBC 10 to Air One-Hour Special 'Autism: The Hidden Epidemic?'", 16 fev. 2005.

2. Site da Autism Speaks, "About Us: 2005 Highlights", <www.autismspeaks.org/about-us/annual-reports/2005-highlights>.

3. Vídeo da participação no progama *Today*, intitulado "Bob Wright: I Want My Grandson Back". Disponível em: <www.today.com/id/7024923/ns/today/t/bob-wright-i-want-my-grand--son-back/#.VZ0la_kgkqM>.

4. Os pormenores das experiências da família Wright com o autismo e da fundação da Autism Speaks provêm da entrevista de Bob Suzanne Wright aos autores.

5. Os pormenores das experiências e do trabalho de Singer com a Autism Speaks procedem da entrevista de Alison Singer aos autores.

6. Intitulada "Pass the Maalox: An AoA Thanksgiving Nightmare", a imagem foi retirada do site por ter suscitado críticas. O incidente, que data do fim de 2009, foi escolhido pelos autores para ilustrar um antagonismo no discurso que já estava a caminho em 2005 e persiste até hoje.

7. Amy Wallace, "An Epidemic of Fear: How Panicked Parents Skipping Shots Endanger Us All". *Wired*, 19 out. 2009.

8. Segundo o arquivo da Autism Speaks do Formulário 990 do Serviço de Renda Interna, para 2006 e 2007.

9. "About Us", Autism Speaks, <www.autismspeaks.org/about-us>.

10. Lawrence Van Gelder, "Arts, Briefly". *New York Times*, 5 ago. 2005.

11. Ver, por exemplo, o posterior comunicado de imprensa da Autism Speaks, "Autism Speaks Demands an Urgent, New Response to the Autism Epidemic as CDC Updates Prevalence Estimates", 29 mar. 2012.

12. Durante grande parte da década seguinte os Wright percorreram os Estados Unidos e o mundo para promover a Autism Speaks, dando conferências e aparecendo em capas de revistas, no rádio e na televisão.

13. Autism Speaks Annual Report, 2007, e Annual Report "Highlights", em <www.autism-speaks.org/about-us/annual-reports/2007-highlights>.

14. Marc Gunther e Henry Goldblatt, "How GE Made NBC No. 1 When He Became NBC's CEO". *Fortune*, 3 fev. 1997.

15. Giacinta Pace, "Philanthropist Wages Fight to Cure Autism, Suzanne Wright's Foundation Raises Money to Fund Research on Disorder". NBC News, 12 nov. 2009. Disponível em: <www.nbcnews.com/id/33868343/ns/us_news-giving/t/philanthropist-wages-fight-cure-autism/#.VZ1HY_kgkqM>.

16. As reminiscências de Shestack da relação da CAN com a Autism Speaks são da sua entrevista aos autores.

17. As reminiscências dos London da relação da NAAR com a Autism Speaks procedem da entrevista de Eric e Karen London aos autores.

18. Autism Speaks, "Autism Speaks and the National Alliance for Autism Research (NAAR) Announce Plans to Combine Operations". Press release, 30 nov. 2005. Disponível em: <hwww.autism-speaks. org/about-us/press-releases/autism-speaks-and-national-alliance-autism-research- naar- -announce-plans-comb>.

19. Entrevistas de Singer e Shestack.

20. Autism Speaks, "Autism Speaks and the National Alliance for Autism Research".

21. Estatística das subvenções nos informes anuais da Autism Speaks, disponíveis em: <autismspeaks.org>.

42. UMA HISTÓRIA SE DESEMARANHA [pp. 472-83]

1. Robert T. Chen e Frank DeStefano, "Vaccine Adverse Events: Causal or Coincidental?". *Lancet*. v. 351, n. 9103, pp. 611-2, 1998.

2. Brent Taylor et al., "Autism and Measles, Mumps, and Rubella Vaccine: No Epidemiological Evidence for a Causal Association". *Lancet*, v. 353, n. 916, pp. 2026-9, 1999.

3. Loring Dales et al., "Time Trends in Autism and in MMR Immunization Coverage in California". *Journal of the American Medical Association*, v. 285, n. 9, pp. 1183-5, 2001.

4. Pode-se encontrar uma parte significativa da obra de Deer em: <briandeer.com>.

5. Entrevista de Brian Deer aos autores. O nosso relato do seu trabalho preliminar também se baseia no relato detalhado do próprio Deer, apresentado com propósitos judiciais quando ele foi réu em um processo de difamação, por fim anulado, movido por Andrew Wakefield. Intitulado "Amended Declaration of Brian Deer in Support of Defendants' Anti-Slapp Motion to Dismiss", encontra-se em: <briandeer.com/solved/slapp-amended-declaration.pdf>.

6. Brian Deer, "Revealed: MMR Research Scandal". *Sunday Times*, 22 fev. 2004.

7. Simon H. Murch et al., "Retraction of an Interpretation". *Lancet*, v. 363, n. 9411, p. 750, 2004.

8. Apud Brian Deer, "MMR: The Truth Behind the Crisis" (*Sunday Times*, 22 fev. 2004).

9. Fiona Macrae e David Wilkes, "Damning Verdict on MMR Doctor: Anger as GMC Attacks 'Callous Disregard' for Sick Children". *Daily Mail*, 29 jan. 2010.

10. David Hughes e Jenny Hope, "MMR: The Betrayal of These Tragic Parents". *Daily Mail*, 24 fev. 2004.

11. Conselho Editorial, "Doctor's Secret". *Sun*, 23 fev. 2004.

12. Jeremy Laurance, "A Doctor, the Distinguished Journal, and a Scare That Need Never Have Happened". *Independent on Sunday*, 22 fev. 2004.

13. "This Carefully Orchestrated Campaign Must Not Be Allowed to Stifle Real Debate on MMR". *Independent*, 24 fev. 2004.

14. "Doctor's Secret", op. cit.

15. "Another New Twist in MMR Controversy". *Bath Chronicle*, 24 fev. 2004.

16. Liam Mcdougall, "MMR: Wakefield Welcomes Probe". *Sunday Herald*, 22 fev. 2004.

17. Ver, por exemplo, Seth Mnookin, *The Panic Virus: The True Story Behind the Vaccine-Autism Controversy* (Nova York: Simon & Schuster, 2011).

18. A explicação da *Salon* para a retratação se encontra em: <www.salon.com/2011/01/16/dangerous_immunity/>.

19. Comitê de Saúde, Educação, Trabalho e Pensões do Senado dos Estados Unidos, "Thimerosal and Autism Spectrum Disorders: Alleged Misconduct by Government Agencies and Private Entities", resumo executivo, set. 2007.

20. *Immunization Safety Review: Vaccines and Autism*. Washington, DC: National Academies Press, 2004.

21. SafeMinds, "SafeMinds Outraged That IOM Report Fails American Public". Press release, 18 maio 2004. Disponível em: <www.prnewswire.com/news-releases/safeminds-outraged-that-iom-report-fails-american-public-74103762.html>.

22. David Kirby, op. cit., pp. 376-7.

23. "*MMR: What They Didn't Tell You*", *Dispatches*, Channel 4 (Reino Unido), 18 nov. 2004.

24. Bonnie Estridge, "I Demand the Right to Clear My Name". *Express*, 17 jul. 2006.

25. Margaret Cronin Fisk, "Mercury's Legal Morass: A Surge of Lawsuits Allege That Vaccinations Triggered Autism". *National Law Journal*, 20 mar. 2002.

26. O anúncio era um press release atribuído pela PRNewswire ao escritório de advocacia Williams, Dailey, O'Leary, Craine & Love, de Portland, Oregon.

27. Margaret Fisk, "Mercury's Legal Morass", op. cit.

28. O "mistério" recebeu a cobertura de blogs e da grande imprensa. Ver, por exemplo, Cheryl Gay Stolberg, "A Capitol Hill Mystery: Who Aided Drug Maker?" (*New York Times*, 29 nov. 2002).

29. O relato de Citizen Cain desse diálogo se encontra em "Slouching Toward Truth — Autism and Mercury", 30 nov. 2005. Disponível em: <citizencain.blogspot.com/2005/11/slouching-toward-truth-autism-and_30.html>.

30. Robert Schechter e Judith K. Grether, "Continuing Increases in Autism Reported to California's Developmental Services System: Mercury in Retrograde". *Archives of General Psychiatry*, v. 65, n. 1, pp. 19-24, 2008.

31. O primeiro livro de McCarthy sobre o tema, *Louder Than Words: A Mother's Journey in Healing Autism* (Nova York: Dutton, 2007), foi um best-seller do *New York Times*.

43. A MAIOR FRAUDE [pp. 484-94]

1. Gardiner Harris, "Opening Statements in Case on Autism and Vaccinations". *New York Times*, 12 jun. 2007.

2. Como noticiado em "Autism Update", 12 jul. 2007, arquivo "In Re: Claims for Vaccine Injuries Resulting in Autism Spectrum Disorder or a Similar Neurodevelopmental Disorder", Office of Special Masters. Todas as atualizações divulgadas no caso estão disponíveis em: <www.uscfc.uscourts.gov/docket-omnibus-autism-proceeding>.

3. Ver Gardiner Harris, op. cit., para esse e outros pormenores dos acontecimentos no tribunal que não aparecem na transcrição.

4. Transcrição completa em: <www.uscfc.uscourts.gov/cedillo-v-secretary-health-and-human-services-case-no-98916v-concluded-june-26-2007>.

5. Jane Gross e Stephanie Strom, "Autism Debate Strains a Family". *New York Times*, 18 jun. 2007.

6. Seth Mnookin, em *The Panic Virus* (Nova York: Simon & Schuster, 2012), pp. 239-42, arrolou excertos das postagens de Katie Wright para o grupo Yahoo EOH (que depois veio a ser um grupo restrito).

7. "David Kirby Interviews Katie Wright". 19 abr. 2007. Disponível em: <www.autismmedia.org/media15.html>.

8. "Statement from Bob and Suzanne Wright, Co-founders of Autism Speaks", recuperado via <web.archive.org/web/20070806215254/http://www.autismspeaks.org/wrights_statement.php>.

9. "Statement on Autism Speaks from Katie Wright". Adventures in Autism, 15 jun. 2007. Disponível em: <web.archive.org/web/20150322050800/http://adventuresinautism.blogspot.com/2007/06/statement-on-autism-speaks-from-katie.html>.

10. Entrevista de Alison Singer aos autores.

11. Jessica Atwell et al., "Nonmedical Vaccine Exemptions and Pertussis in California, 2010". *Pediatrics*, 30 set. 2013. Disponível em: <pediatrics.aappublications.org/content/early/2013/09/24/peds.2013-0878.full.pdf+html>.

12. Gary Baum, "Hollywood's Vaccine Wars: L. A.'s 'Entitled' Westsiders Behind City's Epidemic". *Hollywood Reporter*, 12 set. 2014. Informando sobre pais à procura de isenção da vacinação dos filhos, a revista constatou que a taxa de isenção mais elevada era a dos filhos da elite de Hollywood, "sobretudo os que frequentavam centros de atendimento infantil, pré-escolas e jardins de in-

fância exclusivos, favorecidos pela indústria do entretenimento". Em uma escola, a cifra da não adesão era 57%; em outra, 62%. A revista observava que "tais números correspondem às taxas de imunização de países subdesenvolvidos como o Chade e o Sudão do Sul".

13. Cópia do e-mail fornecida aos autores por Alison Singer.

14. As propostas de alteração de texto figuravam em um memorando anexo ao e-mail: "Intro draft provisions & priorities-revised 1-13-09".

15. Cópia do e-mail fornecida aos autores por Alison Singer.

16. Cópia da resposta fornecida aos autores por Alison Singer.

17. Interagency Autism Coordinating Committee, Reunião Plenária do Comitê, 14 jan. 2009. Transcrição disponível em: <iacc.hhs.gov/events/>.

18. Autism Speaks, "Autism Speaks Withdraws Support for Strategic Plan for Autism Research, Decries Unexpected Change in Final Approval Process". Press release, 15 jan. 2009. Disponível em: <www.autismspeaks.org/about-us/press-releases/autism-speaks-withdraws-support-strategic-plan-autism-research-decries-unexp>.

19. "NAAR Founder Eric London Resigns from Autism Speaks Citing Disagreement over Vaccine Research". Autism Science Foundation, 30 jun. 2009. Disponível em: <autismsciencefoundation.wordpress.com/2009/06/30/naar-founder-eric-london-resigns-from-autism-speaks-citing-disagreement-over-autismvaccine-research/>.

20. "Information about Vaccines and Autism". Autism Speaks, 3 jan. 2010. Disponível em: <web.archive.org/web/20110620215135/http://www.autismspeaks.org/science/policy-statements/information-about-vaccines-and-autism>.

21. Ver, por exemplo, John Stone, "Bob and Suzanne Wright, Why Won't Autism Speaks Address the Vaccine Issue?". Age of Autism, 22 fev. 2011. Disponível em: <www.ageofautism.com/2011/02/bob-and-suzanne-wright-why-wont-autism-speaks-address-the-vaccine-issue.html>.

22. Dados financeiros dos informes anuais da Autism Speaks, em: <www.autismspeaks.org/about-us/annual-reports>.

23. Em 2013, por exemplo, o total das despesas operacionais da organização chegou a 120 milhões de dólares, a maior parte dos quais em campanhas, conscientização e gastos gerais, com cerca de 15 milhões destinados a cientistas como subvenções. Em 2005, a NAAR distribuiu 6,9 milhões de dólares em subvenções; e a CAN, 4,1 milhões (11 milhões somados).

24. Meredith Wadman, "Autism's Fight for Facts: A Voice for Science". *Nature*, v. 479, pp. 28--31, 2011.

25. "About SFARI", Simons Foundation Autism Research Initiative, <sfari.org/about-sfari>.

26. Rob Ring e Bob Wright, "Vaccines and Autism", declaração atualizada, <www.autismspeaks.org/science/policy-statements/information-about-vaccines-and-autism>.

27. Decisão, Office of Special Masters, n. 98-916V, arquivada em 12 fev. 2009.

28. Histórico de caso e decisão contidos no General Medical Counsel, Fitness to Practice Hearing, <www.nhs.uk/news/2010/ 01january/documents/facts%20wwsm%20280110%20final%20complete %20corrected.pdf>.

29. "RETRACTED: Ileal-Lymphoid-Nodular Hyperplasia, Non-Specific Colitis, and Pervasive Developmental Disorder in Children". *Lancet*, v. 351, n. 9103, pp. 637-41, 1998.

30. Sarah Boseley, "*Lancet* Retracts 'Utterly False' MMR Paper". *Guardian*, 2 fev. 2010.

31. Sarah Boseley, "Andrew Wakefield Struck Off Register by General Medical Council". *Guardian*, 24 maio 2010.

32. Editorial, "Hippocrates Would Puke: Doctor Hoaxed Parents into Denying Kids Vaccine". *New York Daily News*, 5 fev. 2010.

33. "Great Science Frauds". *Time*, 12 jan. 2012.

PARTE X: HOJE

44. ENCONTRAR UMA VOZ [pp. 497-511]

1. Entrevista de Alex Plank aos autores.

2. *autism reality*, produzido e dirigido por Alex Plank para o Wrong Planet, <www.youtube.com/watch?v=jLOCYubVc7g>.

3. Os pormenores da infância de Alex Plank provêm de entrevistas dele e de seus pais, Mary e Doug, aos autores.

4. Ver K. Kasmini e S. Zasmani, "Asperger's Syndrome: A Report of Two Cases from Malaysia". *Singapore Medical Journal*, v. 36, n. 6, pp. 641-3, 1995; Sally Ann Cooper, Wan Noor Mohamed e Ralf A. Collacott, "Possible Asperger's Syndrome in a Mentally Handicapped Transvestite Offender". *Journal of Intellectual Disability Research*, v. 37, n. 2, pp. 189-94, 1993; M. L. Berthier, "Corticocallosal Anomalies in Asperger's Syndrome". *American Journal of Roentgenology*, v. 162, n. 1, pp. 236-7, 1994.

5. Patricia Romanowski Bashe e Barbara L. Kirby, *The Oasis Guide to Asperger Syndrome*. Nova York: Crown, 2001, pp. 2-4.

6. Ibid., p. 4.

7. Wrong Planet, <wrongplanet.net/>.

8. Esses números procedem de consultas aleatórias ao <web.archive.org> nos períodos citados.

9. Samantha Sordyl, "Creating an Asperger's Community". *Washington Post*, 20 dez. 2005.

10. Steve Silberman, "The Geek Syndrome: Autism — and Its Milder Cousin Asperger's Syndrome — Is Surging Among the Children of Silicon Valley. Are Math-and-Tech Genes to Blame?". *Wired*, dez. 2001.

11. Mark Haddon, *The Curious Incident of the Dog in the Night-Time*. Nova York: Vintage, 2004.

12. Autism Talk TV, em: <www.youtube.com/watch?v= eIqFrbgBEQY>.

13. Sem dúvida, havia figuras menos conhecidas, várias das quais a National Association for Autistic Children convidava a falar aos pais. Entre elas se achavam William Donovan, que deu uma palestra em 1970, e Jerry Alter, que deu uma palestra 1972, aos 21 anos.

14. Temple Grandin, em: <www.templegrandin.com/>.

15. Lorna Wing, "Past and Future of Research on Asperger Syndrome". In: Ami Klin, Fred R. Volkmar e Sara S. Sparrow (Orgs.), *Asperger Syndrome*. Nova York: Guilford, 2000, p. 419.

16. David C. Giles, "'DSM-5 Is Taking Away Our Identity': The Reaction of the Online Community to the Proposed Changes in the Diagnosis of Asperger's Disorder". *Health*, v. 18, n. 2, pp. 179-95, 2014.

17. Uta Frith, *Autism and Asperger Syndrome*, op. cit., p. 26.

18. Temple Grandin, *Thinking in Pictures: My Life with Autism*. Ed. ampl. Nova York: Vintage, 2006, p. 122.

19. Norm Ledgin, *Diagnosing Jefferson: Evidence of a Condition That Guided His Beliefs, Behavior, and Personal Associations*. Arlington, TX: Future Horizons, 2000, p. 2.

20. Amy S. F. Lutz, "You Do Not Have Asperger's". *Slate*, 22 maio 2013. Disponível em: <www.slate.com/articles/health_and_science/medical_examiner/2013/05/autism_spectrum_diagnoses_the_dsm_5_eliminates_asperger_s_and_pdd_nos.html>.

21. Tom Hobben, *Adventures in Aspergers: The Side Effects of Parenthood*, <theaspieadventures.blogspot.com/>.

22. "Take the AQ Test". *Wired*, 12 dez. 2001. Disponível em: <archive.wired.com/wired/archive/9.12/aqtest.html>.

23. Benjamin Wallace, "Is Everyone on the Autism Spectrum?". *New York Magazine*, 28 out. 2012.

24. Ibid.

25. Plank, apud *autism reality*.

26. Entrevista de Michael John Carley aos autores.

27. Cara Buckley, "Man Obsessed with Trains Again Runs Afoul of Law". *New York Times*, 11 nov. 2006.

28. Colleen Long, "Darius McCollum, Serial Transit Impostor, Arrested 29 Times for Stealing Trains and Buses". Huffington Post, 12 ago. 2013. Disponível em: <www.huffingtonpost.com/2013/08/12/darius-mccollum_n_3742778.html>.

29. Declaração de Michael John Carley acerca do tiroteio de Newtown, Connecticut, 14 dez. 2012, em: <web.archive.org/web/20121218041020/http://grasp.org/profiles/blogs/statement-from-michael-john-carley-on-the-newtown-ct-shootings>.

30. Peter Szatmari e Marshall B. Jones, "IQ and the Genetics of Autism". *Journal of Child Psychology and Psychiatry*, v. 32, n. 6, pp. 897-908, 1991.

31. Centros de Controle e Prevenção de Doenças, *Morbidity and Mortality Weekly Report*, v. 63, n. 2, Surveillance Summaries, 28 mar. 2014.

45. NEURODIVERSIDADE [pp. 512-31]

1. NYU Child Study Center, "Millions of Children Held Hostage by Psychiatric Disorders". Press release, 3 dez. 2007.

2. Jim Sinclair, "Don't Mourn for Us", postado originalmente em 3 nov. 1993, em: <www.autreat.com/dont_mourn.html>.

3. Entrevista de Bruno Bettelheim a Dick Cavett, *The Dick Cavett Show*, ABC, 2 jun. 1971.

4. Geoffrey Cowley, "Understanding Autism". *Newsweek*, 30 jul. 2000.

5. "Founders' Message. A Message from Suzanne and Bob Wright: Co-founders". Autism Speaks, 2006. Disponível em: <web.archive.org/web/20060209121732/http://www.autismspeaksorg/founders.php>.

6. Judy Singer, *Odd People In: The Birth of Community amongst People on the "Autistic Spectrum"*. Sydney: Universidade de Tecnologia, 1998. Dissertação (Graduação em Sociologia).

7. Institute for the Study of the Neurologically Typical, 18 mar. 2002, <autisticadvocacy.org/>.

8. Harvey Blume, "Neurodiversity: On the Neurological Underpinnings of Geekdom". *Atlantic*, set. 1998. Disponível em: <www.theatlantic.com/past/docs/unbound/citation/wc980930.htm>.

9. Christopher P. Manfredi e Antonia Maioni, "Reversal of Fortune: Litigating Health Care Reform in *Auton v. British Columbia*". *Supreme Court Law Review*, v. 29, n. 2, p. 129, 2005.

10. Autistic Self Advocacy Network, em: <autisticadvocacy.org/>.

11. Mike Ervin, "Autism Group Founder: It's Time to Listen to What We Have to Say". *Independence Today*, 13 jun. 2013. Disponível em: <www.itodaynews.com/2013-issues/june13/asan-cover.htm>.

12. Ari Ne'eman, "Comments at November 30, 2007 IACC Meeting". Autistic Self Advocacy Network, 8 dez. 2007. Disponível em: <autisticadvocacy.org/2007/12/comments-at-november-30-2007-iacc-meeting/>.

13. Id., "The Future (and the Past) of Autism Advocacy, Or Why the ASA's Magazine, *The Advocate*, Wouldn't Publish This Piece". *Disability Studies Quarterly*, v. 30, n. 1, 2010. Disponível em: <dsq-sds.org/article/view/1059/1244>.

14. Ibid.

15. "Autism: What We Know. What Is Next?". Simons Foundation Research Initiative, maio 2014. Disponível em: <simonsfoundation.s3.amazonaws.com/share/sfari-specials/2014/whatweknow/20140501 whatWeKnow.pdf>.

16. Nicholette Zeliadt, "Diverse Dopamine Defects Found in People with Autism". Simons Foundation Autism Research Initiative. Spectrum, 19 nov. 2014. Disponível em: <spectrumnews.org/news/diverse-dopamine-defects-found-in-people-with-autism>.

17. Warren Jones e Ami Klin, "Attention to Eyes Is Present but in Decline in 2-6-Month-Old Infants Later Diagnosed with Autism". *Nature*, v. 504, n. 7480, pp. 427-31, 2013.

18. Kimberly A. Schreck e James A. Mulick, "Parental Report of Sleep Problems in Children with Autism". *Journal of Autism and Developmental Disorders*, v. 30, n. 2, pp. 127-35, 2000.

19. Emma M. Frans et al., "Autism Risk Across Generations: A Population Based Study of Advancing Grandpaternal and Paternal Age". *JAMA Psychiatry*, v. 70, n. 5, pp. 516-21, 2013.

20. Rebecca J. Schmidt et al., "Maternal Periconceptional Folic Acid Intake and Risk for Autism Spectrum Disorders in the CHARGE Case-Control Study". *American Journal of Clinical Nutrition*, v. 96, n. 1, pp. 80-9, 2012.

21. Brian Lee et al., "Maternal Hospitalization with Infection During Pregnancy and Risk of Autism Spectrum Disorders". *Brain, Behavior, and Immunity*, v. 44, pp. 100-5, 2015.

22. Lauren P. Curran et al., "Behaviors Associated with Fever in Children with Autism Spectrum Disorders". *Pediatrics*, v. 120, n. 6, pp. 1386-92, 2007.

23. Beth A. Malow et al., "Melatonin for Sleep in Children with Autism: A Controlled Trial Examining Dose, Tolerability, and Outcomes". *Journal of Autism and Developmental Disorders*, v. 42, n. 8, pp. 1729-37, 2012.

24. Christopher J. McDougle et al., "Risperidone for the Core Symptom Domains of Autism: Results from the Study by the Autism Network of the Research Units on Pediatric Psychopharmacology". *American Journal of Psychiatry*, v. 162, n. 6, pp. 1142-8, 2005.

25. Jill L. Silverman, Mu Yang, Catherine Lord e Jacqueline N. Crawley, "Behavioural Phenotyping Assays for Mouse Models of Autism". *Nature Reviews Neuroscience*, v. 11, pp. 490-502, 2010.

26. Ralph Greenspan, "Using Fruit Flies to Map the Network of Autism-Associated Genes". Simons Foundation Autism Research Initiative, jan. 2011. Disponível em: <sfari.org/funding/grants/abstracts/using-fruit-flies-to-map-the-network-of-autism-associated-genes>.

27. Ari Ne'eman, "The Future (and the Past) of Autism Advocacy", op. cit.

28. Oliver Sacks, "A Neurologist's Notebook: An Anthropologist on Mars". *New Yorker*, 27 dez. 1993.

29. "An Urgent Call to Action: Tell NYU Child Study Center to Abandon Stereotypes against People with Disabilities". Autistic Self Advocacy Network, 8 dez. 2007. Disponível em: <autisticadvocacy.org/2007/12/tell-nyu-child-study-center-to-abandon-stereotypes/>.

30. As reminiscências de Ne'eman da ASAN e da sua campanha em prol da neurodiversidade procedem de uma entrevista aos autores.

31. Christina Boyle, "Psych Groups' Fury over 'Ransom' Ads". *New York Daily News*, 13 dez. 2007.

32. Joanne Kaufman, "Campaign on Childhood Mental Illness Succeeds at Being Provocative". *New York Times*, 14 dez. 2007.

33. "Ransom Notes and Love Letters". MOM-Not Otherwise Specified Blog, 10 dez. 2007. Disponível em: <momnos.blogspot.com/2007/12/ransom-notes-and-love-letters.html>.

34. Entrevista de Ari Ne'eman.

35. "Locally-Founded Autism Group Protests D. C. Walk for Autism". WAMU American University Radio, Washington, DC, 2 nov. 2009.

36. Claudia Wallis, "'I Am Autism': An Advocacy Video Sparks Protest". *Time*, 6 nov. 2009.

37. Jon Shestack era uma exceção, que muitas vezes contestou publicamente os argumentos de Ne'eman.

38. "ASAN Condemns Presidential Appointment of Anti-Vaccine Activist Peter Bell". Autistic Self Advocacy Network, 12 jan. 2012. Disponível em: <autisticadvocacy.org/2012/01/asan-condemns-presidential-appointment-of- anti-vaccine-activist-peter-bell/>.

39. As reminiscências de Liz Bell do seu encontro com Ari Ne'eman provêm de uma entrevista aos autores.

40. Simon Baron-Cohen, *Mindblindness: An Essay on Autism and Theory of Mind*. Boston: MIT Press; Bradford Books, 1995.

41. Id., *The Essential Difference: Male and Female Brains and the Truth about Autism*. Nova York: Basic, 2003, pp. 37-44.

42. David C. Gile, "'DSM-5 Is Taking Away Our Identity': The Reaction of the Online Community to the Proposed Changes in the Diagnosis of Asperger's Disorder". *Health*, v. 18, n. 2, pp. 179-95, 2014.

43. Catherine E. Lord et al., "Multisite Study of the Clinical Diagnosis of Different Autism Spectrum Disorders". *Archives of General Psychiatry*, v. 69, n. 3, pp. 306-13, 2012.

44. Judith Miller e Sally Ozonoff, "Did Asperger's Cases Have Asperger Disorder? A Research Note". *Journal of Child Psychology and Psychiatry*, v. 38, n. 2, pp. 247-51, 1997.

45. Susan Dickerson Mayes, Susan L. Calhoun e Dana L. Crites, "Does *DSM-IV* Asperger's Disorder Exist?". *Journal of Abnormal Child Psychology*, v. 29, n. 3, pp. 263-71, 2001.

46. Claudia Wallis, "A Powerful Identity, a Vanishing Diagnosis". *New York Times*, 2 nov. 2009.

47. Entrevista de Fred Volkmar aos autores.

48. Claudia Wallis, "A Powerful Identity, a Vanishing Diagnosis", op. cit.

49. Michael John Carley, "Improve *DSM-5* Diagnostic Criteria for Autism", petição em change.org, <www.change.org/p/american-psychiatric-association-dsm-5-task-force-and-work-group-improve-dsm-5-diagnostic-criteria-for-autism>.

50. *Thread* em wrongplanet.net, a partir de 17 jul. 2010, "*DSM-5* Is Taking Away Our Identity Soapbox Alert", <www.wrongplanet.net/forums/viewtopic.php?p=2923037>.

51. Benedict Carey, "New Definition of Autism Will Exclude Many, Study Suggests". *New York Times*, 19 jan. 2012.

52. Steven Kapp e Ari Ne'eman, "ASD in *DSM-5*: What the Research Shows and Recommendations for Change". ASAN Policy Brief, jun. 2012. Disponível em: <autisticadvocacy.org/wp-content/uploads/2012/06/ASAN_DSM-5_2_final.pdf>.

53. Francesca Happé, "Why Fold Asperger Syndrome into Autism Spectrum Disorder in the *DSM-5*?". Simons Foundation Autism Research Initiative. Spectrum, 29 mar. 2011. Disponível em: <spectrumnews.org/opinion/viewpoint/2011/why-fold-asperger-syndrome-into-autism-spectrum-disorder-in-the-dsm-5>.

46. UM HOMEM FELIZ [pp. 532-44]

1. O primeiro contato de Donald com a mídia de fora do Mississippi foi com a documentarista francesa Anne Georget, que o incluiu no seu filme em língua francesa *Histoire, histoires d'autisme*, de 2000, não exibido em Forest.

2. Donald Triplett mostrou aos autores o seu anuário e fotografias.

3. As reminiscências dos anos de Donald Triplett já idoso procedem das entrevistas de Donald e Oliver Triplett, de Celeste Slay e de Gene Walker.

4. Entrevista do reverendo Brister Ware aos autores.

5. Leo Kanner, "Follow-up Study of Eleven Autistic Children Originally Reported in 1943". *Journal of Autism and Childhood Schizophrenia*, v. 1, n. 2, pp. 119-45, 1971.

6. Ibid., p. 122.

7. Entrevista de Donald Triplett.

EPÍLOGO [pp. 545-50]

1. Anne Roux, Kristy Anderson, Paul Shattuck e Benjamin Cooper, "Postsecondary Employment Experiences among Young Adults with an Autism Spectrum Disorder". *Journal of the American Academy of Child & Adolescent Psychiatry*, v. 52, n. 9, pp. 931-9, 2013.

2. Ibid.

3. Kristy Anderson, Paul Shattuck, Benjamin Cooper, Anne Roux e Mary Wagner, "Prevalence and Correlates of Postsecondary Residential Status among Young Adults with an Autism Spectrum Disorder". *Autism*, v. 8, n. 5, 2014.

4. Encontram-se mais informações sobre Thorkil Sonne e sua organização, a Specialists, no seu site em: <specialistpeople.com/>.

5. Mais informações sobre o lançamento do programa habitacional Network of New York Community Living Program pelo New York Collaborates for Autism se acham no site da organização em: <nyc4a.org/>.

6. Encontram-se mais informações sobre o Self Determination Program da Califórnia no site do Departamento de Serviços do Desenvolvimento em: <www.dds.ca.gov/sdp/>.

7. Encontram-se mais informações sobre John Elder Robison e o trabalho por ele iniciado no William and Mary College no site da instituição, em: <www.wm.edu/news/stories/2013/neurodiversity-advocate-robison-to-teach-consult-at-wm123.php>.

Referências bibliográficas

LIVROS

ALLEN, Arthur. *Vaccine: The Controversial Story of Medicine's Greatest Lifesaver*. Nova York: W. W. Norton, 2007.
AMARAL, David; GESCHWIND, Daniel; DAWSON, Geraldine. *Autism Spectrum Disorders*. Nova York: Oxford University Press, 2011.
ASSOCIAÇÃO AMERICANA DE PSIQUIATRIA. *Diagnostic and Statistical Manual of Mental Disorders*. 3. ed. Washington, DC, 1980.
_____. *Diagnostic and Statistical Manual of Mental Disorders — DSM-III-R*. 3. ed. Washington, DC, 1987.
_____. *Diagnostic and Statistical Manual of Mental Disorders — DSM-IV*. 4. ed. Washington, DC, 1994.
_____. *Diagnostic and Statistical Manual of Mental Disorders — DSM-IV-TR*. 4. ed. Washington, DC, 2000. [Ed. bras.: *Manual diagnóstico e estatístico de transtornos mentais — DSM-IV-TR*. Porto Alegre: Artmed, 2002.]
_____. *Diagnostic and Statistical Manual of Mental Disorders — DSM-5*. 5. ed. Washington, DC, 2013. [Ed. bras.: *Manual diagnóstico e estatístico de transtornos mentais — DSM-5*. Porto Alegre: Artmed, 2014.]
ATTWOOD, Tony. *The Complete Guide to Asperger's Syndrome*. Londres: Jessica Kingsley, 2006.
BAILEY, Jon S.; BURCH, Mary R. *Ethics for Behavior Analysts: A Practical Guide to the Behavior Analyst Certification Board Guidelines for Responsible Conduct*. Mahwah, NJ: Lawrence Erlbaum, 2005.
BARKINS, Evelyn Werner. *Are These Our Doctors?*. Nova York: Fell, 1952.
BARON-COHEN, Simon. *Mindblindness: An Essay on Autism and Theory of Mind*. Cambridge, MA: MIT Press, 1995.

BARON-COHEN, Simon. *The Essential Difference: Male and Female Brains and the Truth About Autism*. Nova York: Basic Books, 2003.

BARR, Martin W. *Mental Defectives: Their History, Treatment, and Training*. Nova York: Arno Press, 1973.

BASHE, Patricia Romanowski; KIRBY, Barbara L. *The Oasis Guide to Asperger Syndrome: Advice, Support, Insight, and Inspiration*. Nova York: Crown, 2001.

BENTALL, Richard P. *Doctoring the Mind: Is Our Current Treatment of Mental Illness Really Any Good?*. Nova York: New York University Press, 2009.

BETTELHEIM, Bruno. *Love Is Not Enough: The Treatment of Emotionally Disturbed Children*. Glencoe, IL: Free Press, 1950.

_____. *Truants from Life: The Rehabilitation of Emotionally Disturbed Children*. Glencoe, IL: Free Press, 1955.

_____. *The Empty Fortress: Infantile Autism and the Birth of the Self*. Nova York: Free Press, 1967. [Ed. bras.: *A fortaleza vazia*. São Paulo: Martins Fontes, 1987.]

_____. *Surviving, and Other Essays*. Nova York: Knopf, 1979.

_____; ROSENFELD, Alvin A. *The Art of the Obvious*. Nova York: Knopf, 1993.

BIKLEN, Douglas. *Let Our Children Go: An Organizing Manual for Advocates and Parents*. Syracuse, NY: Human Policy Press, 1974.

_____. *Communication Unbound: How Facilitated Communication Is Challenging Traditional Views of Autism and Ability-Disability*. Nova York: Teachers College Press, 1993.

_____. *Contested Words, Contested Science: Unraveling the Facilitated Communication Controversy*. Nova York: Teachers College Press, 1997.

_____. *Autism and the Myth of the Person Alone*. Nova York: New York University Press, 2005.

BLATT, Burton; KAPLAN, Fred. *Christmas in Purgatory: A Photographic Essay on Mental Retardation*. Syracuse, NY: Human Policy Press, 1966.

BROCKETT, Linus Pierpont; SEGUIN, Edward. *Idiots and the Efforts for Their Improvement*. Hartford, CT: Case, Tiffany, 1856.

BRUCKNER, Leona S. *Triumph of Love: An Unforgettable Story of the Power of Goodness*. Nova York: Simon & Schuster, 1954.

BRUINIUS, Harry. *Better for All the World: The Secret History of Forced Sterilization and America's Quest for Racial Purity*. Nova York: Knopf, 2006.

CAREY, Allison C. *On the Margins of Citizenship: Intellectual Disability and Civil Rights in Twentieth-Century America*. Filadélfia: Temple University Press, 2009.

CARLEY, Michael John. *Asperger's from the Inside Out: A Supportive and Practical Guide for Anyone with Asperger's Syndrome*. Nova York: Perigee, 2008.

CHURCHILL, Don W. *Infantile Autism: Proceedings of the Indiana University Colloquium*. Springfield, IL: C. C. Thomas, 1971.

CLOONEY, Nick. *The Movies That Changed Us: Reflections on the Screen*. Nova York: Atria Books, 2002.

COHEN, Shirley. *Targeting Autism: What We Know, Don't Know, and Can Do to Help Young Children with Autism and Related Disorders*. Berkeley: University of California Press, 1998.

COLEMAN, Mary. *The Autistic Syndromes*. Amsterdam: North Holland, 1976.

_____. *The Neurology of Autism*. Nova York: Oxford University Press, 2005.

COPELAND, James. Baseado em um diário de Jack Hodges. *For the Love of Ann*. Londres: Random House, 1973.

CRAWLEY, Jacqueline N. *What's Wrong with My Mouse? Behavioral Phenotyping of Transgenic and Knockout Mice*. Nova York: Wiley-Liss, 2000.

CROSSLEY, Rosemary. *Speechless: Facilitating Communication for People Without Voices*. Nova York: Dutton, 1997.

_____ ; MCDONALD, Anne. *Annie's Coming Out*. Reimp. Harmondsworth: Penguin, 1984.

CULLEN, Diane. *A Passion to Believe: Autism and the Facilitated Communication Phenomenon*. Boulder, CO: Westview Press, 1997.

DEPARTAMENTO DE SAÚDE DO ESTADO DE NOVA YORK. *Clinical Practice Guidelines: Report of the Recommendations, Autism/Pervasive Developmental Disorders, Assessment and Intervention for Young Children (Age 0-3 Years)*. Publicação 4216. Albany, NY, 1999.

DONNELLAN, Anne M. *Classic Readings in Autism*. Nova York: Teachers College Press, 1985.

DONOHUE, William T. *A History of the Behavioral Therapies: Founders' Personal Histories*. Reno, NV: Context Press, 2001.

ELIOT, Stephen. *Not the Thing I Was: Thirteen Years at Bruno Bettelheim's Orthogenic School*. Nova York: St. Martin's, 2003.

EYAL, Gil. *The Autism Matrix: The Social Origins of the Autism Epidemic*. Cambridge, Reino Unido: Polity, 2010.

FEINSTEIN, Adam. *A History of Autism: Conversations with the Pioneers*. Chichester, West Sussex: Wiley-Blackwell, 2010.

FLACK, Audrey. *Art & Other Miracles*. Ms. inédito.

FRANCES, Allen. *Saving Normal: An Insider's Revolt Against Out-of-Control Psychiatric Diagnosis, DSM-5, Big Pharma, and the Medicalization of Ordinary Life*. Nova York: HarperCollins, 2013. [Ed. bras.: *Voltando ao normal: Como o excesso de diagnósticos e a medicalização da vida estão acabando com a nossa sanidade e o que pode ser feito para retomarmos o controle*. Rio de Janeiro: Versal, 2016.]

FRANK, John P. *My Son's Story*. Nova York: Knopf, 1952.

FRITH, Uta. *Autism: Explaining the Enigma*. Oxford: Basil Blackwell, 1989.

_____. *Autism and Asperger Syndrome*. Cambridge, Reino Unido: Cambridge University Press, 1991.

GOLDBERG, Robert. *Tabloid Medicine: How the Internet Is Being Used to Hijack Medical Science for Fear and Profit*. Nova York: Kaplan, 2010.

GOLDMAN, Lawrence. *Oxford Dictionary of National Biography: 2005-2008*. Oxford: Oxford University Press, 2013.

GRANDIN, Temple. *Thinking in Pictures: And Other Reports from My Life with Autism*. Nova York: Doubleday, 1995. Ed. ampl. 2006.

_____. *Emergence: Labeled Autistic: A True Story*. Nova York: Grand Central, 1996.

GRANT, Madison. *The Passing of the Great Race, Or, The Racial Basis of European History*. Nova York: Charles Scribner's Sons, 1916.

GREENBERG, Gary. *The Book of Woe: The DSM and the Unmaking of Psychiatry*. Nova York: Blue Rider Press, 2013.

GREENFELD, Josh. *A Child Called Noah: A Family Journey*. Nova York: Holt, Rinehart and Winston, 1972.

GREENFELD, Karl Taro. *Boy Alone: A Brother's Memoir*. Nova York: Harper, 2009.

GRINKER, Roy Richard. *Unstrange Minds: Remapping the World of Autism*. Nova York: Basic, 2007.

GUESS, Doug. *Use of Aversive Procedures with Persons Who Are Disabled: An Historical Review and Critical Analysis*. Seattle: Association for Persons with Severe Handicaps, 1987.

HABAKUS, Louise Kuo. *Vaccine Epidemic: How Corporate Greed, Biased Science, and Coercive Government Threaten Our Human Rights, Our Health, and Our Children*. Nova York: Skyhorse, 2011.

HADDON, Mark. *The Curious Incident of the Dog in the Night-Time*. Nova York: Vintage, 2004. [Ed. bras.: *O estranho caso do cachorro morto*. Rio de Janeiro: Record, 2004.]

HERMELIN, Beate. *Bright Splinters of the Mind: A Personal Story of Research with Autistic Savants*. Londres: Jessica Kingsley, 2001.

_____; CONNOR, Neil. *Psychological Experiments with Autistic Children*. Oxford: Pergamon, 1970.

HILL, John P. *Minnesota Symposia on Child Psychology*. Minneapolis: University of Minnesota Press, 1967.

HOLLANDER, Eric. *Textbook of Autism Spectrum Disorders*. Washington, DC: American Psychiatric Publishing, 2011.

HOUSTON, Robert Allan; FRITH, Uta. *Autism in History: The Case of Hugh Blair of Borgue*. Oxford: Blackwell, 2000.

HOWE, Samuel Gridley. *Report Made to the Legislature of Massachusetts, Upon Idiocy*. Boston: [s.n.], 1848.

_____; RICHARDS, Laura Elizabeth Howe. *Letters and Journals of Samuel Gridley Howe: The Servant of Humanity*. Boston: Dana Estes, 1906.

HUNT, Morton M. *The Story of Psychology*. Nova York: Doubleday, 1993.

IMBER, Jonathan B. *Trusting Doctors: The Decline of Moral Authority in American Medicine*. Princeton, NJ: Princeton University Press, 2008.

ITARD, Jean-Marc-Gaspard. *The Wild Boy of Aveyron*. Trad. de George e Muriel Humphrey. Englewood Cliffs: Prentice-Hall, 1962.

IVERSEN, Portia. *Strange Son: Two Mothers, Two Sons, and the Quest to Unlock the Hidden World of Autism*. Nova York: Riverhead, 2006.

JACOBSON, John W. *Handbook of Intellectual and Developmental Disabilities*. Nova York: Springer, 2007.

_____; FOXX, Richard M.; MULICK, James A. *Controversial Therapies for Developmental Disabilities: Fad, Fashion, and Science in Professional Practice*. Mahwah, NJ: Lawrence Erlbaum, 2005.

JIMENEZ, Terese C. *Education for All: Critical Issues in the Education of Children and Youth with Disabilities*. San Francisco: Jossey-Bass, 2008.

JONES, Marshall R. *Miami Symposium on the Prediction of Behavior, 1967: Aversive Stimulation*. Coral Gables: University of Miami Press, 1968.

JONES, Robert S. P. *Challenging Behaviour and Intellectual Disability: A Psychological Perspective*. Clevedon, Reino Unido: Bild, 1993.

JOSEPH, Jay. *The Missing Gene: Psychiatry, Heredity, and the Fruitless Search for Genes*. Nova York: Algora, 2006.

JUST, Marcel Adam; PELPHREY, Kevin A. (Orgs.). *Development and Brain Systems in Autism*. Nova York: Psychology Press, 2013. (Carnegie Mellon Symposia on Cognition Series.)

KANNER, Leo. Autobiografia inédita. Arquivos da Associação Americana de Psiquiatria.

_____. *Child Psychiatry, Etc*. 3. ed. Oxford: Blackwell Scientific Publications; Menasha Printed, 1957.

_____. *Childhood Psychosis: Initial Studies and New Insights*. Washington, DC: V. H. Winston, 1973.

KAUFMAN, Barry. *Son-Rise*. Nova York: Harper and Row, 1976.

KIRBY, David. *Evidence of Harm: Mercury in Vaccines and the Autism Epidemic: A Medical Controversy*. Nova York: St. Martin's, 2005.

KLEE, Ernst. *Persilscheine und falsche Passe: Wie die Kirchen den Nazis halfen* [Atestados Persil e passaportes falsos: Como as igrejas ajudaram os nazistas]. Frankfurt: Fischer Taschenbuch, 1991.

KLIN, Ami; VOLKMAR, Fred R.; SPARROW, Sara S. (Orgs.). *Asperger Syndrome*. Nova York: Guilford, 2000.

LANE, Harlan L. *The Wild Boy of Aveyron*. Cambridge, MA: Harvard University Press, 1976.

LEDGIN, Norm. *Diagnosing Jefferson: Evidence of a Condition That Guided His Beliefs, Behavior, and Personal Associations*. Arlington, TX: Future Horizons, 2000.

LEVINSON, Abraham. *The Mentally Retarded Child: A Guide for Parents*. Nova York: Day, 1952.

LIPPMAN, Leopold D.; GOLDBERG, Icchok Ignacy. *Right to Education: Anatomy of the Pennsylvania Case and Its Implications for Exceptional Children*. Nova York: Teachers College Press, 1973.

LOVAAS, Ole Ivar. *The Autistic Child: Language Development Through Behavior Modification*. Nova York: Irvington, 1977.

_____. *Teaching Developmentally Disabled Children: The ME Book*. Baltimore: University Park Press, 1981.

LYONS, Tom Wallace. *The Pelican and After: A Novel About Emotional Disturbance*. Richmond, VA: Prescott, Durrell, 1983.

MAURICE, Catherine. *Let Me Hear Your Voice: A Family's Triumph over Autism*. Nova York: Knopf, 1993.

MAY, Elaine Tyler. *Homeward Bound: American Families in the Cold War Era*. Nova York: Basic, 1988.

MCCARTHY, Jenny. *Louder Than Words: A Mother's Journey in Healing Autism*. Nova York: Dutton, 2008.

MCDONAGH, Patrick. *Idiocy: A Cultural History*. Liverpool: Liverpool University Press, 2008.

MEYER, Donald J.; VADASY, Patricia F. *Sibshops: Workshops for Siblings of Children with Special Needs*. Baltimore: P. H. Brookes, 1994.

MISSISSIPPI STATE SANATORIUM. *Mississippi State Sanatorium: A Book of Information about Tuberculosis and Its Treatment in Mississippi*. Sanatorium, MS: Mississippi State Sanatorium and Mississippi Tuberculosis Association, 1939.

MNOOKIN, Seth. *The Panic Virus: A True Story of Medicine, Science, and Fear*. Nova York: Simon & Schuster, 2011.

NADESAN, Majia Holmer. *Constructing Autism: Unravelling the "Truth" and Understanding the Social*. Londres: Routledge, 2005.

NOLL, Steven. *Mental Retardation in America: A Historical Reader*. Nova York: New York University Press, 2004.

OFFIT, Paul A. *Autism's False Prophets: Bad Science, Risky Medicine, and the Search for a Cure*. Nova York: Columbia University Press, 2008.

OLMSTED, Dan; BLAXILL, Mark. *The Age of Autism: Mercury, Medicine, and a Man-Made Epidemic*. Nova York: Thomas Dunne; St. Martin's, 2010.

PARK, Clara Claiborne. *The Siege*. Nova York: Harcourt, Brace & World, 1967.

PEEK, Fran; ANDERSON, Stevens W. *The Real Rain Man: Kim Peek*. 2. ed. Salt Lake City: Harkness Publishing Consultants, 1996.

PELKA, Fred. *What We Have Done: An Oral History of the Disability Rights Movement*. Amherst: University of Massachusetts Press, 2012.

POLLAK, Richard. *The Creation of Dr B: A Biography of Bruno Bettelheim*. Nova York: Simon & Schuster, 1997.

PORTER, Roy. *The Confinement of the Insane: International Perspectives, 1800-1965*. Cambridge, Reino Unido: Cambridge University Press, 2003.

RAINES, Theron. *Rising to the Light: A Portrait of Bruno Bettelheim*. Nova York: Knopf, 2002.

RIMLAND, Bernard. *Infantile Autism: The Syndrome and Its Implications for a Neural Theory of Behavior*. Nova York: Appleton-Century-Crofts, 1964.

RIORDAN, Hugh Desaix. *Medical Mavericks*. Wichita: Bio-Communications Press, 2005. v. 3.

ROBERTS, Andy. *Albion Dreaming: A Popular History of LSD in Britain*. Cingapura: Marshall Cavendish, 2008.

ROBISON, John Elder. *Look Me in the Eye: My Life with Asperger's*. Nova York: Crown, 2007. [Ed. bras.: *Olhe nos meus olhos: Minha vida com a Síndrome de Asperger*. São Paulo: Larousse, 2008.]

_____. *Raising Cubby: A Father and Son's Adventures with Asperger's, Trains, Tractors, and High Explosives*. Nova York: Crown, 2013.

ROTHMAN, David J. *The Discovery of the Asylum: Social Order and Disorder in the New Republic*. Boston: Little, Brown, 1971.

_____; ROTHMAN, Sheila M. *The Willowbrook Wars*. Nova York: Harper & Row, 1984.

SACKS, Oliver W. *An Anthropologist on Mars: Seven Paradoxical Tales*. Nova York: Knopf, 1995. [Ed. bras.: *Um antropólogo em Marte: Sete histórias paradoxais*. São Paulo: Companhia das Letras, 1995.]

SCHEERENBERGER, Richard C. *Deinstitutionalization and Institutional Reform*. Springfield, IL: Thomas, 1976.

SCHOPLER, Eric; MESIBOV, Gary B. *The Effects of Autism on the Family*. Nova York: Plenum, 1984.

_____. *Diagnosis and Assessment in Autism*. Nova York: Plenum, 1988.

_____. (Orgs.). *Behavioral Issues in Autism*. Nova York: Plenum, 1994.

_____; KUNCE, Linda. *Asperger Syndrome or High-Functioning Autism?*. Nova York: Plenum, 1998.

SCHREIBMAN, Laura Ellen. *The Science and Fiction of Autism*. Cambridge, MA: Harvard University Press, 2005.

SCOTT COUNTY HISTORY BOOK COMMITTEE. *History of Scott County, Missouri: History & Families*. Paducah, KY: Turner, 2003.

SESSUMS, Kevin. *Mississippi Sissy*. Nova York: St. Martin's, 2007.

SHAPIRO, Joseph P. *No Pity: People with Disabilities Forging a New Civil Rights Movement*. Nova York: Times, 1993.

SHATTUCK, Roger. *The Forbidden Experiment: The Story of the Wild Boy of Aveyron*. Nova York: Farrar, Straus and Giroux, 1980.

SHORTER, Edward. *Doctors and Their Patients: A Social History*. New Brunswick, NJ: Transaction, 1991.

_____. *A History of Psychiatry: From the Asylum to the Age of Prozac*. Nova York: John Wiley & Sons, 1997.

SILVERMAN, Chloe. *Understanding Autism: Parents, Doctors, and the History of a Disorder*. Princeton, NJ: Princeton University Press, 2012.

SPEERS, Rex W.; LANSING, Cornelius. *Group Therapy in Childhood Psychosis*. Chapel Hill: University of North Carolina Press, 1965.

SPIRO, Jonathan Peter. *Defending the Master Race: Conservation, Eugenics, and the Legacy of Madison Grant*. Burlington: University of Vermont Press, 2009.

SPITZ, Herman H. *Nonconscious Movements: From Mystical Messages to Facilitated Communication*. Mahwah, NJ: Lawrence Erlbaum, 1997.

SPOCK, Benjamin. *The Common Sense Book of Baby and Child Care*. Nova York: Duell, Sloan and Pearce, 1946. [Ed. bras.: *Meu filho, meu tesouro: Como criar seus filhos com bom senso e carinho*. Rio de Janeiro: Record, 1960.]

STUESSE, Angela Christine. *Globalization "Southern Style": Transnational Migration, the Poultry Industry, and Implications for Organizing Workers across Difference*. Austin: Universidade do Texas, 2008. Tese (Doutorado em Antropologia).

SUTTON, Nina. *Bettelheim: A Life and a Legacy*. Nova York: Basic, 1996.

TAMMET, Daniel. *Born on a Blue Day: Inside the Extraordinary Mind of an Autistic Savant*. Nova York: Free Press, 2007.

TAYLOR, Steven J. *Acts of Conscience: World War II, Mental Institutions, and Religious Objectors*. Syracuse, NY: Syracuse University Press, 2009.

_____; BIKLEN, Douglas. *Understanding the Law: An Advocate's Guide to the Law and Developmental Disabilities*. Syracuse, NY: Human Policy, 1980.

TINBERGEN, Niko; TINBERGE, Elisabeth A. *Autistic Children: New Hope for a Cure*. Londres: Allen & Unwin, 1983.

TRAPP, E. Philip; HIMELSTEIN, Philip. *Readings on the Exceptional Child: Research and Theory*. 2. ed. Nova York: Appleton-Century-Crofts, 1972.

TRENT, James W. *Inventing the Feeble Mind: A History of Mental Retardation in the United States*. Berkeley: University of California Press, 1994.

ULLMANN, Leonard P.; KRASNER, Leonard. *Case Studies in Behavior Modification*. Nova York: Holt, Rinehart and Winston, 1965.

UNUMB, Lorri Shealy; UNUMB, Daniel R. *Autism and the Law: Cases, Statutes, and Materials*. Durham, NC: Carolina Academic Press, 2011.

VOLKMAR, Fred R. *Encyclopedia of Autism Spectrum Disorders*. Nova York: Springer, 2013.

_____; PAUL, Rhea; KLIN, Ami; COHEN, Donald. *Handbook of Autism and Pervasive Developmental Disorders*. 3. ed. Hoboken, NJ: John Wiley & Sons, 2005.

WAKEFIELD, Andrew J. *Callous Disregard: Autism and Vaccines: The Truth Behind a Tragedy*. Nova York: Skyhorse, 2010.

WALTZ, Mitzi. *Autism: A Social and Medical History*. Basingstoke: Palgrave Macmillan, 2013.

WARREN, Mary Lou "Bobo". *My Humpty-Dumpty: A Mother's View*. Ms. inédito.

WILCOX, Barbara. *Critical Issues in Educating Autistic Children and Youth*. Washington, DC: National Society for Children and Adults with Autism (NSAC), 1981.

WILLIAMS, Donna. *Nobody Nowhere: The Extraordinary Autobiography of an Autistic*. Nova York: Times, 1992.

WING, Lorna. *Autistic Children: A Guide for Parents*. Nova York: Brunner; Mazel, 1972.

_____. (Org.). *Aspects of Autism: Biological Research*. Londres: Gaskell Psychiatry, 1988.

_____. *The Autistic Spectrum: A Guide for Parents and Professionals*. Londres: Constable, 1996.

WOLMAN, Benjamin B. *Handbook of Treatment of Mental Disorders in Childhood and Adolescence*. Englewood Cliffs: Prentice-Hall, 1978.

WRIGHT, Peter W. D.; WRIGHT, Pamela Darr. *Wrightslaw: Special Education Law*. 2. ed. Hartfield, VA: Harbor House Law Press, 2007.

YOUNG, Thomas. *Observations on Madness and Melancholy*. Londres: J. Callow, 1809.

ARTIGOS ACADÊMICOS

ABRAMSON, Harold A. "The Use of LSD-25 in the Therapy of Children (A Brief Review)". *Journal of Asthma Research*, v. 5, n. 2, pp. 139-43, 1967.

ALLISON, Helen Green. Trabalho apresentado na Universidade de Kent, 18-20 set. 1987. Reimpresso in: WING, Lorna (Org.). *Aspects of Autism: Biological Research*. Londres: Gaskell Psychiatry, 1988.

ANDERBERG, Dan; CHEVALIERA, Arnaud; WADSWORTH, Jonathan. "Anatomy of a Health Scare: Education, Income and the MMR Controversy in the UK". *Journal of Health Economics*, v. 30, n. 3, p. 520, 2011.

ARKOWITZ, Hal; LILIENFELD, Scott O. "Is There Really an Autism Epidemic?". *Scientific American* (on-line), 6 dez. 2007. Disponível em: <www.scientificamerican.com/article/is-there-really-an-autism-epidemic/>. Acesso em: 21 nov. 2016.

ASPERGER, Hans. "Das Psychisch Abnormale Kind". *Wiener Klinische Wochenschrift*, v. 51, pp. 1314-7, 1938.

_____. "Pädagogische Therapie bei abnormen Kindern". *Medizinische Klinik*, v. 35, pp. 943-6, 1939.

_____. "Die Autistischen Psychopathen im Kindesalter". *Archiv für Psychiatrie und Nervenkrankheiten*, v. 117, pp. 76-136, 1944.

_____. "Zur Differentialdiagnose des Kindlichen Autismus". *Acta Paedopsychiatrica*, v. 35, pp. 136--45, 1968.

_____. "Problems of Infantile Autism (A Talk)". *Communication*, v. 13, pp. 45-52, 1979.

_____. "Autistic Psychopathy in Childhood" [1944]. Trad. de Uta Frith. In: FRITH, Uta (Org.). *Autism and Asperger Syndrome*. Cambridge, Reino Unido: Cambridge University Press, 1991. p. 37.

ATWELL, Jessica et al. "Nonmedical Vaccine Exemptions and Pertussis in California, 2010". *Pediatrics*, v. 132, n. 4, pp. 624-30, 2013.

BAKER, Sidney M. "Learning About Autism". *Global Advances in Health and Medicine*, v. 2, n. 6, pp. 38--46, 2013.

BAKIR, Farhan et al. "Methylmercury Poisoning in Iraq". *Science*, v. 181, n. 4096, pp. 230-41, jul. 1973.

BARON-COHEN, Simon; LESLIE, Alan; FRITH, Uta. "Does the Autistic Child Have a Theory of Mind?". *Cognition*, v. 21, n. 1, pp. 37-46, 1985.

BAUMAN, Margaret L. "Brief Report: Neuroanatomic Observations of the Brain in Pervasive Developmental Disorders". *Journal of Autism and Developmental Disorders*, v. 26, n. 2, pp. 199-203, 1996.

BENDER, Lauretta. "Children's Reactions to Psychotomimetic Drugs". In: EFRON, Daniel H. (Org.). *Psychotomimetic Drugs*. Nova York: Raven, 1970. pp. 265-71.

_____; FARETRA, Gloria; COBRINIK, Leonard. "LSD and UML Treatment of Hospitalized Disturbed Children". *Recent Advances in Biological Psychology*, n. 5, pp. 85-92, 1963.

_____; GOLDSCHMIDT, Lothar; SANKAR, D. V. Siva; FREEDMAN, Alfred M. "Treatment of Autistic Schizophrenic Children with LSD-25 and UML-491". *Recent Advances in Biological Psychiatry*, n. 4, pp. 170-9, 1962.

BERTHIER, M. L. "Corticocallosal Anomalies in Asperger's Syndrome". *American Journal of Roentgenology*, v. 162, n. 1, pp. 236-7, 1994.

BETTELHEIM, Bruno. "Individual and Mass Behavior in Extreme Situations". *Journal of Abnormal and Social Psychology*, v. 38, n. 4, pp. 417-52, 1943.

BIJOU, Sidney. "Reflections on Some Early Events Related to Behavior Analysis of Child Development". *Behavior Analyst*, v. 1, n. 19, pp. 49-60, 1996.

BIKLEN, Douglas. "Communication Unbound: Autism and Praxis". *Harvard Educational Review*, v. 60, n. 3, pp. 291-315, 1990.

BISHOP, Dorothy. "Forty Years On: Uta Frith's Contribution to Research on Autism and Dyslexia, 1966-2006". *Quarterly Journal of Experimental Psychology*, v. 61, n. 1, pp. 16-26, 2008.

BOYNTON, Janyce. "Facilitated Communication — What Harm It Can Do: Confessions of a Former Facilitator". *Evidence-Based Communication Assessment and Intervention*, v. 6, n. 1, pp. 3-13, 2012.

BRUGHA, Traolach. S.; WING, Lorna; COOPER, John; SARTORIUS, Norman. "Contribution and Legacy of John Wing, 1923-2010". *British Journal of Psychiatry*, v. 198, n. 3, pp. 176-8, 2011.

CARTER, M. P. "Twins with Early Childhood Autism". *Journal of Pediatrics*, v. 71, n. 2, p. 303, 1967.

CHALLIS, Natalia; DEWEY, Horace W. "The Blessed Fools of Old Russia". *Jahrbücher Für Geschichte Osteuropas, Neue Folge*, v. 22, n. 1, pp. 1-11, 1974.

_____. "Basil the Blessed. Holy Fool of Moscow". *Russian History*, v. 14, n. 1, pp. 47-59, 1987.

CHANCE, Paul. "A Conversation with Ivar Lovaas about Self-Mutilating Children and How Their Parents Make It Worse". *Psychology Today*, v. 7, n. 8, pp. 76-84, jan. 1974.

CHEN, Robert; DESTEFANO, Frank. "Vaccine Adverse Events: Causal or Coincidental?". *Lancet*, v. 351, n. 9103, pp. 611-2, 1998.

COOPER, Sally-Ann; MOHAMED, Wan Noor; COLLACOTT, Ralf A. "Possible Asperger's Syndrome in a Mentally Handicapped Transvestite Offender". *Journal of Intellectual Disability Research*, v. 37, n. 2, pp. 189-94, 1993.

CREAK, Mildred. "Schizophrenic Syndrome in Childhood: Progress Report (April, 1961) of a Working Party". *British Medical Journal*, v. 2, n. 5, pp. 889-90, 1961.

_____. "Schizophrenic Syndrome in Childhood: Further Progress Report of a Working Party (April, 1964)". *Developmental Medicine & Child Neurology*, v. 6, n. 5, pp. 530-5, 1964.

CUMMINS, Robert; PRIOR, Margot P. "Further Comment: Autism and Assisted Communication: A Response to Biklen". *Harvard Educational Review*, v. 62, n. 2, pp. 228-42, 1992.

CURRAN, Lauren P. et al. "Behaviors Associated with Fever in Children with Autism Spectrum Disorders". *Pediatrics*, v. 120, n. 6, pp. 1386-92, 2007.

CZECH, Herwig. "'The Child Must Be an Unbearable Burden to Her Mother': Hans Asperger, National Socialism, and 'Race Hygiene' in World War II Vienna". Submetido a *Molecular Autism* em 2015.

_____; ZEIDMAN, Lawrence A. "Walther Birkmayer, Co-describer of L-Dopa, and His Nazi Connections: Victim or Perpetrator?". *Journal of the History of the Neurosciences: Basic and Clinical Perspectives*, v. 23, n. 2, pp. 160-91, 2014.

DALES, Loring et al. "Time Trends in Autism and in MMR Immunization Coverage in California". *Journal of the American Medical Association*, v. 285, n. 9, pp. 1183-5, 2001.

DEER, Brian. "Reflections on Investigating Wakefield". *British Medical Journal* (on-line), 2 fev. 2010. Disponível em: <www.bmj.com/content/340/bmj.c672>. Acesso em: 21 nov. 2016.

DEER, Brian. "Wakefield's 'Autistic Enterocolitis' under the Microscope". *British Medical Journal* (on-line), 15 abr. 2010. Disponível em: <www.bmj.com/content/340/bmj.c1127>. Acesso em: 21 nov. 2016.

DENCKLA, Martha Bridge. "New Diagnostic Criteria for Autism and Related Behavioral Disorders: Guidelines for Research Protocols". *Journal of the American Academy of Child Psychiatry*, v. 25, n. 2, pp. 221-4, 1986.

DICKERSON MAYES, Susan; CALHOUN, Susan L.; CRITES, Dana L. "Does DSM-IV Asperger's Disorder Exist?". *Journal of Abnormal Child Psychology*, v. 29, n. 3, pp. 263-71, 2001.

DONNELLAN, Anne M.; LAVIGNA, Gary. "Myths About Punishment". In: REPP, Alan C.; SINGH, Nirbhay N. (Orgs.). *Perspectives on the Use of Nonaversive and Aversive Interventions for Persons with Developmental Disabilities*. Belmont, CA: Wadsworth, 1993.

EISENBERG, Leon. "Why Has the Relationship Between Psychiatry and Genetics Been So Contentious?". *Genetics in Medicine*, v. 3, n. 5, pp. 377-81, 2001.

_____ ; KANNER, Leo. "Childhood Schizophrenia Symposium, 1955-56. Early Infantile Autism, 1943-55". *American Journal of Orthopsychiatry*, n. 26, pp. 556-66, 1956.

FELDER, Maria Asperger. "Foreword". In: KLIN, Ami; VOLKMAR, Fred; SPARROW, Sara (Orgs.). *Asperger Syndrome*. Nova York: Guilford, 2000.

_____. "Hans Asperger (1906-1980) Leben und Werk". In: CASTELL, Rolf (Org.). *Hundert Jahre Kinder und Jugendpsychiatrie*. Göttingen: V&R, 2008.

FELLOWES, Sam. "Did Kanner Actually Describe the First Account of Autism? The Mystery of 1938". *Journal of Autism and Developmental Disorders*, v. 45, n. 7, pp. 2274-6, 2015.

FISCH, Gene S. "Autism and Epistemology IV: Does Autism Need a Theory of Mind?". *American Journal of Medical Genetics Part A*, v. 161, n. 10, pp. 2464-80, 2013.

FOLSTEIN, Susan; RUTTER, Michael. "Genetic Influences and Infantile Autism". *Nature*, v. 265, n. 5596, pp. 726-8, 1977.

FOMBONNE, Eric. "Epidemiology of Pervasive Developmental Disorders". *Pediatric Research*, v. 65, n. 6, pp. 591-8, 2009.

FOXX, Richard M. "Commentaries on McEachin, Smith and Lovaas: Rapid Effects Awaiting Independent Replication". *American Journal of Mental Retardation*, v. 97, n. 3, pp. 375-6, 1993.

FRANS, Emma E. et al. "Autism Risk Across Generations: A Population Based Study of Advancing Grandpaternal and Paternal Age". *JAMA Psychiatry*, v. 70, n. 5, pp. 516-21, 2013.

FREED, Gary L. "Vaccine Policies across the Pond: Looking at the U. K. and U. S. Systems". *Health Affairs*, v. 24, n. 3, pp. 755-7, 2005.

FREEDMAN, Alfred M.; EBIN, Eva V.; WILSON, Ethel. "Autistic Schizophrenic Children: An Experiment in the Use of D-lysergic Acid Diethylamide (LSD-25)". *Archives of General Psychiatry*, v. 6, n. 3, pp. 203-13, 1962.

FRITH, Uta. "Looking Back: The Avengers of Psychology". *Psychologist*, v. 22, n. 8, pp. 726-7, 2009.

GANZ, Jennifer B.; SIMPSON, Richard L.; LUND, Emily M. "The Picture Exchange Communication System (PECS): A Promising Method for Improving Communication Skills of Learners with Autism Spectrum Disorders". *Education and Training in Autism and Developmental Disabilities*, v. 47, n. 2, pp. 176-86, 2012.

GILES, David C. "'DSM-V Is Taking Away Our Identity': The Reaction of the Online Community to the Proposed Changes in the Diagnosis of Asperger's Disorder". *Health*, v. 18, n. 2, pp. 179-95, 2014.

GILHOOL, Thomas. "The Uses of Litigation: The Right of Retarded Citizens to a Free Public Education". *Current Issues in Mental Retardation and Human Development*, DHEVV Publication n. (OS) 73--86, pp. 27-38, dez. 1972.

GILLETTE, Martha U.; ROTH, Thomas; KILEY, James P. "NIH Funding of Sleep Research: A Prospective and Retrospective View". *Sleep*, v. 22, n. 7, pp. 956-8, 1999.

GODLEE, Fiona; SMITH, Jane; MARCOVITCH, Harvey. "Wakefield's Article Linking MMR Vaccine and Autism Was Fraudulent". *British Medical Journal*, v. 342, n. 7452, pp. 64-6, 2011.

HAPPÉ, Francesca. "The Weak Central Coherence Account of Autism". *Journal of Autism and Developmental Disorder*, v. 36, n. 1, pp. 5-25, 2006.

_____. "Why Fold Asperger Syndrome into Autism Spectrum Disorder in the DSM-5?". Simons Foundation Autism Research Initiative. Spectrum, 29 mar. 2011. Disponível em: <spectrumnews.org/opinion/viewpoint/2011/why-fold-asperger-syndrome-into-autism-spectrum-disorder-in-the-dsm-5>. Acesso em: 21 nov. 2016.

HERMELIN, Beate; O'CONNOR, Neil. "Remembering of Words by Psychotic and Subnormal Children". *British Journal of Psychology*, v. 58, pp. 213-8, 1967.

HOBSON-WEST, Pru. "'Trusting Blindly Can Be the Biggest Risk of All': Organised Resistance to Childhood Vaccination in the UK". *Sociology of Health and Illness*, v. 29, n. 2, pp. 198-215, 2007.

HOLDEN, Constance. "What's Holding Up 'Aversives' Report?". *Science*, v. 249, n. 4972, p. 980, 1990.

HOWARD, Jane S.; SPARKMAN, Coleen R.; COHEN, Howard G.; GREEN, Gina; STANISLAW, Harold. "A Comparison of Intensive Behavior Analytic and Eclectic Treatments for Young Children with Autism". *Research in Developmental Disabilities*, v. 26, n. 4, pp. 359-83, 2005.

HURLEY, Anne M.; TADROUS, Mina; MILLER, Elizabeth S. "Thimerosal-Containing Vaccines and Autism: A Review of Recent Epidemiologic Studies". *Journal of Pediatric Pharmacology and Therapeutics*, v. 15, n. 3, p. 173, jul.-set. 2010.

IWATA, Brian. "The Development and Adoption of Controversial Default Technologies". *Behavior Analyst*, v. 11, n. 2, pp. 149-57, 1988.

JONES, Warren; KLIN, Ami. "Attention to Eyes Is Present but in Decline in 2-6-Month-Old Infants Later Diagnosed with Autism". *Nature*, v. 504, n. 7480, pp. 427-31, 2013.

KANNER, Leo. "Exoneration of the Feebleminded". *American Journal of Psychiatry*, v. 99, n. 1, pp. 17--22, 1942.

_____. "Autistic Disturbances of Affective Contact". *Nervous Child*, v. 2, pp. 217-50, 1943.

_____. "Problems of Nosology and Psychodynamics of Early Infantile Autism". *American Journal of Orthopsychiatry*, v. 19, n. 3, pp. 416-26, 1949.

_____. "The Specificity of Early Infantile Autism". *Acta Paedopsychiatrica*, v. 25, n. 1/2, pp. 108-13, 1958.

_____. "Infantile Autism and the Schizophrenias". *Behavioral Science*, v. 10, n. 4, pp. 412-20, 1965.

_____. "Follow-up Study of Eleven Autistic Children Originally Reported in 1943". *Journal of Autism and Childhood Schizophrenia*, v. 1, n. 2, pp. 119-45, 1971.

_____. "Historical Perspective on Developmental Deviations". In: SCHOPLER, Eric (Org.). *Psychopathology and Child Development*. Nova York: Springer, 1976. pp. 7-17.

KAPP, Steven; NE'EMAN, Ari. "ASD in *DSM-5*: What the Research Shows and Recommendations for Change". Autistic Self Advocacy Network — Policy Brief (on-line), jun. 2012.

KASMINI, K.; ZASMANI, S. "Asperger's Syndrome: A Report of Two Cases from Malaysia". *Singapore Medical Journal*, v. 6, n. 36, pp. 641-3, 1995.

KENNEDY, Foster. "The Problem of Social Control of the Congenital Defective: Education, Sterilization, Euthanasia". *American Journal of Psychiatry*, v. 99, n. 1, pp. 13-6, 1942.

KIM, Young Shin; LEVENTHAL, Bennett L.; KOH, Yun-Joo; FOMBONNE, Eric et al. "Prevalence of Autism Spectrum Disorders in a Total Population Sample". *American Journal of Psychiatry*, v. 168, n. 9, pp. 904-12, 2011.

KLIN, Ami. "Young Autistic Children's Listening Preferences in Regard to Speech: A Possible Characterization of the Symptom of Social Withdrawal". *Journal of Autism and Developmental Disorders*, v. 21, n. 1, pp. 29-42, 1991.

KONZIELLA, Daniel. "Thirty Neurological Eponyms Associated with the Nazi Era". *European Neurology*, v. 62, n. 1, pp. 56-64, 2009.

KORSCHUN, Holly. "New Study Identifies Signs of Autism in the First Months of Life". Emory News Center, 6 nov. 2013. Disponível em: <news.emory.edu/stories/2013/11/signs_of_autism_in_first_months_of_life/campus.html>. Acesso em: 21 nov. 2016.

LEE, Brian K.; MAGNUSSON, Cecilia; GARDNER, Renee M.; BLOMSTRÖM, Åsa et al. "Maternal Hospitalization with Infection during Pregnancy and Risk of Autism Spectrum Disorders". *Brain, Behavior, and Immunity*, v. 44, pp. 100-5, 2015.

LEHR, Susan; LEHR, Robert. "Why Is My Child Hurting? Positive Approaches to Dealing with Difficult Behaviors. A Monograph for Parents of Children with Disabilities". Disponível em: <eric.ed.gov/?id=ED334728>. Acesso em: 21 nov. 2016.

LORD, Catherine. "A Multisite Study of the Clinical Diagnosis of Different Autism Spectrum Disorders". *Archives of General Psychiatry*, v. 69, n. 3, pp. 306-13, 2012.

LOTTER, Victor. "Epidemiology of Autistic Conditions in Young Children". *Social Psychiatry*, v. 1, n. 3, pp. 163-73, 1966.

LOVAAS, Ole Ivar. "Behavioral Treatment and Normal Educational and Intellectual Functioning in Young Autistic Children". *Journal of Consulting and Clinical Psychology*, v. 55, n. 1, pp. 3-9, 1987.

_____; KOEGEL, Robert; SIMMONS, James Q.; LONG, Judith Stevens. "Some Generalization and Follow-up Measures on Autistic Children in Behavior Therapy". *Journal of Applied Behavior Analysis*, v. 6, n. 1, pp. 131-65, 1973.

_____; SCHAEFFER, Benson; SIMMONS, James Q. "Building Social Behavior in Autistic Children by Use of Electric Shock". *Journal of Experimental Research in Personality*, v. 1, pp. 99-105, 1965.

_____; SIMMONS, James Q. "Manipulation of Self-Destruction in Three Retarded Children". *Journal of Applied Behavior Analysis*, v. 2, n. 3, pp. 143-57, 1969.

LYONS, Viktoria; FITZGERALD, Michael. "Did Hans Asperger (1906-1980) Have Asperger Syndrome?". *Journal of Autism and Developmental Disorders*, v. 37, n. 10, pp. 2020-1, 2007.

MALOW, Beth A. et al. "Melatonin for Sleep in Children with Autism: A Controlled Trial Examining Dose, Tolerability, and Outcomes". *Journal of Autism and Developmental Disorders*, v. 42, n. 8, pp. 1729-37, 2012.

MANFREDI, Christopher P.; MAIONI, Antonia. "Reversal of Fortune: Litigating Health Care Reform in *Auton v. British Columbia*". *Supreme Court Law Review*, v. 29, n. 2, p. 129, 2005.

MCCLELLAND, R. J.; EYRE, D. G.; WATSON, D.; CALVERT, G. Johnston; SHERRARD, Eileen. "Central Conduction Time in Childhood Autism". *British Journal of Psychiatry*, v. 160, n. 5, pp. 659-63, 1992.

MCDOUGLE, Christopher J. et al. "Risperidone for the Core Symptom Domains of Autism: Results from the Study by the Autism Network of the Research Units on Pediatric Psychopharmacology". *American Journal of Psychiatry*, v. 162, n. 6, pp. 1142-8, 2005.

MCEACHIN, John J.; SMITH, Tristam; LOVAAS, Ole Ivar. "Long-Term Outcome for Children with Autism Who Received Early Intensive Behavioral Treatment". *American Journal of Mental Retardation*, v. 97, n. 4, pp. 359-72, 1993.

MEHLER, Mark F.; PURPURA, Dominick P. "Autism, Fever, Epigenetics and the Locus Coeruleus". *Brain Research Reviews*, v. 59, n. 2, pp. 388-92, 2009.

MENDRES, Amber; FRANK-CRAWFORD, Michelle A. "A Tribute to Sidney W. Bijou, Pioneer in Behavior Analysis and Child Development". *Behavior Analysis in Practice*, v. 2, n. 2, pp. 4-10, 2009.

MESIBOV, Gary B. "Commentaries on McEachin, Smith and Lovaas: Treatment Outcome Is Encouraging". *American Journal of Mental Retardation*, v. 97, n. 3, pp. 379-80, 1993.

MILLER, Judith et al. "Autism Spectrum Disorder Reclassified: A Second Look at the 1980s Utah/UCLA Autism Epidemiologic Study". *Journal of Autism and Developmental Disorders*, v. 43, n. 1, pp. 200-10, 2012.

_____; OZONOFF, Sally. "Did Asperger's Cases Have Asperger Disorder? A Research Note". *Journal of Child Psychology and Psychiatry*, v. 38, n. 2, pp. 247-51, 1997.

MURCH, Simon et al. "Retraction of an Interpretation: Signed by Simon H. Murch, Andrew Anthony, David H. Casson, Mohsin Malik, Mark Berelowitz, Amar P. Dhillon, Michael A. Thomson, Alan Valentine, Susan E. Davies, John A. Walker-Smith". *Lancet*, v. 363, n. 9411, p. 750, 2004.

NE'EMAN, Ari. "The Future (and the Past) of Autism Advocacy, Or Why the ASA's Magazine, *The Advocate*, Wouldn't Publish This Piece". *Disability Studies Quarterly*, v. 30, n. 1, 2010. Disponível em: <dsq-sds.org/article/view/1059/1244>. Acesso em: 21 nov. 2016.

O'CONNOR, Neil; HERMELIN, Beate. "Auditory and Visual Memory in Autistic and Normal Children". *Journal of Mental Deficiency Research*, v. 11, n. 2, pp. 126-31, 1967.

ORNITZ, Edward M. "Childhood Autism: A Review of the Clinical and Experimental Literature". *California Medicine*, v. 118, n. 4, pp. 21-47, 1973.

PICKETT, Jane; XIU, Ellen; TUCHMAN, Roberto; DAWSON, Geraldine; LAJONCHERE, Clara. "Mortality in Individuals with Autism, with and without Epilepsy". *Journal of Child Neurology*, v. 26, n. 8, pp. 932-9, 2011.

POLAND, Gregory A.; JACOBSON, Robert M. "Understanding Those Who Do Not Understand: A Brief Review of the Anti-Vaccine Movement". *Vaccine*, v. 19, n. 17/19, pp. 2440–5, 2001.

PREMACK, David; WOODRUFF, Guy. "Does the Chimpanzee Have a Theory of Mind?". *Behavioral and Brain Sciences*, v. 1, n. 4, pp. 515-26, 1978.

PRIMEAU, Michelle; O'HARA, Ruth. "Exploring Sleep in Children with Autism". Simons Foundation Autism Research Initiative. Spectrum, 30 jul. 2013. Disponível em: <spectrumnews.org/opinion/viewpoint/exploring-sleep-in-children-with-autism/>. Acesso em: 21 nov. 2016.

PRIOR, Margot; CUMMINS, Robert. "Questions About Facilitated Communication and Autism". *Journal of Autism and Developmental Disorders*, v. 22, n. 3, pp. 331-7, 1992.

RAMSAY, Sarah. "Controversial MMR-Autism Investigator Resigns from Research Post". *Lancet*, v. 358, n. 9297, p. 1972, 2001.

"RETRACTION — Ileal-Lymphoid-Nodular Hyperplasia, Non-specific Colitis, and Pervasive Developmental Disorder in Children". *Lancet*, v. 375, n. 9713, p. 445, 2010.

RIMLAND, Bernard. "Megavitamin B6 and Magnesium in the Treatment of Autistic Children and Adults". In: SCHOPLER, Eric; MESIBOV, Gary (Orgs.). *Neurobiological Issues in Autism*. Nova York: Springer Science Business Media, 1987. pp. 389-405.

_____. "Aversives for People with Autism". *Autism Research Review International*, v. 2, n. 3, p. 3, 1988.

_____. "*Rain Man* and the Savant Secrets". *Autism Research International Newsletter*, v. 3, n. 1, p. 3, 1989.

_____. "Autistic Crypto-Savants". *Autism Research International Newsletter*, v. 4, n. 1, p. 7, 1990.

_____. "In Defense of Ivar Lovaas". *Autism Research Review International*, v. 1, n. 1, p. 3, 1994.

RISCH, Neil; MERIKANGAS, Kathleen. "The Future of Genetic Studies of Complex Human Diseases". *Science*, v. 273, n. 5281, pp. 1516-7, 1996.

RITVO, Edward R. et al. "The UCLA-University of Utah Epidemiologic Survey of Autism: Prevalence". *American Journal of Psychiatry*, v. 142, n. 2, pp. 194-9, 1989.

_____; FREEMAN, B. J. "National Society for Autistic Children Definition of the Syndrome of Autism". *Journal of Pediatric Psychology*, v. 2, n. 4, pp. 146-8, 1977.

ROGERS, Sally; VISMARA, Laurie. "Evidence-Based Comprehensive Treatments for Early Autism". *Journal of Clinical Child and Adolescent Psychology*, v. 37, n. 1, pp. 8-38, 2008.

RUTTER, Michael. "Concepts of Autism: A Review of Research". *Journal of Child Psychology and Psychiatry*, v. 9, n. 1, pp. 1-25, 1968.

_____. "Childhood Schizophrenia Reconsidered". *Journal of Autism and Childhood Schizophrenia*, v. 2, n. 3, pp. 315-37, 1972.

_____. "Diagnosis and Definition". In: RUTTER, Michael; SCHOPLER, Eric (Orgs.). *Autism: A Reappraisal of Concepts and Treatment*. Nova York: Plenum, 1978. pp. 1-25.

_____. "The Emanuel Miller Memorial Lecture 1998, Autism: Two-Way Interplay between Research and Clinical Work". *Journal of Child Psychology and Psychiatry*, v. 40, n. 2, pp. 169-88, 1999.

_____; LOCKYER, Linda. "A Five to Fifteen Year Follow-up Study of Infantile Psychosis". *British Journal of Psychiatry*, v. 113, n. 504, pp. 1169-82, 1967.

SALLOWS, Glen; GRAUPNER, Tamlynn. "Intensive Behavioral Treatment for Children with Autism: Four-Year Outcome and Predictors". *American Journal on Mental Retardation*, v. 110, n. 6, pp. 417-38, 2005.

SANDERSON, Barbara A.; KRATOCHVIL, Daniel W. "The Edison Responsive Environment Learning System or the Talking Typewriter Developed by Thomas A. Edison Laboratory, a Subsidiary of McGraw Edison Company". Institutos Americanos de Pesquisa em Ciências Comportamentais, Palo Alto, Califórnia, jan. 1972. Disponível em: <eric.ed.gov/?id=ED05906>. Acesso em: 23 nov. 2016.

SCHECHTER, Robert; GRETHER, Judith K. "Continuing Increases in Autism Reported to California's Developmental Services System: Mercury in Retrograde". *Archives of General Psychiatry*, v. 65, n. 1, pp. 19-24, 2008.

SCHIRMER, Brita. "Autismus und NS-Rassengesetze in Österreich 1938: Hans Aspergers Verteidigung der 'Autistischen Psychopathen' gegen die NS-Eugenik". *Die neue Sonderschule*, v. 47, n. 6, pp. 460-4, 2002.

SCHMIDT, Rebecca J. et al. "Maternal Periconceptional Folic Acid Intake and Risk for Autism Spectrum Disorders in the CHARGE Case-Control Study". *American Journal of Clinical Nutrition*, v. 96, n. 1, pp. 80-9, 2012.

SCHOPLER, Eric. "The Development of Body Image and Symbol Formation Through Bodily Contact with an Autistic Child". *Journal of Child Psychology and Psychiatry*, v. 3, n. 3/4, pp. 191-202, 1962.

_____. "Parents of Psychotic Children as Scapegoats". *Journal of Contemporary Psychotherapy*, v. 4, n. 1, pp. 17-22, 1971.

_____. "On Confusion in the Diagnosis of Autism". *Journal of Autism and Childhood Schizophrenia*, v. 8, n. 2, pp. 137-8, 1978.

_____. "Editor's Note" a PRIOR, Margot; CUMMINS, Robert. "Questions About Facilitated Communication and Autism". *Journal of Autism and Developmental Disorders*, v. 22, n. 3, p. 331, 1992.

_____. "The Anatomy of a Negative Role Model". In: BRANNIGAN, Garry G.; MERRENS, Matthew R. (Orgs.). *The Undaunted Psychologist: Adventures in Research*. Filadélfia: Temple University Press, 1993.

_____. "Ask the Editor: Are Autism and Asperger Syndrome (AS) Different Labels or Different Disabilities?". *Journal of Autism and Developmental Disorders*, v. 26, n. 1, pp. 109-10, 1996.

_____. "Premature Popularization of Asperger Syndrome". In: SCHOPLER, Eric; MESIBOV, Gary B.; KUNCE, Linda J. (Orgs.). *Asperger Syndrome or High-Functioning Autism?*. Nova York: Plenum, 1998. pp. 385-400.

_____; CHESS, Stella; EISENBERG, Leon. "Our Memorial to Leo Kanner". *Journal of Autism and Developmental Disorders*, v. 11, n. 3, pp. 257-69, 1981.

_____; REICHLER, Robert. "Parents as Co-therapists in the Treatment of Psychotic Children". *Journal of Autism and Childhood Schizophrenia*, v. 1, n. 1, pp. 87-102, 1971.

SCHRECK, Kimberly A.; MULICK, James A. "Parental Report of Sleep Problems in Children with Autism". *Journal of Autism and Developmental Disorders*, v. 30, n. 2, pp. 127-35, 2000.

SCHREIBMAN, Laura. "Memories of Ole Ivar Lovaas, 'Never, Ever Dull'". *Observer* (Association for Psychological Science), p. 23, nov. 2010.

SHAH, Amitta; HOLMES, Nan; WING, Lorna. "Prevalence of Autism and Related Conditions in Adults in a Mental Handicap Hospital". *Applied Research in Mental Retardation*, v. 3, n. 3, pp. 303-17, 1982.

SHAH, Amitta; FRITH, Uta. "Why Do Autistic Individuals Show Superior Performance on the Block Design Task?". *Journal of Child Psychology and Psychiatry*, v. 34, n. 8, pp. 1351-64, 1993.

SHATTUCK, Paul T. "Prevalence of Autism in US Special Education: The Contribution of Diagnostic Substitution to the Growing Administrative Prevalence of Autism in US Special Education". *Pediatrics*, v. 117, n. 4, pp. 1028-37, 2006.

SILVERMAN, Jill L.; YANG, Mu; LORD, Catherine; CRAWLEY, Jacqueline N. "Behavioural Phenotyping Assays for Mouse Models of Autism". *Nature Reviews Neuroscience*, v. 11, pp. 490-502, 2010.

SIMMONS, James Q.; BENOR, Daniel; DANIEL, Dale. "The Variable Effects of LSD-25 on the Behavior of a Heterogeneous Group of Childhood Schizophrenics". *Behavioral Neuropsychiatry*, v. 4, n. 1/2, pp. 10-6, 1972.

_____; LEIKEN, S. J.; LOVAAS, Ole Ivar; SCHAEFFER, Benson; PERLOFF, Bernard. "Modification of

Autistic Behavior with LSD-25". *American Journal of Psychiatry*, v. 122, n. 11, pp. 1201-11, 1966.

SINGER, Emily. "Folic Acid's Appeal". Simons Foundation Autism Research Initiative. Spectrum, 26 mar. 2013. Disponível em: <spectrumnews.org/opinion/folic-acids-appeal/>. Acesso em: 23 nov. 2016.

SINGER, Judy. *Odd People In: The Birth of Community amongst People on the "Autistic Spectrum" — A Personal Exploration of a New Social Movement Based on Neurological Diversity*. Sydney: Universidade de Tecnologia, 1998. Dissertação (Graduação em Sociologia).

SMITH, Tristram. "Outcome of Early Intervention for Children with Autism". *Clinical Psychology: Science and Practice*, v. 6, n. 1, pp. 33-49, 1999.

"SPECIAL Education Teacher Vacancies, Cayuga-Onondaga BOCES". *Syracuse-Herald Journal*, 20 jul. 1991. Seção de Classificados.

SPINNEY, Laura. "Therapy for Autistic Children Causes Outcry in France". *Lancet*, v. 370, n. 9588, pp. 645-6, 2007.

SULLIVAN, Ruth. "Parents as Trainers of Legislators, Other Parents, and Researchers". In: SCHOPLER, Eric; MESIBOV, Gary (Orgs.). *The Effects of Autism on the Family*. Nova York: Plenum, 1984. pp. 233-46.

_____. "Foreword". In: GRANDIN, Temple. *The Way I See It: A Personal Look at Autism and Aspergers*. Arlington, TX: Future Horizons, 2008.

SZATMARI, Peter; JONES, Marshall B. "IQ and the Genetics of Autism". *Journal of Child Psychology and Psychiatry*, v. 32, n. 6, pp. 897-908, 1991.

TAYLOR, Brent; MILLER, Elizabeth; FARRINGTON, Paddy. "Autism and Measles, Mumps, and Rubella Vaccine: No Epidemiological Evidence for a Causal Association". *Lancet*, v. 353, n. 916, pp. 2026--9, 1999.

"UPROAR over a Little-Known Preservative, Thimerosal, Jostles U. S. Hepatitis B Vaccination Policy". *Hepatitis Control Report*, verão 1999. Disponível em: <www.hepatitiscontrolreport.com/articles.html>.

VAN KREVELEN, D. Arn. "Early Infantile Autism and Autistic Psychopathy". *Journal of Autism and Childhood Schizophrenia*, v. 1, n. 1, pp. 82-6, 1971.

VOLKMAR, Fred R.; COHEN, Donald J. "Classification and Diagnosis of Childhood Autism". In: SCHOPLER, Eric; MESIBOV, Gary (Orgs.). *Diagnosis and Assessment in Autism*. Nova York: Plenum, 1988. pp. 71-89.

_____; KLIN, Ami. "Asperger Syndrome and Nonverbal Learning Disabilities". In: SCHOPLER, Eric; MESIBOV, Gary (Orgs.). *Diagnosis and Assessment in Autism*. Nova York: Plenum, 1988. pp. 107--22.

VOLKMAR, Fred R.; REICHOW, Brian. "Autism in *DSM-5*: Progress and Challenges". *Molecular Autism*, v. 4, p. 13, 2013.

WADMAN, Meredith. "Autism's Fight for Facts: A Voice for Science". *Nature*, v. 479, pp. 28-31, 2011.

WAKEFIELD, Andrew J. et al. "RETRACTED: Ileal-Lymphoid-Nodular Hyperplasia, Non-Specific Colitis, and Pervasive Developmental Disorder in Children". *Lancet*, v. 351, n. 9103, pp. 637-41, 1998.

_____. "Enterocolitis in Children with Developmental Disorders". *American Journal of Gastroenterology*, v. 95, n. 9, pp. 2285-95, 2000.

WARREN, Frank. "The Role of the National Society in Working with Families". In: SCHOPLER, Eric; MESIBOV, Gary (Orgs.). *The Effects of Autism on the Family*. Nova York: Plenum, 1984. pp. 99-116.

WATSON, John B. "Psychology as the Behaviorist Views It". *Psychological Review*, v. 20, pp. 158-77, 1913.

WIMMER, Heinz; PERNER, Josef. "Beliefs about Beliefs: Representation and Constraining Function of Wrong Beliefs in Young Children's Understanding of Deception". *Cognition*, v. 13, n. 1, pp. 103-28, 1983.

WING, Lorna. "Asperger's Syndrome: A Clinical Account". *Psychological Medicine*, v. 11, n. 1, pp. 115--29, 1981.

_____. "The Relationship between Asperger's Syndrome and Kanner's Syndrome". In: FRITH, Uta (Org.). *Autism and Asperger Syndrome*. Cambridge, Reino Unido: Cambridge University Press, 1991. pp. 93-121.

_____. "Past and Future of Research on Asperger Syndrome". In: KLIN, Ami; VOLKMAR, Fred R.; SPARROW, Sara S. (Orgs.). *Asperger Syndrome*. Nova York: Guilford, 2000. pp. 418-32.

_____. "Reflections on Opening Pandora's Box". *Journal of Autism and Developmental Disorders*, v. 35, n. 2, pp. 197-203, 2005.

_____. et al. "Camberwell Cumulative Psychiatric Case Register Part I: Aims and Methods". *Social Psychiatry*, v. 3, n. 3, pp. 116-23, 1968.

WING, Lorna; GOULD, Judith. "Severe Impairments of Social Interaction and Associated Abnormalities in Children: Epidemiology and Classification". *Journal of Autism and Developmental Disorders*, v. 9, n. 1, pp. 11-29, 1979.

WOLF, Montrose; RISLEY, Todd; MEES, Hayden. "Application of Operant Conditioning Procedures to the Behaviour Problems of an Autistic Child". *Behaviour Research and Therapy*, v. 1, n. 2/4, pp. 305-12, 1963.

WOODWARD, Katharine F.; JAFFE, Norma; BROWN, Dorothy. "Psychiatric Program for Very Young Retarded Children". *Archives of Pediatrics & Adolescent Medicine*, v. 108, n. 3, pp. 221-9, 1964.

_____; SIEGEL, Miriam; EUSTIS, Marjorie. "Psychiatric Study of Mentally Retarded Children of Preschool Age: Report on First and Second Years of a Three-Year Project". *American Journal of Orthopsychiatry*, v. 28, n. 2, pp. 376-93, 1958.

WORKMAN, Lance. "From Art to Autism". *Psychologist*, v. 26, n. 12, pp. 880-2, 2013.

YELL, Mitchell L.; DRASGOW, Erik. "Litigating a Free Appropriate Public Education: The Lovaas Hearings and Cases". *Journal of Special Education*, v. 33, n. 4, pp. 205-14, 2000.

ZELIADT, Nicholette. "Diverse Dopamine Defects Found in People with Autism". Simons Foundation Autism Research Initiative. Spectrum, 19 nov. 2014. Disponível em: <spectrumnews.org/news/diverse-dopamine-defects-found-in-people-with-autism/>. Acesso em: 23 nov. 2016.

ZIRKEL, Perry A. "The Autism Case Law: Administrative and Judicial Rulings". *Focus on Autism and Other Developmental Disabilities*, v. 17, n. 2, pp. 84-93, primavera 2002.

_____. "Case Law Under the IDEA: 1998 to the Present". In: *IDEA: A Handy Desk Reference to the Law, Regulations, and Indicators*. Albany, NY: LexisNexis, 2012. pp. 669-752.

JORNAIS E REVISTAS

ALLEN, Arthur. "The Not-So-Crackpot Autism Theory". *New York Times Magazine*, 10 nov. 2002.

ANSEN, David; REESE, Michael; CRICHTON, Sarah. "Who's on First?". *Newsweek*, 16 jan. 1989.

ARMENTROUT, Charles. "Mentally Ill Tots Crying for Love and Attention". *Charleston Gazette*, 31 jan. 1949.

_____. "Huntington Hospital Fire Kills 14 Patients". *Charleston Gazette*, 27 nov. 1952.

"AUTISTIC Child Brings Years of Toil as Loving Parents Strive to Help". *Daily Herald*, 19 jun. 1973.

BALLIN, M. "Autistic Children: The Strangers in Our Midst". *McCall's*, n. 101, nov. 1973.

BAUM, Gary. "Hollywood's Vaccine Wars: L. A.'s 'Entitled' Westsiders Behind City's Epidemic". *Hollywood Reporter*, 12 set. 2014.

BERTON, Pierre. "The Dionne Years". *New York Times Magazine*, 23 abr. 1978.

BETTELHEIM, Bruno. "Joey, a Mechanical Boy". *Scientific American*, mar. 1959.

BLATT, Burton; MANGEL, Charles. "The Tragedy and Hope of Retarded Children". *Look*, 31 out. 1967.

BLUME, Harvey. "Neurodiversity: On the Neurological Underpinnings of Geekdom". *Atlantic*, 1º set. 1998.

BOSELEY, Sarah. "Jab Warning 'Wrong'; WHO Chief Attacks Doctors over Claim of Vaccine Link with Autism". *Guardian*, 12 mar. 1998.

_____. "*Lancet* Retracts 'Utterly False' MMR Paper". *Guardian*, 2 fev. 2010.

BUCKLEY, Cara. "Man Obsessed with Trains Again Runs Afoul of Law". *New York Times*, 11 nov. 2006.

BUIS, Micah. "Educating about Autism". *Vassar, The Alumnae/i Quarterly*, outono 2006.

CASTO, Harriet. "Archie, Autism and Another Time". *Advocate: Autism Society of America Magazine*, v. 23, n. 3, 1991.

"CHARGE of Freeing Insane Is Repeated, Hopkins Doctor Says Girls Were Let Go to Provide Fees and Cheap Labor". *Baltimore Sun*, 14 maio 1937.

CLARK, Matt. "The Troubled Child". *Newsweek*, 8 abr. 1974.

COLES, Robert. "A Hero of Our Time". *New Republic*, 4 mar. 1967.

CONSELHO EDITORIAL. "The Carefully Orchestrated Campaign Must Not Be Allowed to Stifle Real Debate". *Independent*, 24 fev. 2004.

CONSELHO EDITORIAL. "Doctor's Secret". *Sun*, 23 fev. 2004.

COWLEY, Geoffrey. "Understanding Autism". *Newsweek*, 30 jul. 2000.

CRONIN FISK, Margaret. "Mercury's Legal Morass: A Surge of Lawsuits Allege That Vaccinations Triggered Autism". *National Law Journal*, 20 mar. 2002.

"CRUELTY to Lunatics: Serious Charges against a Pennsylvania Asylum". *New York Times*, 31 mar. 1890.

DALPHONSE, Sherri. "Dustin and Me". *Washingtonian*, 1º jul. 1992.

DEER, Brian. "Focus: MMR: The Truth Behind the Crisis". *Sunday Times*, 22 fev. 2004.

_____. "Revealed: MMR Research Scandal". *Sunday Times*, 22 fev. 2004.

_____. "MMR Scare Doctor Planned Rival Vaccine". *Sunday Times*, 14 nov. 2004.

_____. "Hidden Records Show MMR Truth". *Sunday Times*, 8 fev. 2009.

ERVIN, Mike. "Autism Group Founder: It's Time to Listen to What We Have to Say". *Independence Today*, 13 jun. 2013.

ESTRIDGE, Bonnie. "I Demand the Right to Clear My Name". *Express*, 17 jul. 2006.

FRAISER, Lorraine. "Anti-MMR Doctor Is Forced Out". *Telegraph*, 2 dez. 2001.
FREMONT-SMITH, Eliot. "Children without an I". *New York Times Book Review*, 10 mar. 1967.
FRITH, Maxine. "Measles Alert in MMR Crisis". *Evening Standard*, 3 jul. 2002.
GOLEMAN, Daniel. "Researcher Reports Progress Against Autism". *New York Times*, 10 mar. 1987.
_____. "Bruno Bettelheim Dies at 86: Psychoanalyst of Vast Impact". *New York Times*, 14 mar. 1990.
GONZALES, Daniel. "Critics Call It a Hoax but 100 Teachers Soon Will Gather to Learn More". *Syracuse Herald-Journal*, 22 fev. 1994.
GRAMZA, Janet. "Families Struggle with Schools, Governments". *Post-Standard*, 14 abr. 1997.
GROSS, Jane; STROM, Stephanie. "Autism Debate Strains a Family and Its Charity". *New York Times*, 18 jun. 2007.
GUNTHER, Marc; GOLDBLATT, Henry. "How GE Made NBC No. 1 When He Became NBC's CEO". *Fortune*, 3 fev. 1997.
HUGHES, David; HOPE, Jenny. "MMR: The Betrayal of These Tragic Parents". *Daily Mail*, 24 fev. 2004.
ITO, Robert. "The Phantom Chaser: For Ivar Lovaas, UCLA's Controversial Autism Pioneer, a Life's Work Is Now Facing a Crucial Test". *Los Angeles Magazine*, abr. 2004.
JOHANNES, Laura. "New Hampshire Mother Overrode Doubts on New Use of Old Drug". *Wall Street Journal*, 10 mar. 1999.
JOHNSTON, Lucy. "US Research on Controversial Vaccine May Vindicate Consultant Who Was Forced to Resign; New Tests Back Expert Who Sounded Alarm over Triple Jab for Children". *Sunday Express*, 9 dez. 2001.
KATZ, Donald R. "The Kids with the Faraway Eyes". *Rolling Stone*, 8 mar. 1979.
KAUFMAN, Joanne. "Campaign on Childhood Mental Illness Succeeds at Being Provocative". *New York Times*, 14 dez. 2007.
"KELLEYS Win in 'Fitter Families' Contest". *Savannah Press*, 6 nov. 1924.
KENNEDY JR., Robert. "Deadly Immunity". *Rolling Stone* e *Salon*, 14 jul. 2005 (retratação de *Salon*, 16 jan. 2011).
KINGON, Jacqueline J.; KINGON, Alfred H. "The Words They Can't Say". Carta ao editor. *New York Times Magazine*, 3 nov. 1991.
LAURANCE, Jeremy. "Emotive and Controversial Issue That Splits Medical Profession". *Independent*, 27 fev. 1998.
_____. "Health: Not Immune to How Research Can Hurt — Jeremy Laurance Talks to the Man at the Centre of the Controversy over the MMR Vaccine". *Independent*, 3 mar. 1998.
_____. "A Doctor, the Distinguished Journal, and a Scare That Needs Never Have Happened". *Independent*, 22 fev. 2004.
_____. "I Was There When Wakefield Dropped His Bombshell". *Independent*, 29 jan. 2010.
LONG, Colleen. "Darius McCollum, Serial Transit Impostor, Arrested 29 Times for Stealing Trains and Buses". Associated Press, 12 ago. 2013.
"LORNA WING — Obituary". *Daily Telegraph*, 9 jun. 2014.
LUTZ, Amy S. F. "You Do Not Have Asperger's". *Slate*, 22 maio 2013.
MACHACEK, John. "No School for Bright Boy Suffering from Autism". *Binghamton Press*, 22 fev. 1966.
MACRAE, Fiona; WILKES, David. "Damning Verdict on MMR Doctor: Anger as GMC Attacks 'Callous Disregard' for Sick Children". *Daily Mail*, 29 jan. 2010.

MAISEL, Albert. "Bedlam". *Life*, 6 maio 1946.
MASON, Jan. "Child of Silence: Retrieved from the Shadow World of Autism: Katy Finds Her Voice". *Life*, 15 set. 1987.
MAUGH, Thomas. "State Study Finds Sharp Rise in Autism Rate". *Los Angeles Times*, 16 abr. 1999.
MAYOR, Tracy. "A Disorder That's Defining an Era". *Child*, 1º dez. 2005.
MCDOUGALL, Liam. "MMR: Wakefield Welcomes Probe". *Sunday Herald*, 20 fev. 2004.
"MEDICINE: Frosted Children". *Time*, 26 abr. 1948.
MEROSE, Tamar. "The Children of the Fairies". *Ha'aretz*, 24 ago. 1973.
MORGAN, John. "*ER*'s Anthony Edwards Curing Autism Now". *USA Today*, 12 out. 2000.
MOSER, Dan; GRANT, Alan (fotógrafo). "Screams, Slaps & Love: A Surprising, Shocking Treatment Helps Far-Gone Mental Cripples". *Life*, 7 maio 1965.
NASH, J. Madeleine; BONESTEEL, Amy. "The Secrets of Autism". *Time*, 6 maio 2002.
NAVA, Mary Ellen. "Readers' Comments, for Autistic Child Help". *Santa Barbara Press*, 9 jan. 1971.
NELSON, Harry. "New Help Seen in the Child Care Practitioner". *Geneva Times*, 10 maio 1971.
"NURSES Tell of Cruelty". *San Bernardino Daily Sun*, 11 ago. 1903.
"OBITUARY — Albert Hoffmann". *Telegraph*, 29 abr. 2008.
OPPENHEIM, Rosalind C. "They Said Our Child Was Hopeless". *Saturday Evening Post*, 17 jun. 1961.
PARK, Alice. "South Korean Study Suggests Rates of Autism May Be Underestimated". *Time*, 9 maio 2011.
PATRICK, William G. "Bizarre Withdrawal Symptoms Mark Infantile Autism Cases". *Salt Lake City Tribune*, 17 mar. 1967.
PUTNAM, Pat. "Sports Scrapbook". *Sarasota Journal*, 13 set. 1957.
"RETARDED Son Is Dead: Father Calls Police to Say He Shot Boy". *Santa Barbara Press*, 6 jan. 1971.
ROAN, Shari. "A Quiet Advocate for the Child — Psychology: The Late Bruno Bettelheim Rewrote the Code of Treatment for Emotionally Disturbed Children". *Los Angeles Times*, 16 mar. 1990.
SACKS, Oliver. "A Neurologist's Notebook: An Anthropologist on Mars". *New Yorker*, 27 dez. 1993.
SHULINS, Nancy. "Debate over Autism Communication Rages On". *Chicago Daily Herald*, 16 maio 1994.
SILBERMAN, Steve. "The Geek Syndrome". *Wired*, 1º dez. 2001.
SMITH, Doug. "Autism Rates by State". *Los Angeles Times*, 9 dez. 2011.
SMITH, Rebecca. "Andrew Wakefield: The Man Behind the MMR Controversy". *Telegraph*, 29 jan. 2010.
SORDYL, Samantha. "Creating an Asperger's Community". *Washington Post*, 20 dez. 2005.
STEEL, Linda. "Parents: 'It Is Not about the Science. It's about Belief': Andrew Wakefield — the Doctor Who First Linked MMR and Autism — Has Resigned. But Does That Mean He Was Wrong about the Vaccine?". *Guardian*, 5 dez. 2001.
"THE Trance Children" (Under "Mental Illness"). *Time*, 1º ago. 1969.
"THE Words They Can't Say". *New York Times Magazine*, 3 nov. 1991.
TORRES AL-ANBI, Agnes. "*Rain Man* Puts Autism on the Map". *Orlando Sentinel*, 22 dez. 1988.
TROTTER, Bill. "Deaths Motive Unknown: Recently Wed Woman Stabbed, Man Shot on Swans Island". *Bangor Daily News*, 24 jul. 2001.
TSOUDEROS, Trine; CALLAHAN, Patricia. "Risky Alternative Therapies for Autism Have Little Basis in Science: Alternative Therapies Amount to Uncontrolled Experimentation on Children, Investigation Finds". *Chicago Tribune*, 22 nov. 2009.

VIL, Ursula. "Mother of Slain Autistic Child Describes an Odyssey of Grief". *Los Angeles Times*, 26 mar. 1972.
_____. "Lloyd Nolan Recalls Tragedy of Autism", *Los Angeles Times*, 11 mar. 1973.
WALLACE, Amy. "An Epidemic of Fear: How Panicked Parents Skipping Shots Endanger Us All". *Wired*, 19 out. 2009.
WALLACE, Benjamin. "Is Everyone on the Autism Spectrum?". *New York Magazine*, 28 out. 2012.
WARREN, James. "Another Opinion: Chicago Adds to Doubts Raised about Bettelheim's Methods, Personality". *Chicago Tribune*, 25 jun. 1991.
WOMACK, Sarah. "Blair Silent over Leo's MMR Jab". *Telegraph*, 21 dez. 2001.
WRIGHT, Lawrence. "Child-Care Demons". *New Yorker*, 3 out. 1994.

ACERVOS DE CARTAS

Biblioteca e arquivos da Associação Americana de Psiquiatria. Centro de Referência drs. Dorothy e Irving Bernstein, Arlington, Virgínia.
Registros de saúde pessoais de Donald Triplett e Coleção Leo Kanner, Hospital Johns Hopkins. Arquivos Médicos dos Institutos Médicos Johns Hopkins, Baltimore, Maryland.
Coleção Richard Pollak de Material de Pesquisa Bruno Bettelheim 1863-2006. Caixa 12, Pasta 10. Centro de Pesquisa de Coleções Especiais, Biblioteca da Universidade de Chicago, Chicago, Illinois.

CINEMA, TELEVISÃO E VÍDEO

A Minority of One. Dirigido por Mike Gavin. KNBC, Los Angeles. Estreia em maio de 1975.
Behavioral Treatment of Autistic Children. Dirigido por Robert Aller. Focus International, 1988.
Conjoint Parent-Therapist Teaching of a Pre-School Psychotic Child. Produzido pelo Child Research Project, Universidade da Carolina do Norte, 1967.
CREAN, Robert. "Conall". *Directions 65*. ABC. Estreia em 7 de fevereiro de 1965.
DEER, Brian. "MMR: What They Didn't Tell You". *Dispatches*. Channel Four. Estreia em 18 de novembro de 2004.
Ele e as três noviças. Dirigido por William A. Graham. Universal Pictures, 1969.
Harry: Behavioral Treatment of Self-abuse. Produzido por Richard Foxx. Research Press, 1980.
Histoire, Histoires D'autisme. Dirigido por Anne Georget. Gloria Films, 2000.
Infantile Autism: The Invisible Wall. Produzido pelo Centro Médico da Universidade de Oklahoma. Com Bernard Rimland, Ruth Sullivan e Joe Sullivan. Laboratório Audiovisual de Ciências Comportamentais, Centro Médico da Universidade de Oklahoma, 1968.
O enigma das cartas. Dirigido por Michael Lessac. Miramax Films, 1993.
PALFREMAN, Jon. "Prisoners of Silence". *Frontline*. Estreia em 19 de outubro de 1993.
Rain Man. Dirigido por Barry Levinson. United Artists Pictures, 1988.
Refrigerator Mothers. Dirigido por David Simpson, J. J. Hanley e Gordon Quinn. Kartemquin Films, Fanlight Productions (distribuidor), s. d.

Temple Grandin. Produzido por Emily Gerson Saines. Warner Bros., 2010.

TUOHY, Denis. *Panorama.* Episódio 34. "Denis Tuohy Looks at the Care of Autistic Children in Britain". BBC 1. Estreia em 21 de outubro de 1974.

VICTOR, David. "The Foal". *Marcus Welby, médico.* Estreia em 30 de setembro de 1969.

Willowbrook: The Last Great Disgrace. Dirigido por Al Primo. 1972. Disponível em: <sproutflix.org/all-films/willowbrook-the-last-great-disgrace/>. Acesso em: 23 nov. 2016.

"Wright Family Interviewed about Autism Speaks". *Today.* NBC. Estreia em 25 de fevereiro de 2005.

COMUNICADOS DE IMPRENSA, POSTAGENS ON-LINE, RELATÓRIOS ORGANIZACIONAIS E GOVERNAMENTAIS, REGISTROS JUDICIAIS, CONFERÊNCIAS, ENTREVISTAS, BOLETINS INFORMATIVOS, LEGISLAÇÃO, CORRESPONDÊNCIA

ADVENTURES IN ASPERGERS (blog), <adventuresinaspergers.com>.

ALLEN, Arthur. "The Autism Numbers: Why There's No Epidemic". *Slate,* 15 jan. 2007. Disponível em: <www.slate.com/articles/health_and_science/medical_examiner/2007/01/the_autism_numbers.html>. Acesso em: 23 nov. 2016.

AUTISM Research Review International: Newsletter of the Autism Research Institute (Arquivos 1987-2006). Disponível em: <www.autism.com/httpsdocs/ari/newsletter/arriindex.htm>. Acesso em: 23 nov. 2016.

AUTISM SCIENCE FOUNDATION. "NAAR Founder Eric London Resigns from Autism Speaks". Press release, 30 jun. 2009. Disponível em: <autismsciencefoundation.wordpress.com/2009/06/30/naar-founder-eric-london-resigns-from-autism-speaks-citing-disagreement-over-autismvaccine-research/>. Acesso em: 23 nov. 2016.

AUTISM SPEAKS. "Autism Speaks Withdraws Support for Strategic Plan for Autism Research, Decries Unexpected Change in Final Approval Process". Press release, 15 jan. 2009. Disponível em: <www.autismspeaks.org/about-us/press-releases/autism-speaks-withdraws-support-strategic-plan-autism-research-decries-unexp>. Acesso em: 23 nov. 2016.

_____. "Autism Speaks Demands an Urgent, New Response to the Autism Epidemic as CDC Updates Prevalence Estimates". Press release, 29 mar. 2012. Disponível em: <www.autismspeaks.org/about-us/press-releases/cdc-autism-prevalence-1-88-autism-speaks-demands-response>. Acesso em: 23 nov. 2016.

AUTISTIC SELF ADVOCACY NETWORK. "An Urgent Call to Action: Tell NYU Child Study Center to Abandon Stereotypes against People with Disabilities". Declaração on-line, 8 dez. 2007. Disponível em: <autisticadvocacy.org/2007/12/tell-nyu-child-study-center-to-abandon-stereotypes/>. Acesso em: 23 nov. 2016.

_____. "ASAN Condemns Presidential Appointment of Anti-Vaccine Activist Peter Bell". Press release, 12 jan. 2012. Disponível em: <autisticadvocacy.org/?s=peter+bell>. Acesso em: 23 nov. 2016.

BURTON, Dan. "Press Statement". Discurso, de *Congressional Record,* v. 148, pt. 17, 15 nov. 2002/16 dez. 2002.

CÂMARA DOS DEPUTADOS FEDERAIS DOS ESTADOS UNIDOS. "Autism: Present Challenges, Future Needs —

Why the Increased Rates?". Audiência no Comitê de Reforma Governamental, CVI Congresso, Segunda Sessão, 6 abr. 2000.

_____. "Mercury in Medicine — Are We Taking Unnecessary Risks?". Audiência no Comitê de Reforma Governamental, CVI Congresso, Segunda Sessão, 18 jul. 2000.

CANTOR, Nancy. "Imagining America; Imagining Universities: Who and What?". Discurso de boas--vindas da reitora à Imagining America Annual Conference na Universidade de Syracuse, 7 set. 2007.

CENSO FEDERAL DOS ESTADOS UNIDOS 1920. Local: Huntington Ward 7, Cabell, Virgínia Ocidental; arquivo T625_1951, p. 1B, distrito 193, imagem 504.

CENTROS DE CONTROLE E PREVENÇÃO DE DOENÇAS. "Prevalence of the Autism Spectrum Disorders (ASDs) in Multiple Areas of the United States, 2000 and 2002". 2 ago. 2007. Disponível em: <stacks.cdc.gov/view/cdc/6864>. Acesso em: 23 nov. 2016.

_____. *Morbidity and Mortality Weekly Report*, 28 mar. 2014. Disponível em: <www.cdc.gov/mmwr/pdf/ss/ss6302.pdf>. Acesso em: 23 nov. 2016.

COMBATING AUTISM ACT OF 2006 [Lei de Combate ao Autismo, de 2006].

COURT OF APPEALS OF CALIFORNIA, Second Appellate District, Division Two. Ruling, *People v. Gibson*, 23 Cal.App.3d 918, 1º mar. 1972.

CURE AUTISM NOW. "Cure Autism Now Calls for Removal of Mercury-Based Preservative in Children's Vaccinations". PR Newswire, 17 jul. 2001.

DEER, Brian. "Amended Declaration of Brian Deer in Support of Defendants' Anti-SLAPP Motion to Dismiss". 9 jul. 2012. Disponível em: <briandeer.com/solved/slapp-amended-declaration.pdf>. Acesso em: 23 nov. 2016.

DEPARTAMENTO DE SAÚDE DO ESTADO DE NOVA YORK. "Quick Reference Guide for Parents and Professionals: Autism/Pervasive Developmental Disorders". 1999. Disponível em: <www.health.ny.gov/publications/4216.pdf>. Acesso em: 23 nov. 2016.

DEPARTAMENTO DE SAÚDE E SERVIÇOS HUMANOS DOS ESTADOS UNIDOS. "HHS Secretary Leavitt Announces Members of the New Interagency Autism Coordinating Committee". Nota de imprensa, 27 nov. 2007. Disponível em: <iacc.hhs.gov/news/>. Acesso em: 24 nov. 2016.

DEPARTAMENTO DE SERVIÇOS DO DESENVOLVIMENTO DA CALIFÓRNIA. "Changes in the Population of Persons with Autism and Pervasive Developmental Disorders in California's Developmental Services System: 1987 through 1998. A Report to the Legislature". 1º mar. 1999. Disponível em: <www.dds.ca.gov/Autism/docs/autism_report_1999.pdf>. Acesso em: 23 nov. 2016.

DESPERT, Louise. Carta a Leo Kanner, 12 jul. 1942. Coleção da Associação Americana de Psiquiatria, Associação Americana de Psiquiatria.

GENERAL MEDICAL COUNCIL. "Day 17 GMC Fitness to Practice Hearing for Andrew Wakefield". 7 ago. 2007. Disponível em: <wakefieldgmctranscripts.blogspot.com/2012/02/day-17.html>. Acesso em: 23 nov. 2016.

GRANT, Moosa V. P. "The President Reports". *National Society for Autistic Children, Inc., Newsletter*, verão 1968.

HANDLEY, J. B. "Paul Offit and the 'Original Sin' of Autism". Age of Autism (website), 31 jan. 2011. Disponível em: <www.ageofautism.com/2011/01/paul-offit-and-the-original-sin-of-autism.html>. Acesso em: 23 nov. 2016.

IMMUNIZATION SAFETY REVIEW COMMITTEE. *Immunization Safety Review: Vaccines and Autism*. Washington, DC: National Academies Press, 2004.

INSTITUTOS NACIONAIS DE SAÚDE. *Mental Health: A Report of the Surgeon General*. Rockville, MD: US Department of Health and Human Services, 1999. Disponível em: <profiles.nlm.nih.gov/ps/access/NNBBHS.pdf>. Acesso em: 23 nov. 2016.

KANNER, Leo. Discurso proferido na qualidade de laureado com o Prêmio Stanley R. Dean Research, da Associação Americana de Psiquiatria, 4 maio 1965. Disponível em: <neurodiversity.com/library_kanner_1965.pdf>. Acesso em: 23 nov. 2016.

_____. Discurso à National Society, Washington, DC, 17 jul. 1969. Transcrição disponível na Coleção da Associação Americana de Psiquiatria, Associação Americana de Psiquiatria.

KANSAS BUREAU OF CHILD RESEARCH. *Fitter Families for Future Firesides: A Report of the Eugenics Department of the Kansas Free Fair, 1920-1924*. Eugenics Committee of the United States of America, 1924.

LOVAAS, Oler Ivar. "Special Report: Dr. Lovaas Comments on the Mistaking of His Work". *FEAT Newsletter*, 2000. "Clarifying Comments on the UCLA Young Autism Project".

MCCRAVEY, William. Carta ao neto, Donald Triplett, 22 jun. 1943, fornecida aos autores por Oliver Triplett.

MCILWAIN, Lori. "Autism & Wandering: A Guide for Educators". National Autism Association, 20 abr. 2015. Disponível em: <nationalautismassociation.org/autism-wandering-a-guide-for-educators/>. Acesso em: 23 nov. 2016.

NATIONAL Society for Autistic Children, Inc., Newsletter, jun. 1974. Arquivos da Sociedade de Autismo da América, Bethesda, Maryland.

PACE, Giacinta. "Philanthropist Wages Fight to Cure Autism, Suzanne Wright's Foundation Raises Money to Fund Research on Disorder". NBC News, 12 nov. 2009. Disponível em: <www.nbcnews.com/id/33868343/ns/us_news-giving/t/ philanthropist-wages-fight-cure-autism/#.VZ1HY_kgkqM>. Acesso em: 24 nov. 2016.

PATCHES, Matt. "Remembering *Rain Man*: The $350 Million Movie That Hollywood Wouldn't Touch Today". Grantland, 9 jan. 2014. Disponível em: <grantland.com/hollywood-prospectus/remembering-rain-man-the-350-million-movie-that-hollywood-wouldnt-touch-today/>. Acesso em: 24 nov. 2016.

PAVLOV, Ivan. Conferência Nobel: "Physiology of Digestion". 12 dez. 1904.

"RANSOM Notes and Love Letters". Mom — Not Otherwise Specified (blog). 10 dez. 2007. Disponível em: <momnos.blogspot.com/2007/12/ransom-notes-and-love-letters.html>. Acesso em: 24 nov. 2016.

REICHLER, Robert. Palestra sobre a "Early History of TEACCH". Winter InService, Division TEACCH, Chapel Hill, 8 fev. 2007.

SAFEMINDS. "SAFEMINDS Outraged That IOM Report Fails American Public". *Press release*, SafeMinds, 18 maio 2004. Disponível em: <www.safeminds.org/wp-content/uploads/2004/05/040518-PR10-BadIOMReport.pdf>. Acesso em: 24 nov. 2016.

SCHOPLER, Eric. Entrevista em áudio a Gary Mesibov. Reminscences, 18 jun. 1988.

SCHOPLER, Eric. "Recollections of My Professional Development". Palestra de "What Future for the Helping Professional?". Emma P. Bradley Symposium, 22 out. 1971.

SEIDEL, Kathleen. "Autism and Lupron: Playing with Fire". Neurodiversity.com, 19 fev. 2006. Disponível em: <web.archive.org/web/20120204153600/http://neurodiversity.com/weblog/article/83/autism-testosterone-lupron-playing-with-fire>. Acesso em: 24 nov. 2016.

SENADO DOS ESTADOS UNIDOS. "Thimerosal and Autism Spectrum Disorders: Alleged Misconduct by Government Agencies and Private Entities". Resumo executivo para o Comitê de Saúde, Educação, Trabalho e Pensões, set. 2007.

SERVIÇO DE SAÚDE PÚBLICA DOS ESTADOS UNIDOS. Declaração do PHS em "Notice to Readers: Thimerosal in Vaccines: A Joint Statement of the American Academy of Pediatrics and the Public Health Service". Centros de Controle e Prevenção de Doenças. *Morbidity and Mortality Weekly Report*, v. 48, n. 26, pp. 563-5, 9 jul. 1999.

SHARP, Beverly. "Autism and Discrimination in British Columbia". Discurso ao BC-NDP Women's Rights Committee. 8 dez. 1997.

SINCLAIR, Jim. "Don't Mourn for Us". *Our Voice*, v. 1, n. 3, 1993. Disponível em: <www.autreat.com/dont_mourn.html>. Acesso em: 24 nov. 2016.

"STATEMENT from NAA Board Member Katie Wright Reported June 15, 2007". Adventures in Autism (blog), 15 jun. 2007. Disponível em: <adventuresinautism.blogspot.com/2007/06/statement-on-autism-speaks-from-katie.html>. Acesso em: 24 nov. 2016.

THE PENNSYLVANIA *Association for Retarded Children et al., Plaintiffs, v. Commonwealth of Pennsylvania et al., Defendants*, US District Court, E. D. of Pennsylvania, 5 maio 1972.

THE PEOPLE of the State of California, Plaintiff, v. Alexander Gibson, Defendant, Original Reporter's Transcript of Grand Jury Proceedings, 12 jan. 1971, Superior Court of the State of California for the County of Santa Barbara.

TREFFERT, Darold. "Rain Man, the Movie/Rain Man, Real Life". Wisconsin Medical Society, [s.d.]. Disponível em: <www.wisconsinmedicalsociety.org/professional/savant-syndrome/resources/articles/rain-man-the-movie-rain-man-real-life/>. Acesso em: 24 nov. 2016.

TRIBUNAL DE QUEIXAS FEDERAIS DOS ESTADOS UNIDOS. "Claims for Vaccine Injuries Resulting in Autism Spectrum Disorder or Similar Neurodevelopmental Disorder, Autism-Update (Circular)". 24 maio 2007. Disponível em: <www.uscfc.uscourts.gov/sites/default/files/opinions/ SWEENE.Snyder081109_.pdf>. Acesso em: 24 nov. 2016.

_____. "Transcript of Proceedings. 11 jun. 2007: *Theresa Cedillo and Michael Cedillo v. Secretary of Health and Human Services*". Disponível em: <www.autism-watch.org/ omnibus/cedillo2.pdf>. Acesso em: 24 nov. 2016.

_____. "Vaccine Program Background". Office of the Special Masters, the Autism Proceedings, 2010. Disponível em: <www.uscfc.uscourts.gov/sites/default/files/vaccine_files/vaccine.background.2010.pdf>. Acesso em: 24 nov. 2016.

TRIBUNAL PENAL DA CALIFÓRNIA. *The People of the State of California, Plaintiff, v. Alexander Gibson, Defendant*. Original Reporter's Transcript of Grand Jury Proceedings, Original Clerk's Transcript, 12 jan. 1971.

WRIGHT, Bob; WRIGHT, Suzanne. "Statement... from Co-Founders". Autism Speaks, 2007. Disponível em: <web.archive.org/web/20071021232618/http://www.autismspeaks.org/wrights_statement.php>. Acesso em: 24 nov. 2016.

Nota dos autores

Com pouquíssimas exceções, os fatos e acontecimentos apresentados nestas páginas procedem de relatos de testemunhas oculares, de documentos confirmantes e de reminiscências de terceiros confiáveis. Tais relatos foram feitos por indivíduos que entrevistamos diretamente ou que viemos a conhecer por seus escritos ou outras provas de seus atos, palavras e pensamentos. Entre essas provas documentais figuram livros, artigos de jornal, correspondências particulares, registros em áudio e vídeo, relatos de jornais e revistas, postagens de blogs, mensagens de texto, prontuários médicos, tributos orais e escritos, transcrições de procedimentos judiciais e mapas. Por via de regra, nossas fontes são especificadas no próprio texto ou em uma nota de fim.

As exceções concernem a algumas das primeiras interações entre Donald Triplett e Mary, sua mãe. Donald tem pouco a contar no tocante a lembranças específicas dessas interações, e só Mary sabia o que havia pensado ou sentido durante a infância do filho, e ela morreu em 1985. Na sua ausência, imaginamos somente um punhado de pormenores, todos firmemente arraigados no que sabemos das suas circunstâncias. Um exemplo: no dia em que viu o bom desempenho de Donald na escola — documentado em uma carta —, temos certeza de que Mary ficou comovida e empolgada, e o afirmamos. Outro: visitamos a residência da família Triplett e reparamos em uma rua relativamente movimentada nas proximidades; com base nisso, presumimos que Mary receava que Donald fosse para lá e corresse o risco de ser atropelado. Terceiro exemplo: usamos a nossa experiência com o autismo em geral e o nosso conhecimento dos comportamentos documentados de Donald para descrever Mary preocupada com a possibilidade de ele descobrir como abrir os trincos das janelas. Em outras partes do livro, acrescentamos pequenos detalhes narrativos apenas quando os julgamos altamente plausíveis com base na totalidade da nossa pesquisa e das entrevistas. Por exemplo, quando descrevemos a primeira aula de direção de Donald, dizemos que, logo no começo, ele colocou ambas as mãos na parte superior do volante. Isso parece muito provável, em especial porque até hoje Donald tem um modo muito peculiar de segurar a direção com as duas mãos.

Em três casos, evitamos rigorosamente dar nome a indivíduos a fim de lhes preservar a privacidade. No primeiro, não usamos nome algum; no segundo, usamos só o prenome. O terceiro caso é o de uma moça que aparece, a pedido seu, como "Junie Gibson". Junie deriva de um apelido de infância.

Quanto aos nomes em geral, optamos por usar o prenome quando nos referimos a crianças e aos seus pais, e o sobrenome quando se trata de profissionais como cientistas e educadores. No entanto, achamos difícil aplicar a nossa regra de modo coerente, uma vez que, durante o andamento da narrativa, alguns pais se "profissionalizam" e alguns profissionais se comprometem pessoalmente com famílias. Por esse motivo, conforme o contexto, alguns indivíduos são designados ora pelo prenome, ora pelo sobrenome.

Enfim, usamos, vez ou outra, palavras hoje consideradas muito ofensivas, como "retardado mental", "idiota", "debiloide" e assim por diante. Queremos esclarecer que não temos a intenção de ofender ninguém e que só as empregamos em um contexto histórico, tal como as empregavam os profissionais de outra época. Naquele tempo, muitas dessas palavras eram expressões ou termos clínicos, usados por profissionais que só queriam ser precisos e não tinham intenção maliciosa. Visto isso, nós nos esforçamos para minimizar tais usos e empregar as expressões comumente aceitas hoje em dia quando o contexto permite. Do mesmo modo, quase sempre recorremos à formulação "primeiro a pessoa" ao designar um indivíduo com deficiência. Assim, em geral nos referimos a "um menino com autismo", e não a "um menino autista". Entretanto, invertemos isso quando escrevemos sobre indivíduos ou grupos que preferem a segunda formulação, como muitos participantes do movimento da neurodiversidade.

Agradecimentos

A lista que fizemos dos que merecem a nossa mais profunda gratidão por termos conseguido escrever este livro começa ali onde a maioria dos autores conclui a deles: pelas nossas famílias, cuja conexão com o autismo não é casual nem abstrata. No caso da família de Caren, essa conexão se deve ao seu filho mais velho, Michael "Mickey" McGuinness, que foi diagnosticado com autismo em 1996. No de John, é o irmão da sua esposa, Dror Mishori, nascido em Israel em 1967, que é profundamente afetado.

Mickey e Dror. Eis dois ótimos professores do significado da "experiência do autismo". Mas o autismo também transforma os membros da família em experts, e assim, entre outras verdadeiras autoridades a quem queremos agradecer, as primeiras são estas: John McGuinness, pai de Mickey e marido de Caren; e Jonah e Molly McGuinness, o irmão e a irmã de Mickey. Também fazem parte o seu tio, Michael Zucker, irmão de Caren, e a sua tia, Alison Porter.

E ainda os familiares de Dror nos Estados Unidos: a irmã, Ranit Mishori, esposa de John; seus filhos, Ben e Noa Donvan, que são sobrinho e sobrinha de Dror; seus pais lá em Israel, Edna e Yaacov Mishori; e a sua irmã caçula, Osnat Weinstein.

Temos uma dívida com esses vários parentes próximos que deixaram o nosso tema povoar a sua vida já tão povoada, que aguentaram ausências durante as viagens empreendidas para pesquisas e que nem sempre pediam para mudar de assunto quando talvez impúnhamos mais "conversa sobre autismo" do que qualquer outra pessoa na casa, já bem versada no tópico, precisava necessariamente ouvir. A sua paciência e o seu senso de humor tornaram a longa trajetória muito mais agradável.

Caren também agradece à família estendida extraoficial de almas gêmeas cujo apoio, durante os seus primeiros vinte anos de "mãe do autismo", lhe mostrou o poder do amor e do riso na superação de quase qualquer coisa. Ocorre que a maioria delas também é mãe: Cheryll Brocco, Katy Barrett, Janet Boyle, Barbara Friedman, Julie Hartenstein, Ilene Lainer, Debbie Lankowsky, Kate O'Brian, Beth Sovern e Betsy Stark. Liz Daibes e a sua família deram a Caren uma lição de zen antes que ela soubesse o significado da palavra, e mostrou aos Zucker-McGuinness uma pequena amostra de Forest, Mississippi, no condado de Bergen, Nova Jersey.

Do mesmo modo, John agradece a Ken Weinstein, Amy Kauffman, Jeffrey Goldberg, Mark D'Anastatio, Elisa Tinsley, Jeanie Milbauer, Gerry Ohrstrom, Laurie Strongin, Allen Goldberg, David Dunning e Jacqueline e a John Bredar as suas qualidades de almas gêmeas — e o apoio tanto moral quanto culinário. Também foi de grande ajuda contar com uma breve lista de colegas escritores/autores/produtores, que também são amigos e entravam em contato de quando em quando, torcendo por nós, lendo um capítulo aqui ou ali e verificando informações, dando conselhos sobre estilo, aulas de escrita de livro e estímulo em geral. Agradecemos pela sempre oportuna assistência de Rick Beyer, Ethan Bronner, Lisa Dallos, Sue Goodwin, Deborah Lewis, Richard Mark, Barbara Moses, Elissa Rubin, Chris Schroeder, Ken Stern e Jay Winik. John também contou com o apoio enorme das forças propulsoras por trás do seu "outro" grande projeto dos últimos anos, o de ser mediador do Intelligence Squared US Debates, cujos fundadores, Robert Rosenkranz e Alexandra Munroe, e sua magnífica produtora executiva, Dana Wolfe, não tardaram a entender que a "distração" sempre seria temporária. A boa vontade deles foi importantíssima.

A nossa largada na divulgação de informações sobre o autismo se deveu aos nossos chefes na ABC News, que, quase no fim do milênio passado, nos deram ouvidos quando sugerimos que o autismo era um tema digno de cobertura regular, mas do ponto de vista da vida e da ciência, não como um relato de almanaque de excentricidades, milagres e gente que calcula calendário de cabeça. Por consequência, em 2000, a ABC foi a primeira rede de televisão a começar a tratar o autismo como tema de um programa real e sério — depois intitulado *Echoes of Autism* [Ecos do Autismo] —, que foi nosso durante quase uma década. Como a televisão é tão cooperativa, o crédito ao nosso trabalho nos telejornais *Nightline* e *World News* deve ser compartilhado com os *managers* que abriram espaço para ele e com os colegas que contribuíram para melhorá-lo e, muitas vezes, torná-lo mais bonito, em especial Akram Abi Hanna, Jon Banner, Tom Bettag, Tom Budai, Jeanmarie Condon, Dennis Dunleavy, Tommy Fasano, Roy Garlisi, Charlie Gibson, James Goldston, Dan Green, Mimi Gurbst, Katie Hinman, Gerry Holmes, Peter Jennings, Tom Johnson, Sara Just, Ted Koppel, Cynthia McFadden, Tom Nagorski, Diane Sawyer, Stu Schutzman, Ben Sherwood, Roxanna Sherwood, Leroy Sievers, Madhulika Sikka, George Stephanopoulos, David Zapatka e muitos outros. Mais tarde, Caren prosseguiu produzindo a série *Autism Now* para a *PBS NewsHour*, na qual compartilhava o crédito com Robert MacNeil, que ela admirava profundamente, Linda Winslow e Ray Conley, todos engajados em retratar o autismo em toda a sua sutil complexidade.

Conhecer tantos membros da comunidade do autismo através do nosso trabalho na televisão — pessoas no espectro, assim como as que tentavam ajudá-lo e compreendê-lo — serviu como um seminário de anos sobre a profundidade e a idiossincrasia do autismo. Como tema e participantes de nossas primeiras reportagens, todas essas pessoas estão presentes neste livro, ainda que não identificadas no texto. Entre elas, de diferentes pontos do espectro, sobressaem Jacob Artsen, Billy Bernard, Daniel Corcoran, Josh Devries, Paul DiSavino, Jamie Hoppe, Clayton Jones, Noah Orent, Andrew Parles, Isaiah Paskowitz, Madison Prince, Ian Rager, Victoria Roma, Kaede Sakai e Mackenzie Smith. E, entre seus familiares, professores e terapeutas, Jed Baker, Marlene DiSavino, Julie Fisher, Doug Gilstrap, Jan Hoppe, Susan Hamarich, Kenneth Hosto, Jimmy Jones, Judy Karasik, Jim Laidler, Don Meyer, Brenda Myers, Karrie Olick, "Izzy" Paskowitz, Craig, Jeffrey e Lisa Parles, Christi Sakai, Karen Siff-Exkorn, Franklin Exkorn e Jake Exkorn.

Também agradecemos ao editor-chefe da *Atlantic*, James Bennet, pela publicação do nosso perfil original de Donald Triplett. A edição brilhante de Chris Orr extraiu o melhor dessa reportagem (o título, "Autism's First Child" [O primeiro filho do autismo], foi ideia dele) e nos ajudou a ser finalistas do National Magazine Award de 2011. A publicação da matéria também fez renascer o nosso interesse em escrever um livro, empreendimento que havíamos iniciado em 2007, mas abandonamos em 2010 (porque a televisão toma muito tempo). Foi a esposa de John quem propôs, já que não escreveríamos o livro, que pelo menos publicássemos em uma revista o nosso relato da vida de Donald Triplett, que já havíamos pesquisado.

Obviamente, como prova o livro nas suas mãos, aquele acabou sendo um momento decisivo. Outros cinco anos dedicados a estudar o pano de fundo do autismo deixam-nos com muito mais gente a quem agradecer o tempo e a expertise que nos deram em seus lares, escritórios, consultórios, laboratórios e bibliotecas. São eles os seguintes — todos os quais conhecemos pessoalmente (na maior parte dos casos), por telefone ou pelo Skype, entre a primavera de 2010 e o verão de 2015.

No Mississippi: Allen Breland, Bob Brown, Janelle Brown, Ralph Brown, Tom Burns, Millie Clark, Lisa Davis, Albert Earle Elmore, Buddy Lovett, John Madden, Jan Nester, James Rushing, John Rushing, Ralph Ryan, Sid Salter, Constance Slaughter-Harvey, Celeste Sly, David Tedford, Yvonne Theriot, Donald Triplett, Ingrid Triplett, Oliver B. Triplett III, Gene Walker, Thomas E. Walker Jr., Brister Ware, Suzanne Wilder e Jamie Woods.

Em outras partes da América do Norte: Dan Amaral, Susie Arons, Sid Baker, Alice Barton, Sharmila Basu, Peter Bearman, Liz Bell, Sallie Bernard, Ed Berry, Douglas Biklen, Janyce Boynton, Timothy Buie, Marc Bush, Joseph Buxbaum, Betty Camp, Norman Camp, Norman "Normie" Camp IV, Dick Cavett, Maynard Clark, Edwin Clayton, Shirley Cohen, Brenda Considine, Daniel Corcoran, Jacqueline Crawley, Moira Cray, Chris Crean, Katherine Crean, Lorenzo Dall'Armi, Gerry Dawson, Brenda Denzler, Brenda Deskin, Anne Donnellan, Leon Eisenberg, Celine Ennis, Gal Evra, Liz Feld, Linda Fiddle, Julie Fisher, Audrey Flack, Hannah Flack, Arthur Fleischmann, Carly Fleischmann, Tammy Fleischmann, Meg Flynan, Michael Flynan, Michael Flynan Jr., Nell Floyd, Susan Folstein, Eric Fombonne, Richard Foxx, SueAnn Galante, Emily Gerson Saines, Daniel Geschwind, Junie Gibson, Bob Gilhool, Tom Gilhool, Deb Gordon, Judith Gould, Temple Grandin, Gina Green, Julius Griffin, Richard Roy Grinker, Lee Grossman, Kimberly Gund, Debbie Hagen, Martha Herbert, Irva Hertz-Picciotto, Saima Hossain, Tom Insel, Robert Ito, Portia Iversen, Brian Iwata, Rose Jochum, Suzanne Kaplan, Ami Klin, Lynn Koegel, Robert Koegel, Connie Lapin, Harvey Lapin, Shawn Lapin, Barry Levinson, Eric London, Karen London, Cathy Lord, Ann Lotter, John Maltby, Robert Marcus, Catherine Maurice, Gary Mayerson, Cece McCarton, Darius McCollum, Tony Meyers, David Minier, Linda Morrissey, Soma Mukhopadhyay, Tito Rajarshi Mukhopadhyay, Kevin Murray, Gail Mutrux, Mary Ellen Nava, Ari Ne'eman, Craig Newschaffer, Paul Offit, Jon Pangborn, Joseph Piven, Alex Plank, Douglas Plank, Mary Plank, Arnold Pollak, Richard Pollak, Jalynn Prince, Barry Prizant, Ellen Rampell, Lyn Redwood, Denise Resnick, Gloria Rimland, Mark Rimland, Rick Rollens, Michael Rosen, Alvin Rosenfeld, Chris Saddler, Sid Salter, Bonnie Sanabia, Barb Savino, Greg Savino, Ross Savino, Craig Schaeffer, Lenny Schafer, Kathleen Seidel, Howard Shane, Paul Shattuck, Lori Shery, Jon Shestack, Chantelle Sicile-Kir, Bryna Siegal, Lorraine Slaff, Ilana Slaff-Galatan, Michelle Smigel, Robert Smigel, Mike Smith (Halifax), Tristram Smith, Cecile Snider, Stuart Spielman, Joe Sullivan, Ruth Sullivan, Rita Tepper, James Todd, Janet Twyman, Daniel Unumb, Lori Unumb, Judith Ursitti, Fred Volkmar, Mary Lou "Bobo" Warren, Aislinn Wendrow, Ian Wendrow,

Julian Wendrow, Jim Wheaton, Suzette Wheaton, Philip Worden, Bob Wright, Suzanne Wright.

Na França: Katrina Alt, Laurent Alt, Françoise Ayzac, Laurent Damon, Laurent Dillion, Pierre Delion, Diane Fraser, Eric Laurent, Sophie Roberts.

Em Viena: Herwig Czech e Arnold Pollak.

Em Tel Aviv e Nazaré: Edna Mishori e Eti Dromi, Juman Tannous.

Em Copenhague: Steen Thygesen, Thorkil Sonne.

No Reino Unido: Simon Baron-Cohen, Adam, Heather e Sandra Barrett, Brian Deer, Judith Gould, Hephzibah Kaplan, Jeremy Laurance, Janis McKinnon, Michael Rutter, Marion Stanton.

Na África do Sul: Claudia Ceresa, Kenneth Moeketsi, Mary Moeketsi, Phindle Nikosi, Sanele Nikosi, Jill Stacey, Louise Trichadt, Ronel Van Bijon e as poucas dezenas de mães e educadores que conhecemos em escolas e em vilarejos ao longo do caminho.

Há ainda um pequeno círculo de fontes cujos nomes não incluímos nos parágrafos acima a fim de distingui-los com um agradecimento especial, devido à sua disposição para receber repetidos telefonemas nossos ao longo dos anos, atuando, tal como esperávamos, como os nossos grandes "cérebros de confiança" na história do autismo. Todos foram especialmente generosos em nos indicar outros escritos e abrir portas, muitas vezes fazendo apresentações em nosso nome. Portanto, manifestamos a nossa gratidão especial a: Peter Bell, Michael John Carley, Stephen Edelson, Judy Favell, Adam Feinstein (um colega generosíssimo, cujo livro *A History of Autism* recomendamos muito), Gerald Fischbach, Uta Frith, Pete Gerhardt, Ilene Lainer, Lee Marcus, Gary Mesibov, John Elder Robison, Andy Shih, Alison Singer, Bridget Taylor e, pela sua eterna amabilidade nas muitas dezenas de vezes que lhe telefonamos durante oito ou nove anos, Oliver B. Triplett Jr.

Descobrimos reiteradamente que bibliotecários profissionais adoram a caçada e têm um dom mágico de encontrar ouro. Agradecemos o espírito e a intrepidez dos colegas pesquisadores da Biblioteca Nacional de Medicina, de Bethesda, Maryland, em especial Cynthia Burke, Ryan Cohen, Liliya Gusakova, Lalitha Kutty, Ellen Layman, Wanda Whitney e Marcia Zorn. Somos gratos também aos bibliotecários Gary McMillan, da Associação Americana de Psiquiatria, Arlene Shaner, da Academia de Medicina de Nova York, e Virginia Gillham, da Universidade de Guelph. O mesmo vale para o staff da biblioteca da Sociedade de Autismo da América, da Universidade Estadual de Bowie, dos Arquivos e Coleções Especiais do Brooklyn College, da Universidade Columbia, da Universidade de Georgetown, da Universidade Howard, da Universidade Estadual da Pensilvânia, da Biblioteca Memorial Martin Luther King Jr., de Washington, DC, dos Arquivos Médicos dos Institutos Médicos Johns Hopkins, da Biblioteca Pública de Nova York, do Rockefeller Archive Center, das bibliotecas públicas de Teaneck e Tenafly, Nova Jersey, da Universidade de Chicago e da Universidade do Distrito de Columbia.

Enfim, somos muito gratos aos nossos aliados da Penguin Random House, a começar por Molly Stern, *publisher* da Crown, que acreditou na nossa ideia, não só para comprá-la como para confiar na nossa palavra quando voltamos não uma mas duas vezes para explicar que mais uma extensão do prazo produziria um livro melhor. Molly manteve o tempo todo o compromisso de nos dar o apoio necessário para que continuássemos e concluíssemos a pesquisa e a escrita. Desde o começo, a paixão de Vanessa Mobley pelo projeto teve um papel vital em nos ajudar a escolher os caminhos a seguir. Agradecemos a Rachel Klayman, a nossa editora, que herdou este livro e abraçou a missão com muito entusiasmo e um insight instantâneo dos seus propósitos e possibilidades. Ela foi a nossa apoiadora na Broadway, 1745. A sua determinação e flexibilidade, assim como o seu afiado talento para a linguagem, nos levaram até a última linha. A editora Sarah Breivogel imprimiu talento, ímpeto e energia ao projeto de pôr o nosso livro nas mãos do máximo de leitores possível. As suas já formidáveis aptidões de multitarefa foram testadas no trato não com um, mas com dois autores que também trabalham na mídia e estão acostumados a comandar, e reagiu com elegância. Danielle Crabtree emprestou as suas ideias criativas e a atitude descontraída à tarefa complexa de lançar o nosso livro, não só para o público leitor em geral como também para a comunidade do autismo. Também agradecemos à equipe da Crown dedicada a criar o design do livro e a contar ao mundo o que tínhamos escrito: Chris Brand, Jon Darga, Lauren Dong, David Drake, Rachel Rokicki, Annsley Rosner e Christine Tanigawa.

Fora do reino da Crown, Jane Fransson ocupa um lugar especial no nosso coração pela ajuda oportuna, dedicada e crítica que nos prestou na etapa final. Desconfiamos que em vidas passadas ela foi médica de pronto-socorro, ou quem sabe maga, ou talvez santa. Vimos indícios de tudo isso nela e no seu desempenho no papel de substituta de última hora. Somos gratos, Jane.

Mas o maior crédito pela existência deste livro pertence à nossa guia pessoal na indústria editorial: a nossa agente, Alia Hanna Habib. Como mencionamos acima, o nosso interesse inicial em escrever uma história começou a diminuir quando publicamos o perfil da *Atlantic* no fim de 2010. Alia o leu, localizou-nos e, em uma conversa telefônica de quarenta minutos, mostrou-nos como e por que uma história do autismo que partisse da vida de Donald Triplett podia se transformar em um livro que ela mesma gostaria de ler. Alia tinha ideias próprias sobre forma e tom, que pareciam franca e eminentemente factíveis e leais à realidade histórica. Em suma, ela nos persuadiu a recomeçar. Depois nos ensinou a escrever uma proposta de livro. Então saiu e vendeu a proposta. Nos cinco anos seguintes, Alia nos manteve calmos, contou-nos a verdade e sempre esteve do nosso lado. Sinceramente, ela é madrinha deste livro. O que consideramos uma bênção.

Índice remissivo

20/20 (programa de TV), 369-70
60 Minutes (programa de TV), 410, 412, 447

ABA (applied behavior analysis) ver análise comportamental aplicada
Abramson, Harold, 202
abuso sexual, acusações falsas de, 359, 363-5, 368, 370, 558
Academia Americana de Pediatria, 431-2, 452, 560
ácido fólico, 519
Adventures in Aspergers (blog), 507
afasia, 315
África do Sul, 285, 357, 431
Age of Autism (site), 463-4
Alemanha, 40, 42, 93, 231, 291, 320-1, 323, 325, 331, 333, 335-7, 339-40, 526
Allen, Woody, 92
Allison, Helen Green, 280
Alpert, Joel, 452
alucinações, 52, 53, 200-1, 323
American Journal of Psychiatry, 37
analfabetismo, 21, 62

análise comportamental aplicada (ABA, applied behavior analysis), 213-7; críticas à, 224, 250; custo do programa (dinheiro, tempo), 228, 245, 250, 257, 263, 267, 271; diminuição da influência da, 250, 254; e comunicação, 352, 409; e "estudo de Dicky", 214-7; e Lovaas, 213, 219-20, 223, 228, 244-6, 249-50, 272-3, 518; em casa, 255-6; imprevisibilidade da, 258; processos judiciais ligados à, 261-71, 516; regressão na, 267; variações, 272-3
Appleton-Century-Crofts (editora científica), 130-1
Argentina, 431
Armentrout, Charles, 161
artrite reumatoide juvenil, 72, 553
Árvore Genealógica, escola (Londres), 144, 303
Asilo de Cegos da Nova Inglaterra, 61
Asilo de Débeis Mentais de Baltimore, 42
Asperger Syndrome (Klin et al.), 333-4
Asperger, Hans, 320-5; e a eutanásia, 339; e Lorna Wing, 320, 326-30, 333, 340, 376; e o Bund Neuland, 321, 337; e o nazismo, 321-3, 330, 343, 526; e o valor social, 338; "psicopa-

tas autistas" descritos por, 323-6, 335, 338; simpósio em homenagem a, 340-3; *ver também* síndrome de Asperger

Associação Americana de Psiquiatria, 37, 42, 318, 329, 375, 526, 559

Associação de Cidadãos Retardados (Texas), 411

Associação Nacional para Crianças Retardadas, 166

Associação para Crianças Retardadas da Pensilvânia, 166, 556

Associação para os Deficientes Graves, 224

Aston, Robert, 446

Atlantic, The (revista), 516, 532, 560

atum, mercúrio no, 450-2

Aurnhammer, Uta *ver* Frith, Uta

Austrália, 327, 347, 349-50, 353, 430, 494, 527, 558

Áustria, 42, 93, 320-2, 325-6, 333, 336, 338, 342

Autism Coalition for Research and Education (ACRE), 467

Autism Diagnostic Instrument (ADI), 398

Autism Genetic Research Exchange (AGRE), 399, 560

Autism Network International (ANI), 515

autism reality (documentário), 504, 508

Autism Research Institute, 412, 559

Autism Research Review International, The (*ARRI*), 246-7

Autism Science Foundation (ASF), 491, 563

Autism Speaks, 464-70; adversários da, 522-4; cisma no interior da, 486-91; conscientização sobre o autismo como meta da, 465, 516-7; crescimento da, 465, 469-70; e o debate da vacina, 486-8; e pesquisa, 467, 517; formação da, 461; fusões com, 466-9; influência da, 466, 516-7; logotipo do quebra-cabeça azul da, 461, 465-7; site da, 504, 515

Autism Talk TV (série de vídeos), 504

Autism: Explaining the Enigma (Frith), 295

"AUTISM: The Hidden Epidemic?" (segmentos da NBC news), 424, 460, 462, 469

autismo: a "criança lá dentro", 355-8, 370; aceitação do, 549-50; adultos com, 497-511, 546-9; "agrupadores" versus "separadores", 376, 547; aspecto biomédico do, 297, 376, 378-80, 383-5, 390, 402, 519, 547; autodestrutividade do, 205, 207, 214, 225-6; avaliação subjetiva do, 287-90, 428, 531; base neurológica do, 233, 283, 292; biologia e, 128; busca da cura do, 518-9, 524-5, *ver também* Cure Autism Now; caminhadas e teletons para, 180; campanhas de publicidade, 512-3, 516-7, 520-1; "cegueira mental", 372, 525; "celebridade" do, 408; cismas nos grupos de apoio, 142, 166-7, 388, 462-5, 486, 489-90; "clássico", 157, 175, 318, 423, 528; cobertura de plano de saúde, 466; "coerência central fraca" no, 307; como distúrbio inato, 101-4, 302; como distúrbio permanente, 415; como emblema de honra, 523; como síndrome de Kanner, 86, 129; componente genético do, 127, 297-9, 301, 376, 391, 396, 399, 520; comportamentos inteligentes no, 116; conscientização pública, 103, 295, 416, 466, 471, 491, 503-4, 510-1, 516, 522, 549-50; crianças como espécimes de laboratório, 202-7; dentes extraídos em pacientes com, 155, 161, 194; determinação do tamanho da população com, 286-9, 313, 315, 373, 425, 430; diagnóstico amador de, 507; diagnóstico do, 85-6, 116-7, 125, 175, 260, 279, 286, 312, 372-4, 425, 508, 525, 528; "distúrbio autista do contato afetivo", 50, 52, 552; doações dedutíveis de imposto e, 467; Donald Triplett como caso seminal, 44, 50, 69, 86, 286; e comunicação, 347-53; e escolas *ver* escolas; e esperança, 136, 140, 258, 370, 387-8, 419; e institucionalização, 156-7, 166, 180, 186, 312-3; e iPad, 541; e "loucos santos", 55; e PDD-NOS (Pervasive Development Disorder Not Otherwise Specified), 318, 528; e processamento sensorial, 375; e síndrome de Asperger, 327-9, 336, 338, 373, 505, 528-30; "efeito da febre" no, 519; "ele já existia", 51-5, 63, 140, 434; empregabilidade de portadores de, 548; epidemia, 423-34, 437, 441, 458, 460, 466; espectro do, 311, 314, 317,

376, 458, 511, 520, 528, 530, 562-3; esquizofrenia e, 52, 101-2, 218, 232, 286, 288, 323, 374; estereótipos do, 522; estudos de gêmeos, 296-9, 301, 315; financiamento de pesquisa, 167, 381-4, 462, 470, 488, 490-1, 518; fisionomia das crianças com, 356; gama de diagnósticos, 53, 286, 372-4, 425, 428, 431, 527; gama de sintomas, 56, 86, 111, 311, 374; incriminação das mães, 27, 86-91, 94, 98-104, 109, 112-4, 121, 125-6, 129, 313, 373, 409, 513; indivíduos sem diagnóstico, 48-9, 63; infantil, 52, 86, 100, 102, 130, 286, 546; influências ambientais sobre, 376, 487; instrumentos para pacientes com, 253; legislação para, 184-7, 190, 261, 427-8; Lei de Combate ao Autismo (EUA — 2006), 393, 458, 515, 562; mente das crianças com, 281-3; mistério complexo, 530; movimentos de defesa, 141-3, 421, 424, 431, 460-5, 511, 546; no cinema e na ficção, 408-9, 412, 419, 435-7, 504; opiniões cambiantes sobre, 114, 353, 367, 372-6, 426, 433, 494, 510-1, 529-31, 546; padrões de comportamento no, 50, 54-5, 97, 101, 111, 116, 120, 139, 144, 155, 174-6, 214, 235, 286, 288, 292, 302, 316, 323-4, 374, 376, 413-4, 461, 524-5, 528; peça de quebra-cabeça azul como logotipo, 461, 465-7; "pensamento autístico", 53, 551; pesquisa do, 126-8, 132, 246, 293-5, 307, 315, 316, 518-9, 529, 547; pessoas altamente funcionais com, 247, 497, 505, 506, 511, 520, 529; plano de tratamento dos, 260; política e, 458, 478; prioridades americanas versus britânicas no, 278; Projeto Autismo Jovem, 244-5, 250; Projeto do Autismo Precoce de Wisconsin, 274; "recuperação", 257, 262; regressão no, 267; reportagens e documentários da mídia sobre, 91, 97, 99, 119, 133-4, 148, 150, 173, 187, 218-9, 247, 249, 352, 354, 358, 366, 410, 423, 430, 463, 494, 532; rótulo de autista, 292, 317-8, 409, 428, 508; serviços estaduais prestados para, 423-5, 547-9; substituição diagnóstica, 429; taxa de prevalência, 287, 290, 313, 374, 422-34; teoria da vacina para, 441, 459, 463, 466; terapias alternativas, 357, 369, 383, 386-7, 395, 455, 483; "transtorno autista", 318, 528; transtorno desintegrativo da infância, 528; transtorno do espectro autista, 376, 458, 528, 530, 563; tríade de incapacidade no, 316, 374; vigilância e notificação aumentadas, 426

Autistic Children (Wing), 313-4, 317, 555

"Autistic Disturbances of Affective Contact" (Kanner), 52, 552

Autistic Self-Advocacy Network (ASAN), 517, 521-3, 562

Avalon, Frankie, 180

Baer, Don, 214
Baird, Melinda, 272
Baker, Sid, 387
Baron-Cohen, Simon, 303-8, 312, 507, 525-6, 557
Barton, Alice, 137-41, 143, 146, 148, 556
Barton, Frankie, 138-40, 143-4, 146, 556
Barton, George, 138-41, 143, 146, 556
Basil (sapateiro russo), 55
Bauman, Margaret, 380-1
Beatles, The, 281
Beck, Parker, 358
Beck, Victoria, 358
behaviorismo, 211-3; ABA *ver* análise comportamental aplicada; arcabouço mecanicista do, 212, 224; "descanso" no, 216; e o Projeto Autismo Jovem, 244-6, 250; e Pavlov, 211, 224; estudos com animais no, 211-3, 216, 519; modelagem e, 217; punição e, 205, 210-1, 213, 221, 224-8, 245; reflexo condicionado, 212; reforço e, 210-1, 213, 215, 218, 227-8; "supercorreção", 226; terapia aversiva, 224-8
Bell, Liz, 523, 525-6
Bell, Peter, 431, 470, 523-5
Bell, Tyler, 524, 526
Bender, Lauretta, 201, 286
Berry, Ed, 390-1, 398-9
Bethlem Royal Hospital (Londres), 281
Bette (paciente autista), 351

Bettelheim, Bruno, 91-9; *A fortaleza vazia*, 97-8, 103, 114, 313, 410, 555; adversários de, 103, 125, 128-9, 230-2, 246; anos da juventude, 92; biografias de, 93-4; declarações públicas de, 104; e Lovaas, 224; e o antissemitismo, 95, 231; emigração para os Estados Unidos, 94; ideias sobre o autismo, 96-9, 233; "Individual and Mass Behavior in Extreme Situations", 95; mães inculpadas por, 94, 98-9, 104, 114, 129, 232, 258, 313, 513; maquiagem da verdade por, 93, 95; prisioneiro em campos de concentração nazistas, 93-5, 99; reputação de, 94-5, 97, 133; seu desdém pelas provas, 128; suicídio de, 114

Bijou, Sidney, 213-4

Biklen, Doug, 347-51, 353-4, 363, 365, 367-9, 372, 558

Billy (criança autista), 218

Black, Hugo, 31

Blair, Hugh, 56-8, 64

Blair, John, 57-8

Blair, Tony, 447

Blatt, Burton, 162-3, 348, 555

Bleuler, Eugen, 53, 551, 552

Blume, Harvey, 516, 560

Bondy, Andrew, 353

Bonneville, Hugh, 448

Borthwick, Chris, 347

Boynton, Janice, 355-6, 359-66, 368-70, 558

Brasil, 332, 442

Bridge, The (série de TV), 497, 504

Brokaw, Tom, 465

Bronsten, Bill, 183

Broussard, Gilbert, 80

Brown, Janelle, 78

Bruey, Carolyn, 253

bruxas, caça às, 63, 227

Buchenwald, campo de concentração de, 93-4, 99

Bullock, John, 28

Burns, Tom e Margaret, 543

Burton, Dan, 424, 427, 561

Bush, George W., 458, 480

Califórnia, 37, 141, 175, 184-5, 188, 208, 273, 390, 430, 482, 488, 518, 549, 556, 560; "Estudo da Califórnia" (relatório sobre autismo), 421-7

Camp IV, Norman V. ("Normie"), 238, 240

Camp, Betty, 238-42, 556

Campanella, Joe, 180

campos de concentração, 95-6, 99, 335

Canadá, 17, 327, 401, 473, 516

câncer, 210, 376, 455

Canon, comunicador (aparelho), 350

Cantor, Nancy, 367

Carley, Michael John, 509-10, 526, 528, 561

Carlock, dr., 417, 436

Carter, M. P., 296-8

Carver, Ada, 162

Cash, Johnny, 180

Casto, Archie, 157-8, 551; declarado demente, 158, 163; dentes extraídos, 155, 161, 194; e Harriet (irmã), 158, 164, 192-4; em lar comunitário, 194; falecimento, 195; institucionalizado, 155-8, 161-4, 190-3; inteligência de, 193

Casto, Harriet, 158, 163-4, 192-4

Casto, Herman e Clara, 157, 163

Cavett, Dick, 104, 105

Cedillo, Michelle, 484-6, 492-3, 563

Cedillo, Theresa, 485

cegueira, 61, 137

"cegueira mental", 372, 525

Centro de Autismo Koegel da UCSB, 152

Centro de Estudo da Criança da Universidade de Nova York (UNY), 512, 562

Centro de Estudo Infantil de Yale, 331-2

Centro de Recursos de Tecido Cerebral Harvard, 400

Centro de Serviços para o Autismo (CSA), 192, 194

Centros de Controle e Prevenção de Doenças (CDC), 424, 430-4, 456, 463, 472, 476-7, 487, 511, 561

Century Psychology Series Award (1962), 130

cérebro, 96, 200, 283, 293, 295, 332, 342, 379, 384, 418, 441, 506, 510, 518; banco de tecido

cerebral, 400, 468, 471; e estudos biomédicos, 383; e linguagem, 352; estudos do, 380-1, 396; inflamação no, 442
Challis, Natalia, 55
Charly (filme), 412
Chen, Robert, 472
Child Called Noah, A (Greenfeld), 410
Child Psychiatry (Kanner), 39
Christmas in Purgatory (Blatt & Kaplan), 162, 555
Cingapura, 243, 520
Classificação Internacional de Doenças da OMS, 329
Clooney, George, 12
Cohen, Donald, 332, 373
Cohen, Ira, 268
Comitê de Coordenação Interagências do Autismo (CCIA), 458, 488-9, 518, 522
Comitê Presidencial para Pessoas com Deficiências Intelectuais, 523
comunicação: computadores com tela sensível ao toque, 353; deficiência de linguagem, 302, 528; ecolalia, 58, 62, 352; em nível de frase, 347-9, 352; "facilitada" (CF), 349-56, 359-60, 362-73, 557-9; fonoaudiologia, 257, 261, 273, 355, 360, 383; por intermédio do teclado, 351; símbolos pictóricos, 353; tabuleiro Ouija, 353
"Conall" (episódio do programa *Directions'65*), 133
Congresso dos Estados Unidos: audiências sobre a segurança da vacina no, 449-54; e teoria da conspiração no caso da vacina, 476; ordem de avaliação da pesquisa do timerosal, 455
Conselho Geral de Medicina (Reino Unido), 493-4
Conselho Nacional da Deficiência, 522
Copeland, James: *For the Love of Ann*, 410
Corzine, Jon, 524
Cova da serpente, A (filme), 161
Crawley, Jacqueline, 519
Creak, Mildred, 288, 312, 374, 553
Crean, Conall, 133
Crean, Robert, 133

"critérios de Rutter", 374
Crossley, Rosemary, 347, 349-51, 353, 557-8
Cruise, Tom, 414
Cure Autism Now (CAN), 386-8, 392-9; captação de fundos, 387-8, 392-3, 399; coleção própria de DNA, 397-9, 468, 470; e a Autism Speaks, 467-72, 491; e a legislação, 393, 458; e a neurodiversidade, 515, 523; e a taxa de prevalência, 431; e pesquisa, 392, 394, 397, 399; e vacinas, 453; formação da, 386
Cutler, Eustacia, 416, 435
Czech, Herwig, 340-4, 526, 563

Dachau, campo de concentração de, 93, 99
Danes, Claire, 436-7
David (garoto autista), 235-6, 240
Dawson, Michelle, 516
Deer, Brian, 473-5, 478-9, 562
Defeat Autism Now! (organização), 515, 559
deficiência: como "perigo para a sociedade", 33; "defeituoso", rótulo de, 28, 501; de desenvolvimento, 166, 187, 222, 315, 412, 556; desumanização de deficientes, 64, 205; dicionário da, 28; direitos dos deficientes, 183; e escolas públicas, 171, 184; e estudos de punição, 205-7; e os massacres nazistas, 322; intelectual, 29, 62, 156, 166-7, 169, 297, 307, 411, 429, 528; legislação sobre, 190, 261; modelo de "família adotiva", 549; percepção pública, 33, 61; preconceitos em relação a, 347; rótulo de, 28, 501; vergonha da, 30, 33, 156
"dementes naturais", 58
Departamento de Bem-estar da Criança de Nova York, 90
Departamento de Saúde do condado de Westchester, 260, 560
Departamento de Segurança Interna (EUA), 480
Despert, Louise, 102
DeStefano, Frank, 472
Dewey, Horace, 55
Diagnosing Jefferson (Ledgin), 506
Diagnostic and Statistical Manual of Mental

Disorders (*DSM*), 318, 329-33, 375-6, 422-3, 425-6, 428, 501, 505-6, 526-30, 557, 559, 563
Dickinson, Emily, 506
"Dicky, estudo de", 214
Dinamarca, 473, 477, 548
Dionne, quíntuplas, 17-8
DiPiazza, Jodi, 12
Directions'65 (programa de TV), 133
direitos da deficiência, 183, 226, 348, 517
"distúrbio autista do contato afetivo", 50, 52, 552
doença de Still (artrite reumatoide juvenil), 72, 553
Donald (caso nº 1 do autismo) *ver* Triplett, Donald
Donnellan, Anne, 183, 227-8
dopamina, 518
drogas alucinógenas, 200-2

East Central Community College, 80, 534-5
ecolalia, 58, 62, 349, 352
Edison Laboratories, 351
educação especial, 60, 65, 91, 105, 145, 148, 170, 175-6, 192, 238, 245, 250, 262-3, 265-6, 272, 339, 342, 348, 354, 359-60, 367, 372, 410, 427-9, 433, 434; *ver também* escolas
Edwards, Anthony, 392-3
Eichmann, Adolf, 93
Einstein, Albert, 506
Eisenberg, Leon, 103
Ele e as três noviças (filme), 408
Elgar, Jack, 280
Elgar, Sybil, 279-81, 313, 555
Eli Lilly and Company, 450, 479-80
Emergence: Labeled Autistic (Grandin), 416, 558
Enigma das cartas, O (filme), 409
Enzi, Mike, 476
epidemiologia, 287, 373, 432, 434
epilepsia, 28, 37, 61, 63, 156, 175, 422
Escócia, 56-7, 448
Escola Estadual Pennhurst (Pensilvânia), 167, 191

Escola Ortogênica Sonia Shankman (Universidade de Chicago), 94
escolas: abordagem eclética para, 272; credenciamento profissional nas, 263; crianças autistas admitidas em, 120, 152, 233, 429, 547; crianças autistas rejeitadas pelas, 65, 121, 135, 141-3, 146, 149-52, 166, 175, 184, 238; dados fornecidos pelas, 430; e o direito à educação, 168-71, 184; fracasso das, 167; legislação do acesso a, 184-7, 190, 261, 264, 268, 427; orçamento das, 262; particulares subvencionadas, 548; programas desenvolvidos, 170-1; *ver também* educação especial
esquizofrenia, 48, 52-4, 101-2, 131, 173, 203, 218, 232, 286, 323, 374
esterilização, 36-7, 43, 339
"Estudo da Califórnia" (relatório sobre autismo), 421-7
Eu sou o autismo (vídeo da Autism Speaks), 522
eugenia, 36-7, 335, 338
eutanásia, 37, 43, 149, 322, 332, 339, 341
Extraordinary Ventures (programa de empregos), 547

Faculdade de William e Mary (EUA), 549
Famílias Mais Aptas, concurso (EUA), 33
fatores psicogênicos, 107
Feinstein, Adam, 335
Felder, Maria Asperger, 334
Fey, Tina, 12
Finlândia, 473
Fisk, Mary Cronin, 480
Fitzgerald, Michael, 335
Flack, Audrey, 131, 140
"Floortime" (programa de tratamento), 382
Florence Road (Londres), 277-8, 280-1, 293, 295, 300-1, 305
Folstein, Susan, 298-300, 315, 557
fonoaudiologia, 257, 261, 273, 355, 360, 383
For the Love of Ann (Copeland), 410
Forest (Mississippi): a casa de Donald em, 69, 74-6, 79, 532, 537

Fortaleza vazia, A (Bettelheim), 97-8, 103, 114, 313, 410, 555
Foxx, Richard, 227-8, 250
França, 58, 121, 358, 520
Frank, John P.: *My Son's Story*, 30
Frank, Petey, 30-1
Freedman, Alfred, 200-1
Freeman, B. J., 375
Fremont-Smith, Eliot, 97
Frist, Bill, 393
Frith, Chris, 292
Frith, Uta Aurnhammer, 506; *Autism: Explaining the Enigma*, 295; e a teoria da mente, 303-7; e Asperger, 333; e Hugh Blair de Borgue, 57; e *Rain Man*, 411; no Maudsley, 291-3; pesquisa do autismo por, 293-5, 303
Frost, Lori, 353
Fundação Americana para Crianças Autistas, 142
Fundação Ford, 96, 129

Galante, SueAnn, 260-1, 264-5
Gavin, Mike, 183
Generation Rescue, 464
genoma, sequenciamento do, 300, 471
Gerhardt, Pete, 545-50
Gerson Saines, Dashiell, 406-7
Gerson Saines, Emily, 405, 419, 435, 437, 467
Geschwind, Daniel, 394-8
Gibson, Alec, 144, 150, 152, 178, 556
Gibson, Dougie, 144-52
Gibson, Junie, 144-6
Gibson, Sandy, 144, 146
Gibson, Velna, 144-9
Gilhool, Bobby, 167-8
Gilhool, Tom, 166-71, 173, 183-4, 190, 556
Gillberg, Christopher, 329, 527
Good Morning America (programa de TV), 503, 508
Goodwin, Mary, 136, 351, 352
Gould, Judith, 315, 374, 557
Grandin, Temple, 407, 408, 520, 546; e a síndrome de Asperger, 505-6, 528; *Emergence: Labeled Autistic*, 416, 558; filme sobre a sua vida, 408, 435-7, 467, 563; oradora pública, 418; *Thinking in Pictures*, 405, 407, 419
Grant, Leslie, 142, 225
Grant, Linda, 225
Grant, Madison: *The Passing of the Great Race*, 36
Grant, Mooza, 136, 142, 225
GRASP (Global and Regional Asperger Syndrome Partnership), 509-10, 561
Graupner, Tamlynn, 274
Greenfeld, Josh: *A Child Called Noah*, 410
Greenspan, Stanley, 383
Gregg (menino autista), 205, 207, 223
Griffith, Clarence, 181
Grinker, Richard Roy, 429
Gund, Kimberly, 185, 186, 188
Guthrie, Kevin, 414
Guthrie, Peter, 413-4

Haddon, Mark: *O estranho caso do cachorro morto*, 504
Haggerty, Dennis, 167, 169
Halderman versus Escola Estadual Pennhurst (processo), 191
Hallervorden, Julius, 332
Halsey, Neal, 452
Hamburger, Franz, 322, 334, 343
Handley, J. B., 464
Hanks, Tom, 12
Happé, Francesca, 307, 530
Harvard Educational Review, 353, 558
Hastings, George, 485, 492
Hawking, Stephen, 365
Hear the Silence (filme), 448, 473
Hermelin, Beate, 281-4, 293-4, 312, 554
Hibben, Tom, 507
Hitler, Adolf, 36-7, 209, 321, 335, 343
Hoffman, Albert, 199
Hoffman, Dustin, 412-3, 558
Hoffman, Ellen, 133
Holocausto, 93, 95, 231, 297, 332, 336
Holtz, Louis, 40
Horton, Richard, 472, 493

Hospital de Dementes da Pensilvânia Ocidental, 159
Hospital Estadual Creedmore (Queens, Nova York), 201
Hospital Estadual de Camarillo, 148, 177
Hospital Estadual de Huntington, 158, 161
Hospital Estadual Spencer (Virgínia Ocidental), 155, 164, 190, 192, 194, 558
Hospital Estadual Western, 214
Hospital Lenox Hill (Nova York), 106
Hospital Maudsley (Londres), 281-2, 285, 291-2, 298, 303, 312, 314-6, 320, 327, 375
Houston, Rab, 57-8
Howe, Samuel Gridley, 61-4, 551
Hubenstorf, Michael, 333-4, 336
Hutchins, Robert, 95

identidade de gênero, 523
"idiotas", 61-3, 551
Imus, Don, 457
incapacidade de aprendizagem, 106-9; rótulo de "incapazes de aprendizagem", 430
Infantile Autism (Rimland), 130, 554
Inglaterra, 18, 285, 296, 298, 555
Inquisição espanhola, 227
institucionalização, 155, 167, 177, 179-80, 312-3, 558; "depósitos humanos", 156; desinstitucionalização, 184, 191
Instituição Patton (Los Angeles), 160
instituições psiquiátricas: a vida nas, 159; atrocidades em, 160; como "cova de serpentes", 159, 168; como alívio dos problemas dos pais, 30, 178; como depósitos humanos, 156; função custodial de, 157; pacientes "jogados" em, 164; prédios centenários, 160; reportagens da mídia, 159-62; segregação racial em, 43; situação de, 41-2
Instituto de Medicina (IOM-EUA), 455, 476-9, 487, 561
Instituto de Neuropsiquiatria da UCLA, 175, 203
Instituto de Pesquisa do Autismo (IPA), 412
Instituto Lovaas, 273

Instituto Nacional de Saúde Mental (INSM), 202, 237, 240
Instituto para o Estudo dos Neurologicamente Típicos (IENT), 516
Institutos Nacionais de Saúde (INS), 282, 396-7, 399, 422, 424, 429, 456, 463, 476-7, 487, 518-9, 561
International Meeting for Autism Research (Imfar), 401-2
internet, 44, 262, 385, 422, 453, 498, 502-3, 508, 522, 542, 547; acrimônia intensificada na, 463; campanha publicitária na, 512-3; como equalizador, 503; defesa através da, 454-6; grupos de discussão on-line, 502-4, 515, 529
iPad, 353, 541
Irlanda, 327, 431
Israel, 243, 314
Itard, Jean-Marc-Gaspard, 59-60
Ivan, o Terrível, tsar da Rússia, 55
Iversen, Portia, 387; busca da cura por, 382-3; e a coleção de DNA, 397-8, 467; e a Cure Autism Now, 388, 393-4, 397-8, 470, 515; e a fusão das organizações do autismo, 388, 467, 470; e financiamento, 394, 397, 467; estudos médicos de, 383, 394

Jackson, Mick, 436
Jaffe, sra., 107, 109-10, 113
Japão, 473
Jefferson, Thomas, 507
Jeffrey (menino autista), 253, 254
Jekelius, Erwin, 343
John (menino autista), 205-7, 223
Jones, Tommy Lee, 409
Journal of Abnormal and Social Psychology, 96
Journal of Autism and Childhood Schizophrenia, 238, 243
Journal of Autism and Developmental Disorders, 331, 335

Kael, Pauline, 415
Kahn, Herbert e Rosalyn, 135-6
Kanner, June, 40

Kanner, Leo, 243; autismo diagnosticado por, 51-3, 100, 102, 116, 135, 175, 286, 288, 318, 327, 376, 434, 526, 546; "Autistic Disturbances of Affective Contact", 52, 552; autobiografia de, 42; busca de reconhecimento por, 102-3; *Child Psychiatry*, 39; e as instituições psiquiátricas, 41-2, 156; e Asperger, 340; e o caso de Donald, 38, 42-51, 57, 59, 65, 67, 69, 86, 96, 156, 286, 543; e raça, 43; e Rimland, 128-30; estudos do autismo por, 96, 302, 316-8, 323-4, 328, 356, 375; mães incriminadas por, 99-104; médicos treinados por, 117; mudança para os Estados Unidos, 39-41; oposição a Bettelheim, 103; visão pública versus visão privada de, 42, 340; *ver também* síndrome de Kanner

Kaplan, Fred, 162, 555
Kaplan, Susanne, 265, 267, 269, 271
Kapp, Steven, 529
Kaufman, Suzy e Barry, 408
Keller School (Yonkers, NY), 266
Kelley, família, 33
Kelley, James, 33
Kennedy Jr., Robert, 457, 476
Kennedy, Robert Foster, 37
Kim, Young-Shim, 434
Kirby, Barbara, 501
Kirby, David, 457, 463, 482, 486, 562
Klin, Ami, 332-4, 336, 373
Koegel, Robert, 152
Koplewicz, Harold, 521
Kraus, Mabel, 42
Kruger, Diane, 504

Lainer, Ilene, 548
Lancet, The (revista médica britânica), 441, 447, 472-5, 478, 493, 560, 562-3
Lanza, Adam, 510
Lapin, Brad, 174, 178
Lapin, Connie e Harvey, 173-89, 238, 549
Lapin, Shawn, 173, 180, 184, 190, 556
Lar de Crianças Inválidas Harriet Lane (Baltimore), 47
lares grupais, 547-8
Larkins, Charles, 241-2
League School (Brooklyn, Nova York), 200
Leavitt, Mike, 458
Ledgin, Norm: *Diagnosing Jefferson*, 506
Lei da Educação para Indivíduos com Deficiências (EUA), 190, 261, 264, 268, 427-8, 557-8
Lei de Combate ao Autismo (EUA), 393, 458, 515, 562
Lei da Educação para Todas as Crianças Deficientes (EUA), 190, 261, 556
leitura da mente, 304
Lemke, Leslie, 412
Leslie, Alan, 303, 307, 557
Let Me Hear Your Voice (Catherine Maurice), 250, 258-9, 268, 559
Levinson, Barry, 413-4
Lewis, Ernest e Josephine, 68-70
Liepshutz, Gerald, 269-71
Life (revista), 160-1, 210, 218-21, 229, 244, 410, 554
Lincoln, Abraham, 506
Linda (menina autista), 205, 207, 223
linguagem *ver* comunicação
London, Eric e Karen: coordenação com a CAN, 388, 401; e a Autism Speaks, 467-8, 486, 490; e a NAAR, 385, 394-5, 400, 462; e financiamento, 384, 396, 400, 462; e o banco de tecido cerebral, 400, 467; e Zach, 379, 381, 388, 559
London, Zach, 379, 381, 389, 559
Look (revista), 162
Lord, Catherine, 47, 398-9, 528
Lotter, Victor, 285-90, 313, 315, 373, 422, 425, 555
"loucos santos", 55-6
Louis (paciente ecolálico), 349-50
Lovaas, Ivar, 173, 202-9, 255, 268; busca de atenção, 207-9; choque elétrico em crianças, 202-3, 211, 219, 225, 246; crianças como espécimes de laboratório para, 203-10, 218, 220; críticos de, 220, 224, 227, 246, 262-3; e a aptidão da fala, 352; e o behaviorismo, 213,

219-20, 223, 228, 244-6, 249-50, 272-3, 518; e o Projeto Autismo Jovem, 244-5, 250; "estudos de punição" de, 203-7, 210, 220, 224, 245; "Modelo Lovaas", 223, 251; replicação do resultado dos estudos de, 249-50, 273; *Teaching Developmentally Disabled Children: The ME Book*, 222-4, 228, 245, 253, 255-8, 557; uso do agulhão de gado, 202-3, 206, 224, 248
LSD (dietilamida do ácido lisérgico), 199-203, 553
Lyons, Viktoria, 335

Machacek, John, 120
mães: ativismo das, 118-21, 143, 185; bom senso das, 118; como "nazistas", 99; como aliadas no tratamento, 230, 237; "culpadas" pelo distúrbio do filho, 27, 86-91, 94, 98-104, 109, 112-4, 121, 125-6, 129, 313, 373, 409, 513; em reuniões de grupo, 87, 89, 312; "esquizofrenogênicas", 102; estresse das, 110, 113, 127, 237, 239; isolamento das, 113; livres de culpa, 104, 126-8, 131; "mães do mercúrio", 453, 456-7, 477; "mães geladeiras", 91, 99, 103-4, 109, 118, 121-2, 127, 131, 175, 220, 224, 387, 553-4; no Lenox Hill, 106-9, 113; redes de, 113-5, 118-21, 132, 136; *ver também* pais
mães e pais: ações judiciais movidas pelos, 167-9, 173, 184, 261-72; aprendendo a "soltar", 514; ativismo de, 121, 141-2, 166, 181, 273, 381, 407, 421, 429, 454-8, 470, 478, 515, 549; carga financeira, 479-80; como aliados no tratamento, 237, 240, 243; como bodes expiatórios, 238; contrários às técnicas aversivas, 226-8; e avós, 459-61; e o behaviorismo, 228, 238; estresses dos, 177; histórias de, 131, 180-3, 188; inovadores britânicos, 278; lobby dos, 184-7, 429; redes de, 131-6, 140-2; sonhos de, 357, 402; velhice de, 548-9
"mágico, o" *ver* Berry, Ed
Mahler, Margaret, 286
Maisel, Albert, 160-1
Malleus Maleficarum/O martelo das feiticeiras (manual de caçadores de bruxas), 227

Mangel, Charles, 162
"máquina de escrever falante", 136, 351
Marcus Welby, médico (seriado de TV), 409
Marcus, Bernie, 465
Mardy (mãe de criança autista), 235, 237, 240-1
Marino, Dan, 391-2
Marsalis, Wynton, 391-2
Marty e Mike (gêmeos autistas), 203
Matson, Johnny, 224
"Maudsley, o" *ver* Hospital Maudsley (Londres)
Maurice, Anne-Marie, 254-7
Maurice, Catherine, 254-8; *Let Me Hear Your Voice*, 250, 258-9, 268, 559
Maurice, Michel, 254, 257
May, Jacques e Marie, 121
Mayerson, Gary, 261-2, 264, 266-8, 271, 273, 560
Mayerson, Lilli, 260-1, 267
McCarthy, Jenny, 482-3
McCollum, Darius, 509-10
McCravey, J. R., 22, 69
McDonald, Annie, 349, 557
McEachin, John, 249
Melissa (menina autista), 107-14
Menino Selvagem de Aveyron *ver* Victor
"mentalização", 304
mercúrio, 450-8, 463, 476-8, 484
Mesibov, Gary, 248-50
Meu filho, meu mundo (filme), 408
Meu filho, meu tesouro (Spock), 29
Meyer, Adolf, 41
Michelangelo, 506
Mike e Marty (gêmeos autistas), 203
Millsaps College (Jackson, Mississippi), 535-6
Minority of One, A (documentário), 187
Mirrow, Arvan, 379
Mishori, Edna, 314
"Modelo Lovaas" de análise comportamental aplicada, 223, 251
"mongoloide", síndrome de Down e rótulo de, 29-30
Moore, Mary Tyler, 408
Morrow, Barry, 411, 412
Mozart, Wolfgang Amadeus, 506

Murray, Kevin, 467
Mutrux, Gail, 412-3
My Son's Story (Frank), 30

"Não chorem por nós" (manifesto), 513-4, 517, 525, 559
National Alliance for Autism Research (NAAR), 385, 391-2, 394-6, 399-401, 462, 467-70, 486, 491, 559-63
Nava, Eddie, 148, 152
Nava, Mary Ellen, 148-52
nazismo, 37, 42, 95-6, 99, 227, 297, 321-2, 332, 334-9, 342-3; e a "desnazificação" dos Aliados, 336; e a *Anschluss*, 337-8; e o Bund Neuland, 321, 335, 337; e os campos de concentração, 95-6, 99, 335; Partido Nazista, 336
Ne'eman, Ari, 517-8, 520-6, 529, 562-3
Nester, Jan, 540-2
neurodiversidade, 511, 513-7, 520, 523, 526, 529, 549, 559-60; aceitação da, 549; adversários, 524; ascensão, 522, 549; cursos de ensino superior sobre, 549; e a síndrome de Asperger, 526-9; e campanhas de publicidade, 521; e o espectro autista, 520, 522, 526-30; início do movimento, 513-5; rejeição da busca da cura, 518, 524; reportagens da mídia sobre, 516
neurotípicos, 516, 526, 530, 547, 549
New York Collaborates for Autism (agência de serviços), 548
New York Times (jornal), 36, 97, 114, 159, 244-6, 249, 354, 457, 486-8, 521, 528-9
New Yorker, The (revista), 415, 419, 520
Newman, Paul, 180
Newsweek (revista), 173, 189, 424, 512, 515, 556
Newton, Isaac, 506
Newtown (Connecticut): tiroteio em escola em, 510
Nicholas (adolescente autista), 545-6, 550
Noite de Tantas Estrelas (evento de Nova York), 11
Nolan, Jay, 186
Nolan, Lloyd, 152, 180, 186-8

Noruega, 203
Nova Zelândia, 520
"Nove Pontos de Creak, Os" (arcabouço diagnóstico), 288

O'Connor, Neil, 281-6, 293-4, 312, 554
OASIS (grupo de discussão on-line), 502
Offit, Paul, 463-4
Oppenheim, Rosalind, 352
Oprah Winfrey Show, The (programa de TV), 411, 483, 486
Organização Mundial da Saúde (OMS), 329, 331, 446

pais: apartando-se do casamento, 113; ativismo dos, 143; *ver também* mães; mães e pais
Pangborn, Jon, 387
Park, Clara Claiborne: *The Siege*, 181, 258, 410
Pavlov, Ivan, 211-2
PDD-NOS (Pervasive Development Disorder Not Otherwise Specified), 318, 528
Peek, Kim, 411-2
"pensamento autístico", 53, 551
Perloff, Bernard, 218-9
Perner, Josef, 304
Perry, Katy: "Firework", 12
Persil, 336
Peters, Jean, 180-1
picture exchange communications system (PECS), 353, 369
Plank, Alex, 497, 502, 504, 507, 510, 526, 560, 562
Plank, Mary, 501
Pollak, Arnold, 344
Pollak, Richard, 93-4, 230
Portrait of an Autistic Young Man (filme), 413
Presley, Elvis, 408
Preventorium (Mississippi), 25, 27-8, 31-2, 39, 44, 46, 552
Prime Time Live (programa de TV), 354
Primeira Guerra Mundial, 40, 52, 157
Prisoners of Silence (documentário), 366

Programa de Autodeterminação (Califórnia), 549
Programa Nacional de Compensação de Dano Causado por Vacina (EUA), 480
Progress Without Punishment (Donnellan et al.), 227
Projeto Autismo Jovem, 244-5, 250
Projeto do Autismo Precoce de Wisconsin, 274
"psicopatas autistas", 323, 325-6, 335, 338
"psicótico", rótulo de, 292
psiquiatria, 39, 41, 52-3, 86, 94, 96, 99, 102, 122, 126, 143, 178, 234, 239, 249, 296-7, 312, 313, 330, 374-5, 379, 387, 552; ausência de dados na, 203; definições cambiantes na, 287; desafios, 143; experimentos com animais, 209; fracasso da, 143; infantil, 39, 42, 52, 99, 178, 249, 296, 312, 552; mães incriminadas na, 91; teorias freudianas, 96, 203, 232-3

Quarta Emenda, 169
quelação, 387, 455

Rain Man (filme), 411-6, 436, 546, 558
Rank, Beata, 286
Rapin, Isabelle, 429
Reagan, Ronald, 143, 173, 185-8, 556
Redwood, Lyn, 449, 451, 453-4, 457-8, 488-9, 522
Redwood, Will, 449
Reeve (menino autista), 352-3
reflexo condicionado, 212
Registro de Camberwell (banco de dados manuscrito), 314-5, 326
Reichler, Robert, 234-8, 240-2, 555
Reichow, Brian, 376
Relatório sobre a idiotia preparado para a Assembleia Legislativa de Massachusetts (Howe), 61
retardo mental, 138, 157, 167, 171
Rieger, Norbert, 178-9
Rimland, Bernard, 123, 133-4, 141, 148, 174, 230, 258, 466, 554; e a legislação, 188; e autismo versus deficiência mental, 167; e o *ARRI*, 246; e o autismo de Mark, 124, 225, 313, 412-3; e *Rain Man*, 411-2; *Infantile Autism*, 130, 554; pesquisa do autismo por, 103, 124, 126-7, 130-2, 136, 296, 313, 325; questionário de, 130-2; sobre a institucionalização, 157; sobre punições, 225
Rimland, Gloria, 124-5, 129
Rimland, Mark, 124-5, 225, 313, 413
Risley, Todd, 214-8, 554
Ritvo, Edward, 183, 249, 375, 425-6
Rivera, Geraldo, 163, 556
Robertson, Cliff, 412
Robertson, Katherine, 43-4
Robison, John Elder, 549
Rock, Chris, 12
Rollens, Rick, 421-4
Roosevelt, Theodore, 36
Rose, Jerman, 214
Royal Free Hospital (Londres), 473-4, 561
Rushing, John, 68, 78-9, 534
Rússia, 211, 400
Rutledge, Wiley, 31
Rutter, Michael, 249, 286, 296-300, 312, 373-4, 557

Sacks, Oliver, 418, 520
SafeMinds (instituição), 454-5, 458, 477-8, 488, 561
Sallows, Glen, 273-4
Sandoz, 199, 202
Sanger, Margaret, 37
Sarah (chimpanzé), 304
Saturday Evening Post, 36, 352
Saturday Night Live (programa de TV), 11
savants, 411-4
Sawyer, Diane, 354
Schirmer, Brita, 335, 338
Schopler, Eric, 229-43, 373; e Asperger, 331, 340; e Bettelheim, 230-2; e Biklen, 372; e David, 235-6, 239; e Lovaas, 229, 243, 246-50; e o TEACCH, 241-2, 246, 249-50; em Londres, 281
Schopler, John, 233
Schreiber, Herta, 341
secretina (hormônio), 358

Segunda Guerra Mundial, 12, 18, 37, 93, 123, 160, 186, 277, 279-80, 297, 320, 323, 335-6, 339, 563
Seinfeld, Jerry, 465
Seitelberger, Franz, 332
Self-Injurious Behavior Inhibiting System (Sibis), 226
Shah, Amitta, 307
Shane, Howard, 364-8, 370, 558
Shattuck, Paul, 429-30
Shawn Lapin versus Estado da Califórnia (processo), 184
Shestack, Dov, 381-4, 386, 388, 393, 396, 398, 468, 559
Shestack, Jon, 381, 386-7, 392-3, 396, 458, 467-8, 470, 559
Siege, The (Park), 181, 258, 410
Silberman, Steve, 504
Simon, Paul, 465
Simons Foundation Autism Research Initiative (SFARI), 491
Sinclair, Jim, 513-5, 520, 525, 559
síndrome de Asperger, 319, 326-9; adultos com, 505-6, 509-10, 549; Associação da Síndrome de Asperger da Nova Inglaterra, 528; autodiagnóstico da, 507; avaliação subjetiva da, 527; capacidade intelectual na, 325; características comportamentais na, 324, 498, 501, 510, 526; como autismo altamente funcional, 505-6; conscientização pública da, 320, 503-7, 526; diagnóstico da, 332, 373, 376, 498, 501, 507, 509, 526-7; e autismo, 327-9, 336, 338, 373, 505, 528-30; e crime, 510, 518; e o *DSM*, 329-31, 333, 375, 423, 501, 526-9; encontros e conferências sobre, 505; grupos de apoio para adultos com, 509; grupos de discussão on-line, 501-4; isolamento social na, 498-500; mudança de sintomas com o tempo, 527; "Orgulho Aspergiano", 506; "tipo Asperger" (*"aspies"*), 338, 506, 509; *ver também* Asperger, Hans
síndrome de Down, 28-9, 251-2, 357, 520
síndrome de Heller, 54

síndrome de Kanner, 86, 129
Singer, Alison, 462, 465, 468, 487, 491-2, 518, 522, 558, 563
Singer, Jodie, 462, 558
Singer, Judy, 560
Skinner, B. F., 213
Slatkin, Laura, 548
Slay, Celeste, 539-40
Smigel, Daniel, 11
Smigel, Robert e Michelle, 11
Smith, Tristram, 249-50
Snider, Cecile, 25
Sociedade de Autismo da América (SAA), 226, 388, 391, 418, 466, 479
Sociedade Escola para Crianças Autistas (Londres), 279, 281
Sociedade Nacional para Crianças Autistas (EUA), 135-6, 142, 280, 380, 418, 466, 554
Sociedade Nacional para Crianças Autistas (Inglaterra), 296, 313, 375
Sociedade para Crianças Autistas de Santa Barbara, 143, 148
sonhos, 53, 519
Sonne, Thorkil, 548
Southwest Autism Research & Resource Center (Phoenix), 547
Sparrow, Sarah, 333-4
Specialisterne, 548
Speers, Rex, 233
Spiegelgrund (instituição de Viena), 322, 341-3, 563
Spock, Benjamin: *Meu filho, meu tesouro*, 29
Steele, Linda, 448
Stelazine (medicamento), 235, 237
Stevenson, Juliet, 448
Stewart, Jon, 11
Strathairn, David, 436
Stromgren, Eric, 297
Suécia, 329, 477
Sullivan, Joe, 115-7, 120, 191-2, 413
Sullivan, Ruth, 115, 121, 123, 125, 132-3, 135-6, 142, 174, 180, 191, 193-4, 411, 413, 416-7, 466, 554; ativismo de, 118-23, 132-4, 142,

174, 180, 466; diretrizes escritas por, 120; e Archie Casto, 193; e as redes, 135; e Grandin, 417; e *Rain Man*, 411, 413, 416; e Rimland, 134, 466; serviço de informação e referência de, 191

Suprema Corte dos Estados Unidos, 30, 348

Taylor Jr., Hoyt, 242
Taylor, Brent, 473
Taylor, Bridget, 251-3; e a ABA, 253, 256, 258; e Anne-Marie, 256, 257; e o irmão John, 251-2; e Vida Adequada para o Autista, 252-3
Taylor, John, 251-2
TEACCH ("Treatment and Education of Autistic and Related Communication Handicapped Children"), 241-3, 246, 250, 263, 273, 382, 398, 555-6
Teaching Developmentally Disabled Children: The ME Book (Lovaas), 222-4, 228, 245, 253, 255-8, 557
Temple Grandin (filme), 436-7, 467, 563
teoria da mente, 303-5, 307, 557
Tepper, Alison, 89-90
Tepper, Jerry, 86
Tepper, Rita, 85, 87, 109, 140, 462
Tepper, Steven, 85-90, 462
terapias: terapia aversiva, 224-8; terapia de grupo, 233-4; "terapia de *packing*", 358; "terapia do abraço", 255, 357, 373
Theriot, Celeste, Yvonne e Jean, irmãs, 76, 78
Thinking in Pictures (Grandin), 405, 407, 419
Thompson, Mike, 421
Thoughtful House (Texas), 478
Time (revista), 68, 75, 91, 99, 102, 110, 161, 200, 424, 434-5, 494, 553
timerosal, 450-5, 457, 476-7, 479-80, 482, 490, 492, 561
"tipo Asperger" ("*aspies*"), 338, 506, 509
"transtorno autista", 318, 528
transtorno de personalidade, 323, 342
transtorno desintegrativo da infância, 528
transtorno do espectro autista, 376, 458, 528, 530, 563

Treffert, Darold, 413
Triplett, Donald, 532-43; amigos de, 76, 78, 535; carta de habilitação, 532; como o caso nº 1 do autismo, 44, 50, 69, 86, 286; desenvolvimento de, 66-73, 533-4; doença de, 72; e a mãe, 21, 140, 532, 538; e as mulheres, 540; e as quíntuplas Dionne, 18; e Kanner *ver* Kanner, Leo; e números, 73, 77-8; em Forest (Mississippi), 69, 74-6, 79, 532, 537; fundo de investimento de, 541; infância de, 21, 23-4, 27, 32, 44-6; institucionalizado, 25-8, 31, 36; inteligência de, 45, 53; jogador de golfe, 537, 543; na Community College, 534; na Forest High School, 73-80, 534; na Millsaps College, 535; nascimento de, 23, 37; obsessões de, 68, 70, 77-8; octogésimo aniversário de, 543; popularidade de, 540; preferência pela solidão, 46, 60, 76, 538, 541; telefone celular de, 541; velhice de, 536-43; vestimentas, 542; viagens de, 541-2
Triplett, Mary (mãe de Donald): aspiração ao bem-estar de Donald, 532, 537-8; casamento com Beamon, 22; e a carta de habilitação de Donald, 532; e a educação de Donald, 65-8; e a infância de Donald, 20-4, 46, 65, 101, 140; e o nascimento e a infância do filho Oliver, 32; interações com Donald, 21, 48-9; morte, 538
Triplett, Oliver (irmão de Donald), 32, 75
Triplett, Oliver Beamon (pai de Donald): casamento com Mary, 22; e a infância de Donald, 19-20, 45-6, 65, 101; e Donald na faculdade, 534; e o futuro de Donald, 536, 543; e o nascimento e a infância do filho Oliver, 32; escrita da história de Donald, 43-5, 48; morte de, 538
Turner, Kathleen, 409
Twyman, Janet, 266

Unidade de Desenvolvimento Cognitivo (Londres), 303
Universidade da Carolina do Norte, 230, 398, 555
Universidade de Chicago, 94-5, 104, 231-2, 555

Universidade de Syracuse, 347-8, 354, 367, 369, 558
Universidade Rutgers, 253, 399

vacinas: causação não demonstrada, 445, 449, 452, 454, 473; causação refutada, 481, 488-9, 491-2; contra a coqueluche, 488; contra a pólio, 481; contra o rotavírus, 463; debate da vacina, 490-1; DTP (tríplice bacteriana), 452; eficácia de, 488, 491; hepatite B, 452; Hib (meningite), 452; hostilidade filosófica às, 444; mercúrio nas, 450-4, 457, 463, 478; MMR (tríplice viral), 442-50, 453, 472,-6, 478, 485, 490, 492, 494, 560; proteção dada pela imunização, 445; teoria da conspiração sobre, 476; timerosal nas *ver* timerosal; tribunal da vacina, 480-2, 484, 492
Van Gogh, Vincent, 506
Van Krevelen, Arne, 326
Victor (Menino Selvagem de Aveyron), 59-60
Vida Adequada para o Autista (programa), 252, 254
Volkmar, Fred, 330-4, 373, 375-6, 528-9

Wakefield, Andrew, 441-50, 472-6, 478-9, 493-4, 560-3
Walker, Gene, 540
Wallace, Amy, 463
Wallace, Benjamin, 507
Ware, Brister, 535-6
Warren, Frank, 241
Warren, George, 239-40, 242
Warren, Mary Lou "Bobo", 238-42, 556
Waters, Andrew, 479-80

Watson, John: "Manifesto Behaviorista", 212
Watts, sra., 34-6
Welch, Martha, 358
Wendrow, Aislinn, 369
Wendrow, família, 369-70
Wentz, Lena, 162
Wheaton, Betsy, 355-6, 359-69, 558
Wheaton, família, 363, 369
Williams, John Stark, 168
Wimmer, Heinz, 304
Wing, John, 312, 315
Wing, Lorna, 311-9; *Autistic Children*, 313-4, 317, 555; e a "tríade de incapacidade", 316, 374; e a síndrome de Asperger, 318, 320, 326-7, 505, 527; e Hans Asperger, 320, 326-8, 330, 333, 340, 376; e o espectro autista, 311, 314-8, 327, 329, 526-7
Wing, Susie, 312
Wolf, Montrose, 214-8, 554
Woodward, Joanne, 180
Worden, Phil, 362-5
Wright, Bob, 460-1, 464, 466-71, 486-7, 489, 491
Wright, Christian, 461-2, 486
Wright, família, 461-2, 465, 469, 489, 491
Wright, Katie, 486
Wright, Suzanne, 460-2, 466, 486, 489
Wrong Planet (site), 502-8, 529, 562

Yale, Universidade, 36, 44, 110, 168, 332, 376, 528-9; Centro de Estudo Infantil de, 331-2
Yeargin-Allsopp, Marshalyn, 431

Zelig (filme), 92
Zuckerman, Arie, 442-3

1ª EDIÇÃO [2017] 2 reimpressões

ESTA OBRA FOI COMPOSTA PELA SPRESS EM DANTE E IMPRESSA EM OFSETE
PELA GRÁFICA BARTIRA SOBRE PAPEL PÓLEN NATURAL DA SUZANO S.A.
PARA A EDITORA SCHWARCZ EM JUNHO DE 2024

A marca FSC® é a garantia de que a madeira utilizada na fabricação do papel deste livro provém de florestas que foram gerenciadas de maneira ambientalmente correta, socialmente justa e economicamente viável, além de outras fontes de origem controlada.